国家社科基金
后期资助项目

中外旧约章补编(清朝)

The Supplementation of the Old Treaties and Agreements
between China and Foreign Powers (Qing Dynasty)

上 册

郭卫东 编

中华书局
ZHONGHUA BOOK COMPANY

图书在版编目（CIP）数据

中外旧约章补编:清朝/郭卫东编. —北京:中华书局,2018.7
（国家社科基金后期资助项目）
ISBN 978-7-101-13041-6

Ⅰ.中⋯ Ⅱ.郭⋯ Ⅲ.中外关系-双边条约-清朝
Ⅳ.D829.15

中国版本图书馆 CIP 数据核字（2018）第 000496 号

书　　名	中外旧约章补编(清朝)(全二册)
编　　者	郭卫东
丛 书 名	国家社科基金后期资助项目
责任编辑	齐浣心
出版发行	中华书局
	（北京市丰台区太平桥西里 38 号　100073）
	http://www.zhbc.com.cn
	E-mail:zhbc@ zhbc.com.cn
印　　刷	北京市白帆印务有限公司
版　　次	2018 年 7 月北京第 1 版
	2018 年 7 月北京第 1 次印刷
规　　格	开本/710×1000 毫米　1/16
	印张 50¼　插页 4　字数 760 千字
印　　数	1-1500 册
国际书号	ISBN 978-7-101-13041-6
定　　价	168.00 元

国家社科基金后期资助项目出版说明

后期资助项目是国家社科基金设立的一类重要项目，旨在鼓励广大社科研究者潜心治学，支持基础研究多出优秀成果。它是经过严格评审，从接近完成的科研成果中遴选立项的。为扩大后期资助项目的影响，更好地推动学术发展，促进成果转化，全国哲学社会科学规划办公室按照"统一设计、统一标识、统一版式、形成系列"的总体要求，组织出版国家社科基金后期资助项目成果。

全国哲学社会科学规划办公室

凡　例

一、清代是中国与外国全面交往的时代，是近代条约关系发生发展的时代。本书是王铁崖《中外旧约章汇编》的补编，凡该书中已收录的约章，本书不再收录。又，王铁崖《中外旧约章汇编》分清代和中华民国两个时段，而本补编仅以清代（即从清朝建立至1912年1月1日中华民国成立）为限，补录其所未载约章，故名之曰《中外旧约章补编（清朝）》。

二、本书所收录的"约章"，包含条约和章程两个类别：（一）条约。一般而言，广义的条约包括：条约（treaty）、规约（statute）、盟约（covenant，pact）、专约（convention）、公约（convention）、协议（agreement）、议定书（protocol）、临时协议（interim agreement）、谅解备忘录（memorandum of understanding）、补充协议（supplementary arrangement）、在互换照会等基础上形成的换文（exchange of notes）等等。这些条约形式在清朝均有。需要说明的是，关于清政府参加的各类国际公约，凡王铁崖《中外旧约章汇编》未收录的，因其是近代中外条约关系中不可或缺的部分，影响深远，故一并收录。（二）除了上述中外政府之间正式缔结的条约外，本书还收录了中国有关方面与外国企业、公司及法人代表等缔定的比较重要的各类章程、合同、约定及协议。严格说来，此类章程、合同等并不属于国际条约的范围，但在鸦片战争后的晚清社会，此类文件却往往具有与条约同等的效力，也是列强侵夺中国权益的重要和常见的手段，内容则涉及中外缔订国之间的外交、军事、工商、经贸、文教等关系。故本书将这些文件一并收录。需要说明的是，清朝初年台湾郑氏政权与荷兰、英国签订的约章，也发生在清史时段内，且与台湾回归祖国和清朝历史息息相关，故本书也加以辑补。

三、本补编包括凡例、目录、正文和附录。凡例是关于本补编相关编纂事项的说明。目录为便于查阅检索之用。正文为约章内容的汇示，其中包括约章名称（同时标注与约国，如"中俄"等；如与多国互定约章则标注"中外"字样等），签约时间地点，以及约章内容。页下附有注释，列举文献出处，并对某些约章内容中出现的中外文本不一、条款差异等现象予以解释说明。最后的附录则为"旧约章分国表"。另有"参考文献"。

四、本补编约章的编排顺序以其订立时间为序。在正文中，每个约章均以清代年号和夏历纪年为主，同时标注公元纪年，如同治九年五月二十三日（1870 年 6 月 21 日）。一般而言，订立时间系指约章签字日期。若该约章没有准确的签字日期，比如说以照会形式确立的约章，则以最主要的照会（或往来照会并立）作为订立时间；若该约章的签字日期未能查明，则以相关重要日期（换约日期、批准日期或施行日期等）为序，并在注释里予以说明。约章只有年份无月日者，则放在该年之末；约章只有年月无日期者，则排在该年月之末。约章签字地点以清朝当时的地名为准，一般"省"、"县"字样省略。

五、若干约章类别辑补的处理方式。对正约之外另有附约的情况，采取两种处理方式：其一，与正约同时订立或内容密切相关的，不单列，与正约一并出现；其二，未与正约同时订立或正约、附约内容相对各自独立的，则单独罗列。两种处理方式均在文中予以说明。

六、有关征引文献的处理和说明。若约章文本之间无差异，又常见于各类约章汇编的，不专列，而在书后"参考文献"呈现。若文本上有差异，或是在各类常见的约章汇编中未列的约章，则在相应约章的注释中予以注明。约章出自原始档册者，由编者实施整理；若该约章存在标点和简化处理方面的讹误之处，则进行订正。

七、附录"旧约章分国表"中，将正表和附表中的约章统一按国别分类，两个以上缔约国的约章称为"多国"；而与各国互订的约章称为"外国"。其排序原则是：按照与该国的第一件约章的时间来确定国别先后排序（如1662 年中荷签订第一件约章《台湾媾和条约》，而 1672 年中英签订第一件约章《东印度公司与台湾通商条约》，那么，荷兰排序在英国之前）；与多个国家共同签订的约章排序在国别条约之后；与各国互订的约章排序在最后。

目　录

中荷《台湾媾和条约》[①]

顺治十八年十二月十三日(1662年2月1日)[②]

台湾

由一方为自一六六一年五月一日到一六六二年二月一日围攻福尔摩沙的热兰遮城[③]的大明招讨大将军国姓殿下,另一方为荷兰国该城长官菲特烈揆一及其议员们,所订立的条约条款如下:

1.双方都要把所造成的一切仇恨遗忘。

2.热兰遮城及其城外的工事、大炮及其他武器,粮食、商品、货币及所有其他物品,凡属于公司的都要交给国姓爷。

3.米、面包、葡萄酒、烧酒、肉、咸肉、油、醋、绳子、帆布、沥青、柏油、锚、火药、子弹、火绳及其他物品,凡所有被包围者从此地到巴达维亚的航程中所必需者,上述长官及议员们得以自上述公司的物品中,毫无阻碍地装进在泊船处及海边的荷兰联合东印度公司的船。

4.属于在福尔摩沙这城堡里的,以及在这战争中被带去其他地方的荷兰政府特殊人物的所有动产,经国姓爷的授权者检验之后,得以毫无短缺地装进上述的船。

5.除了上述物品之外,那二十八位众议会的议员们,每位得以带走二百个两盾半银币;此外有二十个人,即已婚的、单位主管及比较重要的人,得以合计带走一千个两盾半银币。

6.军人经过检查之后,可以带走他们的全部物品及货币,并依我们的习俗,全副武装,举着打开的旗子、燃着火绳、子弹上膛,打着鼓出去上船。

7.福尔摩沙的中国人之中还有人向公司负债的,他们负债的金额和原

---

① 原件藏荷兰海牙档案馆(Algemeen Rijksarchief),转引自江树生译,黄永松发行:《郑成功与荷兰人的缔和条约,1662》,台北汉声杂志社,1992年。

② 据考证,1662年2月1日是双方开始停火谈判的日期,条约的签订日期是2月10日。参见杨彦杰:《荷据时代台湾史》,台北联经出版事业公司,2000年,第291页。

③ "热兰遮城"(Fort Zeelandia),位于台湾大员岛北端。

因，或因赎租或因其他缘故，都将从公司的簿记中抄录出来交给国姓爷。

8.这政府的全部文件簿记，现在都得以带往巴达维亚。

9.所有的公司职员、自由民、妇女、儿童、男奴、女奴，在这战争中落在国姓爷领域里且尚在福尔摩沙的，国姓爷将从今日起八至十日内交给上述的船，那些在中国的，也要尽快送来交给上述的船；对于那些不在国姓爷的领域里面仍在福尔摩沙的公司其他人员，也要立刻给予通行证以便去搭乘公司的船。

10.国姓爷要把他所夺去的四只船上的小艇及其附属设备立刻还给公司。

11.国姓爷也要安排足够的船给公司，以便运送人员和物品到公司的船。

12.农产品、牛和其他家畜以及其他为公司人员停留期间所需要的各类食物，要由国姓爷的部下以合理的价格，从今日起每天充足地供应给公司的上述人员。

13.在公司人员还留在此地或未上船以前，国姓爷的兵士或其他部下，如果不是为公司工作而来，就谁也不得越过目前用篮堡或该殿下的阵地所形成的界线，来接近这城堡或其城外工事。

14.在公司人员撤离以前，这城堡将只挂一面白旗。

15.仓库监督官在其他人员和物品都上船之后，将留在城堡里二至三天，然后才和人质一起被带去上船。

16.国姓爷将派官员或将官 Ongkim 及其幕僚 Punpauw Jamosie 为人质，于本条约经双方各按本国的方式签字、盖章和宣誓之后，立刻送去停在泊船处的一艘公司的船；相对的，公司将派这政府的副首长 Joan Oetgens van Waveren 及众议会议员 David Harthouwer 为人质，到大员市镇国姓爷那里；他们将各留在上述二个地方，直到一切按照条约内容确实履行完毕。

17.国姓爷的人被囚在这城堡里或被囚在此地泊船处公司船里的俘虏，将和我们的人被囚在国姓爷的领域里的俘虏交换。

18.本条约如有误会或确有需要而在此被遗漏之重要事项，将由双方基于能为对方乐于接受的共识，立刻修正之。

一六六二年二月一日在大员的热兰遮城里

签名者：Frederick Coijett 等二十八人

中荷《清荷协约》①

康熙二年九月二十七日(1663年10月27日)

福州

一、清荷两国民间,应有不得破坏之同盟关系存在。

二、为对抗共同敌人——郑军,两国应紧密合作,至敌人投降为止。

三、双方应通知各方旗帜,以便得与敌人鉴别。

四、攻敌远征队,由双方出兵组织之。

五、清方帆船及小船应由荷军指挥,荷军分三船队前进。抵厦门、金门时,荷舰吃水太深,无法靠近海岸,需帆船进港,因此需雇佣华籍领港人。

六、双方应同时登陆攻击敌人。

七、荷兰东印度公司在中国与一切华人得享有贸易之自由,不受任何干涉。但联军未克服金、厦两地以前,对于荷兰人所带来之货物,暂不讨论。

八、克服金、厦两岛后,荷兰人必要时,得在两者之间,择取其一或其他地点,以驻舰队,以防海贼攻击。

九、克服金、厦两岛后,联军应驶往台湾。攻取此岛后,清军应将该岛以及一切城堡物件交与荷兰人,以供荷兰人居住。

十、清方总督应提供一优良船只,以便荷兰人遣使至巴达维亚报告。

十一、此约应得清廷之批准,并将其批准书送交荷兰人②。

---

① 该约仅见荷文本,汉文本似已佚。荷文汉译本见赖永祥、卜新贤、张美惠纂修:《台湾省通志稿·政事志外事篇》,"台湾省政府"出版,1960年,第26—27页。另参见高育仁、邵恩新等主修,郭嘉雄编纂:《重修台湾省通志·政治志外事篇》,"台湾省文献委员会"出版,1998年,第76页。

② 该约由获得清帝授权的靖南王耿继茂和闽浙总督李率泰与荷兰提督巴尔特(Balthazar Bort)签订。

中英《东印度公司与台湾通商条约》①

康熙十一年八月二十三日（1672 年 10 月 13 日）

台湾

1.为维持双方友谊，国王允协助公司及其所属人员在台之生活自由；英人得在其房舍及居留地揭示国旗及标志。

2.国王允于英人受虐待、困扰或伤害时，予以保护或补救之；郑方人员受英方人员伤害时，国王得要求处罚暴行者，以避免事件之再发生。

3.公司与国王属下人民间应公开自由贸易，为避免公司蒙受损害及不利，国王对英人房舍或居留地给予书面保证此等权利及自由。

4.公司所属英人或他国人得被留用或征用为国王或其臣民服务，但应得英国首长之允许及本人基于自由意志之同意，而将来应以妥善保护之方法送还之。

5.今后公司之船只不论大小均得自由出入或停泊国王治下或将来归入国王统治之港、湾、河、船泊处，并如于安平一样，在各处可购备薪、水、食粮及其他必需品，但除安平一地外，不得进行交易。

6.国王同意每年将在台湾生产之糖及各种皮革之三分之一供给英人，以时价在每年适当时间交易优良品质之货品；英人得视利润或用途，购买分配量之全部或一部。

7.暴风或刮烈风时，英船得驶入国王治下之各地海港避难——如第五条之规定，但除非特别紧急，则避免驶入基隆港。

8.公司人员得长期租借一房舍，但每年应纳租金五百比索。在此条件下，国王应负担修缮，并应公司之需要增建仓库。荷人原住馆舍将为此目的而使用。

9.公司得随意选用适当之华人为通事，国王愿保证其对公司之忠诚，

---

① Dagh,*Register Gehottdenint Costeel Batavia,Vant Passerende daer ter Plaetse alc over geheel Neder！andts India*,Anno.1673,pp.80—83。转引自刘鉴唐、张力主编：《中英关系系年要录》第一卷，四川省社会科学院出版社，1989 年，第 159—160 页。

如有不法行为,概愿负责。

10.今后公司为贸易之安全及顺利进行起见,得视需要随时提出约款,国王应尽量承认上述要求。

11.为和平相处,公司同意船只入港停泊时,将各种军器及英人所掌管之帆舵等物移交于郑方,待船只要出港时,再由郑方交还之。此等交还不得有任何阻挡及迟滞不履行之情形。

12.公司应交纳所输入售出之货款百分之三的关税,但为国王所购进之货物不税。输入货物无法售出而装运出境时,亦免缴税,公司得将所购买之货物自由不需缴税。公司同意每年将国王所需要之货物运来。

13.本约第十一及十二条应得总公司之同意后生效,但未得总公司确答以前,英人仍暂照此等条约实施之。本约以中文及英文写成二份,一份由英国公司执存,(一份)由台湾国王执存,而按中国之习惯签印并举行仪式确认之①。

---

① 该约由台湾郑经政府代表和英国东印度公司代表签订。

中英《东印度公司与台湾通商补充协定》[①]

康熙十四年五月十七日（1675 年 6 月 10 日）[②]
台湾

1.英船入港时,船长应向郑方官宪通知载货之种类。英船应运销下列各种货物:即毛瑟火枪二百挺,铁一百比克尔、胡椒三百比克尔,枝状珊瑚随便,良质大红布二十匹,精制绿布二十匹,大琥珀若干,其他精良布料,白檀木一百比克尔,球状珊瑚随便,大幅精良布匹十匹,暗紫色毛质布随便。

2.准英方船只之航行、运货、持枪、火药、军械等自由处理。

3.货物价格应由双方所组成之委员会评议之,对其评定之价格,国王亦不予变更。

4.同意英国人居住于荷兰人旧馆,准英国人自由升扬英国国旗,对其悬挂不受任何干涉及困扰。

5.如有英国人或属英国人之其他人员逃走时,郑方应协助捉回之。

6.暴风或天候恶劣时,英船得驶入澎湖岛避难。

7.郑方不得凌辱英人,英人得随意与任何人交易。

8.英国人得自由购买郑方全部生产三分之一之糖及鹿皮,如仍不足时得请求增量,但应给郑方一个月之准备期间,并应由国王所属之商人购买之。

9.必要时得增加约款。

10.房屋土地之租金年为五百荷元(Rs.8/8＝Rials of eight),附带提起者,英人得自由雇用三名书记以便收取债务。如有薪炭饮水之需要时,得向税关购买,郑方应协助英人之船只配发等项。此项协议由英方约翰·德克雷斯(John Dacres)、巴维达(Ed Ward Barwell)及郑方委员 Hoaqua Leekee, Leq ua Ginacy, Tanqua Chaqin 之间所达成者。而上述双方委员则亦为评议货物价格之委员也。

---

① 转引自刘鉴唐、张力主编:《中英关系系年要录》第一卷,第 170—171 页。

② 参见陈孔立主编:《台湾历史纲要》,台北人间出版社,1996 年,第 100 页。

中英《广州停战协定》[①]

道光二十一年四月初六日(1841 年 5 月 26 日)[②]

广 州

一、要三位钦差大人与同率带各省官兵,六日内全出城外,远往二百余里则可。

二、要将银 600 万元缴送英国,以为赔还使费之用。要即明日(初七日)先缴 100 万元,自初七日起,至七日内,缴清 600 万银全数。

三、英兵拒(原文如此)占各处,仍行据守,惟两边军士,不得另行预备交战。待至缴清 600 万元全数,才将城外炮台缴还,连船兵皆可退出外洋。若七日内未能缴足 600 万元,就要多缴至 700 万元。如十四日内未能缴清,则要多缴至 800 万元。如二十日内未能缴清,就要多缴至 900 万元。倘能如期缴足银数,则各船退出外洋,将横档及河内各炮台缴还可也。惟各事未能善妥以先,不得再排炮位。

四、各馆被掠诸件,须于七日内如数赔还,并十九年将吕宋船误烧一事,亦要七日内赔还。

五、此各端须要广州知府奉有三位钦差大人会同驻守广州将军、两广总督部堂、广东巡抚部院六位会衔公文,令其代行议定依议办理,方为妥善。

---

① ［日］佐佐木正哉编:《鸦片战争の研究》(资料篇),东京:近代中国研究会,1964 年,第 107—108 页。

② 该约于道光二十一年四月初六日由英国全权代表义律提出,四月初七日钦差大臣奕山等人会衔盖印后,由广州知府余保纯签字。

中法《天主教在华弛禁照会》^①

道光二十四年十一月初五日(1844 年 12 月 14 日)^②
广 州

　　窃查天主教为西洋各国所崇奉,意主劝善惩恶,故自前明传入中国,向不禁止。嗣因中国习教之人每有借教为恶,甚至诱污妇女,诓取病人目睛,经官查出惩办有案,于嘉庆年间始定为分别治罪专条。原所以禁中国借教为恶之人,并非禁及于西洋各国所崇奉之教也。今据佛兰哂使臣喇蕚呢请将中国习教为善之人免罪之处,似属可行,应请嗣后无论中外民人,凡有学习天主教并不滋事为非者,仰恳天恩,准予免罪。如有诱污妇女,诓取病人目睛,及另犯别项罪名,仍照定例办理。至佛兰哂及各外国习教之人,止准其在通商五口地方建堂礼拜,不得擅入内地传教,倘有违背条约,越界妄行,地方官一经拿获,即解送各国领事官管束惩治,不得遽加刑戮,以示怀柔,庶良莠不至混淆而情法亦昭平允。

---

　　① 天主教弛禁由中法间的一系列照会及交涉文件形成,现引录钦差大臣耆英为清廷代拟的以"贴黄"形式出现的致法国特派全权公使大臣拉(喇)蕚尼(Theodore de Lagrene)的"弛禁"照会。见中国第一历史档案馆:《清中前期西洋天主教在华活动档案史料》第三册,中华书局,2003 年,第 1296 页。另见中国第一历史档案馆编:《鸦片战争档案史料》第七册,天津古籍出版社,1992 年,第 534 页。约章名目由本资料编者所拟。
　　② 该日期为道光皇帝批准日期。

中法《上海设立法国租界换文》[①]

道光二十九年三月十四日(1849 年 4 月 6 日)

上海

监督江南海关兼管铜务分巡苏松太兵备道加五级记录八次麟,为晓谕事:

照得上海与法国通商,昨准法国领事敏体尼,以道光二十四年九月(1844 年 10 月)经钦差大臣两广总督耆等会同法国全权大臣剌(喇、拉)萼尼,议定永远友睦通商条约,奏奉两大国上谕允准和约。内载:凡法兰西人按照第二十二款至五口地方居住,无论人数多寡,听其租赁房屋及行栈贮货,或租地自行建屋、建行。法兰西人亦一体可以建造礼拜堂、医人院、周急院、学房、坟地各项。地方官会同领事官,酌议定法兰西人宜居住、宜建造之地。凡地租、房租多寡之处,彼此在事人务须按照地方价值定议。中国官阻止内地民人高抬租值,法兰西领事官亦谨防本国人强压房地主降低或接受租值。在五口地方,凡法兰西人房屋间数、地段宽广不必议立限制,俾法兰西人相宜获益。倘有中国人将法兰西礼拜堂、坟地触犯毁坏,地方官照例严拘重惩。上述种种久经各国遵行在案,今法兰西人尚无租住之地。应即会勘合适地点。接此公函,本道台会同法国领事敏体尼勘定上海北门外一处地:南至城河,北至洋泾浜,西至关帝庙诸家桥,东至广东潮州会馆沿河至洋泾浜东角,注明界址。倘若地方不够,日后再议别地;若需另划新地,亦当会商议定。其所议界内地,凭领事随时按照民价议租,谨防本国人强压迫受租价;如若当地民人违约昂价,不照中国时价,凭领事向地方官饬令该民人等遵行和约前录之条款。至各国人如愿在界内租地者,应向法国领事商明办理。毋违,特示。

道光二十九年三月十四日(1849 年 4 月 6 日)示

---

① 此系同日由清朝苏松太道麟桂与法国驻沪领事敏体尼(Louis Charles Nicolas Maximilien de Montigny)签字的换文。参见 *The North China Herald*, July 6,1854,中译本见[法]梅朋、傅立德著:《上海法租界史》,倪静兰译,上海译文出版社,1983 年,第 42—43 页。

中英《香港交解华人逃犯章程》①

道光三十年二月初七日(1850 年 3 月 20 日)
广州②

中英两国既立和约约内有载明:凡华人在中国犯罪逃往香港,一经省宪知照,即当查拿解交省宪讯办。故此例之设,以便申行和约云:

一、凡有控告或华官照会巡理府,请将华人逃犯拿获,交领事官审办。巡理府当即察明犯罪之人,委系华人所犯,亦是中国之例,应出票拿获研讯;如其犯已被获,或已在狱,可即提讯。

一、所发之票应注明该犯罪名,如查拿别犯焉。

一、既研讯后,视该犯确有令人信其果有作此奸科者,可将其犯监押,候总督发落,或释放,或交解,均听总督查夺。如定夺将该犯交解,巡理府即将该犯卷宗呈缴总督,以便按和约交解。

一、港督可有权劄(札)饬巡捕官查拿逸犯,或劄(札)饬监狱官羁押该犯,或将该犯交解中国官宪审办。

一、凡官员按此例奉公查办,在该犯不准控其错拿,如有错拿,亦不准该犯讨控赔偿。如该犯控告,经官讯得确是,奉票拿犯,应即断被拿之犯曲,拿犯官得直。其衙费须该犯输缴。

---

① 徐宗亮等编:《通商约章类纂》卷二十七,北洋石印官书局,光绪戊戌年印本,第 12—13 页。另见郭云观主编:《中外条约司法部分辑览》,商务印书馆,1935 年,第 53—54 页。

② 签约地点未查明,暂定为广州。

中外《上海海关协议》①

咸丰四年六月初五日（1854 年 6 月 29 日）
上海

一、过去海关监督所遇到的主要困难，为无法获得严格遵守条约和海关章程所必需的廉洁、认真及懂外国文等必要条件的海关关员。唯一有效的补救办法，似乎只有在海关机构中引用外籍人员，由道台慎重遴选，加以委任，并将成为道台进行工作时之干练而可靠的助手。

二、实行这个办法的最好方式，即由道台派任一个或数个确实廉洁的外籍人员为税务司，受道台之命工作。下设一华洋关员的混合机构，包括通士、文书及稽查员；以及一只海关巡逻船，该船应配以优良的外籍船员，并由一可靠而有知识的船长指挥。这个海关机构的全部开支由道台在税收项下支付，其俸给标准须足以保证所选派的各种职员具有最高的德才。上述俸给将由海关总监督按月支付。

三、关于负责的税务司之任命及整个辅助部门之组织，兹经同意，为杜绝将来争执及怨尤，同时为对人选有较多了解以保证适当的选任，最好的方式为每一条约国的领事在发现合格人选时即进行选择，各提出司税官一名，由道台加委，并由此三名税务司组成一个行动一致的税务司署。该署得受权选任各级华洋属员。在遴选华籍职员时，将从道台方面获得各种便利及协助，道台得根据税务司署所推荐的若干人选予以任命，其俸给即按前述第二条规定办理。会议认为，对税务司署之分工及职责，不必作任何规定，加以束缚。但会议却同意，下列一点值得税务司本人考虑，即英、美领事提名的税务司应特别注意其本国的船只，而法国提名的税务司则除法国船只外，还要对英、美以外的其他各国船只加以严密监察。但是，如果三名税务司合格人选一时不易物色齐全，会议同意三国领事中任何一国领事可立即执行其提名的

---

① Chinese Maritime Customs, *Documents Illustrative of the Origin, Development, and Activities of the Chinese Customs Service*, vol. VI, pp.51—55. 中译本转引自姚贤镐编：《中国近代对外贸易史资料》第一册, 中华书局, 1962 年, 第 500—503 页。

权力,而对所选任之人经道台加委后,三国领事得承认其有权代表整个税务司署,因此该员应对该署的集体职能负责。此事并不妨害其他两国领事对其余二名税务司随时提名的权力。此二名税务司是根据现在商定的编制,为完成这个机构所必需的名额。任用人员的报酬、数目及办公地点,在本备忘录签字后,即将由道台决定,并正式备文合咨三国领事。

四、如对该税务司等,发生任何勒索、贪污或失职的控告案,应由各该国领事进行审讯及宣判;对彼等不法行为,外侨可直接向各该国领事提出,各该国领事在正式通知中国当局及其他条约国领事后,即向彼等提出控诉。但是,这些控案如有必要及正当理由,则将由道台及三国领事会同审查;同时根据任命该税务司所签合同,此项会审法庭的决定,对被告及任命被告的海关监督,具有同等约束力。此项决定采投票方式通过,道台有两票。除经各国领事同意变更整个制度,以致税务司的工作已无必要,或者已无益处外,不得以任何其他方式革除或调动税务司的职务。遇有上述情况时,税务司有权在三个月前获得通知,或领得三个月的恩俸。税务司以下的一切属员如品行优良,应长期供职,只有根据税务司的建议,才能免除其职务。此项建议,在只有一个税务司时,即由该税务司单独提出,如有三名税务司,则至少应由二名税务司提出。但道台在收到此项建议时,应立即免除其职务。

五、会议所考虑的这个海关辅助部门——税务司署——的职能与责任,特别着重于监督航运及关税方面正确遵守海关章程及条约的规定。各负责税务司应采取一致的共同行动,并付有充分权力和一切必需的工具,以便详细检查出口装单和进口舱单、卸岸及装船准单、所纳关税及港口结关单,从而查出各方面发生的一切错误、违法及舞弊行为。在接受任命时,每一税务司将各自分别宣誓,矢忠于一切职责,弃绝一切私人的贸易利益,并且要对任命他们的道台及三国领事忠诚遵守约言,负担法律上的责任。这些有关当局均为会审法庭的成员,由于税务司等自身所作诺言,对该法庭应负有法律责任。彼等责任包括:当发现任何舞弊或不法行为时,随时向海关总监督及三国领事揭发;如须提出诉讼,则应取得判罪所必需的证据,经海关监督批准后,对从事任何逃税或企图逃税的不法行为者提出诉讼而采取一切适当步骤。至于道台方面,只要被告者确实犯了舞弊或违法的罪行,对一切案件即应无例外、无差别地严加惩罚,或课以罚款,或予没收,并将道台的意旨公布周知。海关监督对根据告密而判决的没收案,应按今后通知各领事的一定标准,提出没收货物价值的一定成数,给予告密人或有功人员,以资鼓励。税务司办公室应设在海关官署内,以便随时调阅中国海关的账册及文件。彼等应负责设置一套完整而清晰的、用英文及中文记录的海关账册,详列关于管理航运及税收的全部情形。此项账册得随时,或按今后决定的一定时期,在道台及三国领事等监视之下,与海关中国部门所登录的账册及纪录详加核对;如发现任何差异,应严予查究。此种共同的正式检查,得根据道台或任何一位领事的要求随时进行。为了整个海关工作更有秩序和行动一致起见,海关总监督保证,海关专理华事部门不再为任何外籍船只或外籍货主签发卸岸或装船准单、完税收据、港口结关单或任何其他正式文件。换言之,上述各项文件未经税务司副署及用印者,概不生效。税务司对上述文件应保存一详细记录,以供参考。会议还进一步同意,在任何情况下,除了通过一个经正式承认的外国领事外,将不准任何外籍船只报关,或不按照本章程在港内停泊、装货或卸货,此点最关重要。各税务司应将有关外国海关法令及按照条约可在中国付诸实施之有关各点,随时向海关总监督提供情报及建议。海关监督及三国领事中的任何一领事提出正式要求时,各税务司应无区别地提供关于航运及征税的一切资料,并听其随意取阅海关账册及记录。但是彼等无权让任何其他方面查阅此项账册及记录。

六、会议认为一只武装缉私船是不可少的。该船给养及人员均应从优配备,并由一外籍船长指挥。其船身要大小适度,以便在内河行动迅速,并能追上未经官方认可擅自离港的船只,同时,必要时还能驶往大戢山。

七、会议认为对 1851 年 8 月公布的海关章程,必须详加修订,以便作必要的更改并符合条约的规定。修订以后,应以中文及英文重行颁布,俾中外周知。

八、道台愿意并保证根据此次会议一致同意并通过的上述各条,改组海关机构,并于十日之内将此项组织及建制的详情,以正式公文送达各签字国领事,征求彼等根据条约所能提供的赞助及积极支持。同时,三国领事表示,愿意尽其所能对此诚实而有效率的海关组织予以帮助;并在收到此项公文后,准备在一个规定的日期公布海关总监督的正式就职,并通告各货商及船长应严格遵守海关及港口章程,违则按条约规定科以罚金并没收货物。

中外《引航章程》①

咸丰五年十一月初二日（1855 年 12 月 10 日）②

上海

下列关于上海港中，外籍引航员管理的章则，系由上海道兼海关监督会同三个条约国家领事制定并使之生效：

1、经道台大人批准，由三国领事任命一个引航委员会，该委员会由三至五名船长组成，必要时由一名海军军官与之联络。所有打算从事引航业的人，都必须经过该委员会的考核。

2、经委员会多数通过后，申请人将得到一份资格证书，并以此存放于其本国领事处，换取引航员执照。所有与中国无条约关系的外籍申请人，则将资格证书存于领袖领事处，并从彼处获得引航员执照。

3、每艘引航船都必须悬挂上红下白的引航旗，引航船的编号应以黑色显示于旗上。

4、引航费率以船舶吃水为标准计算：从大戢山开始吃水每英尺 5 元，从灯船起每英尺 4 元，从吴淞外、灯船内任何地点起每英尺 3.50 元，从吴淞到上海每英尺 3 元。出口船引航费率与进口船舶相同。

5、每位引航员登上船舶后，应将其引航员执照出示给船长阅看。

6、任何人未经前项规定取得引航员执照，不得从事引航工作，违者由其本国领事依法处理。三个缔约国管辖范围以外的人违犯此规定，则交由中国地方当局处理。

7、引航员有义务忠实尽责地履行其职务，任何由于疏忽、不称职、有意忽略或其他原因导致的行为违规，一经证实，将没收其引航员执照，并可能依照其本国法律受到其他制裁。

8、本章程自 1855 年 12 月 10 日起生效。

---

① 该约章未见中文本，此处译自英文本，见 *The North China Herald*，Jaurary 5，1858.该中译本转引自徐万民、李恭忠主编《中国引航史》，人民交通出版社，2001 年，第 369—370 页。

② 该日期系约章生效时间。

中英《永租九龙司章程》①

咸丰十年二月二十九日(1860 年 3 月 21 日)
广 州

　　大清总督两广部堂劳崇光与大英驻扎粤省暂充英、法总局正使巴夏礼先生议明立据于下：

　　兹因新安县九龙司尖沙咀一带多为荒芜山丘，不宜农耕，且该地近已成为盗贼和不法之徒出没之地。他们与维多利亚城近在咫尺，时常穿越港口潜入香港，抢劫该居留地，给英国臣民造成极大伤害。后者并无法迫使劫匪赔偿。两广总督劳崇光与正使巴夏礼因而议定，作为初步措施，如附粘地图所示，将九龙半岛在所划界线(该界线从临近九龙炮台南部之一点起，至昂船洲最北端止)以南的所有地方，包括昂船洲在内，租借给代表英国政府的正使巴夏礼，使英国政府能够完全控制该地，并采取措施除暴安良，使当地井然有序，不再成为盗贼出没之地。为此，每年须付给中国地方当局租银五百两。只要英国政府按时如数交付租金，中国政府便不得要求归还上述土地。在劳崇光向中国最高政府提出请求，经皇帝授权另外缔结永久性协定之前，该租约不列为有效。

　　此租约一式两份，双方各保留一份，1860 年 3 月 20 日，即咸丰十年二月二十八日签于广州②。

---

　　①　该约章未见中文本，此处译自英文本，见英国外交部档案 F.O.17/337,pp.239—241. 该中译本转引自刘蜀永编著：《割占九龙(香港历史问题资料选评)》,(香港)三联书店有限公司,1995 年，第 92—93 页。

　　②　实际签约时间为咸丰十年二月二十九日(1860 年 3 月 21 日)。

中法《议租广州地基建复天主教堂合约》①

咸丰十年十二月十五日（1861 年 1 月 25 日）

广州

大清头品顶戴兵部尚书兼都察院右都御史总督两广等处地方军务兼理粮饷劳，大法钦命驻扎中华粤东省城总管水陆军务水师总镇御赐勋劳四品宝星谷，大法会理华洋政务总局正使司水师协镇御赐勋劳五品宝星安。

为立定合同以昭信守事，案照咸丰十年九月十五日奉上谕。恭亲王奕䜣奏，互换和约一折。本月十一、十二等日，业经恭亲王奕䜣将八年所定和约及本年续约，与英法两国互换。所有和约内所定各条，均著逐款允准，行诸久远，从此永息干戈，共敦和好，彼此相安以信，各无猜疑。其和约内应行各事宜，即著通行各省督抚大吏，一体按照办理，钦此。钦遵照办在案。查法国条约第十款内载：法国人至通商各口地方，听其租地自行建造礼拜堂、学房各项，凡租地多寡，彼此照价定议。又续增条约第六款内载：前时所充之天主堂、学堂、房廊等件，应交还法国大臣转交该处奉教之人建造自便等因。兹由法国总镇谷芳德布阿与法国正使司大努安，在广东老城之外新城内，选择合式空地一块。东至白米巷住户后墙为界，对面传教要砌墙，中间留六尺宽作巷一条，量长六十九丈七尺七寸二分；西至玉子巷为界，量长六十四丈九尺九寸五分；南至卖蔴街为界，量长二十七丈九尺九寸三分；北至大新街为界，量长四十六丈七尺二寸五分，共计地四十亩零二厘六毫。另南边小空地一段，以照壁为界，东边量长十丈零八尺九寸九分，西边量长十一丈二尺四寸五分，南边量长十三丈三尺八寸七分，北边量长十五丈零二寸五分，共计地二亩五分八厘。此一段小空地，因不得起建房屋。总共地二段，计四十二亩六分零六毫，其尺丈照法国通商税则核算。

法国总镇饬正使司请永远租赁与法国，颁发公帑，于此地基上建造天

① （台湾）"中央研究院"近代史研究所编：《教务教案档》第二辑（三），台北精华印书馆，1974年，第 1563—1564 页。

主堂、并传教神父住房、及本地习教读书、普济施医等院、育婴堂,共五色屋宇。此后只有法国普行劝善会中之人在内居住管理。经总督两广部堂劳与本地官绅商议允准。将此地基按照条约第十款及续增条约第六款,永远租赁与法国。由驻粤总镇转饬正使司查收,并将此堂基合同送到驻京之法国钦差,转交粤省传教之人。但此地仍属中国之业。应照条约议定。该地每亩每年租钱一千五百文。该地四十二亩六分零六毫,每年共纳租钱六万三千九百零九文,由法国官交与中国地方官收存。每年除纳租之外,无论何时何故,不准中国官员衙役绅民人等另索钱文,别生枝节等弊。至前时传教人于城厢内外共有天主堂数处,现在止要租还此处,其余各处一概不题,永远不须再补。为此立定合同四纸,彼此盖印画押,各执一纸为据。须至合同者。

一立合同四纸,计法国收执三纸,本署存案一纸。

咸丰十年十二月十五日

中英《汉口租界条款》^①

咸丰十一年二月十一日(1861 年 3 月 21 日)

汉口

大清钦命湖北武昌等处承宣布政使司奇齐药勒特依巴图鲁唐,大英钦差大臣参赞兼管领事官事务巴^②,为立约永租地基事。

现在英国遵照和约来汉通商,应定地段,以便英国商民盖造房栈居住。今大学士湖广总督官,派委本司,会同本参赞查勘。定准汉口镇市以下街尾地方,自江边花楼巷往东八丈起,至甘露寺江边卡东角止,量得共长二百五十丈,进深一带一百一十丈,并无参差不齐。经本月初十日,本参赞会同委员萧、守汉阳县黎,令立明四至,用石块上刻"大英国地基"字样,按至钉明。共合地基四百五十八亩八十弓,每亩地丁银一钱一分七厘,共银五十三两六钱二分五厘;漕米每亩二升八合四勺,共米一十三石一升五合七勺,每石折银共银三十九两四分七厘一毫,两共银九十二两六钱七分二厘一毫。将此地永租与英国官宪,分为英国商民建造房栈居住之所。应如何分段并造公路,管办此地一切事宜,全归英国驻扎湖北省领事官专管,随时定章办理。每年四月内,由英国领事官将以上地丁漕米价共银九十二两六钱七分二厘一毫,清交汉阳县如数查收,方可永租无异。

查此地民房铺户地基系论块算,目下不能逐一计亩,其中所有瓦房、草房、棚寮应早日计明间数开册。自定此约之后,即不准民人在租界内再造房屋、棚寮等。间俟领事官到楚用地之日,即会同汉阳府县,随时传集本房屋地主呈验地契,当面合算。其中所有官房、庙宇及民间瓦屋、草房、棚寮、菜园、麦地,分别大小粗细等次,由官按照地势定银若干,不准百姓高抬价值,亦不许英商任意发价勒买,总以两不吃亏而昭平允。一面拆房交地,永为英国之业。

---

① 《汉口租界志》编纂委员会编:《汉口租界志》,武汉出版社,2003 年,第 519 页。
② 该约由湖北布政使唐训方与英国驻华使馆参赞巴夏礼(Harry Smith Parkes)签订。

立约之日，本参赞、本司当面言明，所定此地界址，不能越花楼巷之西一带再租，免碍镇市铺屋。嗣后各国来汉租地，自必一律办理。

此议之后，两无异词。现立租约两纸，各执一纸存照为凭。此约本参赞书押为凭，俟本国钦差大臣批准，再盖湖北省领事官印。此照。

中外《津关各国商船进口下货章程》[①]

咸丰十一年四月二十一日（1861年5月30日）[②]

天津

第一款，凡商船抵本口应照例将船牌等件呈交领事官；如该国无领事官者，则自行赴关禀报，该船系在拦港沙内外停泊限二、三日报官。

第二款，凡商船进口先将舱内所载货物据实开单，赴关报明，方能照所呈货单领取开舱准单。

第三款，凡商船领取开舱准照之后，方准将舱内之货下载驳船。若系停泊拦港沙之大船，驳船起货，行抵大沽，由大沽委员督率号船巡役查明封贴船舱，方准前来天津。凡驳船运货至新码头者，货主即应将所载货件详细开汉字清单，并书英国字或法国字开单请验，由本关发给验单。俟该商完纳税饷，呈回银号发给之号收，方准该驳船过关起货。

第四款，凡商船欲装出口之货，应照起货之例，赴关呈请查验，验明后将舱口封贴，发给验单，俟完清出口税饷，方准驳船过关，前赴海口装入洋船。如该洋船系在关下内口停泊，即派差押送前往；如该洋船系在大沽拦港沙停泊，该驳船到大沽报明号船扦子手，由扦子手查验开舱，方准将货装入洋船。

第五款，凡载进出口货之驳船，须在紫竹林码头以上起装货，违者议罚。

第六款，凡两船欲行互拨货物，必先请领本关特准单据，方准互拨。

第七款，凡请免税单、存票等件者，须将复出口之货详细开明：包箱、花色、数目、字号，系何船装载，进口何时完清税饷，现装何船，前赴某口各等情，逐细禀明，并将该货运到新关码头验明，请领过关准照。

---

① 该约章系清朝代理总税务司赫德与天津海关税务司克士可士吉等草拟，经与英国驻天津领事商准后颁行。见徐宗亮等编：《通商约章类纂》卷九，北洋石印官书局，光绪戊戌年印本，第55—56页。

② 此为英国驻天津领事同意实施章程的日期。见徐宗亮等编：《通商约章类纂》卷九，第57页。

第八款,凡商船在请领出口红单之先,应将出口货单呈交本关。

第九款,凡洋人领单下货,因船已载满,复行退回者,须带货赴本关码头查验,方准上岸。

第十款,凡商船在拦港沙起下货物者,须在本关号船之外停泊,其余小号各船,可入内河者,须在梁家园以上紫竹林以下停泊。如违此界限,在中途起下货物,即以走私议罚。

第十一款,本关每日自十点钟时开关,至四点钟闭关。凡礼拜及给假日期停止办公。

中外《游历传教查验印照并无约各国不准给照申明》[①]

咸丰十一年六月二十八日（1861年8月4日）[②]

北京

为咨行事。本衙门现已与英、法两国驻京公使议定：嗣后英、法各国人无论往何处游历，均应由该处领事官发给执照，注明前往何处；并由该处地方官钤用印信，方准前往，沿途经过之地方，必须验明印照，方准放行。如无钤印执照，地方官即应按照条约，严行阻止。其往各省传教之人，亦应一律办理，如无领事官及地方官盖印执照，均不准该国人等任意游行盘踞，应由该地方官设法拦阻，毋许前进，一面飞咨本衙门，以便办理。此外，并未换约之国，虽有该国领事官执照，亦不准前往内地。此种人必有内地奸民随行，如该国人不遵约束，即先将该奸民扣留递解回籍。相应知照转饬办理可也。须至咨者。

---

① 该约章系总理各国事务衙门与英、法公使议定。参见颜石清等编：《约章成案汇览》乙篇卷三十三下，点石斋刊本，1905年，第6—7页。

② 此为总理各国事务衙门咨行章程的日期。见徐宗亮等编：《通商约章类纂》卷二十，第10—11页。

中法《上海法租界拓界章程》①

咸丰十一年九月二十六日(1861 年 10 月 29 日)

上海

为出示晓谕事,案奉钦差大臣薛训令开:案准总理衙门咨开:准法国全权公使布尔布隆照会称,法国欲在上海租地一块盖造房屋,请为饬令上海地方官府指定一块沿河可通黄浦江之地,至多三十亩左右。

租价应由上海道台同法国领事商议,公平酌定;应由上海道台出示晓谕百姓。

查和约第十款内开:法兰西人至通商各口岸租赁房屋或租地自行建屋,中国官府应阻止内地民人高抬租价,法国领事馆亦谨防本国人强压迫受租价等语。

兹查法国欲借上海小东门外地皮三十余亩,并奉钦差大臣转发法国公使照会,饬令酌情办理等因。同时并准法国领事爱棠照会,要求处理此项租地问题并出示晓谕以便地主出让该地,而领事得与地主商定租价后竖立界石等由。准此自应照办。

除令知上海县勘明该地情况并转令地保暨地主迅即公平确定租价外,合行出示晓谕,仰各该地保、地主即便知照:此项租地问题系奉钦差大臣之命办理。仰各该地主迅即协同地保确定相当之租界并签订契约,法国人方面亦应秉公办理,不得强迫压低租价。

江南海关督办苏松太道

咸丰十一年九月二十六日(1861 年 10 月 29 日)

---

① 该章程以苏松太道吴健彰告示的形式出现,名目系编者所拟。中译本见〔法〕梅朋、傅立德著:《上海法租界史》,倪静兰译,上海译文出版社,1983 年,第 556 页。

附录:《法国驻上海代理领事爱棠
致苏松太道的照会》①

照得恭亲王和法国特派驻华全权公使布尔布隆已在北京议定:将法租界的边线延长至小东门外直通黄浦江之小河沿,上海地方官府应立即就延长地带内沿南面黄浦江旁边的界石指定三十四亩地皮供皇家邮船公司租用。所以特请贵道台即便出示晓谕百姓,一体周知,以免有人反对法国人在此界线和此地段内所得到的专有权利。同时,您曾准我所请,派役吏会同领事馆主事翻译萨莱斯和布尔布隆委派规划租界的工兵部队军官以及法国邮船公司代表比索内先生前往察看地点和面积的大小并确定三十四亩地皮的方圆。

然而,根据此次察看的结果以及工兵部队的军官为新开发地区设计的方案,认为此段地方的地势很不规则,总面积只有六十八亩,而且许多地方被城壕和黄浦江的滩岸侵占,中间还夹有两条平行的道路,地面就更加狭小了,因此我决定把这新开辟的租界地区全部归法国邮船公司,促其驻上海代表从现在就开始占有此地,并将此六十八亩地的地价和房价随征购情况而陆续缴至领事馆。

为此,我要求贵道台从速采取下列措施:

一、根据以前协议的原则规定地价和房价;

二、令地保开列各户地主名字和契据以及各户地产面积;

三、令知县备好拘票以便随时拘捕抗命之地主。

这些措施一经我们共同商定,并由有关各方忠实执行,我们就能满意地看到我们彼此在北京的上级的意图得到了实现。

特此照会。

---

① 上述章程即应此照会而发。中译本见［法］梅朋、傅立德著:《上海法租界史》,第554—556页。

中法《续议印花布加长纳税章程》①

咸丰十一年十月十八日（1861 年 11 月 20 日）②
北京

大法国钦差大臣布为照会事：

日前接奉本国总理各国事务衙门大学士札文，内开接准工农贸易部大学士咨文，以阿里萨西亚省织布行公会禀称：现今本国与中国在天津设立和约税则进口布匹花幔类内载：印花布宽不过七十八桑的迈当，长不过二十七迈当零四十三桑的迈当，每匹七分应纳税项条款。惟本省及普本国并不织如此狭窄之布，若必遵行该税则条款，则本国商人必不能将印花布运入中国贩卖；或将织布器具改易，必致滥费仍无益处，且彼时英、美国贩卖棉布商人并无同行敌手之商，恐于中国无益，况只有此印花布利，而中国与本国相处愈久，系极精致之物，中国向来喜用，故我国商人可以带赴中国售卖得获微利；而中国与本国相处愈久，交易愈多，不但无碍，且似两面更有益处。故本会禀恳大部转请设法托驻扎中国京都全权大臣向中国总理各国事务衙门大臣商议，倚靠本国与大清国和好及两国交易之益，请烦将该税则印花布条款改为每匹宽至八十六桑的迈当，长自四十至五十五迈当为例。本公会及本国各织布行莫不同深感赖等语。相应咨行总理各国衙门查办。本衙门准此应行札知贵大臣竭力商办等语。本大臣奉此应即照会贵亲王，请烦查照可否办理。且此事若不改易条款，则本国商人定不能运印花布进入中国，似于税项有亏。故本大臣望贵亲王允许改易，若不准推诿，实系两面均有利益；再贵亲王屡以真诚友谊相待，此事仍望设法办理，则益征睦好之谊矣。为此照会贵亲王请烦查照施行。

须至照会者。

钦差大臣总理各国事务衙门为照复事：

---

① 田涛主编：《清朝条约全集》第壹卷，黑龙江人民出版社，1999 年，第 267—268 页。

② 约章交涉在咸丰十一年六月至八月间，但具体签约日期未查明。此为清朝总理衙门照会法国公使实行章程的时间。

　　据贵大臣照会内称:天津议定税则内载印花布宽不过七十八桑的迈当,长不过二十七迈当零四十三桑的迈当,每匹应纳税项七分。惟本国并不织如此狭窄之布,请烦将该税则印花布条款改为每匹宽至八十六桑的迈当,长自四十至五十五迈当为例等。因前来本爵查原定税则本不能更改,惟印花布一款既据照会内称:贵国并不织此狭窄之布,是当日议定税则时,尚未十分明晰。但查贵国之印花布匹,核与原定税则所载,宽已加增八十桑的迈当,长更加增几及一倍。若照原定七分,恐不足以洽他国之商情;若照原定税则按数加增,每匹应加税至一钱五分。因念两国既经和好,不妨格外让情,止增长税,不增宽税,改为每匹共纳银一钱二分。贵国印花布匹须照此次所议宽长永为定式,不得再行少许减长加宽,以免将来再有辩论。本爵实因两国和好,是以俯顺商情,庶贵国印花布易于流通。相应知照。贵大臣嗣后遇有进口印花布,务须照此次所议,宽至八十六桑的迈当,长自四十至五十五迈当为例,每匹纳税银一钱二分。此外,各款税则仍不能再行更改,希贵大臣转饬各口领事官查照遵奉可也。

　　须至照复者。

　　咸丰十一年八月　日

中法《保护教民章程》[①]

同治元年八月初十日（1862年9月3日）

北京

一、教主神父分赴各省，宜慎择良善也。查外国传教者分赴中国各路传教，无非劝人为善之意。果能中国多一善士，即天下少一莠民，但恐一意招徕，来者不拒，在良民诚心向善，自不致或有他虞；万一素行无赖之人，托名习教，一经混迹其中，难保不向邻里乡党肆行无忌。彼同乡共里，耳目最亲，一旦以众人之所轻贱者，忽为外国所尊礼，其心已有所不服，又况恃有护符，更加挟制，安得不激成事端。迨至衅隙既开，即多方补救，终难家喻户晓，尽释其疑。是误收一败教之人，即添一教中之害。自不若事先审慎，防患于未然。嗣后传教者于愿意习教之人，务宜悉心查访实系安分良民，方许从游。如有品行不端，或已经犯法欲借习教为护符者，即行屏斥不纳。如此办理，则善士盈庭，门墙清肃，百姓虽不尽习教，当不致以身不习教，因于习教者稍有猜疑。

一、地方官宜准情酌理，分别待外国传教及中国教民也。查外国传教系知礼之人，今在中国传教，于地方亲民之官有主客之义。况传教意主劝善，并不干预地方公事。如有要件，欲与地方官会晤，自系宾主来往之常，在地方官不得推托不见。如实有公务，未能分身，亦可商明另订期会。传教者亦不得因偶尔未晤生疑。至中国传教习教诸人，虽奉外国之教，犹是中国之民，自应守中国法度。地方官不得因其习教稍有歧视之心，该习教传教者亦不得恃教自尊，藐视官长，如乘坐四轿与地方官平行等事。试思中国奉至圣之教，何尝因一经读书，遂敢妄自尊大，不循礼节，欲与官长抗衡乎。又主教神父本系生长外国，今在中国传教，或改服中国之衣冠，以一观听；或仍用外国之衣冠，不忘本源，自应听从其便。若中国传教习教之民，犹是中国之人，自应仍用中国衣冠，俾免冒充外国主教，致为外国主教

① （台湾）"中央研究院"近代史研究所编：《教务教案档》第一辑（一），第25—26页。

之累。

　　一、讼案牵涉教民，宜持平核办也。外国主教多属好善之人，自不致有他虑。万一地方官彼此不协，亦应详由大吏咨明总理各国事务衙门与外国钦差大臣商办，不得擅加刑责。至中国传教习教之人，原系中国之民，如与中国不习教之人争讼，自应一体跪审。地方官但论案情之是非曲直，不问其人之曾否习教。事为地方官应办之事，教民应向地方官呈诉，不得妄禀主教，致陷主教以干预公事之名，并间中外之好。教民与不习教之民，同一子民。地方官务当细核案由，秉公剖断，不得稍涉偏私，致滋口实。如此办理，庶几一视同仁，永远相安。

中法《议租广州地基建复天主教堂续约》^①

同治元年(约 1862 年)^②
广州

大清头品顶戴兵部尚书都察院右都御史两广总督部堂劳,大法钦命辅理全权事宜驻扎京师参赞大臣哥。

为再行立定合约事,案照咸丰十年九月十五日奉上谕,恭亲王将八年所定和约及本年续约,与法国互换。所有约内各事宜,即著通行按照办理等因,钦此。钦遵照办在案。查法国条约第十款内载:法国人至通商各口地方,听其租地自行建造礼拜堂学房各项,凡租地多寡,彼此照价定议。又续增条约第六款内载:前时所充之天主堂、学堂、房廊等件,应交还法国大臣,转交该处奉教之人建造自便等因。经两广总督部堂于咸丰十年十二月十五日与大法钦命总管粤东省城水陆军务水师总镇谷,按照和约,将粤东省会新城内空地基一块,计四十二亩六分六毫,永远租与大法国,转交法国普行劝善会中之主教,建设天主堂学房,永远租业。

又在案。现在大法国副钦差哥到粤面言,因奉大法国驻扎京都钦差全权大臣布谕,以在前所租四十二亩六分六毫之地基,尚不敷用。请将前租地址附近之东南二面中镇府衙门地基一块、马房二块、轿班房一块、督标箭道一块,再租与大法国。照前交法国主教传教人等建造天主堂学房等屋。南至城墙为界,西至前租建造天主堂地址为界,北至大新街为界,东至白米巷为界。又轿班房督标箭道共一块,西至白米巷为界,北东南皆至民房为界。两总块深阔共量一千六十一井零四尺六寸八分七厘,合计一十七亩六分九厘零。经两广总督部堂与本省官绅商议,允准永租与大法国查收,转交主教,一并建造天主堂、学房、普济施医等院、育婴堂,及法国主教传教士等住房,不许别用。如或别用,此契约作为废纸。合计此二处地基八至界

---

①　(台湾)"中央研究院"近代史研究所编:《教务教案档》第二辑(三),第 1565—1566 页.

②　此签约年份由两广总督瑞麟的奏疏确定,但具体月日不详,参见(台湾)"中央研究院"近代史研究所编:《教务教案档》第二辑(三),第 1562 页。

限。南至城墙,北至大新街,西至玉子巷,东至白米巷。又班房及箭道共一块。西至白米巷为界,北东南皆至民房为界;虽东西北三面临街,永无侵占,即南面虽界至城墙,而其中之卖蔴街亦永不阻止行人。但前已永租之地址,每年租钱已经议明。而续租之地五块,亦属中国之业,应照条约议定。该地每亩每年租钱一千五百文,共钱二十六千五百四十文,与前租项合一总数,共租钱九十千零四百四十九文。于每年十二月十五日,由大法钦命驻扎广州领事官送与中国地方官收存。除每年纳租之外,无论何时何故,不准中国官员衙役绅民人等另索银钱,别生枝节等弊。至旧有之省城隔壁天主堂三座,及佛山、顺德、官山、小固、雷州、石城、肇庆、三洲、连定、东占、乐昌、梧州、桂林等处,共天主堂十八座,及该堂所属之田土房廊,一概相让,永远不须再补。

为此再立永远租给合约四纸,彼此各执为据。将一纸交两广总督部堂衙门收存备案,其余三纸即交大法副钦差哥,将一纸转呈大法钦差驻扎京都全权大臣布,余二纸将一纸饬交驻扎广州法国领事官衙门收存,一纸送交主教为妥和同办理。须至合约者。

中英《现议轮船章程》①

同治二年五月二十三日（1863 年 7 月 8 日）②
北京

一、中国所买火轮水师兵船,现在议定由中国选派武职大员,作为该师船之汉总统。并延英人阿思本,作为帮同总统。以四年为定。其兵船一切事宜,该两总统应和衷商办。至阿思本帮中国管带师船,所有用兵地方,应听督抚节制调遣,其行兵进止,应随时面商,仍听中国持主。

一、阿思本既帮中国作总统,由总理衙门发给札谕,俾有管带之权。外国兵弁,由阿思本管束。如兵弁中有骚扰百姓及一切不法情事,阿思本均应严办,以期军律整齐。

一、此项兵船,系中国置买,必期于中国有益,自应随时挑选中国人上船学习,以期经历久远,不至日久废弃。其行船放炮,及一切火器。阿思本务须督同船主员弁,实心教练,以收实效。

一、此项水师轮船七只,又趸船一只,共计八只。其应支粮食、军火,及火食、煤炭、犒赏、伤恤银两,并一切未能预言之各项用款,议定每月统给银七万五千两,统归总税务司李泰国经理。所支银两,每月在江海关支银一万两,九江关支银一万两,闽海关支银三万四千两,厦门关六千两,粤海关支银一万两,潮州关五千两,共银七万五千两,统由李泰国按月向各关支取。每届三个月,将用过细账,由李泰国造报总理衙门。再由总理衙门转咨户部核销。若有盈余,留存后用。

一、各关所收税银,于本年六月十七日,即英国八月初一日起,先尽此项轮船经费。按照所定本月之数,由李总税务司派人赴银号支领。倘银有

---

① 该约章由清朝总理衙门大臣奕䜣等与"阿思本舰队"代办人李泰国(Horatio Nelson Lay)商定。见中国史学会主编:中国近代史资料丛刊《洋务运动》(二),上海人民出版社、上海书店出版社,2000 年,第 248—249 页。另见(台湾)"中央研究院"近代史研究所编印:《海防档》甲编,台北,1957 年,第 162—166,172,182 页。

② 此日期为清廷批准时间。参见(台湾)"中央研究院"近代史研究所编印:《海防档》甲编,第 166 页。

未交,由李总税务司即于税饷径扣抵用。四年之内,每月俱照此办理。

附录:中英《雇佣洋兵合同》①

同治二年正月十六日(1863 年 3 月 5 日)

伦敦

第一条,李泰国议定,后开各等薪水工食,每月按照各数目分别给领,均以美国鹰洋。并议定以昔林四个必里二个作为鹰洋一圆,永远如此算,无论时价增减。总统每年薪水银三千磅;副管带甲必丁每年薪水银一千六百磅;管船甲必丁每年薪水银一千磅;管船格满得每年薪水银八百磅;总统文案官每年薪水银五百磅;一等立复德楞的每年薪水银五百磅,众立复德楞的每年薪水银四百磅;一等医官每年薪水银一千四百磅,次等医官每年薪水八百磅,三等医官每年薪水银三百磅;管理粮台官每年薪水银一千五百磅,管理支发银两官每年薪水银五百磅;管理火轮等事一等官每年薪水银一千磅,管理火轮等事二等官每年薪水银六百磅,管理火轮等事三等官每年薪水银四百磅,管理火轮等事四等官每年薪水银四百磅,管理火轮等事五等官每年薪水银三百磅,管理火轮等事六等官每年薪水银二百磅;小立复德楞的每年薪水银三百磅,密治们每年薪水银一百磅;总理木匠事务每年薪水银三百磅;管炮官每年薪水银二百四十磅;水师总管每年薪水银二百四十磅;木匠每年薪水银二百四十磅;帮办管炮每年薪水银一百磅;帮管炮位器具每年薪水银一百磅;帮理水师总管器具每年薪水银一百磅;帮管木匠器具每年薪水银一百磅;管理配药每年薪水银一百磅;一等管理杂物每年薪水银二百磅,次等管理杂物每年薪水银一百五十磅,三等管理杂物每年薪水银一百磅;水师头目每年薪水银八十磅;烧煤头目每年薪水银一百磅,烧煤副头目每年薪水银八十磅;修船木匠每年薪水银八十磅,副修船木匠每人每年薪水银七十六磅;一等水师兵每年薪水银七十磅,众烧煤每年薪水银七十磅,次等水师兵每年薪水银四十磅,幼水师兵每年薪水银二十五磅;管理杂事每年薪水银六十磅,管厨每年薪水银八十磅,众厨每年

---

① 该合同由李泰国代表中国政府与英国水师将领阿思本签订。但并未得到清政府认可。现附录于此。见(台湾)"中央研究院"近代史研究所编印《海防档》甲编,第 211—216 页。

薪水银五十磅；练兵外委每年薪水银一百五十磅，次等练兵外委每年薪水银八十磅；战兵每年薪水银六十磅。

各员弁、水师兵、战兵人等，尤定相帮至英明年九月初一日止。如奉本国君主谕旨准再帮助，我等即再帮两年。我等既照领薪水工食银两按月不误，则我等必尽心尽力，如同办本国朝廷之事一样。并各遵上司吩咐，如同在本国兵船一样。并遵李总统税务司、阿总统所发示谕章程等件，谨遵办理。所有以后附刻章程，亦无不遵照。

第二条，此条后开食物各数目，必按期发给，须得相符。每日计发饼或馒首，每人一磅又四分磅之一，酒每人半直里，糖每人两恩斯，札过蜡或阁果或加非每人一恩斯，茶叶每人四分恩斯之一。每礼拜计发麦面四分便德之一，芥末半恩斯，胡椒四分恩斯之一，醋四分便德之一。每日如在能买之处，计发鲜肉每人一磅，菜每人半磅。每日如在不能买得鲜肉之处，计发腌猪肉每人一磅，英国豆每人三分便德之一，或腌牛肉每人一磅，麦每人九恩斯，牛羊膏每人四分恩斯之三，乾葡萄或小乾葡萄每人一恩斯又半恩斯。如在大海，因无鲜肉而发腌肉之日，则每一礼拜，计发马口铁罐所装肉四分磅之三，米＿恩斯，杂菜＿恩斯。

第三条，各员弁及水师兵、战兵人等，有犯此条后开各罪，有例应审讯之员弁三位，如奉总统之令，即坐堂公为审断。

第一款、谋反。第二款、逃走。第三款、以淫亵待人。第四款、盗窃。第五款、擅自离船。第六款、酒醉。第七款、凶打。第八款、怠忽。第九款、违傲。第十款、品行不端。第十一款、打仗畏葸。第十二款、诱人犯以上各罪，并与人同犯以上各罪。

以上所开各罪名，如有犯者，经三位官审讯属实，即行断令革退。如该人有应领未领之薪水或工食，并有另行一切应得之款，一概不准给领，以示惩罚。我等议定，均行遵照审讯官三位所定，并无异说，惟须总统批准而已。倘李总税务司并阿总统有以为应行撤退之人，俱可随时撤退，无庸由三官审断。但撤退该人，须给三个月薪水，即以撤退之日为始，并给由好望回国路费。

第四条，我等各员弁及水师兵、战兵人等，欲行告退者，则李总税务司与阿总统可以照准。各员弁及水师兵、战兵人等，允准凡欲退者，豫先三个月，各由上司转为具禀报明。如已准退，则限一个月内回殴罗巴。许给之薪水，到英国方可给领。总统可随时撤退各小官及水师兵，但该小官亦应给三个月薪水，并由好望回国路费，即从撤退之日起。凡管船官可将属下小官并水师兵之不中用者，随时降用，仍须禀候总统允准。该降用之人，以后均照所降职分支领薪水。凡大小员弁、水师兵、战兵人等，因病须回本国调治者，从医官断令回国之日起给与三个月薪水，并由好望回国路费。但此三个月薪水，亦必俟该人回国，方能给领。凡大小员弁、水师兵、战兵人等，擅行他往，十日不回者，即以逃走论，所有应给应赏之款，一概不发，以示惩罚。

第五条，我等各员弁、水师兵、战兵人等，拿获船只或货物，经定夺应拿之后，所拿之件，或已变价之银两，均交与管粮台之人照收。伊即先扣三分之一归与中国朝廷，其余即照现定水师章程第二十七总目明文办理。我等员弁及水师兵、战兵人等，允定均无私取银两货物等事，所拿之件，均行全交上宪查收定夺。

第六条，我等各员弁及水师兵、战兵人等，打仗受伤者，照后开各款赏银给与养伤。总统受伤，应俟朝廷酌赏银两。甲必丁（captain）并同品之官，如伤断肢体两件者，赏伤银五千磅。格满得（commander）并同品官，赏银三千七百磅。立复德楞（lecturare）、的小立复德楞（vice-lecturure）、的并密治们（miseman）及同品官，赏银二千磅。倘仅伤断肢体一件者，则递改为三千磅、二千四百磅、一千五百磅。此外各样杂伤，并未伤断肢体一件者，则须李总税务司会同总统，酌赏养伤银两。倘有大官阵亡者，则照以上所开至多之数，给与其妻，无妻者给其子女，无妻及子女者，给其母。凡小官及水师兵、战兵，受伤断落肢体二件者，每人赏银五百磅。断落一件者每人赏银三百磅。如此外杂伤并未断一肢者，由李总税务司会同总统，酌赏养伤银两。如阵亡者，则照以上所开五百磅之数给与其妻，无妻者给其子女，无妻及子女者给其母。

第七条，我等各员弁及水师兵、战兵人等，允定必以礼相待中国官员，必以厚意照护中国百姓，毫无薄待。我等俱宜尽心尽力，勉励办事。

第八条，我等总统以及各员弁、水师兵、战兵人等，倘或被中国未及四年将我等遣散回国，我等应照此合同所定，相帮至明年九月初一日为止之日期。此期外复有不过两年，即系如奉本国君主允准再帮，我等又续定两年之日，共计四年。我等应各照各人应得四年之银，除已得外，各应找领而去。总之，我等虽未帮满四年，而领银则如帮满四年一样。

中法《江西教案议结条款》①

同治二年七月初五日(1863 年 8 月 18 日)②

九江

一、告示由司道照改拟示稿,刊刻发贴各府州县,晓谕军民人等,各安本业,毋得滋扰。

一、江西省城内去岁拆毁教内育婴堂二所,赔银三千两,听罗安当自行买地建造。

一、江西省城外被拆之天主堂,赔银二千两,应由罗安当自购僻静宽敞处所另造。

一、罗安当所失书籍礼拜器具,赔银二千两。

一、教民失物若干,详细开单,送交藩、臬两司,持平查明,赔银五千两,作为赔补教民不能追还所失器具之费。

一、进贤县教民被拆屋宇,现据开明间数,赔银三千两,以作修造之费。

一、吴城镇被拆之天主堂二所,一在汤家园,一在梅家衖。该衖堂基已成义冢,不能归还,应寻一相当之地作抵。其汤家园堂基铺面,已经吴城同知冯询交还。所有被拆天主堂二所,赔银一千两,自行建造。

一、罗安当赴京往返盘费,津贴银一千两。

---

① (台湾)"中央研究院"近代史研究所编:《教务教案档》第一辑(二),第 969 页。
② 此为约章奏报的时间。

中英《阿思本舰队变价归还合同》①

同治二年九月二十五日(1863 年 11 月 6 日)②
北京

　　自中国九月十九日，即英国十一月初一日(应为 10 月 31 日)起，所有轮船回国薪俸经费，共约三十七万五千两。内薪俸九个月，约银十六万二千两(此款由中国认还)。经费约银二十一万三千两(此款作为卜大臣向中国借用，俟下结由应扣英国二成款内归还中国)。轮船一来，薪俸已付至外国十月底止(即中国九月十八日)。约尚有余三十七万五千两，由李总税司代借，无庸出利。据云银号前存李总税司银两，并未取利。所以此次借银，亦尤庸出利。所借银两，各关按五个月归还(每月七万五千两)。船价军火价值，暨船内截至九月十八日止。所存食用各物、煤炭，将来均由英国阿总兵变价。所变价银，悉数归还中国。

---

①　(台湾)"中央研究院"近代史研究所编印:《海防档》甲编，第 262 页。
②　该字单签订时间未查明，此处是总署呈文的时间。

中外《洋商请照入内地摘要章程》①

同治四年十二月十一日（1866年1月27日）②
北京

一、游历执照，法约第八款只载游行，原无准以接取货物之句。然英约第九款既有游历、通商字样。法商领照亦可一律用游历、通商字样，盖印发给（无约各国不在此例）。惟此项游历、通商执照与入内地买卖三联运照税单有别。游历执照系护本身之件；三联运照报单系免中途重征之据。凡仅持游历执照入内地买卖，而无运照税单者，应逢关纳税，遇卡抽厘。若并无单照，又无准其前往执照者，该商所有货物全数查罚入官。

一、买卖货物请领三联运照税单者，单内须注明本商允纳内地半税，并书明本商姓名、本行字号为凭。如沿途查验货物，有与单照不符，或有在途私卖者，均照单照内所注章程分别罚办。其入内地只准雇坐中国船艇，或居华商行铺之中，不准在彼长住，租赁房屋，私开行栈。凡照章请有单照，照完税饷者，此外一切抽厘，概与洋商无涉。

一、法约第七款明禁不得在沿海私买一条，须并看善后条约第七款，法商准赴内地各处，无论远近买卖，并无不准赴沿海字样，且所禁重在私字，并禁止洋船前去。若请有各项执照，又非搭坐外国商船者，不在犯禁之例。如有私用外国船只，开往沿海贸易者，仍行查拿入官。

一、洋商入内地，凡请游历执照与买卖单照者，均应加用该商前往内地，须用中国华船，不准搭坐洋船致犯入官之例等字红戳。

一、内地水陆及沿海口岸纷歧，应如何另行设法多加严查，可杜走私弊端，应由各该关监督妥晰查明，慎重照办，随时禀报，不得虚应故事，以内地条约为具文，致任洋商私行买卖获利，有亏中国税饷。

---

① 该章程因江海关与法国驻沪领事发生争执后，旋由清朝总理衙门与英国驻华公使"商定各案"后"酌为摘要"而成。见徐宗亮等编：《通商约章类纂》卷八，第33—34页。

② 此日期系清廷令各关实施章程的时间。

中法《陕西保护教士条约》[①]

同治六年三月初二日（1867 年 4 月 6 日）[②]

西安

为会议立约保护事，案查咸丰八年大清国与大法国互换和约第十三条内载，凡按第八款备有盖印执照，安然入内地传教之人，地方官务必厚待保护，凡中国人愿信崇天主教而循规蹈矩者，毫无查禁，皆免惩治等语。

今陕西省城遵奉谕旨，准将土地庙什字东省张姓房地查还，业已将张姓约据移送在案。指日张姓迁移，房地由地方官点交主教士，听凭建堂传教，系属按照条约办理之事。惟省城地方汉回杂处，心志不齐，欲期永远相安，必须妥议保护之计。除通商条款内所载保护传教，及他省原定约章，仍照遵行外，应就陕省情形议定条款，永远遵行，两有裨益。所有条款开列于左。

一、传教与通商不同，与地方官交涉公事较少，除传教应议事件，由主教与地方官随时会晤商办外，其余地方一切公事，不得干预。

一、天主教劝人行善，向与回教不同。陕省回民良莠不齐，伊既自有其教主、教官，应即严禁传教士，不得并收省城内外回民入教，致启汉民猜疑，别生枝节。

一、甘省回氛未靖，省城及各州县稽查奸宄，向来门禁森严，系为保护地方起见。恐有不法汉回人等，假充教民，往来传递消息，更应严防，以弭后患。嗣后传教士与教民由城门出入者，应听委员一律盘查，不得违抗。

一、通商和约内有大法国租赁民间房屋，建造礼拜堂、周急院、医人院、学房、坟地各项一条。此时主教在陕省传教，设于所交张姓房地之外，或添造医院、学房、坟地，置买租赁民间房屋。系民间情愿交易者，建造自便。其房屋、坟地如有应交地粮税契银两，仍应照章过割，按年完交。

以上四条，均为保护起见。自应互换条约永远遵行。

---

① （台湾）"中央研究院"近代史研究所编：《教务教案档》第二辑（一），第557—558页。

② 该约章签订时间未查明，此为陕西巡抚乔松年的呈文时间。

中英《英商在台湾采办樟脑条款》①

同治七年十月十八日（1868 年 12 月 1 日）

台湾

一、台湾樟脑官厂应即裁撤，嗣后按照善后条约第七款所载，设立子口，准洋商领照以前往内地买办，工货章程合共赴关报明监督，填给三联运照税单，单内注明本商交完内地半税，并填写本商姓名、本行字号加用。该商前往内地须用中国船只，不准搭坐洋船致犯入口之例字样，或本人或雇用中国伙赍赴台属内地，自向汉人采买，装入中国船只运至沪尾、旗后有约各口，赴关请验，照例完税正、子并缴盘运，洋船出口不必另设子口。如系仅持防护本身游历执照，并无运货印照，私行贸运者，应逢关约税，遇卡抽厘。倘无单照，又无准其前往执照者，照同治五年所订通商摘要五条第一款所载，即将该商所有货物全数查罚入官。若私用外国船只开往不通商口岸私作买卖者，照英国条约第四十一款船货并入官。

二、洋商及华伙雇坐中国商船，领有单照前往台属内地买脑，照同治五年通商摘要五条第二款所载，只许居住华商行铺之中，不准在彼长住，租赁房屋私开行栈。凡照章请有单照，照完税饷者，此外一切抽厘，概与洋商无涉。

三、洋商及华伙自入内地，向中国人买脑，务须银货两交，公平交易。倘有私借成本被人拖欠不还，或设计诓骗侵蚀，以及冒险深入内山致被生番抢劫杀伤情事，均不得具禀领事官；照会中国地方官拿犯追办。

四、洋商及华伙领照运脑，如在地方官该管界内被匪抢掳，许即禀明领事馆检对海关印单照，请地方官获犯追办，如全未追出或追不及数，但照中国定例将本犯治罪，不能赔偿。

五、台属樟脑现议裁撤官厂，任听华洋商民自行买卖，免其禁止，应再（在）敝道先行单衔出示，送交贵领事张贴备查，仍移知台湾道府分别通饬

① 高育仁、邵恩新等主修，郭嘉雄编纂：《重修台湾省通志·政治志外事篇》，第 205—208 页。

各属,并出示晓谕脑户商民一体遵守。至台湾梁复道前发禁止中国商民不准私行买卖樟脑,违者按照偷运樟板、硝磺出洋例治罪等由一案以告示,准即撤销作为废纸,以免歧异。

中法《天津教案往来照会》①

同治九年九月二十日(1870 年 10 月 14 日)
北京

　　大清国大皇帝问大法国大皇帝好。朕诞膺天命,寅绍丕基,眷念友邦,永敦和好。同治九年五月间,天津民人因匪徒迷拐幼孩,怀疑滋事,先后派太子太保双眼花翎武英殿大学士直隶总督调任两江总督一等毅勇侯曾国藩等,前赴天津,秉公查办。又降旨令各直省督抚,严饬所属地方官,一律随时保护。嗣经曾国藩等将办理不善之地方官,交部治罪。于刑部定议罪名时,复从重将已革天津府知府张光藻,已革天津县知县刘杰,改发黑龙江效力赎罪,以示惩儆。至滋事人犯,经曾国藩等先后审明情节轻重,当即正法者二十犯,问军徒者二十五犯。并令各直省地方官,晓谕居民,毋再滋事,务期贵国之人,得以相安。至天津之事,变生民间,朕与贵国和好有年,毫无芥蒂。兹特简太子少保头品顶带双眼花翎镶红旗汉军副都统兵部左侍郎三口通商大臣崇厚,前赴贵国,代达衷曲,以为真心和好之据。朕知崇厚干练忠诚,和平通达,办理中外事务,甚为熟悉。务望推诚相信,以永臻友睦,共享升平,谅必深为欢悦也。

附录:《法署使罗淑亚为开送从天津 关收领赔款事照会》②

同治九年十月初三日(1870 年 10 月 26 日)
北京

　　大法署理钦差全权大臣驻扎中国京都总理本国事务罗,为照覆事。

---

　　① 　此乃天津教案中外交涉的结案照会及"国书"。见中国第一历史档案馆、福建师范大学历史系合编:(中国近代史资料丛刊续编)《清末教案》第一册,中华书局,1996 年,第 955 页。约章名目由本资料编者所拟。

　　② 　中国第一历史档案馆、福建师范大学历史系合编:(中国近代史资料丛刊续编)《清末教案》第一册,第 956—957 页。

本大臣于九月二十四日接准贵亲王照会，内开本国被害之领事各官、传教士及商民、女修士等拟共酌给恤银若干，除分别给予领事各官、法商、修女等家属照单给领贰拾伍万两外，其抢毁天津教堂等处财物共合计银贰拾壹万两，现已酌定在天津关洋税项下如款归付等语。本大臣思揣于天津关收领此银，不知如何为据，即希贵亲王指明，以便收领。至此项数目细单开送请阅备存。

计开：

教堂与仁慈堂共银拾壹万两，法商伍万两，领事官署伍万两。

以上共合计银贰拾壹万两。

为此照覆。须至照会者。右照会大清钦命总理各国事务和硕恭亲王。

中外《福州港停泊轮船章程》①

同治十一年八月二十九日（1872 年 10 月 1 日）

福州

第一款，本口界限在定闽港一带，自金牌至万寿桥暨江南桥止。

第二款，泊船之处名曰罗星塔港，系在港内一直罗星塔东南向至对面港石上所画四方白迹内有乌字，并马尾西向一直至对面港止。凡此界内各项洋船，除汕头、福州不计外，必须泊此起下货物。

第三款，凡有船只进至福州港者，可在万寿、江南二桥起，至番船浦义和行码头止，起下货物。

第四款，凡有常来火船并战船进港，另有停泊处所可以前进抛碇，毋庸停歇。

第五款，凡所有帆船进港者，皆在港下界外停歇守候，理船厅抑或副厅前来指示泊处所，或另有火轮非上款所载者，若见内港引水前来，须在港下界外停止，以便该引水登舟引带；若引水抑理船厅所派之人尚未登舟，则本船内之引水须将该船带进停泊稳当之处。

第六款，凡船主应听从理船厅或副厅所指之位而泊，如未先请理船厅之示，不得擅移他处停泊。倘理船厅意要指令他移，皆应听从。

第七款，凡停泊船只，或有船主及代办行商抑出海者，指请欲泊处所，须由理船厅酌准施行。

第八款，凡抛碇船只，每边碇链须有一百八十幅地紧牵，如若不敷，应听理船厅指示，该碇链不准打结，必须拉直。

第九款，凡所有在港抛碇各船，彻夜须于右边前桅横梁之上点起明亮之灯。

第十款，凡所有各船在港抛碇，若理船厅指将头膝并后帆借水以及上下帆船收紧，须当听从。

---

① 徐宗亮等编：《通商约章类纂》卷三十四，第 6—11 页。

第十一款，凡在港船只不准在船内熬煮松香油，以及别种容易引火之物。

第十二款，凡所有压载石块沉重之物，以及煤灰碎炭，不准抛弃港中，须听从理船厅所准岸上之处，方可盘卸。其所雇之驳船，只许挂号入册之船方可搬驳，另用帆布张在船旁，以免漏落港内。

第十三款，凡无论何项压载之物，自金牌并一带港汊之内，如未奉地方官由领事特准起卸，皆不得妄行抛弃闽港。

第十四款，凡所有禀请移泊以及驶入船厂，暨雇请引水，须将请单交理船厅收办。其应给出入引水引费，亦当交理船厅收领。

第十五款，凡以上各款章程，概由本口各领事商准而行。倘有违章者，不拘所犯何款，即应罚银。但所罚不得过一百元之数。若违章之人系有约之国，须由该管之领事官办理。若系无约之国，则由海关监督办理可也。

同治十一年八月二十九日

附录:《沪尾鸡笼二口章程》

第一款，船只进口指定停泊。凡船只进口须候理船厅指与停泊处所后，该船主即往下锚。

第二款，船只进口如何下锚。凡船只停泊之处，宜听理船厅指示，该船所下两锚，须放铁链十八丈至二十四丈。如理船厅别令其多放，亦从酌定。

第三款，船只进口如何收放帆杆。凡船只进口应否将船头弼标，船尾压下，帆杆收入船内，并第一、二缆帆杆放斜之处，须听理船厅随时指示。

第四款，起拨压载。凡船只所有压载沙石，不准抛卸港内。至起拨压载之时，该船舱门口应钉布篷，以便沙石顺入小船。

第五款，松香、油、酒如何焚烧取拿。凡船只需用松香等物，不准在船上焚烧；并油酒均须白日入舱取便，不得于夜里点火取拿。

第六款，船上防火。凡船上如无水龙，于停泊之先，须按水手数目各备水桶一个，上便绳索，以防随时应用。

第七款，天色改变多备铁链。凡船只在港内，如见天色将变，船上务须多备铁链，以便加锚放用。但放链之口左右不得搁置杂物，俾免临时阻塞。

第八款，船上放绳索不准缚挂塔表、浮桩，并顾守法。凡船只进口不准将三板及船上绳索放缚本口所设搭（塔）表、浮桩之上。若该船偶遇别故，取便须放绳索者,白日则应派水手守顾。倘有别船经过,务将绳索让开,使无妨碍。至夜里即行收回其船尾。如放三板,勿得离船太远,致阻他船来往。

第九款,船上悬灯。凡船只进口夜里悬灯,应听理船厅指示,其所挂之灯须在头桅第一缆帆杆右边。

第十款,船只港内放枪炮。凡船只在港内停泊,不准放枪炮。

第十一款,船只违章办法。以上各章程,如有船只违背不遵,应归本国领事官究罚。但所罚之数,总在一百元之内。如无和约之国,船只即由海关监督查办。

第十二款,酌定分章。本口是否应定分章,均听理船厅随时酌量。但有新定分章,当于关上挂示,以便周知。

第十三款,本口章程与别国之例无涉。以上各条与泰西各国所定江海行船之章程无涉,此外来往船只仍须遵照本国法律。

中外《厦门口停泊轮船章程》①

同治十一年八月二十九日（1872 年 10 月 1 日）
厦门

　　兹将理船厅约与驻扎厦门各国领事官准情酌理妥拟章程开列。凡各国商船进口，理船厅应将章程一份给船主存阅，俟该船请领红单出口时，该船主仍将章程缴还理船厅。

　　第一款，凡商船进口，驶至内口界限上下，俟理船厅指示停泊处所下锚两口，不得耽延。

　　第二款，凡商船停泊之处，宜听理船厅指示处所，未经奉有特发准单，不得擅行移离。其锚碇两链须用长至十八丈以外及二十二丈以内，或仍需加长，亦听理船厅随时指示。

　　第三款，凡各商船头尾、横桅并各直桅上第一、二横杠，均听理船厅随时指使抽放斜直。

　　第四款，凡商船压沙，不得任意倒掷停泊界内。

　　第五款，凡商船在停泊界内，不准船上煎熬吧嘛等色油料；并如有引火油水各物，倘欲分装另罐，必须于白日装作，不得手持油烛火捻照看。

　　第六款，凡商船如载火药及别样引火之物，应于内口外界相距三里停泊。

　　第七款，凡商船倘无吸水机器，必须多设太平桶，在桶梁拴长绳一条，以备提取。

　　第八款，凡商船在口内停泊，潮汐涨落，锚碇铁链务须律顺，不得纽绞；并在船面宽备锚链数丈，以防急用。

　　第九款，凡外国舢板，中国小艇，不得用绳索拴拉本口界内塔表、浮桩以上停泊，及夜间不准用绳索由此船至彼船牵连。如在白日因事牵扯，务须有人瞭望，倘有大小船只经过，随时抽放；及大船后拴牵小艇，其绳不得

　　① 徐宗亮等编：《通商约章类纂》卷三十四，第 13—16 页。

过长，以阻往来。

第十款，凡各商船口内停泊，于日落后至日出时，在船头直桅上第一横杠右面最长梢悬尾挂明亮灯笼。

第十一款，凡商船向不准在口内点放火炮，如未经奉特发准单，擅行点放者，照例惩办。

第十二款，凡理船厅可体察本口各情形，随时妥拟增续分章，须于本关前先行晓示，方得按照行用。

第十三款，凡本口现定此章，其有未能周尽者，于四海各国所立商船往来之统章无碍。

第十四款，凡商船如有不遵理船厅指示停泊处所，擅行移动及违犯第一、第二条章程者，应照引水总章第十款第二条所载办理则可，由税务司将该船开舱起货下货各准单并出口红单，暂停准发。倘有船主人等违犯各条，由领事官罚办；无领事官归理船厅核办。惟所罚之数不得过洋银一百元。

中外《汕头口停泊轮船章程》[①]

同治十一年八月二十九日（1872 年 10 月 1 日）

汕头

兹将理船厅约与驻扎汕头各国领事官准情酌理妥拟章程，口内停泊洋船俾资遵守开列于左：

第一款，凡商船进口驶至宫鞋石泊船界下，俟理船厅指示停泊处所下锚，未经奉有特发准单，不得擅行移动。

第二款，凡理船厅停泊事务宜酌体艄工经纪之便。

第三款，凡商船俱应在指示处所停泊，锚碇各链须用长至十八丈以外及二十七丈以内，或仍需加长，听理船厅随时示知。

第四款，凡各商船头尾横桅并各直桅上第一、二横杠，均听理船厅随时指使抽放斜直。

第五款，凡商船在口内停泊，潮汐涨落，锚碇铁链务须律顺，不得纽绞；并在船面宽备锚链数丈，以防急用。

第六款，凡商船在停泊界内，不准船上煎熬吧嘛等色引火油料。

第七款，凡夹板船口内停泊，于日落后至日出时，在船头直桅上第一横杠右最长梢顶悬挂明亮灯笼。轮船须挂头桅灯。至界内浮桩，亦应照明灯一盏，均备观望。

第八款，凡由香港以上各口至福州常行往来之轮船进口时，可直抵浮桩停泊。兵船听便，近于角石停泊。

第九款，凡商船压沙及轮船煤灰渣并污朽等物，均不得任意倒掷停泊界内。

第十款，凡商船如载火药及别样引火之物，应悬三角红旗暂靠妈屿，俟理船厅指示处所。

第十一款，凡商船欲行出口，务要先期一日报明理船厅，并将头桅顶上

① 徐宗亮等编：《通商约章类纂》卷三十四，第 16—18 页。

风篷扯起以便招唤引水。

第十二款,凡商船向不准在口内点放火炮,如未经奉特发准单,擅行点放者,照例惩办。

以上各款俱系妥拟遵守。如有船主人等违犯,由领事官罚办;无领事官者归理船厅核办。惟所罚之数不得过洋银二百元。

中外《上海口停泊轮船章程》[①]

同治十二年(1873)[②]

上海

此章系经在口各国领事官公同商定准行。

第一款，凡洋船停泊界限，以东门外小河口起为上段，至英国兵船厂之中止为下段。

第二款，凡洋船进口驶至英国兵船厂之处，理船厅之帮办应须上船指引妥当之处停泊。倘有船只系用小轮船拖带而入，将到泊界下段理船厅所设办公房屋之处，该拖船应当暂行缓驶，以便理船厅帮办到船指引停泊。

第三款，凡有常川来往船只向经理船厅指有停泊之处者到口后，可以往入泊界，至该处停泊，不必等候理船厅帮办到船。倘船内载有危险妨碍之物，则应按照章程内第十一、十二、十四等款办理。

第四款，凡泊界上段之内常应留空四船步位，以备兵船到口停泊之用。

第五款，凡船只停泊之处，须听理船厅指示。倘未奉有理船厅特发准单，不得擅行移动。

第六款，凡船只泊定后欲由此处移往彼处，须由该船主或头等船伙或引水人前赴泊界上段新关署理船厅公所内通报，或赴下段内理船厅办公房屋内通报亦可。

第七款，凡船在口内停泊，每逢日落以后日出以前，须在头桅第一层帆杠右边悬挂白色明灯。如无帆杠，即于右边绳索上悬挂。

第八款，凡船旁外边拴系小船之横木，如系商船不准用可收可支活机之木，惟兵船可用活机。但白昼之间须将该木支出，至夜晚时方始收回。

第九款，凡船上所用锚链，必须时常整理清妥，惟至月满及月初生时尤为紧要，亦不准牵用绳索由此船至彼船。至于船只后面若带有小船，其系

---

① 徐宗亮等编：《通商约章类纂》卷三十四，第20—26页。

② 签约日期未查明，此为暂定。参见中国航海学会：《中国航海史——近代航海史》，人民交通出版社，1989年，第397页。

船绳索要短,不能过长,以期便于船只来往。

第十款,凡商船未领理船厅特准单据,不准在泊界内开放大炮及小枪。

第十一款,凡商船进口载有装火药开花弹子数粒,或火药至一百磅,灌药枪弹至万粒,必须在泊界三里路以外先行停泊。头桅上扯挂红旗,专候海关派人到船,遵照指示之法办理。

第十二款,凡商船进口载有自能爆开各项物料,无论多寡,必须按照第十一款办理。

第十三款,凡船只欲装第十一、十二两款内各项物件出口,须先开出泊界三里外停泊,以便装载。俟装齐后,只准向外开驶。

第十四款,凡商船进口载有各项能引火之油,须在泊界第九段靠浦东岸边停泊等候起清。

第十五款,凡船只进口内有瘟病之事,须在泊界三里外先行停泊,头桅上扯挂黄旗,若未领有理船厅特准单据,不准有人私行上下。

第十六款,凡各船船主不得准船上之人将船内压载重物及煤灰碎炭抛弃浦中。

第十七款,凡商船停泊界内,船上水手人等欲要登岸,必须酌留数人,以敷起下锚链之用。

第十八款,凡商船进口,必须将船头支出之桅收进,及收进之后,如非理船厅所准,不得再行支出。

第十九款,凡商船欲设浮桩未先报准,理船厅查看锚链及地方是否妥当,不准自行安设。至准设之浮桩,如系无船拴系之时,每夜晚间必设一灯于上。

第二十款,凡有派定准设之浮桩,皆归理船厅管理。倘日后经理船厅查出该浮桩,或于行船不便,或有他故,可由理船厅谕令该浮主移换地方。如理船厅业已谕令移换,而浮主不即遵行,理船厅可以代为办理,一切使费应由浮主认付。

第二十一款,凡界内有船失火,则在该船前后所泊之两船应当鸣钟报警,并应照例扯挂有船被焚之旗,如系夜间即将头桅右边所挂之灯扯上扯下;再应飞报水巡捕、理船厅及浦东挂旗望台、工部局等处知照。

第二十二款,凡商船进口载有可以轰爆之物,于十一、十二两款,如不按照办理,理船厅必令该船回驶出至泊界三里外停泊。如未回至界三里,海关不准该船上下货物，亦不给发红单。所有商船如不按照第二、第五、第六等款，不泊于理船厅所指之处，海关亦是不准起下货物，不发红单。如后经理船厅报明该船业已照章办理，本关亦即照例准其所行。至于船主如犯别款，系由本国领事查办。

附录：《吴淞口章程》

此章系经在口各领事官公同商定准行。

第一款，凡洋船至吴淞口，其停泊之处，系从口内小河口起至兵营旁白色房屋面前为止。

第二款，凡洋船进口要在吴淞停泊者，行至吴淞口外浮桩之处，须挂蓝白色旗相报。行至吴淞口内小河口所，有理船厅派驻吴淞指泊人可以上船指示停泊之处，该船主或引水人应当设法使指泊人便于上船。

第三款，凡洋船进吴淞后欲过口内之浅沙滩，须望准南岸所设标杆三根而行，所有三杆联贯对直线内及线左右各三百幅地内之处，均不准停泊船只。

第四款，凡理船厅派去之指泊人应于沙滩起至吴淞口留出妥便之路一条，以便船只往来。如见有在此路中停泊者，恐其有碍别船，可以令其移泊。

第五款，凡有指泊人，已经令其移船而未遵行，倘因此故碰坏别船，或已船亦有损坏，均惟该船主自行认理。

第六款，凡洋船进吴淞口，如未按照指泊人所指之处停泊，不准在吴淞起货下货。在各船如有要故，须在吴淞口起下货物者，必先特请海关税务司查核允行，方可照办。

第七款，凡指泊人指令泊处后，所有船内之事，仍归引水人或船主自行料理。

第八款，凡有夹板船进口行至吴淞内小河口，指泊人必须上船接收该船所缮沿途情形之报函。如该船系用小轮船拖带者，该拖船应当缓行，以便指泊人易于上船。

以上各款，如有船主违犯，系由该本国领事查办。

中丹《买回福建省厦电线合同》①

光绪元年四月十七日(1875 年 5 月 21 日)

福州

大清国钦差大臣沈、闽浙总督李、福州将军文、福建巡抚王,奉总理衙门训示,派委办理各国交涉事务总局董丁秉全权定议(其全权文凭抄录附后);大丹国大北路电线(报)公司派委水师副将本公司总办某代为议定(嗣后,中国官只称该大臣,丹国官只称该公司),议定数款如左:

一、此合同之根底,在大臣等应允买该公司所预备造电线材料,并赔补其所受亏损,依照总理衙门与大丹国钦差大臣所定章程。

一、该公司当代为承造旱路电线自福州抵厦门。

一、该公司造电线时,其委员人等以及所用材料,均赖大臣等妥为保护。

一、俟有电线若干造成,倘遇偷窃材料,毁损电线,惟该大臣是问。

一、该公司开工,迟不过七月十五日,愈早愈妙,既动工当赶紧办完。

一、倘遇居民人等拦阻工程,以致迟延,惟该大臣是问。

该公司承造电线及代办材料等物如左:

一、电线用希门四之七号合镕线,长计英里一百六十。

一、希门四所制穿筒(以免电气引散),照印度所用式样。其数必足于一百六十英里电线之用。

一、本柱四千二百根(以悬挂电线),径约五寸或五寸半,均照本行原承办式样。

一、电缆数条,由南台水底过闽江。当用本公司三号单心(芯)电缆,每海法洋里重计六吨四分之三。于兴化过江,在泉州过海港抵厦门岛,由厦门岛过江至姑浪苏岛三处。皆用本公司五号双心(芯)电缆,每海法洋里重

---

① 该合同以汉、英文本签订,规定以英文本为准。但汉、英文合同有较大出入。兹将英文汉译合同作为正本,而附录汉文本合同。参见(台湾)"中央研究院"近代史研究所编印:《海防档》丁编,第 173—178、220—222 页。

计六吨半。更有他处江河，名未载及，该公司当备电缆以过之。其缆心（芯）当使虎伯尔所造包糕竹铜线，每海法洋里其铜计重三百斤，糕竹二百斤。

一、希门四墨笔电机六具，并电池器具等俱全。

一、造电线器具六分俱全。

一、于南台新造电报馆一所，于兴化、泉州小馆二所。

一、更房十三所，每二所相距约十英里。

一、电报馆及更房所用器具什物。

一、造电线一切工料经费及督办工程所未及详载者，均在本公司办理。

一、电线造成当交与大臣时，应全备而合用。

一、该大臣等为以上所载工料等件必当给该公司鹰洋十五万四千五百元。

一、于画押时，该大臣付该公司三万元。俟该公司呈报电线已成，又当付五万元。所余七万四千五百元，自电线造成之日，计六月，付一半，又计六月，而付清。

一、该公司当为中国管电线寄信，并以电报法教习中国学生，其限期及一切章程，当另有议定。

一、自省城至船厂电线一条，不在此合同内。惟该公司愿将该电线卖与中国大臣。其价值等情，当另为议定。

一、此合同写有两份，皆用汉、英文合璧字样。俟后倘遇疑惑难解之处，则以英文为凭。

四月十七日画押。①

附录：中丹《买回福建省厦电线汉文合同》②

立合同：议约丹国北路电报公司总办电报事务水师副将蒂礼也，今与大清国通商总局提调丁，奉闽浙总督部堂李、钦差大臣沈、福州将军文、福建巡抚部院王札委，遵照总理衙门咨文，办理省厦电线事务。兹将议定承

---

① 以上为英文汉译本合同，参见（台湾）"中央研究院"近代史研究所编印：《海防档》丁编，第176—178页。

② 此为汉文本合同，参见（台湾）"中央研究院"近代史研究所编印：《海防档》丁编，第173—176、220—222页。

造闽省福厦陆路电报章条立合同议约一纸为据，所定条款开列于后。

一、议定公司所有运省电线机器以及应垫各项一切章程，归于中国承认买回造做。以上根由，概遵总理衙门与丹国公使会议定局办理。

一、议定中国所买建设福州至厦电线仍归公司包造。

一、议定闽省大员须要督饬地方官，实心随时保护造线工人并一切器具，务使全安。

一、议定设立电线之时，中国居民勿得滋生枝节，担搁工程。如有此情，应当责成地方官保护。公司包造电报，所有线桩机器各物件，另开于后。

一、议定陆路电线计长一百六十六路洋里，高处用英国巴闽蚶厂定制第七号电线，平地用西门配合电线。如用七号之线，其磁杯及杯柄应用印都国官式。如用西门配合之线，其杯柄应用本式。

一、议定应用木桩四千二百条，其大小俱照洋尺五寸至五寸半径为度。照公司所买原单为凭。

一、议定水路电线自南台下渡白湖亭过江，系用公司自造第三号单管水线，其线每水路洋里重六吨七五。

一、议定自兴化以下至泉州、厦门，及鼓浪屿等处，概用公司之第五号双管水线，其重每洋里六吨半。至途中倘遇小河应用水线者，均由公司一律备齐。其水线之管系用唝吧树皮管式，其筒是铜与树皮配制，每洋里铜重三百磅，树皮重二百磅。制厂包定其铜敌电气之力，每洋里有四成二五，其树皮力有三千五百成。

一、议定用电报机器各件一切齐备，共备六套。

一、议定造线机器六套。

一、议定番船浦洋房一座并栈房家伙等物。

一、议定兴化、泉州小洋房各一座，并家伙等事。

一、议定沿途更房以十洋里设立一座，共应一十三座，并应用物件。

一、议定洋房并更房应用一切家伙纸张等项，并将来修理添补电线等物，均系公司预备工竣交清。

一、议定设立此线，公司当用上等工程，以坚固为本。包造竣工后，交代中国官，由中国作主。

一、议定包造工程以及各机器洋房更房一切齐备，交还中国官管理，由中国给出银一十五万四千五百元正。立约之日，先交洋番三万元。俟报工竣之日，再付洋番五万元。其余七万四千五百元，以一年为期，分作两期付清。

一、议定竣工之后，中国官议请公司司理电报传授技艺等件章程，另行会议立约。

一、议马尾电线不在此案之内，今亦情愿卖归中国。其价照公道之价，另立议约。

以上所立章条，用汉、英文字。日后设有文词辩论之处，以英文作为正义。所定条款，均属两相允愿。共立两纸，分别钤印，各执一纸存照。

光绪元年四月十七日。

立合同：

大丹国大北路电报公司蒂礼也

大丹国驻扎福州领事官央

大合众国驻扎福州领事官在见戴

中法《黔江教案议单》^①

光绪元年四月二十九日（1875 年 6 月 2 日）
成都

一、黔江县桂衢亨前经林参赞原议有重罪，当受重罚。今范主教求宥，公同会议，拟请革职，永不叙用。委员伴送回籍，交地方官严加管束。

一、局绅李渊树即李渊镜、又号李八老爷，杨万象罪重该死。范主教求饶其命，会议改为充军。

一、陈宗发、谢家俸、蔡从憘、郑双全等均照例定罪，即将陈宗发斩，谢家俸绞。

一、公同会议茔葬银壹千五百两，又桂衢亨赎罪银三万八千五百两整。俱照渝平票色，定于五月赴渝结案后交银壹万两。其余银叁万两议定本年十月、光绪二年八月、三年三月，如期分给。

法国参赞林。

川东道姚（五月初九日重庆补押）

前贵东道多

候补军粮府吕　李

候补县正堂葛　潘

合同和好

光绪元年四月二十九日

① （台湾）"中央研究院"近代史研究所编:《教务教案档》第三辑（二），第 1088—1089 页。

中丹《买回马尾电线合同》①

光绪元年七月二十六日(1875年8月26日)

福州

立合同议约字:中国福建通商总局、丹国北路电报公司,为遵本年四月十七日所立合同内载福省南台至马尾电线一节。今公司将此马尾造竣现成电线议定卖归官办,其水陆线并木桩开列于后。

计开:

吧闽蚶字号第五号电线八洋里,连磁杯全木桩一百六十二根。水线一里二五洋里,每洋里重十八吨,配铜三百磅,树皮二百磅。用电报机器二套,并有椅桌纸张杂物,一切另单开列。

一、议定中国福建通商总局当给价银四千元正,立合同之日交清。其电线一切,即日交代中国官管理。

一、议定马尾电线以五个月为度,自七月至十二月初四日止。如有风雨水冲自行损坏,应归公司修理。如有偷窃等情,公司一面修理,一面报官追究。给还工料等费,此系两相允应,各无异言。今欲有凭,立合同议约字二纸,各用印信,分别存照。

大清福建省通商总局提调丁,奉委代行。

丹国北路电报公司蒂礼也,受权代行。

在见大丹国驻扎福州副领事央;在见大美国驻扎福州领事戴。

光绪元年七月二十六日

---

① (台湾)"中央研究院"近代史研究所编印:《海防档》丁编,第219页。

中丹《委托丹麦北路电报公司代管马尾电线合同》^①

光绪元年七月二十六日（1875 年 8 月 26 日）
福州

　　立合同议约：中国福建通商总局、丹国北路电报公司，为司理南台至马尾电报事务，今议定北路电报公司代行承理南台至马尾电报。自立合同日起算，至外国十二月三十一日，即中国十二月初四日止。中国福建通商总局津贴司理费用银一千五百元正，自立合同日起，至外国十二月三十一日止，分五次付完。自中国七月初十日付起，每次付三百元。其所收信资，概归中国官收取，立簿存查。此系两相允愿，各无异言。今欲有凭立合同议约字二纸，各用印信，分别存照。

　　大清福建省通商总局提调丁，奉委代行。

　　丹国北路电报公司蒂礼也，受权代行。

　　在见大丹国驻扎福州副领事央；在见大美国驻扎福州领事戴。

　　光绪元年七月二十六日

---

　　①　（台湾）"中央研究院"近代史研究所编印：《海防档》丁编，第 220 页。

中英《矿师马立师雇佣合同》^①

光绪二年正月二十五日（1876 年 2 月 19 日）

汉口

督办湖北开采煤铁总局布政使衔湖北汉黄德道李，布政使衔直隶题补道盛，为立合同约据事。

本道前奉各大宪奏准札饬开采煤铁，先在广济县属之阳城山一带先行试开煤矿。今拟添雇熟悉开矿及谙练机器之洋人一位，名马立师，年三十六岁，世居英国矮拉伦城。据伊自称，曾经承办外国开矿机器事务二十余年，实系熟手，情愿尽心竭力充当本局监工。现特延雇到局，即行会同本局委员监工办理，应将所议各条开列于后：

一议，该洋人愿充本局监工，无论大小事体总当听从本道主使，勤慎妥当，诚实办事。礼拜日仍应照常办公。并须随时随事先行禀明本道，斟酌妥当，方准照办，不得擅自主张。如有不遵约束，即就近送交领事官。

一议，先在广济县属官山四十里之中，无碍民居坟墓地方，该洋人选择煤层深远之处，禀明开工试挖。需用工料均由本道派员采买、储存，该洋人随时亲书英文如何布置拨用，并由本道遴选勤慎委员，会同监工照料。应用工匠均当随时雇用，工匠如有不好，只应禀明本道后准其撤退，不得擅自扭打。

一议，本道如派往他处看山，或向兴国州择地兼采煤铁，该洋人均遵差遣，不得推诿。并须将所看之山有矿无矿，亲笔自书英文呈阅。如遇本道公出，该洋人应听本局提调委员差遣约束。若非本局差遣，不准自往他处看山，私自取利，以及乡间打猎，致扰乡民。倘有事告假，须先期报明缘由，允准之后方可动身。凡奉本道差遣出门，均当由局派人护送同行，该洋人私自出门，倘有不测，与本局无干。如遇疾病等事，各安天命。

<hr>

① 陈旭麓、顾廷龙、汪熙等主编：《湖北开采煤铁总局荆门矿务总局——盛宣怀档案资料选辑之二》，上海人民出版社，1981 年，第 55—57 页。

一议，现在试办之初，尚不知本处煤层是否深远，该洋人能否办有效验，言定先行雇用六个月，准从英历一千八百七十六年正月初一日起，六月底止。言定每月伙食及一切开销汉口洋例银三百两，按月给发，不得预支。如遇公事出门，盘川准由总局代发，其余一概不问。倘该洋人所指之地，打签子后如法开挖，并无效验，徒费资本，是该洋人所称开矿熟手全属诞妄，应将其欺妄缘由刊布中外新闻报，以示惩儆。如有违约不遵本道差遣，即未满期亦当听凭随时停歇，薪水随时停止。现在煤矿未定何所，所有该洋人住处，或赁租民房，或暂雇船只，以资栖息。

一议，六个月期满之日，或撤退，或留用，悉听本道做主。届期应将此项合同约据两纸，仍向汉口英领事衙门销讫。如果六个月已满之后，本道或须留用，无论久暂，另再续订合同约据。嗣后倘能日见扩充，能如日本国达革西马煤矿大获利益，再行详请奏明从优奖赏。

光绪二年正月二十五日，英历一千八百七十六年二月十九日立。

洋人：马立师（签名）

见证：湖北江汉关委员：石宗建（签名）

湖北开采煤铁局委员：徐黼升（签名）

英国驻汉口领事

英领事（印，签名）

此约订于汉口英领事衙门

中丹《省厦电线续立条款》①

光绪二年二月二十五日(1876 年 3 月 20 日)
福州

一、省城至厦门电线彼此均议定将从前所立合同即日抹销。所有福建省购买该公司电线、房屋、机器一切等物，均照合同分期点交通商局委员查收。其福建省未找该公司电线价银，亦照合同分期交该公司查收。

一、应找给银一十二万四千五百元，订明即日交付银五万元，三月底付交三万七千二百五十元，其余三万七千二百五十元四月内交清。

一、所有省外水陆线、木桩、小洋楼、更房、契据等件，议明先行点交通商局委员查收；其第二期银收后，即将福州南台电线公司总局洋匠及契据、栈房、电线、纸张等件逐一点明，与第三期银交收。如有物件短少，任在该期银数扣除。所有铁线、机器、木桩与及一切器具，按照合同点交。其日前乡民抢去及毁坏者，准在收数之内扣抵。

一、所有耽延工程经费利息，该公司自愿不向取算。而按照合同未完工之工费，大宪亦已允不照扣除。

一、省厦一线，大宪许允不另请他国洋人复造。

一、省厦一线，若由中国自行造成电线，倘准与商民一体通信，即准与该公司现成之海线通递。议明递价，彼此不得高抬。倘若此线专归官用，抑由中国自行另设海线相连，则此议作为罢论。

一、该公司教习学童一节，已承大宪定议，教习一年期满之后，或留或去，任由大宪自主。

一、以上各条，均经通商局回明福州将军文、闽浙总督部堂李、钦差大臣福建巡抚部院丁，答应照行，除将去年四月十七日原立合同注销缴还外，

---

① （台湾）"中央研究院"近代史所编印：《海防档》丁编，第 235—236 页。

特备汉、英文议约两纸，各执一纸，大宪以汉文为正义，该公司以英文为正义，合并声明。

洋文见证:唐景星　恒宁臣

光绪二年二月二十五日

中美《旗昌轮船公司财产售予招商局合同》①

光绪二年十一月十六日（1876 年 12 月 31 日）
上海

一、所有（旗昌）上海轮船公司生意，以及各处轮船、拖船、驳船、趸船、浮码头、房屋、栈房、码头、船坞、铁厂、煤斤、船上所用零物、机器、铁木各料，及公司所有一切，无论在上海，抑在别处口岸，或存于岸上，或存于水面，一概在内，计作价银二百万两卖与本局（招商局）。按照本月十六日所议情形点交，不得短少。

二、其价二百万两，分期交付。十二月十八日以前，付银四十万两。正月十七日，再付银六十万两。其余一百万两，分五年交付。每季交银五万两。每两按年行息八厘。若要先付止息，亦任买主自便。

三、自本年十七日起，至正月十六日止，所有轮船生意仍托宝行（旗昌）照常代办，盈亏归买主自理。正月十七日以后，即归买主自办。

四、船价一经交付，须按数目将船过户转旗。若船价未经交齐，而买主要将全帮船只过户转旗，自当另行按抵足数。

五、所欠一百万两，准将房产作抵。倘若不足，自当由买主另觅保人作保。

六、所有该公司以前租地，仍归买主接租。而公司已用定总管、机器，以及船主人等，买主当酌量录用。

附录一:《旗昌轮船公司财产售予
招商局合同提要》②

光绪二年十二月初二日（1877 年 1 月 15 日）③
上海

一、根据旗昌轮船公司股东的批准，旗昌洋行特提出此合同；

---

① （台湾）"中央研究院"近代史研究所编印：《海防档》甲编，第 944—945 页。
② 聂宝璋编：《中国近代航运史资料》第一辑下册，上海人民出版社，1983 年，第 1182 页。
③ 此为旗昌轮船公司特别股东大会决定"合同"的时间。

二、旗昌轮船公司售予招商局的轮只、流动财产及土地不动产,自1876 年 12 月 31 日起成交,定价计二百万两;

三、付款办法:签订合同前先付十八万两,1877 年 1 月 31 日前付二十二万两,1877 年 3 月 31 日前付六十万两,余额(一百万两)每季付款五万两,五年内清结;

四、购买者应尽先付款;

五、未付余额按 8% 计息;

六、自 1877 年 1 月 1 日起,财产由买方负责;

七、届至 1877 年 3 月 31 日止,旗昌继续为招商局负责经营此项轮船及业务;

八、自 1877 年 3 月 31 日付款后,招商局负责经营;

九、招商局只在付清款项后才对轮只设备财产等项具有所有权,或是付多少钱就有多少产权;

十、俟船产全部归招商局后,招商局才可对船产保险;

十一、招商局接收所有埠头、地皮及设备等;

十二、招商局接纳旗昌轮船公司的海事监督人员;

十三、根据 1867 年旗昌与怡和、琼记及省港澳轮船公司的协议,招商局不得用此项船只开航南洋线(即上海、广州、香港航线)或省港澳间航线(不久期满);

十四、3 月 31 日付款期定为 2 月 28 日,招商局可少付该期利息。

附录二:中美《招商局购买旗昌码头、轮船、栈房合同》①

光绪二年十二月初四日(1877 年 1 月 17 日)
上海

一、须先与有股份人商议是否情愿。

一、招商局于西十二月三十一日买定金利源码头、轮船、栈房,及一切动用物件,共价银二百万两。

---

① 聂宝璋编:《中国近代航运史资料》第一辑下册,第 1180—1181 页。

一、买定后先付定银十八万两，西正月三十一日再付银二十万两，西三月三十一日再付银六十万两，其余一百万两以五年为度，每三个月付银五万两。

一、前项银两如招商局于限前交清，亦听其便。

一、未清之款，应由招商局按年每百两贴还旗昌息银八厘。

一、本公司自卖之后，一切产业自西正月初一日起归招商局收管，倘有失慎与公司无涉。

一、生意暂由旗昌经理三个月，倘有盈亏，皆归招商局承认。

一、俟西三月三十一日付清六十万之款，一切生意归招商局主政。

一、五年分交之款，倘期前统交或有人担保者，以后之事，旗昌概不过问，如仍按期交付，则以所交之款若干，付招商局产业若干，款项已清，则产业亦随款交清。

一、此时招商局应出保险费，旗昌应任保险责，倘款项交清，保险一层，悉听招商局之便。

一、金利源河边租地，尚未期满，应由招商局接租。

一、金利源所用造轮船机器及各色人等，应由招商局接用。

一、招商局现买船只，不必驶往香港、广东、澳门等处贸易，因同治六年怡和、琼记及广东黄埔三公司合立一约，彼此不得争夺贸易之故，现在此约将已满期，随后再行商办。

一、西三月三十一日应交之款，如西二月二十八日招商局提前交付，一切生意，即于交银之日归招商局自主。

一、所议各条，凡股份中人均已允诺，其股份经金利源董事已许每股收回银一百两。

附录三：《旗昌洋行来单作价录列》①

华历丙子年十一月十八日，英历一千八百七十七年正月二号。

江西轮船：四万两。

山西轮船：三万两。

快也坚轮船：六万两。

海马轮船：五万两。

---

① （台湾）"中央研究院"近代史研究所编印《海防档》甲编，第946—947页。

气拉渡轮船：七万两。

徽州轮船：四万两。

南京轮船：二十万两。

美利轮船：二万五千两。

俾物乐轮船：六万两。

河南轮船：八万两。

新四川轮船：二十五万八千两。

湖北轮船：十二万五千两。

直隶轮船：十一万两。

山东轮船：十一万五千两。

保定轮船：十一万两。

盛京轮船：十一万五千两。

共十六号作银一百四十八万八千两。

熙春小轮船：六千两。

七里小轮船：三千九百两。

铁驳两号：一万两。

救火机器两副：六千两。

小轮两号：二千八百两。

九江驳船：七千两。

烟台驳船：三千两。

宁波驳船：五千五百两。

机器厂：四万一千四百两。

共九款作银八万五千六百两。连前共计银一百五十七万三千六百两。

上海栈房码头等：七十六万三千六百两（计金利源码头栈房、宁波码头栈房、老船坞栈房、江船坞机器厂、金方东栈房码头）。

汉口、九江、上海趸船：十一万两。

连前共计银二百四十四万七千二百两。

另加煤斤、食物、洋酒、船上零用杂物、木植、铁料，约银六万两。

统共约计规银二百五十万两零。折足规银二百万两。

中英《矿师雇佣合同》^①

光绪二年十二月十二日(1877 年 1 月 25 日)
伦敦

驻英税务司金登干会同英人郭师敦订立合同节略^②。

驻英税务司金登干为会立合同事^③，照得本税务司奉总税务司赫饬令，代中国聘请矿师一员。兹经延得英人郭师敦，合将两面议定合同逐款录后：

第一款，该矿师允定即行启程，前赴上海，于到彼时，应赴江海关税务司处报到，随即归中国任用三年，从报到之日起算，惟其任事期限仍须照后开各条办理。

第二款，总税务司可以将此合同随时废销，惟须于三个月之先行文知会该矿师查照；或付三个月薪水，不先知照亦可。

第三款，该矿师亦可将此合同随时废销，惟亦应于三个月之先呈报总税务司查照；若不预为呈明，应将三个月薪水交还总税务司归款。

第四款，该矿师应遵总税务司派赴中国何处煤窑作为该处矿师监管其事，于承办各事务须尽力举办；凡总税务司或该管官指令办理之事，无论是否矿师分内必办之件，均应按照办理。

第五款，除允订办理分内之事外，该矿师不得代外人承办、干预一切工作，惟应尽心供职，以副委任。

第六款，若该矿师有违谕令，或擅离职守，或行为不端，应准由该管官将其暂行撤任，惟该管官应将暂行撤任缘由即行报明总税务司查核。其撤

---

① 清代，存在着诸多中国政府、军队以及大型企业与外人签订的聘用合同章程，本编著予以择要少量收录。陈旭麓、顾廷龙、汪熙等主编：《湖北开采煤铁总局荆门矿务总局——盛宣怀档案资料选辑之二》，第 161—163 页。

② 郭师敦，英国人(Andrew White Crookston)，光绪二年十二月订立合同后，三年三月下旬抵盘塘总局，任矿师，五年五月解职。

③ 此合同先由金登干在伦敦、郭师敦在格拉斯哥分别签字，1877 年 9 月 1 日盛宣怀在宜昌再行签字画押。

任期内,应将薪水停止发给,将来是否发还,由总税务司核定,至撤任或暂缓开复或辞退不用,应由总税务司酌定。若获咎致应辞退,则合同内注明应先三个月知会,或不先知会,给以三个月薪水。以至应得回国川资各节,该矿师均不得凭以索取。

第七款,该矿师薪水应照后开之数给发:第一年应给薪水关平银三千三百三十六两,第二年应给薪水关平银三千六百六十两,第三年应给薪水关平银三千九百两。

第八款,该矿师由伦敦赴上海之船价,应由金税务司买定船票交付,至沿途杂费,另给英银二十五磅备用,其由伦敦启程至上海期内约得薪水之数,议定给予英银八十磅。

第九款,该矿师三年任满,若欲回国,应将回国川资并三个月薪水一并付给。若总税务司照第二款办法,于三年限内将此合同废销;或矿师患病于三年限内必须回国,除川资照给外,另给以两个月薪水。惟其病势如何,应由总税务司查明并非自取者,方能给发。

第十款,除患病症必须回国外,该矿师若于三年限内自行辞退,或照第六款所载有违谕令、擅离职守、行为不端等事经中国辞退者,该矿师应照后开各数缴还总税务司归款:若于第一年内告退或辞退,应将第八款所列船票价及沿途杂费并薪水共计英银二百四磅全数缴还。若于第二年内告退或辞退,应将前项银两缴还三分之二,计英银一百三十六磅。若于第三年内告退或辞退,应将前项银两缴还三分之一,计英银六十八磅。

第十一款,该矿师住居之处应由中国备办,或另给银两听其自行租住亦可。该矿师若在中国通商口岸患病,而该口有海关延请之医士者,则治病服药各费免由该矿师自出。

第十二款,该矿师因有饬派公事,离开任所,则所用一切盘费应准照数开销,其在外时,食物除饮酒外,或代为预备,或折算钱文均可。

第十三款,开煤应用各项书籍及探测地势应用各器具,应由该矿师自行备用。

第十四款,查总税务司办理此事系代中国而行,不得以合同内之言词作为己身之责,税务司金登干亦事同一律。

第十五款,合同内凡有总税务司名目者,应作为总税务司,或遇总税务司缺出,或因病等故离任,凡派代理之员,均应视为总税务司无异。

光绪二年十二月十二日，西历一千八百七十七年正月二十五日，由两面暨眼同证人一并画押，以昭信守。

税务司：金登干押

监押：易师博押

矿师：郭师敦押

监押：郭觉直押

再订者：照合同第十（二）款："该矿师如有饬派公事，离开任所，则所用一切盘费应准照数开销，其在外时，食物除饮酒外，或代为预备，或折算钱文均可。"惟因两不方便，故现重添一款，注明原合同后，以备查核。今议自西历一千八百七十七年九月初一日，即中历光绪三年七月二十四日起，该矿师郭师敦议给每月英洋七十元，副手洋匠两位，派克、谭克各给英洋四十元，以为津贴伙食、床铺、碗盏，平时服药，除受病迫需延医开方购药外，其余杂费一应在内，俟进屋久居之日为始，即行停止。

光绪三年八月初九日　西历一千八百七十七年九月十五日

总办湖北煤铁总局：盛

矿师：郭师敦

见证翻译委员：徐黼升

附录：中英《矿匠派克合同》[①]

光绪三年正月二十二日（1877 年 3 月 6 日）

驻英税务司金登干会同英人巴尔格订立合同节略[②]。

驻英税务司金为会立（合）同事：照得本税务司奉总税务司赫饬令，代中国延募开矿人员。兹募得英人巴尔格作为开矿匠董（首事），合将两面议定合同节略逐款列后：

第一款，该匠董应于光绪三年正月十四日以前由英国启程，前赴上海。

第二款，该匠董到上海时，应即赴江海关税务司处报到，即归中国任用

---

　　① 陈旭麓、顾廷龙、汪熙等主编：《湖北开采煤铁总局荆门矿务总局——盛宣怀档案资料选辑之二》，第 167—169 页。

　　② 派克（Francis Park），又译作巴尔格，英国人，本件系派克与另一矿匠谭克（Peter Danks）两合同合抄，两合同基本内容相同，仅待遇稍有差别。兹仅录派克合同，差异处附注。

三年,听遵总税务司派赴中国何处煤窿工作。承办各事务须尽力谨慎举办。

第三款,招募期内,凡该管官指令办理之事,无论是否开矿,匠董分内必办之件,均应按照办理。除允订办理分内之事外,该匠董不得代外人承办、干预一切工作,务须恪遵定章,安分尽事。

第四款,凡总税务司及中国委派矿师以及该管官饬令办理之事,该匠董即宜遵办,不得推诿。

第五款,招募期内,该匠董薪水应照后开之数给发;第一年应给薪水关平银一千二十两;第二年应给薪水关平银一千八十两;第三年应给薪水关平银一千一百六十四两①。除第十四款内开应在伦敦支给之数外,其余银两应按月发给该匠董收领。

第六款,该匠董住居之处应由中国备办;或另给银两,听其自行租住亦可。该匠董若在中国通商口岸患病,而该口有海关延请之医士者,治病服药各费免由该匠董自出。若该匠董有饬派公事,必须离开办公之处,所有一切盘费应准照数开销。

第七款,该匠董由伦敦赴上海所需船价,应由中国买二等舱客船票付给。至沿途杂费及由伦敦至上海期内约得薪水之数,共给英银五十一磅②。

第八款,该匠董若于招募之期内亡故,中国应将两月薪水交付经理其身后事者之手。

第九款,总税务司可以将此合同随时废销,惟须于三个月之先行文知会该匠董查照;或付三个月薪水,不先知照亦可。合同既经废销,其回伦敦川资应由中国照二等舱客之价付给。

第十款,该匠董到上海后亦可将此合同随时废销,惟亦应于三个月之先呈报总税务司查照,若不预为呈报,应将三个月薪水呈缴总税务司归款。惟此合同既由该匠董废销,其回英川资不得借以请发。

第十一款,若该匠董不遵该管官指令,或擅自离开工所,或有行为不端等事,总税务司即可将此合同废销,行文该匠董查照。如因该匠董之咎随将合同废销,则其回英川资以及应发三月薪水均不得请发。

---

① 谭克第一年薪水关平银八百四十两;第二年薪水关平银九百十二两;第三年薪水关平银九百九十六两。

② 谭克此项为英银四十二磅。

第十二款，该匠董三年工满，若欲回国，应将回国川资发给。三年期内若因患病必须回国，其回国川资亦应发给。惟其病势如何，应由总税务司查明并非自取者，方能给发。以上所言川资，均按二等舱客之价核发。

第十三款，除患病症必须回国外，该匠董若于三年期内自行告退，或经总税务司照第十一款将合同废销，该匠董应照后开各数缴还总税务司归款：若于第一年内告退或辞退，应将来华船价即英银六十二磅如数缴还。若于第二年内告退或辞退，应将前项银两缴还三分之二，即英银四十二磅。若于第三年内告退或辞退，应将前项银两缴还三分之一，即英银二十一磅。

第十四款，招募期内中国驻英委员等应于每月底付给该匠董巴尔格之妻英银九磅，自泰西一千八百七十七年五月二十一日，即光绪三年四月十九日起，按月发给。此项英银合关平银三十两整①，应归第五款所载该匠董在华每月薪水内扣除。

第十五款，查总税务司办理此事，系代中国而行，不得以合同内之言词作为己身之责。税务司金登干亦事同一律。

第十六款，此合同内凡有总税务司名目者，应作为总税务司；或遇总税务司缺出，或因病等故离任，凡派代理之员均应视为总税务司无异。所有该管官名目者，及凡中国拣派之员较该匠董之职稍大者，即作为该管官也。

光绪三年正月二十二日，西历一千八百七十七年三月初六日，由两面暨眼同证人一并画押，以昭信守。

　　税务司金登干押
　　监押易师博押
　　匠董巴尔格押
　　监押易师博押

---

① 每月底付给谭克妻英银七磅半，自一八七七年五月二十一日起发给。此项英银合关平银二十五两。

中外《议定租界洋货免厘及存票改限章程》①

光绪三年正月初一日(1877 年 2 月 13 日)②
北京

一、上海租界内不再抽厘。查新旧各口岸,除尚未定有各国租界,应俟会商划定,再行将洋货免厘一事定期开办外。其上海一口已定有洋商租界。凡有洋商进口真正洋货,无论卖与华商、洋商,自光绪三年正月初一日起,上海租界内不再抽收厘金。

二、存票定限。查凡有真正洋货,已完进口正税后,如欲运往外国,实系原包原货,并无拆动抽换。自光绪三年正月初一日起,核计该货进口之日,到该货出口下船之日,在三十六个月限内,准其请领存票,或将存票换取现银,听商自便。其光绪三年正月初一日以前发给存票,不扣限期,准抵税银,不换现银。

① 该章程由清朝总税务司赫德与德国驻华公使议定后,经总理衙门批准实施。见徐宗亮等编:《通商约章类纂》卷五,第 42—43 页。

② 此为章程在上海实施的日期。见徐宗亮等编:《通商约章类纂》卷五,第 57 页。

中外《海河行船泊船章程》①

同治四年三月二十八日（1865 年 4 月 23 日）②

天津③

一、自天津以至大沽河身有湾处并河道狭窄处，无论内外船只概不准抛锚停泊。如擅自停泊，罚洋银不得过二百元。

二、内外船只于日落后到日出时均应停泊，不准行走，免致碰伤。

三、内外各项船只，无论进口出口，有载无载，于欲停泊之先，务择河身直处宽阔之地傍岸抛锚，让出中流，总期无碍往来船只行走之处方许停泊，不得仍前丛杂停泊，倘有不遵，查出究办。

四、内地各项船只向来于住船后，船上仅留水手一、二名看守，其余皆下岸作买作卖回家等事，以致遇有妨碍，船上人少亦赶办不及。嗣后总须多留水手，以防设法躲避轮船过往，不得仍前置之不顾。

五、内地各项船只，既于宽阔之处傍岸停泊，多留水手在船防备，仍恐于潮涨潮落之漫溜时，船身横斜之际遇有轮船经过，极须于望见轮船远来之烟，即纠合水手打起锚缆，顺溜稍淌船身即正，则可不碍轮船之路，不得任其横斜，藉辞以潮使之然。

六、外国轮船本难骤即收住，内地各船理应避让，仍须择溜宽处行驶，不得任意直前。碰伤船只是小，误伤人命实大，亦须自量。

七、外国内地船只原须趁潮出入，惟日落后到日出时，均应当照章停泊不走。如该船因事擅自开行，于中途将照章停泊之船碰伤，定将该船责令赔补受伤之船，并罚该洋银不得过二百元。如两船皆系擅自开行互有碰伤，无论中外何船受伤，均不能议赔补；并将该二船议罚洋银，不得过二

---

① 天津市档案馆编：《三口通商大臣致津海关税务司札文选编》，第 173—175 页。
② 此日期为三口通商大臣崇厚致津海关税务司要求晓谕外国商船照章遵行的日期。
③ 该章程是在总理衙门的咨会下，由天津大沽总局委员、津海关税务司与英国驻津副领事拟议后，又由三口通商大臣崇厚与英国驻天津领事孟甘（James Mongan）删改议定，并通知中外船只遵行。

百元。

以上各条,如有违者,按其情形轻重罚惩。

八、闽广商船于夏秋间云集葛沽,停泊之处须至玉皇阁以东河身直处,三、两傍岸停泊,不可仍前五、六成排长放锚缆,窒碍中流。至期饬派委员妥为打当,指与停泊处所。其出入大沽河口时,责令大沽协标上下武关员弁妥为照料打当疏通中溜。

九、内地船只于出口、进口之时,均须候户部关、天津道关查验,并海防厅、葛沽司上下武关挂号。盘查炮火等事,嗣后应饬令各关、厅、司速为查验了办,庶免拥塞大沽河道。

十、外国夹板船只有迳赴天津紫竹林停泊者,有在大沽河口停泊者,均由税务司转饬各该处扞手妥为安排停泊。

以上章程十条刷印汉文散给内地船只遵照;刷印英文散给外国船只遵照。

中法《四川江北厅教案结案合同》[1]

光绪四年五月初五日(1878年6月5日)

重庆

一、收养教民三千余人，议给口食银一万两。

一、赔修厅城教堂一栋，各场医馆八所，议给银一万两。

一、抚恤教民复业，议给银玖千两。

一、教民复业后所被霸占田土房屋，收割两年田谷，查照佃户书立佃约，可凭数目，由地方官照实追还。其已失红契各约并各教民押佃银钱，查照追还。如红契借据保案行咨等件无着落者，准教民补印存案，税价请免。但均须有实在凭据，方能照追。如有藉端搕索情事，一并查明究惩。

一、命案二十六起未获之正凶，由地方官缉获，照例严办。不得因缉凶有案，另生枝节。

一、收禁教民艾祚昂、李春发、薛玉亭、刘达生、龚照、文永茂等，团民刘联生等，议结之日，即行开释，从前所有控案，一概注销。

一、议和后，随派司铎前往江北同地方官会商复业。

一、教民归业后，各团首乡约保护教民，不得欺凌，永敦和好。至修理教堂，应由地方官出示晓谕，免致阻挠滋事。

顾巴德押。张文佐押。罗元义押。李晴春押。

(重庆)合同为据　(府印)

光绪四年五月初五日川东副主教白德理　(洋字图记)

---

① (台湾)“中央研究院”近代史研究所编:《教务教案档》第三辑(二),第1350—1351页。

中法《四川涪州教案结案合同》①

光绪四年五月初七日（1878 年 6 月 7 日）
重庆

一、赔修州城教堂一栋，各场医馆八所并抚恤教民等项，共议给银一万两。

一、教民所被霸占田土房屋，收割一两年不等田谷，查照佃户书立佃约，可凭数目，由地方官照实追还。其已失红契各约并各教民押佃银钱，查照追还。如红契、借据、保案、行咨等件无着落者，准教民补印存案，税价请免。但均须有实在凭据，方能照追。如有教民被搕索情事，一并查明究追。

一、命案十六起未获之正凶，由地方官缉获，照例严办。不得因缉凶有案，另生枝节。

一、教民归业后，各团首乡约保护教民，不得欺凌，永敦和好。至修理教堂，应由地方官出示晓谕，免致阻挠滋事。将从前民教不和所有控案，一概注销。

顾巴德　押

罗元义　押

李晴春　押

---

① 该合同名称为编者所拟。见（台湾）"中央研究院"近代史研究所编：《教务教案档》第三辑（二），第 1352 页。另见中国第一历史档案馆、福建师范大学历史系合编：（中国近代史资料丛刊续编）《清末教案》第二册，中华书局，1998 年，第 261、264—265 页。

中法《四川江北厅涪州教案善后章程》[①]

光绪四年六月十六日（1878 年 7 月 15 日）

重庆

一、天主教原系劝人为善，夫既劝人为善，则不善者必当屏绝。无如近来习教之人太多，善恶不一，往往有因词讼理不得直，遂藉奉教为由，希图转败为胜。其有不法之徒，窃捏司铎主教名帖，向地方官蒙混关说。不但有玷教规，抑且有违条约。嗣后应由地方官与传教士互相稽查。如有藉奉教为名，为恶不悛者，应由传教士立将其人逐出教外，不得姑容。其民教涉讼到官者，应由地方官立予割断，但论是非，不分民教，不准稍有偏袒。如查有因讼理曲始行奉教者，除照例惩办外，仍将案由姓名知会传教士，逐出教外，以别淑慝，而保良善。

一、传教司铎有洋人、中国人之分。在洋人寄居中国，固应彼此相安。若中国之人，则与平民同乡共井，非亲即友，并无尊卑上下之分，更与洋人有间。地方官固应不分民教，一视同仁。而传教士亦应恪遵和约，与中国人民守望相助，休戚相关。遇有民教口角微嫌，尽可立时投凭团乡约保，排难解纷，勿任兴讼，以期日久相安，永敦和好。如有不安本分之人妄充教差，怂恿司铎，欺瞒主教开堂理事者。一经地方官查实即知会主教，立予更换。如地方官听信司铎嘱托审断不公者，查出一并参处。

一、地方官既不分民教，自应民教一律相待。平民词讼，亦应取用状式，由代书据情直书，交本人自行投递，方足以昭公允，而免歧异。平民告教民，亦不得自称教民，并捏称灭教毁教字样。庶民教无分彼此。地方官各按理之是非曲直，衡情酌断，毫无成见。如敢故违，不论民教，随案惩治，以示大公无私之意。

一、教民除迎神赛会向不派钱外，此外纳粮当差，以及地方一切公事，如需派钱者，应不分民教，公同认派，并各按乡里远近一体编入团保之内。

---

① （台湾）"中央研究院"近代史研究所编：《教务教案档》第三辑（二），第 1341—1343 页。

各团保不得以教民分门别类，不肯编入团保，致令漫无稽查。各教民亦不得自恃教民，不肯附入团保，自外生成，致启参商之渐。仍无论民教，均不得藉事勒罚银钱，犯则加倍惩治。

一、民教议和以后，无论民教，均宜仰体朝廷宽大之恩，不究既往，严禁将来。一切前嫌尤宜尽释，不准再以从前是非曲直，妄加指摘。如敢造言生事希图报复者，无论民教，即由地方官查拿究办，决不稍从宽典。

一、平民与教民均属良莠不齐，从前起衅根由，两有不是。经此次恩施格外，议结以后，应宜各自猛省。平民不得行恃众欺凌教民，教民亦不得再行恃教欺压平民，如有不知改悔，不遵法纪，地方官不分民教，一体严办，勿稍宽纵，致启乱萌。

一、买卖各有行规。无论民教，同行生理者，即应一体遵照平日议定行规。平民不得因教民入行把持行市，教民亦不得自恃教民紊乱行规，居奇立异，故违定例，两不和同。

一、婚姻为人伦之始，固不得以许字之女，另许别人。尤不得以已嫁之女，退回另嫁。田土各有界址，总以契约为凭，不得恃强混争。钱债亦有字据，不得横行估骗。如有违犯，无论民教，均由约保团邻人等查明禀究，不得偏袒。

中英《轮船招商局与太古公司长江水脚合约》^①

光绪五年五月十八日（1879 年 7 月 7 日）

上海

　　查两湖出产茶叶最为大宗，向由各宝栈代客装申发售。我两公司原定章程自汉至申，茶箱水脚每吨四两，因轮船置本浩大，烧煤等费繁多，若是脚价太低不敷缴用，并非高抬吨价而居奇焉。今因别家开放小船金跌价抢装，众商贪图便宜，争装小船，此固人情之常，无足怪也。但该小船脚价虽廉，而每见遭烂箱板，因而卖价虚亏有之，似亦得不偿失，究不如我两公司船装运得宜，兼之日日开船，何等便捷，又无退关之虑也。今议自本月十六礼拜一起，汉至申茶箱每吨减收叁两，其回用一项，仍照旧章九五扣算。惟愿各宝栈嗣后不分装小船，俟茶市完场后，再送一个九折回彩，藉酬雅爱，如仍有分装小船，除九五用之外，其第二次九折回彩不作算数，特具合约。

　　1879 年 7 月 7 日　光绪五年五月十八日

①　转引自夏东元编著：《盛宣怀年谱长编》上册，上海交通大学出版社，2004 年，第 103 页。

中德《订购克鹿卜十二生特炮合同》[①]

光绪六年三月二十六日(1880 年 5 月 4 日)

爱生

钦差出使德国大臣李代中国国家,来音河南爱生厂东克鹿卜所立合同如左:

计开:

第一条,此次约定钦差大臣李代中国国家在克鹿卜厂定购照后粘尺寸炮一十尊,一切附件价值亦照粘单,共价一十三万二千一百五十马克。

第二条,克鹿卜情愿照尺寸领办此次定造之炮件,并能照约定期限完竣交卸;如此式炮件,近来更有精新者,克鹿卜厂宜照最精新者制造。

第三条,西一千八百八十年六月初九日由李大臣先付克鹿卜第一条所载之价值一半;尚有一半,克鹿卜于完工时函请李大臣前来或派人前来详细查验工料,点收炮件,十四天内点验完备时交银。如炮件不能全数交卸,价值亦不能全数支取。倘买主于立合同之日愿多付价值,克鹿卜当将一半价值之外照五厘利息算至完工之日归还买主。

第四条,工程完竣,每炮试放十次,并经总监工验看工料,克鹿卜将验看试放各字据缴还买主。如买主以该厂炮件甚多,恐鱼目混珠,不在本厂试验,亦听其便。买主如看出炮有弊病或工料不精,或尺寸不合,克鹿卜当将该炮收回另制更换;若有此事,须于炮到指定地方三十天以内即告克鹿卜,逾期则克鹿卜可以不认账。

第五条,交卸即在爱生,买主欲该厂代为装寄亦可,惟一切运费及保险费系买主自出。如买主将炮件暂寄爱生,其寄存之费及不虞之事均系买主自担。

第六条,所有尺寸图式、期限等件粘单,亦算为合同约字。

---

① 李凤苞:《李星使来去信》,"光绪六年三月二十七日李丹崖自德国柏林发来第三十七号信",抄本。

第七条，两面或有翻译或有辩说不清之事，可各选刑师一人，其刑师又同选一人，共三人详细讯审，如两人判是则是，判非则非。此合同照立两份各执为据。

代克鹿卜：美阿 画押

大臣：李　　　画押

西一千八百八十年五月初四日在爱生立

中古《优待华人条约》[①]

光绪六年七月十六日（1880 年 8 月 21 日）
古巴

　　第一款，凡华人有合约未满者，如工主责工人守约，只可向律例衙门呈控，著工主遵守；如合约内有碍于华人裨益者，华人亦可一体呈控，著工主遵守。至华人在公堂上无论罪案及钱债案，其所得之权利及控诉之法，均与相待最优友睦之国人民一样。

　　第二款，凡合约未满之华人，不得借有上款优待之条，便不遵守合约，如合约内工期未满须要将工做满，或有不守约者，其应得之责罚，亦不得与其人自主之处相背。因华人现系自主之人，应与相待最优各国人一例相待。

　　第三款，凡各处官工所现在拘禁之华人，除系犯罪应候审结者，或已定案者，未能即放，其余或因逃走，或因听候帮工，或因来历不明之类，无论因何事故拘留者，限此次出示后十日之内，尽行一律释放，并给与行街纸，惟行街纸上须要注明由官工所放出字样。

　　第四款，嗣后凡有差役不得照旧例拘禁未有行街纸之华人，所有从前一切办法，著即行删除，因无行街纸者不得作犯罪论。惟中日（日斯巴利亚）条约载明，凡岛内华人，无论工期已满、工期未满，均应给与行街纸，今限九月十五号止，如有华人未领行街纸者，只可按交罚银，如无银交，则按例坐监抵罚。

　　第五款，嗣后凡有华人犯罪须要经明律例衙门审讯，与别国人民无异，其应得衙门各项宽待之处，亦与相待最优友睦之国人民一体均沾。

　　① 陈翰笙主编：《华工出国史料汇编》第一辑（2），中华书局，1985 年，第 962—963 页。

中德《伏尔铿厂造钢雷艇合同》^①

光绪六年九月十七日（1880年10月20日）
士旦丁

一、代造一钢艇，内有汽机、汽锅、暗轮全备，附有详说并图，其一切按照图样，用上等工料，最为坚固，按德国新近之法查验或交于中国使者或在士旦丁交与使者所派收之人。

二、本厂肯从立约之日起四个月内在士旦丁之虽纳门海口试验。

三、此艇速率每小时十七海里又八之三，在一测定海里之处行使，除试得速率外再行使全力三点钟之久，以验汽机各事，试费由厂给，其试时须有够用三点钟之煤，凡艇上鱼雷等未经装载之物须有同重之物代之。

四、如试时速于十七海里八之三，每四分海里之一赏给一千五百马克，如不及此速四分海里之一，亦照罚；如果试得不及十七海里之速，即不必收受，其先付之价及五厘息俱各缴还。

五、艇身汽机及附说内各随件，共价六万五千马克。交价之时，其艇或在士旦丁，或在虽纳门。此数应照三期交付，一在定合同时先付二万一千五百马克；一在雷艇及汽机已在水时，再付二万一千五百马克；一在验收时，找付二万二千马克。所付之钱或交柏林白来喜和德尔，或交士旦丁之色罗吐，此次并无经手之人，故按德国海部一律办法。

六、购船者可派中国官生往厂查视，方造之时，本厂不论何时可以尽心详细指点，如查得工料有不照合同之处，即可剔回，令厂中照合同另造。

七、如果合同有彼此不对之处，即托德国兵部评断。

八、合同印税，由厂给付，此合同有二分，各签押加印。

士旦丁一千八百八十年十月二十日伏尔铿总办押

---

① 参见李凤苞：《李星使来去信》，"光绪六年九月二十五日来信第五十三号附件一伏尔铿厂造钢雷艇合同"；"光绪六年九月二十五日来信第五十三号附件二附钢雷艇说"，抄本。该合同由中国使臣李凤苞与德国伏尔铿公司总办签订。

中法《四川江北厅教案议结续合同》①

光绪六年十二月二十八日(1881 年 1 月 27 日)②

重庆

一、议明葆任内抄毁博济堂房屋,与白主教司铎商议,即就李春芳去年原佃与教中房屋地基修复公馆。至买李春芳地基,由地方官传李春芳到案议价承买,立契过印,免税交主教存执。其买价由地方官筹款付给,不令教中出钱。其房间大小式样由白主教绘图,举荐工匠照式样修理,以左右院房为准,修费银一千五百两,由地方官交与妥实铺家支发,由地方官监修,如不敷用,不与地方官相涉。房屋不得过高,教中不得过问,随地方官如何措词,教中亦不与闻其事。定期一年修造完工。由地方官悬挂以仁存心匾额,以存体面,并传集绅粮与司铎会面,永敦和好。

一、议旧日医馆地基未曾修复,现以木板遮拦,有失观瞻。议于一年之内由地方官代筑土墙一道,以昭慎密,仍归教中。五年以后,祗修作铺房,招佃收租,均不得异言。

一、去冬抄毁李春芳佃房所失银钱衣物等件,现与白主教司铎议明,由地方官赔银一千三百两,不于各犯名下追赃。

一、议明拆毁李春芳房屋滋事之人,由地方官照例拟办红衣三名,不得模糊了事。

一、议明从前呈控命案二十六起,查明开单,交地方官传齐到案。每起酌加抚恤银五十两,饬令领银具结完案,其领银具结者,以后不得再以命案呈控。伊等所有一切京控、省控案件,一概注销。如有不愿领抚恤者,各听其便,仍照前次和约缉凶,主教司铎亦不干预其事。至抚恤银两,毋庸再筹,即在此次赔款银一千三百两数内提交地方官给发。事经议和,两无异言。

一、此次议结各条系江北之事,与别州县无涉。

---

① (台湾)"中央研究院"近代史研究所编:《教务教案档》第四辑(二),第 826—828 页。

② 该约章签订时间未查明。此为恭亲王奕訢将章程照会法国驻华公使宝海的时间。参见中国第一历史档案馆、福建师范大学历史系合编:(中国近代史资料丛刊续编)《清末教案》第二册,第 312—313 页。

中丹《电报交涉事宜条款》①

光绪七年五月十五日（1881 年 6 月 11 日）②
天津

一、大北公司之海线现已经设立在中国地面者，中国国家允可独享其利。倘大北公司再添设海线，必请中国国家允准方可。自此次奉准之日起，此海线以二十年为限，不准他国及他处公司于中国地界内另立海线。在此年限之内，凡中国租界及台湾等处，亦不准他国设立海线。

二、以二十年为限，中国国家欲造海线或旱线，凡大北公司已经设立之处，有与相碍者，中国官商不便设立。其无碍于大北公司者，尽可自行设立。

三、凡以后中国欲再设电线，如大北公司所索之价较他人便宜，中国国家准其包办。

四、中国总理衙门、南北洋大臣、出使大臣及总领事往来之电报，在中国、日本、泰西等处，凡从大北公司自家电线寄发者，大北公司情愿奉让二十年限内均不取费。设有大北公司电线不到之处，须从他国公司电线转寄，仍应出他国公司费用若干。惟所有往来之电报，必须各署盖印送去，以为凭信，大北公司方能免费。

五、大北公司之海线，由香港与泰西相连者，曰南线；由日本与俄国相连者，曰北线。日后中国电线设成，凡中西商民之在中国者寄电信前往外洋，从中国电线交大北公司转寄。倘其电报内不指明从南线寄往外洋，大北公司均从北线转寄较为迅速。

六、嗣后如有争辩之处，以中国文字为凭。

---

① （台湾）"中央研究院"近代史研究所编印《海防档》丁编，第 267—269 页。

② 此为北洋大臣直隶总督李鸿章入奏总理各国事务衙门的时间。该条款由李鸿章与丹麦大北公司代表议定。

中朝《商定借银合同》[①]

光绪八年八月二十日(1882年10月1日)

天津

照录朝鲜政府现与招商轮船、开平矿务两局商订借银合同各节:

一、由矿务、轮船两局筹拨足色纹银五十万两,借与朝鲜政府,专为商务兴利之用。订明每百两每年遇闰不计外,取息八厘。计借款五十万两,则每年应由朝鲜政府缴利息银四万两。分四季交还,每届季终,缴银一万两。

一、借款限十二年还清,前五年每年只缴利,不还本。自第六年起,至第十一年,每年除息银外,定于年终带还本银七万两。还本若干,利银亦按已还之本扣除若干。其第十二年,则还本银八万两,与其应生息银,恰清五十万两之数。

一、兑银砝码,较准二副,两面画押,各执一副。日后还本缴利,均凭该砝码交兑。嗣后若朝鲜政府所还本利之银,非系足色纹银,则按照时价补足,庶平色划一,而免偏祜。

一、此项借款,订明指定关税作抵。倘届缴利还本之期,关税存银不足作抵,应由朝鲜政府暂拨红参税项填补,以清款项。倘过期不还,即由轮船、矿务两局禀请北洋大臣咨照朝鲜国王,另行设法办理。

一、朝鲜富有五金各矿,准由矿务局随时派人入内地勘察。倘或择地开采,则咨请朝鲜政府,参酌中西成例,商订地租矿税章程,集股举办。倘朝鲜政府集资自行开采,亦可延请矿务局人助理。助理之人,只领薪俸,不分盈余。假如朝鲜政府愿与轮船、矿务两局凑股合办亦可,届时商订章程,集资开举。

一、所借之项,或因关税短少,或因红参税亏,并无别项填补,准将矿务局应缴之矿税划抵。

一、借款应由朝鲜派一大员至中国某口,点收后付一印信收照,以为凭信。至缴本还利之期,亦由矿务、轮船两局在朝鲜通商口岸指派某员向关收

① (台湾)“中央研究院”近代史研究所编印:《清季中日韩关系史料》第三卷,台北精华印书馆,1972年,第968—970页。

取,亦付印信收照,以免歧异。凡息银必以点收银两,交付印信收照后起算。倘或朝鲜政府愿将所借五十万两之款陆续分取,亦应与轮船、矿务两局订明陆续分取之限,庶两局可将未交款项寄交存妥处生息,以免朝鲜赔息之累。

　　一、中国既与朝鲜通商,应由朝鲜政府于通商口岸跟同轮船局员勘明地段周围若干坪,按照时价租于该局,以便建造房栈公所之用。以上各节,除俟朝鲜国王批准后,兹由两面暂行盖印画押,以昭凭信。

　　立合同:二品衔福建试用道轮船矿务总局总办唐廷枢押,朝鲜大官赵宁夏押,朝鲜副官金宏集押。

　　光绪八年八月二十日立于津门节署①

---

　　①　另案:中国与朝鲜自古既存传统的宗藩关系,在清朝前期,双方亦签署有若干具有宗藩性质的约章。天聪元年(1627年),早在关外的后金便与朝鲜缔结《江都之盟》(1627),后金政权的阿敏率部攻入朝鲜,强迫朝鲜国王签订《江都之盟》,"凡三条:曰结为兄弟之国也;曰各守封疆永世相好也;曰翌日撤兵不复逾鸭绿江岸也。"(参见[朝鲜]李容元等纂辑,李完用等校正:《国朝宝鉴·别编》卷一《仁祖朝一》,朝鲜:隆溪神祇,监听此誓。"(参见张存武、叶泉宏编:[1909]本,第8页)。天聪元年三月初三日(1627年4月18日),后金大臣还与朝鲜国王并大臣立有誓约:"朝鲜国王以今丁卯年某月日与金国立誓:我两国已讲定和好,今后各遵约誓,各守封疆,毋争竞细故,非理征求。若我国与金国计仇,违背和好,与兵侵伐,则亦皇天降灾。若金国仍起不良之心,违背和好,兴兵侵伐,则亦皇天降祸。两国君臣,各守信心,共享太平。皇天后土,岳渎神祇,监听此誓。"(参见张存武、叶泉宏编:《清入关前与朝鲜往来国书汇编(一六一九——一六三四)》,台北:协联印书馆有限公司,2000年,第21—22页)。崇德二年(1637)正月,朝鲜仁祖与皇太极再签城下之盟,盟约出自皇太极之手,文曰:"去明国之年号,绝明国之交往,献纳明国所与之诰命册印,躬来朝谒。尔以长子并再令一子为质,诸大臣有子者以子,无子者以弟为质。尔有不讳,则朕立尔质子嗣位。从此一应文移,奉大清国之正朔。其万寿节及中宫千秋,皇子千秋、冬至、元旦及庆吊等事,俱行贡献之礼,并遣大臣及内宫奉表。其所进往来之表,及朕降诏敕,或有事遣使传谕,尔与使臣相见之礼,及尔陪臣谒见并迎送馈使之礼,毋违明国旧例。朕若征明国,降诏遣使调尔步骑舟师,或数万,或刻期会处,数目限期不得有误。朕今移师攻取皮岛,尔可发鸟枪、弓箭手等兵船五十艘。大军将发,宜备礼献犒,军中有俘获,过鸭绿江后,若有逃回者,执送本主。若欲赎还,听从两主之便。盖我军以死战俘获之人,尔后毋得以不忍缚送为词。尔与内外诸臣,缔结婚媾,以固和好。新旧城垣,不许擅筑。尔国所有瓦尔喀俱当刷送。日本贸易听尔如旧,当导其使者来朝,朕亦将遣使与彼往来也。其东边瓦尔喀,有私自逃居于彼者,不得复与贸易往来。尔若见瓦尔喀人,便当执送。尔以既死之身,朕与生存,保全尔之宗社,复还所获。尔当念朕再造之恩,后日子孙,毋违信义,则邦国永存矣。朕见尔国狡诈反复,故降兹诏谕,每年进贡一次,其方物数目:黄金百两,白银千两,水牛角二百对,豹皮百张,鹿皮百张,茶千包,水獭皮四百张,青黍皮三百张,胡椒十斗,腰刀二十六口,顺刀二十口,苏木二百斤,大纸千卷,小纸千五百卷,五爪龙席四领,各样花席四十领,白苎布二百匹,各色锦缎二千匹,各色细麻布四百匹,各色细布万匹,布千四百匹,米万包。"(参见《太宗实录》卷三三,崇德二年正月戊辰,第2册,中华书局1985—1987年影印本,第430—431页)。同类的约章还有乾隆三四年十一月十六日(1769年12月13日)中国与缅甸缔结的《老官屯协议》,文曰:"西方诸国之首、日落处阿瓦王、琉璃宫君主兹指派(此为14位缅甸官员姓名、职衔等略),东方诸国之首、中国皇帝兹指派(此为13位中国官员姓名、职衔等略),于1769年12月13日会集于官屯东南特建之七顶大殿,以商议两大国之和平与友谊,并按旧例建立金银商路。谈判开始时,日落处阿瓦王、琉璃宫君主和中国皇帝之军队均应撤退。谈判结束后,两军应互致礼物,一起按旧例撤退。所有居于中国皇帝领地内之日落处阿瓦王、琉璃宫君主之臣民,均享从前之待遇。两大国间应建立和平与友谊,应如两片黄金融合一样合而为一。同时,两大国应照旧例建立金银商路,两国君主与官员应每隔十年互致金叶信件以致敬意。"(参见王巨新:《清朝前期涉外法律研究》,人民出版社,2012年,第146—147页)。

中英《轮船招商局、太古洋行、怡和洋行订明合走轮船往来上海、烟台、天津等处合同》①

光绪八年十一月十一日（1882 年 12 月 20 日）

上海

轮船招商局、怡和洋行、太古洋行三家所订走天津轮船合同。此合同立于西历一千八百八十二年十二月二十号，即华历光绪八年十一月十一日，系轮船招商局、太古洋行、怡和洋行三家所立者。

轮船招商局者包括在任总办及轮船招商局。

太古洋行者包括当时该洋行合伙东家及中国轮船有限公司。

怡和洋行者包括当时该洋行合伙东家及印度中国轮船公司。

各公司股份人自己所为之事，无碍于此合同。轮船招商局、太古洋行、怡和洋行俱有轮船往来上海、烟台、天津及别处码头。现三家订明合走轮船往来上海、烟台、天津等处，其章程款式后列。兹将各款议条列后：

第一议，次数者，即系轮船由上海去天津，旋由天津回上海，无论绕烟台与否，即作为一次。如一家轮船走得半次，其余半次，别只船同一公司者可以替其走满。倘只走得半次，其余之半次因有不能完全者，则作半次算。失事之船不在此例。

第二议，招商局、太古、怡和三家以合式轮船常川上海、烟台、天津等埠。以一百只船论，招商局得四十四，太古得二十八，怡和得二十八。

第三议，三家轮船所收货、客载脚银两，俱照后列分派。

第四议，倘一家年底算账因事不能完全应走之次数，即按所缺次数少得利益。

第五议，三家生意，每十二个月结算，分派公项。

第六议，所有三家各轮船之载脚银两，各家照格式填写报单，每月一纸，互相调换。

---

① 陈旭麓、顾廷龙、汪熙主编：《轮船招商局——盛宣怀档案资料选辑之八》，第 111—114 页。

第七议，每年由西历正月一号起至十二月三十一号止算作一年。所有一年账目清结公项，按次数分派。每年六月三十号算半年账一次。

第八议，各家轮船所赚载脚银两，系各自担保，所有银两照舱单及搭客单拨入公项。惟失事轮船所赚之载脚银两不入公项。

第九议，三家照一例价目算客脚、载脚，不得私自补贴回用或折扣，又不得少算斤两、或尺码、或给免票、或不算栈租、保险等费，以图多揽货物。惟各家分局按载脚多少得九五用钱，则不在此例。

第十议，三家转口货定一例价目，务须照价目收足。

第十一议，所定之价目随时可能更改，惟更改价目要彼此应允，方可由三家议定为实。

第十二议，倘一家之船遇有不测之事，别家之船必尽力帮护。论酬劳多少，由在事人商议。倘有争执，则照下列条约，请公正人议定。

第十三议，招商局可能另派轮船装载漕米、兵勇、军械，无碍于此合同及次数、公项等。该船可能照例装免税货，其水脚照价目单拨入公项。除免税货之外，所收平常货之载脚，尽拨入公项。该船限装中国搭客二十五位，其水脚三分之二拨入公项，其余三分之一归招商局所得。倘搭客过限二十五位，其余则拨入公项。招商局装粮米或兵勇之轮船，所装免税货及平常货，或搭客多少，每月写报单知照怡和、太古二家。

第十四议，所有装粮米、兵勇、军械轮船，回头所得货脚、客脚多少，俱拨入公项，惟装煤炭不在此例。

第十五议，所有招商局回头之轮船，可装煤炭，不拘多少，无碍于此合同，并毋庸算载脚入公项，又毋庸列入月报之内。倘有客货待装者，则先装客货，后装煤炭。

第十六议，招商局装货之船，每只订装粮米三千包，即系约三千九百担，毋庸算水脚入公项。倘算有逾过三千包者，即照价目单算水脚入公项至每担二钱半为止。倘有客货待装者，则先装客货，后装粮米。该船所装免税货之水脚，照漕米船办理。

第十七议，所有招商局装粮米之船，粮米委员附搭轮船，毋庸算水脚入公项。

第十八议，三家所走轮船常川上海、烟台、天津等处，务要同心协力。倘有别家轮船争衡生意，三家务须跌价，以驱逐他船为是。

第十九议,除照合同所走之轮船外,别人之轮船若走上海、烟台、天津者,三家皆不得干预分子。

第二十议,怡和公司自己或代他人轮船不得走轮船于下列各地方,即系上海及宁波、上海及温州及沿途码头。又香港、粤省城太古公司自己或代他人轮船,亦不走轮船于下列各地方,即系上海及福州,又上海及温州及沿途码头。太古公司及怡和两家自愿不走船去宜昌。如果招商局之船可能装载两家之转口货并无耽搁者,招商局及太古公司自愿不走船由香港去架剌吉打,惟去沿途码头则可。招商局现时无意去香港、粤省城。如果欲走船,预先三个月知照太古及怡和两家。知照之后,太古及怡和则可能将此合同作为罢论。

第二十一议,如有雇工人有犯合同条款而招商局总办或太古、或怡和东家不知情者,所犯之事如故意错误者,别家可能关照该当事人将其人革去,以后不得录用。如系数目错误,即将数目更正。

第二十二议,如太古、怡和东家或招商局总办有不依合同办理,系关涉数目者,即将数目更正,另罚银一千两,归各家照合同分数均分。

第二十三议,不依合同之事,知觉已逾两个月未曾声明,或一年后始访查出其错事,此两家只可将事更正不得罚银。惟各家因有其事,可照合同第二十五款所列,可将此合同作为罢论。

第二十四议,如有犯合同之事省觉,即行知照两家,并即声明因何不照合同办理之缘故,以便查究。

第二十五议,倘一家知别家的确有不依合同办理之处,即将其事声明,并请公正人公断可否将此合同作为罢论。

第二十六议,如有因合同词意或别事争执者,一个月内尚未说妥者,可请公正人公断。其请公正人之法,则每家请一位。若公正人意见不同,则由此三位公正人公举一位,听其决断。倘三家公正人不肯公举别位,即交洋商局董决断。公董人所断之事,务须遵依,不得反悔。倘一家不肯请公正人,过十四日后,其两家所请之公正人可能另公举一位,共成三位,决断其事。所断如何,三家俱要遵依。三家之中,如有不肯请公正人,或因强词夺理者,当作非体面事。凡事请公正人公断,公正人有权可能查阅三家之数簿,并可查问雇工之人,三家不得阻碍。公正人之费用至少三百两。该项及别费由公正人公断,应由何人所出。

第二十七议,合同由一千八百八十三年二月十四号起,至一千八百八十六年二月十四号为止,其账目以算清为止。

第二十八议,于本年五月二十七号三家所订走长江轮船之合同章程条款亦作为实。今欲有凭,各家签押为据。

轮船招商局总办　　徐雨之

太古洋行押见证人　斯密

怡和洋行押见证人 大状师　雷达

中法《新议云南民教交涉条款》[①]

光绪九年九月初六日(1883年10月6日)

昆明

一、条约内开:天主教原以劝人行善为本,凡习教之民皆全获保佑身家,其会同礼拜诵经等事概听其便。其执有印照入内地传教之人,地方官必厚待保护。

一、中国人愿习天主教而循规蹈矩者自不查禁。地方人等须知天主教只以劝人为善,并无他意。诸色人等信从与否,各听其便。情愿习教者亦不相阻,不愿习教者并不相强。自示之后,若有不知大义之徒,别造浮言,捏词肇衅,定即由地方官严拿究办。

一、习教之民亦宜束躬自爱,安分营生,不得恃习教为护符,生事干咎。如有匪徒假冒习教之名,或习教后在外滋事闯祸,应得罪名,当由地方官照例惩治。

一、平民与习教之民同是一体。凡地方应办之事,除迎神赛会演戏烧香盖庙等事与习教之民无涉,不得勉强派钱。其余应办夫差以及各项国课公费,平民与习教之民均是中国百姓,须一体照办,不得有分彼此,藉教搪塞。

一、地方官衙门凡有控告事件,若案内与教事无相干涉,即有习教之民在案,司铎不得出头干预。

一、习教之民遇有词讼事件,呈状内不得自称教民字样,并只准以某人指控某人某事为言。地方官秉公办理,毋稍偏徇。盖习教与不习教皆民也。

一、条约内载,任听法国传教司铎在各处租买田地建造经堂房屋,并不估买等语。以后若各司铎租买田房建立教堂,凡民不可捏造浮言,滋生事端。各司铎亦仍遵条约并不估买。

---

① (台湾)"中央研究院"近代史研究所编:《教务教案档》第四辑(三),第1681—1682页。

　　一、若遇习教之民在教堂滋事，或在外借习教之名滋事，或由司铎查出送地方官代为惩办。此等匪人，地方官照例重治。

　　一、愿习教之民必须告明司铎并无为匪犯法等事。若系因犯法后始藉习教躲避，或告状输理，想习教报复者，一经地方官有文关提，即由司铎将人送官，并加治以有坏教规之罪。

　　一、习教之民与不习教之民均一百姓也，以后凡办保甲，仍应联为一体，互相保护，不得有分彼此。

中朝《轮船往来上海朝鲜公道合约章程》①

光绪九年十月初二日(1883年11月1日)
汉城

一、招商局按每月上半个月内,随便放轮船一只来朝鲜国,专为承代、带寄朝鲜国与中国往来公文书信,至局船所到之处为止。

二、招商局于该轮船每次来往完竣后,即将该次所用行驶日子若干、烧煤若干、船上伙食用物、辛工各等费项,按日照算,应着若干船身本息及保险费若干、该船到朝鲜应缴纳船钞及别等关费若干、来往所得客脚货脚,照舱单抄白一纸。如内有免收水脚货物,除搭客行李不计外,仍须估算水脚若干,但照舱单元账,先除清上海及朝鲜代理招商局人九五扣用,及客栈经手揽载人九五扣用,洁净实账,列入单内。下次来船,统交朝鲜国税务司,会同管上管理船头事者一人及该船管驾察阅。经此数人核准签字之后,方可作为实账,由朝鲜国税务司逐款清注,登部(簿)入账,又即照抄一纸,送给招商局驻朝鲜之代理人收存。又该轮船到朝鲜通商口岸之后,所需起卸来货及落装回货之时日,须从公道停泊。

三、按此合约办理,朝鲜国愿保招商局周一年,不致亏缺资本。由此合约开办,初次来船之日起,计至十二个月之后,即按右列第二条章程,将该船所赚之水脚及所费各使用之账,清算总结。若招商局果有亏缺资本若干,则朝鲜国自愿照数,由仁川口海关填赔。

四、如招商局遇有违背此约内第一条,漏放船来,须将其所以违漏之原故详明。朝鲜国如查得所详之原故不妥,则此约作为废纸。

五、如招商局于年内不论何月,遇有水脚可赚,可能交放来之船,所赚之水脚,亦须按此约内第二条报明,列入账内。

六、此合约订期,限周一年为期。期满之后,或照原式再立与否,各听

---

① 该约章由清政府驻朝鲜商务委员陈树棠于1883年11月1日"备文咨会"朝鲜政府统理各国事务衙门。见[韩国]亚细亚问题研究所、旧韩国外交文书编纂委员会编:《旧韩国外交文书》第八卷(清案1),汉城东亚出版社工务部,1970年,第6—7页。

其便。

七、此合约照书一样四纸，由统理衙门暨招商局，盖用关防印信，分送中国北洋大臣、朝鲜统理衙门、总办朝鲜商务公署、上海招商轮船总局，各存一纸为据。

朝鲜国统理衙门印

中国上海轮船招商总局关防

光绪九年十月日中国总办商务公署代订

中朝《轮船往来上海朝鲜合约章程续约》^①

光绪九年十二月初一日(1883 年 12 月 29 日)^②
汉城

今因前立之轮船往来合约章程,每月一次,尚未尽善,兹续订。

招商局专派轮船一只,常川往来上海、朝鲜,或绕走烟台、仁川、釜山、长崎、上海,或绕走长崎、釜山、元山、烟台、上海,惟视有多货、客水脚之埠绕走。周而复始,一年为限,不论次数。期满,照前立之合约章程办理,此订,等因。

书立续约一样三纸,由贵衙门协办穆与本道画押,将一纸函送招商局,一纸由贵衙门协办穆收存,一纸由本道收存为据。

朝鲜国统理衙门印

中国上海轮船招商局关防

光绪九年十一月日中国总办商务公署代订

---

① 该续约由清政府驻朝鲜商务委员陈树棠与朝鲜政府督办交涉通商事务衙门协办穆麟德 (Möllendorff, Paul Geirge von.)在朝鲜汉城订立。见〔韩国〕亚细亚问题研究所、旧韩国外交文书编纂委员会编:《旧韩国外交文书》第八卷(清案 1),第 19—20 页。

② 此为该约章执行时间。

中、丹、英《渔团保护水线条款》^①

光绪十年正月十九日（1884 年 2 月 15 日）

上海

一、大北、大东两公司每年愿出赏洋二千元，给川沙、南汇、宝山三厅县渔团，以作保护水线之酬金。其洋按季送道派给。

二、三厅县渔团保护水线，分作四段：南汇一段，川沙一段，宝山吴淞口外一段，吴淞口内一段。各段渔船专管自己一段，此段失误，不关彼段之事。

三、所给赏洋，照三厅县匀分，或照四段匀分，或照里数长短作三厅县或作四段派给。请道核示两公司，以便公司遇有割窃照扣。

四、何段水线被窃，则扣该段一季赏洋，并由地方官查拿窃贼及买赃之人严惩。

五、凡水线遇有割断，须分别有心无心办理。有心割断者，断处有斧凿痕，则当扣除该段一季赏洋。如能查出何人所割，赏洋仍当补给。其无心割断者，系被锚勾损，线自断折，非用刀斧所割，赏洋照常给发。

六、凡有船只仓猝下锚，其锚勾住水线不能取出者，可将水线拖起，以绳索一条套住，即将锚松下，便可取出，仍将水线安好。倘用此法仍不能取出，则可立即报知吴淞公司电线房或上海公司写字房。公司当派船前往代取，或亦不能取出，则由公司将锚割去，以锚价赔偿原主。

七、公司水线沉于海底，水面并无标记。渔船抛锚撒网，易于勾损水线。公司愿绘水线图给各渔船，并于沿海岸边每十里设一木杆，上钉一牌，写明水线离岸远近，俾渔船知所趋避。

八、中外过往船只，恐有不听渔船之言，定欲将水线割断，以取勾住之锚。因拟每一渔船由地方官给一谕条，写明渔船保护水线字样，俾可随时示知华船，并由两公司给一洋文凭据，以便随时示知洋船，庶中外过往船只

① （台湾）"中央研究院"近代史研究所编印《海防档》丁编，第 955—957 页。

均知遵守。

九、倘遇水线被人窃去,或有心割断,则由两公司将窃割在何处地方通知中国电报局总办。由电报局总办移道饬地方官查办,并扣赏洋。

十、渔船保护水线,并两公司酬给赏洋,定自光绪十年正月初一日为始。

十一、如渔船保护水线不能得力,或日后割窃水线仍与不保护时无异者,可由两公司于三个月前预先知照,将渔船保护水线之事即行停止。倘渔船亦有不能保护水线之处,亦可禀由地方官详请停止。

十二、请道将以上各条札饬三厅县地方官出示,晓谕渔船人等一体知悉,遵照办理。

中朝《改订贸易章程》[①]

光绪十年二月十九日(1884年3月16日)[②]
北京

　　嗣后中国商民准其持照将中国货、洋货(运)入朝鲜内地售卖,不得有逊于英、德诸商。其朝鲜(商)民亦准持照将朝鲜货、洋货运入中国内地售卖,照华商逢关纳税,遇卡抽厘。近年华商运洋货入内地,有不愿逢关纳税,遇卡抽厘,而愿先完一子口半税者,业已准行。倘朝鲜商民愿领洋货入内地税单,冀免内地厘税者,亦听其便,以示优待一体之意。其请领执照,各按已定章程办理;未领执照,不准擅入内地。仍禁止两国商民不准在内地开设行栈,设肆售卖,以示限制。至两国商民入内地采买土货,仍照原定通商章程,照纳沿途应完厘税,毋庸议改。如此办理,与待华商无分轻重,于体恤属邦之道更加周至,而于体制名分亦相符合。查原议中国朝鲜商民贸易章程内开此次所定贸易章程,姑从简约,以后有须增损之处,应随时由北洋大臣与朝鲜国王咨商妥善,请旨定夺施行。

　　朝鲜国王为咨复事,承准贵署大臣咨开上年朝鲜与英国、德国原议条约,只准运货进出海口,不准运入内地。故前议中国朝鲜水陆贸易章程于第四条内载明:朝鲜商民除在北京例准交易,与中国商民准入朝鲜杨花津、汉城开设行栈外,不准将各色货物运入内地坐肆售卖等语。原因朝鲜风气未开,若准华商运货入彼内地,英、德诸国将必援引要索,徒令朝鲜多生疑阻。现在朝鲜新与英、德续议条约,既载明英、德商民准其将货运进内地出售。而中国商民转不得运往朝鲜内地,既与体制未符,亦于商情未协。此条自应变通,酌量更改。且中国优待属邦,朝鲜商民前来中国内地卖货,在中国亦应视同华民一律同沾利益。拟请嗣后中国商民准其持照将中国货、洋货运入朝鲜内地售卖,不得有逊于英、德诸商。其朝鲜商民亦准持照将

---

　　① 　该章程系光绪八年八月廿日签订的中朝《商民水陆贸易章程》的修改条款。见王彦威辑:《清季外交史料》卷三十九,北平,1932(民国二十一年),第11—14页。

　　② 　该约章以中朝往来咨文的形式形成。该日期是清帝批复总理衙门实行的日期。

朝鲜货、洋货运入中国内地售卖，照华商逢关纳税，遇卡抽厘。近年华商运洋货入内地，有不愿逢关纳税，遇卡抽厘，而愿先完一子口半税者，业已准行。倘朝鲜商民愿领洋货入内地税单，冀免内地厘税者，亦听其便，以示优待一体之意。其请领执照，各按已定章程办理；未领执照，不准擅入内地。仍禁止两国商民不准在不通商之内地开设行栈，坐肆售卖，以示限制。至两国商民欲入内地采买土货，仍按上年原定通商章程，照纳沿途应完厘税，毋庸议改。如此办理，与待华商无分轻重，于体恤属邦之道更加周至，而于体制名分亦相符合。合将酌议更改缘由咨商查核办理，见覆施行等因。准此。当经发付督办交涉通商事务闵泳穆等覆议。兹据启称：伏奉传下北洋大臣咨商一本，谨行查阅。所有嗣后中国商民准其持照将中国货、洋货运入朝鲜内地售卖。朝鲜商民亦准持照将朝鲜货、洋货运入中国内地售卖，照华商逢关纳税，遇卡抽厘。近年华商运洋货入内地，有不愿逢关纳税，遇卡抽厘，而愿完一子口半税者，业已准行。倘朝鲜商民愿领洋货入内地税单，冀免内地厘税者，亦听其便一节。查前年奏定中国朝鲜水陆贸易章程第四条内载：不准将各色货物运入内地坐肆售卖等语，业经遵行。而在英、德新约既载明英、德商民准其将货运进内地出售。则中国商民自应准其将货运进朝鲜内地出售。以符体制，而协商情，如此变通，酌改允合事宜。至朝鲜商民前来中国内地卖货者，中国视同华民一律同沾利益之处。具仰天朝体恤属邦无分内外之盛意等情。据此相应咨覆贵署大臣，奏定施行，须至咨覆者。

中朝《仁川口华商地界章程》①

光绪十年三月初七日(1884年4月2日)
汉城

第一条,朝鲜将仁川口济物浦海关西北地方绘图,于朱画内,注明介址,与华商居住。日后华商驻满,应更扩充地址,俾广招徕,华商亦可任便到各国租界内贸易居住。

第二条,该地址原系高山海洼,向无民居。海滨须用大石和石灰,甃筑坚固码头,填高地基,至近山高处,须堑平以补低洼。凡界内街道、沟渠、桥梁等项,均须创建稳固,所有经营平地、甃筑码头经费,应由朝鲜政府筹备,派员督工办理,并会同中国驻理商务官及商董一人,眼同布置,核明一切工程费用数目。码头、街道、沟渠、桥梁费若干,建造房屋之地费若干,分晰逐日注册存案,俟将该地用公拍法,租与华人得价后,即行查照原册,将建造房屋之地平治费用,如数收回。

第三条,朝鲜督工之员及中国督工商董一人,所需薪水,各皆自理,毋庸议给。至中国驻理商务官,自有薪水,亦毋庸议。

第四条,该地平治妥善,除出街道、沟渠、码头外,其建造房屋之地,彼此商务官会同酌定,逐段分绘地图,用法尺美突量准,图内注明段数号、美突数。将平此地段费用若干公议,将地分作上、中、下三等,均派某等某段每方二美突该铜钱若干,作为底价,用公拍法,永租与华商。所得平地底价,由朝鲜政府拨出四分之一,及底价外所得余价,亦拨出一半,并底价四分之一,作为存备金,留充日后界内修理一切费用。若有拍剩余地,由彼此商务官按照已拍各价扯平,议一公价,永租与华人居住。

第五条,公拍地址、日期,彼此酌定,先期布告,会同中国驻理仁川商务官施行。其公拍之法,价高者得,若二人同价,则二人更行公拍。凡得地之

① [韩国]亚细亚问题研究所、旧韩国外交文书编纂委员会编:《旧韩国外交文书》第八卷(清案1),第49—51页。

人，先将姓名登簿，即日征其地价五分之一，作为定银，余价十日内交清，给与地契，收照费铜钱一千文。倘十日内，不如数纳清地价，即将定银罚去，作为罢论。

第六条，建造房屋之地，年税定为三等。上等即近海之地，每年每方二美突，税纳朝鲜铜钱四十文；中等即离海稍远之地，铜钱三十文；下等即近山之地，铜钱二十文。每于上年十二月十五日，由中国商务官征收该地下年之税。至次年正月内，将该地税三分之一，送交朝鲜监理商务官收入，其余三分之二，并前拍地余价及平地底价四分之一，统归入存备金项下存储。其如何存储之法，比照将来英、美、德各国存备金存储之最妥善者，公议存储，以期稳妥。此存备金，作为修理街道、沟渠、桥梁、码头、街灯、巡捕及界内一切公项各费。至支用此费，须先由管理租界事务绅董，会议用处数目，禀由彼此商务官核明支用。若该存备金不足，彼此商务官公议，饬令租地之人输纳。

第七条，地契式样列左：朝鲜监理事务姓，为发给地契事。案准华商某，缴到仁川口华商地界内某街某号某等地一段，东至某，西、南、北至某某，共地几方二美突，地价铜钱若干，验收讫，合行发给地契。为此，契仰该商收执，将该地永远作为自业，任便建造居住。每方二美突，于每年十二月十五日以前，赴中国商务公署，完纳下年地税某十文，不得迟延。至所有一切界内事务，由朝鲜监理同中国商务官及华商会馆绅董，公议章程，该商等遵守，并照章完纳年税，毋得歧异违延，致干重究。

此照填印，一样三纸，于年月日下编列号数，钤用半边勘合关防，一发给该商永远执照，一存朝鲜监理，一存中国总办商务公署。倘或水火、盗贼、遗失地照，该商记明号数及失照缘由，具禀中国总办商务官，知照朝鲜政府，转行出示及刊入新闻纸，广告一个月后，照纳常例给照规费铜钱一千文及卖新闻纸费用，方准补给新照。其旧照日后寻出，作为废纸。须至地照者。

光绪年月日印发某号地照，实给华商某收执。

朝鲜监理事务衙门关防，半边号数勘合关防。

第八条，界内如遇意外天灾，若山海涌陷等事，存备金不敷修补用，有须朝鲜政府支出金额及另行筹款者，由彼此商务官会议核定数目，筹款修理。

第九条,驻理仁川商务官公署一所,即拟在界内近山之下等地址建造。该地价、年税,查照天津之朝鲜商务公署章程办理。

第十条,在距济物浦十数里内地方,任凭华商择一妥善山田,作为厝葬义地,须宽广可种树木,并建造守坟房屋。该地照朝鲜与他国义地章程办理,并由政府永远保护。

第十一条,嗣后倘有增损章程之处,应随时由中国总办商务官,与朝鲜政府酌议妥善,彼此记名盖印施行。

光绪十年三月初七日

朝鲜督办交涉通商事务:闵泳穆印

中国总办朝鲜商务:陈树棠印

由中国总办朝鲜商务官缮录,详请北洋大臣商核覆知照施行。

附录:《附订二条》

一、在朝鲜海关码头房屋在华商界内,应即搬迁。所有海关旧房及码头、石水井二口等项,一切作价银一百五十两,缴回朝鲜政府,该价银统作平地费用注册。

一、目下华商立俟地基建造房屋,事关紧要,已准朝鲜政府,允将旧海关门口对出易平之地,先行堑平,分出段数,由华商建造房屋,并于先行建造之地内,择留好地基一区。俟该地全界平治妥善公拍后,照此区之价,或照前后左右至高之价,缴纳银两,方给地照。

中朝《会拟釜山华商地界章程》^①

光绪十年三月初七日（1884年4月2日）^②
汉城

　　第一条，朝鲜将釜山港草梁乡南边枕邻沿海荒地一段：东便海傍，由北至南，共广三百一十四美突；西至山腰，广亦如之；北便由腰丈至海傍，共长三百零三美突；南便由山腰丈至海傍，共长二百七十五美突；合共九万零七百四十六美突，给与华商居住。日后华商驻满，应更扩充地址，俾广招徕，华商亦可任便到各国租界内贸易居住。

　　第二条，该地址原系依山临海，向无民居。海滨须用大石和石灰，甃筑坚固码头，填高地基，与街道平，至近山高处，须堑平以补低洼。民界内街道、沟渠、桥梁等项，均须创建稳固。所有经营平地、甃筑码头经费，应由朝鲜政府筹备，派员督工办理，并会同中国办理商务官及商董一人，眼同布置，核明一切工程费用数目。码头、街道、沟渠、桥梁费若干，建造房屋之地费若干，分晰逐日注册存案，俟将该地用公拍法，租与华商得价后，即行查照原册，将建造房屋之地平治费用，如数收回。

　　第三条，朝鲜督工之员及中国督工商董一人，所需薪水，各皆自理，毋庸议给。至中国办理商务官，自有薪水，亦毋庸议给。

　　第四条，该地平治妥善，除出街道、沟渠、码头外，其建造房屋之地，逐段分绘地图，用法尺米突量准，图内注明段数、号数、米突数。将平地费用若干公议，将地分作上、中、下三等，派定某等某段每方二米突该铜钱若干，作为底价，用公拍法，永租与华商。所得平地底价，由朝鲜政府拨出四分之一，及底价外所得余价，亦拨出一半，并底价四分之一，作为存备金，留充日

---

　　①　该章程原文见朝鲜交涉通商事务衙门编印：《中朝约章合编》，汉城，高宗二四年，第63—74页。

　　②　该章程签署日期未查明，应与中朝《仁川口华商地界章程》基本同时，而该约的鉴约日期为1884年4月2日。参见［韩国］亚细亚问题研究所、旧韩国外交文书编纂委员会编：《旧韩国外交文书》第八卷(清案1)，第20—24、81、84、104、107页等。

后界内修理一切费用若干。若有拍剩余地，由彼此商务官按照已拍各价扯平，议一公价，永租与华人居住。

第五条，公拍地址、日期，彼此约定，先期布告，会同中国办理釜山商务官施行。其公拍之法，价高者得，若二人同价，则二人更行公拍。凡得地之人，先将姓名登簿，即日征其地价五分之一，作为定银，余价十日内交清，给与地照，收费铜钱一千文。倘十日内，不如数纳清地价，即将定银罚去，作为罢论。

第六条，建造房屋之地，年税定为三等。上等即近海之地，每年每方二美突，税纳朝鲜铜钱四十文；中等即离海稍远之地，铜钱三十文；下等即近山之地，铜钱二十文。每于上年十二月十五日，由中国商务官征收该地下年之税。至次年正月内，将该地税三分之一，送交朝鲜监理商务官核收。其余三分之一，并前拍地余价及平地底价四分之一，统归入存备金项下存储。该存备金存于朝鲜监理，与中国办理商务官会议，设法以作修理街道、沟渠、桥梁、码头、街灯、巡捕及界内一切公项各费。若该存备金不足，朝鲜监理同中国办理商务官商定，饬令租地之人输纳。

第七条，地契式样列左：朝鲜监理通商事务姓，为发给地契事。案准华商某，缴到釜山港华商地界内某街某号某等地一段，东至某，西、南、北至某某，共地几方二美突，地价铜钱若干，验收讫，合行发给地契。为此，照仰该商收执，将该地永远作为自业，任便建造居住。每方二美突，于每年十二月十五日完纳下年地税某十文，不得迟延。至所有一切界内事务，由朝鲜监理同中国商务官及华商会馆绅董，公议章程，该商等遵守，并照章完纳年税，毋得歧异违延，致干重究。

此照填印，一样三纸，于年月日下编列号数，钤印半边，勘合关防，一发给该商永远执照，一存朝鲜监理，一存中国商务公署。倘或水火、盗贼、遗失地契，该商记明号数及失契缘由，具禀中国商务官，知照朝鲜监理，转行出广告一个月后，照纳常例规费及广告费用，方准补给新照。其旧照日后寻出，作为废纸。须至地契者。

光绪年月日印，某号地契，实给华商，发某收执。

朝鲜监理事务衙门关防，半边号数，勘合关防。

第八条，界内如遇意外天灾，若山海涌陷等事，存备金不敷修补，有须朝鲜政府支出金额及另行筹款者，由彼此商务官会议核定数目，筹款修理。

第九条，驻扎釜山商务官公署一所，拟在界内相度适中之地建造。该地价、年税，查照驻理仁川商务公署章程办理。

第十条，在釜山港租界外，任凭华商择一妥善山田，作为厝葬义地，须宽广可种树木，并建造守坟房屋。该地照朝鲜与他国义地章程办理，并由朝鲜政府永远保护。

第十一条，嗣后倘有增损章程之处，应随时由中国商务官，与监理官酌议妥善，禀请中国钦宪及朝鲜政府彼此记名盖印施行。

光绪年月日

附录:《附订三条》

一、该地址原系高低平坎不一，本须一律堑平。惟目下华商尚未大集，暂为变通，略以节省。拟将沿海滩至山脚平坦之地，先行堑平，分出段数，由华商建造房屋。其余山脚以上之地，俟已平之地，将已住满，再为平治至码头，须先甃筑坚固。

一、目下华商立俟地基建造房屋，而该地全界尚未平治妥善，未可公拍。拟在先行建造之地，择留好地基一区。俟该地全界平治妥善公拍后，照此区之地价，或照前后左右至高之价，缴纳银两，方给地契。

一、现拟先平之地，内有坟茔数穴及田园种植豆蔬等物，该地立等建造衙署、铺房，应由朝鲜监理官出示晓谕军民人等，将坟冢立即搬迁别处安厝，及早收获豆蔬等物，免误工程。嗣后亦毋许在界内再行种植，而免伤残践踏，致滋事端。

中、英、美《怡和、太古、旗昌代招商局承办漕运合同》[①]

光绪十年四月（1884 年约 5 月）

上海

立合同：怡和洋行代本公司及太古、旗昌揽载号商盘记代江浙海运局，今将订办事宜开列于左：

一、洋行承揽到袋米约六、七十万，由沪运津，订明每百斤水脚规元二钱正。

二、装运日期定自来春津河开冻起，至四月底止。

三、米存沪栈应保火险，每石米价一两五钱，起运时海面风火意外及兵险，每石二两，均归轮船认赔。

四、每石耗米八升，由轮船运津以补伤耗，不给水脚。

五、订明米至津河边交卸，平常短欠不得索补，但轮船抵紫竹林，须停泊米栈之前。

六、中法交战封禁大沽口时，暂准停运，已装之米，照算水脚，未运之米，俟开禁补运，栈租照给。

七、洋行自当在沪预备十万石米之栈房，以便堆储，不取栈租。

八、所有今冬江浙漕米，除招商局已拨四成外，其余不拘数目若干，尽配三公司轮船，不得另租别船装运，惟订明腊月十五以前，若海运局要将所订装之数拨出三分之一与沙宁船装，亦当照办。

---

① 陈旭麓、顾廷龙、汪熙主编：《轮船招商局——盛宣怀档案资料选辑之八》，第 142—143 页。

中美《轮船招商局产售与旗昌洋行契约》①

光绪十年六月初十日(1884 年 7 月 31 日)

上海

　　此契立于西历一千八百八十四年七月三十一日,即光绪十年六月初十日。契内凡称本局者即总办中国轮船招商局马建忠,凡称得主者即美国旗昌洋行会办惠霖·福孛史、亨烈·福孛史、庄恩·福孛史、文生·史美士等。

　　本局兹将所置一切产业、家具照原置价值分晰定议价卖与得主管业。当经会同估定本局各产及轮船生理,计值规银五百二十五万两,照所估价值提去本局所欠各债,抵借各项,共计规银二百十五万两,实售规银三百十万两,当由得主先付规银二万五千两交与马建忠手收,其项即系议定价银三百十万两内之款。迨契据订成,即行找足价银三百十万两。所有后开各产确由本局售与得主过户执官,一应基地、产业栈、码头、栈房、住房;并借出各款,另于契后附列第一款内,一切缘由、姓名、利息,及本局归款情形,详细载明,均归得主。惟所租各产应付租金,俱凭租契一律交与得主收管。至本局大小轮船、躉船、驳船,开明价卖清单,并详载契后第二款内,悉照定议订明,一并售与得主管业,并将大小轮船、躉船、驳船、栈房、住房等处,所有一应存料、装折、家具、机器等物,与轮船栈、码头、栈房生理及应用各物,全行售与得主。惟抵借各户之款不在出售各产之内,另于契后逐项分别载明第三款内。当由得主向本局马建忠订定,意见相同,得主愿付本局马建忠及本局总办等找足银三百十万两,俟将议定出售之各项产业确切交明得主,仍由得主将各产陆续收执,价亦陆续摊付。所有得主办理此事,应用律师酬资及意外各费,概由得主自行支给。

　　此事既经互相会议,言明一切订定价银三百十万两,得主但凭成议,无论何事,不欲另行查察,别求采访。本局办理此事,将契载各项概交得主。

　　①　陈旭麓、顾廷龙、汪熙主编:《轮船招商局——盛宣怀档案资料选辑之八》,第 153—162 页。

凡事核实交割，如房产等项应交得主者，无论何事，一本至公，应用保险等项零费，概由得主付给。

此契订成，立将所售各产一一交明得主收管，所有本局与各户、各行、各公司或各家任用之人所办一应往来事件、借款、议据、合同等件，概由本局自行清理。除契内所载各条外，所有本局一切借款、契据、产物等件，得主概不与闻。至本局各股友及本局在官、在私人员之有裨局务者，由马建忠允许得主及其承办人，嗣后本局各股友及此等人员于二十五年内不与别家公司入股购办轮船，在于得主或承办人所派轮船行驶之处或左近水道行驶揽载，须与得主及承办人常相赞助，推广利源，务将本局前沾利益亦令得主沾受。至本局及各股友将来不得别生枝节，或将利益之事归与他人，与他公司入股，或不认定议，暗中令人试办情事，俱应用切实字义一一写明，妥为订定。

至各产出售后二年内，如遇他国军兵拆毁劫掠，沉弃船只，或在岸上焚烧房屋，或擅行劫夺，所弃各产即为中国之产；若在战争方兴之际，得主及承办人所得各产或全行被劫，或被劫数处，凡属得主价买之产，应照劫去之数由本局赔偿。本局总办或清理债务之人应将各产逐项估价，另缮清单，于立契之日立即订定，由两造画押，以昭信守。

兹由本局全权总办马建忠将前列各项基地、产业、轮船、什物、房屋定议出售，订立合同契据，交割过户，悉照前载各款分别明白，不再逐项另注，以免重复。得主及其承办人与本局会同议定，本局亦与得主及其承办人会同议定，嗣后本局与得主或与承办人等倘有疑义不释，意见不同，索解契中字义，或询契中情节如何传译，或询所载何事，或出于契载情节之外，或与契中所载事有干涉，应将需问之事函询驻沪律师担文及律师礼治，或二人或一人，决断其事。该律师等如不能决，当由该律师另延一人为之理断，由该律师二人或一人或断事之人按照事由互相辩论，以定主见，如需定断，该律师等即有判定之权。兹由律师等将一应需售之产分别估值，并作中证，其于交涉一切事件素所精熟，所订契内各情详审精密，倘有疑义，仍由该律师解说定断。律师代订契据应得酬款，当另行给付。是日凭中将契交与本局总办马建忠手盖用印信并本局戳记，又交与得主之手盖用印记。年月日载明契首，兹不再登。

总办轮船招商局　马建忠　押并用印

中证　担文　鲍赖　同押

惠霖·福孛史　　文生·史美士　代押

中证　担文　鲍赖　同押

亨烈·福孛史　　文生·史美士　代押

中证　担文　鲍赖　同押

庄恩·福孛史　　文生·史美士　代押

中证　担文　鲍赖　同押

文生·史美士　押

中证　担文　鲍赖　同押

附录一:《附载各产详细条款》

第一款

上海各项产业

一、英租界汉口路(即三马路)房产及办公处,附家具并一切住房零屋。

二、浦东栈房及附近住房,并附一应家具。

三、虹口下栈一应房产、栈房、铁屋、木码头栈、码头,及附近住房,并附一应家具。计基地四十三亩三分零九毫,前入美领事册第三百十八号,并三百二十号,今入美领事册第四百六十一、第四百六十二等号,系蔼谈生出名挂号。

四、虹口中栈一应房产、栈房、木桥、木码头及附近房屋,并附一切家具。计基地二十一亩七分八厘七毫,入美领事册第四百六十五、第四百六十六、第四百六十三、第四百六十四、第四百六十七等号,系蔼谈生出名挂号。

五、法租界浦滩金利源码头一应房产、栈房、铁屋及附近房屋,计基地三十六亩,入法界地图第五十一、第五十二、第五十三、第五十四、第五十六、第五十八、第七十五等号,又涨滩自天妃宫桥南直路至沿黄浦一带、又由东门路至福建路一带所有房屋,及涨滩各产,由本局向法国火轮公司租用,其房屋一并在内。

天津各项产业

六、本局一应房产栈、码头、栈房、木码头、住房并附一应家具在天津一带,载明道契,各产分列于左:

（一）西历一千八百七十七年十一月十九日道契一纸，内载基地一区坐落大沽口，现为大沽引港行所用。

（二）租契一纸，基地第二十五号，坐落紫竹林，于光绪三年八月十九日由本局租用。

（三）租契一纸，基地第二十四号，现为本局西栈。

（四）租契一纸，基地第二十三号，现为本局设局居住。

（五）道契一纸，基地二十一亩九分五厘八毫；又，汉德行面前沿河基地二十七亩二分一厘二毫五丝，于光绪九年八月间购买，计银四万五千两。

（六）永租契一纸，于同治元年闰八月初二日由仇福昇租与旗昌行，并另有本局房产在天津一带者，一并附入。

汉口各项产业

七、本局一应房产栈、码头、栈房、木码头、住房，并附一应家具，在汉口一带，载明道契，各产分列于左：

（一）卖契一纸，于光绪八年九月间由昇昌行附交旧道契一纸，计价银四万七千两。

（二）英文租契一纸，由昇昌行与德兴洋行租出栈、码头、栈房，于西历一千八百八十一年五月初一日租定五年，照契尚有五年租期可加，订定每年租金计银三千五百两。

（三）老琼记行道契一纸，于同治十二年闰六月二十三日给。

（四）道契二十九纸，由第一号至十一号，又第十三、第十四两号，又由第十七号至三十二号所有基地，于西历一千八百七十七年六月二十日由旗昌行售到本局，并另有本局房产在汉口者，一并附入。

镇江各项产业

八、本局一应房产栈、码头、栈房、木码头、住房，并附家具，在镇江一带，载明道契，各产分列于左：

（一）道契一纸，基地浦字第一千八百六十一号，于同治二年正月十三日给。

（二）道契一纸，基地浦字第一千三百六十号，于同治二年正月十三日给。

（三）道契一纸，基地浦字第一千三百六十二号，于同治二年正月初十日给。

（四）道契一纸，基地浦字第一千三百六十四号，于同治二年正月初九日给。

（五）道契一纸，基地浦字第三千八百零六号，于同治十一年二月给。

（六）道契一纸，基地浦字第一千三百六十三号，于同治二年正月十四日给。

（七）道契一纸，基地浦字第一千三百五十九号，于同治二年正月十二日给。

（八）道契一纸，基地浦字第一千三百五十八号，于同治二年正月十四日给。

（九）卖契一纸，光绪三年二月初一日由谭瑞记售到本局，计基地六亩，坐落江边，并另有本局房产在镇江一带者，一并附入。

九江各项产业

九、本局一应房产栈、码头、栈房、木码头、住房，并附家具，在九江一带，载明道契，各产分列于左：

（一）道契十二纸，自第一号至十二号，其产均于西历一千八百七十七年六月二十日由旗昌行售到本局。

（二）道契一纸，计地五十亩，坐落九江西门，皆呼为沈渔洲之产，于光绪四年五月二十日入美领事册。

（三）道契一纸，基地坐落九江西门，皆呼为张恭来之产，于光绪四年五月二十日入美领事册。

（四）道契一纸，基地坐落九江西门，皆呼为固元药材店，于光绪四年五月二十日入美领事册。

（五）道契一纸，基地坐落城外大街，于光绪四年五月二十日入美领事册。

（六）老琼记行，道契一纸，于光绪四年五月二十日入美领事册。

（七）租契一纸，基地第五十六号，坐落九江英租界，并另有本局房产在九江一带者，一并附入。

宁波各项产业

十、本局一应房产栈、码头、栈房、木码头、住房，并附家具，凡在宁波一埠所有基地，载明第八十八号道契基地第三十三号（向旗昌购回契载第八十三号，未知孰是），计地四亩三分九厘，于同治十二年八月十一日入册，另有本局房产一并附入。

香港各项产业

十一、本局一应房产栈、码头、栈房、木码头、住房,并附家具,坐落香港英新洲府泼雷涯西所有香港一带房产一并附入。

各埠零星产业

十二、本局一应房产栈、码头、栈房、木码头、住房,凡在各埠或在各埠左近一带者,一并附入,各埠名刊左:

| 通州 | 烟台 | 宜昌 | 芜湖 | 温州 |
| 福州 | 汕头 | 马高 | 海方 | 许燕 |

十三、借款列左:

(一)高丽国家借银二十一万两,周息八厘。

(二)开平矿务局借银十万两,为该局股项。

第二款

各项船只:

轮船:

丰顺	保大	海晏	海定	海琛	镇东	日新
永清	拱北	永宁	江裕	富有	美富	江永
江宽	江孚	江表	江天	江平	江通	富顺
广利	图南	致远	普济	利运		

小轮船驳货用(俱在天津):

| 海生 | 利航 | 利泰 | 永通 | 洞庭 | 北港 |

驳货铁船:

| 烟台埠 | 两只 |

趸船:

镇江埠	一只
芜湖埠	两只
九江埠	两只
汉口埠	三只
南京埠	一只
安庆埠	一只

第三款

抵借各项

一、押契一纸,于西历一千八百八十三年七月初二日由本局总办唐景星与惠字同立,计押银十万两,其产坐落法界图内第五十二号,在于驻沪法总领事署第一本册内,登记第七十六号。

二、押契一纸,又合同保单一纸,于西历一千八百八十三年十一月二十八日由本局与蔼谈生同立,计押英金十万镑,周息九厘,其产载明第一款内第三、第四、第五各条。

三、押契一纸(年月日、押主未详),与怡和洋行同立,计押银二十五万两,周息(未详)。

四、借款一项,由中国国家借银一百十七万两。

五、借池州矿务局银二十三万两。

以上共计债项银二百十五万两,利息在外。

驻沪美总领事署文案处

兹于西历一千八百八十四年七月三十一日将以上契载各节抄录全文在本署第四册内,自第三百六十九页起至第三百七十九页止,照录无遗,特此为证。

文案苏费德押并盖印

附录二:《补订附契》

此契立于西历一千八百八十四年八月初四日,两造衔名悉照前契。兹因前契所订出售各产后附详细条款尚有漏载产物,爰再重立附契,以补其缺。

今本局先与得主及其受托人、掌理人、承办人等再行面议,订此附契,将本局各产内租契一件详载明白。该契立于西历一千八百七十七年二月初九日,由怀蔼德与法汉姆、西·披字来曾、新伯生、克顿·字来曾等订定,于西历一千八百七十七年正月初一日起,租以二十一年为限,所有租房契据系该立契人于是日签名订定。现将该契交到本局,其产即为新船厂,又名下船厂,附近房屋一应在内,租金一切俱于契内载明。惟抵借各项载明前契之后第三款第二、第三条内。本局次与得主及受托人、掌理人、承办人等会同议定,开明价卖清单。将现在天津之"开泰"拖船、现在福州之小轮船两只,并附一应家具、存料、机器及一切应用物件,一并出售,立即交明得主过户收管。议将抵出各产归与得主。所有前契未载情形,兹复会同议定,面订合同,两造凭中画押,盖用印信。年月日已载契首,兹不再登。

总办轮船招商局　马建忠　押并盖印

中证　赖赞　苏费德　同押

惠森(霖)·福孛史　　文生·史美士　代押

中证　赖赞　苏费德　同押

庄恩·福孛史　　文生·史美士　代押

文生·史美士　押

中证　赖赞　苏费德

附录三:《驻沪美总领事署文案处证明》

兹于西历一千八百八十四年八月初四日将以上附契所载各节抄录全文在本署第四册内,自三百七十九页起至第三百八十页止,照录无遗,特此为证。

文案　苏费德　押并盖印

查此契所载各情与本总领事署录存原契全文册互相核对,丝毫无误,的系真凭实据,特此为证。

西历一千八百八十五年八月十三日

驻沪美副领事　　薛德穆　　押并盖印

中德《泰来洋行购炮合同》①

光绪十年八月初七日（1884 年 9 月 25 日）

天津

立合同，署津海关道盛杏孙，德国泰来洋行福克、满德。

今泰来洋行情愿承购德国克虏伯厂所造九个生的密达后膛陆路钢炮一百二尊，连架连车以及开花子弹，所有价目、限期，一切章程俱系当面言定，两无反悔，特将所议各条逐一开列于左。

计开：

一、泰来洋行包购克虏伯所造九个生的密达用铅箍子复膛陆路炮一百二尊。每尊连炮架一副，子药车一辆，上海规银五百九十两。包购此炮合用之开花铅箍子弹三万六百颗，每颗规银一两四钱。

二、此炮系德国兵部用过之炮，查兵部存有此种炮三百尊，准在三百尊内挑选年分最近之炮一百二尊。泰来洋行包定此炮式样及出弹远近准头与现在克虏伯所造新炮可比较，炮内来复也木（不）坏。如不照以上所云均可退还，盘费银利均须泰来认赔。

三、此项炮架车、子药车，均与该炮同时所造，其辘轳转运之快速与现在新炮车架并无两样，亦无损伤。

四、议定此项旧炮必须克虏伯厂重新查验，发一验单呈核，如果炮不合用均可退还，中国不认盘费银利。

五、钢圈、钢底，每炮须有一正一副，皆系新的，凡炮上一定应用之零件均随炮配齐。

六、后门钢炮每一队添造一副，不能一同交齐，随后迅速定准补寄来华，如旧炮有此件可添，不另给价，如须托克虏伯添造新的，应照厂单另给。

七、此项炮子要系铅箍轻重分两式样，可与新炮子弹一样，或分两轻重

① 转引自费志杰：《华洋军品贸易的管理与实施（1860—1911）》，解放军出版社，2014 年，第162—163 页。合同名目和条款顺序编号系编者所拟。

在数两之间不论。

八、此项炮与子弹均自定合同之日起,限定三个半月之内送到旅顺口交卸,如迟到七天之内,每天罚银五十两;七天之外,每天罚银一百两。

九、此项炮与子弹自外国至日本与旅顺最近之长崎海口地方,如有水火兵险不测等事,均系泰来认赔。自过长崎海面地方至旅顺口并不保险,如有水火兵险不测等事,均系中国认赔。

十、此项炮弹自外国至香港保险水脚将原单呈明核实结算。

十一、此项炮与子弹已经在途,各口无事仍运至上海交卸,不加水脚保险,护照由津海关请给。

十二、此项炮与子弹自香港至日本与旅顺最近之台商海口保险,系由泰来代保,呈出保险原单照算。

十三、此项炮与子弹自香港至旅顺口轮船水脚,系由泰来代为租船运送,呈出水脚原单照算。

十四、此项炮价六万一百八十两,炮子价四万二千八百四十两,两共规银十万三千二十两,言明定合同之日先付规银二万五千两;炮弹装附轮船开运之后,津海关道电报询明的确,再付二万五千两;俟运到旅顺之时,验收炮弹车架均与合同相符,再付规银五万三千二十两。

十五、外国装箱上船各项费用,均在价目之内,并无别项开支。

十六、外国动身之日,泰来有一电报来津,到香港之日,又有一电报来津,如旅顺已经有事或运至别处,均听中国电报做主,泰来遵照办理。

十七、上海、天津电报往来俱应一日送到,如果于一天之外,中国电报局尺(迟)误日子,准在三个半月之外计算。

大清光绪十年八月初七日

西历一千八百八十四年九月二十五日

署津海关道盛

德商泰来洋行

中朝《仁川济物浦各国租界章程》^①

光绪十年九月二十日(1884 年 11 月 7 日)
汉城

一、仁川济物浦各国租界,立定界限,经营基址、街道,俱照附粘地图红色为凭。自定章后,朝鲜政府仅两个月内,必当设法将各国租界内现在所有之朝鲜房屋,一概拆去,此后并不准朝鲜人民在租界内建造屋宇。

一、各国租界地亩,分为四等。第一等地段,系在中国租界南边,应由朝鲜政府填筑平治。凡在此地段建造房屋者,墙必用砖用石,或用铁壁,屋上必盖铁片,或砖或瓦亦可。至于一概木屋、草屋,严行禁止,不准盖造。第二等地段,系在中国租界北边之地。凡在此段建造房屋者,屋上必盖以瓦片,墙则必用泥土、砖石。第三等地段,系在日本租界之东。第四等地段,系属山地。以上第二、第三、第四等地段,应由所租者自行出款平治。

一、沿海堤岸以及码头,皆由朝鲜政府派役建造修理。凡租界内各处街道,一并由朝鲜政府平治。至于租界内各段之地基,当公拍以前,朝鲜政府应将基址划明,竖立界石。

一、修理街道、水沟及派役洒扫街道、点燃街灯、添派巡查等费,须于充公存备金内支用。倘充公之存备金不敷用,即由管理租界事务公司,按照各国租界地段房屋价值,每段每间加抽银两,以济此用。

一、各国租界内,凡有公拍地段之举,应由该管官员豫将公拍某地之期,极少仅七日以前宣示,方可施行。兹拟各国租界内地亩极少价值,按照每百丁方米突,第一等地亩,应价值九十六元;第二、第三等地亩,应价值六元;第四等地亩,每百丁方米突,应价值三元。第一等地,每百丁方米突,应

① 〔韩国〕亚细亚问题研究所、旧韩国外交文书编纂委员会编:《旧韩国外交文书》第一卷(日案 1),第 159—160 页,〔韩国〕国会图书馆立法调查局编:《旧韩末条约汇纂》下卷,汉城国会图书馆立法调查局,1964 年,第 299—310 页。转引自权赫秀编著:《近代中韩关系史料选编》,世界知识出版社,2008 年,第 27—31 页。

纳年税二十元；第二、第三等地，每百丁方米突，应纳年税六元；第四等地，每百丁方米突，亦应纳年税二元。所纳之年税内，按每百丁方米突，均应扣除三角，交朝鲜政府以作地税，其余年税及所得永租地段余价，一并归入充公存备金内。

凡于各国租界内租地，非系与朝鲜立有条约之国人民，并未经该管官员允行，遵照定章，概不准租赁、受执地契。如朝鲜欲在各国租界内，为朝鲜官员建造办公处所，亦可竟自择留一地，建造屋宇。但此所留之基地，亦必准充公存备金之章程，与各国人民租赁者，一体按照各等地亩，出银充公备用。若夫各国人民租地，则应由朝鲜政府地契注册，送至该管官员转行发给，其契根仍归朝鲜官存留。至若人民转租地基，则受租者、转租者，俱必禀明该管领事官立案，以便照会朝鲜官员注册。所有受租者、转租者，必皆签名于附契内，永行遵守。

一、管理租界事务者，一为朝鲜所派称职之官一员，一为各国在租界内租赁地基人民之各本领事官，并由租界内所受租地基人民之中，遵照该管官员定章，选择三人，协同该管官员与朝鲜官员，一并作为管理租界事务绅董。公司于商量定章、分派人役等务，权归自握，并可定例。遇有开设酒馆，妥为安置处所，发给牌照，查收各派使费，禁止赌场、妓院、鸦片烟馆，弹压街道往来车马人等。其于拨船挑夫以及出租街车诸色人等，皆各发给牌照，以为凭据。其于租界内，有污秽各物并不坚固房屋及易引火者，合行一概禁止，令其移去，并禁止一切淫邪不正生意及与人身体有碍之食用诸物，皆不准其入租界之境。并豫定章程，凡有建造屋宇以及沿途置放物件，皆不准其有碍街道。该公司亦可设立一法，以便人己俱宜，众庶安和，各臻至善。以上所定公司章程，有违背者，该公司罚其出款，极多以二十五元为度。所罚银两，应由该管领事官追缴公司，归入充公存备金。

一、总图内第一等地亩之滨海一带，现有遇水涨时而浸没者，以及沙尾岛边于日后填筑平治之地，俱以涨滩为名，该地价值，与第三等之地一样。惟填筑平治该地等费，皆由租者自出，亦必按照日后商定之图兴工。

一、所发地契，应照后附程式发行。

以上章程，如有应行更改者，应由朝鲜政府会同各国该管官员，于为日既久，所识因革损益之处，酌量增删。

附录:《地契程式》

大朝鲜国官衔＿＿为发给地契事。照得各国租界内地基第＿＿号,四至,计长＿＿米突,计宽＿＿米突,已收到银＿＿,永远租与＿＿执业。该租者必得遵照以上(下)所列之六条章程,互相立契,以为凭据。

第一条,该人每年＿＿月＿＿日,先期完纳朝鲜仁川济物浦地方官税银。

第二条,如遇租界公司应行加抽税银,用作公费,该人必得遵照,按数输纳无违。

第三条,如该人将此基地转租,只准租与朝鲜立有条约之国人民,而受租者、转租者,俱必禀明该管官员立案。

第四条,自立地契之日为始,以十八个月为限,该人既租此基地,必得平治地而建造房屋,极少价值,第一等一千元,第二等价值五百元,第三等二百五十元。如建造房屋,必得按照济物浦各国租界章程第二款建造。

第五条,该人如离朝鲜去往他国居住,未将此地契各章嘱人遵照代办,至当完税之期尚未输纳,朝鲜官员应俟此地年税及各项加抽银两逾限一年;仍未输纳,始可将此地基收官,即行公拍,以其价偿选租税及加抽各规及各项杂费,余者给选该管官员。

第六条,涨滩地基章程(如租地内并无涨滩地段,则此条勿庸添入契内),凡有租得涨滩地者,如遇朝鲜官员立议开扩各国租界地段,均可随时酌情,从所租得涨滩者之地前面,竟自开扩平治。

此地契须备二张,一给租主,一给朝鲜政府。甲申＿＿月＿＿日押

具租入基地切结人＿＿今因奉准,租得仁川济物浦各国租界内第＿＿号地基。自租之后,愿照契内注明各章,并遵租界公司规条。倘有违背之处,按照罚款极多二十五元之数,愿甘受罚无辞。

具转租基地切结人＿＿今因转租得仁川济物浦各国租界内第＿＿号基地,自转租后,愿照契内注明各章,并遵租界公司规条。倘有违背之处,按照罚款极多二十五元之数,愿甘受罚无辞。

署理督办交涉通商事务　金弘集

日本国钦差办理公使　竹添进一郎

亚米利加合众国特命全权公使　路西乌斯 H.福德(Lucius H.Foote)

大不列颠国特命全权公使　哈里　S.巴夏礼(Harry S.Parkes)

清国钦命驻扎朝鲜总理交涉通商事宜　袁世凯①

---

① 　关于签署该章程之清政府代表,上述朝鲜王朝方面诸文献均记载为"清国钦命驻扎朝鲜总理交涉通商事宜袁世凯",系"陈树棠"之误。查袁世凯受任"驻扎朝鲜总理交涉通商事宜"是在距此一年后的 1885 年 10 月 30 日,而 1884 年 11 月当时清政府驻朝代表是总办朝鲜各口交涉商务委员陈树棠。因此,签署该章程之清政府代表之名应改为陈树棠。转引自权赫秀:《近代中韩关系史料选编》,第 31 页。

中朝《元山港进口米谷免税换文》^①

中朝《元山港进口米谷免税换文》[①]

光绪十年九月二十四日(1884年11月11日)

汉城

朝鲜督办交涉通商事务金(弘集),为照会事。照得:本国今年淫雨极备,年形不登,咸镜道元山地方,饥荒尤甚,民多流徙之弊。已经本署知会该港监理,自今进口米谷,准六个月免税,再由本国政府关饬畿、海、三南,无碍防籴,劝民贸迁,以舒饥馑地方。惟内地之谷,不敷济困,敢烦贵总办代为设法,招商购办,量价平籴,通商贸易之中,却寓恤灾之意,实为公便。谅贵总办乐闻而谋忠也。为此照会,请烦查照,酌办见覆,须至照会者。右照覆:

钦命二品衔总办朝鲜各口交涉事务分省遇缺即补道陈(树棠)

光绪十年九月二十四日

《复照》

光绪十年九月廿五日(1884年11月12日)

汉城

钦命二品衔总办朝鲜各口交涉事务分省遇缺即补道陈,为照覆事:本月二十四日,准贵总办照会内开:本国今年淫雨极备,年形不登,咸镜道元山地方,饥荒尤甚,民多流徙之弊。已经本署知会该港监理,自今进口米谷,准六个月免税,再由本国政府关饬畿、海、三南,无碍防籴,劝民贸易,以舒饥馑地方。惟内地之谷,不敷济困,敢烦贵总办代为设法,招商购办,量价平籴,通商贸易之中,却寓恤灾之意,实为德便,等因。准此。查中国各省米石出口,向干例禁,凡因公采买,必须给发护照,方可运行。现已一面

①　编者对朝文的约章名目有所改动。见[韩国]亚细亚问题研究所、旧韩国外交文书编纂委员会编:《旧韩国外交文书》第八卷(清案1),第201—202页。

函招上海巨商采办,一面详请南北洋大臣,饬知海关道给护,交由在沪之
商,就近购运元山,以资接济,庶期迅速,而免迟延,早到一日,小民即舒一
日之困,相应照覆,为此照请贵总办,请烦查照,备案施行,须至照会者。右
照会:

朝鲜督办交涉通商事务金

光绪十年九月二十五日

中丹《安设琼雷海线合同》[①]

光绪十年九月二十五日（1884 年 11 月 12 日）

天津

立合同，中国电报局、大北电报公司，为由琼州至雷州安设海线各款开列于左：

一、中国电报局奉北洋大臣、两广督宪饬与大北公司议定，允造琼州海口至雷州海口海线一条。两边线端，由中国委员同往指点，商明安置，总以近便为主。

二、大北公司将吴淞所存之海线售与中国，以敷此线之用为度。附岸者每米十吨重，用五米。其余海中用线，每米两吨重。其电线须坚固新线，安设稳妥。

三、此次所用海线，如每米用十吨重者，中国局应给价规银一千六百两。每米用两吨重者，应给价规银九百两。查海路难定若干里，应按照用线多寡核给价值，仍由中国委员随船看验下线，按轮机盘线多少转数，核计实用电线多少米。须由大北设线洋人会同中国局洋匠开单签字，寄交中国局照单核明，以昭核实。

四、大北公司所派设线之轮船，名士多诺的斯，前往雷琼安置海线。中国局每天应给船价规银四百两，所有船上应用各费并管工一应在内。中国局在吴淞、香港同去之人，亦不另给饭食。该船自吴淞口装材料日起，至完工回吴淞日止，往返行船及装料做工等事，务须迅速，不得有意稽迟。惟运线由轮船上岸，并上岸后一切用费，悉由中国局自付。

五、大北公司照指明地方安好海线后，责任即完，轮船即须速回吴淞。

六、安线被意外之事阻梗中止，大北公司不能照料者，中国照已安之线核计多少，照付价值，并照第四款照付船价。

七、于立合同之日先交银一万二千两，其余完工船回吴淞日付足。

---

① （台湾）"中央研究院"近代史研究所编印：《海防档》丁编，第 1053—1054 页。

光绪十年九月二十五日

西历一千八百八十四年十一月十二日

总办中国电报局盛　大北公司总办恒宁生

附录：《续款》

光绪十年九月二十五日（1884 年 11 月 12 日）

天津

如于工程更可秘密，并为便宜，大北公司允与大东公东司商议，雇用大东公司修理船名厄尼斯将船上所存之料，代造此工程。以上所订各款，照行不改。惟中国局照第四款给付厄尼斯船价，其价由该船预备动身前往知照中国香港局日起，至完工回香港日止。

中、英、美《怡和、太古、旗昌洋行与盘记合约》[①]

光绪十年九月二十六日(1884年11月13日)

上海

立合同人:中国印度轮船公司代理人怡和、旗昌轮船公司、中国轮船公司代理人太古,今与代粮宪盘记立合约承运漕粮,条款列后:

一、该承运者包由申装运至津洋麻袋装米约六七十万担,每担运费规元银二钱,按则例章程。

二、北河开冻,船只可来往时,即行起运,至五月初三日完运。

三、漕粮在申存贮承运者栈房时,遇有火险,承运者每担按一两五钱赔补,及遇有海上开仗险,承运者每担按二两赔补。

四、每石米多八升不算运费,此系作申、津存贮短少之数。

五、所运之米,系在天津码头米栈前交卸,该栈房系盘记自备,原短斤两不能赔补。

六、如遇开仗,天津口岸塞闭,承运者不能按此合约办理,其运费只按运过多寡给算,惟栈房存贮未运之米,由停运日起算栈租,至能复运日为止。

七、该承运者应允将议各漕粮运津,除旗昌十分之四外,合同内所载之三分(之)一,订由沙船载运,以十二月十七日定章知照各承运者。

恐后无凭,立此合同为据。光绪十年九月二十六日

立合同人:怡和(押)　　　旗昌(押)　　　太古(押)　　　盘记(押)

见证人:士密(押)　　　阿林(押)　　　阿弼(押)

---

① 陈旭麓、顾廷龙、汪熙主编:《轮船招商局——盛宣怀档案资料选辑之八》,第185页。

中德《地亚士洋行定购军火合同》①

光绪十年十月十五日(1884 年 12 月 2 日)

上海

立合同：上海地亚士洋行，今于西历 1884 年 12 月 2 日蒙河南采办委员严，谕本行承办十管五分径格林炮 6 尊，连炮车并弹药箱车，每炮随带弹盒 30 个及应用一切器具全，每尊议明价计规银 1040 两，共价银 6240 两；又炮子 30 万颗，每千颗价计规银 17.3 两，共价银 5190 两。期限三个月运沪交货，当收定银 3000 两，余俟货到两清，倘有打仗等情禁止出口以及所装之船遇有风浪不测，得有实信呈出凭据，中国官宪宽期补办运来。

进出口准单，请严太守给发。

立此合同二纸，各执一纸存照

光绪十年十月十五日，立合同

地亚士洋行德商苏立志

经手何

河南采办委员严

---

① 转引自费志杰：《华洋军品贸易的管理与实施(1860—1911)》，第 163—164 页。合同名目由本资料编者所拟。

中英《汇丰银行借兵债合同》①

光绪十一年正月初二日（1885 年 2 月 16 日）
广州

立合同：广东布政使司、两广盐运使司、广东善后总局兼办海防事务，奉两广总督部堂张、广东巡抚部院倪，托香港汇丰银行再筹借银五十万零五千磅（镑），订由广东藩、运二库清还，并将中国各海关之税饷作保归还凭据，业经奉有谕旨，允准照此办理。现汇丰银行司事人绩臣，情愿代中国官宪商酌筹借该项银两，妥议章程列后。

一、该银行现允代中国官宪商酌筹借银五十万零五千磅（镑），并将该项在香港照彼此议定之汇水折实香港通用银元，呈缴广东藩库查收。

二、该银行订立发给股票代筹借项银五十万零五千磅（镑），所有发给股票章程及议回利息多寡，悉由该银行自行酌定，该银行作为代中国官宪发给此等股票之人。

三、此等股票乃用英文详写，由该银行自行备办，惟必须大清驻英钦差代大清朝廷画押。

四、此次借款银五十万零五千磅（镑），其本银须照后列清单及日期及所列之银数，照电汇英京伦敦时价，折实香港通用银元归还，并须由该银行在香港办公处所交收。

五、所借之银五十万零五千磅（镑），其息银须照后开清单各日期及所列之银数清交，其日期按中历十二月为一年，每两每月该息银七厘五毫伸算，如遇闰月，息银照每两每月七厘五毫加算。以上各项息银，须照电汇英京伦敦价折实香港通用银元，由该银行在香港办公处所交收。

六、大清朝廷现与该银行及接该银行手或承受该银行之人订定，大清朝廷应将借款银五十万零五千磅（镑）及所该之息，照上所定日期银数，届

① 张振鹍主编，庹裕良、张胤副主编：（中国近代史资料丛刊续编）《中法战争》第 2 册，中华书局，1995 年，第 735—738 页。合同名目由本资料编者所拟。

期交该银行查收，其交给之法，亦照上所言一式。现大清朝廷欲画定银一款，以便照原议按期清还本息，及作为担保清还本息之项，故特将中国各贸易口岸海关所入之税饷将同欠本息之数，全数给与该银行及接该银行手或承受该银行之人，并许将此项税饷作为归还上言本息之件，并订明饬令各口岸之海关官员须陆续汇足银两与广东布政使司，以便其遵依原议之法清还本息。

七、大清朝廷另立一担保之法，倘已收到银五十万零五千磅（镑），或收到议定照磅（镑）伸算之银之日，即著给关口单与该银行作为担保，其本息系照后列清单日期银数归（还）。此等关口单必须钦命广东布政使司、粤海关监督、两广盐运使司在单内盖印画押，并载有下开各字样：倘到期不将该项清还，即将此单抵作纳关税之用。

八、每次还本息若干，即须将同银数之关口单缴回广东藩库存销。其所交之银两均以该银行所用之平码上兑，此样平码前经有一付缴存广东藩库，即前次借款所用之平码为准。收支银数或系银元或系银纸，每元作七钱一分七厘伸算，即粤省七百一十七两通用银合作一千元。

九、该银行陆续收回本银若干，即将合银数之股票缴回广东藩库察收。其余所有字据，不论是否大清钦差在英画押之件，俟借款全数清还之日，尽行缴回注销。

十、此合同系用华、英合璧，倘彼此有用意不符，互相办（辩）论，以英文为正。

清单列左。

光绪十一年六月初二日，支息银二万二千七百二十五磅（镑）。

光绪十二年正月初二日，支息银二万二千七百二十五磅（镑）。

光绪十二年六月初二日，支息银二万二千七百二十五磅（镑）。

光绪十三年正月初二日，支息银二万二千七百二十五磅（镑）。

光绪十三年五月初一日，支闰四月息银三千七百八十七磅（镑）半。

光绪十三年六月初二日，支息银二万二千七百二十五磅（镑）。

光绪十四年正月初二日，支息银二万二千七百二十五磅（镑）。

光绪十四年六月初二日，支息银二万二千七百二十五磅（镑）。

光绪十五年正月初二日，支息银二万二千七百二十五磅（镑）。

光绪十五年六月初二日，支息银二万二千七百二十五磅（镑）。

光绪十六年正月初二日,支息银二万二千七百二十五磅(镑)。

光绪十六年三月初一日,支闰二月息银三千七百八十七磅(镑)半。

光绪十六年六月初二日,支息银二万二千七百二十五磅(镑)。

光绪十七年正月初二日,支息银二万二千七百二十五磅(镑),还本银一十万零一千磅(镑)。

光绪十七年六月初二日,支息银一万八千一百八十磅(镑)。

光绪十八年正月初二日,支息银一万八千一百八十磅(镑),还本银一十万零一千磅(镑)。

光绪十八年六月初二日,支息银一万三千六百三十五磅(镑)。

光绪十八年七月初一日,支闰六月息银二千二百七十二磅(镑)半。

光绪十九年正月初二日,支息银一万三千六百三十五磅(镑),又还本银一十万零一千磅(镑)。

光绪十九年六月初二日,支息银九千零九十磅(镑)。

光绪二十年正月初二日,支息银九千零九十磅(镑),又还本银一十万零一千磅(镑)。

光绪二十年六月初二日,支息银四千五百四十五磅(镑)。

光绪二十一年正月初二日,支息银四千五百四十五磅(镑),又还本银一十万零一千磅(镑)。

光绪十一年正月初二日

中英《汇丰银行续借兵债合同》^①

光绪十一年二月十六日（1885 年 4 月 1 日）
广州

立合同：广东布政使司、粤海关监督、两广盐运使司奉两广总督部堂张、广东巡抚部院倪托香港汇丰银行再筹借银七十五万磅（镑），订由广东藩、运二库清还，并将中国各海关之税饷作保归还凭据，业经奉有谕旨，允准照此办理。现汇丰银行司事人绩臣，情愿代大清朝廷商酌筹借该项银两，妥议章程列后。

一、该银行现允代大清朝廷商酌筹借银七十五万磅（镑），并将该项在香港照彼此议定之汇水折实香港通用银元，呈缴广东藩库，转呈大清朝廷察收。

二、该银行订立发给股票，代筹借项银七十五万磅（镑），所有发给股票章程，及议回利息多寡，悉由该银行自行酌定，该银行作为代大清朝廷发给此等股票之人。

三、此等股票乃用英文详写，由该银行自行备办，惟必须大清驻英钦差代大清朝廷画押。

四、此次借款银七十五万磅（镑），其本银须照后列清单及日期所列之银数，照电汇英京伦敦时价折实香港通用银元归还，并须由该银行在香港办公处所交收。

五、所借之银七十五万磅（镑），其息银须照后开清单各日期及所列之银数清交。其日期按中历十二个月为一年，每两每月该息银七厘五毫伸算；如遇闰月，息银照每两每月七厘五毫加算。以上各项息银，须照电汇英京伦敦时价折实香港通用银元，由该银行在香港办公处所交收。

六、大清朝廷现与该银行及接该银行手或承受该银行之人订定。大清

① 张振鹍主编,庚裕良、张胤副主编（中国近代史资料丛刊续编）《中法战争》第 2 册,第729—732 页。合同名目由本资料编者所拟。

朝廷应将借款银七十五万磅（镑）及所该之息照上所定日期银数届期交该银行查收，其交给之法，亦照上所言一式。现大清朝廷欲划定银一款，以便照原议按期清还本息，及作为担保清还本息之项，故特将中国各贸易口岸海关所入之税饷，将同欠本息之数全数给与该银行，及接该银行手，或承受该银行之人。并许将此项税饷作为归还上言本息之件，并订明饬令各口岸之海关官员，须陆续汇足银两与广东布政使司，以便其遵依原议之法清还本息。

七、大清朝廷另立一担保之法：倘已收到银七十五万磅（镑），或收到议定照磅（镑）伸算之银之日，即著给关口单与该银行，作为担保，其本息系照后列清单日期银数归还。此等关口单必须钦命广东布政使司、粤海关监督、两广盐运使司在单内盖印画押，并载有下开各字样：倘到期不将该项清还，即将此单抵作纳关税之用。

八、每次还本息若干，即须将同银数之关口单缴回广东藩库存销，其所交之银两，均以该银行所用之平码上兑，此样平码前经有一副缴存广东藩库，即前次借款所用之平码为准。收支银数或系银元或系银纸，每元作七钱一分七厘伸算，即粤省七百一十七两通用银合作一千元。

九、该银行陆续收回本银若干，即将合银数之股票缴回广东藩库察收，其余所有字样，不论是否大清钦差在英画押之件，俟借款全数清还之日，尽行缴回注销。

十、此合同系用华、英合璧，倘彼此有用意不符互相辩论，以英文为正。

光绪十一年二月十六日立

清单列左。

光绪十一年八月十六日，支息银三万三千七百五十磅（镑）。

光绪十二年二月十六日，支息银三万三千七百五十磅（镑）。

光绪十二年八月十六日，支息银三万三千七百五十磅（镑）。

光绪十三年二月十六日，支息银三万三千七百五十磅（镑）。

光绪十三年五月初一日，支闰四月息银五千六百二十五磅（镑）。

光绪十三年八月十六日，支息银三万三千七百五十磅（镑）。

光绪十四年二月十六日，支息银三万三千七百五十磅（镑）。

光绪十四年八月十六日，支息银三万三千七百五十磅（镑）。

光绪十五年二月十六日，支息银三万三千七百五十磅（镑）。

光绪十五年八月十六日,支息银三万三千七百五十磅(镑)。

光绪十六年二月十六日,支息银三万三千七百五十磅(镑)。

光绪十六年三月初一日,支闰二月息银五千六百二十五磅(镑)。

光绪十六年八月十六日,支息银三万三千七百五十磅(镑)。

光绪十七年二月十六日,支息银三万三千七百五十磅(镑),还本银一十五万磅(镑)。

光绪十七年八月十六日,支息银二万七千磅(镑)。

光绪十八年二月十六日,支息银二万七千磅(镑),还本银一十五万磅(镑)。

光绪十八年七月初一日,支闰六月息银三千三百七十五磅(镑)。

光绪十八年八月十六日,支息银二万零二百五十磅(镑)。

光绪十九年二月十六日,支息银二万零二百五十磅(镑),还本银一十五万磅(镑)。

光绪十九年八月十六日,支息银一万三千五百磅(镑)。

光绪二十年二月十六日,支息银一万三千五百磅(镑),还本银一十五万磅(镑)。

光绪二十年八月十六日,支息银六千七百五十磅(镑)。

光绪二十一年二月十六日,支息银六千七百五十磅(镑),还本银一十五万磅(镑)。

中英《轮船招商局向汇丰银行借款合同》①

光绪十一年六月十七日（1885 年 7 月 28 日）

天津

中国轮船招商局奉直隶总督北洋大臣李中堂批饬与其商汇丰银行在津订立合同，开列于左：

一、汇丰银行，借与招商局三十万磅金，在上海交兑，以规银合算，每规银一两，合英金伍司林壹个边士，于西历本年八月初一日，即中历六月二十一日先付规银四十万两，其余准于西历本年九月初一日，即中历七月二十三日交清。借款磅价照以上所载，此款合计为定。

二、于西历本年九月初一日，即中历七月二十三日，招商局须付四十万两借款之利银，按照周年七厘，合计规银二千三百三十三两三钱三分。

三、招商局每季按照西历付汇丰行三十万磅金借款之利银，或除付核剩借款之利银，照周年七厘利银核计，由西历本年九月初一日起，其利银于到期日核磅价，照汇往英国伦敦银行时价核付。

四、招商局于西历九月初一日即中历七月二十三日，须付汇丰借款之用银，每百之四，合计一万二千磅，核见规银在上海交付，每规银一两，合英五司林一边士。

五、招商局所借汇丰款三十万磅，订于一千八百八十七年三月初一日，还款一万一千磅，其余之款，由是日起，每历六个月还一次，计一万七千磅，至十年还清之日止，其还款于到期日核磅价照汇往英国伦敦银行时价核付。

六、汇丰银行代招商局出名，有全权随时发小票，其总数不过三十万磅，其利银听凭汇丰定数，总不逾七厘，其小票还银之日期款式□□第五款借项一律，小票上须招商局总办□□□，招商局加盖关防。如小票涨价，或小票利银小于七厘，总归汇丰所得；如小票跌价，或利项亏损，均由汇丰自

① 转引自夏东元编著：《盛宣怀年谱长编》上册，第 232—234 页。

理，与招商局无干。

七、须担保三十万磅，借款并利银，及以下所列各项经费，招商局准于本年西历九月初一日，或以前将局中所有码头房屋产业，无论何项物业，在上海、天津、牛庄、烟台、镇江、芜湖、南京、九江、汉口、宜昌、宁波、温州、福州、厦门、汕头、广州、香港并别处，除前已在他处曾押四十万两规银外，所有产业，一概妥为押抵与汇丰银行。如汇丰情愿，即须将各产物业契据，送交各该处领事署注册；并于西历九月初一日以前，将以下所列之轮船书押契与汇丰。计开船名："海晏"、"海琛"、"海空"、"保大"、"丰顺"、"永清"、"日新"、"拱北"、"镇东"、"广利"、"富顺"、"致远"、"江宽"、"江永"、"江裕"、"江天"、"江孚"、"江长"、"江平"、"永育"。

八、一经汇丰索据，招商局即须将以上之船书——推契或押契与汇丰。

九、于西历本年九月初一日以前，招商局允将局中各码头产业，并以上所载各轮船订妥当者，二人勘验估价，此二人虽由汇丰存派，而估价各薪费，均由招商局付出。

十、招商局允以西历本年九月初一日核计各局之产业，并轮船所值不下二百万两，并须将来照常一律，不能短少于二百万之值。此后除按期逐渐还款外，所存局中之物产值价，必照二百万递算，多于所借汇丰之款，至清本利之日止。如轮船沉失，招商局应重办一船，以补其缺，未补船之先，应将此船价存于汇丰。

十一、招商局承允每年有妥当者二人，估局中各产物轮船，俟三十万磅金并利还清为止。此二人由汇丰派往，其薪费等项均由招商局付出，如此二人验估得招商局轮船产业，所值不敷二百万两之数，或即于是日照所借各款核计招商局产物不能多于借款二成五者，招商局即须添补产物，以敷此数，或还银款以补不足。

十二、于借款本利未清以前，招商局必须将各船只并各等可保险之物产，以汇丰银行出名保险，保足三十万磅。并利银或所剩未还借款，在招商局保险公司买保险。如在招商局保险公司买保险，必须与汇丰商妥，并须将保险银二十万两存于汇丰，每年照五厘付还利银。如中外适有战事，必须在外国保险公司保兵险，惟保险公司须由汇丰信允。

十三、于此合同订立之后，汇丰派一监理之洋人，该洋人可以随时查看局中账簿，并验看各船各产业。如局中有办事不妥，以及产物短少，有碍借款利银之担保，监理人应告知汇丰，其人薪水由招商局给发。如该监理人上条陈，请应添补修理等事，一经汇丰知照，招商局即照办，切勿过迟。

十四、招商局与汇丰来往银款，在各口岸有汇丰分行在彼者，招商局必与汇丰分行来往，所收水脚各项，须存各该口岸汇丰各分行，并各汇款，均由汇丰经手。一如洋行之向来与买办来往之零星银两，可毋庸存入汇丰。

十五、如招商局不照以上所列各款依时办理，汇丰可以有权全行收取，或摘取局中船只各物业，可出卖、可出赁、可出典，听凭汇丰主意，并任由该行自办，或托他人代理，如一逢汇丰管业，即可直行经理，俟收存银两敷还所欠本利各项为止，如有盈余，而付银之期未到，汇丰可代招商局将款借与他人，其利归招商局得之，倘有倒账亦招商局认亏。

十六、此合同订明，须书推押契各项凭据，均由汇丰常订之律师主张经理作契，并估价费及将来还银销契，各项经费均由招商局付出。

十七、汇丰有权可以派信托办事者，或一人或数人，此人照汇丰自己行事一律有权办理。

十八、合同内所订各款，直隶总督北洋大臣李中堂盖关防担保，此合同系禀奉督宪批准所立并保此合同，若不照办，总办禀请现任督宪饬令招商局照合同办理。

光绪十一年六月十七日即西历一千八百八十五年七月二十八日在天津签订

　　督办轮船招商局盛

　　会办轮船招商局马

　　英商汇丰银行

中美《轮船招商局向旗昌洋行购回局产契约》[①]

光绪十一年六月二十一日(1885年8月1日)

上海

此契立于西历一千八百八十五年八月初一日,即光绪十一年六月二十一日。契内凡称本局者即总办中国轮船招商局盛宣怀、马建忠等,凡称卖主者即美国旗昌洋行会办惠霖·福孛史、亨烈·福孛斯(史)、庄恩·福孛斯(史)、文生·史美士等。

本局前于西历一千八百八十四年七月三十一日与惠霖·福孛史、亨烈·福孛史、庄恩·福孛史、文生·史美士等会议,面订一契,价卖本局各产,兹将该契重述一遍:所有一应基地、房产栈、码头、栈房、住房,及借出各款,载明该契后附第一款内,一切缘由、姓名、利息,及本局如何归款情形,详载明晰;至本局一应大小轮船、躉船、驳船等件,详载该契后第二款内,本局大小轮船、躉船、驳船、栈房、住房等处所有一应存料、装折、家具、机器等物,及轮船栈、码头、栈房生理,并一切应用物件,一并附入;惟抵借各户之款不在出售各产之内,曾逐项分别载明该契后第三款内。

又,于西历一千八百八十四年八月初四日由原订该契之人马建忠及惠霖·福孛史、亨烈·福孛史、庄恩·福孛史、文生·史美士等另行集议,重订附契一件,将别项产业分晰订载明白。所有本局各产合计估定价值银五百二十五万两,并照所估价值提去本局所欠各债,抵借各项共计规银二百十五万两。该契载明得主价买本局各产及轮船生理,计价规银三百十万两。嗣经此契卖主将该契第二款内所载之"富有"、"美富"、"普济"、"利运"等轮船四只卖与本局,计估规银三十七万五千两,核诸各项产业及轮船生理,估定价值大数,除去规银三十七万五千两,尚值规银四百八十七万五千两。惟内有所欠各债,共计规银一百八十二万九千二百七十五两。今卖主与本局会同集议,愿将各产及轮船生理售与本局,计价规银三百零四万五

① 陈旭麓、顾廷龙、汪熙主编:《轮船招商局——盛宣怀档案资料选辑之八》,第213—222页。

千七百二十五两。

兹奉直隶督宪李札委盛道宣怀、马道建忠等总办轮船招商局事务，着将本局前经售出各产清厘明白，仍复购回，特于西历一千八百八十五年七月十五日与旗昌洋行会办文生·史美士在中国天津面订合同，兹将前订合同之意再行推广，以定成议：

所有议定价值规银三百四万五千七百二十五两，订于立契之日由本局照付与卖主之手收，卖主情愿将后开各产确切交与本局过户收执。所有一应基地、房产栈、码头、栈房、住房，及各项借款，另于契后详载第一款内，一切缘由、姓名、利息，及卖主如何归款情形，详细载明，均归本局，唯所租各产应付租金，俱凭租契一律交与本局收管。至一应大小轮船、冕船、驳船，开明价卖清单，并详载契后第二款内，悉照定议，订明一并售与本局管业，并将大小轮船、冕船、驳船、栈房、住房等处所有一应存料、装折、家具、机器等物，与轮船栈、码头、栈房生理及应用各物，全行售与本局；惟抵借各户之款不在出售各产之列，另于契后逐项分别载明第三款内。所有本局办理此事应用律师酬资及意外各费，概由本局自行给发。

此事既经互相会议，言明一切订定价银三百四万五千七百二十五两，本局但凭成议，无论何事，不欲另行查察，别求采访。卖主办理此事，将契载各项概交本局。凡事核实交割，如房产等项应交本局者，无论何事，一本至公。应用保险等项零费，概由本局付给。

此契订成，立将所售各产一一交明本局收管。兹由全权会办惠霖·福孛史、亨烈·福孛史、庄恩·福孛史、文生·史美士等将前列各项基地、产业、轮船、什物、房屋定议出售，订立合同契据，交割过户，悉照前载款式，分别明白，不再逐项另注，以免重复。

至西历一千八百八十四年七月三十一日所订契约内载马建忠允许得主及其承办人，嗣后本局各股友及本局在官在私人员之有裨局务者，于二十五年内不与别家公司入股购办轮船，在于得主或承办人所派轮船行驶之处或左近水道行驶揽载，须与得主及承办人常相赞助，推广利源，务将本局前沾利益亦令得主沾受云云一节，兹复会同言定，自今立契之后，概免置议。

至盛道宣怀、马道建忠现奉直隶督宪李委办轮船招商局事务，将本局前经售出各产清厘明白，仍复购回，于西历一千八百八十五年七月十五日与旗昌洋行会办文生·史美士在中国天津面订合同。兹复会同言定,所订此契系查照前契之意逐条推广,一一载明,当由本局与卖主会同议定。卖主及其承办人亦与本局会同议定:嗣后本局与卖主或与承办人等倘有疑义不释,意见不同,索解契中字义,或询契中情节如何传译,或询所载何事,或出于契载情节之外,或与契中所载事有干涉,应将需问之事函询驻沪律师担文决断,其事该律师即可随时定断。

是日凭中将契交与本局总办盛宣怀、马建忠等手盖用印信并本局戳记,又交与卖主之手盖用印记。　年　月　日载明契首,兹不复登。

总办轮船招商局　马建忠　　押并盖印

中证　　担文　　亨端　　　同押

总办轮船招商局　盛宣怀　　　押

中证　　担文　　亨端　　　同押

惠霖·福孛史　　文生·史美士　　代押

中证　　担文　　亨端　　　同押

亨烈·福孛史　　文生·史美士　　　代押

中证　　担文　　亨端　　　同押

庄恩·福孛史　　文生·史美士　　代押

中证　　担文　　亨端　　　同押

文生·史美士　　　押

中证　　担文　　亨端　　　同押

附录一:《附载各产详细条款》

第一款

上海各项产业:

一、英租界汉口路(即三马路)房产及办公处,附家具并一切住房零屋。

二、浦东栈房及附近住房,并附一应家具。

三、虹口下栈一应房产、栈房、铁屋、木码头栈、码头,及附近住房,并附一应家具。计基地四十三亩三分零九毫,前入美领事册第三百十八号,并三百二十号,今入美领事册第四百六十一、第四百六十二等号,系蔼谈生出名挂号。

四、虹口中栈一应房产、栈房、木桥、木码头及附近房屋,并附一切家具。计基地二十一亩七分八厘七毫,入美领事册第四百六十五、第四百六十六、第四百六十三、第四百六十四、第四百六十七等号,系蔼谈生出名挂号。

五、法租界浦滩金利源码头一应房产、栈房、铁屋及附近房屋,计基地三十六亩,入法界地图第五十一、第五十二、第五十三、第五十四、第五十六、第五十八、第七十五等号,又涨滩自天后宫桥南直路至沿黄浦一带、又由东门路至福建路一带所有房屋,及涨滩各产,由本局向法国火轮公司租用,其房屋一并在内。

又,租契一件于西历一千八百七十七年二月初九日由怀蔼德与法汉姆、西·坡·李来曾、新伯生、克赖·李来曾等订定于西历一千八百七十七年正月初一日起租,以二十一年为限,所有租房契据系该立契人于是日签名订定,现将该契交到本局,其产即为新船厂,又名下船厂,附近房屋一应在内,租金一切俱于契内载明,惟抵借各项载明第三款第二、第三条内。

天津各项产业:

六、本局一应房产栈、码头、栈房、木码头、住房并附一应家具在天津一带,载明道契,各产分列于左:

(一)西历一千八百七十七年十一月十九日道契一纸,内载基地一区坐落大沽口,现为大沽口引港行所用。

(二)租契一纸,基地第二十五号,坐落紫竹林,于光绪三年八月十九日由本局租用。

(三)租契一纸,基地第二十四号,现为本局西栈。

(四)租契一纸,基地第二十三号,现为本局设局居住。

(五)道契一纸,基地二十一亩九分五厘八毫;又,汉德行面前沿河基地二十七亩二分一厘二毫五丝,于光绪九年八月间购买,计银四万五千两。

(六)永租契一纸,于同治元年闰八月初二日由仇福昇租与旗昌行,并另有本局房产在天津一带者,一并附入。

汉口各项产业:

七、本局一应房产栈、码头、栈房、木码头、住房并附一应家具,在汉口一带,载明道契,各产分列于左:

(一)卖契一纸,于光绪八年九月间由昇昌行附交旧道契一纸,计价银四万七千五百两。

（二）英文租契一纸，由昇昌行与德兴洋行租出栈、码头、栈房，于西历一千八百八十一年五月初一日租定五年，照契尚有五年租期可加，订定每年租金计银三千五百两。

（三）老琼记行道契一纸，于同治十二年闰六月二十三日给。

（四）道契二十九纸，由第一号至第十一号，又第十三、第十四两号，又由第十七号至三十二号所有基地，于西历一千八百七十七年六月二十日由旗昌行售到本局，并另有本局房产在汉口者，一并附入。

镇江各项产业：

八、本局一应房产栈、码头、栈房、木码头、住房并附家具，在镇江一带，载明道契，各产附列于左：

（一）道契一纸，基地浦字第一千八百六十一号，于同治二年正月十三日给。

（二）道契一纸，基地浦字第一千三百六十号，于同治二年正月十三日给。

（三）道契一纸，基地浦字第一千三百六十二号，于同治二年正月初十日给。

（四）道契一纸，基地浦字第一千三百六十四号，于同治二年正月初九日给。

（五）道契一纸，基地浦字第三千八百零六号，于同治十一年二月给。

（六）道契一纸，基地浦字第一千三百六十三号，于同治二年正月十四日给。

（七）道契一纸，基地浦字第一千三百五十九号，于同治二年正月十二日给。

（八）道契一纸，基地浦字第一千三百五十八号，于同治二年正月十四日给。

（九）卖契一纸，光绪三年二月初一日由谭瑞记售到本局，计基地六亩，坐落江边，并另有本局房产在镇江一带者，一并附入。

（十）以上一应产业所有道契俱入驻镇美领事册第四、第一百六十、第二、第三等号。至第三号基地曾由招商局禀请藩宪给发第二千九百九十一号、第二千九百九十号、第二千九百八十九号、第二千九百八十八号、第二千九百八十七号浦字执照。

九江各项产业：

九、本局一应房产栈、码头、栈房、木码头、住房并附家具，在九江一带，载明道契，各产分列于左：

（一）道契十二纸，自第一号至十二号，其产均于西历一千八百七十七年六月二十日由旗昌行售到本局。

（二）道契一纸，计地五十亩，坐落九江西门，皆呼为沈渔洲之产，于光绪四年五月二十日入美领事册。

（三）道契一纸，基地坐落九江西门，皆呼为张恭来之产，于光绪四年五月二十日入美领事册。

（四）道契一纸，基地坐落九江西门，皆呼为固元药材店，于光绪四年五月二十日入美领事册。

（五）道契一纸，基地坐落城外大街，于光绪四年五月二十日入美领事册。

（六）老琼记行，道契一纸，于光绪四年五月二十日入美领事册。

（七）租契一纸，基地第五十六号，坐落九江英租界，并另有本局房产在九江一带者，一并附入。

宁波各项产业：

十、本局一应房产栈、码头、栈房、木码头、住房并附家具，凡在宁波一埠所有基地，载明第八十八号道契基地第八十三号（原契载第三十三号，未知孰是），计地四亩三分九厘，于同治十二年八月十一日入册，另有本局房产一并附入。

香港各项产业：

十一、本局一应房产栈、码头、栈房、木码头、住房并附家具，坐落香港英新洲泼雷涯西所有香港一带房产一并附入。

各埠零星产业：

十二、本局一应房产栈、码头、栈房、木码头、住房，凡在各埠或在各埠左近一带者，一并附入，各埠名列左：

通州　　烟台　　宜昌　　芜湖　　温州
福州　　汕头　　马高　　海方　　许燕

十三、第一款借款列左：

（一）高丽国家借银二十一万两，周息八厘。

（二）开平矿务局借银十万两，为该局股项。

第二款

各项船只：

轮船：

丰顺	保大	海晏	海定	海琛	镇东	日新
永宁	拱北	永清	江裕	江永	江宽	江孚
江表	江天	江平	江通	富顺	广利	图南
致远						

小轮船驳货用（俱在天津）：

海生	利航	利泰	永通	洞庭	北港

又：

福州现有小轮船一只

驳货铁船：

烟台埠	两只

趸船：

镇江埠	一只
芜湖埠	两只
九江埠	两只
汉口埠	三只
南京埠	一只
安庆埠	一只

第三款

抵借各项：

一、押契一纸，于西历一千八百八十三年七月初二日由本局总办唐景星与惠字同立，计押银十万两，其产坐落法界图内第五十二号，在于驻沪法总领事署第一本册内，登记第七十六号。

二、押契一纸，又合同保单一纸，于西历一千八百八十三年十一月二十八日由本局与蔼谈生同立，计押英金十万镑，周息九厘，其产载明第一款内第三、第四、第五各条。曾于西历一千八百八十四年十一月二十八日付还英金二万五千镑，尚欠找英金七万五千镑。

三、押契一纸，于西历一千八百八十四年三月三十一日由本局总办、会办与怡和洋行同立,计押银二十五万两,周息九厘。

四、借款一项,由中国国家借银一百十七万两。此项借款银一百十七万两曾经解过湘平银五万二千五百两。又向卖主购回轮船两只,"利运"轮船计银七万两,"普济"轮船计银九万五千两。

五、借池州矿务局银二十三万两。

轮船招商局　　印

文生·史美士　　押

辉赖　　押

附录二:《驻沪美总领事署证书》

光绪十一年六月二十七日(1885 年 8 月 7 日)

上海

西历一千八百八十五年八月初七日面见马建忠、盛宣怀等,惠霖·福孛史由文生·史美士代见,亨烈·福孛史由文生·史美士代见,庄恩·福孛史年纪尚幼,由辉赖代见,文生·史美士素所相识,亦来面见。两造将以上契据当面订成,投质前来,知两造意见均已列入契中,据此。除面询两造外,由本副领事盖印施行。年月日录于前,兹不赘。

驻沪美副领事薛德穆　　押并盖印

再,此契于西历一千八百八十五年八月初七日上午十一点十五分时将全文抄录在美总领事署第四册第四百四十八页,照录无遗。

美副领事薛德穆　　押

查此契所载各情与本总领事署录存原契全文册互相核对,丝毫无误,的系真凭实据,特此为证。

西历一千八百八十五年八月十三日

驻沪美副领事薛德穆　　押并监印

中美《轮船招商局与旗昌续订局产换旗过户合约》[①]

光绪十一年六月二十一日(1885年8月1日)[②]

上海

　　盛、马道台:奉北洋大臣札饬总办招商局与美商旗昌行东士米德兼代旗昌行出名,两面定约如左:

　　一、旗昌行约将西历一千八百八十四年七月卅一日买进招商局一切船产,仍照该船产原价例卖于招商局。

　　二、西历本年八月初一日,在上海各船换旗,其余船只随到随换。去上海远不调回者,即在别埠换旗。码头、栈房、基地过户换契,亦在八月初一日办起,至初十日办结。旗昌所出银约三十五万至四十万左右,应除开左中堂付银十万两外,结欠若干,西历本年八月初一日招商局归还旗昌。其余彼此存欠各数,约两月后将一年年结,由旗昌交出,核算清结。

　　三、即原文第二款。

　　四、招商局自一千八百八十五年八月初一日起,至一千八百八十八年八月初一日止,此三年之内,延请旗昌行东作为招商局总查董事,每年送给薪水银五千两,专为稽核各口客货水脚账目,稽查各局轮船所用洋人。如有账目错误,洋人失职,应即告知本局总办察办。如有局内洋务交涉事件,旗昌行东亦必情愿帮助总办妥为理直。如自一千八百八十五年八月初一日起,至一千八百八十八年八月初一日止,三年之内,本局置买轮船及借贷外洋银两,倘旗昌行东所开价值章程,或比他人便宜,或与他人一样,本局总办可托旗昌行东商酌办理,不取行用。至招商局与旗昌行自行经理各色商务,约明彼此相助,总期两有裨益。三年期满,旗昌行东或去或留,悉听招商局总办与众股商之意。

---

　　①　陈旭麓、顾廷龙、汪熙主编:《轮船招商局——盛宣怀档案资料选辑之八》,第222—223页。
　　②　此为约章实施日期。

附录:《专条》

光绪十一年六月二十一日(1885 年 8 月 1 日)
上海

　　招商局垫银八万五千两,由汇丰出一凭据,言明一千八百八十六年八月初一日付与旗昌,再由旗昌写一信与招商局云,此八万五千两总归旗昌应得采办之用钱,扣还招商局归垫。如至一千八百八十六年旗昌行向汇丰付银之日止,所有旗昌扣还用钱不敷若干,结至一千八百八十七年八月初一日止,旗昌应算还招商局垫款,除扣还行用,不敷之数按年五厘利息。此信与汇丰所立银据日时互换。

中丹《中国电报局雇洋匠合同》[①]

光绪十一年六月二十一日(1885 年 8 月 1 日)

上海

立合同人博来今与中国电报局订立合同,互相允肯照后列条款办理。

一、博来应允在中国电报局充当总理电报洋匠,由立合同日起,以六年为期。

一、总理电报洋匠博来应做之事,系参谋全局,并遵督办抑或提调吩示,监督设造电线,修理电线及筹划电报一切利益事宜。

一、中国电报局允肯在此六年期内付给博来薪水,第一年、第二年每月英洋四百元,第三年至第六年每月英洋五百元。准于每英月上期给付。如六年满后,办理电报各事妥善,再补给英洋二千四百元以资奖励。

一、总理电报洋匠博来出外办公所有水陆川资、住房,均由中国电报局给发。

一、中国电报局于未满六年期内,如无故欲开辞该总理电报洋匠,电报局须按合同将其薪水补足。

一、除办理中国电报局事务外,总理电报洋匠博来于合同期内不能另图他事;即使另图他事,须要电报局允准。

一、若总理电报洋匠博来遇疾连期三月,不能办事,或不忠于电局,或另有他故,此合同作为罢论。

一、此合同照立两纸,各执一纸为据。

光绪十一年六月二十一日　西历一千八百八十五年八月初一日

立合同人:总办盛杏荪　经莲珊

---

① 上海图书馆编:《盛宣怀档案选编》第 54 册,上海古籍出版社,2014 年,第 372—375 页。约章名目由编者所拟。

附录一：中丹《中国电报局、丹国赫巴同订合同》①

光绪十一年十月二十五日（1885 年 12 月 1 日）

上海②

中国电报局、丹国赫巴同订合同：

一、赫巴合同上签字之后，即日由丹京动身，决勿迟延。言明在中国电局当洋匠五年。

二、赫巴到中国后，做、修电线、水线、测量、设局，凡中国官员有差遣无不听命。

三、赫巴自到中国日起，每月支薪水洋一百五十元，每月须月初即付；如遇差事，一切费用由中国电报局给发。

四、赫巴自丹京来华，由中国给上舱票一纸，零用五十磅。

五、赫巴满年之后，由华回丹，应由中国给上舱票一纸。

六、赫巴来华之后，或中国不用赫巴，虽未满年，亦须立给薪水五年，上舱票一纸。

七、赫巴在电局当差，不准与闻他国之事。

八、赫巴如连病三月，或不与中国竭力办事，即将合同注销。

九、订合同两张，各执一张。

西一千八百八十五年十二月初一日，中国电报局博来签字；西一千八百八十六年二月十五日，丹京赫巴签字。

附录二：中丹《中国电报局与丹匠谢尔伦合同》③

光绪十二年正月十四日（1886 年 2 月 17 日）

上海

中国电报局与丹匠谢尔伦订立合同条款列左：

---

① 上海图书馆编：《盛宣怀档案选编》第 54 册，第 377—378 页。

② 该合同由中国电报局代表博来与丹麦工匠赫巴分别于不同时间在上海和哥本哈根签字，兹据中方签字的时间与地点。

③ 上海图书馆编：《盛宣怀档案选编》第 54 册，第 396—398 页。

一、谢尔伦情愿在电报局当充洋匠之职，以六年为期。

二、谢尔伦应做之事，系建造、修理、测量电线，置设管理河线，造设权理报房，以及局中华洋提调吩咐一切事务，均应遵照。

三、中国电报局于前三年按月发给谢匠薪水二百元，后三年每月二百三十元；准以月之十号内付清，并给房屋居住；至办公一切费用均归电报局付给。

四、六年期满之后，中国电报局允给谢尔伦如欲回国头等舱位川资。

五、中国电报局如无故辞歇谢尔伦，则以全期薪水应如数付给，并发头等舱位川资，送其回丹。

六、谢尔伦除中国电报局俯准外，不能另图他事。

七、谢尔伦如连病三月不能做工，或不忠于电报局，此合同作为罢论。

八、此合同缮成二纸，各执一纸，以昭信允。

光绪十二年正月十四日，西历当年二月十六号立[①]，督办电报局、洋匠订。

附录三：中丹《中国电报局与丹匠弥令司德合同》[②]

光绪十二年正月十四日（1886 年 2 月 17 日）

上海

中国电报局与丹匠弥令司德订立合同条款列左：

一、弥令司德情愿在电报局当充洋匠之职，以六年为期。

二、弥令司德应做之事，系建造、修理、测量电线，置设管理河线，造设权理报房，以及（电报局）中华洋提调吩咐一切事务，均应遵照。

三、中国电报局于按月发给薪水二百元，准以月之十号内付清，并给房屋居住；至办公一切费用，均归电报局付给。

四、六年期满之后，中国电报局允给弥令司德如欲回国头等舱位川资。

五、中国电报局如无故辞歇弥令司德，则以全期薪水应如数付给，并发头等舱位送其回丹。

六、弥令司德除中国电报局俯准外，不能另图他事。

---

① 此日期有误，按照清历纪年为准，应为公历 1886 年 2 月 17 日。

② 上海图书馆编：《盛宣怀档案选编》第 54 册，第 399—401 页。

七、弥令司德如连病三月不能做工,或不忠于电报局,此合同作为罢论。

八、此合同缮成二本,各执一纸以昭信允。

光绪十二年正月十四日,西历当年二月十六号立[①],督办电报局、洋匠订。

附录四:中丹《中国电报局与新雇赫备、韩生、勒生订立合同》[②]

光绪十二年正月十四日(1886年2月17日)[③]

上海[④]

中国电报与丹国新雇赫备、韩生、勒生三匠订立合同:

一、赫备、韩生、勒生机匠抵华后,在中国电报局做工以五年为期,签明合同之后即起程来华。

二、机匠应做之事为造设、修理、试验旱线,以及置设江河中之水线,兼造报房,管理报房事务,电报局华洋提调吩咐诸事,均应遵照。

三、中国电报局准于该匠抵华后每月发给薪水英洋一百五十元,月之十号内付清;兼给房屋居住;至办公一切费用悉归电报局付给。

四、中国电报局再准给头舱位,由丹来华行装费用英金五十磅。

五、此合同五年期满之后,该洋匠如欲回丹,电报局仍赠以头等川资。

六、合同未销之前,电报局无故辞歇该匠,则合同全期薪水及回国川资,电报局如数找清。

七、该匠于合同期内,除蒙电报局俯准外,不能另就他事。

八、如该匠连病三月不能做工,抑或不忠于电报局,此合同作为废纸。

九、此合同订立后,各执一纸,以昭信允。

奉中国电报局督办大人命代立合同人博来、机匠,丹京一千八百八十六年月日立。

---

① 此日期有误,按照清历纪年为准,应为公历1886年2月17日。
② 上海图书馆编:《盛宣怀档案选编》第54册,第433—436页。
③ 该合同订立日期未查明,暂以前同类合同为据。
④ 该合同由中国电报局代表博来与丹麦工匠赫备分别于不同时间在上海和哥本哈根签字,兹据中方签字的时间与地点。

中法《天津法工局修路修码头合同》[①]

光绪十一年七月十九日(1885年8月28日)

天津

立合同:中、法工局,现因洋商码头捐改章,不在新关合收,且因法工局予以便宜之事,每年贴补法工局修路修码头等银,合将条款列左:

一、中国工局每年允贴法工局银二千两,由税务司按结在所收码头捐项下,代中工局拨付,每结五百两,如以后码头捐所收之数,每年不及一万两,即将拨付之款由中工局另议数目。

一、海关道署向来每年贴补法租界修路费五百三十元,现因由中国工局允贴工款每年二千两,是以此项修路费洋银,即于光绪十二年,即一千八百八十六年起永远停止。

一、法工局允许以后凡中国推小车、东洋车、骡马车等照常过法租界不收修路之费,惟日后法工局欲立管理道路章程,如须东洋车挂号亦无不可。

一、中国国家浙江漕米船停靠法租界河边,应从码头以北湾子起,听凭在岸上钉桩挂缆,法工局不另收费,此外各船照常停泊。

一、法商现在无多,收捐不过数两,以后如法商货多,应由法领事饬其照华商一律在新关缴码头捐,届时另议。

一、以后如中国同各国领事官另立章程为码头费等项,中、法两国官员如果欲照各国领事官办法另立合同,应许准行。

中国工程局

光绪十一年七月十九日

1885年8月28日

① 天津档案馆、南开大学分校档案系编:《天津租界档案选编》,天津人民出版社,1992年,第571—572页。

中朝《兵船来往上下章程》

光绪十二年二月二十九日(1886 年 4 月 3 日)^①

汉城

第一条,兵船往来,及水师上下,与海关无干。

第二条,此后游商不得附搭兵船,如犯罪交兵船押解者,不在此例。

第三条,本署(中国驻扎朝鲜交涉通商事宜总署)官弁往来者,由道发给船票,注明行李,由仁川理事官验明,用道章签字,并注明行李无错,不妨并用洋文,海关见此船票,或税司官弁签字放行,无许检查。

第四条,有无票奸商混行,准由海关报理事官讯明办理。

第五条,由兵船来下岸者,如见有兵船舢板送下,海关不得过问。如有民船下岸者,有水手或理事署听差,海关亦不得扣留。如无水手听差,海关可扣留,报明理事讯明放行,毋许查验。

第六条,商人如乘商船,走漏私货关税,已到华界,准由海关扣留物件,报理事官严查办理,不能在华界内擅搜华人。

① 该日期系中朝施行约章的时间,同年三月初十日获中国北洋大臣李鸿章批准,1888 年 2 月 24 日,朝方重申按此章程"遵办"。见[韩国]亚细亚问题研究所、旧韩国外交文书编纂委员会编:《旧韩国外交文书》第八卷(清案 1),第 413、427、431 页。

中葡《拟议条约》^①

光绪十二年七月十一日(1886 年 8 月 10 日)
澳门

　　查此拟订之约,应与通商各国和约大致相同,其优待一体均沾一条亦同一律。所载税则,亦应按照近年修订者更订办理。其约内应有四条,可谓之专条,开列于后:

　　一、中国以葡萄牙国人居住澳门并澳门所属之地业有三百余年,现允葡萄牙国永远驻扎管理,嗣后即凭此条为例。

　　一、葡萄牙国允按照此约续订之专条,会同中国在澳门设法相助中国征收洋药税项事宜,所有续订之专条与本约各条无异,应由两国一体遵守。

　　一、凡有中国人民因犯法逃往澳门并澳门所属之地,中国官照会澳门督宪,并派见证二人前来供明犯罪实系此人,则由澳门官严拿交送中国办理。

　　一、凡葡萄牙国人民或居住或逃匿中国地界内,其应送交本国官并归本国官管理各节,均应按有约各国已订之章一体均沾办理。

---

　　① 中国近代经济史资料丛刊编辑委员会主编:《中国海关与中葡里斯本草约》(帝国主义与中国海关资料丛编之三),中华书局,1983 年,第 9 页。

中葡《续订洋药专条》^①

光绪十二年七月十一日(1886 年 8 月 10 日)

澳门

一、葡萄牙国允设一专章,在澳门地方置洋药官栈一所,由理船厅管理,凡进口之洋药,均须囤入此官栈内。

一、洋药官栈内分设一处,名曰中国洋药处,凡拟复运出口往中国各处之洋药,须囤此处,即在此完清税厘。

一、葡萄牙国允照此专条办理,即由中国饬总税务司派税务司及襄办各色人员驻扎澳门管理此项洋药处,并办理洋药税厘一切事宜。

一、凡进口之洋药,均须立即拨入洋药官栈,其拟复出口运赴中国之洋药,须囤入中国洋药处,此处一切章程应由总税务司拟订,由澳门督宪核准。

一、凡装运洋药进口之船,船主须将所运洋药开单持赴理船厅呈验,单内应将货色、斤两、戳记、号数一一载明,并应同时将此项进口洋药,嗣后或留本口自用,或复运外国,或复运中国,详为分别报明。

一、中国洋药处一切章程,须与后开之紧要各端无违。

一、凡拟复运中国之洋药货主,须将所有洋药开单呈交栈房,以便栈房换给收货单持领,其洋药入栈后,须请有税务司之准单方准出栈。

一、凡有欲复行出栈者,须在栈房呈交请单,并将收货单呈验。

一、凡洋药拟复运中国者,须遵照中国各通商口岸应征税厘数目,在栈房之银号完纳,请领中国进口准单后,方准起货出栈,一面将出栈数目,在收货单内注明。

一、生洋药在中国完进口税,每百斤纳关平银一百十两,即进口税三十两,厘金八十两合计之数。

一、税务司于澳门并不稽察船只及干预他事,只系专管洋药事宜,如查

———————

① 中国近代经济史资料丛刊编辑委员会主编:《中国海关与中葡里斯本草约》(帝国主义与中国海关资料丛编之三),第 10—12 页。

有未协之处，经知会理船厅后，即由理船厅设法防杜其弊。

一、总税务司所拟之督理中国洋药处之章程，应由澳门官宪饬令遵守，如查有违章者，即将货罚充入官，并罚银两，惟不得过五百两之数。其罚货入官变价之银两，除将中国应纳之税厘银缴交税务司外，其余均提归澳门官库，至罚缴之银两，应一律分提五成交由税务司收领。

一、凡在澳门存栈之洋药或有在澳门使用者，或有运出口往外国者，应由理船厅每月将数目暨各项情形报明税务司知晓。

一、除澳门特准包揽洋药之公司暨该公司之分局外，他人不得存有免税之洋药，该公司应将所收所发各数目详细登记清账，如澳门官员查明应有之数内或有短少，即将所短之数照中国税则加倍罚缴税银，而将所罚之银一半拨给税务司查收。

一、驻扎澳门之税务司，其派来调往等事，即由总税务司知照澳门督宪，并由总理衙门知照葡萄牙国公使大臣，复由该税务司将其所属各色人员随时就近照知澳门督宪。

一、凡有人与税务司因洋药之事意见不合，税务司言系公事，其人即禀报澳门官宪，该官宪如以其人有理，即将情形照会税务司知晓，税务司一经闻知，则将其事姑置不办，俟奉有总理衙门与葡萄牙国公使大臣商订示谕后再为办理。该税务司如经澳门官员以为有不睦之处，由澳门督宪声明亦可更换，惟须将不睦情由声叙明晰。其余一切私事与公事有别，非系公事，则该税务司人等驻扎澳门即与其本国驻澳之民人一律无异。

一、督理中国洋药处之章程，一经开办，则澳门外左近地方新设之关厘各卡暨湾泊巡船查验进澳门之华船等项，俱须停撤，其照该章办理之时，不得再为在原处或别处设立前项专理澳门华船之分卡。

一、凡华船开往澳门或由澳门驶来，均照中国各该口之税则征收税饷，与各项不赴澳门等类船只一体办理，不得另有别项输纳暨一切较为受亏之事。

一、中国允葡萄牙国驻扎与用及管理拉巴海岛（一名对面山）暨附近该岛之马溜洲二小岛，向有葡萄牙国人之住房等项在彼，如葡萄牙国欲将洋药章程废弛，即于其时可将所允驻扎与用及管理各该岛之益停止。

一、现订专条内之洋药章程，可随时度势酌量修改，惟未经两国先期议妥不得辄为改订。

中英《购办台厦水线合同》①

光绪十二年八月二十三日（1886 年 9 月 20 日）
上海

立合同：会办台北通商税务委员前浙江补用知府李彤恩、上海怡和洋行英商施本思，同奉钦差福建台湾巡抚部院一等男刘谕办台湾达于厦门水路电线。分别每英里十吨重三十英里，每英里二吨重一百二十英里，以速邮传。又置造四铁叶暗轮钢壳轮船一只，由英运载水线到台。安放之后，由中国改作巡船。常时既可巡查各口，水线设断，亦可镶配机器捞收修理，一举而数善备。现蒙爵抚宪面许怡和行承办，议定以上两项，共给价银规平二十二万两。立约之日先交四万两，余俟轮船水线到台安放沉妥，再交六万两。尚有十二万两，自水线安妥之日起，分作两年匀还，不贴利息。兹将议定条款饬彤恩、本思会立汉、英文字合同各三纸，送请沪尾口英国领事官翟盖印，各执为据。彼此倘不照约，应照后列章程办理。

一、怡和行约明在英国定造四叶暗轮钢身火轮船一只，其船身大小吨位式样做法，另列清单粘附于后。

二、约明立约之日起，限十个月包运至台湾，水线放妥，交付中国管理。所有十个月内保险并雇请船主、大副、二副、三副、管轮及水手等，由怡和行雇用自行发给薪水等项。

三、约明海线一到台湾，立即安放妥贴。放线时，船中薪费一切由怡和行发给，惟煤炭请爵抚宪拨用。电线一经安放沉妥，以后交船之日，所有船中费用，应由中国自备。倘要留船主人等，均听中国钧便。如不留用，仍由怡和行资送回国。

四、由安平至澎湖转达厦门，计共英海里一百五十里。内安平近岸海道计七英海里上下，应用粗线，每英里重十吨。至澎湖近岸海道计十英里上下，厦门近岸海道计十三英里上下，每英里亦俱用十吨重之粗线。其余

---

① （台湾）"中央研究院"近代史研究所编印：《海防档》丁编，第 1328—1333 页。

深海应用细线，每英里重二吨。以上共用十吨重粗线三十英里，二吨重细线一百二十英里。如须改用五吨重水线为之连接，由工师酌量添办，不另给价。

五、此项水线安放海底，不能用劲牵直，应须曲折安排，方期稳固。倘所需不止一百五十英里，应由怡和行多备十余里或二十余里之水线，以免临时缺需贻误，此项不另给价。

六、约明承办英国上等海线。其线心用七条紫铜斤，每英里重一百三十磅，外用三重吉潘印度胶包固，每英里应重一百三十磅，再合麻及最结实之小带扎紧，再扎以极坚固之铁线，又扎以麻加巴麻油漆成，共计包固五层。俱用新料新造，不得以旧料坏物抵塞。

七、此项水线，现蒙爵抚宪发出线样一条为式，怡和行自当遵照原式制造。限四个月内，怡和行当将新造线式寄来呈请查验。倘将来水线运到，验与所送原样不符，怡和行情愿认罚。

八、在安平、澎湖、厦门三处，应设电报局三所。其局所应由中国自行建造，即局中应需床铺椅桌家伙一切，亦由爵抚宪自备。惟所需打电、电具、电池要双副，及各等机器，由怡和行代办足备足用。共需若干件，要与厦门大北电报公司所用物件一律，不得短少。

九、另备测量机器一副。以备将来海线损断，庶学生可以测量远近，易于捞收修理。

十、安平、澎湖、厦门三处线端应由何处起岸，应否添用陆路旱线，或暗埋地窖，须俟将来外国工师到台，会同委员勘明应用若干，再行议价。此项怡和行自当公道代办。

十一、将来电线机器到华由怡和行雇用司理放线工师三、二人到华包放水线，每月应给薪水及工竣资送回国，统由怡和行给发。惟应留工师一人在台三年，令其教习学生修线之事，每月薪水如何议给，怡和行愿为居中说合，必可从廉订定。

十二、约明代办将来海线损断应行捞收修理接线之机器一副，并预备十吨、二吨海线若干，及随时留备之线，一切铜线、硬印度胶、麻绳、巴麻油、铁线等项，以备随时足用。

十三、约明验看海线一事。如在英国察验，即由中国驻扎英京大臣派员查验。如在中国察验，或由爵抚宪派员，或由各省电报局派员考验亦无不可。

十四、约明以上轮船并各项海线机器物件等，统共上海规平银二十二万两正，不折不扣。立约之日先付银四万两。轮船海线到华放妥，再付银六万两。轮船海线到华放妥，再付银六万两。尚有十二万两，自轮船海线放妥之日起算，分作两年交还。所有两年之中，利息毋庸算给。

十五、约明头批银四万两，二批银六万两，并以后分交之十二万两，或在福州付给，或在上海交付，均候钧便。如兑付库平银核对上海规平银平色如何申法，查照交易向章办理。

十六、此次议买轮船海线，原由怡和行与爵抚宪当面议定价银，无折无扣。中国局员丁胥人等，如有勒索受贿，查出与受均应科罚。

再将承办运载海线轮船一只大小式样吨位尺寸做法开列于后。

一、四叶暗轮钢身火轮船一只。船身均是钢片做成。自水线以下，应用七分半厚。其余自五分厚起，至七分半止。约明一切俱用新物新做，不用旧料，要头号保险，倘不照约，立将原船退还。

二、船身长二百二十英尺，宽三十二英尺，高二十英尺，吨位一千吨，吃水深十三尺。

三、桅两枝，均是钢片做成，横侧木杆用金山松木。

四、单烟通锅炉二座。

五、省煤快力机器用新式三只汽缸，其马力名一百五十匹，实八百匹，此机器用煤极省，现在外洋兵船所用者一式。

六、每点钟行走十二诺，合华里四十三里。二十四点钟用煤十五吨。

七、舵盘机器前后二副。起锚汽机在前一副，起重汽机在后一副。

八、此船本意为安放修理海线之用，惟无事之时，兼可巡查各口，应于船头船尾各置六寸口径阿姆斯脱郎后膛炮各一尊。该两处船身须与兵船一式坚固，两旁亦应开有炮门，阔六十度，以备中国将来随时安置小炮。炮由台湾自备。

九、船后舱面应设客座一间，家伙俱照半洋半华式。外有卧房一间，留有床榻地位。舱下有客厅一大间，两旁各有客房数间。均照图式，不得参差。

十、舱底有铁桶二三只，以备放海线所用或系活动可移，或系不能移动，或一二个活动而有一个不活动者，均由海线工师看定再配。

十一、船上应用应备大小吕宋绳索，上等帆篷，一切俱全。

十二、船上行船应用应备大小机器料件家伙，并船表量天尺量水程地图，一概俱全。

十三、船中镶配铜铁物件，并官舱、客舱、各舱床榻椅桌钟表，应配坐褥橱柜，一概齐全。

十四、船中官舱、客舱、各舱门帘地毯并厨房炉灶盘杯刀叉等件，粗细家伙，一切俱全。

十五、所有铁链铁碇大小几个，应照英国海部章程预备，杉板用楂木八掌一只、十掌一只、六掌二只，船上家伙一切俱全。

十六、以上各项数目，应须分款约明。轮船并水线约银一十九万两。修理水线机器一万两。三局机器并测量机器及保险水脚共二万两。

附船图式一纸，水线图式一纸。大清光绪十二年八月廿三日。立合同台北通商委员李彤恩。大英一千八百八十六年九月二十日。立合同上海怡和英商施本思。

中英《粤海关与汇丰银行借款合同》①

光绪十二年九月初四日（1886 年 10 月 1 日）

广州

立合同：粤海关监督增奉旨允准与派扎香港汇丰银行代司理人和多商借银两事务。

一、大清朝廷愿与香港汇丰银行借用京库平银柒拾万两，其合同章程，经总理衙门奏，奉谕旨允准，业于华七月十四日照会大英钦差大臣矣。

二、所借之京库平银柒拾万两，每半年摊还京库平银贰万捌千两，即上海纹银叁万零陆佰捌拾捌两，至尾次摊还京库平银壹万贰千陆佰壹拾柒两伍钱肆分，即上海纹银壹万叁千捌佰贰拾捌两捌钱贰分。应行摊还本利日期，另列清单附后。其京库平本银柒拾万两与所该利银，须照付后之清单日期在上海还清为止，首次还银在光绪十三年三月初六日。

三、嗣签定合同两礼拜之后，汇丰银行即在北京交京库平银陆拾捌万贰千伍佰两，即上海纹银柒拾肆万捌千零贰拾两，与大清朝廷其议定经手费用京库平银壹万柒千伍佰两，由汇丰银行先行扣除。而汇丰银行由上海运银到京之水脚等费，须开单呈交大清朝廷该收借款银之人即照数交付不误。

四、汇丰银行愿交京库平银陆拾捌万贰千伍佰两不得除扣丝毫。大清朝廷允向派扎北京汇丰银行代司理人收京库平银陆拾捌万贰千伍佰两，亦不得留难索费。

五、每次照清单日期还银须在上海，其银应用上海纹银壹佰零玖两陆钱抵作京库平银壹佰两，依清单还银须以到期先两日交付，不得另索费用。

六、此合同签定之后，粤海关监督即将海关印票交汇丰银行收执。此票系担保照付后之清单，依期还本利银壹佰陆拾玖万贰千陆佰壹拾柒两伍

① 台北故宫博物院藏"外交部寄存文物清册"存该合同汉、英文本，此处录入汉文本。文献编号 906000016，登记组编号：016。

钱肆分,即上海纹银壹佰捌拾伍万伍千壹佰零捌两捌钱贰分。所有后任粤海关监督亦须遵照此合同凭票办理,至还清全款本利银之日为止。

七、大清朝廷准汇丰银行权衡转售借此款股票,听其如何办理所出之股票,不得逾付后清单所列京库平本银柒拾万两,及京库平利银玖拾玖万贰千陆佰壹拾柒两伍钱肆分之数。

八、粤海关监督允许在所出之股票上签盖关防,俟汇丰银行每次收到本利银若干,即将合收银数之粤海关印票交回粤海关,其余粤海关签盖关防之股票如有收到亦即交回。

九、现立合同用英、华文合璧,如有意义不符,以英文为正。

光绪十二年九月初四立

附:《摊还本利清单》

第一期应还本银叁仟五佰两,利银贰万肆仟五佰两(英一千八百八十七年三月三十一日)

第二期又叁仟陆佰贰拾贰两伍钱,(利银)又贰万肆仟叁佰柒拾柒两五钱(英一千八百八十七年九月三十日)

第三期又叁仟七佰肆拾玖两贰钱捌分捌厘,(利银)又贰万肆仟贰佰五拾两柒钱壹分贰厘(英一千八百八十八年三月三十一日)

第四期又叁仟捌佰捌拾两伍钱壹分叁厘,(利银)又贰万肆仟壹佰壹拾玖两肆钱捌分柒厘(英一千八百八十八年九月三十日)

第五期又肆仟零拾陆两叁钱叁分壹厘,(利银)又贰万叁仟玖佰捌拾叁两陆钱陆分玖厘(英一千八百八十九年三月三十一日)

第六期又肆仟壹佰伍拾陆两玖钱零贰厘,(利银)又贰万叁仟捌佰肆拾叁两零玖分捌厘(英一千八百八十九年九月三十日)

第七期又肆仟叁佰零贰两叁钱玖分肆厘,(利银)又贰万叁仟陆佰玖拾柒两陆钱零陆厘(英一千八百九十年三月三十一日)

第八期又肆仟肆佰伍拾贰两玖钱柒分捌厘,(利银)又贰万叁仟伍佰肆拾柒两零贰分贰厘(英一千八百九十年九月三十日)

第九期又肆仟陆佰零捌两捌钱叁分贰厘,(利银)又贰万叁仟叁佰玖拾壹两壹钱陆分捌厘(英一千八百九十一年三月三十一日)

第十期又肆仟柒佰柒拾两零壹钱肆分壹厘,(利银)又贰万叁仟贰佰贰

拾玖两捌钱伍分玖厘(英一千八百九十一年九月三十日)

第十一期又肆仟玖佰叁拾柒两零玖分陆厘,(利银)又贰万叁仟零陆拾贰两玖钱零肆厘(英一千八百九十二年三月三十一日)

第十二期又伍仟壹佰零玖两捌钱玖分肆厘,(利银)又贰万贰仟捌佰玖拾两零壹钱零陆厘(英一千八百九十二年九月三十日)

第十三期又伍仟贰佰捌拾捌两柒钱肆分壹厘,(利银)又贰万贰仟柒佰拾壹两贰钱伍分玖厘(英一千八百九十三年三月三十一日)

第十四期又伍仟肆佰柒拾两捌钱肆分陆厘,(利银)又贰万贰仟伍佰贰拾陆两壹钱伍分肆厘(英一千八百九十三年九月三十日)

第十五期应还本银伍仟陆佰陆拾伍两肆钱叁分壹厘,(利银)贰万贰仟叁佰叁拾肆两伍钱陆分玖厘(英一千八百九十四年三月三十一日)

第十六期又伍仟捌佰陆拾叁两柒钱贰分壹厘,(利银)又贰万贰仟壹佰叁拾陆两贰钱柒分玖厘(英一千八百九十四年九月三十日)

第十七期又陆仟零陆拾八两玖钱伍分壹厘,(利银)又贰万壹仟玖佰叁拾壹两零肆分玖厘(英一千八百九十五年三月三十一日)

第十八期又陆仟贰佰捌拾壹两叁钱陆分伍厘,(利银)又贰万壹仟柒佰捌拾捌两陆钱叁分伍厘(英一千八百九十五年九月三十日)

第十九期又陆仟伍佰零壹两贰钱壹分叁厘,(利银)又贰万壹仟肆佰玖拾捌两柒钱捌分柒厘(英一千八百九十六年三月三十一日)

第二十期又陆仟柒佰贰拾捌两柒钱伍分伍厘,(利银)又贰万壹仟贰佰柒拾壹两贰钱肆分伍厘(英一千八百九十六年九月三十日)

第二十一期又陆仟玖佰陆拾肆两贰钱陆分贰厘,(利银)又贰万壹仟零叁拾伍两柒钱叁分捌厘(英一千八百九十七年三月三十一日)

第二十二期又柒仟贰佰零捌两零壹分,(利银)又贰万零柒佰玖拾两玖钱玖分(英一千八百九十七年九月三十日)

第二十三期又柒仟肆佰陆拾两贰钱玖分壹厘,(利银)又贰万零伍佰叁拾玖两柒钱零玖厘(英一千八百九十八年三月三十一日)

第二十四期又柒仟柒佰贰拾壹两肆钱零壹厘,(利银)又贰万零贰佰柒拾捌两伍钱玖分玖厘(英一千八百九十八年九月三十日)

第二十五期又柒仟玖佰玖拾壹两陆钱伍分,(利银)又贰万零捌两叁钱伍分(英一千八百九十九年三月三十一日)

第二十六期又捌仟贰佰柒拾壹两叁钱伍分捌厘,（利银）又壹万玖仟柒佰贰拾捌两陆钱肆分贰厘（英一千八百九十九年九月三十日）

第二十七期又捌仟伍佰陆拾两捌钱伍分伍厘,（利银）又壹万玖仟肆佰叁拾玖两壹钱肆分伍厘（英一千九百年三月三十一日）

第二十八期又捌仟捌佰陆拾两肆钱捌分伍厘,（利银）又壹万玖仟壹佰叁拾玖两伍钱壹分伍厘（英一千九百年九月三十日）

第二十九期应还本银玖仟壹佰柒拾两陆钱壹分贰厘,（利银）壹万捌仟捌佰贰拾玖两叁钱捌分捌厘（英一千九百零一年三月三十一日）

第三十期又玖仟肆佰玖拾壹两伍钱柒分肆厘,（利银）又壹万八仟伍佰零捌两肆钱贰分陆厘（英一千九百零一年九月三十日）

第三十一期又玖仟捌佰贰拾叁两柒钱柒分玖厘,（利银）又壹万捌仟壹佰柒拾陆两贰钱贰分壹厘（英一千九百零二年三月三十一日）

第三十二期又壹万零壹佰陆拾柒两陆钱壹分壹厘,（利银）又壹万柒仟捌佰叁拾贰两叁钱捌分玖厘（英一千九百零二年九月三十日）

第三十三期又壹万零伍佰贰拾肆两肆钱柒分柒厘,（利银）又壹万柒仟肆佰柒拾陆两伍钱贰分叁厘（英一千九百零三年三月三十一日）

第三十四期又壹万零八佰玖拾壹两柒钱玖分玖厘,（利银）又壹万柒仟壹佰零捌两贰钱零壹厘（英一千九百零三年九月三十日）

第三十五期又壹万壹仟贰佰柒拾叁两零壹分贰厘,（利银）又壹万陆仟柒佰贰拾陆两玖钱捌分捌厘（英一千九百零四年三月三十一日）

第三十六期又壹万壹仟陆佰陆拾柒两伍钱陆分捌厘,（利银）又壹万陆仟叁佰叁拾贰两肆钱叁分贰厘（英一千九百零四年九月三十日）

第三十七期又壹万贰仟零柒拾伍两玖钱叁分贰厘,（利银）又壹万伍仟玖佰贰拾肆两零陆分捌厘（英一千九百零五年三月三十一日）

第三十八期又壹万贰仟肆佰玖拾捌两伍钱玖分,（利银）又壹万伍仟伍佰零壹两肆钱壹分（英一千九百零五年九月三十日）

第三十九期又壹万贰仟玖佰叁拾陆两零肆分壹厘,（利银）又壹万伍仟零陆拾叁两玖钱伍分玖厘（英一千九百零六年三月三十一日）

第四十期又壹万叁仟叁佰捌拾陆两捌钱零贰厘,（利银）又壹万肆仟陆佰拾壹两壹钱玖分捌厘（英一千九百零六年九月三十日）

第四十一期又壹万叁仟捌佰柒拾柒两肆钱壹分,（利银）又壹万肆仟壹

佰肆拾贰两伍钱玖分(英一千九百零七年三月三十一日)

第四十二期又壹万肆仟叁佰肆拾贰两肆钱壹分玖厘,(利银)又壹万叁仟陆佰伍拾柒两伍钱捌分壹厘(英一千九百零七年九月三十日)

第四十三期应还本银壹万肆仟捌佰肆拾肆两肆钱零肆厘,(利银)壹万叁仟壹佰伍拾伍两伍钱玖分陆厘(英一千九百零八年三月三十一日)

第四十四期又壹万伍仟叁佰陆拾叁两玖钱伍分捌厘,(利银)又壹万贰仟陆佰叁拾陆两零肆分贰厘(英一千九百零八年九月三十日)

第四十五期又一万伍仟玖佰零一两陆钱玖分柒厘,(利银)又壹万贰仟零玖拾捌两叁钱零叁厘(英一千九百零九年三月三十一日)

第四十六期又壹万陆仟肆佰伍拾捌两贰钱伍分陆厘,(利银)又壹万壹仟伍佰肆拾壹两柒钱肆分肆厘(英一千九百零九年九月三十日)

第四十七期又壹万柒仟零叁拾肆两贰钱玖分伍厘,(利银)又壹万零玖佰陆拾伍两柒钱零伍厘(英一千九百一十年三月三十一日)

第四十八期又壹万柒仟陆佰叁拾两肆钱玖分陆厘,(利银)壹万零叁佰陆拾玖两伍钱零肆厘(英一千九百一十年九月三十日)

第四十九期又壹万捌仟贰佰肆拾柒两伍钱陆分叁厘,(利银)又玖仟柒佰伍拾贰两肆钱叁分柒厘(英一千九百一十一年三月三十一日)

第五十期又壹万捌仟捌佰捌拾陆两贰钱贰分捌厘,(利银)又玖仟壹佰拾叁两柒钱柒分贰厘(英一千九百一十一年九月三十日)

第五十一期又壹万玖仟伍佰肆拾柒两贰钱肆分伍厘,(利银)又捌仟肆佰伍拾贰两柒钱伍分伍厘(英一千九百一十二年三月三十一日)

第五十二期又贰万零贰佰叁拾壹两叁钱玖分,(利银)又柒仟柒佰陆拾捌两陆钱壹分(英一千九百一十二年九月三十日)

第五十三期又贰万零玖佰叁拾玖两肆钱玖分捌厘,(利银)又柒仟零陆拾两伍钱贰分(英一千九百一十三年三月三十一日)

第五十四期又贰万壹仟陆佰柒拾贰两叁钱捌分,(利银)又陆仟叁佰贰拾柒两陆钱贰分(英一千九百一十三年九月三十日)

第五十五期又贰万贰仟肆佰叁拾两玖钱壹分肆厘,(利银)又伍仟伍佰陆拾玖两零捌分陆厘(英一千九百一十四年三月三十一日)

第五十六期又贰万叁仟贰佰壹拾伍两玖钱玖分伍厘,(利银)又肆仟柒佰捌拾肆两零伍厘(英一千九百一十四年九月三十日)

第五十七期应还本银贰万肆仟零贰拾捌两伍钱伍分伍厘,(利银)叁仟玖佰柒拾壹两肆钱肆分伍厘(英一千九百一十五年三月三十一日)

第五十八期又贰万肆仟捌佰陆拾玖两伍钱伍分伍厘,(利银)又叁仟壹佰叁拾两肆钱肆分伍厘(英一千九百一十五年九月三十日)

第五十九期又贰万伍仟柒佰叁拾玖两玖钱捌分玖厘,(利银)又贰仟贰佰陆拾两零壹分壹厘(英一千九百一十六年三月三十一日)

第六十期又贰万陆仟陆佰肆拾两捌钱捌分玖厘,(利银)又壹仟叁佰伍拾玖两壹钱壹分壹厘(英一千九百一十六年九月三十日)

第六十一期又壹万贰仟壹佰玖拾两零陆分叁厘,(利银)又肆佰贰拾陆两陆钱捌分(英一千九百一十七年三月三十一日)

共计应还本银柒拾万两,共计应还利银玖拾玖万贰仟陆佰拾柒两伍钱肆分叁厘。

中英《汇丰银行为中国政府募债书》^①

光绪十二年十一月初七日(1886 年 12 月 2 日)

上海

招募中华帝国政府一八八六年七厘银借款发起书:按照与增润阁下协商,并经总理衙门于一八八六年八月卅一日向驻北京英国公使确认之条件:

本借款总额为库平银七十万两,相当于上海规元七十六万七千二百两,每一张债券为上海规元二百五十两。

利率:年利七厘,半年一付,于每年三月卅一日及九月三十日照付。

第一次付息定于一八八七年三月卅一日,并从一八八六年十二月十五日起算。

照发起书附表规定债券按票面每半年抽签还本一次,直到一九一七年三月卅一日为止。

本息均按当时即期汇票汇价,在汇丰银行上海行付给,或在其他各地该行分行付给。

依据上述各点,汇丰银行特此通告,对上述借款招标,限一八八六年十二月十五日星期三下午四时截止。

每债券标价低于二百六十二点五两者,将不予接受。分配之数必须于一八八六年十二月二十二日或以前付款,届时应募者应将分配通知书呈缴,换领债券。发起书与标单可向银行领取。

发行债券代理人汇丰银行经理　E.嘉谟伦

一八八六年十二月二日于上海

---

① *North China Herald*,December,8,1886.

中法《重庆教案赔款合同》①

光绪十二年十二月十八日(1887年1月11日)②
重庆

一、此次误扰抢毁法国驻渝巴县城内蹇家桥真原堂、石板街公所、江家巷公所外铺面十间、杨家十字天主堂及外院铺房全向,并银钱什物,议赔款银拾贰万两。

又柏果树书院,书局机器、华阳活字聚珍板,水鸭凼老书院,深坑子书院,界石公所医院,木洞教堂医馆,并田土佃户叁拾余家,议赔款银伍万贰千两。

一、此次波及大足县龙水镇教堂外院二向,三驱场教堂医院,万古场教堂、医馆等,酌议赔款银柒千两。

一、此次波及铜梁县教堂、医馆等,酌议赔款银贰仟两。

一、此次案内各命案,概由地方官照例究办。

一、此次波及巴县、大足、铜梁各处教堂、书院、公所、医馆抢毁各处滋事之人,仍饬令地方官务护(获)究办,毋得抹糊销案。

一、此次巴县城乡教民,遭害被抢毁者一百四十八家,酌议抚恤银三万两。

一、此次大足县教民,遭害被抢毁者九十八家,酌议抚恤银八千两。

一、此次铜梁县教民,遭害被抢毁者九家,酌议抚恤银一千两。

一、此次巴县、大足、铜梁等处之赔款并抚恤款,总共银二十二万两。原议现交银六万两。其余银十六万两,筹商限定以丁亥年五月交银二万两,十月交银二万两;戊子年五月交银二万两,十月交银二万两;己丑年五月交银二万两,十月交银二万两;庚寅年五月交银二万两,十月交银二万两。现经委员、道、府、县各员言定,议出印票,概由道库出银交付。其银均系票色,以渝城市秤比兑,逐次至期,不得推诿异言。

一、此次凡教堂内所失田房契据,既经和息,即饬各地方官准其仍照原契

---

① 四川省档案馆编:《四川教案与义和拳档案》,四川人民出版社,1985年,第458—461页。约章名目由本资料编者所拟。

② 该日期系成都将军与四川总督抄发赔款合同的时间。

买价、界限注明，另写新契，过印免税。至于所失借卷(券)票据，迅即立案存照。

一、凡教堂主教、司铎及保护之人，以后务要地方官加意保护，恪遵条约。迨修教堂、书院、公所、医院，拟定委员监修，以资弹压。

一、民、教均系中国百姓，务须雍睦相处，勿稍彼此岐(歧)视。凡有交涉事件，只分曲直，无论民教。主教、司铎，亦不得偏袒教民；乡里难以调处，禀官持平办理。以后不得挟嫌逞横，恃强凌弱，聚众抢毁，勒逼毁教。倘有此等情事，地方官立时严拿滋事首从各犯，定必照例惩办。

一、民教一体编联保甲，以卫身家而清(靖)地方。倘有匪类滋扰，该监保团甲务须协力兜拿，送官惩治。切勿旁观袖手，致干查究。

一、真原堂一时难以完功(工)，主教、司铎驻扎无处，地方官代赁公属(寓)，自备佃金。既经和息以后，民教各安本分，永释前嫌。毋得仍蹈前辙(辙)，妄造谣言，捏词栽诬，煽惑人心，滋生事端等情。一经访闻，地方官务必严究惩治。

一、自经和息以后，凡各州县城乡有收荒小贸，概不准摆卖各堂所失祭衣、祭器、书籍、什物；倘敢故违，地方官饬差拿案究办，以儆刁风。

一、诸事和息以后，委员、道、府、县各员，认允禀请督宪颁发剀切示谕，遍贴各府、厅、州、县、镇、市等处，俾得家喻户晓，以期民教永远相安。

以上所议各款，彼此商酌照议办理。委员、道、府、州、县与法国驻渝主教认允，转禀钦命护理成都将军托，钦命四川总督部堂刘，大法国驻京钦使，转达大清国总理衙门，将此次拆毁教堂、医馆、书院、遗失财物，并各教民被抢控案，一律注销。

    大清国前署四川川东道夏岩

    四川川东兵备道伊勒通阿

    委员候补知府罗亨奎

    委员候补知府唐翼祖

    重庆府知府恒龄

    巴县知县国璋

    大法国驻渝主教督理川东教务顾巴德

    司铎张文佐

    司铎古洛东

    司铎彭若瑟

    司铎孟业

中朝《续立釜山设立电线合同》①

光绪十三年三月二十五日(1887 年 4 月 18 日)

汉城

第一条,釜山电线应照原章由华电局承办。现因朝鲜商民情愿出力助政府筹财自办架设等事,仍为官商合局,非他国政府及各国公司代设侵权之比。华电局认其不悖原章,准由朝鲜政府自设,则此局永远不准他国侵权代设。

第二条,自汉城至釜山设有四局,由朝鲜政府派官经理。暂借用洋匠一人架设。俟设成后,仍商请华电局洋匠照料。至各局司事学生,听用韩人、华人,断不准雇用他国人。

第三条,待二十五年内,朝鲜再设别处枝线,仍应照原议归华局承办,或朝鲜自设,必与华电局商准,方可设线。断不准他国干预此项权利。

第四条,釜山电线虽由朝鲜自设,仍归华电管理。以符原章。惟四局来往收发报、薪水费,由朝鲜政府开支。以时开账移送华电局存案。

第五条,朝鲜釜线设成开局,所有局内章程及一切报费定价,均由华电局会商妥定,不得有碍华线权利。

第六条,釜线设后,如违原立合同,或侵占华电局权利,即由华电局知照朝鲜电局禁改议罚。

第七条,华官报不收费。

光绪十三年三月二十五日

驻扎朝鲜总理交涉通商事宜三品衔升用道袁世凯押

督办中国电报事宜山东登莱青兵备道盛宣怀同书代押

驻扎汉城总办朝鲜电报事务陈同书押

朝鲜督办交涉通商事务金允植押

---

① （台湾）"中央研究院"近代史所编印：《海防档》丁编,第 1383—1384 页。

中美《中国电报公司与美国传声公司会立合同》

光绪十三年五月二十六日（1887 年 7 月 16 日）[1]

上海

一、米建威允照钦差北洋商宪李中堂批准，回国竭力凑集资本银五千万两前来中国设立中国官银行，会同中国官办理。

二、盛督办允请钦差北洋商宪李中堂批准黄腾派克、米建威凑集中美股本，议在中国通商口岸之内设立传声电线，其应设在何处，均听中国主持择定。但此项电线，盛督办与米建威议定，只能专在通商口岸之内设立，其所立线杆不得离开通商埠头一英里之遥。此口不得达至彼口，埠内不得达至埠外，且只能专为传声之用，不得传字致碍中国电报公司权利，并违中国所定禁约各案。

三、中国官银行即经设立以后，中国电报公司如欲兼办传声公司，可与银行办事商董筹议，倘能意见相同毫无隔碍，仍须禀请北洋商宪批准。

四、银行办成之后，中国电报公司如向银行借款，二三十万两之内不算利息，不出一年之期，一百万两之内照算三厘利息。

以上各款中国电报公司盛督办与米建威奉饬议定，呈请钦差北洋商宪李中堂核准盖印以后，应以此合同为凭[2]。

光绪十三年五月二十六日即西历一千八百八十八（七）年七月十六日

盛杏荪

米建威签字

见证马眉叔　黄开甲

---

① 该合同签字日期原文为"光绪十三年五月二十六日即西历一千八百八十八年七月十六日"（见夏东元编著：《盛宣怀年谱长编》上册，第 275 页），有误，现依据其他交涉文件将公历日期与阴历日期改定一致。

② 该合同于光绪十三年五月三十日被北洋大臣李鸿章批准。参见夏东元编著：《盛宣怀年谱长编》上册，第 275 页。

中俄《珲春接线简明条约》①

光绪十三年七月十五日(1887 年 9 月 2 日)
天津②

大清国督办电报事宜盛特派电报局参赞博来，

大俄国钦差库特派商务局董事四达尔祚福，

会同妥商，即于光绪十三年七月十五日，俄历一千八百八十七年八月二十一日，西历一千八百八十七年九月初二日订定简明条约列左：

一、中国电报局、俄国电报局即刻在中俄交界之处接线，中国在珲春起，俄国由至近边界之局起，用线两相接通，为传递中俄电报以及外洋电报经过俄国者。

二、以上中俄两局应造专线以通电报。

三、此线传递电报及收费一切规矩均照万国公会一千八百八十五年在德国伯灵地方重订章程办理。

四、俄国应取报费：

甲、亚细亚之俄国与中国不论何处来往者，每字取价一法郎克七分三。

乙、欧罗巴、格格苏之俄国与中国不论何处来往者，每字取价二法郎克七分三。

丙、电报经过俄国，每字取价三法郎克。

(中)国应取报费：

甲、中国不论何处与欧洲及欧洲过去诸国来往者，俄国不在其内，每字取价五法郎半。

乙、中国不论何处与亚细亚、欧罗巴、格格苏之俄国来往者，每字取价二法郎克。

丙、欧洲以及欧洲过去诸国与他国来往经过中国者，每字取价五法郎

---

① （台湾）"中央研究院"近代史研究所编印：《海防档》丁编，第 1424—1425 页。

② 签约地点未查明，暂定为天津。

克半。

丁、其余电报经过中国者，每字取价二法郎克。

五、中俄接线两局每日用电报对账，每月两局局员会同查账，银钱账目，两局局员每月电至天津，在每月之逾月二十一天内，在天津结算清楚，月份准照西历每四法郎克二分半合英洋一元，津行平银七十两合英洋一百元。

六、此简明条约两边预先关照即可停止。

中法《中国铁路公司于天津法租界内建桥合同》^①

光绪十四年六月初九日(1888 年 7 月 17 日)
天津

驻扎天津法国领事官督理法租界工局事务林代该工局、中国铁路公司总办代该公司,公同商议订立各款,开列于后。

一、中国铁路公司自行建筑活桥一座,在紫竹林河,由盐坨至法国租界河边,照后详新造马路之口。

二、法国工局须新开直马路一条,宽四十尺(按图内注明)。此路之中线,应由所改之路,与新嫡克街相逢十字之处改造,直至河边,离四达尔作福墙角,二百零五尺之远,即图内所注 A 字之处,此路命名铁路新街。所有建路费,及路成之后应用街灯,以及时常修理一切等费,均由法工局自理。

三、无论中西人等,以及车、轿、马、骡、驴、手车、东洋车,或别样载人装货之车,均可在法租界街道往来,不索税饷捐抽,或别项花费名目。该工局及巡官所立走道章程,藉免拥挤塞阻,滋生事端等情,并街道洁净之规条。所有往来人民,及工人车夫等,均须一体依循,不宜违背。

四、由桥往来各货物,应准走过法租界之路,不得征收捐项,及妄行阻止。

五、法国工局日后不得向铁路公司问取捐项,助修路费,及别项等事。

中国天津铁路公司总办伍　严　法国领事官督办天津法租界工局林

中历光绪十四年六月初九日　西历一千八百八十八年七月十七日

---

① （台湾)"中央研究院"近代史研究所编印：《海防档》戊编,第 35—36 页。

中朝《红参免税照会》[①]

光绪十四年十一月初十日(1888年12月12日)

汉城

　　袁,为照会事,照得,本年十一月初九日奉文华殿大学士李札开,十月二十六日准礼部咨开,主客司案呈:所有朝鲜国王遣官赍到咨文抄录转奏一折,于光绪十四年十月二十一日奏,二十二日准军机处奏片,交军机大臣面奉谕旨:礼部奏,朝鲜国王恳恩免征红参厘税,据咨转奏一折,朝鲜土产税课,半赖红参,前因商情苦累,格外施恩,将此项厘税减少为值百抽十,兹复据奏,参枝滞销,恳恩概予免征等语。朝廷体念藩封,有加无已,既然据该国王陈情恳恩,著即将红参厘税一项全行宽免,以示恩恤。该部即传谕该国王,并行知北洋大臣、盛京将军遵照办理。钦此。相应传知礼部钦遵办理等因前来,相应恭录谕旨,抄录原奏,知照北洋大臣遵照可也等因,到本阁爵大臣,准此,合行札饬,札到该道,即便钦遵查照,计粘抄单等因,奉此。相应备文照会,贵督办查照钦遵,须至照会者,计粘抄单一纸。右:

朝鲜署理督办赵

光绪十四年十一月初十日

---

　　① ［韩国］亚细亚问题研究所、旧韩国外交文书编纂委员会编:《旧韩国外交文书》第八卷(清案1),第502—503页。

中外《航海避碰章程凡例》①

光绪十五年（1889）九月
华盛顿

以下章程凡船在大洋及近海水道为出海船可以行驶之处，皆应遵守。凡轮船驶帆而不展轮者，均作帆船论；凡船既展轮，则不论驶帆与否，均作轮船论；轮船二字指凡船用机器行者而言。

章程中谓船浮动者，指非下锚、非系岸、非搁浅时而言。

又章程中有灯光可见若干里之见字，谓当黑夜无月光、无阴霾时应见，及所定里数。

第一条，号灯章程无论何等天气，总以日入为始，日出为止，各船均应遵用。其他灯足致误认为号灯者，概不准见露船外。

第二条，轮船浮动时应用号灯，共五节。

第一节，于头桅首节前面或傍桅，或在桅以前挂白光明灯一盏（名曰桅灯）；如船无头桅，即挂在船头，其所挂处高距船（舶）上须在二丈以上（从英国尺寸，下仿此），如船阔逾二丈者，则高距船（舶）上不得少过船阔尺数（譬如船阔三丈则灯高距船（舶）须在三丈以上是也），惟船有阔逾四丈者则高距船（舶）不必逾四丈之数（今兵船有阔逾七八丈，而或无头桅者，使特配七八丈高桅，以为挂灯之用，殊为不便，故只以四丈为准），所造灯式务使其光常明不断射照地平圆八分之五合罗经二十字（即二百二十五度），安置之法，务使其光分照船之左右两边，各合罗经十字之广（即一百十二度三十分），其两边之十字系由船头正线起，至左右船腰偏后二字止，灯光所照当令距五海里以外可见。

---

① 光绪十五年（1889），美国在华盛顿召集国际航海会议，清朝派工巡司理船厅美人毕士璧、出洋肄业水师学生千总陈恩寿、生员贾凝禧三人前往，会同与会各国人员议定航海避碰章程三十一条。又于1896年（光绪廿二年）经总理各国事务衙门照复美使，允先将洋式兵船商船两类照章遵行，并分咨南北洋大臣查照办理。参见薛典曾、郭子雄编：《中国参加之国际公约汇编》，商务印书馆，1937年，第665—672页。

第二节,船之右边设绿灯一盏,所造灯式务使其光常明不断射照地平圆十六分之五合罗经十字(即一百十二度三十分),安置之法,务使其光由船头正线起至船腰右边正线偏后二字止,灯光所照当令距二海里以外可见。

第三节,船之左边设红灯一盏,所造灯式务使其光常明不断射照地平圆十六分之五合罗经十字(即一百十二度三十分),安置之法,务使其光由船头正线起至船腰左边正线偏后二字止,灯光所照当令距二海里以外可见。

第四节,红、绿二灯(名曰边灯)之背应各配矩式套一具,长自灯火处起而向船头,至短须三尺以阻灯光斜射船头。

第五节,轮船浮动时可加用白灯一盏,灯式与第一节桅灯同此;灯于桅灯之位置须于船身龙骨之行比,正二灯上下相距至少须一丈五尺,其下灯应设在上灯前,两灯前后相距尺数当多于上下相距尺数(如二灯上相距二丈则前后距数应逾二丈)。

第三条,凡轮船拖带他船而行者,除应用边灯外,尚须直挂白光明灯二盏,上下相距不得少过六尺,若拖带不止一船,自其本船尾起至被拖末船船尾止,长逾六十丈者,则应加用白光明灯一盏,悬于二灯六尺以上或六尺以下均可。所造灯式样及安置处须与第二条第一节之桅灯同;惟加用之灯,高距船(舶)在高一丈四尺以上亦可。轮船拖带他船时,可另设小白灯一盏挂烟筒后,或尾桅后,以便被拖之船凭以转舵。然不准使其灯光照过船腰左右正线以前。

第四条,共四节。

第一节,凡船遇故(如轮坏、桅折、舵坏等类)不能驾驶者,应于船上最易见之处置悬圆照红灯二盏高于桅灯齐,倘系轮船即以此灯代桅灯。二灯上下相距不得少过六尺,灯光所照,当令距二海里以外可见;日间则于船上最易见之处相连直悬黑球两个,或形似球者亦可,径大二尺,其上下相距亦不得少逾六尺。

第二节,修理电线及安放电线之船,应于桅灯处(见第一条第一节)直悬圆照明灯三盏,若系轮船,即以此灯代桅灯,每尺相距不得少于六尺,上下两灯用红色,中间一灯用白色,灯光所照当令距二海里以外可见,日间应于船上最易见之处相连直悬物三件为号,其物径大至小须二尺,上下二件球形红色,中间一件钻石形白色,每件相距亦不得少过六尺。

第三节,此条内所列各项船只未行动时不得设边灯;如既行动则须设边灯。

第四节,此条所用号灯、号物,欲使他船见之,即知示号之船,系不能驾驶故,不能让路,非遇险求援之号也。其遇险求援之号,详第三十一条。

第五条,帆船浮动时及船被拖而行者,应照第二条轮船之例,遵用号灯,惟其中所载白灯(即桅灯)永不准用。

第六条,小船浮动时值风浪狂大,不能安置边灯者,应将边灯点明置于身傍备用;如遇于他船相近,须及时以红、绿灯向本船左右分示之,以免碰撞。俟出险后始可将边灯收入。灯外示时,务使其光愈显愈好,然绿光不得见于船左;红光不得见于船右;倘能将边灯稳执不动,无使灯光偶见于船腰左右正线偏后二字以外更为妥善。欲使该边灯便于取用,而不至错误,可将灯之外罩油以红、绿,与灯光同色,并须配全矩式灯套。

第七条,共三节。轮船重数在四十吨以下,及桨船、帆船重数在二十吨以下者(重数者指船身及载重之数而言),移动时不必强其照第二条之例备用号灯,若该船既不用第二条号灯,则当照以下号灯遵用。

第一节,一轮船重数在四十吨以下者,应于船头最易见之处,或在烟筒前或傍在烟筒悬白光明灯一盏,高距舱面不得少过九尺,所造灯式及安置之法应于第二条第一节同,灯光所照当令距二海里以外可见。一边灯之式及安置之法,亦于第二条第二、三节同,灯光所照当令距一海里以外可见;或用红、绿二灯并成为一者亦可(曰合色灯),务使绿光由船头正线照起至右边船腰正线偏后二字止,红光由船头正线照起至左边船腰正线偏后二字止;此灯须挂于白灯三尺之下。

第二节,行海船上载用之小轮船,所挂白灯高距舱面可以不及九尺,然必须挂在合色灯之上(见本条第一节次段)。

第三节,桨船、帆船重数在二十吨以下者,应备便一灯,右边配绿玻璃,左边配红玻璃(名曰双边灯),遇于他船相近时,即以此灯示之,以免碰撞。俟出险后,始可将该灯收入,灯外示时,绿光不得见于船左,红光不得见于船右。此条内所列各项船只不必强其照第四条首节及第十一条末段之例备用号灯。

第八条,一引水船在界内行驶,觅人招雇时(外国各港口皆有引水船分界引水，不得僭越。凡船欲进港，须先示号，觅雇引水而擅行进口者罚金。至充引水者须先经官考验，果熟港道始给凭据，准其充作引水人），不得用他船所用号灯。惟于桅顶悬照圆白灯一盏，每十五分钟加点火号一次，不得逾延。一引水船与他船相近时，应将边灯点明，应用按时闪照，以示其船头所向何方，然绿光不得见于船左，红光不得见于船右。一引水船如须驶傍他船，以渡引水人过船者，可手执白灯外示，不必悬于桅顶，亦不必循以上条例用红、绿灯，可另备双边灯（见第七条第三节）一盏点明以便应用。一引水船在其界内不觅人招雇时，应照该船吨数遵用所定号灯。

第九条，共八节。渔船浮动时而不网鱼者，不须照本条之例备用号灯，应照该船吨数遵用所定号灯。

第一节，渔船下网后（指随流网鱼而言），应于船上最易见之处悬圆照白灯二盏，船上下相距尺数（从直算非从斜算，即正角形之股线非弦线也），自六尺至一丈均可，前后相距尺数（与龙骨平行算，非从斜算，即正角形之勾线），自五尺至一丈均可，下灯须挂在上灯以前，灯光所照当令距三海里以外可见。

第二节，打捞之渔船，指鱼船用钩叉网罟以打捞海底螺蚌之类。一用轮船打捞时应于桅灯处（见第二条第一节）挂白绿红三色灯一盏，所用灯式及安置之法，务使白光由船头正线起照至左右各二字止（即二十二度三十分）；其红绿二光由船头正线偏左、偏右各二字起，照至船腰左右正线偏后各二字止（红左、绿右各照八字即九十度），复于三色灯之下挂圆照白灯一盏，两灯相距自六尺至一丈二尺均可，其灯光须常明不断。一帆船（重数七吨以上者）打捞时应悬圆照白灯一盏，所造灯式务使其光常明不断，并须多备红色火号（每条至少须能燃烧半分钟之久），遇与他船相近，当及时燃红火号示之，以免碰撞。此项渔船（指七吨以上帆船而言），在地中海捕鱼者，可用白色火号代红色火号。第二节内所用号灯，其光当令距二海里以外可见。一帆船（重数七吨以下者）打捞时不必强其照本条第二节次段例备用号灯者，若该船既不用此项号灯，则当备白灯一盏，点明置于身傍待用。遇于他船相近，当及时于最易见之处持灯外示，以免碰撞。余须照第二节次段例，燃烧火号，或用别式火号代之亦可。

第三节，渔船下钓时非下锚不动者，应照随流下网渔船例备用号灯。

第四节，所有渔船除照本条例备用号灯外，可随时加点火号，其用各种网罟随流捕鱼及打捞时，则火号应示于船尾，若船尾系挂有网罟等件者，则火号当示于船头。

第五节，所有渔船不论大小，下锚停泊后应悬圆照白灯一盏，灯光所照当令距一海里以外可见。

第六节，凡渔船因捕鱼机具为水中礁石等物挂碍不能行动者，应照船下锚例，备用船号及号声（见第十五条第四、五两节及末段）。

第七节，各项渔船重数二十吨以上者，于下网下钓及用各式器具打捞，时值阴霾雾雪大风雨之天，应按时鸣雾号一声（每次不得逾一分钟之久），即继以摇钟一次，其所鸣雾号，帆船用角，轮船用汽雷。

第八节，驶帆渔船浮动捕鱼时，如与他船相近，日间最易见之处，悬篮一具，或别物易于辨识可为号者示之，庶使他船知其有网钓在水。各项船只列在本条内者，可不必强其遵照第四条第一节及第十一条末段之例。

第十条，凡船将被他船赶上者（谓后船行驶快于前船），应于船尾示以白光或火号，以警赶来之船，此种白光用灯亦可。惟所造灯式及安置与配套之法，务使其光常明不断，平照地平，圆八分之三合罗经十二字（即一百三十五度），由船尾正线起，照至船腰左右正线偏后各二字止（即两边各六十七度三十分），灯光所照当令距一海里以外可见。挂灯处高与边灯齐。

第一一条，凡船长十五丈以内者，下锚后应于船头最易见之处悬圆照白灯一盏（名曰锚灯），高距船（舶）不得逾二丈，所造灯式务使其光常明不断，周围四照当令距一海里以外可见。

凡船长十五丈以上者，下锚后应于船头悬锚灯一盏，高距船（舶）自二丈至四丈均可。再于船尾或近船尾处亦悬一灯（于锚灯同），此灯挂处低于前灯须在一丈五尺以外。

船长尺数，应照验船单中所载尺数以为定准。

凡船搁浅于港道，或近港道，而为船所必经之路者，照此条例（按船长尺数），悬锚灯外尚须悬红灯两灯（见第四条第一节）。

第一二条，凡船只欲警觉他船，除照例遵用号灯外，可加用火号或爆响之号，而不至误认为遇险之号者均可。

第一三条，兵船成军而行，及护商兵船行驶时，不免加用号灯，藉以指示进退行止。凡各国自定有另章者，自不能为航海公法所阻；即商船各公司定有暗号藉以互相辨识者，既经本国准行刊刻通报，亦不能为航海公法所阻。

第一四条，轮船有时独用风帆驶行，而烟筒未经放下及不能放下者，日间应于船头最易见之处，悬黑球一个或形之似球者径大二尺（凡例云轮船驶帆而不展轮者则作帆船论，第二十条云轮船遇帆船，则轮船当避让，常有轮船独用风帆驶行而烟筒未经放下者，夜间照例不悬桅灯固易辨识，若日间值造饭蒸水时，烟不免自筒内上升，他船见之或误认此船系轮帆兼用者，一以轮船之例待之；一守帆船之例均不避路，难免无碰撞之虞，所增此条使轮、帆各船一望而知，毫无难辨，获益匪浅）。

第一五条，此条所定雾号，凡船浮动时皆须照章遵用，共九节。

若系轮船则用汽管汽雷，若系帆船及船被拖而行者则用角条中所谓长声者，指声长自四秒至六秒之久。

轮船应配响亮汽管或汽雷一具，用汤汽或他种气放响，其安置之处不可有他物阻抑，其声音并须配响亮号角一具，响亮号钟一口（凡有用钟之处属土耳其国之船，可以鼓代钟。各处出海小船多有用锣者，亦可以锣代钟）。

帆船重数二十吨以上者，应配响亮号角一具，号钟一口，凡遇阴霾雾雪大风雨时无论昼夜，以下所列雾号皆应分别遵用。

第一节，轮船在水能进退时，应按时放长声一响，每次不得逾二分钟之久。

第二节，轮船浮动仍停止而无进退者，应按时放长声二响，每次不得逾二分钟之久，两声相间约一秒钟。

第三节，帆船浮动时，应按时吹角为号，每次不得逾一分钟之久，得船右之风而驶者吹一声，得船左之风而驶者连吹二声，如风自船腰之后而来得顺风而驶者则连吹三声。

第四节，船只下锚后每间一分钟，即摇钟一次，连声速摇，每次约五秒钟之久。

第五节，凡船在海下锚，而其地非常时下锚之处，且能阻碍他船往来之路，如下锚之船系轮船，应按时不得逾二分钟之久，用汽管或汽雷放长声二响，即继摇钟一次。若系帆船，应按时不得逾一分钟之久，吹角二声，即继摇钟一次。

第六节，拖带他船时不得用本条第一、第三两节之号。应按时无逾二分钟之久连放雾号三声，先放长声一响，即继以短声二响，被拖之船亦可作此号，但不准用他号。

第七节，轮船欲告他船，谓我船已停止不动，而可缓驶而过我船一节，可连放三声雾号，前后两声短，中间一声长，各声相间约一秒钟之久。

第八节，修理电线及安放电线之船，闻来船放雾号时，应连放长声三响以应之。

第九节，船法浮动后遇故而不能避来船之路，或不能照章驾驶者，闻来船放雾号时，应速放短声四响以应之。帆船及小船重在二十吨以下者，不必强其照用以上各号。惟该船既不用以上各号，则当按时用他种响亮号音示警，每次不逾一分钟之久。

第一六条，凡值阴霾雾雪大风雨之天，船行均应减其速率，从缓而进，并须格外小心以防意外之虞。

凡轮船闻来船雾号，其声自本船船腰前向而来，莫能确辨其处者，斯时无他故阻碍，应即停轮审察，然后再行展轮，小心行驶，以避碰撞之险。

转舵转帆章程（第十七条至第二十七条）。

欲知有无碰撞之险，其时如无他故阻碍，可于本船上以罗经细测来船行驶方向，自不难知，若来船之向对本船罗经度数历久不变，则须防有碰撞之险。

第一七条，凡两帆船相近时，欲避碰撞之险，其一须让路（例共五节）。

第一节，顺风船应避逆风者之路。

第二节，两船皆逆风折行，则得船左之风而驶者，应避得船右之风而驶者之路。

第三节，两船均得旁风驶行，而迎风之向不同（一自船右，一自船左），则得船左之风而驶者应避得船右之风而驶者之路。

第四节，两船均得旁风驶行，而迎风之向亦同其在上风之船，应避在下风者之路。

第五节，凡顺风之船（即风自船后来），总当引避他船。

第一八条，两轮船对遇，或几于对遇，应各改向转右，各由左边驶过，以避碰撞之险。此条专指两船对遇或几于对遇而言，藉以免碰撞之险，非指两船相遇时仍得各守原向驶行而无窒碍者而言也。何谓对遇或几于对遇：如日间见来船前后桅与本船之桅成为一行，或将成一行；夜间于船头各见彼此边灯是也。凡此皆在此条之例。若日间见来船由本船前面横驶而过，夜间见来船之绿灯于本船之绿灯相对，或来船之红灯与本船之红灯相对，或仅见绿灯而不见红灯，或仅见红灯而不见绿灯，或来船红绿二灯并见于他向，而非在本船之前者，凡此皆不在此条之例。

第一九条，两轮船纵横相遇，见来船在本船之右者，则本船应避来船之路，以免碰撞之险（甲乙两船纵横相遇，如甲在乙右边，则乙当避甲）。

第二○条，轮船遇帆船，则轮船应避帆船之路，以免碰撞之险。

第二一条，凡两船相遇，其一既照章让路，则其一不得变易原向，亦不得加减速率而行。

第二二条，凡船须照章让路者，如无他故阻碍，不得向所避之船前面横驶而过（如甲当避乙之路，则甲不得向乙船头驶过）。

第二三条，凡轮船须照章让路者，与来船逼近时须临机应变，应缓进则当缓进，应停轮则当停轮，应退轮则当退轮（如甲应让乙之路，而值于乙逼近甲，当相机缓进或停止或退行）。

第二四条，按以上所定章程（指自第十七条起），凡此船赶过彼船者，则此船应避彼船之路（甲行快而乙行缓，甲从乙后赶过其前，则甲当避乙之路）。凡船由前船船腰正线偏后二字之后驶进者，处此部位，夜间自不见前船边灯，皆作赶驶船论。纵彼此两船偶有改易船向，按章而论，不得易视赶驶船为横驶船，而免其让路之责。迨已驶过被赶船，始得自由其便，此赶驶船日间有时不能确知本船或在前船船腰偏后二字之前，或在前船船腰偏后二字之后（若在前船船腰偏后二字以前，则作横驶船论；若在前船船腰偏后二字以后，则作赶驶船论），倘疑惑莫决，则当自视为赶驶船而不得辞让路之责也。

第二五条，凡轮船过狭窄港道，时值稳便而无窒碍，应傍港道或中流在船右边驶行（出入窄港皆傍船右边而行）。

第二六条，帆船遇驶帆渔船捕鱼时，无论用网、用钓或用他种器具打捞者，均应避此渔船之路。然该渔船不得藉此条之例，阻塞他船往来所必由之路。

第二七条，以上各条章程（指自第十七条起），均应谨记遵行而不可违。然遇船行临危时有相碰之险，以及变生仓猝之际，致不得已临机应变，暂时违例藉求目前之急者，自当例外原情免加指责。

第二八条,船相见时所用号声。

本条内所谓短声者指响声约一秒钟之久。

轮船浮动时见有他船在望,其须照章改向之船,应将所改之向用汽管或汽雷作号通知在望之船。所定之号列左,放短声一响,谓本船现已改向转右;放短声二响,谓本船现已改向转左;放短声三响,谓本船现已倒轮快退。

第二九条,行船以小心为主。

所有章程无论何项船只,船东、船主以及水手等,如于应设之灯或废而不设,当用之标号或废而不用,当司更瞭望而不瞭望,当留心驾驶常法为航海所易知易能者,或疏忽而不留心以及不小心应变者,均不得辞其咎。

第三〇条,各国港口、内河等处自定另章。

各国港口、内河等处,如经本国另定有行船章程,自不能为航海公法所拘(各国港道、内河、内海形势各异,故多有自定另章,与航海公法不无异同。凡沿海距岸十里以内,可用本地另章;十里以外则须用航海公法。如本国定有另章,当即刊刻通报各国,俾各国船只到该地方时知所遵行)。

第三一条,遇险之号。

凡船只遇险,欲求他船或岸上施救者,应照以下所列之号或兼用或分用均可。

日间之号:

每约一分钟之久放炮一响;

用万国通语旗书中遇险旗号悬挂ＮＧ旗二面;

示远标号悬挂方旗一面,不拘在旗之上下加挂;

球或形之似球者亦可;

用火箭、火球与夜间所用者同;

连放雾号不停。

夜间之号:

每约一分钟之久放炮一响;

在船上燃火(如烧油筒油桶等类,以为火号);

不时放一火箭或火球能爆响空中炸放各式各色火星者;

连放雾号不停。

中法《广西中越东路立界图约》[①]

光绪十七年三月十二日（1891 年 4 月 21 日）

平而关

光绪十六年十一月初四日（1890 年 12 月 15 日）中法立界委员集越南峒中会议，初九日绘界，由广西东界之吞仓山起，凡二十日，绘至平而关止，因瘴盛水发，难以进办，西路商俟秋后再办。查前次勘界，由吞仓山至隘店隘，由隘店隘至平而关，为东路界。本系分为两图。此次立界，图内开注山名隘口测绘加详，自应改为三图。由吞仓山至隘店隘为第壹图。由隘店隘至南关为第贰图。由南关至平而关为第叁图。共界路计中尺陆佰零肆里。中法图内界线均系绿底上加黑十字。凡图内应立界石处所，悉用△式记明。惟南关至平而一带已立小界石拾伍方，俟秋后全界立石。凡已立小界石之处，仍照原处加竖大界石碑，当经中法委员对明，各图均系按照前次勘界章程，如约立界，彼此并无争论，界绘悉，合中法各委员均于三图内立押盖章为定。所有三图，中法均绘两分，以壹分自存备查，以壹分互换，各执为据。所有应立界石山名及隘口开列于后：

石山名及隘口开列于后，计开：

第一图内：吞仓山立石一方，支排山立石一方，枯华山立石一方，那蓬卡立石一方，北岗山立石一方，北达山立石一方，波内山立石一方，石碑山立石一方，对稔山立石一方，叫号山立石一方，脂还山立石一方，礼由山立石一方，高桐山立石一方，东门山立石一方，交批山立石一方，埔门山立石一方，揆隆山土石一方，白盛山立石一方，交蛙山立石一方，隘店隘立石一方，派迁山立石一方，埔河山立石一方，鳄侯山立石一方，馗泥山立石一方。以上二十四山隘应立石二十五方。

第二图内：公母山立石一方，罗农山立石一方，同户卡立石一方，美目

① 黄国安、萧德浩、杨立冰编：《近代中越关系史资料选编》中册，广西人民出版社，1988 年，第 507—510 页。

山立石一方，扣山卡立石一方，作敏山、埔窜山立石一方，派手山立石一方，坤隆隘外栅立石一方，六荣山立石一方，馗下卡立石一方，板宙外栅立石一方，枯讲山路口立石一方，三色山立石一方，法卡山立石一方，闸门隘立石一方，埔些山立石一方，那支隘立石一方，那禄山立石一方，金岗山立石一方，柳丝山、枯麻山共立石一方，那磨山立石一方，板漂外栅立石一方，扣渠山立石一方，馗郎山立石一方。以上二十六山隘共应立石二十四方。

　　第三图内：镇南关立石一方，那卒岭立石一方（已立小石），那标岭立石一方（已立小石），邑米排栅立石一方（已立小石），亢英排栅立石一方（已立小石），角怀岭立石一方（已立小石），弄窑外界立石一方（已立小石一方），熙字前营、炮台岭脚立石一方，邑口隘立石一方（已立小石），绢村排栅立石一方（已立小石），滚马岭立石一方，百赠岭立石一方（已立小石），咘沙卡立石一方（已立小石），山子卡立石一方（已立小石），杨村排栅立石一方（已立小石），坟官岭脚立石一方（已立小石），平公隘立石一方（已立小石）。以上十七山隘应立石十八方。总共三图应立石六十七方。

　　　　光绪拾柒年叁月拾贰日

　　　　西历壹千捌佰玖拾壹年肆月贰拾壹日

　　　　在平而关立押并书

　　　　总办广西界务署广西太平归顺道补用道梧州府知府　　向万嵘押

　　　　广东洋务委员兼办广西界务翻译甘肃补用通判　　张懋德押

中英《轮船招商局、太古洋行轮船合走上海至宁波齐价合同》[①]

光绪十八年正月十七日(1892 年 2 月 15 日)

上海

西历一千八百九十二年二月十五日,即华历光绪十八年元月十七日,立合同:轮船招商局第一分,香港中华太古洋行及代理中国轮船有限公司第二分。

合同内所言轮船招商局者,包括在任总办及轮船招商局;合同内所言太古洋行者,包括当时该洋行东家及中国轮船有限公司。惟各公司股分人自己所为之事,无碍此合同。

轮船招商局及太古洋行彼此订明合走轮船往来上海、宁波,其章程款式列后:

第一条,轮船招商局、太古洋行每日行走轮船往来宁波、上海,每家隔日开行,或疏或密,彼此议定。其两船所收水脚等项毛数,作为公项。

第二条,轮船招商局或太古洋行无论何故,有次数走不满者,即按所缺次数由公项扣除。两家生意每十二个月结算,并将公项分派。两家轮船定每日行走。倘有应走之日,此家无船接济,彼家可派船代走。惟水脚当归代走之船自得,如定期之船一式。

第三条,两家之舱单均须彼此互换,所赚水脚银两拨入公项者,每月彼此照格式填报一次。其总数每年十二个月三十一号结算,作为一年账目清结,公项按所走次数分派找结。另每年六月三十号算半年账一次,银两亦找结。所收客脚毛数,每百元扣除五元,所收货脚毛数,每百元扣除十元,作为搭客饭食、装货上下力等费。

第四条,各家轮船所赚水脚毛数,各自担保,如数收清,所有赔款等亦不能由公项扣除。惟失事之轮船所赚之水脚银两不入公项,而归船东。

---

① 陈旭麓、顾廷龙、汪熙主编:《轮船招商局——盛宣怀档案资料选辑之八》,第 395—398 页。

第五条,所有杂货、鸦片、金银客脚,两家均要照所定价目收足,除公定回用等项外,不得私自补贴回用或折扣,又不得少算斤两、尺码,或给免票栈租、保险等费,以图跌价多揽货物。惟给未设局之码头代理人局用,按载脚多少九五用钱,则不在此例。倘货客不将货物分装两公司之船,故意有碍一公司之船及其水脚者,被碍之家可即函知彼家,彼家即将被碍之货加收水脚每百两多五十两算,以败客帮之联络,俾货得以分装两公司之船。

第六条,两家须互相定甬、沪之外转各口货水脚,照价划一核收,除议准之外,务须照价目收足。

第七条,第一次及以后所定之价目单,随时可以更改。惟彼此有字据允准,方可更改。惟驻上海两公司总办或代理人有权更改价目。

第八条,倘一家之船遇有不测之事,别家之船必尽力施救,酬劳多寡由代理人或总办议定。如有意见不合,则照下条请公正人议定,而所议定之项,拨入公项分派。

第九条,如两公司有违合同条约,而轮船招商局总办或太古东家不知情,非无意错误者,受亏之家可能函请将其人革去,以后不得录用。如系数目错误,即将数目更正。

第十条,若有违约,而太古东家或轮船招商局总办知情者,违约之家罚银一千两。彼家所得如关涉数目者,即将数目更正。

第十一条,若一公司知别家违约逾两个月未有指摘者,或有违约后一年查出者,只可将数目更正,不得罚银。惟遇有此条及上条违约之事,各家可照合同第十三条所列,将此合同作废。

第十二条,如有违约之事省觉后,当即知照他家,并声明违约缘由,以便将违约之人责罚。

第十三条,倘一公司知别家的确有违约之事,该公司可能照下条请公正人公断,可否将此合同作为罢论。公正人有权可索取数目数簿查阅以断事,而被索之家亦须将该数目数簿交出。

第十四条,如有因合同词意或别事争执,阅一个月后尚未议妥者,可请公正人公断其事。请公正人之法,则每家请一位,若公正人意见不同,则由此两公正人公举一位,听其决断。倘两家公正人不肯公举别位时,则由洋商务局董决断。局董所断之事,两家务须遵办,不得反悔。倘一家不肯请公正人,过十四日后,别家所请之公正人可能自举一位,决断其事,所断如何,两家俱要遵办。如有不肯请公正人或强词夺理者,当作为鄙陋之事。公正人费用至少二百两,该项及别费由公正人公断,应由何人所出。

第十五条,此合同由西一千八百九十二年三月初一日始,以走船至一千八百九十七年二月廿八号为止。至于账目,以算清找结为止。今欲有凭,两家签押为据。

第十六条,怡和洋行、太古洋行之红、蓝烟通大洋轮船常川欧州、中国沿途各埠者,怡和、太古可派走做各处生意,无碍此合同。

中英《轮船招商局、太古洋行、怡和洋行轮船合走上海至汉口齐价合同》①

光绪十八年正月十七日(1892年2月15日)

上海

西历一千八百九十二年二月十五号,即华历光绪十八年元月十七日,立合同,轮船招商局第一分,香港中华太古洋行及代理中国轮船有限公司第二分,香港中华怡和洋行及代理印度中华轮船有限公司第三分。

合同内所言轮船招商局者,包括在任总办及轮船招商局;合同内所言太古洋行者,包括当时该洋行东家及中国轮船有限公司;合同内所言怡和洋行者,包括当时该洋行东家及印度中华轮船有限公司。惟各公司股分人自己所为之事,无碍于此合同。

轮船招商局、太古洋行、怡和洋行,俱有轮船来往长江,由汉口至上海及别埠等处。现三公司订明,彼此和好,共走轮船往来长江,由上海至汉口,所议定章程款式列后。今特将各条开列于后:

第一条,次数者,即系轮船由上海去汉口、旋由汉口回上海,即作为一次。如一家轮船走得半次,其余半次,别船同一公司者,可以替其走满。倘只走得半次,其余之半次因有别故不能走完全者,则作半次数。惟失事之船不在此例,仍照第六条办理。

第二条,招商局、太古、怡和三家轮船来往上海、汉口,以一百次数论,招商局得□□□、太古得三十五、怡和得□□□。惟怡和之泰和、公和、福和轮船比招商局、太古之船略小,每足次只作半次算账。

第三条,三公司轮船所收长江货客载脚毛数,并拖带船只银两,俱作为公项。

第四条,倘一公司因事不能完走应得之次数,年底算账,即按所缺次数,少得公项利益。三公司生意,每十二个月结算分派公项。开船日期须

---

① 陈旭麓、顾廷龙、汪熙主编《轮船招商局——盛宣怀档案资料选辑之八》,第398—401页。

三家随时议定,倘一公司于应开船日期而无船应用者,即由两公司拈阄以定何人代为放一船替走,该代放之船与已定期之船同算。

第五条,舱口单互相送换。又,三家入合同之轮船所得载脚银两,各家每月照格式填写报单一纸,彼此互送,每年总结至十二月三十一号止。所有公项,除以下应扣之款,其余三公司按合同所走次数分派清结,每年六月三十号半年结账一次,并划付银两。所有客脚,照毛银九五扣、货脚九扣,以补搭客饭食,并上落货物之费。

第六条,各家轮船所赚载脚银两,系各自担保照舱单及搭客单毛数如数收清。所有赔款不得向公项扣除,若遇轮船失事,所赚之载脚银两不入公项,但归船东自得。

第七条,所有货物、烟土、金银载脚及搭客水脚,三公司随时议定价目,一律核收。除公定回用等项外,不得私自补贴回用或折扣,又不得少算斤两、尺码,或给免票栈租、保险等费,以图跌价,多揽货客。惟未设局之码头代理人局用每百两五两,则不在此例。倘货客不将货分装三公司之船,故以有碍一公司之船及其水脚者,被碍之家可即招两公司商议,从众定夺,应否准被碍之家将被碍之货跌价揽载,以败客帮之联络,俾货得以分装三公司之船。至于被碍之家跌价揽载,应跌价若干,时候几久,及何项货物有碍,亦须从众议定。

第八条,三公司须联络装载来往长江及大海转口货物,除议定价目之外,须照所定水脚价单,一律收足。

第九条,所定之价目,随时可照情形更改。如不先有字据,彼此应允,不得更改。惟上海三公司总办或代理人有权更改价目。

第十条,倘一公司之船遇有不测之事,别公司之船必尽力帮护,论酬劳多少,由代理人或总办商议,如有争执,则照下列条约,请公正人议定,议定之数,拨入公项。

第十一条,所有长江各处应设之浮通灯亮,以号记浅沙阻碍之处,若工程议定,其费即照所沾生意分数均派。

第十二条,怡和洋行自己或代理他人船只,不得走船于下列地方:上海至宁波、上海至温州及沿途码头、香港至广东省城,惟代理港省澳轮船公司则可。太古洋行自己及代理他人轮船,亦不放船走下列地方:上海至福州、上海至温州或宁波至温州。轮船招商局现无意放船走港澳,如欲放船,预先三个月修字通知太古、怡和,通知之后,可能将此合同作为罢论。三公司遵守以上所载条约,不得将自己之轮船卖出或租出他人,以碍别公司生意,有违此约者,受累之家,可将此合同作为完销。

第十三条,三公司必须邻睦敦好,保全推广生意,彼此获益。倘有别家争衡生意者,必须彼此联络跌价以驱逐之。惟由长江装茶叶往欧罗巴州、美国、新金山,及载米、兵勇、军械如下条所备者,均不得作为有碍长江生意。

第十四条,三公司不得干预分子在别家船只,有碍三公司或与三公司争生意者,无论系大洋轮船或走中国口岸之海船,装载货客往来长江及沿海码头等处,如装米、兵勇、军火,由长江至中国沿海码头则可,惟上海则不算为沿海码头。

第十五条,如有违合同条约,而轮船招商局总办或太古、怡和东家不知情,及无证据非无意错误者,受亏之家可能函请将其人革去,以后不得录用,如系关涉数目错误,即将数目更正。

第十六条,若有违合同条约,而太古、怡和东家或轮船招商局总办知情者,违约之家须罚出银一千两,交两家照合同分数均派,如有关涉账目者,即将账目更正。

第十七条,若一公司知别家违约,逾期两月而不声明,或违约一年后查出者,只可将数目更正,不能罚银。惟遇有此款及上款违约之事,各家准可照合同第十九条章程,将此合同作为罢论。

第十八条,如有违约之事查觉后,须即知照两家,并声明违约缘由,以便将违约之人责罚。

第十九条,倘一公司知别家确有违约之事,该公司可能照下款所载章程请公正人公断,应否将此合同作为罢论。公正人有权索取各家数目账簿,以便断事,被索之家须将数目账簿交出。

第二十条,如有因合同词意或别事争执一月后尚未议妥者,可请公正人公断其事。请公正人之法,每家请一位,若公正人意见不同,则由三公正人另举一位听其决断。倘三公正人不肯公举别位,即交洋商公所董事决断,该董事判断之事务须遵依。倘一家不允请公正人,过十四日后,两公司所请之公正人可能另举一位,共成三位,以决断其事,所断如何,三公司俱要遵断。三家之中,如有不肯请公正人,或有强词夺理者,当作不义之事。

公正人费用最少三百两,该项及别费,由公正人公断应由何人付给。

第二十一条,合同由一千八百九十二年三月一号起,以走船至一千八百九十七年二月廿八号止。至于账目,须俟算清找结为止。今欲有凭,各家签押为据。

第二十二条,怡和洋行、太古洋行之红蓝烟通大洋轮船,常川欧州、中国沿途各埠者,怡和、太古可派走做各处生意,无碍此合同。

中英《轮船招商局、太古洋行、怡和洋行轮船合走上海、烟台、天津等处齐价合同》①

光绪十八年正月十七日（1892 年 2 月 15 日）

上海

一千八百九十二年二月十五日，即华历光绪十八年元月十七日，立合同：轮船招商局第一分，香港中华太古洋行及代理中国轮船有限公司第二分，香港上海怡和洋行及代理印度中华轮船有限公司第三分。

合同内所言轮船招商者，包括在任总办及轮船招商局；合同内所言太古洋行者，包括当时该洋行东家及中国轮船有限公司；合同内所言怡和洋行者，包括当时该洋行东家及印度中华轮船有限公司。惟各公司股分人自己所为之事，无碍于此合同。

轮船招商局、太古洋行、怡和洋行，俱有轮船往来上海、烟台、天津及别处码头。现三公司订明合走轮船往来上海、烟台、天津等处，所议定章程条款开列于后：

第一条，上水次数者，即系轮船由上海去天津，无论有无绕烟（台）。下水次数者，即系轮船由天津回上海，无论绕烟台与否。若一船已开，未能走完之次数，同公司之别只船可替其走满。

第二条，轮船招商局、太古洋行、怡和洋行务以合式轮船常川上海、烟台、天津等埠。以走上水一百次算，轮船招商局得三十七分、太古洋行得三十二分，怡和洋行得三十一分，照此分数逐月连算。至于下水，亦系一百次算，轮船招商局得三十七分、太古洋行得三十二分、怡和洋行得三十一分。惟系由上海开天津，旋回上海之船只可作下水半次。

第三条，三公司往来上海、烟台、天津轮船所收水脚毛数若干，除客脚扣出每百两五两、货脚每百两十两之外，尽拨入公项。若三公司之船往别埠路经烟台、天津，顺装客货者，所得之水脚尽入公项，其船不入次数。

① 陈旭麓、顾廷龙、汪熙主编：《轮船招商局——盛宣怀档案资料选辑之八》，第 391—395 页。

第四条，年底结算，若一公司因事不能完走分数，即按所缺次数，少沾公项利益。

第五条，公项以各船上下水次数，以一年生意核算均分。由头春开船至是年十一月出口尾船为止，作一年。

第六条，所有三公司轮船所得水脚毛数应入公项者，照格式填写，每月一次，互相送换。

第七条，三公司账目，每年总算一次。公项照合同所走分数分派，每年六月三十号半年结账一次，银两亦找结。

第八条，各公司轮船照舱单货客脚毛数，各自担保，如数收清，所有赔款不得由公项扣出。惟失事轮船所得水脚，不入公项。

第九条，所有货物、烟土、银财载脚，及搭客水脚，三公司随时议定价目，一律核收。除公定回用等项外，不得私自补贴回用或折扣，又不得少算斤两、尺码，或给免票栈租、保险等费，以图跌价多揽货客。惟给未设局之码头代理人局用每百两五两，则不在此例。倘货客不将货分装三公司之船，故意有碍一公司之船及其水脚者，被碍之家可即招两公司商议，从众定夺应否准被碍之家将被碍之货跌价揽载，以败客帮之联络，俾货得以分装三公司之船。至于准被碍之家跌价揽载，应跌价若干，时候久耐，及何项货物被碍，亦须从众议定。

第十条，三公司上海、烟台、天津转各口货，须定一律水脚价目，除议准之外，务须照价目收足。

第十一条，所定之价目可照随时情形更改。如更改价目，须彼此凭字预先应允方可。惟驻上海三公司总办或代理人有权更改价目。

第十二条，倘一公司之船遇有不测之事，别公司之船必尽力帮护，论酬劳多少，由代理人或总办议定。若有争执，则照下列条约，请公正人议定，议定之数，付入公项。

第十三条，轮船招商局可能另走轮船装载漕米、兵勇、军械，无干于此合同次数、公项等。该船可能照例装免税货，其水脚照价目单拨入公项，除免税货之外，所收平常货之载脚，亦尽拨入公项。若装搭客，亦须照足价收，并将客脚尽归公项。又，该船不能作合同内之船算次数，又不能沾润公项。所有轮船招商局装漕米或兵勇之船所装免税货及平常货，客货多少，每月由轮船招商局写明报单。

第十四条，轮船招商局另走之船回头，若装有货客，其水脚拨入公项。惟该船不算次数。

第十五条，所有三公司回头之船可装煤炭，不拘多少，于此合同无涉，并无庸算载脚入公项，及报明装煤多少。惟有客货待装者，先装客货，后装煤炭。

第十六条，轮船招商局入合同之船，有搭装漕米者，须照市价算水脚入公项。

第十七条，所有装漕米之船，委员限每船五名，免收水脚入公项。

第十八条，三公司所走轮船常川、上海、烟台、天津等处，务要同心协力，彼此沾益。倘有别家轮船争衡生意者，三公司务须跌价以驱逐他船为是。

第十九条，若有别（家）轮船有碍上海、烟台、天津生意，其水脚不入公项者，三公司不得干预分子。

第二十条，怡和洋行自己及代理他人轮船，不得走船于下列地方：上海至宁波；上海至温州及沿途码头；香港至广州省城，惟代理港、省、澳公司则可。太古洋行自己及代理他人轮船，亦不放船走下列地方：上海至福州；上海至温州及沿途码头。轮船招商局现无意派船走港、澳，如欲派船，预先三个月修字通知太古、怡和。通知之后，太古、怡和可能将此合同作为罢论。三公司守约分清界限，不得将自己之轮船卖出，或租出他人，以碍别公司生意，有违此条者，被累之家可将此合同作为完销。

第二十一条，如三公司伙伴有违合同条约，而轮船招商局总办或太古、怡和东家不知情。非无意错误者，受亏之家可能函请将其人革去，以后不得录用。如系数目错误，即将数目更正。

第二十二条，若有违合同条约，而太古、怡和东家或轮船招商局总办知情者，违约之家须罚银一千两，交两家照合同分数均派，如关涉账目者，即将账目更正。

第二十三条，若一公司知别家违约逾两个月未有指摘者，又或有违约一年后查出者，只可将数目更正，不能罚银。惟遇有此条及上条违约之事，各家可照合同第二十五条所列，将此合同作为罢论。

第二十四条，如有违约之事省觉后，即知照两家，并声明违约缘由，以便将违约之人责罚。

第二十五条，倘一公司知别家确有违约之事，该公司可能照下条请公正人公断，可否将此合同作为罢论。

第二十六条，如有因合同词意或别事争执，阅一月后尚未议妥者，可请公正人公断其事。请公正人之法，系每公司请一位，若公正人意见不同，则由三公正人另举一位，听其决断。倘三公正人不肯公举别位，即由洋商局董决断。局董所断之事，三公司务须遵办，不得反悔。如一公司不允请公正人，过十四日后，其两家所请之公正人可能另举一位，以成三位，以断其事。所断如何，三公司俱要遵办。三公司如有不肯请公正人及强词夺理者，当作不义之事，公正人有权索取查阅三公司之账簿、讯问证人等，三公司不得阻碍。三公正人之费，至少总计三百两，公正人之费及别费，由公正人公断应由何人所出。

第二十七条，合同由一千八百九十二年头春起，以走船至一千八百九十六年底为止。至于账目以算清找结为止。

第二十八条，于一千八百九十二年二月十五日三公司所订走长江轮船合同章程条约亦作为实。今欲有凭，三公司签押为据。

第二十九条，怡和洋行、太古洋行之红、蓝烟通大洋轮船，常川欧州、中国沿途各埠者，怡和、太古可派走做各处生意，无碍此合同。

中英《轮船招商局、太古洋行、怡和洋行轮船齐价合同》①

光绪十八年正月(1892年约2月)②

上海

一、凡轮自沪往津、自津回沪作为一次。又,每公司轮船走半次再调他船,可凑成一次。

二、驶行按百次分算,招商局得四十四次,太古得二十八次,怡和得二十八次。

三、所收一切水脚毛数作为公摊之数。

四、如一家轮船行走次数未满,按实走之数摊分。

五、公摊须按十二个月计算。

六、每月须将水脚毛数结算一次,抄单彼此换送。

七、每年西历十二月三十日结账。

八、每家须按月脚单毛数结算,至水脚亏欠,各家自理。

九、凡装货搭客须按公议之价收取,不得通融,其应给扣用之外,客价、水脚、保险不准稍减,惟各口代办可扣用钱不得浮于五厘。

十、转口货各项,亦须三家公同议定。

十一、水脚各价,可由各家总办随时议定。

十二、如三家有船遇险,他家船应救护,其救护之费请人公定,亦由三家均分。

十三、商局可于常川来往沪、津轮船之外,另调他船装漕、运兵等事,不在合同之例。另调之船可装二成免税货,照价核算水脚入公摊,如二成之外,另装别货,其水脚应公摊。该船亦可搭客,如客不满二十五人,则三分之二归公摊,三分之一独归商局,如数过二十五人,其余水脚统归公摊,以

---

① 陈旭麓、顾廷龙、汪熙主编:《轮船招商局——盛宣怀档案资料选辑之八》,第405—407页。
② 签约日期未查明。

上账目,每月一结。

十四、如装漕船自津至沪装有客货,则客货水脚均归公摊。

十五、商局船回沪可装煤,其水脚不归公摊。

十六、常川往来之船,可装漕米三千包,重约三千九百担,不归公摊。若有客货,须尽先装完,方可装漕。

十七、漕务委员可给免票。

十八、三家须合力并做。

十九、三家轮船自己不准争斗。

二十、商局不得派船至东印度;又,广州、香港,亦不准派船往来,如欲派船,须先三月知照。

廿一、如所用之人故意违背合同,应即遣出。

廿二、若违背合同之事,总办知情,应罚银一千两。

各海口合同:

一、开列三家船名。

二、船之吨位应与所走水程多少合算其吨位。除牛庄出口装载若干外,再添别口加载之数三分之二作算。

三、所收客货水脚,俱入公摊,不得扣折。

四、赔补客货,各家自理。

五、每年十二月三十一号应照第二款分派公摊。

六、水脚应按短期付清,如收现水脚更佳。

七、回用三家一律付给。

八、保险赔款,各家不得轻让客人。

九、各家之船以走至西贡为限。

十、长江、天津、宁波、温州、福州、加剌吉打船不入合同之内。轮船由长江装米出口,亦归公摊。

十一、三家开列之船,应须添换,准年半内装新船替换。

十二、添装新船,三家轮流。

十三、三家可合租外船,其盈亏归公摊。

十四、轮船可照合同停走。

十五、合同至一千八百八十九年岁底为止。

十六、账目一月清结一次,互相换送。

十七、商局之船如调出应国家之用，商局可能租别船接替。

长江船合同：

一、与天津船合同第一款同。

二、三家共走之船，商局得三十八分，前得四十二分；太古得三十五分，前得三十八分；怡和得二十七分，前得二十。

三、与天津船合同第三款同。

四、除申至汉外，如三家在别处同走轮船，其水脚亦按前数同分。

五、与天津船合同第四、五款同。

六、与天津船合同第六、七款同。

七、与天津船合同第八款同。

八、与天津船合同第九款同。

九、与天津船合同第十款同。

十、与天津船合同第十一款同。

十一、与天津船合同第十二款同。

十二、所有长江各处应添夜灯、安置水号与芜湖趸船等费，则三家公派。

十三、与天津船合同第二十款同。

十四、三家应与麦边联合。

十五、应和衷共济。

十六、三家不得干预野鸡船生意。

十七、与天津船合同第二十一款同。

十八、与天津船合同第二十二款同。

麦边二船，每年行六十六次。四家总算，麦边每百份得十一份，如每百次溢乎十一分者，其溢余之数，麦边应得四分之一。

申至福州，商局、怡和各走一船，水脚各得一半。

申至宁波，商局、太古各走一船，水脚各得一半。

申至香港、广东省城、□公司共立合同，水脚一律照收。

中英《轮船招商局、怡和洋行轮船合走福州条款》①

光绪十八年二月二十三日（1892 年 3 月 21 日）

上海

轮船招商局、怡和洋行共议定由西历一千八百九十二年三月一号起合走福州轮船条款。上海，西历一千八百九十二年三月廿一号订。

一、每公司各走一合式轮船，其水脚照所议定价目核收。

二、每公司每月所收水脚若干，开列清账。

三、两船所收水脚毛银总计若干，两公司平分。如两公司次数相同，则将水脚平分，否则照每公司所走次数分银。

四、所有水脚毛银，连客脚拖费及轮船所收各项，于每年西六月三十号及十二月三十一号结算，找付银两。

五、如一公司轮船停修，或停走一次或数次，别家公司于停期内所走之次数，不入此合同，惟归走船之公司自得。

六、两公司所收各货、烟土、银箱水脚，并大舱客脚，必要照彼此所定价目核收。

七、除价目单所定回用外，不得私自准给回用折扣等，又不得照价目定章少算斤两、尺码，或给免票栈租、保险等费，以图跌价多揽客货。

此合同自一千八百九十二年三月一号起，至一千八百九十七年二月廿八号止。

怡和洋行签押　见证人英吉理斯

---

① 陈旭麓、顾廷龙、汪熙主编：《轮船招商局——盛宣怀档案资料选辑之八》，第 414—415 页。

中德《信义洋行代购枪炮合同》[①]

光绪十八年二月(1892 年 3 月)[②]

上海

立合同,上海德商信义洋行,分承上海道台聂大人[③],委购毛瑟枪二千杆。每杆价规银五两,共计银一万两;又毛瑟枪子六十万粒,每千粒价规银九两五钱,共银五千七百两,两共价规银一万五千七百两正。

自立合同之日起,先收定银四千五百六十六两六钱六分,其余俟货交清再请给领。

前项枪件委系德国国家所用,系七十一年所造新样,枪管坚实,机括灵动,其枪虽非新造,信义逐枝重加整理,与新枪无异,包合应用。如有以次货充数,以及锈坏不堪,任凭退还,由信义重运补足。

所有进口护照即时由信义禀请填给验放。

恐后无凭,立此华、洋文合同一式两份,各执一份存照。

钦命监督江南海关分巡苏松太兵备道聂　光绪十八年二月×日

上海信义洋行李德　西历一千八百九十二年三月×日　经手　夏克

---

① 转引自费志杰:《华洋军品贸易的管理与实施(1860—1911)》,第 241 页。约章名目由本资料编者所拟。

② 签约日期未查明。

③ 该合同由上海道台聂缉椝与德商信义洋行代表李德、夏克签订。

中俄《边界陆路电线相接条约》^①

光绪十八年七月初四日(1892 年 8 月 25 日)

天津

第一款，中俄今拟照后列办法，相接电线，以便传递电报。

第二款，中俄电线相接之处。其一，中国珲春之电局与俄国诺我奇业伏斯科之电局(即岩杵河)，两线相接。其二，中国海兰泡之电局与俄国巴拉哥委斯成斯科之电局，两线相接。其三，中国恰克图之电局，两线相接。其他各处，将来中俄电线有相邻近者，须两国视为有益，再行相接。

第三款，珲春与诺我奇业伏斯科一线，应于此约画押后，立行举办。后接海兰泡与巴拉哥委斯成斯科一线，应俟水线运到安妥后，立即相接。惟自此约画押日起，不得过六个月，必须接成。恰克图接线，应俟中国电报局由京城至恰克图之电线安成后，即行相接。惟自此约画押日起，不逾五年必须接成。

第四款，以上所指各项，中国电报局，俄国电报局，各在本境内自行安设，修理经营。彼此不得逾越尺寸地步。海兰泡及巴拉哥委斯成斯科之间，黑龙江水线之安线、养线各经费，由两国电报局均出，此线作为两国公产。

第五款，凡涉电报一切事宜，及收发传递电报各事，应按照各国通行电线条约章程办理。其中俄由海线往来传递电报现行章程，中俄旱线一律照办。凡由两国电报局，因电报事宜所发各公报，均准免报费。凡由此约第二款所列各线，传递各国电报，中俄两国电报局，各自设法整顿，不拘时刻，随到随发。

第六款，中俄各由本国电线至交界处传递电报，其电价均由自定。惟此次所定电约期内第七款所定电价，非彼此商定，不得更改。两国并按照各国通商电线条约章程，允定将来若有由别处水陆各电线传递外洋电报，

---

① （台湾）"中央研究院"近代史研究所编印：《海防档》丁编，第 2256—2260 页。

其所定报资，比较有减于此约所定者，则中俄电线，亦同时照减。

第七款，此约第二款内指明相接之电线传电报资，列定如左。

来往电报俄国应取电报资：

甲一，亚细亚洲之俄国与中国各处来往各报，每字取一法郎克七十三生丁。

甲二，欧洲之俄国及格格苏，与中国各处来往各报，每字取二法郎克七十三生丁。

经过电报俄国应取电报资：

乙一，所有各报，每字取三法郎克。

来往电报中国应取电报资：

甲一，中国各处与欧罗巴、亚细亚洲之俄国及格格苏来往各报，每字取二法郎克。

甲二，中国各处与欧洲及欧洲外诸国来往各报，每字取五法郎克半。俄国不在此例。

经过电报中国应取电报资：

乙一，欧洲及欧洲外诸国，除俄国外，与他国来往各报，每字取五法郎克半。

乙二，除以上电报外，其余电报经过中国者，俄国亦在此例，每字取二法郎克。

所有应给欧洲各国报费，按照各国通行电报章程及电则内所开之数目，均由中国甲二、乙一两段所开，五法郎克半内拨给。

所有欧洲及欧洲外诸国，除俄国外，与上海、福州、厦门、香港，及该四口附近现有水线公司所设海线之处来往电报，遇有由中俄电线传递者，其总价不得比由海参崴公司海线传递者所取报资减少。嗣后此约施行期内，水线公司由上海、福州、厦门、香港通及俄国接线处之海线传递中国各处，及香港与欧洲，及欧洲外诸国往来电报，取资若有跌减，则中国立将由中俄旱线传递此项电报，来往经过之电费，同时一体跌减。

所有中俄两国来往电报，所定报价，必须的是中俄往来电报，方照此等价目取资。而中欧来往各报，不得照此价，由经理人、经理局，在半路经收转发。

第八款，凡电报登簿核对，应由此约第二款所接各线相接之局，每日通电核明。其账目应于每月月底清结。其应付之款,在天津,于每下月二十一天内,结算清楚。所有结账之来往电报,作为公报,免计报资。结算月分,按照西历。

第九款,应付之款,用行平银结算,每四法郎克二十五生丁,作鹰洋一圆。每百圆,合作天津行平银七十两。

第十款,此约自画押之日起,计自西历一千九百零二年十二月三十一日,即光绪二十八年冬为止。为此两国钦差大臣,将此约画押盖印,以昭信守。此约在天津立共缮十二本。内清文三本,汉文三本,俄文三本,法文三本,以上文字,校对无讹。惟遇有讲解之处,以法文为本。大清钦差大臣太子太傅文华殿大学士直隶总督部堂一等肃毅伯李。大俄钦命全权大臣参政司鎓公爵喀。

大清光绪十八年七月初四日

大俄一千八百九十二年八月十三日

中朝《贷款合同》[①]

光绪十八年八月十九日((1892 年 10 月 9 日)

汉城

朝鲜转运衙门正用需款,特奉政府令向汉城华商广帮商会董事同顺泰号贷取库平足色宝银十万两正,其取偿各规相约如左:

一、上项银两由上海同泰交请上海汇丰银行按市价折作英洋若干元,立具取银息票簿,在汉城交纳。由朝鲜转运衙门付予照收印单。于由上海交银之日起,每月每两按六厘行息。

二、朝鲜统署必须开饬朝鲜海关,每月将征收税饷,自交款之月起,总结存计,先将应偿此项本息银数划交同顺泰核收,并取该号收单存查。然后始将所余税饷若干动用。

三、上项银十万两,务须于八十个月内清偿。自第一个月起,皆于每月月底,由仁川海关交付本银一千二百五十两,并应付偿息银六百两。至第二个月,除仍照上交付本银外,按已付本银一千二百五十两核减息银七两五钱,以次递减至八十个月月底,结付本银一千二百五十两,息银七两五钱。始将此项合同毁销。倘或转运衙门于六十个月后拟在限内清偿同顺泰,亦可听允。

四、朝鲜海关应偿本息各款,亦照库平足色宝银交纳。倘适无足色宝银,亦可商准以英洋按市价算付,倘无英洋,拟以日本银洋折偿,须于每百元加升色洋一元。至由仁川运回上海水脚保险等费,亦由海关按公司行规计付。

五、倘至应付本息之期,而朝鲜海关不即照付,即按应付本息银数,逐日加计息一倍,以示催偿;或由华商在应纳货税内自行扣兑。

六、此后朝鲜海关必不得再于征税内划抵他项偿款,至妨误同顺泰应偿各款。

[①] (台湾)"中央研究院"近代史研究所编印:《清季中日韩关系史料》第五卷,第 3040—3042 页。

七、此项合同应呈请中国总理公署、朝鲜统理衙门监订印押,各执一件,以照(昭)信守。

朝鲜转运衙门总务郑秉夏印,汉城华商广帮商会董事谭以时章,驻扎朝鲜总理交涉通商事宜袁(世凯)押,朝鲜督办统理交涉通商事务闵(种默)押。

驻扎朝鲜总理交涉通商事宜关防　统理交涉通商事务衙门之印

光绪十八年八月十九日

附录:《同顺泰号代办朝鲜转运局拨运上海道署官款各条》①

一、上海道台拨借款十万两贷予朝鲜,由朝鲜转运衙门与小号订立合同,经手办理。在上海以库平足色宝银交付上海汇丰银行,折作英洋若干,具立取银票簿,寄由小号,在韩交纳。由韩转运官付予照收印单。小号即将该单随时呈报存案。

二、每届海关交付本息银两之期,由小号查核色数相符,即出具小号收单回复海关,即随时禀报存查。倘海关不能如期交付,或交付未能如数,小号停付收单,仍即禀请催索罚办。

三、海关按月应归本息,如以朝鲜通行之日本洋元交付,小号变折宝银,必须时日,且轮船往来,亦未能适当其期,拟请限三个月一季,俟有商局轮船,即汇上海同泰,按库平足色宝银,照原交伸规色数目,呈交道署。亦请道署发交收单寄回,小号即呈报存查,并先将解交日期报明驻韩宪署。倘解运有损失等情,均由小号认赔照纳。至解沪水脚保险及升加银色,统由小号与朝鲜海关商办。

四、倘朝鲜或有迟误,未能如期如数偿付本息银两,应请驻韩宪署催索,而小号不敢认垫及赔补各事。

五、此后倘小号或未能经理,或收装回沪,或有办理未善各等情,请由宪署另择商号经手办理。小号一奉吩咐,即将此项各文件账目移交该接办之号收查。

---

① (台湾)"中央研究院"近代史研究所编印:《清季中日韩关系史料》第五卷,第3043—3044页。

中英《轮船招商局、太古洋行、怡和洋行会同水脚约章》[①]

光绪十八年九月初四日(1892 年 10 月 24 日)

上海

译录三公司会同水脚约章。光绪十八年九月初四日定议。

烟台、天津上下货脚、客脚,即日照牌板价目涨回。三公司即电知烟、津代理人,一律涨价。

申至营,洋布四两,棉花每担四钱,杂货七折,由下礼拜一起,申至营,各货脚、客脚,照牌板涨回。

营至申,三公司即电知营代理人涨回原价。

由下礼拜一起,申至厦、汕,米麦涨至一钱余,货脚、客脚照牌板核算。存栈货不涨价,并彼此关照存栈货若干。

长江脚价,暂不更动。

下礼拜一起,港、粤脚价照牌板核算。

芜湖至粤,至少一钱七分,以前定者不算。

津,米、麦存栈者不涨价。

营至汕、厦,由西十一月一号起,汕二角四,厦二角六,至粤与厦同价。

———————

① 陈旭麓、顾廷龙、汪熙主编:《轮船招商局——盛宣怀档案资料选辑之八》,第 436 页。

中朝《续订贷款合同》①

光绪十八年十月初六日（1892 年 11 月 24 日）

汉城

朝鲜转运衙门因正用需款，特奉政府命令向汉城华商广帮商会董事同顺泰号续贷库平足色宝银十万两整②，其取偿各规相约如左：

一、上项银两由上海同泰交请上海汇丰银行按市价折作英洋若干元，立具取银票簿，在汉城交纳。由朝鲜转运衙门付予照收印单。于由上海交银之日起，每月按六厘行息。

二、朝鲜统署必须关饬朝鲜海关，分饬釜山海关，将每月征收税项，自交款之月起，总结存计，先将应偿此项本息银数划交同顺泰核收，并取该号收单存查。然后始将所余税项若干动用。

三、上项银十万两，务须于一百个月内清偿。自第一个月起，皆于每月月底，由釜山解交仁川海关转付本银一千两，并付应偿息银六百两。至第二个月，除仍照上交付本银外，按已付本银一千两核减息银六两，以次递减至一百个月月底，结付本银一千两，息银六两。始将此项合同毁销。倘于八十个月后转运衙门拟在限内清偿同顺泰，亦可听允。

四、朝鲜海关应偿本息各款，亦照库平足色宝银交纳。倘适无足色宝银，亦可商准以英洋按朝鲜市价算付。倘无英洋，拟以日本银洋折偿。须于每百元加升色洋一元。由仁川运回上海水脚保险等费，亦由海关按公司行规计付。

五、倘至应付本息之期，而朝鲜海关不即（照付），即按应付本息银数，逐日加计息一倍，以示催偿；或由华商在应纳货税内自行扣兑。

六、此后朝鲜海关必不得再于征税内划抵他项债款，至妨误同顺泰应偿各款。

---

① （台湾）"中央研究院"近代史研究所编印：《清季中日韩关系史料》第五卷，第 3068—3069 页。

② 此款项实际由清朝总理衙门拨出。参见（台湾）"中央研究院"近代史研究所编印：《清季中日韩关系史料》第五卷，第 3067 页。

七、朝鲜转运衙门约同同顺泰招集华韩股份，购造浅水小火轮数只，作为运署接运船只，遇事护助，所有运署大火轮载来货物等件，由小火轮起驳，自仁川运来京江，至应须条规，续后商定。

八、此项合同应呈中国总理公署、朝鲜统理衙门监订印押，各持一件，以昭信守。

朝鲜转运衙门总务郑秉夏名章　汉城华商广帮商会董事五品衔候选县丞谭以时押章　驻扎朝鲜总理交涉通商事宜袁（世凯）押　朝鲜督办交涉通商事务赵（秉稷）押　监订

驻扎朝鲜总理交涉通商事宜关防　统理交涉通商事务衙门之印

光绪十八年十月初六日

中朝《约订购造浅水小火轮船条规》①

光绪十八年十月初六日(1892年11月24日)
汉城

一、朝鲜转运衙门募清华商同顺泰号,约同安昌等号招集韩民商股分,作为通惠公司,购造浅水精快小火轮船,约每只可载四五十墩(吨),共二只,往来仁川、江华、龙山各处,载运客商货物,并承办接运朝鲜官米事务,应名为朝鲜接运商局。所有局内及船只各事,委由同顺泰等号管理。

二、股份票纸按墨洋百元为一股,无论朝鲜官商及中国商号,凡出百元者,即付予票纸,准许入股。每船一只,限招二百股。如先造两船,试办往来,可先招四百股,以昭核节。惟不许他国民商入股,亦不准将股票转售他国民商,违者,该票作为废纸。

三、该船接运官米及往来朝鲜内地各口,均悬换朝鲜国旗。凡转运衙门官员持有运署凭单附船者,客位人坐,概免水脚。惟每船不得过三人。

四、朝鲜运署自正月底起至十月底止,每年须发拨官米十万包,在仁川交付该局,分期承运至汉江仓前码头交纳。每包米不许过一百四十斤之谱,定付水脚洋六分,并每包付行用二分。倘无洋纹,可以米按市价扣折。每月底结清。倘该船于接运时,而运署不能如数如期交米,至所运不能如数,亦须按通年十万包水脚行用扣付。至上下船夫、力杠工,均由运署自理。

五、该局内及船上所用执事人员,亦可由局董约请朝鲜人帮同办理,该执事人等如有办事不妥者,准由局董秉公革除。倘朝鲜股份各主有疑惑局事及局人办事未能公允之处,应凭股主查阅账目及随时理论改正。

六、运署倘拟派该船另往他处,载运他项官物,应随时向该局商催,该船所往各处,应由运署知会各地方官妥为护助,至该局及船只均不由朝鲜官员节制差遣。

---

① (台湾)"中央研究院"近代史研究所编印:《清季中日韩关系史料》第五卷,第3070—3072页。

七、该船应运官米,按每月朔先以分日载运数目,知会仁川运署早为预备。该船到仁即装,其回驶时,到京江即卸,不得稍有稽迟。

八、该船承运米包,除意外祸灾外,如中途有盗失等事,由该船认赔。至在仁未装前及在京江交卸后,应由朝鲜官役防护。

九、该局内各项条规,应请入股各主,公同商定,每届年终结账分息之时,亦请各股主公同核阅,分别告白,以昭公允。倘经手各人有账目不清,或捏虚谎骗等事,任凭股主议罚控办。

十、运署倘以本国帆船接运官米未能速便,拟将所有官米俱由小轮接运,应向该局商告添船运办,不得再与他国另定合同,并令接运,至与该局抗争。倘运署自备小轮接在合同应运包数外,该局亦可听允。

十一、此项合同须于十五年后再彼此商酌改定,或由运署将该局船只买回自办。

十二、此项条规缮具二份,各加印押,各持一分,以昭凭守。

朝鲜转运衙门总务郑秉夏名章,汉城华商广帮商会董事五品衔候选县丞谭以时押章,总官务之关防。

光绪十八年十月初六日

中英《轮船招商局与太古洋行齐价合同》①

光绪十九年正月初六日（1893 年 2 月 22 日）

上海

　　立合同：轮船招商局第一分，代理中国轮船公司太古行第二分。前一千八百九十二年二月内所签字合走长江、宁波、天津等处之轮船合同，已于是年五月三十一号彼此作为罢论。今两家复允重订长江、宁波合同，由一千八百九十三年三月一号起，天津合同由开船起算。各款章程开列于后：

　　一、各合同事款俱仍照一千八百九十二年二月内签字之合同为准，由前列之时起算，以四年为期。

　　二、前旗昌公司粤码头，招商局原租五年，由光绪十八年三月初一日，即西历一千八百九十二年三月二十八号起，尚余之期转租与太古，其租银及各章程，与由粤宪租来租约一样，按招商局原租五年，期满若再续订合同，太古亦欲续租旗昌码头，招商局尽力向粤宪帮助。今再订明，若粤宪要付旗昌公司摊账人码头工料价值，除照租约付租金之外，太古加付价值之项利息周年八厘算。又，招商局雇用看码头人二名之费，太古应付还招商局，惟看码头人须归太古节制。

　　三、奉粤宪谕，江宽码头不能为洋行租用，免启争端，因该处民船甚多。惟该码头已为招商局所租，而招商局既与太古订立摊派水脚合同，招商局允保合同期内无走粤港装客装货做生意轮船泊用该码头。为此，每年租银一千二百两，太古应付还招商局。

　　四、太古所住招商局汉口房产，租约续租四年，由本年西四月三十号起，其租银及章程照现时一样。

　　五、至于旗昌粤码头，彼此订明若于租期内摊派水脚合同有一家照章程退出，因此三公司之轮船各自办理，则码头租约即作完讫，太古立将码头交回招商局，无得延迟，汉口房产租约亦照此章程办理，惟迟六个月方可收

　　① 陈旭麓、顾廷龙、汪熙主编：《轮船招商局——盛宣怀档案资料选辑之八》，第 460—461 页。

回，至于江宽码头亦即由招商局自便。

光绪十九年正月初六日　西一千八百九十三年二月廿二号

附录一:《轮船招商局与怡和洋行、太古洋行 恢复长江代各行合同议定书》

光绪十九年正月十一日（1893 年 2 月 27 日）

上海

前一千八百九十二年二月十五号招商局、怡和行、太古行所签合走长江、天津轮船合同，已于是年五月三十一号停办。今三公司复允重订。该合同由一千八百九十三年三月一号起算。至于另添摊派水脚之轮船招商局装漕米章程及接办太古由汉口装俄茶至天津之合同亦连在内。今三公司重订合同仍凭招商局与太古于本年正月初六日，即西历二月二十二号另立合同之章程为实。

西一千八百九十三年二月二十七号　光绪十九年元月十一日

附录二:《招商局与太古洋行恢复宁 波代各行合同议定书》

光绪十九年正月十三日（1893 年 3 月 1 日）

上海

前一千八百九十二年二月十五号招商局与代理中国轮船公司太古洋行所签订合走上海、宁波轮船合同，已于是年五月三十一号停办。今两公司复允重订。该合同由一千八百九十三年三月一号起算。

西一千八百九十三年三月一号　华光绪十九年正月十三日

中英《招商局与怡和洋行恢复福州代各行合同议定书》[①]

光绪十九年正月十一日(1893 年 2 月 27 日)

上海

前一千八百九十二年三月廿一号,招商局与代理印度中国轮船公司怡和洋行所签合走上海、福州轮船合同,已于是年五月三十一号停办。今两公司复允重订,该合同由一千八百九十三年三月一号起算。

西一千八百九十三年二月廿七号　光绪十九年正月十一日

---

①　陈旭麓、顾廷龙、汪熙主编:《轮船招商局——盛宣怀档案资料选辑之八》,第 461 页。

中英《轮船招商局、太古洋行、怡和洋行合并广丰长江小轮船章程》①

光绪十九年二月十四日(1893年3月31日)

上海

一、三公司先借出银与"长安"、"德兴",每船银三万五千两,共银七万两。

二、代理人归三公司所派,及受三公司节制,船主、副手、管机、坐舱等人,亦系三公司经营。

三、所有账目连单据须管理妥当。每六个月三公司派人查核账目。

四、所有揽得之水脚及船上所收客脚,三公司准广丰扣九五用钱。各埠代理人用钱由广丰付给,两船作成本银十六万两,三公司每年付广丰修理折旧费以每百两算十两。又,股东老本息银亦以每百两算十两。

五、"益利"一船亦入此合同内,船价作银三万两。三公司照数每年付船东修理折旧一分,股东利息一分。

六、船保险本银十六万两,保费归三公司付给。

七、每六个月核算账目,连以上各费算入。若生意亏缺,归三公司填还;若有盈余,亦归三公司所得。

八、代理人先将月费、辛工、趸船费、客饭、货客脚、回用等项开列清单,送三公司查核后,方可付给。

九、各埠客货脚价目须由三公司核定。

十、此合同以四年为期。若三公司合同拆散,或有别船争衡生意者,三公司先一个月关照,广丰则可将此合同作为罢论。四年期满,若三公司合意可将"长安"、"德兴"两船买受作价银十三万两,或照章续办三五年亦可。若续办,则"长安"、"德兴"两船作价银十三万两,"益利"一船作价二万两。所有利息、修理、折旧等项,亦照此价核付。

---

① 陈旭麓、顾廷龙、汪熙主编:《轮船招商局——盛宣怀档案资料选辑之八》,第468—469页。

十一、"宝华"船由西一千八百九十三年四月一号起租,一年为期,或续租一年亦可,每月租金一千四百五十两。今拟该船租约由三公司接办。

十二、于合同期内,"长安"、"德兴"船东自愿,无论明暗,不干预别只长江轮船分子。

十三、三公司派一人出名以为"长安"、"德兴"两船注契。又,所借出每船银三万五千两,系作该船第一次抵押,其本银七万两,利息周年八厘,由广丰另付,不得混入轮船生意账目内。

十四、每年限每船十五日进坞修理。若因碰船或别故格外耽搁,则除限期十五日外,其余日子系船东之事。

十五、若"长安"、"德兴"船东有违此合同,三公司先关照一个月,可将此合同作为完销。

十六、今两家订明,若彼此为合同事款有争执,共请一公正人公议。公正人所断作实。

中英《轮船招商局、太古洋行、怡和洋行与广丰公司合同》[①]

光绪十九年七月初八日（1893 年 8 月 19 日）

上海

立合同："长安"、"德兴"轮船船东鸿安（广丰）公司作为第一分，轮船招商局、代理印度中华轮船有限公司之怡和洋行及代理中国轮船有限公司之太古洋行作为第二分。

一、三公司先借出银四万两与"长安"船东，以该轮船作抵。该船只抵此项，船东不得以该船再向别家抵押银两。该借出之项四万两，周年算利息八厘，分每半年付一次。倘此合同照下列事款作为罢论，"长安"船东限两个月内清还借款。三公司派一人出名以为"长安"船注册。又，借项利息由船东另付，不得混入轮船账目内。

二、代理人归三公司所派，及受三公司节制。船上中外人俱要听代理人号令。船上人夫归船东担保妥当。若有行为不端等弊必须斥革，仍由船东派人补缺。

三、照第二条所派之代理人须将账目连单据管理妥当，每六个月三公司派一人查核账目。

四、三公司付船东以成本银十六万两算，每年修理折旧费每百两十两。又，股东老本息银每百两十两。又，各埠所揽得之水脚及船上所收客脚毛数，三公司准船东扣九五用钱。各埠代理人用钱由船东付给。

五、四年期内船保险本银十六万两，保费归三公司付给。合同期满，若三公司续办，于续办期内船保险本银十四万两，保费亦系三公司付给。

六、每六个月核算账目。若生意亏缺，归三公司填还；若有盈余，亦归三公司所得。

七、代理人先将月费、辛工、趸船费、账房应领各项货脚、客脚、回用等

———————————
① 陈旭麓、顾廷龙、汪熙主编：《轮船招商局——盛宣怀档案资料选辑之八》，第 478—480 页

项,开列清单送三公司查核妥当,方可付给。

八、各埠客脚、货脚价目,须由三公司核定。

九、此合同以三年半为期,由一千八百九十三年九月一号起算。若三公司合同拆散或有别船争衡生意者,三公司先一个月关照,则可将合同作为罢论。三年半期满,若三公司合意,可照章续办三五年。惟"长安"、"德兴"两船则作价十四万两,每船分作七万两。所有第四条所注之利息、修理折旧等项,亦照此价核付。

十、"长安"、"德兴"船东所租"宝华"船,由一千八百九十三年四月一号起,一年为期,期满或续租一年亦可。每月租银一千四百五十两。今拟该船租约由三公司接办,与"长安"、"德兴"轮船同时起算。

十一、于合同期内,"长安"、"德兴"船东自愿不干预或明或暗别只长江轮船分子,如违,罚银五千两。

十二、三公司只可派"长安"、"德兴"两船常川上海、汉口,不能派走别埠。

十三、每年限每船十五日进坞修理。若因碰船或别故格外耽搁,除十五日限期外,其余日子系船东之事。若船搁浅,以每年论,时候在三十日之内,系三公司之事;在三十日之外,则归船东之事。

十四、若彼此为合同事款有争执,彼此共请公正人一人或数人公议,公正人所断作实。

西历一千八百九十三年八月十九号立

中英《轮船招商局、太古洋行、怡和洋行与益利船东合同》[①]

光绪十九年七月十九日（1893年8月30日）

上海

立合同："益利"轮船船东轧理夫作为第一分,轮船招商局、代理印度中华轮船有限公司之怡和洋行及代理中国轮船有限公司之太古洋行作为第二分。

一、三公司先借出银一万五千两与"益利"船东,以该轮船作抵。该船只抵此项,船东不得以该船再向别家抵押银两。该借出之项,周年算利息八厘,分每半年付一次。此借项利息不得混入轮船账目内。倘此合同因下列各事款作为罢论,"益利"船东限两个月内清还借款。

二、代理人归三公司所派,及受三公司节制。船上中外人等俱要听代理人号令。船上人夫归船东担保妥当。若有行为不端等弊必须斥革,仍由船东派人补缺。

三、照第二条所派之代理人须将账目连单据管理妥当,每六个月三公司派一人查核账目。

四、三公司付船东以成本银三万两算。每百两十两作为每年修理折旧费。又,股东老本息银每百两十两。又,各埠所揽得之水脚及船上所收客脚毛数,三公司准船东扣九五用钱。各埠代理人用钱由船东付给。

五、六个月后核算账目。若该船所获之利除一切开销连第四条内所列各项,若有盈余,该船东准可再作价一万两扣息二分,再有多余,则尽归三公司。倘该船所获之利不足三万两之二分息项,该船东必须自行将船再走,以补不足,或将船停走。倘将船停走,则三公司每年付该船东银三千五百两,以停走日子若干核算,另保险费亦由三公司付给。

六、合同期内船保险本银三万两,保费归三公司付给。

---

① 陈旭麓、顾廷龙、汪熙主编:《轮船招商局——盛宣怀档案资料选辑之八》,第481—482页

七、所有月费、辛工、趸船费、账房应领各项货脚、客脚、回用等项，开列清单，先送三公司查核妥当，方可付给。

八、各埠客脚、货脚价目，须由三公司核定。

九、此合同以三年半为期，由一千八百九十三年九月一号起算。若三公司合同拆散或有别船争衡生意者，三公司先一个月关照，则可将合同作为罢论。若三公司合意，可照章续办三年或五年。

十、合同期内"益利"船东自愿不干预或明或暗别只长江轮船分子，如违，罚银五千两。

十一、三公司只可派"益利"轮船常川上海、汉口，不能派走别埠。

十二、每年限十五日进坞修理。若因碰船或别故格外耽搁，除十五日限期外，其余日子系船东之事。若船搁浅，以每年论，时候在三十日之内，系三公司之事；在三十日之外，则归船东之事。

十三、若彼此为合同事款有争执，彼此共请公正人一人或数人公议，公正人所断作实。

西历一千八百九十三年八月三十号立

中英《轮船招商局、太古洋行、怡和洋行与麦边洋行合同》①

光绪十九年七月二十五日(1893 年 9 月 5 日)

上海

立合同:轮船招商局、代理印度中华轮船有限公司之怡和洋行及代理中国轮船有限公司之太古洋行,以下俱称为第一分;"华利""萃利"船东麦边洋行,以下称为第二分。

一、此合同以三年半为期,至一千八百九十七年二月二十八号为止。合同期内,各轮船联络川走长江,彼此必须和衷共济,保护生意,均沾利益。合同期满,若第一分合意,可续办合同五年。

二、由合同日子起计,一年期后若长江生意除"华安"轮船不计外,别人有力争衡生意者,第一分可将此合同作为罢论。

三、货脚、客脚必须照足随时彼此所定价目核收。若无第一分预先字据允肯,第二分不得更改价目。

四、除价目单公定回用等项外,不得私自补贴。回用折扣又不得少算斤两、尺码,及给免票栈租、保险等费。凡一切有碍于大局之事,亦不得干预。

五、各公司所揽水脚毛数,照格式填写,每月一次互相送换。各公司货脚、客脚单上所开水脚担保收清,如有失货、残货赔款,不得由月结扣出。

六、所有一切毛数货脚、客脚,除随时所定应扣出之外,俱归入公项。

七、合同期内,每年十二月三十一号后须即将数目算结。第二分得公项每百分十一分。倘所收水脚不足十一分之数,不得由公项填补。若过于限数,可得至十二分为止。

八、照上条所载,第二分每年须走足十一分次数,以得公项每百分十一分。另每船走二次,作第一分之船一次。

---

① 陈旭麓、顾廷龙、汪熙主编:《轮船招商局——盛宣怀档案资料选辑之八》,第 482—484 页。

九、合同期内，第二分只可派船两艘川走长江。若因失事等情需船添补，该新船吨位不得过一千二百至三百吨，每吨四十方尺计。

十、倘"萃利"及"华利"停修，毋拘日子多少，第二分须照该船装载吨位，另觅一船补走。

十一、第一分所有大海船生意，第二分毋拘明暗，不得干预别家船只分子。

十二、所有长江冬令探水号河水道及凡有益于公众一切费用，第二分须派每百分十一分。

十三、第一分所设收水脚费章程，第二分亦允照办。倘日后设法整顿，亦允协力。

十四、如有因合同词意或因别事争执，阅一月后尚未议妥者，可请公正人公断其事。请公正人之法须每分请一位。若公正人意见不同，则由两公正人另举一位以决断其事。所断如何，两分俱要遵办。倘或一家不肯请公正人，过十四天后，其一家所请之公正人另举一位以决断其事。所断如何，两家俱要遵办。两家如有不肯请公正人及强词夺理者，即作为不体面之事。

今欲有凭，于西历一千八百九十三年九月五号签押为据。

招商局总办

代理印度中国轮船有限公司

代理中华轮船有限公司

经理"华利""萃利"轮船船东

中德《轮船招商局售船换旗密约》①

光绪二十年九月初六日（1894年10月4日）

上海

立合同：满德，今承督办中国轮船招商总局盛，现因中日失和，致启兵端，所有招商局专走北洋轮船三艘，议定明说出售李德，暗托满德代理，俟战事了结，仍须归还招商局。其船价银当日付交招商局本行银票四十万两，以备将来赎回船价之需。所有议定条款开列于后。

计开：

一、议招商局"新丰"、"新济"、"海晏"轮船三艘向来专走北洋，议定明说出售李德，暗托满德代理，俟中日战争了结，仍归还招商局。

二、议招商局既将轮船三艘明说出售李德，暗托满德代理，满德必须保准将来战事了结之日半个月后，即将该船先由招商局租回自行经理两个月，即归还招商局换旗，无得异说。

三、议设有轮船重大事件，亦须由满德私下与招商局商议，但招商局不能与李德径商该三艘船之事。

四、议所有此三艘轮船照例开销均可开支招商局之账。如修船、购物例外必需用款等费，必须与招商局商定办理，否则由满德行用内自贴，每届三个月报账。若有垫款，招商局照长年七厘给息，但不能垫一万两之外。

五、议所有已收未收水脚，亦系每三个月由满德分别报账。除去开销，若有存款多至一万两之外，即须将所多之款划归招商局。

六、议所有轮船三艘明说出售李德，暗托满德代理，招商局照所有水脚给予五厘用银，此外不得私毫开支。此五厘用银亦于每三个月结算付给。

七、议所有第四、五、六三条算账，均由满德开报。

八、议三艘轮船若用德国船主、大车等，每船用一名，津贴满德规银一千两；二名，津贴二千两。无论时之久暂，薪水、伙食及来往盘川、医药等费

① 陈旭麓、顾廷龙、汪熙主编《轮船招商局——盛宣怀档案资料选辑之八》，第574—576页。

均在其内。每船若二名不够，须多用，均由满德在五厘行用内自付，与招商局无涉。

九、议此三艘轮船开河时专走北洋，封河后专走南洋。所有南、北洋各埠办事之人，均须用招商局熟手。天津、上海虽由满德、李德自行报关，然因（应）用各办事人仍须由招商局拨派。此外再有香港、福州、烟台三口，每次船到该三口，准开销招商局银二十两，作为洋人报关之费。至于办事、揽载及收水脚，均由该口招商局人经理。所有各口招商局代李德办事人，在经手水脚内另给招商局办事人费用五厘。至于账目一切，须报明李德。

十、议招商局向与怡和、太古均有议定合同，所有水脚人客各等事，满德、李德均勿得犯该三公司合同。

十一、议招商局各口栈房、码头、趸船，均由李德向各口招商局租用，租费即包在该口五厘经手用内。

十二、议无论水陆所用之人，如有过失，非知会招商局，不能更动。

十三、议上海、天津各口除用招商局人之外，不用别人，另糜薪水，否则满德、李德自付。

十四、议所有轮船一切之事，均勿得用招商局之名。

十五、议该三艘轮船均由满德、李德保险，须保规平银十万两。倘有意外之事，均由满德向保险公司理直。

十六、议现在中日失和，该三艘轮船明说出售李德，暗托满德代理，倘被敌人击坏或劫去，均由满德、李德理直。

十七、议该三艘轮船倘被人击坏或劫去，虽由满德、李德理直，而因此耽误生意，致失利权，亦须由满德、李德照所失之利权，核筹向敌人理直。

十八、议该三艘轮船既为明说出售李德，而暗托满德代理，将来战事了结，即归还招商局。倘有收不来之水脚，可划归招商局。但满德、李德应将各欠水脚之人划对明白。

十九、议此合同二纸签押后，彼此当面封锁小盒内，并加盖记印，钥匙亦须彼此相换配带，非将来还船时，彼此不得擅自开看。

二十、议立此合同华文二纸，彼此各执一纸存照。

督办中国招商轮船总局津海关道盛，德商信义洋行满德。光绪二十年九月初六日。

中德《轮船招商局与礼和洋行换旗密约》①

光绪二十年十月初五日（1894年11月2日）

上海

立合同人连纳今与督办中国轮船招商局盛会议：现因中日失和,致启兵端,所有招商局专走北洋轮船四艘,议定明说出售与连纳,暗托连纳代理,俟战争了结,仍须归还招商局。其船价银当日付交招商局,连纳自出银票一纸,计规平银二十八万两,以备将来赎回船价之需。所有议定条款开列于后。

计开：

一、议招商局"新裕"、"丰顺"、"海定"、"美富"轮船四艘,向来专走北洋,议定明说出售与连纳,暗托连纳代理,俟中日战事了结仍归还招商局。

二、议招商局既将轮船四艘明说出售与连纳,暗托连纳代理,连纳必须保准将来战事了结之日二十天后,即将该船先由招商局租回自行经理,再两个半月陆续归还招商局换旗,无得异说。

三、议设有轮船重大事件,亦须由连纳私下与本督办商议,但招商局不能与连纳径商该四艘轮船之事。

四、议所有此四轮船照例开销均可开支招商局之账。如修船、购物例外必须用款等费,必须与招商局商定办理,否则连纳由行用自贴,每届三个月报账。若有垫款,招商局照长年七厘给息（每千每年七十两）,但不能垫一万两之外。

五、议所有已收未收水脚,亦系每三个月由连纳分别报账,除去开销,若有存款多至一万两之外,即须将所多之款划归招商局。

六、议所有轮船四艘,明说出售与连纳,暗托连纳代理,招商局照所有货物、人客水脚银,每百两给予连纳经理行用银五两,此外不得丝毫开支。此行用银亦于每三个月给算付给。

七、议所有第四、五、六三条算账,均由连纳开报。

八、议四艘轮船若用德国船主、大车等,每船用一名,津贴连纳规银一

---

① 陈旭麓、顾廷龙、汪熙主编：《轮船招商局——盛宣怀档案资料选辑之八》,第583—585页。

千两;二名,津贴二千两。无论时之久暂,薪水、伙食及来往盘川、医药等费,均在其内。每船若用二名不够,多用均由连纳在行用自付,与招商局无涉。此条照李德之合同一式办理。

九、议此四艘轮船开河时专走北洋,封河后专走南洋。所有南、北洋各埠办事之人,均须用招商局熟手,由各该口招商局人经手水脚内,另给招商局办事人费用五厘。至于账目一切,须报明连纳。

十、议招商局向与怡和、太古均有议定合同,所有水脚人客各等事,连纳均勿得犯三公司合同。

十一、议招商局各口栈房、码头、趸船,均由连纳向各口招商局租用,租费即包在该口五厘费用之内。

十二、议无论水陆所用之人,如有过失,非知会招商局,不能更动。若既过、及知其人之过,则与连纳无涉。

十三、议上海、天津各口,除用招商局人之外,不用别人,另糜薪水,否则连纳自付。

十四、议所有轮船一切之事,均勿得用招商局之名。

十五、议该四艘轮船,均由仁济和保险公司保险,倘有意外之事,均由连纳向保险公司理直;所有保险凭单,应交连纳收存。

十六、议现在中日失和,该四艘轮船明说出售与连纳,暗托连纳代理,倘被敌人击坏或劫去,均由连纳理直。

十七、议该四艘轮船,倘被敌人击坏或劫去,虽由连纳理直,而因此耽误生意,致失利权,亦须由连纳照所失之利核算,向敌人理直。

十八、议该四艘轮船,既为明说出售与连纳,而暗托连纳代理,将来战事了结,即陆续归还招商局,倘有收不进来之水脚,可划归招商局,但连纳应将各欠水脚之外客划对明白。

十九、议此合同二纸签押后,彼此封锁小盒内,并加盖记印,钥匙彼此相换配带,非将来还船时,彼此不能擅自开看。

二十、议立此合同华文二纸,彼此各执一纸存照。

督办轮船招商局津海关道盛

德商连纳

见证:冯景彝

光绪二十年十月初五日　西历一千八百九十四年十一月二日

中德《信义洋行承购军械运保合同》[①]

光绪二十年十一月二十七日(1894 年 12 月 23 日)
天津

立合同:天津信义洋行,今承钦派东征总粮台正任广西按察使胡、钦加提督衔总查北洋营务事宜汉,谕由外洋承运各项军械至镇江,所有运保各费及军械价值数目,各条款议立,华文合同二纸,各执一分存照。

计开:

八十八、九十年满立夏步枪三万八千枝;无烟药子三千八百万粒,皮背带三万八千条;刀头三万八千把;八十八、九十年满立夏马枪六千枝;无烟药子六百万粒,皮背带六千条;共价值七百二十六万八千四百马克。克虏伯八生的七陆路快炮四十尊,并子弹炮车等件;共价值二百零七万二千四百零六马克。格鲁森五十七密里陆路快炮一百四十四尊,并子弹炮车等件;共价值三百四十六万九千六百五十八马克四十分。阿姆斯特朗六寸口径水师快炮十一尊,并子弹炮架等件;共价值六万七千五百五十一镑。以上共德金一千二百八十一万零四百六十四马克四十分。以上共英金六万七千五百五十一镑。

一、议以上各货在外洋交信义运至镇江,所有水脚保险,均按二十二分算,计德金二百八十一万八千三百零二马克十六分。英金一万四千八百六十一镑四先令四本士。

二、议自立合同之日先付定银三十万马克,一个月内付德金九十三万九千四百三十四马克零五分;英金四千九百五十三镑十四先令九本士。两个月再付德金九十三万九千四百三十四马克零五分;英金四千九百五十三镑十四先令九本士。其余德金六十三万九千四百三十四马克零五分,英金四千九百五十三镑十四先令九本士,三个月内照数付清。届时若战事已

① (台湾)"中央研究院"近代史研究所编印:《清季中日韩关系史料》第 6 卷,台北精华印书馆,1972 年,第 3963—3965 页。约章名目由本资料编者所拟。

完,须俟陆续到华后一礼拜内付清。

三、议所有各货水脚保险均因目下战事,按二十二分算,若各货出厂时战事已完,只能按十五分算。若出厂后战事始了,则仍照二十二分算给。

四、议以上各货须当分批全数运华,信义必须装可靠轮船,以期妥当。

五、议各货除枪枝克虏伯炮件系信义自购外,所有格鲁森炮件须由礼和洋行,阿姆斯特朗炮件由瑞生洋行在外洋将箱件数目点交信义装运来华,必须照原数交收。

六、议每批开船,信义必须将每批装运若干数目报明以便查核。

七、议运送来华之日,途中倘遇风波遗失,应由信义自向保险行理论。

八、议以上付款等事,应付给德国汉钵信义洋行照收并出具收据。

九、议以上各货在德国汉钵派信义行东陆克经收,在伦敦派信义经手巴尔马经收。

十、议进出中国各护照,由信义禀请给发。

十一、议合同均以华文为准。

钦加提督衔总查北洋营务事宜汉　钦派东征总粮台正任广西按察使

胡　天津信义洋行满德

光绪二十年十一月二十七日

西历一千八百九十四年十二月二十三日

中日《威海降约》①

光绪二十一年二月二十日(1895年2月14日)
威海

一、中西水陆文武各官,须开明职衔、姓氏,西人须开明国名、姓名;其文案书识及兵勇人等,但须开一总数,以便分别遣还中国。

二、中西水陆文武官员,须各立誓,现时不再预闻战事。

三、刘公岛一切器械应聚集一处,另开清折,注明何物在何处。岛中兵士,由珠岛日兵护送登岸;威海各东兵,自二月十四日(西历)五下钟起,至十五日午正止,陆续遣归。

四、请牛道台代承交付兵舰、炮台之任,惟须于十五日正午以前,将舰中军器、台上炮位开一清账,交入日舰,不可遗漏一件。

五、中国中西水陆各官弁,许于十五日正午以后,乘康济轮船,照第十款所载,开返华界。

六、中西各官之私物,凡可以移动者,悉许随带以去;惟军器则不论公私,必须交出,或日官欲加以搜查,亦无不可。

七、向居刘公岛华人,须劝令安分营生,不必畏惧逃窜。

八、日官之应登刘公岛收取各物者,自十六日九点钟为始,若伊东提督欲求其速,可先令兵船入湾内等待。现时中西各官仍可安居本船,俟至十六日九点钟为止,一律迁出;其在船之水师水手人等,愿由威海遵陆而归,可听其便;其送出之期,则与各兵一律从十五日正午为始。

九、凡有老稚妇女之流,欲离刘公岛者,可自乘中国海船,从十五日正午以后,任便迁去;但日本水师官弁可在口门内稽查。

十、丁军门等各官灵柩,可从十六日正午为始,或迟至廿三日正午以前,任便登康济兵船离岛而去。伊东提督又许康济不在收降之列,即由牛

---

① 中国史学会主编:(中国近代史资料丛刊)《中日战争》(一),上海人民出版社、上海书店出版社,2000年,第199—200页。

道台代用,以供北洋海军及威海陆路各官乘坐回华。此缘深敬丁军门尽忠报国起见。惟此船未离刘公岛之前,日本水师官可来拆卸改换,以别于炮船之式。

十一、此约既定,战事即属已毕;惟陆路若欲重战,日舰必仍开炮,此约即作废纸。

光绪二十一年二月二十日即阳历一千八百九十五年二月十四日,中国候补道牛、日本水师提督伊东在松岛舰画押。此约即以此西文为正。

中德《地亚士洋行代购无烟药枪弹合同》①

光绪二十一年三月(1895 年约 3 月)②
上海

立合同:上海地亚士洋行,今承署苏松太道刘,奉署两江总督部堂张,饬向外洋订购比国七密里六五口径无烟药枪弹五百万颗,所有价值一切条款详开于后:

一、议订购比国七密里六五口径无烟药枪弹五百万颗,议明共计实价英金二万四千七百镑;外加装箱上船运华水脚保险兵险等费二十分,计英金四千九百四十镑;总共英金二万九千六百四十镑。自立合同日起,限三个半月由外洋附装一轮船包运至镇江交货。

二、议前项无烟药枪弹,应由地亚士洋行电致外洋,务于一个月内赶造齐全依限运华,切勿迟误。

三、议前项枪弹务须头等厂造,应与比国七密里六五口径之快枪即可合膛应用。倘货到验有铜壳炸裂不能过火等情,地亚士洋行情愿全数收回,退还价值印票,决无异言。

四、议枪弹价连费共计英金二万九千六百四十镑,议定不付现银,按照息借商款给发江海关印票,常年给息银六厘。自立合同日起限两年半内分期归还。以六个月为一期,第一期还利不还本,第二期起还本带利。至第五期止如数清还。其英金应以还银之日,按照是日电汇市价合算,以昭平允。

五、议前项枪弹由地亚士洋行包运来华,务须或租或附轮船一艘,由外洋迳运到华,不得绕道各埠,致日本及别国侦闻阻止来华等因。办事务须尽心谨慎秘密为尚。

六、议倘被敌人所劫或被扣留,不与中国受主干涉,地亚士洋行愿将所

---

① (台湾)"中央研究院"近代史研究所编印:《清季中日韩关系史料》第 7 卷,第 4662—4664 页。约章名目由本资料编者所拟。

② 签约日期未查明。

收价银印票照数退还。如外洋未得便船装运,致逾三个半月之期,地亚士洋行亦将已收之票银退还,即将合同注销。

七、议轮船来华如遇风波意外水陆不测等事,致稽时日,呈验确切凭据,不得归咎地亚士洋行。倘船遭不测,地亚士洋行情愿全价退还,不再补运。

八、议倘于轮船未开之前中日议和,地亚士洋行如未租定轮船,即无须另租,其兵险等费自应照免,倘船已离埠,地亚士洋行亦应设法将各费酌减归还,并开清单呈核以昭议信。

九、议装货之前,禀请督宪张电咨驻英出使大臣龚查照,并由地亚士洋行经理人就近禀请龚大臣查验,并将开船日期电复咨照为凭,以上所议各款均以华文为准。立合同一式两纸,彼此签字盖印各执一纸存照。

署苏松太道刘　光绪二十一年三月

上海地亚士洋行(Diers&Co.,Ferdinand)期立诚　西历一千八百九十五年

中英《改订克萨借款合同》[①]

光绪二十一年闰五月初九日(1895年7月1日)
伦敦

鉴于中国驻英公使阁下和克萨先生(之后称为订约人)在1895年4月24日达成的合同和1895年6月25日的补充合同。

鉴于上述合同中提到的借款的管理权已经移交给户部。

鉴于补充合同中提到的上谕已经在1895年6月28日签发,并已通知北京的英国驻华公使,因而补充合同对1895年4月24日的原合同的修订已经生效。

现在,双方签约人声明1895年4月24日的原合同经补充合同修订,改订如下:

一、名义上为100万英镑的借款,订约人只付给中国政府99,5000镑,付款方式和时间见后。

二、大清国政府应按借款的名义数额付息,每年未偿部分付息6厘,直至全部付清,此项利息将在伦敦以英镑支付,每半年付息一次,付息日分别是每年的7月1日和1月1日,大清政府应当按照借款的名义数额将本金偿还给债券(在下文中将提及)的持有者。债券专为借款而发行,根据附件一分十五次抽签还本,第一次还本在1901年。也就是说,从下年7月2日开始,整个借款将在二十年内还清。抽签抽中的债券,其债券号将在伦敦泰晤士报上刊登。

三、大清政府特别承诺,上述借款不得以合同规定以外的方式或时间偿还。

四、大清政府须为上述借款发行总数为100万镑的应付持票人债券,债券发行的目的和样式将在附件一的债券和息票形制中详细说明,签约当

---

① 该约未见中文本,英文签约画押本见台北故宫博物院藏"外交部寄存文物清册",文献编号:906000022,登记组编号:022。这是条约的汉译本。

事人须代表大清政府在债券上盖印，具体方式将在附件一的债券形制中予以说明。印刷上述债券的费用以及印花税由订约人承担。

五、借款利息的支付和名义本金的偿还以条约口岸的海关收入为担保，这种担保的优先权仅次于汇丰镑款，而高于以后任何借款。在本借款的本利尚未完全偿还的情况下，大清政府以后的借款，担保的优先权不得高于或等同于本借款，也不得以任何形式使用于保证借款抽签还本的担保有所窒碍。以后的借款如以海关收入为担保，其优先权必须次于本借款，并须在其借款合同中声明。大清政府将采取一切必要的措施，给予一切必要的指示，发布一切必要通告或执行一切必要命令来保证上述担保。上述担保不但适用于借款本金，也适用于借款利息。

六、大清政府声明同意借款以海关债券作为进一步的担保。海关债券由适当官员奉旨盖印，并由授权的海关官员副署。附件一《债券形制》中规定的担保优先权应在海关债券中得到具体体现。海关债券的总值应与作为借款担保的海关收入相等。订约人在分批支付借款时，相当比例的海关债券应交付给麦加利银行收执。如果订约人是在上海支付借款，则海关债券应于支付同时交付；如果是在伦敦支付，则应在借款支付前一天交付海关债券。在订约人交付最后一批借款的同时或前一天，海关债券应全部交付给麦加利银行。

七、大清政府声明同意，借款还辅以海关关票作为担保。海关关票的总值等于借款本利之和，由麦加利银行收执。关票由各省督抚盖印，各关税务司签字。如果借款利息或分期摊还的本金不能按时交付麦加利银行，海关关票可在通商口岸代缴关税。不论该关票系原由何关所发，所有各关均可一律抵税。

八、谕旨批准按本合同规定条件和条款借款后，大清政府应立即通知在京的英国驻华公使。

九、大清政府授权订约人通过麦加利银行在伦敦发行借款债券，发售时间和价格①由订约人确定，但不得违背本合同规定的签约当事人义务。

十、借款利息和本金的摊还应先支付给麦加利银行，再通过该银行支付给债券持有者。订约人经过大清政府同意，指定麦加利银行为债券偿还

---

① 实际上债券最后以 106 英镑的价格发售。

代理人。应还借款应在到期前 14 天支付麦加利银行。麦加利银行不得向大清政府索要债券发行费用以及其他与借款相关的服务费用。

十一、债券的抽签按照在英国发行的中国公债的惯用形式。麦加利银行作为大清政府的代理具体操作，其代理权不仅限于抽签环节，还负责代大清政府兑付债券本息。被抽中的债券应交给麦加利银行，银行收回兑付后销票。

十二、合同签字后，中国驻英国公使龚照瑗将代表大清政府立刻致信麦加利银行，信的格式如附件二所规定。

十三、如第 8 款所规定，中方谕旨批准借款并通知英国驻华公使后，订约人应立刻支付 10 万英镑的借款，此后 10 天内，再付 20 万镑，此后 17 天内，再付 20 万镑，此后 25 天内，剩下的借款也就是 45.5 万英镑应全部支付。根据第 6 款关于海关债券担保的规定，借款支付前，订约人将以书面形式提前两天通知。借款在伦敦支付，或者在上海以银两支付（如果上海的白银市场能够提供付款所需的银两），英镑与银两的兑换率按交款当日的汇率计算。订约人在支付借款时应该完全履行本合同规定的各项义务。

附录一：《债券形制》

债券号：

1895 年 4 月大清政府 100 万六厘镑款，1895 年 4 月 22 日奉旨准借，1895 年 6 月 28 日再次下旨确认，并由总理衙门通知英国驻华公使。

债券每张 100 英镑，共发行 10000 张，从 1 到 10000 进行编号，包括 1 号和 10000 号。

债券的持有人从 1895 年 7 月 1 日起可从大清政府获得 6 厘年利。利息在每年的 1 月 1 日和 7 月 1 日支付。若债券在抽签中被抽中，则该债券的本金将在抽签后的第一个半年付息日支付。本金一旦支付，利息随即停止。领取利息时，持有人须提交附粘在债券后的有效息票，领取本金则须提交债券及附粘其后的所有未到期息票。本息均在伦敦麦加利银行以英镑支付。

此张债券是 10000 张相同期限的等值债券之一。所有这 10000 张债券总面值 100 万英镑，从 1—10000 编号，包括 1 号和 10000 号。如抽签还本表所示，所有的债券每年进行一次抽签，抽中者即归还本金。抽签将从

1901年开始，在每年的5月1日进行，抽中的在当年7月1日还本。

大清政府特别承诺，债券不得以规定以外的时间方式偿还或赎回。

本债券经上谕授权发行，上述写于债券背面的规定被认为是债券发行条件的一部分，须遵守之。

为昭信守，大清皇帝全权特使龚照瑗签字盖印。

麦加利银行（借款代理方）副署处，经理，伦敦，1895年7月2日。

1895年4月大清政府六厘金款，债券号，息票号：

凭此息票，可于1896年1月1日的付息日，在伦敦的麦加利银行兑付半年利息3英镑。

本借款期限为20年，自1901年5月1日始分15年抽签还本。

本借款的债券上须有大清政府驻英公使的印章，以示大清政府对此项借款负有责任。

本借款以大清政府海关收入为担保，在本借款本利尚未完全清偿的情况下，这种担保的优先性仅次于1895年的"汇丰镑款"而高于以后任何借款。

大清政府以后的借款，担保的优先权不得高于或等同于本借款，也不得以任何形式使用于保证借款抽签还本的担保有所窒碍。以后的任何借款，若以海关收入为担保，其优先权须次于本借款，并须在其借款合同中将此说明。本借款另以海关债券为担保，债券总额与本借款本利总和相等。在向大清政府交清借款前，海关债券须全部交由上海麦加利银行收执。另外，本借款还以存放在麦加利银行的海关关票为辅助担保，关票的总额与本借款本利总和相等，由各通商口岸的中国海关监督盖印，各口外籍税务司副署。关票应在三个自然月内交由上海麦加利银行收执。倘若在规定日期内未将应付的借款利息或分期摊还的借款本金交付上海麦加利银行，此种关票即可抵偿海关关税。不论该关票系原由何关所发，所有各关均可一律抵税。

抽签还本清单：应在下列年份的七月一日支付：

1901……66600英镑；

1902……66700英镑；

1903……66700英镑；

1904……66600英镑；

1905……66700 英镑；

1906……66700 英镑；

1907……66600 英镑；

1908……66700 英镑；

1909……66700 英镑；

1910……66600 英镑；

1911……66700 英镑；

1912……66700 英镑；

1913……66600 英镑；

1914……66700 英镑；

1915……66700 英镑；

　　　　1000000 英镑

附录二:《信件格式》

中国公使

伦敦　1895 年 7 月

麦加利银行经理

伦敦 Threadneedle 大街

先生:我正式的告知您,大清政府 1895 年 4 月 100 万六厘镑款已获旨准借,借款由麦加利银行经手代理。

您忠实的服务者

双方签约人宣布以上的原始声明包括双方达成合同的所有条款,并对双方具有法律约束力。

为昭信守,大清皇帝全权特使龚照瑗和欧内斯特·克萨于 1895 年 7 月 1 日分别签字盖印。

中德《京西月岩寺煤矿开采合同》[①]

光绪二十一年八月初十日(1895 年 9 月 28 日)
北京[②]

第一条,德、中国公司同议情愿合力在京西开挖月岩寺煤矿。

第二条,德国公司总办瑞乃尔,中国公司窑主刘殿玉,并其帮办张殿栋,两面订立合同。

第三条,此次开挖煤矿地方,已经查验明白。所有一切公事,皆两面看明。华官均有允开照谕,德国公司均已收到。

第四条,德国公司自备银两,买来打水机器,保打干煤矿中水。德国公司亦要管局内账目。

第五条,中国公司承管各事:一、本地方官民人等不得阻挠;二、日雇小工若干,每工应开工钱若干,必须与德国公司妥议办理;三、觅售煤斤,倘算账时,遇有煤斤未曾售出者,按时作价,算归中国公司。

第六条,自立合同以后,凡事皆要十分公正妥商协办。

第七条,自兴办以来,至煤矿水干煤出之日,所有一切花费银两,共计若干,作为德国公司本银。凡旧有房间家具等件,按物估价,共计若干,作为中国公司本银。自煤出之日起,照西历每年按七厘二毫行息。此项利息,归于每日花费项内,每半年归还一次。

第八条,凡矿内所出货物,除一切花费外,下余按一百分派。以二十分作为备本,下余八十分,各分一半。每日中华两司账,必要较对本日账一次,每十日、每月、每年亦然。

第九条,所拟备本银两,不得过一万五千两,过此即不必按日抽提。按月将所抽备本银两,送往北京汇丰银行,俾得利息。凡遇本局有非常紧要事件,如新换大吸水机器等类,方可动支此款。备本银两,倘用过若干,必

① (台湾)"中央研究院"近代史研究所编印:《矿务档》(一),台北,1950年,第395—397页。
② 签约地址未查明,暂定为北京。

速将此项补还。备本银两所得利息，亦按股均分。倘歇业不作，备本银两，亦必按股均分。

第十条，日用零星花费，务从节俭，分定者与不定者两途。定者为本银之利息，以及薪水工钱等事。管外国账房费，每月五十两。帮外国账房，每月十五两。管机器，每月七十两。帮机器，每月十两。管中国账房费，每月五十两。帮中国账房，每月十五两。零星应用人等，每月五十两。不定者为每日所用小工，工价按日定拟，以及每日所用零星物件，并机器所用烟煤不能预知等事。

第十一条，自煤出之日起，每日所出货物，除本局一切花费外，必先归清两东本银以后，方能按股均分。两下寿数修短难知，必须先各拟一人接办。倘生意歇业，必须将合同当面销缴。

第十二条，凡立此合同以后，两下皆不准在附近地方另开煤矿，另搭伙计等事。

西历一千八百九十五年九月二十八号

光绪二十一年八月初十日

德国公司总办瑞乃尔押立

中国公司窑主刘殿玉、帮办张殿栋押立

附录：中德《北京门头沟天利煤窑开采合同》①

光绪二十二年六月初四日（1896 年 7 月 14 日）
北京②

立合同：财东瑞乃尔，领东张殿栋、刘殿玉，因财东置买门头沟内魏家沟杜姓山场马九朝煤窑一座，字号天利。今张殿栋、刘殿玉领到瑞东本银，为买窑及挖煤之本。窑中得利按股均分。今将股分及窑中一切章程，开列如左。

第一条，窑中卖煤，除每日开销外，先将东本还清，下得余利，按股均分。

---

① （台湾）"中央研究院"近代史研究所编印：《矿务档》（一），第 394—395 页。

② 签约地址未查明，暂定为北京。

第二条,此窑共按一百四十股。山主二十股,下余一百二十股,以二十股为备本,其一百股,东伙各五十股。

第三条,瑞东家应派一二人帮办煤窑之事,由东家给与薪水,在窑帮管各事,及查各事各账。

第四条,窑中资本不足,倘要加添,必须向东家面议。

第五条,此窑不计年限,东伙永远合做。

第六条,窑中每至十天,要报账对账一次。每月应将备本二十股,提存汇丰银行,须记东伙二人之账。每月东家应得归还之本,及应得股分银,亦存汇丰,系记东家一人之账。

光绪二十二年六月初四日

西历一千八百九十六年七月十四日立

财东瑞乃尔　　押

领东张殿栋　刘殿玉押

中法《湖北长阳煤矿合同》[①]

光绪二十一年十二月二十五日(1896年2月8日)
湖北[②]

立合同:长阳煤矿公司董事沈次裳、林憙甫,法国来华办事公司戴马陀。今因湖北长阳煤矿公司增添股本,广为开采,禀请奉准安设线路,修筑水道,募用洋师等事。应购用线路一道,浅水轮船二只,起重机器二架,及开煤濬河各器。俱议由戴马陀垫办,分年摊还,价值子母,计立合同如后。

计开:

第一款,戴马陀允代长阳煤矿公司垫购线路一条,来回长三十里,照法国亚尔涂格伯最新之式,并配运煤桶车,足用一切全备。小轮船二只,浅底可行内河,每只机器马力七十五匹。矿内运煤德固非小铁路一条,长十二里。起重机器二架,各可重三吨。开煤濬河各手用机器,照另单全备。

第二款,线路价银四十八万佛朗。小轮船二只,共十五万佛朗。小铁路,价六万佛朗。起重机器二架,并开矿濬河器具,共价五万佛朗。以上共价七十四万佛朗,约合银十九万两。

第三款,所有线铁各路,并浅水轮船,均由马陀包运到长阳交付。其保险运脚,并在价值之内。

第四款,所有第二款价,由马陀垫办。由公司匀十年在于售煤项下提还。其未还者,按照年息七厘交付。

第五款,煤矿工程,即由马陀代雇洋师三人办理,另立合同。其代雇亦以十年为限,俟垫款还清而止。

第六款,煤矿出炭,每年估计可至六万吨。如公司自行耽误出煤,致不足数,或无故停闭。公司须将垫款全数清还,并加贴二成,津贴历年包销应得之利,及垫款全数利息,以昭公允。

---

① (台湾)"中央研究院"近代史研究所编印:《矿务档》(四),第2316—2318页。

② 签约地点未查明,暂定为湖北。

第七款，矿中所出之煤，除供官厂、兵轮及内地销售，由公司自理不计外，其销卖各埠各国兵船，应由马陀代照市价发售，一手经理，提出用钱五厘，作为酬劳。其账每半年算结一次。

第八款，马陀代购各机件，应于立此合同后四个月，全数运至长阳，由局派人验收。即由所雇洋匠，代为布置安设，不另给辛工。惟中国人工，则由公司供给足用。

第九款，各件机器运长阳后，即系公司之物，应由公司自行保护，如有糟蹋损坏等事，与马陀无涉。

第十款，矿局所有应完厘税各节，均照中国律例办理，并与地方官交涉事，统由公司自理。

此合同立华洋各两份，各执一份为据。

光绪二十一年十二月二十五日　　林薏甫　沈次裳

西历一千八百九十五(六)年二月初八日[①]　　戴马陀

---

① 此日期为原档记录［见（台湾）"中央研究院"近代史研究所编印：《矿务档》（四），第2318页］。但按此日期阴阳历的换算不符，当是原档有笔误。应为1896年2月8日。

中法《湖北长阳煤矿代雇洋员合同》①

光绪二十一年十二月二十五日(1896年2月8日)

湖北②

立合同:长阳煤矿公司董事林懋甫、沈次裳,法国来华办事公司戴马陀。今因湖北长阳煤矿增添股本,广为开采,与戴马陀订立合同,垫办机件,并约明由戴马陀代雇洋员,管理工程,并将雇用洋员合同开列于后。

计开:

第一款,戴马陀允代长阳煤矿公司雇用洋总监工一员,洋矿工匠首一名,洋机器匠首一名。凡此三人,由戴马陀尽心挑选。不论何国之人,但求熟习矿务,名称真实者。

第二款,公司允与洋人订立合同,以三年为期,期满亦可再展一期,或二期,至于十年为度。

第三款,公司允给薪水,如洋总监工,每月英金八十镑。矿工匠首,每月英金三十镑。机器匠首,每月英金三十镑。并各给由外国到矿往返川资。

第四款,三年期满,公司如不留洋人,须加给一年薪水,并回国川资,惟三年期内,不得无故遣散。

第五款,如洋人身故,允给其家二年薪水,以示体恤,若疾病,则给予医药之费。

第六款,洋人住房,由公司指给洁净之所,不纳房租。

第七款,洋人但管工程,其与国家及地方官交涉事宜,则公司自理。

第八款,洋人应与公司董事司事人等,和衷共济。其待中国工匠,亦应和平公道。如有鲁莽行凶之事,则视其事之重轻,议罚薪水。

第九款,长阳煤矿据戴马陀估勘,每年可开出煤炭六万吨。如开不足

---

① (台湾)"中央研究院"近代史研究所编印:《矿务档》(四),第2318—2320页。

② 签约地点未查明,暂定为湖北。

数,查系洋人办理不善之故,则可将办理不善之洋人剔退,不必津贴,不必俟至合同期满。

第十款,所雇洋人,应于立此合同后四个月到矿。

第十一款,洋人到矿后,即将戴马陀垫办机件,先行安设完妥,不另给工费,但照支薪水。

第十二款,公司现奉准保护在矿洋人,并宜随时会同地方弹压照料。

第十三款,如公司欲开采他矿,须派洋人往勘,则另行酌量加给出差津贴。

第十四款,洋人雇定,由戴马陀先行垫给三个月薪水,并来华船票。俟各洋人到矿后,即由公司将此垫款缴还戴马陀。

第十五款,如矿山无故停闭,或公司本银不足,或工料不应手,以致停工,将各洋人辞退,则须将合同期内薪水并路费全数算给,并加津贴一年薪水。若系矿苗忽尽者,不在此例。

此合同立华洋各一分,各执一分为据。

光绪二十一年十二月二十五日　　林薏甫　沈次裳

西历一千八百九十五(六)年二月初八日①　戴马陀

---

① 此日期为原档上的记录(见(台湾)"中央研究院"近代史研究所编印:《矿务档》(四),第2320页)。但按此日期阴阳历的换算不符。当是原档有笔误。应为1896年2月8日。

中法《中越边界立界纪要》[①]

光绪二十二年正月二十三日(1896年3月6日)
朝阳寨

钱拉先生和李(查元)先生实施工作预备会谈纪要：

法国代表钱拉先生和中国代表李先生共同进行了在指定的下列边境一段的定界工作，并放置界石如下：

1.一块名为莫拉的界石立在谢曹岗山脉的顶上，南马河的源头处，从它源头一直到与黑水的汇合处，南马河形成边界。

2.从勐卡边界线向西南走，直至凯曹村以横拉山脉为界，在凯曹村附近立了一块界石，在它旁边有一块巨石。两条小溪大铁河和大清河流向李房和布房。直古河科铁河和连巴河流入南康河，包括在南康河流域的地区属于法国。

商牙河，加马河，西尼河，三棵山河，康科河和渡卡河流经中国一侧的山坡。

3.边境从凯曹继续往西，途经舍科南寨山脉直至平江界，在那儿我们立了一块界石。

在这地区，基里河和窝柏河流入南湖。沙让河和拉分河，流经中国地面。

从平江界到大路边有界石一块，边境线继续往西。以下河流是流入南湖的：大兴树河，拉登丰河。中国一侧的山坡上有霞里江、波沙河和邦明树河，它们都流入拉分河。

光绪二十二年一月二十三日于朝阳寨

法国代表：钱拉(签字)

中国代表：李(签字)

---

① 约章名目为本资料编者所拟。该约章及附件系光绪二十一年五月二十八日签订的中法《续议界务专条附章》之实施附约。参见黄国安、萧德浩、杨立冰编：《近代中越关系史资料选编》中册，第568—571页。

附录一:《附件一》

1896 年 4 月 6 日钱拉先生和谢先生工作执行情况预备会谈纪要(放置六块界石);法国代表钱拉先生和中国代表谢先生共同进行了在指定的一段边境定界工作并放置界石如下:

1.从平江界(界石)到大路边,在此雅琼山上,面对两个小丘,立有一块石。以下河流流入南湖:大兴树河,南康河和拉登丰河;霞里江、牛洛河、苏沙河、巴沙河和布宁树河流入拉分河,拉分河流入中国境内的蒙里江。

李先生被指定放置大路边的界石,但是界石位于普洱府,境内这项工作就委托我办。

2.从大路边起,边境线沿着分水岭走向西,然后走向西南直至"二塘",在"二塘"一块石立在坡连坡山。

布梅河,老鹰河和淮邦河流入南湖。

在中国一侧流的河流有:注入马连河的汤江河,注入蒙里江的蒙康河。

3.从二塘开始,边境线走向西南直至山曹田在此徐条洛山上立有界石一块。

淮瓦河流注南湖流域,南比河和布老江是流经中国的布燕江的两条支流。

4.从山曹田到雪马寨,在此洪杜洛山上立有界石一块。

5.边境线向南直至大清树,在此补充一块界石。南里河流入南湖,芒巴纳田河和杜拉河流入布连江(中国)。

6.从雪马寨起,边境线沿着分水岭直至马利亚大堤由此经马超洛山到蒙拉。

大法河,河淄河和南段河流经南湖流域。布□河流入流经中国的大连江,洛沙河和马加河。

光绪二十二年二月二十四日于蒙里

法国代表:钱拉(签字)

中国代表:谢(签字)

附录二:《附件二》

1896年4月18日,定界工作会谈记要:

陶先生:军官,李先生:云南省代表,谢先生:普洱知府,郗先生:思茅厅致边境定界法国政府代表桑德莱先生和钱拉先生的信。

按照两国签署的协定,我们共同树立以下界石:

1.在大朗州,南马河源头附近的莫卡界石。

2.一块在凯曹巨石旁边。

3.一块在平江界。

4.一块在大路边附近。

5.一块在二塘山丘上。

6.一块在大连窑。

7.一块在逊春香。

8.一块在希南江(勐腊)。

9.一块在马比亚尔乌。

10.一块在□□(勐腊)。

11.一块在两个小丘间的芒内。

12.一块在扬省伦(班约)。

13.一块在科加克。

14.一块在科加克。

15.一块在布拉坎(南哥河源头)。

16.一块在布拉坎(巴卡良自)。

还要树立的界石计有:孟曼、芒永、芒新和香租(湄公河)一共四块。目前芒新尚未归回法国,我们决定中止工作,至明年春季重新恢复。

雨季来临,酷暑迫近,容易得病,而且从思茅到勐腊这一段旅程无法在二十天内完成,再则制作界石需要的石头难找又不好运输。

请通知贵国政府,半年以后我们再继续工作,并约定会面的日期。

光绪二十二年三月六日于思茅

陶、李、郗(盖章)

中法《汉口租界租约》[①]

光绪二十二年四月二十一日(1896 年 6 月 2 日)

汉口

为立约永租地基事。现因法国请在汉口开办租界,奉驻京钦差大臣施(阿兰),饬令本总领事并本领事,会同本监督,奉湖广总督部堂张(之洞)派委,查勘定界,所议条款开列于左。

计开:

一、法、俄国租界,现议在长江西岸汉口镇英租界以下,沿江至通济门为止,计长二百八十八丈,以三分之二,由英租界下设为俄界;以三分之一,由俄界下至通济门城内官地为止,设为法界。此指大路之外至江岸而言,是为前界,计长九十六丈。由大路至江岸,南首计深三十七丈,北首计深十七丈。其大路之内,西南自俄界起,东北抵城垣官地为止,计斜长一百一十七丈。由大路至城垣官地为止,南首深一百零六丈五尺,北首计深四十三丈五尺。均已勘定,竖立界石。惟领事署与跑马场毗连之处,系属中国民地及各国洋人之地居多,除中国民地由地方官同洋务委员,与法国领事商量定价外,其各国洋人之地自然归于租界。惟各国西洋人在法国租界内之地,均应更换契据,赴法国公署盖印投税。日后各国客人在租界内租地或租房屋,应至法国公署,税约应由法领事办理。

二、法国租界共合地一百八十七亩,每年应纳租价,即系地丁漕米银两,照亩科算,每亩地丁银一钱一分七厘,共银二十一两八钱七分九厘;每亩漕米二升八合四勺,共米五石三斗一升八勺,米一石折银三两,共银十五两九钱三分二厘,二共银三十七两八钱一分一厘。于每年四月,由法国领事官送交汉阳县查收汇解。

三、永租地价及地基上房屋并会馆、庵庙暨葬有坟墓者,应分别等第,

---

① 《汉口租界志》编辑委员会编:《汉口租界志》,武汉出版社,2003 年,第 522—523 页。该约章由湖北汉黄德道兼江汉关税务监督瞿廷韶与法国驻汉口、九江领事德美(J.Dautremer)签订。

照时估价，并酌给搬家迁葬之费，订期迁让。本监督当饬地方官，谕令民间公平议价，不准高抬。法领事官亦饬洋商，毋得抑勒，以昭公允。

四、法国开办租界，应照别国永租地基章程，于契内均写永租字样，由汉阳府县查勘明确，税契盖印，以昭信守。并照别国租界章程，不准华民在租界内同住。

五、租界之外由通济门内城墙迤东至江边，留出官地十一丈，其城墙迤西一带，留出官地五丈，作为大路之用。除应修建公所之外，不准民人搭盖棚屋等项。其大路亦宜时常修好。以上留出官地，不入租界之内。

六、法国租界之内，旧有官街大路应免科算地价。将来盖造洋房时如有侵越，即另行留出街路基地如法修建，无论华洋商民及驿递公文、饷鞘夫马人等，均准一律任便行走。又租界内如中国开办铁路须用地基，仍准照原价让还应用，不得借词不允。

七、法国所开租界如建码头，须先与监督商量，察看地势，与华洋商船往来无碍，方可修建。

以上条款立为租约两纸签押，一俟两国上宪批准，再行盖印为凭。

大清钦命、二品顶戴、湖北汉黄德道监督江汉关税务，兼办通商事宜瞿押

大法钦命、补授驻扎汉口、九江管理本国通商事务领事府德押

光绪二十二年四月二十一日

一八九六年六月二日在汉口立

中瑞《中国遵照邮政公会定章粘贴信票通咨》①

光绪二十二年五月十七日(1896 年 6 月 27 日)

伯尔尼

为通咨事。准中国总理各国事务衙门西四月十五日文称:中国拟设邮政,凡一应信息,遵照邮政公会定章粘贴信票,寄往中国某地某方者,当自一千八百九十七年正月初一日起中国不复加资,代为递送,并请嗣后亦入邮政公会等因前来。本衙门理合据情知照贵大臣,请烦查照。用将原来译照录如下。中国总理事务大臣照会瑞士国执政衙门:照得现在钦奉上谕创立邮政,当在京师及沿海通商各埠先行试办,随后察度情形,量为推广等因。本大臣等久知贵国有一邮政公会,裨益甚宏,且贵国政府主持该会,办理极善,凡与中国立约各邦,皆在会内,则中国如亦入会,洵与大众有裨。用将我国家拟设邮政随后入会之意照会贵国政府。惟中国初办邮政,规划布置,在在需时,应俟察得办有成效后,方行明订入会日期,以尽职司而担责任。目下惟有备文声明中国有拟入邮政公会之意,并知贵国政府及在会各邦,请自西历一千八百九十七年正月初一日起,凡在会各邦境内所发信函寄往北京、牛庄、天津、烟台、重庆、宜昌、沙市、汉口、九江、芜湖、镇江、上海、苏州、杭州、宁波、温州、福州、厦门、汕头、广州、琼州、北海、龙州、蒙自等处者,当由各该处之邮政官局代收代转代送,不另加资。嗣后增添局房,推广邮政,自当随时布告,当此开办之始,此项邮政暂由海关兼办,统归总税务司督理,至在欧洲代司邮政事宜者,则即驻扎伦敦税务司金登干是也。一切详细情形,俱可向之询问,为此照会,云云。

---

① 该约章名目由本资料编者所拟。参见中国近代经济史资料丛刊编辑委员会主编:《中国海关与邮政》帝国主义与中国海关资料丛编之八,中华书局,1983 年,第 85—86 页。

中英《新议英拓天津租界章程》[①]

光绪二十三年二月初三日（1897年3月5日）[②]

天津

　　天津海大道以西之地向为中国民人所居，与租界本不相连。近因英国的道西租地八百亩上下建盖房屋，英国领事官欲修筑马路、清除污秽，经关道禀商北洋大臣王允准，除海大道外议定界址：东至海大道西围墙，北自旧租界委员、道口以西直至围墙，南至小营门以斜至英讲堂为止，四至之内统归英官经理，更由关道饬派租界委员、加添武弁，就近照料一切。除关道宪业经出示晓谕外，谨将议定章程照录于后。

　　第一条，华人自有之地自系华人产业，然须遵守英工部局章程。界内遇有行止不端或不守法禁人等，准英国巡捕拘拿送交租界委员转送关道署惩办，不得径交捕房管押。其清除污秽、开通沟渠等事，专归英官经理。并禁止停棺埋葬，原有墓地有愿迁让者应由中英官员妥商善法，迁移者自行修理整洁。

　　第二条，界内所有娼寮、赌馆及不守规矩、伤风败俗房舍，应由中英官员妥商善法，限期一律封闭。

　　第三条，所有界内拟开马路地位方向，将来一一标明绘具图说，送交华官会商办理，出示晓谕。出示之后，此项马路之上不许建造房屋。将来租地造路，如必须两国官员会同定价者，仍按照附近地亩时价给付业主。

　　第四条，自示后所有华人土房与污秽房屋若仍系自己产业愿租与洋人者，凭公给价。其未经租与洋人者限三年之内一律拆去，如不预拆者，须按照英国章程修好。

　　第五条，三年之后，中国业主有家资者须捐资以供修治道路等费。遇有公议事件亦可一体随众会议。所有章程应候两国官员商定。

<hr />

[①]　天津档案馆、南开大学分校档案系编：《天津租界档案选编》，第10—11页。

[②]　此为天津海关道布告公示时间。

第六条，所有水坑地为华人产业者，务须一委填满。如无力自填须与英官凭公给价，自行垫筑。

第七条，自示之后，凡界内居民买卖地亩须赴英领事署报明卖与何人，三年之内不取费用。

第八条，海大道为中国人民必经之路，将来英国修造房屋务须宽留街道，华人俱不得侵占，以供车马往来。

第九条，海光寺制造局搬运物料车辆应准照旧行走。

附录:《拿犯章程》

光绪二十三年二月初三日(1897 年 3 月 5 日)

天津

凡华人住在新地者为数尚多，俱由津关道或天津县出票派役拘拿，领事官亦不追问根由，即饬会巡捕不得干预拦阻。之后随时随事设立章程，遇有华人干涉者应由英官员会商之后始行谕饬遵守。三年之后界内之地如尽为洋人所租，所有新地章程如有与华人交涉者，届期公同再议。

中英《撤销安设厦门南台水线办法合同》[①]

光绪二十三年四月十二日(1897 年 5 月 13 日)
上海

中国电报局、大东电线公司,现各奉本国国家政府核准,允将一千八百九十六年七月十一号来往各信所拟大北公司在厦门、大东在南台,安设电线办法各件,收回注销。至于一千八百九十六年七月十一号,中国电报局与两公司所订合同期内,大东、大北公司仍遵照合同所订,在原处安设电线照常办理,前今无异。此据,用英、汉文字缮就四分,核对相符。各执二分。彼此签押存照。

---

① (台湾)"中央研究院"近代史研究所编印:《海防档》丁编,第 1772 页。

中比《京汉铁路借款续订办理章程》^①

光绪二十三年四月二十八日(1897年5月29日)

武昌

两公司(大清铁路公司、大比银行工厂合股公司)因于西历一千八百九十七年五月廿七日在武昌订立合同,兹续订办理章程如左:

第一条,比国公司应收回所用经费,如设立公司派员来华勘路、商议,并一切费用,以及将来三十年经费,约有三十万五千磅由中国总公司或分四批交付:西历一千八百九十八年正月初三,七月初三,西历一千八百九十九年正月初三,七月初三;或分三十年付清,每年应付一万一千磅。合同第二款所订付款系付于比京银行总公司名协助本国工厂总公司,铁路总公司即将此款兑于上海中国银行(即某年月日所立银行)。合同第三、第四两款所载铁路总公司递年应还利息本银,并本章程所定用费,均用金磅核计,付于上海中国银行。

第二条,合同第五款所订借款之保,应作为第一次之保。

第三条,督办铁路大臣委任比国公司估勘京汉路程,测绘高低曲直图式,并呈拟一切桥梁、屯栈、车站工程底稿,以及如何盖造各工程,应用何等料件说帖。责令比国公司于正约奉旨批准一年后,一切完缴。估勘之时,当以速为妙,务俟正约画押六个月后即可动工填地。铁路总公司俟图说陆续完缴(每项均绘十张),亦陆续付与工资经费,此工费按里数算订,定每里若干磅。

第四条,凡铁路总公司欲用洋人,均由比国公司监察人选荐。

第五条,合同第十一、十二两款所订之事,今两造约:凡铁路应用料件,以三份之二投标定价,即此投标之价给与五厘酬劳。如合同第十二款所云,卢沟桥至保定一段所购料件,不在五厘酬劳款内,其料件指明于左。

第六条,凡非在比国所购料件,亦当按照比国所办料件验收。

光绪二十三年四月二十八日　西历一千八百九十七年五月二十九日

---

① 此为1897年5月27日签订的中比《芦汉铁路借款合同》(见王铁崖编《中外旧约章汇编》第一册,第709—716页)的续订章程。此约章由清朝督办铁路大臣盛宣怀与比利时银行工厂合股公司代表桥梁总工程司德富业、桥梁头等工程司华林等签订。参见上海图书馆编《盛宣怀档案选编》第45册,上海古籍出版社,2014年,第406—410页。

中、英、意《山西矿务借款合同》①

光绪二十三年九月三十日(1897 年 10 月 25 日)
北京②

北京福公司与晋丰公司刘鹗于光绪二十三年九月三十日即西历一千八百九十七年十月二十五日两面议明:以晋丰公司于光绪二十三年九月初三日禀奉山西巡抚部院批准独自开办盂平、泽潞诸属矿务;同日,又奉批准自借洋债办理该矿。现与议定各条款于后:

一、福公司允于此次两面所议合同批准后,即派矿师前往晋省查勘该属各矿,开具节略。

二、如矿师节略利于开采,福公司允与晋丰公司即借洋债无逾一千万两,并即购办一切采矿应需机器。

三、凡调度矿务与开采工程,由晋丰公司刘鹗会同洋商经理;而矿中执事,议明总以尽用华人为是。

四、按照晋丰公司与福公司所立初次合同第二款,于开矿赢余,先提用本官利八厘;又公积一分后,所存余利,除已提百分之二十五分报效国家外;议定再提百分之二十五分呈归抚宪拨用。

五、办矿之期,限办六十年,以每矿开办之日为始。限满矿场与一切机器皆归抚宪收回。无须给与福公司分文偿补。

此合同华、法文各缮两份,彼此收执。

光绪二十三年九月三十日　即西历一千八百九十七年十月二十五日

---

① (台湾)"中央研究院"近代史研究所编印:《矿务档》(三),第 1384—1385 页。
② 签约地点未查明,暂定为北京。

中美《茂生洋行军品定购合同》[①]

光绪二十三年（1897年）[②]

上海

立初议合同：美商茂生洋行今承钦差督办铁路大臣盛大人，委购美国泼腊脱维纳厂造枪机器，照现在中国所制造之枪样，每日工作十点钟能造枪一百杆之机器全副，计实价美金三十七万三千元；引擎一副、锅炉三座、天轴滑轮皮带及修造器具机件在内，装箱运至纽约轮船码头交卸。

一、茂生行可保该机全副工作，每天十点钟能造快枪一百杆，应有之打铁机及车枪管，粗细工各机、造木壳机、磨光机、造模机、圆刀打摩（磨）机并虎钳车边二套、表尺三套，烘硬铁炉、风管火炉、锅炉、引擎、天轴、滑轮、皮带器具等件一应俱全，足敷十点钟造一百杆枪之用。

二、以上机器之外，应加一截断枪管机器，又如截枪管之两端。

三、中国购办此项机器之后，应另造一合用厂房，以备安装机器，厂内须备工人坐凳、老虎钳凳。

四、合同签字之日应请盛大人将现在中国所造之枪样详细各图画出，交与茂生送至泼腊脱维纳厂照造机器，或交枪样一杆亦可。

五、订定后应请盛大人派一精于机器素来亲信之委员，往外洋厂家阅看造机各工程，并须给有验收机器权柄，如查出机器有不能工作等弊，准其剔除。惟既经委员在外洋验收各项机器等件，果能每日十点钟工作，造枪一百杆，将来运到中国应请照数检收，不得再行挑剔。

六、派出外洋验收机器之委员川资及在外洋一切食用，均请盛大人给发。

七、茂生行亦须派熟手洋工师二名或数名，以一年或数年为限，来华教导华匠运动各机，务使尽善尽美，该洋匠之往返川资薪水酬金亦应请盛大

① 转引自费志杰：《华洋军品贸易的管理与实施（1860—1911）》，第264—265页。合同名目由本资料编者所拟。

② 该合同签订月日未能查明。

人给发。

八、订定合同后，准两年之内将末批机器装运来沪，决不再迟。

九、订时先付定银三分之一，俟各机装置齐全，即应付清，或俟各机运到地头后四个月内如数付清。

十、应须造厂房及安排机器之图样，均由茂生行绘就呈鉴。

十一、机器由纽约运到中华，所有保险水脚等费呈验原单请给，另加茂生行行用二分半。

光绪二十三年

中美《中国铁路总公司订请美国铁路总工程司合同》①

光绪二十四年二月初八日(1898年2月28日)

上海

此合同订在上海,于西历一千八百九十八年二月廿八号。一为中国铁路公司督办盛大臣,以下称为督办;一为华臣李治,美国敏林苏代省敏你挨波利斯地方人,未订此合同之前为敏你挨波利斯生帕兰沙赛末利铁路总工程司。至订此合同之日为正,以下称为该参议。今将所订立合同各款开列于此:

一、督办订请参议李治以五年为期,自西历一千八百九十八年正月一号起,充当中国铁路总公司工程参议,只受督办一人节制。

二、在合同期内,督办允给该参议薪水,每年美国金洋一万元,悉以现时金洋轻重成色,按月匀摊,每逢下月五号付给。

三、由美国敏你挨波利斯至上海,该参议一切川资由督办照付,至合同期满回国,督办准另给该参议一月薪水,并由上海至美国一路川资。

四、如遇出差,经上海办理铁路或别项差使,其一切应需费用,概由督办给付。惟该参议在上海一切私用均归自备。

五、该参议务须竭其所知所能尽心为督办办理一切事务,且未经督办允准,不得在外私自贸易及不得漏泄公事。

六、立合同一年之后,如该参议因病不能办公一连三个月,兹照第七款所订因公受伤,其薪水照常发给;如逾三个月后病尚未痊,则停止薪水,俟病痊办公之日起再照常给薪;倘自起病之日至六个月之久病仍缠绵不能办公,督办可将此合同作为修正,照第三款所载另给该参议一月薪水并回国川资,不给别项酬劳。

七、该参议若因公致意外不测之事,或受伤不起,督办应给其妻或其后

---

① 上海图书馆编:《盛宣怀档案选编》第37册,第210—215页。

嗣薪水两年，并生前应付未付各资一律照给；或该参议因公受伤虽未致命，而此身终至残废，督办应给其两年薪资并应付未付各资，应一律照给，即将此合同停止，并不必照第三款再给川资及一月薪水。该参议如因受伤后可以医治痊愈，薪水应当照常给领，不得停止。

八、合同期内如遇该参议患病，所需医费均归督办付给。

九、凡遇该参议受伤轻重以及患病并病体痊愈后能否办公，须由督办派一洋医，该参议另请一医生会同验视定夺，如两医意见不合，即由此两医公举一医后验为准，所选医生须外洋大医学堂出身，秉性正直，名望素著者方可。

十、此合同缮写中西文各三份，一送驻沪美国总领事府备案；其余两分各执一份存照，至合同内意，应当以西文与华文校对为准，互相签押为凭。

光绪二十四年二月初八日　中国督办铁路大臣盛

西历一千八百九十八年二月二十八号　美国前铁路总工程司

中美《粤汉铁路借款合同另约一款》①

光绪二十四年三月二十四日(1898 年 4 月 14 日)

华盛顿

中国驻美钦差伍大人代中国督办铁路大臣盛大人与美华合兴公司今日所订合同,其第四款内载除地价土工不计外,应按建路总共费用每百抽五归美华公司作为酬劳监工之费,原拟此项酬劳费内应酌提若干交盛大人收用,弥补经费。兹特议定此项每百抽五酬劳之费,美华公司允提出五分之一(即一厘用)交回盛大人收纳。实因盛大人创立中国铁路总公司、督办粤汉铁路,先后用款所在皆有,故以此数作为弥补费用。

以上一款在华盛顿画押盖印

光绪二十四年三月二十四日

一千八百九十八年四月十四号

美华合兴公司代理人巴时押

见证班士押

① 此为 1898 年 4 月 14 日签订的中美《粤汉铁路借款合同》(见王铁崖编《中外旧约章汇编》第一册第 746—749 页)的附加条款。参见上海图书馆编:《盛宣怀档案选编》第 47 册,第 197—198 页。

中、俄、英《划分山西路矿范围合同》①

光绪二十四年闰三月初六日（1898年4月26日）
北京

[华俄道胜银行与福公司关于山西路矿范围合同，1898年4月26日于北京]今晨于李鸿章衙署，应他邀请，并在他亲自参加下，关于我们在山西省的路矿事业范围，双方会谈同意如下：

一、福公司不建筑从正定到太原的铁路，或在（该路）两边各百里内的任何路线，福公司并同意在即将与总理衙门缔结的合同中，订明此条。双方协定：如华俄道胜银行在从正定到太原的干线上所筑枝线，不敷让给福公司的平定、盂县地区各矿用时，福公司有权建筑这些枝线。即日起，该银行如在两年内不着手建筑铁路，本约即行作废。

二、华俄道胜银行同意，在福公司建议修筑的平定、盂县地区以东铁路上，对运输该公司产品所收运价，任何情况下，将都不得超过平定以西各站运输同类产品的运价。

三、福公司放弃太谷、太原、阳曲、平遥、灵石、孝义、祁县地区采掘各矿的所有利权。

四、福公司在本约签字日起两年内，设立公司开采其所获得的各个矿区前，俄华银行不向中国政府要求山西境内任一采矿让与权。两年后，福公司将不反对俄华银行对第三条所述各地关于采矿方面的任何要求。福公司与华俄道胜银行彼此同意，在山西，各在其范围内融洽合作，并在可能时相互支援。

以上协议，已由李鸿章阁下批准，现由我们签字为凭。

---

① 宓汝成编：《中国近代铁路史资料》第二册，中华书局，1963年，第419—420页。约章名目由本资料编者所拟。

中日《汉口日本租界条款》①

光绪二四年五月二十八日(1898 年 7 月 16 日)

汉 口

　　大清钦命二品顶戴湖北汉黄德道监督江汉关税务兼办通商事宜瞿、大日本钦命驻沪署理总领事官特派办理汉口租界事宜小田切为立约永租地基事。现因日本商务日盛,请在汉口新开租界,奉湖广总督部堂张派委本监督会同本署总领事查勘定界,所议条款,开列于后:

　　一、日本租界定准汉口镇德国租界北首起,量得东界沿江长一百丈,南界紧靠德界,东起江口,西至铁路地界为止,西界沿铁路地界,北界自东界之北端江口起至西界之北端铁路地界为止,画成直钱。此直线必须与南界作平行线,不得歪斜不齐。此为日本专管租界。立定此约之后,派员会同树立界石。

　　一、界内所有道路、堤塘、沟渠、码头以及稽查地面之权,由日本领事官管理,其道路、堤塘、沟渠、码头由日本领事官设法修造。道路、堤塘、沟渠、公共所需之地,如有官街官地,免纳租价钱粮;如系民地,除付租价外,免纳钱粮。

　　一、界内租户应完钱粮,每亩地丁银一钱一分七厘,每亩漕米二升八合四勺,每米一石,折银三两,定于每年四月由日本领事官送交汉阳县查收汇解,其有日商未经租定地亩,华民自行交纳钱粮。

　　一、界内凡日本商业、工业,均可在此照章租地,建造屋宇、栈房,日本商、工人等,向华民业户租地应偿租价,须照三年以内相等地基值公平酌定。江汉关监督不准华民商抬时价,日商亦不得有强抑之事。日商愿租之地,如有官地自应另议租价,格外从廉以示惠恤,但租地之时必须禀明日本领事官、照会地方官,履勘即发租契三纸,由日本领事官会印,一给租户、一

　　① 苑书义、孙华峰、李秉新主编:《张之洞全集》第五册,河北人民出版社,1998 年,第 3669—3672 页。

存日本领事衙门，一存中国地方官衙门。一经承租之地，照章永归租户租用，不准何国何人强行退让。所有租契式样，既有成案，无须另议。

一、中国无身家之人，不得私在租界内住家，或开设店铺、行栈，违者分别惩办。如实系殷实体面、品行端正之人，方准在此界内居住、营业，然该商民等只准居住，不准租地，如有形迹可疑、不安本分、不奉章程之人，中国地方官可知照日本领事官。日本领事官亦可知照中国地方官，会同查确，由中国地方官罚办，不得纵容包庇，以安商旅，而昭公允。

一、一经租给之地，只准出名承租之人居住，倘租户有事不能亲身在此居住，须托亲戚、友人、伙计、同行等有身家之人，代理管办。如有不得已事故，非转租不可之时，仍于转租之前由日本领事官照会中国地方官，方能换给租契。

一、租界内如有民间家庙、祠堂及各帮会馆、公众庵庙，租价自应另议，以顺舆情。永租地基之上，盖有房屋、葬有坟墓者，亦应分别瓦房、棚房照估价值，并酌给搬家迁葬之费，交清价值，即当让地。若地基上盖有房屋者，应再订期迁让。若未迁让之先，华民业户用地，只可本人并其家属居住、种田，不许作别项用，亦不准再造。又由地方官出示禁止界内新造坟墓、安放灵柩，以便经营。将来如欲另择地区，以设日本人坟域，届时由日本领事官照会中国地方官商办。

一、日本租界未开之前，已经外国人向华民租定地基，并无违碍，应照他国租界之例办理，惟界内地址，过于狭窄，自立此约之后，只归日本商民永租地基，不准华民业户向外国商民以地抵押，或行租让，违者由中国地方官从严惩办。如有外国体面殷实人愿在租界内居住者，只能居住不得租地。

一、日本所开之租界，即在汉口通商口岸之内，如建码头，须先与江汉关监督商量，查看地势，与华洋商船往来无碍，方可建修。

一、日本租界内，如遇无驻华领事官管束之洋人并华人涉讼，应归中国官办理，派员在租界内审谳。若无领事管束之洋人并日本国人，或各国人因被华民欺凌禀控，以及华民在租界内违犯章程，由中国官会同日本领事官或领事官所派之员会审。如谳员定案不合，可由日本领事官照请江汉关监督再行复讯。如有重大事件，仍由地方官办理。如系两国交涉事件仍照约章办理。

一、所有外国租界，及将来设有开拓之外国租界施设事宜，如别有优处，日本租界亦当一体均沾。

一、此次所定日本租界，以界址过于窄狭，将来商户盈满则当临时酌妥情形，仍在丹水池迤下之地，由日本领事官随时与江汉关监督商酌购买妥宜地基，以便日本后设工场，倘或丹水池迤下地方，有已归洋人租借之处，即应在于丹水池以至沙口等各处地方择江岸水深与泊船相宜之地代之，总以附近铁路为主，所有租地章程务依现议章程办理。

以上条款立为租约两纸签押，一俟两国上宪批准，再行盖印为凭。

光绪二十四年五月二十八日

明治三十一年七月十六日

在汉口立

中法《保定天主堂互换合同》①

光绪二十四年五月二十八日(1898 年 7 月 16 日)
北京

（一）本大臣允将保定城内清河道旧署换给法国天主教作为教堂。其地基房屋四至应由保定地方官会同杜主教勘明绘图存案，嗣后归教堂随便使用。其四至外原有官民房屋铺户一概照旧。

（二）本主教允将保定北关外法国天主教原置地十六亩、房约四十余间，一并换给中国随便使用。原置文契均交与中国地方官收执，与法国教堂无干。

（三）清河道旧署与法国教堂互换后，法国教士自行择期，迁移居住。中国地方官除护送并设筵款待外，不另给迁移之费。

（四）清河道旧署换给后只能作为保定天主教教堂公产，不得视为教士及传教士己业。

（五）清河道旧署现有中国办公人员及收存，一切物件应于四礼拜内搬移干净，法教士亦不给迁费。

（六）清河道旧署房屋中国允为修饰干净，但只能将坍损之处修补完整，不能改动。

---

① 河北省博物馆馆藏：《大清国文渊阁大学士钦差北洋通商事务大臣直隶总督部堂荣，大法国天主教总主教樊议定保定城内清河道旧署与北关外法国教堂互换合同》。转引自裴淑兰整理：《天主堂在献县等处的田产》，《近代史资料》1982 年第 1 期，第 30—31 页。

中英《汉口英国新增租界条款》[①]

光绪二十四年七月十五日(1898 年 8 月 31 日)

汉口

为立约永租地基事。现因英国汉口租界之后新增地基,归入英界即应开办。奉湖广总督部堂张派委本监督会同本领事查勘定界,所议条款开列于左:

一、英租界后至城垣,留出官城五丈止,南自一马路向城垣直线起,北至俄界止。所有四址以内全行租与英国政府,归入租界。

二、英租界后四址以内凡有各国商人已租之地,若须归入英界,应由英国领事与各国领事商妥,照会监督有案再议归入英界,照英租老界章程办理,并不准华民在界内同住。

三、英租界后四址以内,共合地三百三十七亩五厘,每年应纳租价,即系地丁、漕米、银两照亩科算,每亩丁银一钱一分七厘,共银三十九两四钱三分五厘,每亩漕米二升八合四勺,共米九石五斗七升二合二勺,每米石折银三两,共银二十八两一分七厘。二共六十七两四钱五分二厘,于每年四月由英领事官送交汉阳县查收汇解。

四、永租地价及地基上房屋,并会馆、庵庙暨葬有坟墓者,如现在此段地基仍属华人之地,自应由地方官查明禀请监督会同领事官公平议价,并酌给搬家迁葬之费,订期迁让,不准高抬价值。英领事官亦饬洋商勿得抑勒,以昭公允。倘有地基早经洋商价买,地上仍有房屋、庵庙、坟墓者,应询问该洋商及各地户,从前买地之时有无将房屋价值、搬家迁葬等费议明在内,如经议明,价值给清,当由地方官谕令迁让,其有洋商虽经买地而未将房屋价值及搬家迁葬等费议明在内,或议而未给者,应由领事官自行办理。

五、英租界后四址以内,旧有官街、公路,应免科算地价,将来盖造洋房时,如有侵越,应即另行留出街路基地,如法修建,无论华洋商民,均准一律

① 苑书义、孙华峰、李秉新主编:《张之洞全集》第五册,第 3664—3666 页。

任便行走。又如中国开办铁路，须用地基，仍准让还其价值，倘与租户随时相商未能妥洽，应由监督会同领事官持平议定，均不得藉词不允让还也。

六、旧有公路，华洋商人均准任便行走，如有华人占踞种菜盖屋者，应由地方官查明饬令让出，以备租界工程局修造。其有洋商已经购买而间有侵占公路盖屋者，应由领事官自行办理。至设有更改抵换之处，必须商议明白，两无异言，以昭公允。

七、大智门内官街及城垣一带，留出官地，即旧有公路，无论华洋商民及驿递公文饷鞘夫马人等均准一律任便行走。至于路灯、巡捕，议由租界工程局安设，此项大路亦由工程局修造，但此路虽由工程局修造，仍属官路，与现在老租界三道洋街相同，以归一律。

八、现在城垣之上，大小房棚屋甚多，臭恶已极，理应驱逐，租界开办之后，不准再有盖屋居住。

九、新增租界以内华洋交涉事务，仍按老界章程办理。

以上条款，立为租约两纸签押，一俟两国上宪批准。

大清头品顶戴新授湖北按察使汉黄德道江汉关监督瞿　　押

大英钦命驻扎汉口管理通商事务领事官霍　　押

中外《矿务铁路公共章程》①

光绪二十四年十月初六日(1898 年 11 月 19 日)
北京

一、矿、路分三种办法,官办、商办、官商合办,而总不如商办。除未设总局以前,业经开办者不及外,此后总以多得商办为主,官为设法招徕,尽力保护,仍不准干预该公司事权。

一、总局奏准未奉旨设局以前,无论官商拟办未确之事,均应报明,听候分别准驳,不得作为定案。所有设局以后各省开办矿路,无论官商华洋,均应按照本总局奏定章程办理。其有援引设局以前各省矿路章程请办者,概不准行。

一、东三省、山东、龙州三处矿路事务,均与交涉相关。此后无论华洋股分,概不得援案办理。

一、矿、路本系两事,准分办,不准合办。凡铁路公司所有沿路开矿章程,不得援案请办。即矿山准造支路到水口,以便载运矿产,亦只准造至最近水口,并不得搭客载货,暗占铁路利益。其有应造支路运矿之处,并须先行绘图,报明本总局查核。

一、凡承办矿路,俱须设立学堂,以为储材之地。业已奏明通行,自应一律照办。

一、各省绅商有递呈该省地方官,请办矿路事宜者。该地方官先察其人。如果公正可靠,家资殷实,其所请办,无背奏定章程,即咨报总局核夺办理,不得率行批准。其有在总局递呈者,亦必咨查该绅原籍地方官,确实无疑,然后批准,以杜招摇等弊。

一、矿路公司勘定某处必经之地,应由地方官先谕,俾众周知,不得故意抗玩。至公司买地遇有庐墓所在,务当设法绕越,以顺民情而免争执,不

① 该章程由清朝矿务铁路总局主稿,总理各国事务衙门办理,并向中外声明通行。见(台湾)"中央研究院"近代史研究所编印:《矿务档》(一),第 45—49 页。

得勉强抑勒。

一、凡经总局批准承办矿路者，自批之日起，无论华股、洋股，至多不得过六个月。

一、批准开工，倘迁延未据呈报开办日期，所有批准之案作废。如实有意外之事，不在此列，亦须预行报明。

一、集股以多得华股为主，无论如何兴办，统估全工用款若干，必须先有己资及已集华股十分之三，以为基础，方准招集洋股或借用洋款。如一无己资及华股，专集洋股与借洋款者，概不准行。

一、借用洋款，必须先禀明总局，由局核定给予准照，该商方能有议借之权。仍声明商借商还，中国国家概不担保。其未准照，私与洋商议借者，虽称已经画押，总局概不作据。

一、公司借用洋款，议订草合同后，先送总局复核。如与总局奏定章程不符，仍不能以草合同作据，应饬令再议。如再议始终意见不同，可与他国商人另议。如洋商私相借贷，设有亏累，不得向总理衙门及总局控追。

一、设立公司，有准借洋款者，应照成案，由总局咨明总理衙门，照会该国驻京大臣照复后，方为定准。即洋商有情愿借款与该公司者，亦须禀明该国驻京大臣照会总署。由总署咨询本总局，是否准该公司订借洋款，照复后，方能作据。否则作为私借办理。

一、凡办矿路，无论洋股洋款，其办理一切权柄，总应操自华商，以归自主。惟该公司所有账目，应听与股洋商查核，以示公平。

一、有人兴办矿路，声称已集资本及股分若干者，应先将银款呈明验实，以杜冒混。

一、各省凡有矿路地方，必有借重地方官之处；如有地主阻挠工役、聚众等事，一经公司呈报该地方官，即妥为晓谕弹压，毋得推诿；尤应严禁胥役讹索情弊。如不切实保护，准公司呈诉总局，查实奏参。

一、凡公司彼此争利，或他事有碍公司利权者，应就近由地方官持平判断，免致两伤。或因判断不公，准禀由总局详细核办，以示保护。如系华洋商彼此争执，应由两造各请公正人理论判断；倘实判断不服，准其另邀局外人秉公调处，两国国家不必干预。

一、凡矿路所用洋人，前往各处勘验，应责成地方官切实保护，不得推诿。倘遭意外之虞，惟该地方官是问。

一、华人承办矿路，独力资本至十万两以上，查明实已到工，办有成效，或出力劝办，实系华股居半者，应照劝办赈捐之例，请给予优奖，以广招徕。

一、无论督办集股，均唯专利。至年限长短，临时查看资本轻重，获利难易，再行酌定。

一、铁路经过地方，应设关征税，及矿产出井、出口各税，应由总局会同户部另定专章，奏明办理。至盈余归公之款，铁路应按十成之四，矿务应按十成之二五，提出缴部。

一、各公司一切情形及账目等事，应听总局随时调查，或派人前往阅看。

一、各处矿路所有现行一切细章，统应汇送总局核定。局中另缮表谱格式，分行各省。所有各公司，办理矿路情形，应于每年年终如式填写，送总局查核。

中俄《改订华俄合股瑷珲商号煤矿合同》[①]

光绪二十五年正月二十八日（1899 年 3 月 9 日）

哈尔滨

一、前次张志清、李文展二人承办黑龙江副都统所辖赫尔沁阿林沟煤矿公司一处，因欲疏通销路，时有俄商纪风台、卢宾诺夫二人愿为帮同疏销，因之合为四股伙同办理。此系商家之事，并不与各该国国家相涉。

二、既因疏通销路作为四股合办，允宜同心协力，不得少有异言。当议定中国黑龙江城煤矿公司字样，以取信于中外，凡售煤，票章照此为凭。

三、俄界各轮船以及机器各厂，华俄铁路，凡有购用煤斤至于厂中，雇募矿师，采煤规法有所需机器及布置销路、码头、修造栈房各事，均责成卢宾诺夫为总张罗人，妥实料理，然必予先同众商妥，始可照办。凡事公司须订立合同。

四、厂中花费各项之款，四股按期均摊。或款项不敷之处，可由卢宾诺夫向银行、富商挪借，务先与四家商妥，再为照办。至于一切往来账目，各厂事宜，除卢宾诺夫录账外，仍归公司经营给值。每年终核算大账，在股者均齐集公司结总，各给清单一份。

五、售煤若干，得价若干，先交公司收账，再由永和公、鼎盛昌、卢宾诺夫三人经手各录账外，随时送交银行。生息不准私自动用；惟税课拟定每吊按五个各别抽纳，随归征税局查收，以重官款，不准延欠。

六、俄界倘有公事，交卢宾诺夫承办。中国地方如有公事，归永和公、鼎盛昌承办。彼此商妥，互相办理，以俾矿务有益。

七、黑龙江辖境内如另踩出煤矿，均由张志清、李文展等同推广开办。倘有为难之处，邀卢宾诺夫亲往指点，以便设法办理，或派矿师及熟悉矿务之人亦可。若张、李等人请假回家，抑或往他处有事，必须拣派董事之人替

① 步平、郭蕴深、张宗海、黄定天编著：《东北国际约章汇释》，黑龙江人民出版社，1987 年，第 184—187 页。

管,总期同心勤俭办理。如钱财谁号舛错,应归谁号包补。

八、卢宾诺夫管理事务,如有别的私事,三灾八难,准其另请替手,用人几名自己开销工食,与公司无干。公中钱财,如有舛错,归卢宾诺夫照数包补。替换新手必先领到公司,见面认识,以便办事。

九、煤矿公司四家股友至年终分别勤劳酌给辛力银两;各厂执事人,大众公议,到厂之日拨给。惟卢宾诺夫薪水,俟开办之日起,再公议拨给。如雇矿师及机器匠等人,工食银由卢宾诺夫酌拨。其余各厂人工,由大众公拨。至年终算账,准以厚积。余款另存银行,以备紧要杂费鼓励之用。一体遵照现订合同办事。

十、黑龙江副都统辖境内阿林沟煤矿公司系由永和公、鼎盛昌两号商人出名承办,已经将军衙门奏明有案。所有应管事务,自应由永、鼎两号商人出头承办,别人不得干预。

十一、煤矿公司续入俄商纪凤台、卢宾诺夫两股友,原为疏通俄界销路而入,自应永远同心合伙办理。此外,再不准续入俄股,以免股友众多,意见分歧之弊。倘纪凤台、卢宾诺夫以后无力操持,准转兑别人接理,必须商妥有可信服之人方准。

十二、矿务之股分,如果纪、卢二人百年后,准以后嗣接续。惟永、鼎两号执事人准其请号轮流调派,均照旧章办理。

十三、本公司自立此疏通销路合同后并无反悔,永远以华文为证,附贴俄文。后人照此行事,恐口无凭,立此合同为据。原根存煤矿公司,照此字样,四家各执一份。

十四、此合同议定后,将须在中国地方衙门画押盖印,方足为凭。

中德《萍乡煤矿借款合同》①

光绪二十五年二月二十八日（1899 年 4 月 8 日）

上海

一、为萍乡煤矿公司，合同中称煤矿公司。

一、为轮船招商局督办铁路盛大臣，合同中称保人。

一、为上海礼和洋行，合同中称礼和。

盛大臣因于光绪二十四年三月二十八日奏奉谕旨督办江西萍乡地方煤矿等处；又因盛大臣凑集股本，设立煤矿公司开采煤斤；又因煤矿公司已购有地基，并备资本购买应用地基，以便办理以上所指各事；并备资本开矿造路，以及购置中国自有材料，惟商请礼和襄助代办外国矿机、炼焦炉、洗煤机或生铁炉等项；又因礼和亦愿效力，是以彼此订定条款列左：

一、各种开煤矿机或生铁炉等，煤矿公司开明交代礼和，礼和即应从速购办，其机炉料件价值，仍先由两造商定，总归最公道价值，煤矿公司照价核算，先付定银五厘，其余礼和代垫，惟不得过三百万马克之数，即照以下所定垫款章程办理。

二、礼和所垫之款，不折不扣，亦无经手费，长年七厘行息，照后粘本、息期单，每半年一付。致所垫全款，应于十二年内匀摊还清，亦照后粘本、息期单，每半年一付。第一次摊还本银系在一千九百零一年七月一号，煤矿公司须按期续付，不得改早改迟。

三、到期应付息、本，均须缮刊借票，加盖煤矿公司钤记，并由保人允办，兼盖保人所用之钤记。

四、借票所载息、本之数，均用马克按期在上海付银，照该日之德国马克电报汇价核算。

五、借票照上款所订刊盖后，当由煤矿公司交给礼和，并照此约之第一

① 陈旭麓、顾廷龙、汪熙主编：《汉冶萍公司——盛宣怀档案资料选辑之四》（二），上海人民出版社，1986年，第96—99页。

款,将应用矿机或生铁炉等件交礼和代办。煤矿公司与礼和另立来往账簿,以煤矿公司所出款本借票作为煤矿公司付入礼和之银,随时所交到矿机炉件等价,作为煤矿公司所欠礼和之银。机炉等件未曾办齐之前,礼和应随时照未经扣除之数,给还煤矿公司长年四厘之息。机炉等件办齐之后,并别种机料照下列之第十二款中所订办齐之后,即将煤矿公司付入之数与礼和所办物价互相核对,若煤矿公司付入之数尚有多余,则礼和核算多余若干,将煤矿公司所出付期最后之借票若干注销退还,先销退本票,再销退息票,或再有尾数,则煤矿公司以现银付礼和,或礼和以现银付煤矿公司,俾礼和所办物价与煤矿公司所出借票,两数核准,毫无参差。

六、除以上所指三百万马克外,礼和另借一百万马克现银,准于此约签定借票交与礼和,即行兑交,仍照此约之第二、三、四款办理。惟煤矿公司准礼和先扣回用钱五厘。督办盛大臣并俯准将烟台缫丝厂(即华丰丝厂)全厂所出之货,交礼和经理售卖,始于一千九百年七月,终此约期内,如果该丝厂有人欲买,而盛大臣亦愿售出,若礼和肯出一样价值,须先尽礼和。

七、中国招商局允保礼和垫款四百万马克之息、本,其息、本未曾付还以前,不将所有在上海洋泾浜南北之地皮、栈房以及各项产业出售与人,或向人借钱,或抵押于人。设使于合同期内,万一须将以上所指房地产业出售或抵押与人,则应酌提若干,缮契抵押于礼和,足敷保实该时尚欠礼和垫款息、本之数。

八、煤矿公司所出借票,倘有一次逾期三个月不付,则所有未到期之还本借票,无论系何年月,均作到期之票,同时向煤矿公司索还本款,其息则仍长年七厘,按期收取,并准礼和掌理煤矿公司所有产业、铁路等项,并遵照中国政府现在及将来所给该煤矿公司之利权开采煤斤、驶行煤矿轮车,俟本款付清后,再行交还煤矿公司。然合同虽载此款,礼和仍能向保人索偿,即与合同未载此款一样。

九、(一)此约期内,煤矿公司所需办理矿务西人,均须礼和商允方能雇用。(二)此约期内,将来煤矿公司所添一切外洋开矿料件,以及煤矿铁路料件,均归礼和照最公道之价值承办,不得由别行、别人经理。(三)礼和将此约办妥之前,设有战务,应准礼和暂停办理,一俟平静,再行续办。

十、煤矿公司并保人与礼和议定:所有煤矿公司或保人,或礼和所备资本之已开及将来拟开各矿矿产,而锑(即安底蒙尼)、锌(即白铅)、水银并黑铅、银等，如运外洋，均归礼和经理。

十一、此约遇有句语欠明争论之处，应照英文字义解说为准。

十二、如礼和允垫之购买料件银三百万马克，除煤矿公司所需料件购备外，所有多余，尽听盛大臣购买各种料件，为办理别处厂矿所用，仍照此约由礼和承办。

十三、煤矿公司准礼和将此合同呈请德国驻京大臣，照会总理各国事务衙门存案。

此合同共缮四份，礼和执三份，萍乡煤矿公司执一份。

大清督办铁路总公司大臣头品顶戴大理寺少堂盛（亲笔签名）宣怀（盖章）。

德商礼和洋行（洋文签名）。

（关防印）督办湖北铁厂事宜关防（萍乡煤矿公司属于铁厂，故用此印）。

光绪二十五年二月二十八日

一千八百九十九年四月八号

中英《路透局试办新闻报务暂定章程》①

光绪二十五年四月初十日（1899 年 5 月 19 日）
北京

一、中国政府如有官信息，须传至别国，可托路透局办理。

二、代传官信，由北京至伦敦之费，归中国承认。其由伦敦至欧洲各国及美国之费，归路透局自给。

三、凡关涉或有益于中国之国事信息，路透局允搜罗转告中国，或用电报，或由邮寄，其费归中国承认。如伦敦总局每七日应将欧美关涉中国之国事情形，摘叙函告。又各大报馆载述之有关系中国者，皆裁剪邮寄。其原文非英法文者，则照译英文附寄。

四、凡机密信息，应告知中国驻英钦差，转达政府。如中国政府愿意，亦可用密码迳达路透北京经理人，即告中国政府，或其所派之人。该经理人在北京如有信息，亦告知中国政府，或其所派之人。

五、路透派驻北京及中国别省之经理人，皆应尽力帮助中国政府。

六、中国政府允派一历练可信之人，管理收接及翻译各项信息，以期此举有效。

七、中国允每年酬贴英金五百镑，计试办六个月，应酬二百五十镑。开办之月之第一日，先付一百二十五镑。第四个月之第一日，付一百二十五镑。

右呈总理衙门。

西历一千八百九十九年五月十九号

光绪二十五年四月初十日

路透特派访事人顾文

路透北京经理人辉道尔

---

① （台湾）"中央研究院"近代史研究所编印：《海防档》丁编，第 2087—2088 页。

中德《山东沂属教案议结合同》①

光绪二十五年五月十九日(1899年6月26日)
济南

　　大清国钦命二品顶戴山东分巡兖沂曹济黄河兵备道彭虞孙,大清国、大布国、大巴国钦赐二品顶戴二等宝星头等宝星子爵主教管理山东南界教务安治泰,为会商酌议事。

　　窃照沂属教案,前奉抚院令由本道会同本主教商办等因。兹将会议办法六条,开列于后:

　　一、兰、郯、费、莒、日五州县教堂毁失房舍、财物,合银二万二千三百七十两,交由本主教自行经理。其教民毁失房舍、牲畜、财物,合银四万九千九百五十两;又杀毙人口每名给银四百两,伤重者给银二百两,伤轻给银一百两,合银五千五百两。此二款均交由各该地方官,会同教士散放。所有各该地方官绅垫发之款,即由此项发款内自行如数扣还。以上三款,另立细数清单附后。

　　一、此次偿恤之后,沂属五州县教案作为了结。所有前与教民互相生事之人,由地方官查拿惩办。本道断不因案已了结,置之不问。

　　一、教民既得恤款,各自安业,不得寻衅复仇。倘有杀人抢夺及被人控告词讼等事,与教堂无干者,由地方官照中国例查拿讯办,教堂决不干预。

　　一、德兵带去日照绅士五人,自定约后,由本主教电请叶提督即行放回。俟接释放来电,即兑清偿恤各款。

　　一、兰山韩村焚烧房物伤毙人命,暨日照轰毙于姓,德国无端起衅,实与条约不合,本主教殊为惋惜。惟与教中无涉,如何偿恤,应由中国派员与德官另行理论议结,以昭公允。

　　一、此次五州县偿恤之款,一并议定。沂水由该县自了,所有前索莒

---

　　① 中国第一历史档案馆、福建师范大学历史系合编:(中国近代史资料丛刊续编)《清末教案》第二册,第853—855页。另参见中国第一历史档案馆编辑部编:《义和团档案史料续编》上册,中华书局,1990年,第320—321页,文字有差异。

州、日照、沂水之四万四千一百两作为罢论。

以上六条,系会同商议,两相允洽,写立合同一样两纸,彼此盖印签字,分执完案。所有偿恤银七万七千八百二十两,解由沂州府衙门分别发给。合并登明。

附录:《山东沂属教案议结恤银清单》

光绪二十五年五月十九日(1899 年 6 月 26 日)

济南

沂属教案偿恤清单。

计开:

兰、郯、费、莒、日五州县教堂毁失房舍、财物合银二万二千三百七十两。

兰山县教民七十五家,毁失房舍、牲畜、财物合银四千两。官绅垫款一千一百二十两在内。

郯城县教民二百三十二家,毁失房舍、牲畜、财物合银一万六千二百两。六大家恤款银三千四百两在内。

费县教民九十九家,毁失房舍、牲畜、财物合银八千三百两,官垫银三百两在内。

莒州教民一百九十七家,毁失房舍、牲畜、财物合银一万五千四百五十两,官垫银一千四百五十两在内。

日照县教民一百零四家,毁失房舍、牲畜、财物合银六千两。

兰山县杀毙教民三名,每名给银四百两,合银一千二百两。

郯城县杀毙教民七名,每名给银四百两。又伤重一名,给银二百两,伤轻一名,给银一百两,合银三千一百两。

费县杀毙教民三名,每名给银四百两,合银一千二百两。

以上共银七万七千八百二十两。

中日《天津日租界各段地价条约》①

光绪二十五年六月初一日（1899年7月8日）

天津

今将天津日本租界地价，由两国官员公同商议，并照条约邀集公正人当场公议，分别等第凡四等、十二段，每等约百丈，每段约三十三丈三尺，所定价值开列于左：

第一等：

第一段　沿河高地每亩七百两；平地每亩三百七十两；洼地二百五十两；坑地一百五十两。

第二段　高地三百七十两；平地三百三十两；洼地二百十两；坑地一百二十两。

第三段　高地三百三十两；平地三百两；洼地一百七十两；坑地一百两。

第二等：

第一段　高地三百两；平地二百五十两；洼地一百三十两；坑地八十两。

第二段　高地二百五十两；平地二百十两；洼地一百二十两；坑地七十两。

第三段　高地二百十两；平地一百八十两；洼地一百两；坑地六十两。

第三等：

第一段　高地二百两；平地一百五十两；洼地八十两；坑地五十两。

第二段　高地一百五十两；平地一百十两；洼地六十两；坑地四十两。

第三段　高地一百十两；平地七十两；洼地五十两；坑地三十两。

第四等：

第一段　高地八十两；平地六十两；洼地四十两；坑地二十两。

---

① 天津档案馆、南开大学分校档案系编：《天津租界档案选编》，第196—197页。

第二段　高地七十两；平地五十两；洼地三十五两；坑地十五两。

第三段　高地六十两；平地四十两；洼地三十两；坑地十一两。

凡在第一等地内木厂堆木之地，由日本领事官于每亩酌加津贴费银八十两。

查正东与西北洼坑之地价，正东人烟辐辏，西北地方偏僻，应有分别。今以福音堂至溜米厂八十五丈之处，向南划一直线至土墙止，均以八十五丈为度，直线以东洼坑之价，照右开计算；线外西北洼坑之地价照右开减一等计算。譬如第一等第一段之地，照第一等第二段之价减算，余以此类推，推至第四等，末段洼坑无可再推，即照原定价目算计。每段中以何处为平地，俟两国官员邀集公正人会勘评定，所有价银照向章按行平化宝付给。

大日本明治三十二年七月八日　驻津领事官郑

大清光绪二十五年六月初一日　津海关道李

中外《海牙国际和平会议最后文件》[①]

光绪二十五年六月二十二日(1899 年 7 月 29 日)

海牙[②]

由全俄罗斯皇帝陛下本着崇高的人道主义精神召集的国际和平会议,承荷兰女王陛下政府的邀请,于 1899 年 5 月 18 日在海牙森林王家大厦举行。

下列国家参加了会议并各派代表如下:

德意志:

全权代表为德国驻巴黎大使门司特伯爵阁下,

第二代表为慕尼黑大学教授斯坦格尔男爵,

学术代表为法律顾问、柯尼斯堡大学教授佐恩博士,

专门代表为步兵第五团司令格劳斯·冯·施瓦茨霍夫上校,

专门代表为驻巴黎大使馆海军武官西格尔海军上校;

奥地利—匈牙利:

首席全权代表为特命全权大使韦尔斯海姆伯爵阁下,

第二全权代表为驻海牙特命全权公使亚历山大·奥高利桑尼·冯·道谷利茨纳,

副代表为大使馆参赞、外交部长办公室主任甘当·梅雷·冯·卡博斯—梅尔,

副代表为维也纳大学教授亨利·拉马煦,

副代表为总参谋部陆军中校维克托·冯·顾伯克,

副代表为海军上校斯坦尼斯拉斯·索尔蒂克伯爵;

① 第一次海牙国际和平会议中签订的各公约的中文译名,各档案与公约汇编集略有出入,例如薛典曾、郭子雄编:《中国参加之国际公约汇编》(上海商务印书馆,1937 年);章进主编:《中国外交年鉴(民国二十二年)》(上海生活书店,1934 年)等。此处主要采用世界知识出版社编译:《国际条约集》(1872—1916)(世界知识出版社,1986 年)中的译名。

② 该约译自法文本,见斯科特编:《1899 年和 1907 年海牙和平会议报告书》,第 62—78 页。转引自世界知识出版社编译:《国际条约集》(1872—1916),第 165—172 页。

比利时：

全权代表为国务大臣、众议院议长奥古斯特·皮尔那尔阁下，

全权代表为驻海牙特命全权公使德·格雷尔·罗吉尔伯爵，

全权代表为参议员戴刚；

中国：

首席全权代表为驻圣彼得堡特命全权公使杨儒，

第二代表为陆征祥，

第三代表为胡维德，

副代表为公使馆参赞何彦升；

丹麦：

首席全权代表为驻伦敦特命全权公使毕勒，

第二全权代表为炮兵上校、前陆军大臣冯·施纳克；

西班牙：

首席全权代表为前外交部长特图安公爵阁下，

全权代表为驻布鲁塞尔特命全权公使拉米雷·特·维拉·厄鲁西亚，

全权代表为驻海牙特命全权公使阿瑟·特·巴甘，

副代表为西班牙驻比利时公使馆武官、上校赛拉罗伯爵；

美利坚合众国：

全权代表为美国驻柏林大使安德鲁·怀特阁下，

全权代表为纽约哥伦比亚大学校长塞茨·洛，

全权代表为驻海牙特命全权公使斯坦福·纽维尔，

全权代表为海军上校艾尔弗雷特·马汉，

全权代表为炮兵上尉威廉·克罗泽，

代表兼代表团秘书为纽约律师弗雷德里克·霍尔斯；

墨西哥合众国：

全权代表为驻巴黎特命全权公使德迈尔，

全权代表为驻布鲁塞尔驻办公使芮尼尔；

法兰西：

首席全权代表为前总理、前外交部长、众议员利昂·布尔乔亚，

第二全权代表为驻海牙特命全权公使乔奇·皮乌尔，

第三全权代表为全权公使、众议员台斯都耐尔·德·康斯坦男爵，

专门代表为陆军准将慕尼埃，

专门代表为海军少将毕福，

专门代表为巴黎大学法学院教授、外交部法律顾问路意·雷诺；

大不列颠和爱尔兰：

首席全权代表为陛下枢密院成员、联合王国驻华盛顿特命全权大使朱利安·庞斯福特爵士阁下，

第二全权代表为驻海牙特命全权公使亨利·霍华德爵士，

专门代表为海军中将约翰·费希尔爵士，

专门代表为少将阿德爵士，

副专门代表为驻布鲁塞尔兼驻海牙武官、陆军中校阿·戈尔；

希腊：

全权代表为前总理、前外交大臣、驻巴黎特命全权公使德耶尼；

意大利：

首席全权代表为参议员、意大利驻维也纳大使倪格拉伯爵阁下，

第二全权代表为驻海牙特命全权公使柴尼尼伯爵，

第三全权代表为意大利国会议员基多·庞皮兰，

专门代表为陆军少将路易·米卡利，

专门代表为意大利驻伦敦大使馆海军武官、海军上校奥古斯特·皮昂古；

日本：

首席全权代表为驻圣彼得堡特命全权公使林董男爵，

第二全权代表为驻布鲁塞尔特命全权公使本野一郎，

专门代表为陆军大佐上原勇作，

专门代表为海军大佐阪本俊笃，

专门代表为东京陆军大学和海军学校国际法教授有贺长雄；

卢森堡：

全权代表为国务大臣、大公国政府总理艾森阁下，

全权代表为驻柏林代办维雷伯爵；

门的内哥罗：

全权代表为枢密顾问、俄国驻伦敦大使阿克图尔·斯达尔；

荷兰：

全权代表为前外交大臣、下院议员冯·卡恩皮克，

全权代表为前陆军大臣、国务委员顿·皮尔·波尔都加，

全权代表为国务委员阿赛，

全权代表为上院议员拉宇森，

专门代表为荷兰海军参谋长、海军上校塔德马；

波斯：

首席全权代表为驻圣彼得堡和斯德哥尔摩特命全权公使、侍从将军米尔柴·里柴·汗，

副代表为驻圣彼得堡公使馆参赞米尔柴·萨马·汗；

葡萄牙：

全权代表为上议院议员、前海军和殖民地大臣、驻马德里特命全权公使德·马西多伯爵，

全权代表为上议院议员、驻圣彼得堡特命全权公使道尔纳拉斯·范斯孔赛罗斯，

全权代表为驻海牙特命全权公使德·赛里尔伯爵，

专门代表为海军上校奥古斯特·德·卡斯蒂乌，

专门代表为总参谋部上尉艾·道纳拉斯；

罗马尼亚：

首席全权代表为驻柏林特命全权公使亚历山大·贝尔蒂孟，

第二全权代表为驻海牙特命全权公使让·伯皮努，

专门代表为陆军部炮兵局局长、侍从上校君士坦丁·康达；

俄罗斯：

全权代表为枢密顾问、俄国驻伦敦大使斯达尔阁下，

全权代表为枢密顾问、帝国外交部常任顾问马顿斯，

全权代表为国务委员、侍从大臣、外交部第一局局长德·巴西里，

专门代表为国务委员、财政部驻法国特派员拉法罗维奇，

专门代表为总参谋部上校参谋吉林斯基，

专门代表为近卫炮兵上校巴兰采夫，

专门代表为海军上校、俄国驻法国海军特派员谢因，

专门代表为海军中校、法学教授奥弗钦尼科夫；

塞尔维亚：

全权代表为驻伦敦和海牙特命全权公使米亚多维奇，

全权代表为驻采蒂涅特命全权公使马欣上校，

副代表为贝尔格莱德大学法律系教授瓦斯拉夫·韦利考维奇博士；

暹罗：

首席全权代表为驻圣彼得堡和巴黎特命全权公使披耶·苏里耶·努瓦特，

第二全权代表为驻海牙和驻伦敦特命全权公使披耶·维苏达·苏里耶·沙克迪，

第三代表为公使馆参赞高拉吉奥尼·道勒里，

第四代表为暹罗驻比利时总领事爱德华·罗林；

瑞典和挪威：

全权代表为驻意大利特命全权公使彼尔德特男爵；

瑞典：

专门代表为近卫军第一联队长勃兰斯特朗上校，

专门代表为海军上校德·约哈马；

挪威：

专门代表为众议院立法委员会主任委员古诺夫，

专门代表为陆海军军医总监、陆军少将索罗；

瑞士：

全权代表为驻柏林特命全权公使阿诺尔·罗特，

代表为国会议员阿诺尔·孔士里上校，

全权代表为国会议员爱德华·奥蒂埃；

土耳其：

首席全权代表为前外交部长、国务委员会委员突干·帕夏阁下，

全权代表为外交部秘书长努里·贝，

全权代表为总参谋部陆军少将参谋阿布杜拉·帕夏，

全权代表为海军少将穆罕默德·帕夏；

保加利亚：

首席全权代表为驻圣彼得堡外交特派员季米特利·斯坦西霍夫博士，

第二全权代表为驻贝尔格莱德陆军武官克里斯托·赫萨布切夫少校。

在 1899 年 5 月 18 日至 7 月 29 日召开的一系列会议期间，上述与会

代表始终希望会议尊敬的倡导者的崇高理想和各有关政府的意愿得以全部实现,会议议定了下列公约和宣言的案文,提交各全权代表签署并附在本文件之后:

一、和平解决国际争端公约。

二、陆战法规和习惯公约。

三、关于 1864 年 8 月 22 日日内瓦公约原则适用于海战的公约。

四、三项宣言:

(一)禁止从气球上或以其他新的类似方法投掷投射物和爆炸物宣言。

(二)禁止使用专用于散布窒息性或有毒气体的投射物的宣言。

(三)禁止使用在人体内易于膨胀变扁的投射物,如外壳坚硬而未能全部包住弹心或外壳上刻有裂纹的子弹的宣言。

上述公约和宣言各自构成单独的文件。这些文件均以本日为签订的日期,并可由出席海牙国际和平会议的各国全权代表于 1899 年 12 月 31 日以前签署。

会议本着同样的精神,一致通过了如下决议:

会议认为限制目前世界负担沉重的军费,对人类物质和精神福利的增进将大有裨益。

此外,会议表示了下列愿望:

一、会议考虑到瑞士联邦政府为了修改日内瓦公约所作出的预备性步骤,表示可以在短期内采取步骤召开一次旨在修改这个公约的特别会议的愿望。

此项愿望被全体一致通过。

二、会议表示可以将中立国的权利和义务问题列入下次会议的计划内的愿望。

三、会议表示关于步枪和海军大炮的问题,正如会议所审查的那样,可以由各国加以研究,以求就新型和新口径的武器的使用,达成协议的愿望。

四、会议表示可以由各国政府考虑到会议上所提出的建议,就达成关于限制陆、海军兵力和军事预算的协议的可能性进行研究的愿望。

五、会议表示可以将旨在宣布海战中私有财产不受侵犯的建议提交下次会议研究的愿望。

六、会议表示可以将解决海军炮轰港口、城市和村庄问题的建议提交下次会议研究的愿望。

后五项愿望除了几票弃权外，被全体一致通过。

各全权代表在本文件上签字盖章，以昭信守。

1899 年 7 月 29 日订于海牙，正本一份存于外交部，经核证无误的副本应分发出席会议的各国。

中外《和平解决国际争端海牙公约》①

光绪二十五年六月二十二日（1899 年 7 月 29 日）②
海牙

德意志皇帝、普鲁士国王陛下，奥地利皇帝、波希米亚国王、匈牙利奉圣国王陛下，比利时国王陛下，中国皇帝陛下，丹麦国王陛下，西班牙国王陛下和代表国王的摄政女王陛下，美利坚合众国总统，墨西哥合众国总统，法兰西共和国总统，大不列颠和爱尔兰联合王国女王、印度女皇陛下，希腊国王陛下，意大利国王陛下，日本天皇陛下，卢森堡大公和拿骚公爵殿下，门的内哥罗亲王殿下，荷兰女王陛下，波斯皇帝陛下，葡萄牙和阿尔加维国王陛下，罗马尼亚国王陛下，全俄罗斯皇帝陛下，塞尔维亚国王陛下，暹罗国王陛下，瑞典和挪威国王陛下，瑞士联邦委员会，奥斯曼皇帝陛下和保加利亚亲王殿下，

在维持普遍和平的强烈愿望的激励下；

决心竭尽全力促进国际争端的友好解决；

认识到文明国家集团各成员国的联合一致；

愿意扩大法律的适用范围和加强国际正义感；

深信在各独立国家之间设立一个各国均能参加的常设仲裁法庭将对达到此目的作出有效的贡献；

考虑到仲裁程序的普遍和正常组织的优越性；

同意国际和平会议尊敬的发起人的主张，即公平和正式的原则是国家安全和各国人民福利的基础，最好载入一项国际协定中；

愿意为此目的而缔结一项公约，各派全权代表如下：

---

① 译自法文本，见斯科特编：《1899 年和 1907 年海牙和平会议报告书》，第 80—109 页。转引自世界知识出版社译：《国际条约集》（1872—1916），第 172—186 页。

② 此为议定海牙国际和平会议各项文件的时间。光绪二十五年十一月廿五日（1899 年 12 月 27 日）由杨儒等代表中国在该约上签字；光绪三十年三月初十日（1904 年 4 月 25 日）清廷批准加入该约；而中国正式完成该约的批准手续并接到荷兰政府通知则是在光绪三十年十二月十二日（1905 年 1 月 17 日）。参见薛典曾、郭子雄编：《中国参加之国际公约汇编》，第 961 页。

（各全权代表名单略）

上述全权代表互相校阅全权证书认为妥善后，议定条款如下：

第一编　普遍和平的维持

第一条，为了在各国关系中尽可能防止诉诸武力，各缔约国同意竭尽全力以保证和平解决国际争端。

第二编　斡旋和调停

第二条，各缔约国同意，遇有严重分歧或争端，如情势允许，在诉诸武力之前应请求一个或几个友好国家进行斡旋或调停。

第三条，不论有无此项请求，各缔约国认为，由一个或几个与争端无关的国家在情势许可的情况下，主动向争端当事国家提供斡旋或调停，是有益的和可取的。与争端无关的国家，即使在敌对过程中，也有权提供斡旋或调停。争端的任一方绝对不能将此项权利的行使视为不友好的行为。

第四条，调停者的作用在于协调对立的要求并平息争端各国之间可能发生的不满情绪。

第五条，一俟争端的一方或调停者本身宣布他所建议的和解办法未被接受时，调停者的职能即告终止。

第六条，斡旋和调停，无论出自争端国的请求，或出自与争端无关的国家的主动，都只具有建议的性质，绝无拘束力。

第七条，接受调停，除非有相反的协议，并不具有中止、推迟或阻碍动员或其他战争准备措施的作用。如调停发生在敌对行为开始后，除非有相反的协议，进行中的军事行动无须停止。

第八条，各缔约国同意，在情势许可的情况下，建议适用一种特殊的调停，其方式如下：

遇有足以危及和平的严重纠纷时，争端各国各自选择一国并赋予与另一方所选择的国家进行直接联系的使命，以防止和平关系的破裂。此项使命的期限，除非有相反的协议，不得超过三十天。在此期限内，争端各国停止有关争端问题的任何直接联系，此项争端应视为已全部移交各调停国。调停国必须尽一切努力以解决纠纷。

遇有和平关系确已破裂时，这些国家均负有利用一切机会以恢复和平的共同任务。

第三编　国际调查委员会

第九条，凡属既不涉及荣誉，也不影响基本利益，而仅属对于事实问题意见分歧的国际性争端，各签署国认为，由未能通过外交途径达成协议的各方在情势许可的情况下，成立一国际调查委员会，通过公正和认真的调查，以澄清事实，从而促进此项争端的解决，是有益的和可取的。

第十条，国际调查委员会由争端各方通过一项专约组成。

调查专约规定需要调查的事实和委员的权限。

该专约规定调查的程序。

调查应听取双方的意见。

调查所应遵守的形式和期限，如调查专约无规定，应由委员会自行规定之。

第十一条，国际调查委员会的组成，除另有规定外，应遵照本公约第三十二条的规定。

第十二条，争端各国承允在它们认为可能广泛的范围内，向国际调查委员会提供对全面了解和正确估计有关事实所必需的一切手段和便利。

第十三条，国际调查委员会应向争端各国提出经全体委员签名的调查报告。

第十四条，国际调查委员会的报告仅限于查明事实，绝对不具有裁决的性质。由争端各国完全自由地决定对报告结果的处理。

第四编　国际仲裁

第一章　仲裁制度

第十五条，国际仲裁的目的是由各国自己选择的法官并在尊重法律的基础上，解决各国之间的纠纷。

第十六条，凡属法律性质的问题，特别是有关解释或适用国际公约的问题，各缔约国承认仲裁是解决通过外交途径所未能解决的纠纷的最有效也是最公正的方法。

第十七条，仲裁专约是针对已经产生或最后可能产生的争端而缔结的。它可以包括任何争端或只包括某一类的争端。

第十八条，仲裁专约的含义是对仲裁裁决诚心服从的一种承诺。

第十九条，不论一般条约或专门条约已明文规定各缔约国有诉诸仲裁的义务，各缔约国仍保留在批准本公约之前或之后缔结新的一般的或专门的协定的权利，以便把强制仲裁扩大适用于各缔约国可能认为提交仲裁的一切案件。

第二章　常设仲裁法院

第二十条,为便利将通过外交途径未能解决的国际争端立即诉诸仲裁,各缔约国承允组织的常设仲裁法院按照本公约所载程序规则随时可以投诉和开庭,除非当事国另有相反的规定。

第二十一条,常设仲裁法院对一切仲裁案件有管辖权,除非当事国之间另有成立特别法庭的协议。

第二十二条,在海牙成立一国际事务局作为仲裁法院的书记处。

事务局为法院开庭担任通讯的媒介。

事务局保管档案并处理一切行政事务。

各缔约国承允将它们之间达成的任何仲裁条件及由特别法庭作出的有关裁决,以经核证无误的副本尽速送交海牙国际事务局。各缔约国还承允将载明执行仲裁法院裁决的法律、规章和文件送交事务局。

第二十三条,各缔约国在各自批准本公约后的三个月内,应选定公认的精通国际法问题、享有最高道德声望并愿意接受仲裁人职责的人士至多四名。

被选定的人士应列入仲裁法院成员名单,由事务局负责通知各缔约国。

仲裁人名单的任何变更,应由事务局通知各缔约国。

两个或几个国家可以协商共同选定一个或几个成员。

同一人士得由不同国家选定为成员。

仲裁法院成员的任期为六年,期满可以连任。

遇有仲裁法院成员死亡或退休,应按照该人原任命的同样方式予以补缺。

第二十四条,当缔约国愿将它们之间发生的一项争端诉诸常设仲裁法院以求解决时,应在仲裁法院成员总名单中挑选仲裁人组成法庭以受理此项争端。

如当事国未能就仲裁法庭的组成直接达成协议,则按如下方式组成:

每一当事国任命两名仲裁人,再由这些仲裁人共同选择一名公断人。

如票数相等,公断人的选择应委托各当事国共同协议选定的第三国为之。

如对选择第三国问题未能达成协议,则每一当事国各自选定一不同的国家,公断人即由这样指定的各国共同选择。

法庭一经组成,当事国应将它们诉诸法院的决定和仲裁人的姓名通知事务局。

仲裁法庭于当事国规定的日期开庭。

仲裁法院成员在执行职务和在外国期间,享有外交特权和豁免。

第二十五条,仲裁法庭一般设在海牙。除在必要情况下,只有在当事国同意下,法庭方得变更庭址。

第二十六条,海牙国际事务局被准许将其办公处所及职员提供缔约国,以供任何一个特定仲裁庭之用。

如当事国同意将争端提交法庭,常设仲裁法院的管辖范围可以在章程规定的条件内,扩大适用非缔约国之间、或缔约国和非缔约国之间发生的争端。

第二十七条,当两个或两个以上国家间有可能发生严重争端时,各缔约国认为它们有义务提请这些国家注意常设仲裁法院是对它们敞开的。

为此,各缔约国声明,对争端各国提请注意本公约的规定,和为了和平的崇高利益而建议诉诸常设仲裁法院这一事实,只能被视为是一种斡旋性质的行动。

第二十八条,由各缔约国驻海牙的外交代表和荷兰外交大臣作为主席所组成的常设行政理事会应于本公约至少有九国批准后,尽速在该市成立。

理事会负责组成国际事务局,并对它进行指导和监督。

理事会应将仲裁法院成立一事通知各国并为该院提供设备。

理事会应制订仲裁法院的程序规则及一切其他必要的规则。

理事会应就一切可能发生的涉及仲裁法院工作的行政问题作出决定。

理事会有全权处理事务局官员和雇员的任命、停职或撤职。

理事会规定薪金和工资并控制总的开支。

在正式召开的会议中,有五个理事的出席即可使理事会的讨论发生效力。决议案以多数票作出。

理事会应把它所通过的各项规章立即通知各缔约国。理事会并应把有关法院工作、行政事务和开支的年度报告提交各缔约国。

第二十九条，事务局的费用应按照万国邮政联盟国际事务局所制定的比例，由各缔约国负担。

第三章　仲裁程序

第三十条，为了促进仲裁的发展，各缔约国已就下列规则达成协议，这些规则将适用于仲裁程序，除非当事国另有协议。

第三十一条，诉诸仲裁的国家签订一项特别文件（仲裁协议），明白规定争端的事由和仲裁人的权力范围。此次文件的含义是当事国将真诚地服从仲裁裁决的承诺。

第三十二条，仲裁人职责可托付给当事国按照其意愿所指定或由当事国从按本专约所创立的常设仲裁法院成员中挑选出来的一名或数名仲裁员担任。

如当事国未能通过直接协议组成法庭，则按下述方式组成：

当事国各自任命仲裁人两名并由这些仲裁人推选出公断人一名。

如票数相等，则公断人的选择应委托给当事国共同协议选定的第三国负责。

如对选择第三国问题未能达成协议，则每一当事国各自选定一个不同的国家，并由这样选定的国家共同推选出公断人。

第三十三条，如一国君主或国家元首被选为仲裁人，则仲裁程序由他决定。

第三十四条，公断人为法庭的当然庭长。

如法庭未设公断人，则由法庭自己任命庭长。

第三十五条，仲裁人中有一人死亡、退休或由于任何原因不能行使职务，则应按照其任命的方式予以补缺。

第三十六条，法庭的庭址由当事国指定。如未指定，则庭址设在海牙。

法庭庭址一经确定，除在必要的情况下，未得当事国的同意，不得变更。

第三十七条，当事国有权任命代表或特别代理人出席法庭，作为当事国和法庭的中间人。

当事国还有权委托其聘请的辩护人或律师出庭为自己的权利和利益辩护。

第三十八条，仲裁法庭决定它本身使用的语言以及准许在庭上使用的语言。

第三十九条,仲裁程序一般包括两个不同的阶段:书面辩护和口头辩论。

书面辩护指双方代理人各自向法庭成员和对方送达一切印缮的文件以及含有该案中所引用的论据的一切资料。此项送达应由仲裁法庭根据从第四十九条规定的形式和日期为之。

辩论是当事国在法庭上口头阐述其论据。

第四十条,当事国一方所提出的一切文件均须送达另一方。

第四十一条,辩论由庭长主持。

辩论只有在当事国同意下按照法庭的决定才能公开进行。

辩论应载入庭长委任的书记所作成的记录内。唯有此项记录才具有权威性。

第四十二条,书面辩论结束后,法庭在未得到当事国另一方同意下对当事国一方企图向法庭提出的一切新的文件和资料有权拒绝纳入辩论。

第四十三条,法庭可以考虑当事国的代理人或顾问提请法庭注意的新的文件或资料。

在此情况下,法庭有权要求出示此项文件或资料,但必须通知对方。

第四十四条,此外,法庭可要求当事国代理人出示一切文件并要求作出一切必要的解释。如遭拒绝,法庭应予记录在案。

第四十五条,当事国的代理人和辩护人得向法庭口头陈述他们认为对辩护他们的案件有益的一切论据。

第四十六条,他们有权提出异议和问题。法庭对这些问题的决定是最终的,以后不得进行任何讨论。

第四十七条,法庭成员有权向当事国的代理人和辩护人提出问题,并要求他们对可疑之点作出解释。

在辩论过程中,法庭成员所提出的问题或意见均不能视为整个法庭的意见或法庭成员的意见。

第四十八条,法庭有权解释在案件中引用的仲裁协定或其他条约以及国际法原则的适用问题。

第四十九条,法庭有权作出处理本案的程序规则,确定当事国每一方结束辩论的形式和日期,以及安排处理证据的一切手续。

第五十条，在当事国代理人和辩护人已全部提出支持他们诉讼的说明和证据后，庭长即宣告讨论结束。

第五十一条，法庭的审议不公开。

一切决定由法庭成员以多数票作出。

任何法庭成员拒绝参加表决时，应载入记录。

第五十二条，经多数表决的仲裁裁决应叙述所依据的理由。仲裁裁决应以书面作成，并由法庭每一成员签署。

表决时居于少数的法庭成员得在签署时载明他们的不同意见。

第五十三条，仲裁裁决应在当事国的代理人和辩护人到场或经正式传唤出庭情况下，在公开庭上予以宣读。

第五十四条，仲裁裁决经正式宣读并通知当事国的代理人后，争端即获最终解决，不得上诉。

第五十五条，当事国可在仲裁协定中保留申请复查仲裁裁决的权利。

在此情况下，除非有相反的协议，申请应向作出裁决的法庭提出。提出申请的唯一理由只能是由于一个新事实的发现，而它的性质对裁决本来有可能起决定性的影响，且截至辩论结束时，法庭本身以及申请复审的当事国都不知道。

复审程序只有在法庭作出决定后才能开始。该项决定应以明文确认新事实的存在，承认它具有前款规定的性质，并宣告申请可据此予以接受。

仲裁协定规定提出复审申请的期限。

第五十六条，仲裁裁决只对缔结仲裁协定的当事国有拘束力。

当涉及争端当事国以外的其他国家参加的某协定的解释问题时，前者应把它们所缔结的仲裁协定通知后者。后者中每国均有权参加诉讼。如其中一国或几国行使了这一权利，则裁决中所包含的解释对它们也同样具有拘束力。

第五十七条，每一当事国负担自己的费用，并平均分担法庭的费用。

一般条款

第五十八条，本公约应尽速批准。

批准书应交存于海牙。

每一批准书交存时应作成正式记录，其经核证无误的副本应通过外交途径，分送给出席海牙国际和平会议的所有国家。

第五十九条,出席国际和平会议的非签署国可以加入本公约。为此,它们应将其加入本公约的意愿书面通知荷兰政府,并由后者通知所有其他缔约国。

第六十条,对没有出席国际和平会议的国家加入本公约的条件将由缔约国随后的协议加以规定。

第六十一条,如一缔约国退出本公约,此项退出须以书面通知荷兰政府,并由该政府随即通知所有其他缔约国一年后才能生效。

此项退出只对通知退出的国家有效。

各全权代表在本公约上签字盖章,以昭信守。

1899 年 7 月 29 日订于海牙,正文一份,保存于荷兰政府档案库,经核证无误的副本将通过外交途径分送各缔约国。

(代表签字从略)

中外《海牙陆战法规和习惯公约》[①]

光绪二十五年六月二十二日(1899 年 7 月 29 日)[②]

海牙

（缔约各国元首称呼略）

考虑到，在寻求维护和平和防止各国间武装冲突的方法的同时，需同样注意到人们的愿望所无法扭转的某些事态可能招致诉诸武力的情势；

基于即使在这样极端的情势下，仍为人类的利益和日益增长的文明的需要而服务的愿望；

认为为此目的，修改一般战争法规和习惯，使其臻于更明确，或为其规定一定的界限，以尽可能减轻其严酷性是重要的；

在今天所持有的这些看法的鼓舞下，正如二十五年前，这些看法即已在 1874 年布鲁塞尔会议上由于远见卓识而受到支持；

本此精神，现通过了许多旨在确定和调整陆战惯例的条款；

依照缔约各国的意见，上述条款是出于在军事需要所许可的范围内为减轻战争祸害的愿望而制订的，旨在成为交战国之间以及交战国与居民之间关系的一般行为规则。

但是，现在还不可能对实践中所出现的一切情况制定一致协议的章程；

另一方面，缔约各国显然无意使未预见的情况由于缺乏书面的约定，就可以听任军事指挥官任意武断行事；

在颁布更完整的战争法规之前，缔约各国认为有必要声明，凡属他们通过的规章中所没有包括的情况，居民和交战者仍应受国际法原则的保护

---

① 该约章译自法文本，见斯科特编：《1899 年和 1907 年海牙和平会议报告书》，第 110—141 页。转引自世界知识出版社编译：《国际条约集》(1872—1916)，第 186—200 页。

② 此为议定海牙国际和平会议各项文件的时间。光绪二十五年十一月二十五日(1899 年 12 月 27 日)由杨儒等代表中国在该约上签字；光绪三十三年四月十二日(1907 年 5 月 23 日)清廷批准加入该约，而至光绪三十三年五月二日(1907 年 6 月 4 日)，中国全权特使陆征祥最终完成该约的签字手续。参见薛典曾、郭子雄编：《中国参加之国际公约汇编》第 961 页。

和管辖,因为这些原则是来源于文明国家间制定的惯例、人道主义法规和公众良知的要求。

缔约各国声明,尤其应从这个意义来理解业已通过的章程的第一条和第二条。缔约各国愿为此目的缔结一项公约,并任命各自全权代表如下。

(各缔约国全权代表名单略)

上列全权代表互相校阅全权证书认为妥善后,议定条款如下:

第一条,缔约各国应向本国陆军发出训令,务必遵守本公约附件《关于陆战法规和习惯的章程》的规定。

第二条,第一条所指章程各条款只对缔约国在它们之中两个或两个以上国家之间发生战争的情况下具有拘束力。

在缔约国之间的战争中,一俟一个非缔约国参加交战一方时,此章程的条款就失去拘束力。

第三条,本公约应尽速批准。

批准书应交存于海牙。

每次交存批准书应作成记录,其副本一份,经核证无误后,应通过外交途径送交全体缔约国。

第四条,非签署国可以加入本公约。

为此,非签署国加入时,应书面通知荷兰政府,并由该政府通知所有其他缔约国。

第五条,如一缔约国退出本公约,此项退出在书面通知荷兰政府并由该政府随即转致所有其他缔约国一年后方能生效。

此项退出只对发出退出通知的国家生效。

各全权代表在本公约上签名盖章,以昭信守。

1899 年 7 月 29 日订于海牙,正本一份,存于荷兰政府档案库,其副本经核证无误后,通过外交途径送交缔约各国。

(代表签字从略)

附录:《关于陆战法规和习惯的章程》

第一编　交战者

第一章　交战者的资格

第一条,战争的法律、权利和义务不仅适用于军队,也适用于具备下列条件的民兵和志愿军：

一、由一个对部下负责的人指挥；

二、有可从一定距离加以识别的固定明显的标志；

三、公开携带武器；

四、在作战中遵守战争法规和习惯。

在民兵或志愿军构成军队或军队的一部分的国家中，民兵和志愿军应包括在"军队"一词之内。

第二条，未占领地的居民在敌人迫近时，自动拿起武器以抵抗入侵部队而无时间按照第一条组织起来，如其尊重战争法规和习惯，应被视为交战者。

第三条，交战各方的武装部队可由战斗员和非战斗员组成。被敌人俘获时，两者均有权享受战俘的待遇。

第二章　战俘

第四条，战俘是处在敌国政府的权力之下，而不是在俘获他们的个人或军队的权力之下。

他们必须得到人道的待遇。

属于他们个人的一切物品，除武器、马匹和军事文件外，仍归他们所有。

第五条，战俘得被拘留在一个城镇、堡垒、兵营或其他地点，不得越出一定距离的界限；只有在作为一种必不可少的安全措施时才能对他们实行拘禁。

第六条，国家得按照战俘的军阶和能力使用战俘的劳动力。这种劳动不得过度并不得与作战有任何关系。

战俘得被允许为公共事业或私人或为他们自己的利益而劳动。

为国家作出的劳动，应按照本国士兵从事同样劳动所获报酬标准给予报酬。

为其他公共事业部门或私人而进行的劳动，其条件应与军事当局协议解决。

战俘的工资应用于改善他们的境遇，余款则在释放时扣去给养费后付给他们。

第七条，掌握战俘的政府负责战俘的给养。

如交战各方间没有专门协议，则战俘在食、宿、衣方面应受到与俘获他们的政府的部队的同等待遇。

第八条，战俘应服从掌握他们的国家的军队中现行的法律、规章和军令。对他们的任何不服从的行为应采取必要的严厉措施。

对脱逃的俘虏，在未能返归其本国军队或未能离开俘获他们的军队所占领的领土之前又被俘获时，应处以纪律惩罚。

曾经脱逃成功的战俘如再次被俘，不应由于前次脱逃而受任何惩罚。

第九条，每一战俘被询问时，应报告他的真实姓名和军阶，如违反这一规则，将丧失其本级别的战俘所应享受的待遇。

第十条，如战俘所属国家的法律许可，战俘得通过宣誓获得释放。在此种情况下，他们有义务以个人名誉为担保、对本国政府和对俘获他们的政府认真地履行他们所已经承担的保证。

在此情况下，他们的本国政府有义务不要求，也不接受他们的任何违反誓言的服务。

第十一条，战俘不得被强迫接受宣誓释放；同样，敌国政府也没有义务必须接受战俘要求宣誓释放的申请。

第十二条，任何战俘经宣誓释放后，如又持武器对曾向之作出荣誉担保的政府或其盟国作战，并再次被俘获时，即丧失战俘待遇并得送交法庭。

第十三条，不直接属于军队组成部分的随军人员，例如报社记者和通讯员、小贩、供应商，如落在敌军手中，而后者认为有必要予以拘留时，有权享受战俘待遇，但须带有他们所随军队的军事当局的证件。

第十四条，一旦战争开始，在交战各国，以及必要时在其境内收容交战者的中立国，应设立战俘情报局。该局的任务是答复一切有关战俘的询问，从各有关机构获取一切必要的情报，以便为每一战俘建立个人报表。该局应掌握战俘的拘留、迁移、入医院和死亡的情况。情报局也应负责接受和收集在战场上找到的、或在医院或流动医疗站内死亡的战俘所遗留的一切个人用品、贵重物品、信件等，并转交给有关人员。

第十五条，依照其本国法律正式成立旨在从事慈善行为的战俘救济团体，应为其本身和其正式派遣的代理人，在军事需要和行政规章所规定的范围内，从各交战国方面获得一切便利，以便有效地完成他们的人道主义任务。这些团体的代表们凭军事当局颁发的个人许可证，并在书面保证服从军事当局规定的一切治安和警察措施的条件下,得被允许在拘留营和遣返战俘的逗留地分发救济物资。

第十六条,情报局享受邮递免费待遇。寄交战俘或由战俘寄出的信件、汇票、贵重物品和邮包,无论在寄出地国、目的地国或途经的国家,均免除一切邮递费用。寄交战俘的赠品和救济实物应免除一切进口税和其他捐税以及国营铁路的运输费。

第十七条,被俘军官可获得依照本国规章并按其职务所发给的全部军饷,该款须由其本国政府偿还。

第十八条,战俘享有进行宗教仪式的自由,包括出席本人所信奉宗教的礼拜,唯一条件是遵守军事当局所规定的治安和警察措施。

第十九条,战俘遗嘱的接受或订立的条件与本国军人的条件相同。

关于战俘死亡证明的文件以及按照其等级与军衔办理丧葬,也应遵照同样规则。

第二十条,在媾和后,应尽速遣返战俘。

第三章　病员和伤员

第二十一条,交战国对病员和伤员的义务应遵照1864年8月22日日内瓦公约,但应遵守该公约的任何可能修改的规定。

第二编　敌对行为

第一章　伤害敌人的手段、包围和轰击

第二十二条,交战者在损害敌人的手段方面,并不拥有无限制的权利。

第二十三条,除各专约规定禁止者外,特别禁止:

甲、使用毒物或有毒武器;

乙、以背信弃义的方式杀、伤属于敌国或敌军的人员;

丙、杀、伤已经放下武器或丧失自卫能力并已无条件投降的敌人;

丁、宣告决不纳降;

戊、使用足以引起不必要痛苦的武器、投射物或物质;

己、滥用休战旗、国旗或敌军军徽和制服以及日内瓦公约所规定的标记;

庚、毁灭或没收敌人财产,除非此项毁灭和没收是出于紧迫的战争需要。

第二十四条,采用战争诈术和使用必要的取得有关敌人和地形的情报的手段应视为许可的。

第二十五条,禁止攻击或轰击不设防的城镇、村庄、住所和建筑物。

第二十六条,攻击部队的指挥官在准备轰击前,除了攻击的情况外,应尽可能向有关当局发出警告。

第二十七条,在包围和轰击中,应采取一切必要措施,尽可能保全用于宗教、艺术、科学和慈善事业的建筑物以及医院和病员、伤员的集中场所,但以当时不作军事用途为条件。

被围困者有义务用易于识别的特别标志标明这些建筑物或场所,并须事前通知敌方。

第二十八条,禁止抢劫即使是以突击攻下的城镇或地方。

第二章　间谍

第二十九条,只有以秘密或伪装方式在交战一方作战区内搜集或设法搜集情报,并企图将情报递交敌方的人方能视为间谍。

因此,没有伪装而深入敌军作战区搜集情报的军人不得被视为间谍。同样,因负责将信件递交本国军队或敌军而公开执行任务的军人和平民也不得被视为间谍。被派乘汽球递送信件或通常在军队或地方的各部份之间维持联络的人员亦属此类。

第三十条,当场逮捕的间谍不得未经预先审判而受到惩处。

第三十一条,重归所属部队而日后被敌方俘获的间谍,应作为战俘对待并对他过去的间谍行为不承担任何责任。

第三章　军使

第三十二条,由交战一方授权与另一方进行联系并持白旗前来的人员应被视为军使。他与随同来的号手或鼓手、旗手和译员均享有不受侵犯的权利。

第三十三条,被指明接受军使的指挥官并没有在任何情况下均须接待该军使的义务。该指挥官可以采取一切必要的措施,以防军使利用其使命刺探情报。

遇有滥用权利的情况,指挥官有权暂时扣留来使。

第三十四条,如有明显的无可争辩的事实证明,军使利用其特殊地位挑动或犯下叛卖行为,即丧失其不受侵犯的权利。

第四章　投降书

第三十五条,缔约国之间议定的投降书必须照顾军人荣誉的通例。

投降书一经确定,双方必须严格遵守。

第五章　停战

第三十六条,停战是交战双方通过相互协议停止战争行动。如没有规定停战的期限,则交战各方得随时恢复战斗,但应按照停战条件在议定的时间内通知敌方。

第三十七条,停战可以是全面的或局部的。前者为交战国间作战的全部停止,后者则是交战国的部分军队之间并在一定范围内作战的停止。

第三十八条,停战必须正式和及时通知主管当局和部队。通知发出后或到规定时间时,敌对行为必须立即停止。

第三十九条,关于在战区里交战者与居民之间以及交战者各方之间的联系,应由缔约双方在停战条款中予以规定。

第四十条,交战一方对停战的任何严重违犯,均使交战另一方有权废除停战协议,并有权在紧急情况下立即恢复敌对行为。

第四十一条,如因某些个人的行为违反了停战条款,受害的一方只可要求惩办违犯者个人,必要时,可要求赔偿损失。

第三编　在敌国领土内的军事当局

第四十二条,领土如实际上被置于敌军当局的权力之下,即被视为被占领的领土。

占领只适用于该当局建立并行使其权力的地域。

第四十三条,合法政权的权力实际上既已落入占领者之手,占领者应尽力采取一切措施,在可能范围内恢复和确保公共秩序与安全,并且除非万不得已,应尊重当地现行的法律。

第四十四条,禁止强迫被占领地居民参加反对其本国的军事行动。

第四十五条,禁止强迫被占领地居民向敌国宣誓效忠。

第四十六条,家庭的荣誉和权利、个人的生命和私有财产以及宗教信仰和活动,应受到尊重。

私有财产不得没收。

第四十七条,应正式禁止抢劫。

第四十八条,占领者在占领地内征收为其国家利益而确定的税捐、费用等,应尽可能按照现行征收规则和分配办法。占领者并因此有义务提供合法政府有义务提供的占领地所需的行政费用。

第四十九条,如在前条所指税捐以外,占领者在占领地征收其他现金捐税,则此项捐税应仅限于支付该地军队和行政的需要。

第五十条,不得因为个人行为,而对居民给以任何罚款和其他的一般性惩罚,居民对个人的行为并不承担连带的责任和由某几个人共同负责。

第五十一条,除非有书面命令和总司令负责,不得征收任何捐税。

此项征收必须尽可能依照现行征收和分配捐税的规则实施之。

对任何捐税必须向捐税人出具收据。

第五十二条,除非占领军需要,不得向市政当局或居民征用实物或劳务。所征实物或劳务必须与当地资源成比例,其性质不致迫使居民参加反对祖国的作战行动。

此项实物和劳务的征用只有在占领地区司令的许可下方得提出。

对实物的供给应尽可能用现金偿付,否则须出具收据。

第五十三条,占领军只能占有严格属于国家的现款、基金和有价证券、武器库、运输工具、货栈和供应品以及一般供作战用的一切属于国家的动产。

铁路器材、陆上电报、电话、不受海商法管辖的轮船和其他船舶、武器库以及一般地即使属于社团或私人的军火,都是可供作战之用的物资,但在媾和后必须归还,并予以补偿。

第五十四条,来自中立国的铁路器材,无论是该国国有或社团或私人所有,均应尽速送回。

第五十五条,占领国对其占领地内属于敌国的公共建筑物、不动产、森林和农庄,只是被视为管理者和收益的享用者。占领国必须维护这些产业并按照享用收益的规章加以管理。

第五十六条,市政当局的财产,包括宗教、慈善、教育、艺术和科学机构的财产,即使是国家所有,也应作为私有财产对待。

对这些机构、历史性建筑物、艺术和科学作品的任何没收、毁灭和故意的损害均应予以禁止并受法律追究。

第四编 在中立国拘留交战者和护理伤病员

第五十七条,中立国在其领土上收容交战国军队的部队,应尽可能在与战场有一定距离的地方予以拘禁。

中立国可以把他们监守于营地之中，甚至禁闭于堡垒或为此而设立的场所。

中立国决定军官是否可在宣告不经许可决不擅离中立领土的誓言下，给予行动自由。

第五十八条，如无特别协议，中立国对被拘禁者应提供食物、衣着以及符合人道主义的救助。

因拘禁而支出的费用应在媾和时予以偿还。

第五十九条，中立国可准许各交战国军队的伤病员通过其领土，但以输送伤病员的火车不得运载战斗人员和军用物资为条件。在此情况下，中立国有义务为此目的，采取必要的安全和监督措施。

交战国一方在此情况下把属于敌方的伤病员送到中立国领土后，应由中立国予以看守，务使他们不得再参加作战。中立国对托付给它的另一方军队的伤病员也应承担同样的义务。

第六十条，日内瓦公约适用于在中立国领土内被拘禁的伤病员。

中外《关于 1864 年日内瓦公约原则适用于海战的公约》①

光绪二十五年六月二十二日(1899 年 7 月 29 日)②

海牙

（各缔约国元首称呼略）

基于同样的热切的愿望，即在力所能及的范围内减轻战争中不可避免的祸害，并愿意为此目的，把 1864 年 8 月 22 日日内瓦公约的原则适用于海战，特决定缔结一项公约，为此各任命全权代表如下：

（各全权代表名单略）

上述全权代表互相校阅全权证书认为妥善后，议定条款如下：

第一条，军用医院船，即各国特别并专为救助伤者、病者和遇船难者而建造或装备的船只应得到尊重，并在敌对行为期间不得予以拿捕。

上述船只名称应于敌对行为开始或进行中，总之在使用之前通知各交战国。

此类船只停泊于中立国港口时也不能视同军舰。

第二条，全部或部分由私人或官方承认的救济团体出资装备的医院船，如其所属交战国已正式授予此项任务，并在敌对行为开始或进行中，总之在使用之前已将其船名通知敌国者，应同样受到尊重并免受拿捕。

此类船只须具备主管当局的证明书，载明在进行装备和最后出发时已受该当局的管辖。

---

① 该约章译自法文本，见斯科特编：《1899 年和 1907 年海牙和平会议报告书》，第 142—151 页。转引自世界知识出版社编译：《国际条约集》(1872—1916)，第 200—204 页。

② 此为议定海牙国际和平会议各项文件的时间。光绪二十五年十一月二十五日(1899 年 12 月 27 日)由杨儒等代表中国在该约上签字；光绪三十年三月初十日(1904 年 4 月 25 日)清廷批准加入该约；而中国正式完成该约的批准手续并接到荷兰政府通知是在光绪三十年十二月十二日(1905 年 1 月 17 日)。期间，中国政府还于光绪三十年六月三日(1904 年 7 月 19 日)接到瑞士红十字总会的通知，谓已通知中国及各国，中国完成加入 1864 年日内瓦公约的程序。参见薛典曾、郭子雄编：《中国参加之国际公约汇编》，第 961 页。

第三条，全部或部分由中立国私人或官方承认的团体出资装备的医院船，如其所属中立国已正式授予此项任务并在敌对行为开始或进行中，总之在使用之前，已将船名通知各交战国者，应得到尊重并免受拿捕。

第四条，第一、二、三条所提到的船只，应向各交战国的伤者、病者和遇船难者给予救济和援助，而不分国籍。

各国政府保证不将此类船只用于任何军事目的。

此类船只不得妨碍战斗员的行动。

此类船只在战斗中或战斗后的行动应自己承担风险。

交战国有权对此类船只进行监督和搜查。它们可以拒绝救助此类船只，命令其离开，强制其遵循一定的航道并派督察员上船；如遇紧急情况，甚至可予以扣留。

交战国应尽可能将它们发布给医院船的命令记载在其航行簿上。

第五条，军用医院船外壳应漆成白色，加上宽约一公尺半的绿色横带，以资识别。

第二条和第三条所提到的船只外壳应漆成白色，加上宽约一公尺半的红色横带，以资识别。

上述船只的小艇，以及可能用于医护工作的小船，也应漆成同样的颜色。

一切医院船应悬挂本国国旗和日内瓦公约所规定的白底红十字旗，以资辨认。

第六条，中立国商船、游艇或小艇载运或收容交战国伤者、病者或遇船难者，不得因此项运输而遭受拿捕，但它们如犯有违背中立的行为，则仍冒有遭拿捕的风险。

第七条，任何被拿捕船只上的宗教、医护人员是不可侵犯的，并不得沦为战俘。他们离开船只时，得带走属于他们个人所有的物品和外科手术用具。

此类人员在必要时仍将继续执行其职务，此后可在司令官认为可能时离去。

交战国应保证落在他们手中的此类人员获得其全部薪金。

第八条，作为伤病员的船上的海军和陆军人员，无论所属何国，均应受到捕获者的保护和照顾。

第九条,交战国一方的遇船难者、伤者或病者落入另一方控制之下,即成为战俘。捕获者将根据情势,决定将他们看守起来,或者把他们送往本国港口、中立国港口、或甚至是敌国港口。如属最后一种情况,则如此遣返回国的俘虏不得在战争持续期间再次服役。

第十条[①],经地方当局同意,在中立国港口上岸的遇船难者、伤者或病者,除非中立国和交战国各方之间另有相反协议,应由中立国看管,以使他们不能重新参加作战。

医护和拘留期间的费用应由遇船难者、伤者或病者所属国家负担。

第十一条,上述各条所载各项规则只对缔约各国在两个或两个以上国家之间发生战争时具有拘束力。

在各缔约国之间的战争中,一旦一个非缔约国加入交战一方时,上述各项规则即失去其拘束力。

第十二条,本公约应尽速批准。

批准书应交存于海牙。

每一批准书交存时应作成记录,其副本经核证无误后,应通过外交途径送交各缔约国。

第十三条,业已接受1864年8月22日日内瓦公约的非签署国得加入本公约。

为此,它们应将加入一事通知各缔约国,即向荷兰政府发一书面通知,并由该政府通知所有其他缔约国。

第十四条,如某一缔约国退出本公约,此项退出只有在书面通知荷兰政府,并由该政府迅即通知所有其他缔约国一年后始能生效。

此项退出只对发出退出通知的国家有效。

各全权代表在本公约上签字盖章,以昭信守。

1899年7月29日订于海牙,正本一份,存于荷兰政府档案库,其副本经核证无误后,通过外交途径送交各缔约国。

(代表签字从略)

---

① 德国、美国、英国和土耳其在签署本公约时,对本条提出保留,随后根据荷兰和各缔约国达成的谅解,在批准本公约时本条应予删除。但本条案文由第二次海牙会议予以通过,并作为修正后的该公约第十五条。

中外《禁止从气球上或其他新的类似方法投掷投射物和爆炸物宣言》[①]

光绪二十五年六月二十二日(1899 年 7 月 29 日)[②]

海牙

下列签署人,出席海牙国际和平会议的各国全权代表,经各本国政府正式授权,在 1868 年 11 月 29 日(12 月 11 日)圣彼得堡宣言所表达的精神鼓舞下,宣告:

各缔约国同意,在五年内,禁止从气球上或其他新的类似方法投掷投射物和爆炸物。

本宣言仅对各缔约国中两个或两个以上国家之间发生战争时具有约束力。

在各缔约国之间的战争中,一旦一个非缔约国加入交战一方时,本宣言即失去约束力。

本宣言应尽速批准。

批准书应存于海牙。

每一批准书的交存须作成记录,其副本经核证无误后须通过外交途径送交所有缔约国。

非签署国得加入本宣言。为此它们须将其加入一事通知各缔约国,即向荷兰政府发一书面通知,并由该政府通知所有其他缔约国。

如某一缔约国退出本宣言,此项退出只有在书面通知荷兰政府,并由该政府迅即通知所有其他缔约国一年后方生效。

此项退出仅对发出退出通知的国家有效。

[①] 该公约译自法文本,见斯科特编:《1899 年和 1907 年海牙和平会议报告书》,第 152—154 页。转引自世界知识出版社编译:《国际条约集》(1872—1916),第 204—205 页。

[②] 此为议定海牙国际和平会议各项文件的时间。光绪二十五年十一月二十五日(1899 年 12 月 27 日)由杨儒等代表中国在该约上签字;光绪三十年三月初十日(1904 年 4 月 25 日)清廷批准加入该约;而中国正式完成该约的批准手续并接到荷兰政府通知则是在光绪三十年十二月十二日(1905 年 1 月 17 日)。参见薛典曾、郭子雄编:《中国参加之国际公约汇编》,第 961 页。

各全权代表在本宣言上签字盖章,以昭信守。

1899 年 7 月 29 日订于海牙,正本一份,存于荷兰政府档案库,其副本经核证无误后,通过外交途径送交各缔约国。

（代表签字从略）

中外《禁止使用专用于散布窒息性或有毒气体的投射物宣言》[①]

光绪二十五年六月二十二日(1899 年 7 月 29 日)[②]

海牙

下列签署人,出席海牙国际和平会议的各国全权代表,经各本国政府正式授权,在 1868 年 11 月 29 日(12 月 11 日)圣彼得堡宣言所表达的精神鼓舞下,宣告:

各缔约国禁止使用专用于散布窒息性或有毒气体的投射物。

本宣言仅对各缔约国在两个或两个以上国家之间发生战争时具有约束力。

在各缔约国之间的战争中,一旦一个非缔约国加入交战一方时,本宣言即失去约束力。

本宣言应尽速予以批准。

批准书应存于海牙。

每一批准书的交存须作成记录,其副本经核证无误后须通过外交途径送交所有缔约国。

非签署国得加入本宣言。为此,它们须将其加入一事通知各缔约国,即向荷兰政府发一书面通知,并由该政府通知所有其他缔约国。

如某一缔约国退出本宣言,此项退出只有在书面通知荷兰政府,并由该政府迅即通知所有其他缔约国一年后方生效。

此项退出仅对提出退出通知的国家有效。

各全权代表在本宣言上签字盖章,以昭信守。

1899 年 7 月 29 日订于海牙,正本一份,存于荷兰政府档案库,其副本经核证无误后通过外交途径送交各缔约国。

(代表答案从略)

---

① 该公约译自法文本,见斯科特编:《1899 年和 1907 年海牙和平会议报告书》,第 154—156 页。转引自世界知识出版社编译《国际条约集》(1872—1916),第 205—206 页。

② 此为议定海牙国际和平会议各项文件的时间。光绪二十五年十一月二十五日(1899 年 12 月 27 日)由杨儒等代表中国在该约上签字;光绪三十年三月初十日(1904 年 4 月 25 日)清廷批准加入该约;而中国正式完成该约的批准手续并接到荷兰政府通知则是在光绪三十年十二月十二日(1905 年 1 月 17 日)。参见薛典曾、郭子雄编:《中国参加之国际公约汇编》,第 961 页。

中外《禁止使用在人体内易于膨胀或变扁的投射物，如外壳坚硬而未能全部包住弹心或外壳上刻有裂纹的子弹的宣言》[①]

光绪二十五年六月二十二日（1899 年 7 月 29 日）[②]

海牙

下列签署人，出席海牙国际和平会议的各国全权代表，经各本国政府正式授权，在 1868 年 11 月 29 日（12 月 11 日）圣彼得堡宣言所表达的精神鼓舞下，宣告：

各缔约国禁止使用在人体内易于膨胀或变扁的投射物，如外壳坚硬而未能全部包住弹心或外壳上刻有裂纹的子弹。

本宣言仅对各缔约国在两个或两个以上国家之间发生战争时具有约束力。

在各缔约国之间的战争中，一旦一个非缔约国加入交战一方时，本宣言即失去拘束力。

本宣言应尽速予以批准。

批准书应存于海牙。

每一批准书的存放应作成记录，其副本经核证无误后须通过外交途径送交所有缔约国。

非签署国得加入本宣言。为此，它们须将其加入一事通知各缔约国，即向荷兰政府发一书面通知，并由该政府通知所有其他缔约国。

如某一缔约国退出本宣言，此项退出只有在书面通知荷兰政府，并由该政府迅即通知所有其他缔约国一年后始得生效。

---

① 该公约译自法文本，见斯科特编：《1899 年和 1907 年海牙和平会议报告书》，第 156—159 页。转引自世界知识出版社编译：《国际条约集》(1872—1916)，第 207—208 页。

② 此为议定海牙国际和平会议各项文件的时间。光绪二十五年十一月二十五日（1899 年 12 月 27 日）由杨儒等代表中国在该约上签字；光绪三十年三月初十日（1904 年 4 月 25 日）清廷批准加入该约；而中国正式完成该约的批准手续并接到荷兰政府通知则是在光绪三十年十二月十二日（1905 年 1 月 17 日）。参见薛典曾、郭子雄编：《中国参加之国际公约汇编》，第 961 页。

此项退出仅对提出退出通知的国家有效。

各全权代表在本宣言上签字盖章,以昭信守。

1899 年 7 月 29 日订于海牙,正本一份,存于荷兰政府档案库,其副本经核证无误后通过外交途径送交各缔约国。

(代表签字从略)

中德《买回北京西山通义天利煤窑字据》①

光绪二十五年十一月十九日(1899 年 12 月 21 日)
天津

兹为德国人瑞乃尔,曾以余银借给华民张殿栋,开挖西山通义、天利两煤窑。现因瑞乃尔与张殿栋均已物故,经津海关黄道台与本领事会商,按公酌量一款,连瑞乃尔所费本银,并补给利息等款,议定统共给行平化宝一万九千五百两,付与瑞乃尔之眷及子,从此与张殿栋家并通义、天利窑,永断葛藤。嗣后瑞乃尔后人,永不能索挖煤之权,以及一切窑上之事。无论日后此两窑盈亏,亦永不相干涉。通义窑所用水龙、水桶以及锅炉等项机器,现已售与他人,本领事拟即派人运取,中国官切勿拦阻。其议定应付银款,本应由张殿栋家属付给,因无力措办,先由津海关道于公款内,暂垫行平化宝一万九千五百两。于光绪二十五年十一月十九日交本领事收讫转付。即将此两窑由津海关道报明上宪,饬人收管。本领事将执据七纸,统交津海关道收存。一系天利窑老地契,二系天利窑卖与张殿栋地契,三系地方官所给准开天利窑执照,四系瑞乃尔与张殿栋所立开天利窑合同,五系通义窑地契,六系地方官所给准开通义窑执照,七系瑞乃尔与刘、张所立开挖通义窑合同。

此据。

西历一千八百九十九年十二月二十一日

光绪二十五年十一月十九日

德国领事艾订立

---

① (台湾)"中央研究院"近代史研究所编印《矿务档》(一),第 393—394 页。

中美《开办吉林天宝山矿务合同》[①]

光绪二十六年三月十一日(1900 年 4 月 10 日)

上海

一、洋东萨达理,一俟合同订定后,即着熟手矿师一名,至彼处矿山踏勘,如所详勘单批明该矿山,堪以开采,有利可图,洋东萨达理,即备足资本,前往开办,并将采出之苗,设法行沽。

二、山主一俟洋商咨照,允即开办,须自行措资,禀请开办公事,以便将合同所载各矿择期开工,采砂运销,以免耽延。

三、以上各矿,未开工之前,山主天宝山矿务公司,须将该山契据、山帖、公事等项,存放洋东萨达理处,洋东立掣收条,交给山主,并言明日后若有亏耗,均与山主无涉。倘洋东自愿停采,则将所立各矿山连契据等,交还山主,所亏款项,无须偿还。

四、以上各节,专指山主筹出矿山,及开办公事。而洋东则专筹资本,开办各该矿山,及运销矿砂。各事责成。

五、各矿山既经勘定详明,堪以开采,洋东即先用土法试采该山,是否有砂线可靠,以便定用机器,大行开采,以免糜费。

六、所有具名禀请公事,及凡与绅士土民交涉等件,均应山主出面帮同办理,不得推诿。

七、开办之初,一切开销费用,须从减省,以免虚糜彼此应得之余利,故其始山主酬劳薪俸,不得不从廉酌定,一俟择用机器,大工开采后,除山主应分余利外,薪俸则从丰酌加,以资津贴。

八、各矿山一俟采试明白,堪用机器,大行开采,洋东即知照山主,将各矿契据、公事等项,换注以后所择公司名目,以清界限。所需各费,均由余利内提用。

九、所采各矿砂沽销之后,除去开销费用,以三成归山主,七成归洋东

① (台湾)"中央研究院"近代史研究所编印:《矿务档》(七),第 4134—4135 页。

名下公用。

十、山主与洋东，随时均可派人，查核彼此账目，以清弊混。每六个月期，刊刻清账，将余利提出，照成分给，以符原议。

此约订立后，彼此永远遵行无悔。

又批：洋东萨达理，一俟矿师勘定详明，堪以开采，即备就机器，用大工试办六个月。如该山产苗果系畅旺有利，可以接续开挖者，洋东须于余利内，先付提出华商以前所欠国家报效税款，暨工匠辛（薪）资等项，交给华商，照款归还，不得延约，该款准以六万两为度。

中日《煤铁互售续订条款》[①]

光绪二十六年五月二十五日(1900年6月21日)
上海

　　大清国光绪二十五年二月二十七日、大日本明治三十二年四月初七日订立大冶矿石合同章程,现经续议,所有条款开列于左。未经续议条款,仍照原合同办理。

　　第一款、汉阳铁政局认保日本制铁所派运矿轮船赴石灰窑受载矿石之时,每日可上载一千吨。倘值雨、雪、大冷天及过年、端午、中秋日期,有碍劳工不能用力者,不在此例。

　　第二款、所有清单成色改订如左:

　　铁量:矿石每百分之内须有六十二分以上。

　　磷量:矿石每一万分之内有四分以下者,定买二万吨;其有五分以下者,定买三万吨。

　　硫磺量:矿石一千分之内须有一分以下。

　　铜量:矿石一千分之内有二分六以下者,定买二万吨;其有三分以下,定买三万吨。

　　矿块之大小仍照原合同清单办理,毋庸改订。如有褐色铁矿价值随时另行商定。

　　大清光绪二十六年五月二十五日

　　大日本明治三十三年六月二十一日

　　大清头品顶戴大理寺少堂督办湖北汉阳铁政局盛(宣怀)

　　大日本制铁所长官和田

　　大日本钦命驻沪署理总领事小田切

---

　　① 陈旭麓、顾廷龙、汪熙主编:《汉冶萍公司——盛宣怀档案资料选辑之四》(二),第190—191页。

中外《福建互保协定》①

光绪二十六年六月十八日(1900 年 7 月 14 日)

福州

今将本将军、部堂与各国领事议定互相保护约章八条开列于后②。计开：

一、现在两江、两湖、两广、安徽各督抚，与驻扎上海各国领事商定，彼此互相保护办法，业经各国领事电达外部照允，立约签字。今福建亦照此议，与两江等省一律办理。

二、寄寓福建各国官、商，以及洋教洋人，所有身命财产，中国地方官情愿竭力保护，不使有损，厦门一体照办。

三、福建地方，倘有匪徒造谣意欲伤害洋人，中国地方官，即行认真拿办，决不纵容。

四、此次立约，系为互相保护中外人民商务产业，各无相扰起见，应声明以后不论北方如何变乱，福建地方均守此约办理。

五、福州地方，甚为安静，中国地方官，如能力任保护，则各国领事官，自应均允，详请各本国水师提督，现在不必派兵船进口，以免民心惊疑，滋生事端；至寻常游历兵船，暂时来往，仍可照例办理。

六、所议各款应请各国领事，电达本国外交部存档，以昭慎重。

七、此次约款，应缮华文、法、英文各两纸，本将军、本部堂与各国领事签字后，领袖领事署存一份，洋务局存一份。

八、约款字意如有未明晰之处，应以华文为准。

---

① 该约在《日本外交文书》内日本驻福州领事丰岛的报告中，录有《福建互保协定》中文两个版本，其中别纸第四号的中、英文本为修改后的约条正文，别纸第五号中的中文为约条原稿；详见《南清秩序维持协定·七月三十日福州在勤豊岛领事ヨリ青木外务大臣宛，闽浙總督卜各國领事卜ノ外人保護協定缔結始末報告ノ件》，《日本外交文書》第三十三卷，别册北清事变上卷之三，东京，昭和 33 年，第 511—515 页。

② 本约由福州将军善联、闽浙总督许应骙等福建官员与俄、美、日、英、法、荷、德等七国驻福州领事签订。

大清钦命署理福州等处将军兼管闽海关税务兼理船政兼总理各国事务大臣善　记名

大清钦命兵部尚书闽浙总督部堂兼管福建巡抚事兼总理各国事务大臣许　记名

大清钦命福建等处承宣布政使司布政使加十级纪录十张　记名

大清钦命二品衔福建等处提刑按察使司按察使统辖全省站洋事务周　记名

大清钦命福建分巡宁福海防督粮兵备道纪录二十二次启　记名

大清钦命二品顶戴兼办福建全省洋务事宜盐法道杨　记名

大俄钦命驻扎福州兼办丹国通商事务总领事官宝　记名

大美钦命驻扎福州管理通商事务正领事官葛　记名

大日本钦命驻扎福州办理通商事务兼管三都等处领事官丰岛　记名

大英钦命驻扎福州管理本国通商事务领事官佩　记名

大法钦命驻扎福州管理台厦各口通商事务署领事官杜　记名

大荷国领事官高　记名

大德钦命驻扎福州兼办瑞国通商事务代理领事官温　记名

大清光绪二十六年六月十八日

西历一千九百年七月十四日

中英《开平矿务总局产业移交合同》①

光绪二十六年七月初五日（1900 年 7 月 30 日）
天津

　　此合同系于西历一千九百年七月三十号订立。立合同人：一为在中国天津之德璀琳，一为胡华。兹因欲将中国开平矿务总局产业移交与英国有限公司，按照西历一千八百六十二年所定公司新例，在英国注册。为此，开平矿务总局，派德璀琳为代表，并为代理产业人，给予全权处置该总局之产业、利权、利益。该胡华，系英国伦敦之毕威克墨林公司所派。今定合同，德璀琳与胡华所两相允愿照约行事者如左：

　　一、该德璀琳，与该开平矿务总局，因得有此约内后列之利益，实允将该开平矿务总局所有之地亩、房屋、机器、货物，并所属、所受、执掌或应享之权利、利益，一并允准、转付、卖予、移交、过割与该胡华，或其后嗣，或其所派办事掌业之人。其执掌之法，应照此约内后开章程限制办理。（原约第一条至此为止。）又此约内议定售卖之产业，有在通商口岸之外及在开平煤田之外者，如不能作为移交，只能订立租约，开平矿务总局应当照办，订立租约。租约内所订租价，仅有虚名，以九十九年为期；每逢九十九年期满，照前续订，永远不绝，俾承租者于此项产业煤田有专用独操之利权，不致另生枝节阻力。

　　二、该胡华，实允以毕威克墨林公司相助之力，立一英国有限公司（此下但称有限公司）。按照西历一千八百六十二年所定公司新例，用开平矿务公司名目注册。该胡华应将此约所允准转付、移交之产业、利权、利益，用受托人之名义，代有限公司执掌。一俟有限公司注册成立后，该胡华有权将其由此约所得之一切利权、权据、利益，转付、移交与有限公司。其办理之法，应依此约所立权限，但必可行，方能照守，并依该胡华以为合宜之

　　① 该约章汉、英文本在字句上略有不同，本资料编者主要以汉文本为据，并据英文本对个别字句进行了调整。见熊性美、阎光华主编：《开滦煤矿矿权史料》，南开大学出版社，2004 年，第 99—103 页。

方法。又该胡华组织该公司时,有权可用自以为正当之经营方法办理此事。

三、该有限公司,应以一百万镑英金注册为母本,作为一百万股,股各一镑。并应接受开平矿务总局之一切产业,承认其一切确实有凭之债欠。产业债欠草单,附录于后。嗣后此项债务,均与开平矿务总局督办、总办无涉。

四、该胡华允许于有限公司立成之时,或事机顺便,在其立成之先,总之,须在西历一千九百零一年二月二十八号以前,由毕威克墨林公司招集英金一十万镑,作为行本,或备的实契券,分期支交,以供办理开平矿务公司事业之用。二者悉依毕威克墨林公司裁夺,所集款项,应交天津麦加利银行,作为开平矿务公司存款。

五、该胡华允将开平旧股每股百两之一万五千股,每股发给有限公司每股一镑者二十五股,作为旧公司移交与有限公司一切权利、利益之完全赔偿。此后,有限公司之股友,其权利、责任一律相同,毫无歧异。

六、该德璀琳并开平矿务总局于有限公司照此约所订办法立成之时,允将所有应行订立画押之契约、文书、合同、权据,以及各项文件,尽行订立画押。俾该胡华得将旧公司所有之产业、权利、利益转付有限公司照旧经营事业。并将一切契约、文书、保单、文件、宗卷等,交存天津麦加利银行,以供设立有限公司办事之用。

七、有限公司集股注册,承接事权,不得过西历一千九百零一年二月二十八号。如因北方兵事隔阂,亦可于期满之后,早日接管,用其权力,维持有限公司各股东之利益。

八、该毕威克墨林公司如以此约之条款为不合意,尽可勿庸加押。如有此事,与该公司及胡华均无责任,此约即行作废。但毕威克墨林公司无论是允是却,均应于此约签押后九十日之内,明白回复。

九、该德璀琳并开平矿务总局除依此约所载各款办理外,此约未经毕威克墨林公司核定之前,不得将旧公司之产业、利益、权利,交给过割与他人,或议行交给过割与他人之事。

今订立此约之两造,因欲有凭,故于西历一千九百年七月三十号,公同延中,签名盖印于此:

德璀琳(Gustav Detying)　押

胡　华(Herbert C. Hoover)　押

此约于西历一千九百年七月三十号,经德璀琳、胡华公同签名盖印,系我等所亲见者。

汉纳根　押

伊美斯　押

开平矿务总局产业单:

天津东岸码头、天津西岸码头、塘沽码头,烟台码头,牛庄码头,上海码头,香港码头变卖价银,广州码头新河地皮八万亩,杭州地亩,苏州地亩,秦皇岛地皮四万亩,唐山煤矿,林西煤矿,胥各庄煤栈,新开河长十四英里,承平银矿、建平永平金矿股份,洋灰厂股份,津唐铁路股份,天津总局房屋、轮船六只,秦皇岛借款未用存款。

开平矿务总局债欠单:

原有股本(每股百两作为二十五镑)一百五十万两,欠德华银行四十五万两,欠庆善银号一十四万两,欠银钱所支应局五十万两,秦皇岛借款一百四十万两,欠张燕谋二十万两。

德璀琳押

西历一千九百年七月三十号立于天津

附录一:《开平矿务局转让东方辛迪加合同一》[①]

立合同人查礼士·阿尔几能·墨林,住居伦敦新宽街宽街大楼,为一方,东方辛迪加有限公司(以下简称辛迪加),为另一方,于一九○一年五月二日订立本合同,并同意以下事项:

兹因查礼士·阿尔几能·墨林即将签署一份以上述双方名义订立的、记有与本合同相同之日期的合同,目的在于将大清帝国的天津开平矿务局的财产、权利和事业出售与辛迪加。辛迪加将在这项购买完成以后,设法取得一家前已成立的,根据(英国)一八六二至一九○○年的公司法组织的,并负有限责任的公司之缴足股金的股份五万股,分派或转让给该查礼士·阿尔几能·墨林,或其提名的一人或数人,以便在他们中间进行分配作为报酬;那些人由于曾经经手或调停,使该查礼士·阿尔几能·墨林能

---

① 熊性美、阎光华主编:《开滦煤矿矿权史料》,第161页。

够取得一份将开平矿务局的财产、权利和事业出售与他的合同。上述公司系以取得开平矿务局的财产、权利和事业为目的，亦即该合同的主题，其股本为一百万镑，分为一百万股，每股一镑，股票一律平等，并享有相同的权利与特权。

本合同以该查礼士·阿尔几能·墨林签字和辛迪加盖印为证。

查礼士·阿尔几能·墨林（Charles Algernon Moreing）（签字）

东方辛迪加有限公司　（盖印）

见证人尼斯白（Nisbet）　董事

怀特（White）　董事

比雷　秘书

附录二：《开平矿务局转让东方辛迪加合同二》①

立合同人查礼士·阿尔几能·墨林，住居伦敦新宽街宽街大楼，为一方，东方辛迪加有限公司（以下简称辛迪加），为另一方，于一九○一年五月二日订立合同如下：

兹因该查礼士·阿尔几能·墨林享有下列利益：

一、同大清帝国在天津的开平矿务局于一九○○年七月三十日订立的合同，以购买该公司的财产、权利和事业。该合同副本已列入附表一。

二、为了便于筹集资金从事发展和开采直隶全省及热河的矿山而达成的一项协议的利益，其细节已载入一个经由各该矿督办于一九○○年七月二十五日亲自签名盖印的文件中。该文件副本已列入附表二。

又因该查礼士·阿尔几能·墨林已与辛迪加商定依照下开价格和条件，将上述合同利益出售给辛迪加，双方现已同意下开各条款：

一、该查礼士·阿尔几能·墨林应出售，辛迪加应购买各该合同以及该查礼士·阿尔几能·墨林在各该合同中所应享的上述全部利益。

二、此项出售应以辛迪加的缴足股金的股份七万九千五百股，每股一镑，分派给该查礼士·阿尔几能·墨林，或其提名的一人或数人，作为报酬。

三、辛迪加在进行购买时，应被认为是已经充分注意到各该合同的全

①　熊性美、阎光华主编：《开滦煤矿矿权史料》，第161—163页。

部内容,以及由此而加给他们的一切条件与义务;同时凡与各该合同有关的一切条件与义务,直到购买完成之日为止,均应认为业已得到遵守和完成,而辛迪加对之不得提出任何异议或要求。

四、该查礼士·阿尔几能·墨林在收到分配给他,或他提名的一人或数人,作为购买报酬的缴足股金的股份时,应会同所有其他必要的当事人(如果有的话),执行合同、提出保证并办理其他事项,其费用由辛迪加负担,以便将各该合同及其全部利益授与辛迪加,并在合理的需要下,使辛迪加得充分享有各该合同的利益。

五、给辛迪加的保证书,应包含一个由辛迪加会同该查礼士·阿尔几能·墨林及其他必要的当事人(如果有的话)拟定的契约,以保证上述各该合同所载的各项条件和规定,以及应由该查礼士·阿尔几能·墨林或任何像上面所述的必要当事人负责履行和遵守的事项,都得到履行和遵守;这项契约还应保证他和其他当事人,以及他和他们的不动产与动产,不得因破坏、不遵守或不履行各该合同的条件与规定,或其中的任何一项,而在一切诉讼、诉讼程序、诉讼费用、赔偿和要求方面受到损失。

东方辛迪加公司(盖印)

C.A.墨林(签名)

见证人:

(伦敦公司)董事:尼斯白

董事　怀特

(伦敦公司)秘书:比雷

附录三:《东方辛迪加将开平权益再转让伦敦开平矿务有限公司合同》[1]

立合同人:伦敦东方辛迪加有限公司(以下简称辛迪加)为一方,伦敦开平矿务有限公司(以下简称公司)为另一方,于一九〇一年五月二日订立本合同。兹因辛迪加享有合同内所列的财产、权利和事业,合同副本已列入附表,又因辛迪加已与公司商定,依照下列价格和条件,将合同内所列该

---

① 熊性美、阎光华主编:《开滦煤矿矿权史料》,第163—164页。

项财产、权利和事业出售给公司，双方现在同意如下：

一、辛迪加应出售，公司应购买上述辛迪加所享有的财产、权利和事业。

二、此项出售应将公司缴足股金的股票九十九万九千九百九十三股，每股一镑，分派给辛迪加或他们所提名的一人或数人，作为报酬，同时，还应付给辛迪加前此为公司注册所支付的现款二千五百五十一镑五先令。

三、公司在进行购买时，应被认为是已经充分注意到该合同的内容，以及由此而加给他们的一切条件与义务；同时凡与该合同有关的一切条件与义务，直到购买完成之日为止，均应认为业已得到遵守和完成，而公司对之不得提出任何异议或要求。

四、辛迪加在收到分派给它或它提名的一人或数人作为购买报酬的缴足股金的股份，以及上述现款二千五百五十一镑五先令时，应会同所有其他必要的当事人（如果有的话），根据需要，执行合同、提出保证并办理其他事项，其费用由公司负担，以便将该项财产、权利和事业授与公司。

五、给公司的财产转让合同，应包含一个由公司会同辛迪加及其他必要的当事人拟定的契约，以保证上述合同所载的各项条件和规定，以及应由辛迪加或任何像上面所述的其他必要的当事人负责履行和遵守的事项，都得到履行和遵守；这项契约还应保证他们和他们的不动产与动产，不得因破坏、不遵守或不履行该项条件与规定，或其中的任何一项，而在一切诉讼、诉讼程序、诉讼费用、赔偿和要求方面受到损失。

六、将来这项出售与购买完成之后，辛迪加即从此不再和这个合同发生任何关系，而这个合同就应该被看作原来就是由上述中国公司和伦敦公司双方直接订立的。

本合同以辛迪加和公司双方盖印为凭。

中英《湖广总督与汇丰银行借款合同》①

光绪二十六年八月初四日(1900 年 8 月 28 日)

武昌

　　该合同以湖广总督张之洞及其继任者为甲方,以汇丰银行代表英国政府为乙方。

　　鉴于中国北部发生的武装冲突,湖广总督已承担起向所在辖区的外国人及其财产提供保护、并维持地方秩序的责任;为了协助上述目标的实现,该总督急需一笔资金为其所掌握的军队支付军饷,因此他正式向女王陛下政府申请财政支持以筹措饷银,旨在维护长江流域正常秩序。合同全文如下:

　　一、由英国政府无条件担保借款本金及其利息,特此汇丰银行同意向湖广总督提供总数为 75000 英镑的借款。

　　二、此借款偿款期限为 10 年,由本年 8 月 25 日开始计算,本金应每年偿付 7500 英镑,由第一年底开始,分十期偿完。

　　三、此借款利息为四厘半,每半年一付,利息数额以当时未偿还本金为准计算。

　　四、此借款所有本金和利息的偿付应严格遵照合同规定的数额与期限执行;偿款以当地通货汉口银两支付,汇丰银行汉口支行应按照固定的英镑标准汇率加以兑换。

　　五、此借款以宜昌盐厘第二期抵押作为担保,该项盐厘已为 1898 年向中国政府发行的四厘半利息英镑借款提供担保,对本次借款本、利担保应排在其后。假使必须的话,允许湖广总督以本省其他财政收入补充宜昌盐厘作为担保;但如果上述款项偿付本次借款本、利不敷,女王陛下政府可以要求总督将该本省财政交由海关税务司管理,以便进一步核准收入提供

---

　　① 该合同汉文本无可考,英文本见 *British documents on foreign affairs: reports and papers from the Foreign Office Confidential Print*. Part I, Series E, Volume25, University Publications of America, 1994, p. 175.据此翻译。

担保。

六、此借款以英国驻汉口领事受托保管固定厘金收入作为进一步的担保,该担保价值相当于借款本、利总数,由湖广总督和湖北布政司确认,并由汉口税务司副署。如果此借款本、利的偿款不能按期到达汇丰银行汉口支行,该担保应确保以湖北省厘金收入代为偿付,且省府当局应行使相应之责。

七、此借款应由汇丰银行汉口支行在两个月内付清,并受英国驻汉口领事全程监督,该领事可以要求从省府当局获得凭证,以证明借款正当地用于所预期的目的。

八、该合同以英文、中文一式三份,分别交由湖广总督、英国驻汉口领事、汇丰银行收存。如有可疑不符之处,应以英文为凭。

附录:《本金、利息偿付时间表》

年份	日期	利息偿还金	本金偿还金	总偿还金
		英镑	英镑	英镑
1901	2 月 25 日 8 月 25 日	1687.1 1687.1	7500	9187.1
1902	2 月 25 日 8 月 25 日	1518.15 1518.15	7500	9018.15
1903	2 月 25 日 8 月 25 日	1350 1350	7500	8850
1904	2 月 25 日 8 月 25 日	1181.5 1181.5	7500	8681.5
1905	2 月 25 日 8 月 25 日	1012.1 1012.1	7500	8512.1
1906	2 月 25 日 8 月 25 日	843.15 843.15	7500	8343.15
1907	2 月 25 日 8 月 25 日	 675	7500	8175
1908	2 月 25 日 8 月 25 日	506.5 506.5	7500	8006.5

年份	日　期	利息偿还金	本金偿还金	总偿还金
1909	2 月 25 日 8 月 25 日	337.1 337.1	7500	7837.1
1910	2 月 25 日 8 月 25 日	168.15 168.15	7500	7668.15

光绪二十六年八月四日

西历 1900 年 8 月 28 日

订定立于武昌

中日《续订大冶矿石合同》[①]

光绪二十六年八月初五日(1900年8月29日)

上海

大清光绪二十五年二月二十七日、大日本明治三十二年四月初七日订立大冶矿石合同章程,现经续议,所有条款开列于左,未经续议条款仍照原合同办理。

第一款、汉阳钢铁商厂认保日本制铁所派运矿轮船赴石灰窑受载矿石之时,每日可上载一千吨,但须于两礼拜前知会船到日期,方不致误。倘值雨、雪、大冷、大风之天及过年、端午、中秋日期,有碍劳工不能用力者,不在此例。

第二款、汉阳钢铁商厂须在石灰窑开设化验房,以便日本制铁所派驻委员,亦可借用化验,无须租值。

第三款、购办大冶矿石成色暨价值,自订立此正合同之日起以五年为限,改订如左:

一、左开头等成色矿石,每一吨定价叁元正。

铁量:矿石每百分之内须有六十二分及六十二分以上者。

磷量:矿石每一万分之内有四分及四分以下者,定买二万吨;其有五分及五分以下者,定买三万吨。

硫磺量:矿石一千分之内须有一分及一分以下者。

铜量:矿石一千分之内有二分六及二分六以下者,定买二万吨;其有三分及三分以下者,定买三万吨。

一、左开贰等成色矿石,每一吨定价二元二角正。

铁量:矿石百分之内须有五十九(分)至六十二(分)止。

磷量:矿石一万分之内须有八分及八分以下者。

① 陈旭麓、顾廷龙、汪熙主编:《汉冶萍公司——盛宣怀档案资料选辑之四》(二),第205—206页。

硫磺量:矿石一千分之内须有一分及一分以下者。

铜量:矿石一千分之内须有三分及三分以下者。

矿块之大小仍照原合同清单办理,毋庸改订。如有褐色铁矿,价值随时另行商定。

第四款、原合同定购五万吨,均为头等矿石。

第五款、二等矿石拟购若干吨,应于三个月前由制铁所与钢铁厂彼此商量定夺,惟此矿石与原合同所载五万吨无涉。

大清光绪二十六年八月初五日

大日本明治三十三年八月二十九日

大清头品顶戴大理寺少堂督办湖北汉阳钢铁商厂事务盛(宣怀)

大日本制铁所长官和田

大日本钦命驻沪署理总领事小田切

中俄《天津租界条款》①

光绪二十六年十一月初十日（1900年12月31日）
北京

　　大清钦差全权大臣便宜行事大学（士）直隶总督李、大俄钦命全权大臣内廷大夫格为立条款事。兹因天津俄国贸易日见兴旺，俄国必得租地一段，以便俄国商民居住，设立行栈。今准中国政府允许，在该城东北划出俄国租界，立定条款如后：

　　一、天津俄国租界设在河东，约占所立界牌内之地一段。内有靠河盐坨地界，关系紧要，应划出，不入租界之内。

　　一、将来履勘租界，更订界线，如睹势所须更改者，以及办理该段关乎地主各事宜，照各国租地章程办法，立定经营。俄国租界各项章程，应由两国另派委员办理。

　　以上所列条款，系为天津俄国租界条议，缮具两本，画押盖印为凭。在北京立。

　　光绪二十六年十一月初十日

---

　　①　天津档案馆、南开大学分校档案系编：《天津租界档案选编》，第324页。据天津租界档案中，签约日期为光绪二十六年十一月初十日（1900年12月31日），签订地是北京。据王铁崖主编：《中外旧约章汇编》第一册，北京：生活·读书·新知三联书店，1957年，第983页，签约是光绪二十六年十一月初九日，签约地点是天津。现采取天津租界档案中记录的时间和地点。

中法《衡州教案议结草约》[①]

光绪二十七年正月二十二日(1901年3月12日)

长沙

衡州、法天主教堂彼此均允照后开各条议结。计开：

一、凶手除前办六名李信鹅、周传志、冯时海、李正沅、李春林、刘振卿，现获四名周振才、邓德民、杨泽彰、杨彩于，均情真罪当，业已斩决。此外尚有朱犯(挖范主教眼睛犯)、萧犯(殴打董教士凶手犯)，尚需设法速拿，获日照中国律惩办。至抢拐女孩各犯，亦应速缉究惩，以儆刁顽。至主教、神父所失物件，如未毁去，查出踪迹，报明地方官，设法追给。

一、范主教暨董、安两教士致命之处，应请抚宪奏请朝廷赐旨，建立牌楼一座(用好白石，照中国大牌坊式建)，旌表其名，以垂永久(准在光绪二十七年内兴工)。又衡郡塘湾教堂邻近，拟将地基扩充，建立总堂一座。该地须由地方官按图设法购妥，以报范主教未了之愿。此两条，系抵范主教暨两教士受害之惨。范主教与两教士均有德行，极体面之人，不受中国偿恤。

一、育婴堂女孩，尚有三、四十名未曾交出，着地方官设法查访，如数给领。倘现指之数尚未全确，由教堂查明，即报地方官，由地方官查确，设法追给。

一、凡因闹教，致教堂、教民受害所失产业，现当如数赔偿。初议共赔衡平足银三十八万两，让去一万两，并将衡平足纹改为汉口洋例银(每百伸水二两算)，又让去七千六百两，共让去一万七千六百两，实赔汉口洋例银三十七万两正。定约画押后交给二十七万两，二月十五日交足。其余十万两，分四个月，三月初一、四月初一、五月初一、六月初一为期，由衡郡交给。所有教堂、教民受害所失产业，一概在内，不再索赔。

一、所有教堂、教民田房约据，查出交还，若已毁失，应由地方官查明，

① 中国第一历史档案馆编辑部编：《义和团档案史料续编》下册，第1010—1013页。

补立约据，概免税银。

一、抚宪暨道府州县均要出示，保护教士、教民身家，以后不得阻扰教民奉行教规，亦不得勒派迎神赛会诸冗费，以杜争端。此项告示，凡湖南境内城市口岸及教民村居乡里，均宜张贴。

一、倘有教士复归湖南传教，应由地方官妥为料理，沿途护送，遵照约章，认真保护。

一、衡州道隆文、知府裕庆，均应参革，永不叙用。如再开复，即为画押之华官是问，并不得复住湖南。此领事之命也（此条系任教士自拟）。

一、以上各条，彼此均经议妥，画押后，凡湖南衡州府属之衡阳、清泉、衡山、来阳、常宁，永州府属之零陵、东安，长沙府属之湘潭，一切天主教案俱已了结，不再翻异。

一、从凶尚有朱、萧两犯，及抢拐女孩各犯，均须地方官设法速拿。又教堂、教民已失之田房约据，亦须从速印契，概免税银，不得因案已了结，即便拖延。

以上各条，到汉（口）另配中、法文共四份，送法领事府画押。如两国文理翻译字句或有不同，当以中文为据。

署理湖南布政使司盐法长宝道湍押　署理湖南按察使司岳常澧道陈押　总理农工商务兼办交涉事宜补用道蔡押　署理长沙府拟补沅州府赵押　署理衡州府候补府唐押　拟补辰州府辰溪县知县胡押

大法国总理湖南南境天主教事副主教任押　大法国办理湖南南境天主教事司铎游押。

大清光绪二十七年正月二十二日　西历一千九百零一年三月十二日

中俄《开办吉林矿山草约》^①

光绪二十七年正月二十五日(1901 年 3 月 15 日)^②
哈尔滨

第一条,集股以华俄为定,不准他国入股。如道胜银行,系华俄合开,可以入股。

第二条,矿务所出金银各矿,无论多寡,悉按所出之数,每百两抽收十五两,作为中国正课。

第三条,先准派人采矿,一年后如未寻得,方准他人采办,给予执照,遇有庐墓,不准开采。

第四条,承办之员,须由中国派员主持。

第五条,无论华俄,入股至十万两以上者,准其派人,入局办事。

第六条,各处矿务,如已经开办集有旧股者,须另行详议。

第七条,新采矿苗,须指明地方段落,约定界限,再行开办。

第八条,应商之件尚多,俟查明开单再议。

第九条,矿务需用物料,如由中国贩买之货物,仍照章纳税。若由俄国运来货物,专为矿务用者,则可免税。

第十条,严禁中外两国人民,私自偷挖金矿与煤矿,违者重惩。

第十一条,所定章程,分为洋文、汉文两分。汉文呈阅吉林将军拟定后,咨送京都矿务总局核办;洋文即由刘大臣呈与驻京俄国钦使查核办理,惟此时应先准俄人至各处查看寻找,以免稽延时日。

第十二条,设有人应请开采矿务,已领有允准明文,应于一年内报明开采,若逾一年仍未开采,即准他人报明承办。

第十三条,所有采办矿务各事宜,俄人情愿承办者,务须先行呈报本国办理交涉事务大臣刘,然后再由刘大臣转行吉林将军,或交涉总局查核

---

① (台湾)"中央研究院"近代史研究所编印:《矿务档》(七),第 4040—4041 页。另见东亚同文会调查编纂部编印:《支那关系特种条约汇编》,东京,1922 年,第 146—147 页。

② 该日期的考订见步平、郭蕴深、张宗海、黄定天编著:《东北国际约章汇释》,第 209 页。

办理。

第十四条，以上所拟章程，系吉林将军长与刘大臣面议草约，须俟奏明奉旨，及咨矿务总局照准，接到回文，再行开办。

大清国镇守吉林等处地方将军长

大俄国吉江两省交涉委员刘巴

光绪二十七年一月二十五日

俄历一九零一年三月二日

中法《浙江衢州教案议结草约》①

光绪二十七年正月二十八日(1901年3月18日)②
杭州

一、诸暨县倪望重既经撤任，毋庸再议。惟戴协戎纵兵拿教，贻误大局，应以游击降补前任海门游击。刘贤斌与匪同谋，嫉教如仇，应革职永不开复。前温州洋务委员郭钟岳仇视教堂，玩误教案，应于本省永不叙用。又，玉环厅某，乐清县某，桐庐县沈宗瞵，并现任黄岩县韩令，均纵匪滋扰，玩误教案，应一并撤任。又，衢州周守备纵匪闹教，致肇巨祸，应革职议处。

一、温、处二府旧案未结者，应由省派委员克日前往会同教士查办清结。其绍、台、衢三府新旧教案，亦一并派委会同教士查办。

一、本省各属新旧闹教匪犯，不胜屈指，若皆加以惩办，似属太繁，应由各处教士审量情形凶要者，另行开送，各该地方官应行照准办理。

一、赔恤焚毁各属教堂、教民家，计共银十八万两正，按照公议分三次清交。交第一期六万两，限本年正月底交；第二期六万两，限四月底交；第三期六万两，限十月底交清，不得拖延。再，衢郡教堂被毁，其地复遭污渎，已不堪用，应著地方官商同教士另择净地调换。

一、去年教堂、教民遭害特甚，应由抚宪出示格外保护，发各府县张贴，其经滋事各教堂，日后开堂之日，由抚宪出示各地方官体面保护，仍谕就地绅董认保无事，再按照公议于省垣上城地方合宜之处，置给地十亩正。又，定海西门内拨给所有营地一块，以充教堂善举。又，各属教堂、教民所被抢毁之文书契券，及被霸占之田地山场，应一并追还补给。

大法国浙江全省总主教赵

大清国署理(浙江)按察使总办洋务局许

抚辕洋务委员候选同知洪

① 颜石清等编：《约章成案汇览》乙篇卷三十五上，第25—26页。

② 该日期为署理浙江巡抚余联沅向朝廷奏报签约的时间。见中国第一历史档案馆、福建师范大学历史系合编：(中国近代史资料丛刊续编)《清末教案》第三册，第12—13页。

抚辕洋务委员江苏候补通判萧

大清光绪二十七年　　月　　日

西历一千九百一年　　月　　日

中英《开平矿务有限公司新订试办章程》[①]

光绪二十七年四月十八日(1901 年 6 月 4 日)
天津

第一款、开平矿务有限公司,所有在华公事均归华局办理。所谓华局者,即系于天津设立督总领袖诸人。专以会议裁决公司所有应行事宜者也(人数职任详第四款)。

第二款、以下所载各条,系为试办章程。大约其行用以十八个月为期;期内无大更动,但办法须益求精密。总期察酌本矿情形,求一最善办法,然后可以永守。

第三款、开平矿务公司,现因添招新股,议加"有限"二字。惟此矿仍为中国土地,务须恪守钦设矿路总局章程。至公司办法,则用英律。其督办全省矿务大臣系中国国家代表,有官督商办之权。其管辖矿工,与英国国家所以管辖民矿者一律。

公司账目,于年终造册,缮呈督办察核。其股东会定出入诸账,亦按章造册,呈凭察核。

督办或督办所派自代之人,得以细察:新股东与旧股东利益是否公平无欺,并公司所用华洋诸员司是否和衷共济[②]。

第四款、其第一款所指华局以资试办者,通共六人,由中外各股东公举,督办准派。

一、领袖股友一员(华洋人均可充,亦云议事首领)。

---

① 所引章程系汉文原本,另有英文本。在英文文件中引用时通称为《一九零一年六月四日的临时管理章程》,见熊性美、阎光华主编:《开滦煤矿矿权史料》,第 132—135 页。

② 此款英文本与汉文本出入较大,现将英文本译文引录如下:"开平矿务局虽已增加新股并改为开平矿务有限公司,然各矿仍属中国主权,该公司并应遵守路矿总局之章程。惟因公司系按英国法律管理,作为中国政府代表之全省督办对公司有公职管理权,并得对其业务行使权力,一如英王陛下政府所得行使者。账目应按时送其核批,每年终股东会通过之资产负债表亦应同样呈送。督办并应注意新股东是否履行对旧股东之责任。他尤应注意考察矿上之中外职工,使之融洽无间。"参见熊性美、阎光华主编:《开滦煤矿矿权史料》,第 133 页。

二、华总办兼总账房一员。

三、华总办兼文案处一员。

四、洋总办一员（亦云洋经理）。

五、开平矿务有限公司代表人一员。

六、洋总办兼文案账房一员。

第五款、领袖股友，有监察局所及华洋员司之权，又即为督办之代表人。其薪俸若干，由华局议给，使无办公竭蹶之虞。如有外出、疾病等事，准于华局六人中举人暂行代理。

第六款、洋总办有综理公司大小诸事之权。局所员司均归节制。每月公司经费若干，须由该总办预核，呈经华局公同议准后，即交该员支发。如有糜滥，惟该员是问。遇有外出、疾病等事，准其于华局六人中举人暂行代理。

第七款、洋总账房兼文案，有管理公司款项之责，并将应报事件报明股友。凡洋总办所划支票银条交其支发者，该洋员与华总账公同会押分支。

第八款、华总账于公司账目有稽核之权，并于年终造册报明督办，布告股友。一切支发核算之事，与洋总账共同办理。洋总办所划支票银条，该员与洋总账共同署押。如有异同，得以传单会集华局诸总办，共同裁夺。

第九款、开平矿务有限公司代表人于华局会议时共同在座，评议裁决。

第十款、华总办兼总文案，综理一切华文函禀及公司契券、刊布翻译诸事。其约束华洋各员司工役等事，与洋总办合同办理。洋文案事件，该总办得以随时稽察。其华文案事件，洋文案亦可随时稽察。

第十一款、于西历一千九百（零）二年九月杪之前，开平矿务有限公司得与督办商议重订章程，期与律法并各股友利益相合。此章定后，即可传集股友，宣示一切。其定章，即于一千九百（零）三年十一月一号行用无改。

第十二款、今年期内，中外合办一切章程定准后，督办意欲集在华诸股友告以开平矿务局经注英册归其保护，并添招中外新股，议加“有限”二字，定章试办各情形，听从督办之便。

第十三款、凡本公司重要契约，均归储银号中，以照（昭）慎重。俟本公司置有保险之处，即行收回存储。

第十四款、凡本公司前缴煤斤焦炭税项，历年均有成案可稽，新有限公司应行遵照抽缴。假如中国国家另须报效之处，由督办商议公司，量力输将,总期于股友利益无亏。

第十五款、查旧章:本公司于北洋大臣、热河都统、矿务总局、总理衙门,皆有节次文报,嗣后仍行照章办理。

第十六款、本公司所雇匠役人等,如有斗殴情事,华人归地方官办理,洋人归各该管领事官办理。其有赔款等事,归本公司自理,与国家无涉。

第十七款、本公司售卖北洋官用煤斤,为海军诸船、制造厂、船坞之类,向系减成收价。此节今仍照旧办理。如遇兵事,本公司恪遵国家功令,并依各国通用公法而行。

第十八款、督办张京堂权责,经于第三款叙明。今若张京堂荣膺升秩,于矿政不能兼顾,其后任督办直隶全省及热河等处矿务大臣,权责与张京堂无异。

第十九款、本公司原系官督商办,今经改为有限公司,其中一切事宜,仍应华洋共济,以期与股友利权无亏。

另款,再者,以上各条,会议后即行照办。华洋公认,并无异词。如有细节小目一时未经议及者,可于后来细章,再行重订。

议事首领:德璀琳 中国华部总办:严幼陵 梁镇东

伦敦部总办:吴德斯

光绪二十七年四月十八日

中法《湖北襄阳议结天主教案合同》

光绪二十七年四月二十五日(1901年6月11日)①

襄阳

一、襄阳黄龙垱武汛把总吴天浦即速撤参,另委妥员保护教堂。黄家桥、清凉寺等处所有纵匪抢劫勒诈教民之滥绅,朱广林、朱光元、石兆基、赵文源、黄必超、汪如澜、尹正若、聂祥丰革去顶戴。扒毁黄龙垱教堂首犯冯国士、周大任永远监禁。窝匪分肥之李隆商,务须交出逃犯方永秀,不然终身代抵。黄必超必须交出伊子黄安行,顶罪监禁十年。罗正堂监禁十年。要犯汪如澜务须及早会拿,治以应得之罪。朱广海、朱元刚监禁五年。逃犯张心尧、张心恺、张心顺、阮明举、汤富山,比差严拿,照约惩办。打抢城内之首要逃犯阮三、王四,务须严行缉拿,永远监禁。

二、出示保护教士、教堂、教民,以后永不准藉故勒诈。

三、李祖荫串通绅保诬控教士、教民字样,并劝令教民背教悔呈一一抽出。再,李祖荫在任所押教民,请烦秉公讯结,以免拖累。

四、襄阳被抢之物,以免再生枝节,而传教士之祭服、圣爵、十字架等物查出,请官追回,庶免亵渎圣器。

五、当地首事须接传教士在闹教之处会面赔礼。

六、教民被抢红约、当约,请烦追回。如毁无从索追,则准其再立新约,以免用费。

七、闹教之处,附和痞匪之保甲,革黜永不复充。

八、前任襄阳县李祖荫,串匪纵差打抢城内教堂,黄龙垱天主堂相继扒毁土平。违旨藐约,罪不容宽,理应严行参撤,永不准复官襄郧。

此约款应归督抚宪、法领事核定缮写,所有此项议约各存一纸,盖用襄阳县印,仍加签华、洋字画押盖用图章为据。

大清国钦命安襄郧荆兵备道朱,特授襄阳府正堂邓,兼理襄阳县周。

---

① 颜石清等编:《约章成案汇览》乙篇卷三十五上,第21—22页。

大法国驻华襄郧主教南　驻华襄郧副主教杨　大司理铎毕
大清光绪二十七年　月　日　西历一千九百一年　月　日

中俄《公同踩看天津租界地界条款》①

光绪二十七年五月初四日(1901年6月19日)

天津

今因大俄国在天津河东地方新设租界一处,以为通商市场,是以大俄国驻京钦差大臣格派出驻津领事官珀,大清钦差北洋大臣李派出天津河间道张、直隶候补道钱,公同踩看地界,会议条款,开列于后:

一、天津俄国租界,上以药王庙街口迤北南北人行路起,向南进贺家胡同,过饭市再南,顺盐坨、官沟至河边为界;下面从世昌洋行煤油栈西首迤北,至铁路道旁为界;前临海河,后抵铁路道边为界。

二、界内有铁路车站,开平矿务局煤栈,此两处应查照英租界内招商局、日本租界内厘捐分局章程,所有地基、码头均存留自用。其地界由矿局、铁路派员会同勘定,临河之处应各接修马路一条公同行走。两处码头以原有之地为界限,归矿局;车站自修船泊码头,上下物货,租界不得收费。

三、界内有武备学堂一所,地基房屋,中国存留,改为俄文学堂;面前马路、码头,则归租界经理。

四、李家楼有孙蔚地基一块,数年前卖与铁路,因付价未清,其子孙少林又在俄领事处立有说单,欲将此地卖与租界,此事须查明根底办理。

五、界内盐坨地,本已奏明并不占用;上年因租界需用此地,业已商明将围子门外沿河之地,调换坨地七十余条,今又占用三十六条,亦另以沿河之地更换。

六、界内之地分作五等,由俄国付价。上段从铁路道边,至药王庙大街街南十丈为止,东西以大街为准,作为第一等地,每亩行平化宝银一百八十两,坑地一百三十五两。从街南十丈外起,南至盐坨后身,又从水磅以下起,至矿务局西墙,顺铁路岔道北至铁路边为止,此为第二等地,每亩给价

① 天津市地方志编修委员会编著:《天津通志·附志·租界》,天津社会科学院出版社,1996年,第472—473页。

银八十两,坑地六十两。从矿务局下起,直至田庄界边为止,前至海河,后至大直沽门人行大路,此为第三等地,每亩价银四十两,坑地二十五两。大路以北,在围子门内者为四等;在围子外者为五等;此两等地现时不用,俟用时再议价值,仍照时价低昂酌定,不得抑勒。但既作租界,地主不得再行卖给他国洋人执业。

七、界内房屋分瓦房、灰房、土房,定明价值,现时仍听民间居住,俟用地时付给房价,饬令迁移。

八、界内坟冢,用地时饬令地主搬让,每棺给迁费银二两。

九、界内房地各契,有因兵燹毁失者,由租界委员查明,饬令地主补写契据,由华官加盖印信为凭。

十、界内之地,每年应在天津县署缴纳钱粮,亦照他国租界章程,一律办理。

十一、津地所需杂粮柴草等物,有从东乡运来者,经过界内之路,准其行走,不得拦阻。

十二、田庄有居民三百多户,多系苦力营生,其庄基临河,须令迁让。拟在围子门外大路以北五等地内,择地一区,另立一庄迁居。日后租界兴旺,用人亦为方便。

十三、此合同所载有未尽之事,由领事官、租界委员另行会议,续订合同为凭。

十四、此合同用华、俄文各写草约二份,由领事官、租界委员画押后,照抄底稿,各自申明上宪。俟批准后,再各写四份,盖用印信,交换分执。

大俄国一千九百零一年六月　号

　　驻津领事官　珀珮

大清国光绪二十七年四月　日

　　天津河间道　张莲芬

　　直隶候补道　钱镠

中外《京畿教堂赔款清单》[①]

光绪二十七年五月十六日(1901 年 7 月 1 日)[②]

北京

　　计开:京内法国天主教堂赔款应找银一百万两;保定府法国天主教堂应赔银三万三千五百两;宣化府法国天主教堂赔款应找银六十四万两;霸州法国天主教堂赔款应找银四万两;武清县法国天主教堂赔款应找银八万两;宝坻县法国天主教堂赔款应找银二十万两;香河县法国天主教堂赔款应找银五万两;蓟州法国天主教堂赔款应找银四万两;昌平州法国天主教堂赔款应找银三万两;东安县法国天主教堂赔款应找银十二万两;固安县法国天主教堂赔款应找银一万六千两;宛平县法国天主教堂赔款应找银七万两;英国伦敦会教堂赔款银九万八千三百七十九两;英国圣教书会教堂赔款银二万四千两;美国长老会教堂赔款银九万七千五百六十两;美国公理会教堂赔款银三十五万二千四百五十八两;美国美以美会教堂赔款银四十万零九千零八十两。综计折内天主、耶苏各教堂赔款银三百三十万零九百七十七两,俱归大赔款之内。至教民应需抚恤等银,不在此数之内。

---

　　① 故宫博物院明清档案部编:《义和团档案史料》下册,中华书局,1959 年,第 1213 页。另参见中国第一历史档案馆编辑部编:《义和团档案史料续编》下册,第 1075—1079 页。该约章的名目由本资料编者所拟。

　　② 该日期为清帝批准约章的时间。

中外《鄂托克等旗教案条约》①

光绪二十七年五月二十八日（1901 年 7 月 13 日）

乌审旗

立写合符和约字据人：鄂托克萨拉克齐奇莫特多尔济百通达拉什德呼格尔、乌审梅楞纳逊巴图、台吉哈拉王丹，普爱堂教士杨光被、巴士英，札萨克梅楞阿勒丙克什克，为光绪二十六年七月内，蒙员误会上谕，带兵闹教一案。今该盟长贝子等自知悔悟，情愿讲和认赔，正拟遗（遣）员来议，适经绥远将军咨商陕甘督抚、归化城都统，各派妥员，于四月二十五日齐集宁条梁，一面饬该盟长等，速派蒙员前来会议。既而满汉各委员与各旗蒙员先后抵梁，蒙员业已输诚，无庸置议。各委员遂同赴小桥畔（畔）教堂，与杨教士光被、巴教士士英等往复会商，衡情酌理，一秉大公，至再至三，蒙洋始各应允，共议三旗烧拆城川口、硬地梁、小石硐、科巴（尔）大教堂四处，祭器、什物、教民器用等件概归乌有，并毁各乡村教民房屋六百二十一间，是为一宗；掠取教堂及教民牲畜大小约三千头，是为一宗；粮粟约梁斗一千三百数十石，是为一宗；伤毙教士一人、教民十人，应赔命价，是为一宗。一（以）上四宗，连乌审旧案，共索赔款银十七万八千五百两有奇。除推情减让银三万五千两有奇外，今议定交银十四万两。其乌审旗下历年与洋堂士民等争闹，拔须、扯衣、烧房三案，共议赔银三千五百两，归入此案并结。均已对众缴领清楚，各具清结在案。至以牛、马、地土典卖作价抵偿者，均系蒙洋两面各出情愿，另书约据画押盖印，并无私债折准及他人逼勒冒混情弊。以后蒙洋两面，凡有軥輵不清、尚待争较理论者，自经各委员调停议和后，彼此均不得复有违言。此外汉族民户有与此案干涉，业经官府行责及饬令纳金赎罪者，亦入此次和局案内，一了百了，一并清结，情愿和息了事，不再追究。从此各敦和好，永无反悔。及蒙旗首祸党恶诸人、汉民助团攻寨诸事，均亦概不追究。其有保护洋教之处，无论汉蒙，均应一体认真。至三族

---

① 中国第一历史档案馆编辑部编《义和团档案史料续编》下册，第 1186—1190 页。

（旗）中将来交涉事件，尤应妥议条规，以善其后，而为他日法戒焉。立此和约，各执为据，另将一分存靖边县备案。并议定条规开列在后。

光绪二十七年五月　　日，立写合符和约。

计开：

一、此次议后，蒙汉部民，宜与洋教释怨解仇，不得以前事受有刑罚，复挟夙嫌，与教士、教民为难。

一、此后蒙古官民，其与邻近教堂或教堂之在其属地者，遇有外侮，宜力加保护，不得坐观成败。

一、此后蒙族官民，遇有外贼来犯洋教者，宜视贼之所向，会兵防剿，不得私行通贼，并助其兵马、粮草、军装。

一、此后蒙汉两族有荒各地与教堂各地接壤者，宜于交界处所深埋大石，其上高筑土墩，墩上植立界牌。教堂固不应逾界，蒙汉尤不得向教地多占尺寸。

一、此后蒙汉部民与教民交涉，其贸易务要公平，周旋务须礼让，不得稍占便宜，妄与争较。如实为无知教民所欺，则宜控诸本管地方官秉公判断，并于审结后，将其事体案情函知本堂教士。

一、此后蒙汉本管官于所属民教，均宜视之如子，同此保护，并劝其各安本分，毋启讼端。如该民教犯有交争案件，及涉以上各条律，即据其所犯情节大小轻重，仿照往日条约，平情科罪，不得稍涉偏袒。

一、此后蒙族本管官，于所部蒙民内有已入洋教者，亦宜一视同仁，不分畛域，不得因其入教私嫌，辄加威逼。

一、此后蒙旗官民遇有他贼犯教，或猝不及防，或力难拒敌，视贼逼近，不无携家远逃及聚堡自守情事，实难兼顾教堂，然必宜将不暇兼顾缘由，先事知会教堂，以便预为筹备，不得漠不相关，致教堂突冒危险。

一、此后蒙汉官员，凡有辖境为教堂中人所常经行者，应饬境内地方，任凭教士往来游历，不得歧视其人，无端阻遏。

一、此后蒙旗所属地方，凡在和盘界内附近教堂者，水道草薪听其人畜自便，洋教果照旧章行事，未尝逾界骚扰，即不得有意刁难。

一、此后洋教与蒙汉两族，亦宜释怨解仇，言归于好，不得于交际往来时见有从前失遗之物，或遇从前触犯之人，追忆夙嫌，向该两族寻隙为难。

一、此后各处教堂，于邻近地方，无论属蒙属汉，均宜共加保护，不遗余力。第人心难测,该蒙汉或有御贼而不尽力者,亦有兵微而寡不敌众者,更有相去较远而一时赴救不及者,总宜分别其罪之轻重,有无应究应免,不得于事后概予株连。

一、此后洋教经蒙汉保护,自己同德同心,宁复敢私通外贼,接济其兵马、粮草、军装,第恐本无其事,而奸人恣为谣诼,将无作有,平地起波,务宜确切查明,俾得水落石出,不得以捕风捉影,牵累无辜。

一、此后教堂所购蒙地,乃该各旗公同出售,以抵赔款之不敷,与平日放地民间无异。以后开熟若干,仍须向蒙旗纳粮若干,不得以抵款微需,辄割绝其疆土。

一、此后教民与汉族土民交涉,亦应如以上。土民待教民嫌隙既涣然冰释,往来自久而弥亲。如为不法土民所怍,亦宜控诸本管地方官秉公问断,结后将案情函知教士。但两造既均系子民,即均须在父母官前谨遵仪注而行,不得肆无忌惮。

一、此后教堂购地既多,牧场自已有余,无事再牧诸蒙地。万一不敷,则预商蒙人,租场若干,划清后不得逾界游牧,其蒙人自揽者不禁。

一、此后教民与土民结讼,事事皆诣县官往返提传,未免官烦民累。以后应在梁镇绅士中向为民教所佩服者,公举二人,以为董事,遇有口角细故,则由该董事向两面调停,以便随行了结。如遇大事,为该董所不能了结,再行赴诉县官,照例案办理。土民理曲,官、董能主持发落;教民理曲,宜先将其情节函知教士,然后公断,教民不得违抗不遵。

一、此后洋教与蒙汉两族,既经各大宪派员议和,自是一了百了,永断葛藤。无论蒙旗赔款命价,在十四万三千五百之数,不再多索。即该各旗首祸之十一人、党恶之十九人与夫前案之十八人,并汉民之牵涉此案者,均已概不追究。再造之恩,不徒身受者感激不忘,即在事官人,无不通声颂美。惟教士、教友既皆为仗义之人,自应将此事成全到底,不得于既宽以后,再有更张。

一、此后教民赴梁镇卖柴,蒙旗不得醵以供差。民柴仍照章取之,但不无浮索病民情弊。今为拟一新章,果系支差,则取民柴四分之一,垂为定制。此事与洋教无伤,不得再行干预。

一、此后洋教既与蒙汉同敦和议,即宜照以上十九条永守无遗,以昭大信,不得藉口以京使来文痛责,他教士复有违言,枝节横生,以便其食言翻悔之地。

中德《拓广天津租界合同》^①

光绪二十七年六月初五日(1901年7月20日)
天津

今因大德国已于天津旧租界外续添新租界一段,中国国家照准,是以大清国钦差北洋大臣委天津河间道张直隶候补道钱,大德国驻京钦差大臣穆委派驻津领事官秦会同办理。业将合同订妥。所议条款开列于左:

一、中国国家将地一段永租与德国,以便拓旧租界。

二、新租地界从梁园门起,顺海大道过三义庄东楼庄向南至海河坐湾处,道东有日本界牌,折向正西过崇德堂砖窑以西,又折向西北过西楼庄、三义庙、李家花园西墙外,再向西北至跑马场路,路西有仁记洋行、公善堂,界牌处为止,顺跑马场路到厚德门,从厚德门顺土围墙到梁园门。

三、新租地界中国官管辖之时,归中国官征收钱粮。俟德国买地之后,应将所买之地完纳钱粮,按英国新界章程完纳数目办法一律。

四、新租界内有中国国家俄文学堂一所,留归中国自用。但中国允准该堂须遵守新租界内章程。如中国国家欲将该堂售卖,须先问德国政府。

五、新租界内房地一切,中国允准德国有购买之权。如地主不愿之处,由中国地方官迅速饬令卖与德国。买地时德国、中国派员会同踩勘。至于兴筑铁路及车站所用之地,如可以提水灌溉之园地及有房之地,每亩给价应不过七十五两;无水之园地及好熟地每亩不过五十两;不好之熟地每亩不过二十五两。其余应用之地俟应用时公平议价。买房价值按都统衙门章程给价。其章程内注:此房将来饬拆之时,所有砖瓦木料归卖主留下。给房价:头等者每间五十两,二等者四十两,三等三十两,四等二十两,五等十两。迁棺费按二十一年九月十三日画押旧租界合同第十三款,每棺给银一两。从示知后限于十三个礼拜内均须一律迁去。现在所有破房如有欲加修理及添盖新房者,务先禀知领事官候示遵办。其德国不用之地,亦照

① 天津档案馆、南开大学分校档案系编:《天津租界档案选编》,第173—174页。

英国新界章程听民间执业。但民间不得私自卖给他国洋人,致德国日后用地时有所窒碍。

六、德国购用地亩时,如有青苗菜蔬在地,须酌量贴补钱文。

七、英法旧租界边有中国自修大路一条,名曰海大道,以便海下民人往来行走大车之用。德国界边之海大道亦与英法界边一律。届时约同英、法、德、日本四国一同商议办理。

八、以上所议合同先写华、洋文各两份,作为草约,由领事官、租界委员画押,各自申送上宪。俟批定后再缮华、洋文各四份,盖用印信交换分执为凭。大清国光绪二十七年六月初五日

天津河间道张莲芬

直隶候补道钱镠

大德国一千九百一年七月二十日

驻津领事官秦莫漫(A.Zimmemann)签名

中外《直隶宣化议结天主教案合同》

光绪二十七年六月(1901 年约 7 月)^①

宣化

立合同：某等今因直隶宣化府属之宣化县，延庆州怀安县、赤城县、龙门县、怀来县，蔚州西宁县等八州县，于光绪二十六年拳匪作乱，所有被毁天主教堂及教民房屋、业产、人命，前经本道府教士、委员等公同议定赔偿抚恤一切在内，宣郡统共认赔宣钱平宝银一百四十四万两，分期交兑。各情于本年三月十四日先立草约，声明半月后另换详细合同在案，兹应遵照，另立合同，并订妥善章程，以保民教永远相安之处，各无异言。为此缮立合同，章程四分，一存道署，一存府署，一存京教堂，一存宣教堂。各执为据。

一、各处教堂载在条约，应由各地方官认真保护，不准稍有疏忽。平民教民同系中华赤子，地方官自应不分民教，一视同仁，一体约束。凡有词讼，责成地方官秉公判结，不准稍有偏袒。倘有恃强藐视官长等情，无论平民教民，俱从重惩办。总期不致再起衅端，保全睦谊。

一、宣郡认赔银款，本年四月底交银二万两，五月底交银二十六万两，八月底交银二十九万两，十一月底交银二十九万两，二十八年三月底交银二十九万两，六月底交银二十九万两，以上统共一百四十四万两，至期交兑，决不迟误。

一、赔偿抚恤各款，其中教民瓦屋每间作银五十两，土房每间作银二十五两；被杀教民大口，每名恤银八十两，小口每名四十两；失物照瓦土房每间银数倍加计算，均在正款之内，理合声明。

一、以上各条款，如至交兑日期，现银不足，亦可通融交钱。每两以九八宣钱三千六百文合数。无论银价涨落，概不增减，以归划一。

一、各属拳匪，业经中国官军及各国联军痛加剿洗，并经地方官随时查拿，就地正法；所有赔偿教堂，抚恤教民诸大端，亦经本道府及委员会同教

---

① 签约日期未查明。参见颜石清等编：《约章成案汇览》乙篇卷三十五上，第17—19页。

士详悉议明结案。此后,教民自不准再指拳匪,控告旧案,株累良民,前此教民强抢讹索平民各案,凡在三月十五日以前,亦一概从宽不究,此后倘有前项情事,即以乱民论,不稍宽宥。

一、宣郡赔偿抚恤等款,为数甚巨,万不能不按户摊捐,倘有托词抗违之户口,由地方官拘案追缴。此为筹款重务,力求裨益起见,任凭中国地方官设法办理,教堂并不干预。

一、前经本道抚恤被难教民,两次共银八千两,谷一万石。前与教士言定,于此次正款内划除归款。今于正款之内并免扣抵,以示优待教民至意。

一、现在立订合同并订妥善章程,永远遵守。前立草约,应即作为废纸,无庸查取销毁,合再声明。

大清光绪二十七年六月　日

西历一千九百一年月　日

中英《耶稣教自立会议结山西教案合同》①

光绪二十七年七月初六日(1901年8月19日)

太原

山西耶稣教自立会总教士叶守真与洋务局议结教案合同:

一、本教士体救世主爱人如己之语,念山西连年旱灾,去岁杀机甚酷,不忍见此次教案议结,再有派累商民事,与山西商民结欢喜缘,并以谢岑抚台之派员优礼迎护,沈道台之办事明通公溥,故格外和平议结此案,并望各会牧师以本教士之心为心,从兹民教得无嫌隙,幸甚幸甚。

一、阳曲县本会自建之男女医院、教堂、药房、女学堂、住宅等共洋房十所,去年已经全毁,并器具、什物、书籍、衣服等,亦全遭抢失,原估共值银十余万两,今一概不议赔偿。

一、本教堂抢失各物中,有铁箱一支,内贮契据、银票、账册要件。今请立案,凡抢失在外之一切契据,均作废纸。请抚台派员丈量,按地亩四址书写明白,另给新契,加盖阳曲县印信,交本教士收执为凭。

一、教堂地址上所堆置之煤灰,已蒙抚台派人搬运清楚,本教士深为感激,拟请抚台出示,永禁民人再往作践。

一、自立会教民除财产外,所有去年被焚杀时四散奔走之用费,并农田秋收无获之费,均由本教士核实查明,不准索赔,故无赔款可领之贫民甚多。当本教士未来晋时,先由执事人借用之赈银一千二百两,蒙抚台格外恩施,免其缴还,足见爱民如子。本教士甚为钦佩。

一、所有不议赔偿之教堂、医院、住宅洋房及器具、什物等,应请抚台出一告示,声明此乃本教士仰体救世主爱人如己之意,不忍令摊派商民,竭小民之脂膏,并非欲求商民见好也。并将中国政府保护教堂教士,重敦辑睦之意,一一叙明,告示勒石,竖立教堂,以期此后永远相安。

一、此合同一式三纸,一存抚台衙门备案,一存洋务局,一存本教会。

---

① 中国第一历史档案馆编辑部编:《义和团档案史料续编》下册,第1716—1718页。

大清光绪二十七年七月初六日　　大英一千九百一年八月十九日

大清国督办洋务局即补道沈　　大英国耶稣教自立会总教士叶

中英《耶稣教自立会议结寿阳教案合同》^①

光绪二十七年七月初六日（1901年8月19日）
太原

山西耶稣教自立会总教士叶守真与洋务局议结寿阳县教案合同：

一、寿阳县本会教堂、毕翰道牧师住宅等洋房，已蒙抚宪饬属动工修理，足见实心保教，本教士甚为钦佩。应请即行停工，余工一切，统由本会自行接续修复，免费公款。

一、所有毕牧师之器用、什物、书籍、衣服及会中公共物件，值数甚巨，除收回数件外，其余一概不追，以免扰累民间。

一、所有教堂及毕牧师住宅内契据文件，均遭抢失，今一概作为废纸，请抚台饬寿阳县重为丈量，按地基四址书写清楚，另给新契，加盖寿阳县印信，交本会收存为凭。

一、毕牧师夫妇本系英国富室，自输巨资，来晋传道行善，自建教堂、住宅、医院、药房，即以寿阳为家。所有珍贵衣饰、书籍、器用、药物，数实不赀，去年全家遭难。现在本教士体其善心，概不议赔，亦不控追，惟请抚台出一告示，声明此乃本教士体救世主爱人如己之意，因晋省迭遭水旱兵灾，民间荡析离居，不忍见此次教案议结后再摊派商民，竭小民之脂膏，并非欲见好于商民也。并将中国政府保护教堂教士，重敦辑睦之意，一一叙明，告示刊勒石碑，竖立教堂，以期此后民教永远相安。

一、晋东寿阳一带，民情极苦，将来拟将此地址改设施医院，以疗贫病，以偿毕牧师未竟之志，望地方官加意保护。

一、此合同一式三纸，一存抚台衙门，一存洋务局，一存本教会。

大清光绪二十七年七月初六日　　大英一千九百一年八月十九日

---

① 中国第一历史档案馆编辑部编：《义和团档案史料续编》下册，第1718—1719页。

中英《耶稣教内地会议结山西教案合同》①

光绪二十七年七月初十日（1901 年 8 月 23 日）

太原

山西耶稣教内地会总教士何斯德与洋务局议结教案合同：

一、敝教士体救世主爱人如己之意，一以慈爱为主，山西灾患频仍，不忍见教案议结后，再有派累商民之事，与山西绅民结欢喜缘，并以谢岑抚台之派员迎护优礼接待，沈督办之开诚布公，办事仁恕，故格外和平议结此案。

一、内地会在山西平遥、介休、孝义、隰州、大宁、吉州、河津、曲沃、临汾、洪洞、岳阳、长治、屯留、潞城十四州县，又北路大同一县，所有教会建置之教堂并住房，或焚毁或拆毁或未全毁，以及会中公置之器具、什物、书籍等，均不议赔，现拟由本会自行修复购办。

一、本会在各州县租赁民房为礼拜堂处，亦被焚拆损伤。此乃民间产业，并非本会出资所造，因租与教堂而波及者，未便概不议赔，应由地方官持平估价发款，俾自行修复。堂中什物，能追还更好，否则亦即罢议。

一、临汾、大宁等县之教堂，于敝教士未来晋之先，业经该地方官发款交与教友代修者，此款今由本会如数奉还，以明本会全不议赔之意。

一、朔平府左云、右玉、浑源、应州四处礼拜堂及什物，及内地会瑞典国支会之产业，早经瑞典国钦使开明赔款银一万六千两。此事非敝教士所能专擅，只可分别办理，如能商议核减，则甚善矣。

一、所有各处不议赔之礼拜堂，应请抚台出一告示，声明教会自行修复，不愿赔偿，乃仰体救世主爱人如己之意，不忍令摊派商民，竭小民之脂膏，并非欲求商民见好也。将原委一一叙明，告示黏贴木板，加盖桐油，悬挂教堂，以期此后永远相安。

---

① 见中国第一历史档案馆编辑部编：《义和团档案史料续编》下册，第 1343—1345 页。另见中国第一历史档案馆、福建师范大学历史系合编：(中国近代史资料丛刊续编)《清末教案》第三册，第 201—202 页。

一、内地无赔款可领之教民,前借赈银八千两,蒙抚台格外恩施,免其缴还,足见子惠元元,敝教会实深感谢。

一、尚有内地会各牧师在山西毁失自置衣服、什物、书籍等,与会中公置者不同。查各牧师有回国者,有已被害者,应赔与否,敝教士未便悬拟。俟将来回沪知照该牧师家属,再行核夺可也。

一、立此合同一式三纸,一存抚台衙门,一存洋务局,一存本教会。

大清国光绪二十七年七月初十日

大英国一千九百一年八月二十三日

大清国督办山西洋务局即补道沈

大英国耶稣教内地会总教士何

中俄《新订开办吉林金矿草约》[①]

光绪二十七年七月二十七日（1901 年 9 月 9 日）[②]

吉林

大清国镇守吉林等处地方将军长，

大俄国交涉大臣科洛特科夫，

今将拟在夹皮沟、宁古塔、珲春三处境内，探勘金苗，开办金矿，商同预定条约列后。

计开：

第一款，拟明必须俄国专办金矿之人阿斯他硕夫，或系替伊代办之人，方准在夹皮沟、宁古塔、珲春三处所属地方，探看出金处所，此外不准他人探勘。

第二款，俟吉林将军奏明，奉到大清国大皇帝谕旨，允准俄国人在吉林开办金矿公文之后，方准设立股份会，无论股份若干，总以八成归阿斯他硕夫，二成归华人，至需股若干，并以若干两为一股，俟将来再行商定。

第三款，查夹皮沟金厂，早年有人私行采挖，现在出金，恐不能旺，此次所设华俄金矿会，应准在松花江并江分山一带，采看苗线，仍须俟奉中国朝廷允准之旨，即准该会在该处开矿。

第四款，宁古塔、珲春所属地方，如已先有中国人开采金矿多年，领有凭据，照章纳税，即令该业主照旧开此金厂。不邀俄国人入股，如或自愿邀俄国人帮助，为速著有成效起见，则应由华金矿会令俄国人出股份多半。仍须与该金厂业主妥定章程，俟办时再行商议。先由中国官将出金地名，开送清单。

第五款，现在暂准阿斯他硕夫，派人往夹皮沟、宁古塔、珲春三处所属地方，探看金苗，每起探看之人，均须将军委员会同前往，如看准苗线，当指

---

① （台湾）"中央研究院"近代史研究所编印：《矿务档》（七），第 4041—4043 页。

② 该日期的考订见步平、郭蕴深、张宗海、黄定天编著：《东北国际约章汇释》，第 220 页。

明段落里数，以示界限，不得将该三处全境，统行包套在内。

第六款，此条款续补吉林将军与俄国交涉大臣刘巴商定草约之条款，该条款商定，俟奉到中国大皇帝谕旨允准俄国人在吉省开办五金等矿之公文，即行作速开办。

大清国钦命头品顶戴总理各国事务大臣镇守吉林等处地方将军恩特赫恩巴图鲁长

大俄国钦命吉江西省交涉总理办事大臣科

中俄《黑龙江金矿合同》

光绪二十七年八月二十日（1901 年 10 月 2 日）

哈尔滨

驻江省俄外部官克掠特科夫同署理黑龙江将军萨所预定之约，为俄民于黑龙江与瑷珲右岸以及宽河、都鲁河、呼兰河各处所有新旧产金地方作金之事。

第一条，阿尔珲河右岸以及其支流，自达拉掠尔湖右面至阿尔珲河与石日喀河汇流为界；黑龙江右岸以及其支流，自石日喀与阿尔珲合流至松花江，流入黑龙江口为界。按该约所定之金厂分为五处：（一）自达拉掠尔湖至北五寺河；（二）由北五寺河至库马尔河及支流而止；（三）自库马尔河与其支流而起至瑷珲城止，惟界内之宽河割归库安河公司自行开办；（四）起自瑷珲城止于观音山；（五）自观音山至松花江流入黑龙江口为止，但松花江右岸由该江流入黑龙江口，直至都鲁河，此段亦在其界内[①]。

第二条，前所指五处金矿：第一处为黑龙江上游矿业公司，约中所定准许采勘金苗，俟华政府批准，再行开办；第二处为俄国业金矿人阿士他舍夫；第三处为公爵阿珀拉克斯与颇颇夫，以及耶米立羊掠夫公共矿业公司；第四处为积股矿业公司；第五处为俄国矿业公司。

第三条，所有各公司人等已于第二条内载明，但于动手作金时，各厂应计共得之金，照百分之十五抽入中国官款。此外如沿黑龙江及阿尔珲右岸，在漠河、观音山、齐仓河等处作金半载者，所得之净利，应照一千零二十二股分出百分之十，归中国漠河公司。

第四条，各厂应由华政府专派员一名，以备监视所控金之数目及经营厂内作工华人。其应归中国官家之款并漠河股利，概于年终交该员收兑。

---

① 该金矿合同签订同时，将军萨保发给俄商采苗护照 9 张，允在 9 处勘苗采金，合同中记载了其中的 5 处，其余 4 处因有效期仅为两年，不见合同。该四处的界址为：1、松花江左岸各河岔子；2、嫩江右岸墨尔根至齐齐哈尔城；3、嫩江源起至墨尔根；4、嫩江左岸墨尔根城起至齐齐哈尔。参见步平、郭蕴深、张宗海、黄定天编著：《东北国际约章汇释》(1689—1919 年)，第 221—223 页。

第五条，每年年终止工之时，应将挖得之金数与花费以及净利等项，用华、俄文字印出清单。

第六条，漠河公司股东所应得之利，其数已于第三条内载明。至采勘金苗，开挖金矿及花费款项，办理厂中事务，概与该股东无干，均属约内所注定之俄国公司人等自行筹画。

第七条，每厂应由净利分出百分之二，以为俄人将作金于满地，用之酬偿满人，此款交黑龙江将军酌办。

第八条，采勘金苗时，严禁欺压居民及故意伤损产业，毁坏灵迹、坟茔等事。有犯此者，应照例究办。如非故意损伤产业，当即照数赔偿受损之家。

第九条，按约内第二条所载，各公司人等签字后，应由黑龙江将军发给执照，以备作速前往查看本厂，设法驱逐私行挖金之人。

第十条，查于此约前开办者，惟宽河及都鲁河、呼兰河各处，如俄人有愿入宽河公司或都鲁河公司，该公司各应增加三千股。以二千股给俄人，一千股给华人，办理作金之事。入股华、俄人，应帮同筹画。计共得之金，照百分之十五抽归中国官款。至厂内所需之费以及所得之利，均按股数分派。若两公司俄人皆不愿入股于内，该公司仅能照此约以前所定之约开挖金矿。如宽河及都鲁河有入股之俄人，当由驻江省俄外部官举荐。

第十一条，此约应缮华、俄文两份，俟经住（驻）江省俄外部官克掠特科夫与黑龙江将军萨同签字后，应以一份送北京矿务总局核夺。

中法《天主教山西教案议结合同》^①

光绪二十七年九月初一日（1901 年 10 月 12 日）
北京

兹因光绪二十六年，义和拳匪肇乱山西太原以南各府州县法国天主教会，及省北七厅，荷、比两国教会，并会内之人身家房屋被害各情。查和议大纲第六条内载：各国、各会、各人身家财物等项，所受公私各亏，中国均认公平赔补。等语。今大清国办理山西教案委员候补知府郑，奉山西巡抚岑特派来京，将各该处教案拟办情形，呈明大法国驻京全权大臣鲍查核订定。现将拟定各办法，开列于后：

一、山西太原府以南潞安、泽州、平阳、蒲州四府，霍、隰、解、绛、辽、沁六州，所属各州县教案，均归法国办理。所有其中教会及会内人等房产、器物，议定共赔京平足色纹银—百零五万两。省北归化、托克托城、宁远、丰镇、和林格尔、清水河、萨拉齐七厅，亦归法国办理。所有其中教会以及会内人等房产、器物，议定共赔京平足色纹银二十万两。并议明所有在太原府设立仁慈处所女修士会，转请法署代为办理身家房产所受各亏，共赔银十万两。作为一概了结，并无遗漏。

大法国公使深知晋省民艰，由此款内剔出五十万两，拨归大赔款内；下余银八十五万两，议定分为四年交清，均不认利。而交付期限，定期于后：本年自立合同之日起，两月内先交银二十万两，其十万作为山西以南教会之款，五万作为七厅之款，五万作为女修士之款。两月外至年底，再交银二十万两，仍照前分给。壬寅、癸卯、甲辰等年，均按两期交银，前半年以六月为度，交银七万五千两；后半年以十二月为度，交银七万五千两。壬寅、癸卯两年，每期所付七万五千两内，五万两作为山西以南教会之款，二万五千两作为七厅之款。甲辰年每期七万五千两，全数作为山西以南教会之款。

① 中国第一历史档案馆编辑部编：《义和团档案史料续编》下册第 1722—1724 页。另参见颜石清等编：《约章成案汇览》乙篇卷三十五上，第 4—6 页。

共计交银八十五万两，至此全行交清。每次交银，在各该干涉主教处所查收，发给收执。

二、晋省已奏明为被害教士立碑建坊，碑坊之式，悉如现为耶稣教所立之式。

三、教会、教民业产，现均清还原主。至教民业产契据，如有因乱焚毁遗失者，由官补予印契，以示体恤。如教民占据平民房屋、田产，亦须迅速一律退还，不得藉故觖延。

四、自由京议定之后，在晋主教等，均不得再有异言。教民、平民，均应捐除旧怨，毋得再以从前人命、财产及争夺斗殴等事，互相控告，别生枝节。如有故违，均著立案不行。早经控告各案，自应仍然照常办理。从此民教各守法度，永远相安。

五、晋省拳匪前后拿获正法者，已属不少。自当以定立合同之日为止，不再查办，以免株滥，俾民教可以从此相安。

六、所有在晋各教士前者拟商各办法，与此次合同有干涉者，则签字后应作罢论。设若不与相干，自应核夺。

七、晋省主教等如有借用银两，应由赔款内如数扣还。

以上各条，今由委员郑守呈明大法国驻京全权大臣鲍，业经批准。为此缮立合同四纸，法国在京公署、山西委员、两处教堂各存一分，以为凭据。

西历一千九百零一年十月十二日　光绪二十七年九月初一日

中意《山西教案议结合同》[①]

光绪二十七年九月初十日（1901年10月21日）
北京

大义国钦差全权大臣罗、大清国办理山西教案候补知府郑，为公立合同事：

兹因光绪二十六年义和拳匪肇乱，将山西太原府及省北各府州县义国天主教堂，并教民房屋以及各会房产焚毁被害各情。查和议大纲第六条，内载：各国、各会、各人身家财物，所受公私各亏，中国均认公平赔补。等语。今奉山西巡抚岑特派本府来京，与大义国钦差大臣罗会商议定，所有天主教会及会内之人，所受公私各亏，并赔补教堂、抚恤教民均在其内；所有赔款数目以及办法，胪列各条于左：

一、山西太原府、汾州府、大同府、宁武府、朔平府、忻州、代州、保德州、平定州所属各州县，全归义国办理。所有其中教堂房屋、财物及教民房屋、财物，今在京公同议定，赔京平银一百万两，作为一概了结；此外并无遗漏。

一、所有前者晋省借与各教士银、粮，言明于赔款内如数扣还。现因数目零星，尚未核清，约计共借银三、四十万两之谱。今议定由赔款一百万两内，先行扣还十万两。下欠之数，再行分期扣还。

一、赔款一百万两，除先扣还前在晋所借银粮银十万两，又扣拨法国女修士抚恤银十万两外，下余银八十万两。今议定分为四年在京交付，均不认利。本年交银二十五万两，两月外至年底，再交银五万两。此头次应交款项全清。至二十八年，交银二十万两，除扣还借款十万两，下余十万两，分作两期。前半年以六月为度，后半年以十二月为度，每期交银五万两。二十九年交银十五万两，除扣还借款五万两，下余十万两，亦照前分为两期交付。三十年交银十五万两，除借款核清细数如数扣还外，下余若干亦照

① 中国第一历史档案馆编辑部编：《义和团档案史料续编》下册，第1724—1726页。另见中国第一历史档案馆、福建师范大学历史系合编：(中国近代史资料丛刊续编)《清末教案》第三册，第217—219页。颜石清等编：《约章成案汇览》乙篇卷三十五上，第1—4页。

前分为两期交付。共计交银一百万两，至此全清。每次在京交银，均照京平核兑，送交大义国钦差大臣查收，均请将收到银数发给收执。

一、晋省已奏明为被害教士立碑建坊之式，悉如现为耶稣教所立之式。

一、教会、教民业产，现均清还原主。至教民业产契据，如有因乱焚毁遗失者，由官补予印契。如教民占住平民房屋，应于一个月内退还。如平民占住教民房屋，亦于一个月内退还。均不得藉故耽延。

一、自由京议定之后，在晋主教等，均不得再有异言。教民、平民均应捐除旧怨，毋得再以从前人命、财产及争夺斗殴等事，互相控告，别生枝节。如有故违控告者，均著立案不行。从此民教各守法度，永远相安。

一、晋省拳匪前后拿获正法者，已属不少。自当以订立合同之日为止，不再查办，以免株滥，俾民教可以从此相安。

一、晋省教案，现既由京议结，所有在晋各教士商办各章程，自应于签字后概作罢论。

以上各案，今由本府与大义国钦差大臣罗公同议定，写立合同二纸，互换收执，以为凭据。

西历一千九百一年十月二十一日　光绪二十七年九月初十日

大义国钦差全权大臣罗　本署参赞威告假　大德国汉文正使夏代办

大清国办理山西教案候补知府郑

中英《山西耶稣教内地会与洋务局续议教案合同》[①]

光绪二十七年九月十五日(1901年10月26日)

北京

山西内地会总牧师荣晃熙与洋务局续议教案合同:

一、内地会在山西各州县被害牧师、女士、妇稚共六十三人,已蒙岑抚台优礼殡殓,修墓立碑,且各牧师等为道殉难,故本会全不议抚恤之款。

二、阳曲、曲沃、河津、大宁、潞城、大同、右玉、孝义等八州县,均有本会殉难牧师坟墓,蒙岑抚台每处发银二百两,购买田地,给看坟人耕种,俾得度日,常川守护坟茔,不至损坏。仰见抚台保护之意,至为深远。殉难各牧师家属闻之,自当感激。

三、本会何牧师于本年七月初十日即西历本年八月二十三日,与洋务局所立议结本会教案之合同第八条内开:内地会牧师、女士等在山西毁失自置衣服、什物、书籍等件,与会中公置不同。查各牧师、女士等有回国者,有已被害者,应赔与否,敝教士未便悬拟。俟将来回沪知照该牧师、女士等家属,再行核夺,等语。查前有在平遥县回国之索牧师、潞城县之顾牧师、屯留县之许牧师、大宁殉难之两聂女教士,共合赔此项银六千三百一十两。今沈道台与敝教士商民(明)不令赔偿,以为好让好义之倡,使各牧师、女士等家属闻风踵效,倘能一律不赔,更为山西轻累。敝教士回沪后,当与何牧师商议妥当办法,再行电达洋务局作为结案。

四、何牧师前订合同第五条内开:左云、右玉、浑源、应州四处礼拜教堂及什物,乃内地会瑞典国支会之产业,早经瑞典国钦差开明赔款银一万六千两。此事非敝教士所能专擅,只可分别办理,如能商议核减,则甚善矣。等语。嗣经洋务局查明,该四处教堂房屋,皆系租自民间,现经该地方官就地筹款修复。敝教士回沪,当与何牧师向瑞典钦差将情形说明,若能商减

① 中国第一历史档案馆编辑部编:《义和团档案史料续编》下册,第1345—1349页。又见中国第一历史档案馆、福建师范大学历史系合编:《清末教案》第三册,第203—206页。另参见颜石清等编:《约章成案汇览》乙篇卷三十五上,第6—11页。

赔款后，亦行电达洋务局定案，庶可一律了结。

五、何牧师所立合同第二条，本会在山西南、北两路、洪洞、大同等十五州县，所有本会建置之堂、公置之器物、书籍，均不议赔，由本会自行修复购办等语。查此房、物两项，兹经敝教士查明，约值银十万两，自应仍照原议，一概免赔。

六、本会何牧师前订合同第四条内开：临汾、大宁等县本会自置之教堂，于敝教士未来之先，业经该地方官发款交与教友代修者，此款今由本会如数奉还，以明本会全不议赔之意。等语。现经敝教士查明，临汾、吉州、曲沃、乡宁，共由地方官代垫修堂费银九百五十两零八钱四分，今由敝教士如数交还洋务局。

七、潞城县本会教堂，经何牧师议定免赔，但此堂系向民间典押而未杜绝之产，现请由该县找价三百千文与该业主，立一杜绝之契，归本堂收执，以后永清轇轕。

八、山西南、北各州县所有本会信教华民，去年被毁房屋、被抢衣物、器具等件，均经敝会派牧师亲往复查，核实造册带省，与沈道台逐户稽核。凡有人命被害者，赔款略与从宽，不再另给恤款，以为晋省轻累。计共洪洞、翼城、襄陵、赵城、灵石、大宁、祁县、徐沟、孝义、平遥、介休、永宁、宁乡、长治、屯留、襄垣、潞城、壶关、黎城、沁水、高平、陵川、永和、武乡、文水、绛县、稷山、大同、浑源、应州、右玉、左云共三十二州县，共议赔款银六万五千一百五十六两三钱七分。所有本会晋省教案作为一律了结，并无遗漏。各州县总结赔款细数，另单粘后。

九、临汾、岳阳、曲沃、吉州、乡宁、绛州、河津、霍州、隰州、蒲县等十州县赔款，于敝教士未到之先，已由地方官与信教之民先行了结，敝会不再复查，此次亦不列册。

十、本会牧师未来之先，蒙洋务局详准抚台，借给本会赈银二万三千五百五十三两九钱二分，何牧师所查数处已领赈银而无赔款可抵信教之民，共计银八千两，已经何牧师恳蒙抚台免其缴还外，尚欠银一万五千五百五十三两九钱二分，内有五千两，经敝教士查明南、北各处，亦系并无赔款可抵之户所领，势难逐户追还，又未便再向抚台邀免，只好将此项借款银一万五千五百五十三两九钱二分，议明即在此次赔款内，汇总扣除其南、北各州县有先借与教民赈谷、修房款项，计银一千五百七十七两六钱三分，现已查明汇报议定,亦于此次赔款内扣除。

十一、本会查勘教案,务求核实。所有省南信教之民,去年至今年误工歇业、田禾失收、移家避难费用及被庙社讹索钱文,计合银二万八千四百九十三两九钱三分六厘,又银二百九十八两八钱三分,一概不列赔款,以副(符)我本会信教之民好让之实。

十二、本会中西教士南北分道查案川资费用,约需银六百金,由本会自备。

十三、曲沃、隰州两处被害信教之民,业经访明凶手,在该州县指控,议而未结,请援抚台清理教案章程第九条办理,由该两州县自行了结。

十四、本会步牧师去年所存平遥乾盛亨银三百零二两,今承沈道台如数由该号取回。此银已经敝教士收到,交还本会,立有洋文收条,存洋务局。

十五、凡信教华民被害各府州县地方,将抚台警诫匪徒犯法、教民无辜受害之告示,勒石立碑。一面由各该州县另出一示,将各州县被害教民名姓并受害情形,详叙附泐碑阴,以垂久远。

十六、杀害信教华民之各州县,应照本会前次续议之条;首犯必须拿获严惩,以申国法而儆将来。

十七、各州县为从拳匪,亦应如前议,三面存留名单,以后如再难为教民,仍当指控惩办不赦,俾知悛改。

十八、晋省本会教民赔款及租赁之礼拜堂等,业已一律清结,敝教士即须回沪。兹后所有本会一切交涉事宜,暂时公举华教士许步云,在晋随时和衷商办,事稍重大者,商明上海首会定夺,俟总牧师到晋后,归总牧师办理。今因沈道台办事公明,为各会所悦服,是以敝教士与之格外和衷谦让,将各事议结。立此合同,一式三纸,一存抚台衙门,一存洋务局,一存本教会备查。

大清国光绪二十七年九月十五日

大英国一千九百一年十月二十六日

大清国督办山西洋务局尽先即补道沈

大英国耶稣教内地会总牧师荣

中俄《黑龙江矿务草约》①

光绪二十七年九月二十九日（1901年11月9日）②
哈尔滨

一、此约一经画押后，即准俄人在江省地界内，采办金、铁、煤各矿苗。

二、俄人既可采勘金、铁、煤各矿苗，即由将军发给专照。

三、以上所云执照，只可发给俄国派驻黑龙江省外部官员所举荐，著名身家殷实，力能多出本钱，并用上等钢铁极大机器办金矿之人。

四、采勘金、铁、煤各矿苗之人，凡遇地方一切危险意外之事，中国地方官现在不能保护，伊等须自行防备抵御。

五、采勘金矿之人，宜分定界限，以免彼此相争（此节须确切注明在第二条所云执照内）。

六、禁止勘采矿苗之人骚扰百姓，并有意毁坏庙宇，穿入坟穴等事。犯者照律重办。如旗民因采勘矿苗吃亏者，酌量赔偿；如在旗民产业公地之上采得矿苗，并非官地者，须公平给价。

七、采勘矿苗俄人，每次查出新矿，应呈报外部官员，即由外部官员转达将军，其出金所在方向地名，及段落界限，一切情形，并如何开挖，均须确切报明。再到报查出矿苗之后，可由将军给以执照，准其即在所指地方开办。

八、采勘金矿俄人，届时开办，每出金百两，须报效中国国家十五两。其余各矿开挖时，应如何报效，日后再定。每厂由将军派一委员监察所挖金数，并管束华人。

九、采勘矿苗时，非但刻下地方尚未尽平，日后亦恐偶有阻碍，及一切意外之变故。所指采勘地方，应予以两年为限，再采勘之人，虽在所指地界寻出一处金子，报到后准其仍在界内再行量力查勘，如二年限内，并不报到

① （台湾）"中央研究院"近代史研究所编印：《矿务档》（七），第4325—4326页。

② 该日期系清帝批准约章的时间。

查出矿苗，即将所指准勘地界，另给他人。

十、此约专指俄人采办新矿而言，议定自齐齐哈尔往上，凡两岸大小河流汇入嫩江者，各至源头及嫩江源为止，及呼兰河口以下，与都鲁河口以上，凡大小河流汇入松花江者，各至河源为止，对岸吉林界不在内，均可由将军发给采苗执照。俟将军与外部官员此约画押后。另拟漠河观音山之矿，及都鲁河、宽河，各商办金矿，条呈咨送北京矿务总局查核定夺。

十一、踏勘金矿人，凡有与将军往来事件，须由外部官员转达。

十二、此约应为两份，华俄合璧，由将军同外部官员画押。

中俄《抚顺千台山煤矿合同》①

光绪二十七年十月二十四日（1901年12月4日）②

盛京③

立合同人：中国官商王承尧，华俄道胜银行聂沙必多士忌等。本公司查得奉天抚顺界内千山台之杨柏堡河西煤矿甚旺。经禀请开办，并报效银壹万两，藉充饷需。蒙军督部堂增，据情奏请。于光绪二十七年十月二十四日，奉到朱批：著照所请，该部知道，钦此。奉札饬准开办。当经先后集华友股本沈平银拾万两，嗣复添招华俄道胜银行股沈平银陆万两，共计股本银拾陆万两。除报效银壹万两外，其余存银壹拾伍万两，均作开办资本之用。经众议明，仍名曰华兴利煤矿公司。所有会定章程，开列于左。

计开：

一、本公司共合股本银拾陆万两，按银一百两作为一股，每股发给股票壹张，息折壹扣，合同章程壹本，除银股外，另有身股肆百股，银股、身股共计二千股。身股作为酬劳本公司创办各友，及尤为出力之用，不领息折，只发股票。经众议明，所有各身股，只能按股与银股公分公司所得余利，不得按银转售，以示区别。

一、发出股票，其入股银两，不得随时提取，如领票之人欲将股票转售，须先尽股友凭众收买，不得私相售受。如果股友无人接买，方准卖与他人。然亦当众股友言明，以免滥售，致滋流弊。

一、立合同后，所有股本，均存道胜银行，随时提取，其各股官利，按年柒厘，由道胜银行付给。届取利时，由总董先期一月知会各股友，持折往取，如无盈余官利，均一概不付。

① （台湾）"中央研究院"近代史研究所编印：《矿务档》（六），第3639—3641页。

② 清朝外务部批准该约章日期为光绪二十六年十月二十九日（1900年12月20日），见汪敬虞编：《中国近代工业史资料》第二辑上册，中华书局，1962年，第39页。但由清帝批准日期为光绪二十七年十月二十四日。

③ 签约地点未查明，暂定为盛京。

一、华俄股友公议各举总董一人,但以品行端正者充当,若遇寻常细故,即由总董酌核办理。其余矿厂用人,自应会商酌用,无论何项司事人役,如不得力,即由总董随时更换。如总董因有别事,未能亲履其事,可自请妥实人替办。遇有关重事件,应由总董随时知会就近及股本较巨者各股友,赴总公司齐集会议,妥议举办,仍以股本多者为决定,并置册一本,所议之事,均书明其上,请各股友签字,以凭查核。如有事不到,及道路较远一时未及周知者,即由所到之友定议,不得异言。

一、矿厂应用办事人等,均须图书妥保,倘有侵蚀等弊,即令保人包赔;所支薪水,应按能否出力及事之烦简,核实商议酌给,不得碍于情面,以期得人。

一、本公司需用护厂矿丁,所需口粮,归公司开销。

一、在省城设一总公司;及煤栈等处,矿厂设一分公司。其余别处如须再设分公司,可随时商办。但各分公司,均归总公司管理。

一、矿厂应用粮货,俱由本公司自备,以免利源外溢。

一、现在煤矿系土工挖做,已有成效。将来扩充改用机器,应随时会商斟定。

一、载运煤斤,将来如修铁路,应聚众商办,务与本公司利便。得有余利,无论华股洋股,俱按股均分。

一、应抽税课,仍遵照奏定章程办理。

一、每年除公司费用,并股本官利周息柒厘外,其余盈余,先提出壹厘伍毫,分给办事出力之人。如有盈余壹万,即先提银壹百伍拾两,作为犒劳之费,视人之勤惰分给。余款商明如何分给股友,或留为下年添置机器房栈等用。届期集众会议,公平办理。一年后并将收支四柱清册,刊刻成本,分送股友,以示大公而昭征信。

一、凡与股各友,有利固利益均沾,倘有亏赔,亦应按股摊派。

以上各条,均系当众议明,均皆情愿。此后如有未尽事宜,应俟随时增损,以期尽善。

中法《办结塔拉特旗教案草约》①

光绪二十七年十一月初三日(1901年12月13日)②

绥远

立写草约字据人：主教闵玉清、协理台吉奇莫特多尔济、巴杂尔格尔第、鞼克图噜。查光绪二十六年蒙古达拉特旗仇教一案，自本年六月间，绥远城将军侯爷信抵任后，叠奉迅速查办之旨，当将达拉特旗及盟长派委鄂托克、杭锦三旗协理台吉巴杂尔格尔第、奇莫特多尔济、鞼克图噜等札调来绥，由将军督饬奏调帮办教务直隶候补府寿及本城各员，会同法国主教闵玉清妥商办理此案。闵主教因案情过重，本拟请将军从严惩罚，以伸教民之冤。因念将军及寿大人办理此案，公允明决，实心实力，不偏不倚，闵主教极为佩服。总核各项赔款，原索银六十余万两，今情愿竭力减让，共赔银三十七万两，蒙旗官员均极感幸悦从。当经两造公同画押具结，从此完案，尽释前嫌。先立草约，公同画押，请将军具折陈奏，以慰宸廑。一俟将现款、抵款交割清楚，再行书立详细合同，以凭遵守。兹开列条款如左：

一、所有全案命价及焚毁教堂教民房屋，抢掠牲只、粮石各项财物，一并在内，公同议定达拉特旗认赔银三十七万两。

一、所赔银三十七万两内，公同按时价议定，应交现银十万两，牲畜抵银十万两，地亩租项抵银十七万两。

一、所交地亩租项，应照宁条梁成案办理。俟书立合同时，再将详细办法写明。

一、所赔各款公同议定，自立约之日算起，准于五十日内一律交清。

一、案内祸首罪魁及帮同仇教之人，除达拉特贝子土木巴燕奉旨革爵

---

① 中国第一历史档案馆、福建师范大学历史系合编：(中国近代史资料丛刊续编)《清末教案》第三册，第125—126页。

② 该草约所附时间为光绪二十七年十二月初三日，当误，应为十一月初三日。参中国第一历史档案馆、福建师范大学历史系合编：(中国近代史资料丛刊续编)《清末教案》第三册，第124—126页。

不议外，凡由闵主教以前指出各人，现经寿大人再四解说，闵主教已允俟赔款地亩交清，必从轻议办，绝不穷究，以敦和好。议和后交款时打拉旗掌印官协同严追交款，五十天交清，按归化城平交项交银。全交堂中白银足色。一俟书立详细合同时，将此草约销毁。

　　立写草约人：主教闵玉清、协理台吉奇莫特多尔济、巴杂尔格尔第、翰克图噜。

　　光绪二十七年十一月初三日

　　西历一千九百零一年十二月十三日

中外《湖北蕲州议结天主教案合同》

光绪二十七年(1901年)

汉口①

一、蕲州并广济、黄梅二县，所有奉教之家，此次所毁房屋，失损什物，业经地方官逐一酌估追赔，并由查办之候补道任暨州县官捐资抚恤，务使各得其所。

一、蕲州滋事首犯王先隆现已议定严加重责，监禁三年之罪。其在逃之首要梅理明、陈金门、孙丹夫、明大元四名，由署按察使暨江汉关监督岑、候补道任会同出示晓谕，定限一月以内回州投首，经地方官讯明，实系情真罪当，即监禁三年，限满查看开释。若在一月以外投到，不拘其情节是否真要，从重监禁四年。倘经限外，官购线拿获，定当加等，永远监禁。梅理明等四犯均先查抄家产，封闭房屋，至梅开生、孙坤山、孙兴文三犯亦一体严拿惩办，并详请督部堂批示遵行。其余次等、三等闹教之徒，已到案者及未到案者，既非首要，分别轻重，随即责释。

一、广济县滋事之首犯郭松亭，现已拿获，严加重责，议定监禁六年之罪。又拿获蔡洪怀，亦系要犯，议定监禁三年之罪。其余闹教之田辛酉、柯干记、张二生、周三益、周白毛，均重责发落。在逃之首要张兰亭，悬赏严拿，务获惩办。禀请督部堂批示遵行。

一、黄梅县滋事之首要陈长恩，业已拿获，严加重责，议定监禁六年之罪。又拿获胡先林，王鸿恩，亦系要犯，均议定监禁三年之罪。又拿获梅殿香、柳祖应、程三连、徐花子、卢树平、王茂元、于细狗、黄春荣、许金芳、胡本金、梅祖定、梅立传、王卓山、张连生、胡本志、胡本元、邢长江、童春彪、冯发之、王龙老、李丙勋共二十一名，均闹教人犯，俱重责发落。在逃之要犯武生胡炳坤先行斥革衣顶，与胡金喜、邓金喜、胡众儿，均严拿务获惩办。禀

---

① 该约章签订月日及地点未查清，地点暂定为汉口。参见颜石清等编:《约章成案汇览》乙篇卷三十五上，第19—21页。

请督部堂批示遵行。

　　一、被毁之蕲州五百寺天主教堂,议赔银五千五百两。广济县田庆二天主堂,议赔银一千五百两。黄梅县天主堂,议赔银一千两。并由蕲州、广济、黄梅三处本地保甲局绅士联名出具担承切结,存案叙明,外洋在内地传教,载在条约,钦奉谕旨,饬令实力保护教士、教堂、教民,身家产业毋得歧视,此后不敢再滋事端,并与教士永立和约,永杜后衅。

　　一、教士回蕲州,应派干员护送,先行札饬该州文武官员、五乡局绅等,以礼相待,而在案受累局绅,亦要从众服礼,永泯嫌隙。

　　一、所定章程均期民教相安,倘有藐视之徒,复蹈前辙,责成地方官查办,严加治罪。

　　大清光绪二十七年　月　日　西历一千九百一年　月　日

中英《淞沪铁路借款合同》①

光绪二十七年(1901年)②

上海

为立合同事:此合同立于西历一千九百零一年　月　日即光绪二十七年　月　日,一为铁路总公司督办大臣盛丞堂,一为伦敦中英有限公司,由其代理人即怡和洋行与汇丰银行代订各事。开列于后:

一、伦敦中英有限公司愿借与铁路总公司规元银五十万两,以金镑折计,照银行三个月伦敦期票核算,以签立揭契日之汇价为准。

二、该借款周息六厘算,由交银之日起,以金镑折计,每半年纳息一次;照交银之日银价核算。该项利息,铁路总公司交付怡和洋行代伦敦中英有限公司收领。

三、其担保此借款系以吴淞铁路全条作按,倘下列事款如不清办,则借款不交银。(一、须将所有该铁路全路所过之地各地契,或附近该铁轨之地契,并须缮备过户之契据一纸,转手与伦敦中英有限公司,一并送交英国驻沪总领事,或署总领事收执,代伦敦中英有限公司收存立案。二、督办大臣盛丞堂须将铁路总公司缮立揭契,将上款所言之地亩,及该路铁轨、屋宇、制造厂、机器与所有应需各件,及全路产业并淞沪铁路生意,交与伦敦中英有限公司收执,作为按当之据。)

四、此押契须在上海英总领事署挂号。

五、倘借款利息按期清交,则伦敦中英有限公司或其代理人均不能干预淞沪铁路行走火车事务。

六、倘利息到期之后过十日尚不交付,则怡和洋行或伦敦中英有限公司别立之代理人可有权掌管揭押之产业,及管理行驶该车路之事务。但铁路生意自接管后,如其所入之实项不敷还利息,该代理人可有权任便将揭

---

①　上海图书馆编:《盛宣怀档案选编》第51册,第157—159页。

②　该约章签订月日未查明。

押之产业发卖。

七、借款以五年为期，由签字于抵押契之日起计期满，以金钱核算清还。到期如不清还，则伦敦中英有限公司可以执管揭押之产业，并将之发卖，均听其便。

八、签字立此合同之日，铁路总公司给伦敦中英有限公司之代理人即怡和洋行银五百镑，以酬其为此借款在伦敦及上海妥办是事所需之费用。

九、两造代办事之人均允愿担认各原主，准照足此合同办理。

中美《宣道会山西教案议结合同》①

光绪二十七年十一月二十五日(1902年1月4日)
太原

山西美国宣道会与山西洋务总局议结合同。

甲、美国宣道会在山西北方传教,计归化城、托克托城、毕齐克齐、萨拉齐、沙尔沁、包头、丰镇、隆盛庄、阳高县并东井集、大同得胜堡十一处,所有去年被毁自置教堂,并堂内器具、什物以及教士遗失银物一切等件,计赔津新行平银五万二千一百五十八两。本会十一处各案,作为一律了结。从今以后,不再向山西省需索各项赔款。被杀洋教士三十二命,亦不议恤,惟须为殉难诸教士立碑,以为死者之荣,并应将碑永为保护。至于本会信教华民赔款,均归沈道台并所派之委员高大龄持平议结。以上所议赔款,实系照美国原开失单让去三分之二,因知晋省措筹赔款,皆由百姓捐派,兹恐捐派太重,是以减让,以轻民累。本会教士有瑞典国人所失随身物件,已向上海瑞典领事官在北京大赔款内议赔,不在此数之内。

乙、本会传教地方杀害教士及保护不力之官吏,以及杀害教士之拳匪凶手,兹经伍牧师先经访明,已由督办洋务总局沈道台、归绥道恩道台分别详请参办,凶手亦已拿获正法,甚惬牧师之意。是以此后不向晋省再有控追。

丙、所有本会在各处所典之教堂,现议由伍牧师会同归化城洋务局提调金大令,核实估赔。

丁、所有本会在各处所租之教堂,由金大令与伍牧师查明,核实估计,与房主议结。

戊、所有本会十一处教民赔款,全托沈道台并所派之高大龄主政议结,本会亦派归化城之执事王德芳帮助,已共计四条开列于后:

一、归化城将被害本会教士十四人公立一碑,尺寸式样照图办理,殉义

---

① 中国第一历史档案馆编辑部编:《义和团档案史料续编》下册,第1719—1721页。

教士名姓录后：爱理顺牧师夫妇并公子三人。林德本牧师夫妇并两子。安德生牧师夫妇并两子。聂理克生女士。

二、归化城原有洋坟，去年被匪掘毁，应请修复，并造围墙、亭子，栽种花木等件。

三、除归化城外，尚有本会教士被害处所，请照归化城总碑式样，各立一碑，但尺寸较小，令（今）将应立碑地方殉义教士姓名录后：朔平府，福斯伯牧师夫妇并一子。阳高县，宾茂客牧师夫妇并两子。阳高县东井集，应发利女士。毕齐克齐，皮琅伯牧师夫妇并一子。萨拉齐，派尔谟先生、恒配理牧师夫妇并一子；又瑞典蒙古会教士瓦施德先生，并非本会之人，一同殉义于此。沙尔沁，浩女士、安女士。包头，诺先生、伦牧师夫妇并两子。以上应立碑地段，伍牧师查看随时指明。

四、凡有本会教堂处所，将出殡之礼改为搭一小彩棚，由牧师自行诵经，行追思礼，以省繁费。

庚①、本会沙尔沁有育婴堂一所被毁，尚有未杀尽之孤儿无人抚养，伍牧师拟带往上海抚养，以竣善举。惟请官给棉衣，并给川资，伍牧师当觅人送往上海，其人来往川资，均由官给。

辛、各处建碑之后，伍牧师当派一洋人，前往各处查看一周是否照样办理。

壬、丰镇雅牧师等于去年避难时，经该厅徐兆澧赠川资银八百两，今将此款作为赔给丰镇厅租堂之用。（丰镇租堂归伍牧师赔与房东，官不与问。洋务局注）

癸、归化城所有教会汇款存项，存于本地钱铺，此款系爱理顺经手者，现统归恩道台追出，以充公用。（议明将此款作为送育婴孤儿赴沪来往盘费之用。洋务局注）

代办宣道会牧师伍约翰亲笔　督办山西洋务总局沈敦和签名盖印

大清光绪二十七年十一月二十五日

大美国一千九百二年正月四号

---

① 原文缺"己"，写作"庚"。

中意《山西天主教案赔款全清合同》[①]

光绪二十七年十二月十九日（1902 年 1 月 28 日）
太原

　　山西太原、汾州、大同、朔平、宁武、忻州、代州、平定、保德五府四州并属天主教案，前经抚宪委员在京与大义国钦差议结，共赔款京平银一百万两，内扣拨法国女修士抚恤银十万两，拨归法国办理，又除借交北京大义国驻京钦差银十万两外，下余银八十万两，原议自光绪二十七年起，至三十年止，分为四年，在京交付，均不认利。范护主教济各，前因教民无衣无屋，饥寒可悯，若分四年在京交银，实有缓不济急之势，而晋库奇绌，无法筹措，原议所以分四年者，亦为宽纾周转起见。如欲先期筹付，必须另行设法息借。现与洋务局议明，除由省城司库借过并各州县付过借款及各案追出已付赔款应行扣抵者，共库平银二十三万四千六百七十八两五钱三分三厘一毫八丝一忽，按照京平每百两申六两核计，共京平银二十四万九千六百五十八两一分四厘二丝二忽外，下余京平银五十五万三百四十一两九钱八分五厘九毫七丝八忽，情愿减让帮息七万两，筹付现银。本年内陆续付清，共京平银四十八万三百四十一两九钱八分五厘九毫七丝八忽。在京原议赔款，至此全清。（由洋务局禀请抚宪转咨外务部，照会大义国钦使立案全清。）所有太原、汾州、大同、朔平、宁武、忻州、代州、平定、保德五府四州并属各天主教会及会内之人所受公私各亏，并赔补教堂、抚恤教民等项，均在其内。所有各项应恤之款，均由主教、教士自行办理，不再向晋省官民续有议办之事，以期民教相安。

　　今立合同一式三纸，一存抚台衙门，一存洋务局，一存本教会，各执为凭。又解赴北京之十万两，除大义国钦差留费用银五千两，下余银九万五千两，已于华历十二月二十一日，在晋交清。合并注明。

　　大清国光绪二十七年十二月十九日

---

　　①　中国第一历史档案馆编辑部编：《义和团档案史料续编》下册，第 1726—1727 页。

大义国西历一千九百二年正月二十八日
大清国督办山西洋务局即补道沈（敦和）
大义国天主教代理山西北圻教务司铎范

中德《山东矿务章程》①

光绪二十八年正月二十八日(1902年3月7日)②
济南

大清国兵部侍郎兼都察院右副都御史山东抚提部院张。

大德国驻扎烟台领事官连。

大清国外务部委员分省补用道杨。

大德国总办华德采矿贸易公司贝。

为办事迅速安静起见,今华德采矿贸易公司,业奉中国国家允准,在山东五处,是以按照原议之五处,其一在山东省沂水地方,东至黄海边,南通江苏界,西由沂水转而向南,直抵江苏界北,由沂州府向东,直达海边。其二在沂水县地方,自城外一百二十里为界。其三在诸城县西北十里路开算处,顺三十六度向东抵德国租界;西由诸城县之西北十里开算处,转而向南,直抵海边;东南两面均至黄海,并德国租界为界。其四在潍县西南一百一十里之温河北大地方,该处以五十里为界。其五在烟台周围二百五十里为界。绘界地图,商定章程,各条如下,此次章程,是用华文、德文缮就,其中语意,彼此相符。此项章程,业已由北京外务部允准,并须由驻扎德京之该公司督办签押,以昭慎重。该公司名目,在德文内,用其由德京原订编入商德文名目,华文内用华德采矿贸易公司名目,以定界限。

第一款,照公司章程,招集中国官商股份,先由德人暂时经理,所收华人股份,按季呈报山东巡抚,俟招股在十万两以外时,再由本省选派专员,入公司办事,稽查华股应得一切利益。

第二款,该公司应设局在何处,招股及若干处,俟查看情形,随时商定,

① 该章程议定后,由清朝外务部核准,旋因"抽税"和"报效"等款中德双方尚有异义而未画押。但该约章的诸多内容却实际执行。见(台湾)"中央研究院"近代史研究所编印:《矿务档》(二),第1048—1054,1181页。

② 该日期系德国驻华公使穆默向中国政府提出章程照会的时间。见(台湾)"中央研究院"近代史研究所编印:《矿务档》(二),第1047页。

山东巡抚应允竭力帮助该公司一切事宜,并将该公司与山东矿务公司一律优待。

第三款,该公司应办勘查开采,以及试办各事,应由本省即行派定专员,会同办理,所用地段,倘该公司不欲购买,则应商明发给租价。至所伤禾稼等项,应照该处情形,给价作赔,以免百姓吃亏。再每次试办开采,应在半个月以前,通知该处地方官,以便转达百姓,俾杜生疑。至本省所派之华员及其委员人等,系为帮助该公司办事,与山东矿务公司办法相合。此项人员办事公费,山东矿务公司如何供给之处,华德采矿贸易公司亦情愿一律供给。

第四款,开挖煤矿,应用地段,如建筑矿井、修盖机器等厂,以至工人住房与货栈等项,须会同官绅彼此商办,以期无损于百姓。所为平安顺手起见,是以山东巡抚特派干员,帮同觅地及料理一切。惟凡讲矿学处,与采择地势各节,应归矿师作主,而购租地段,须会同特派之员妥商办理,或租或买,不得强抑勒索。每次查定地段后,应绘一作二万五千比例之布置形势图,送呈山东巡抚,以备稽查。呈图后,始准买地,俟地买妥,方准修盖所需各处。至地下所作一切,除第七款所云不计外,不与上面人相干,故不得拦阻,亦不得争讨,以昭公昭允。再买地一事,应秉公迅速妥办,以免耽延开采矿产。地价应照该处情形,核实付给。所购地段,只准购得将来修盖矿井,与各项房屋煤栈装车运煤处所等项,足敷应用为止。

第五款,凡庙宇、房屋、树木,及众多整齐之坟茔等项,均应顾惜,谨慎躲避,不使因办矿务,令其受伤。万不得已,必须迁移以上所指各物,则请地方官在两个月以前,通知该主人,以便妥商赔偿,总使该主人在他处能照原样另行置办,并于钱财上不致吃亏。

第六款,办理矿务,须盖各房及开挖矿井等项。地位均须合宜,总使于本省城垒公基,及防守各要害,无所妨损。

第七款,朝廷所属各祠庙、行宫、园厂等项之下,概不准办理矿务。

第八款,该公司因开矿买地,无论何处,应用官弓尺,丈量地亩,每弓合五尺,每尺合三百三十八米里密达,每地一亩,按三百六十弓计算,合九千方尺。至所购地段,应纳国课一节,须照他国人在中国他处开矿章程办理,以昭公允。

第九款,该公司倘请地方官派人前来帮同作事,则应给辛工银两,另行开发，不准与地价稍有牵涉，以清眉目。所发地价，应妥交地方官代收，以便转给各该地主。一面由地方官发给公司买地执照，发照后，始准动工。

第十款，或在勘查矿苗时，或在开采矿产修盖矿厂时，在百里环界外，倘须禀请山东巡抚派兵前往保护一切，届时查度情形，见禀随即照准，并派敷用之兵数，以应所需。至该公司应给此项卫兵若干津贴，应另行商议，惟不准请用外国兵队。

第十一款，该公司购买物件，应照本地市价交易。不准强买，亦不准故意贵卖，以昭公昭允，或请地方官代购亦可。

第十二款，在开矿处附近一带，倘欲租赁住房，或办公处所，应请地方官代租，并代立租房合同。

第十三款，该公司办理矿务，应掺用本处工人，使之工作。所需物料，凡本处所有之物，亦应在本处购买，并须公平给价。倘公司所用之工人，与本处百姓滋事，应由地方官拿办。再公司所用各工人，无论如何，不准擅入百姓住家，如敢违禁，定必从严究办。

第十四款，该公司开采矿产时，万一遇意外不测之事，致伤人命或物件，理应抚恤赔偿。除此以外，尚有应定详细章程，凡因办理矿务被伤各物，均照详细章程赔偿。至在试办时，倘因公司之过，致伤人命或物件，亦应抚恤赔偿。

第十五款，办理矿务，准保不伤民田、房产、水井等项，若因公司大意粗心，致伤以上所指各物，定当按照该处情形认赔。至矿内若有泉水，应谨慎引出，总以不伤民田等项为率，否则议价赔偿。

第十六款，凡矿务公司所用各洋人，均须请领中国地方官与矿务公司会印凭单，以便随时稽查。如不领会印凭单，中国官不认保护之责。此项洋人若欲他往游历，均应请领中国官与德国官会印护照，以便饬属加意保护，倘无此项护照，中国官亦不认保护之责。该公司在勘查矿苗时，应由地方官派差跟随，藉资保护。该公司应给此项差人酬劳津贴。倘遇假冒公司之人，并无凭单作证，则应由地方官拿办，以杜含混滋事。

第十七款，在铁路附近三十里外，无论谁何，倘未经山东巡抚允准，不准私自开矿。在三十里内，除华人外，只准德人开采矿产，凡经华人已开之矿，应准其办理，惟不德（得）使下面之德人矿务，实有危险。倘该公司深恐冒险，则可请地方官查明，向华矿主人公平议价，或将矿卖与公司。倘华人在某处已开大矿，该公司意欲购买，在商定价值后，听矿主自便，或将购价折作股份，领取股票亦可。如华矿主人不愿将所开之矿卖出，则应作罢论，不得搅扰其事。

第十八款，倘该公司所办矿务，实系日有起色，所得矿产，实系茂盛，则附近居民日用所需煤斤，应准以较廉之价购买，惟不得转卖，至于公司生意有碍。

第十九款，凡德租界外各处，其地主大权，仍操之于山东巡抚。公司所用华人，应归中国地方官稽查，倘有违犯华例等事，亦归地方官究办。至所用各洋人，倘有不合之处，应照条约秉公办理。

第二十款，此项矿局，将来中国国家可以如何购回，与于何时可以购回，应将来另议。

第二十一款，至该公司系属商务，其筹借洋款，如有亏折，与中国国家毫无干涉。

以上各款，应缮具华、德文各四分，以两分存山东巡抚衙门，两分存华德采矿贸易公司，各执为凭，俟画押盖印后，即颁行山东各州县与办矿各员，以便按照各款所云办理，此后彼此若有应行增损之处，只能由山东巡抚，或特派大员，与华德采矿贸易公司彼此商订。

中外《筹办矿务章程》[①]

光绪二十八年二月初八日(1902 年 3 月 17 日)
北京

一、凡拟开办矿务者,或集华股,或借洋款,均须先行禀明外务部。其禀或自行投到,或由该省州县详请督抚专咨到部。俟奉批准后,方可为准行之据;未奉批准以前,不得开办。

一、此项禀咨,如外务部核夺以为可行,即知照路矿总局,询以此事可否批准。俟接到可准之复文后,即由外务部知照总局,发出准行执照。此照奉到,方可开办。其照费视成本多寡,酌提百分之一缴局,以资办公。

一、开办之人,必须系原禀领照之人自行举办,不得私将执照转卖他人。倘欲售卖,或在开办以前,或已办之后,须由原办之人,会同接办之人,照上两条复行禀请立案领据,方可转交接办。

一、该处地主原有不从之权,须由原禀之人,向其先行说明,商定价银,报明立案,不得私行交易。倘该地关系国家必须开办之故,其地主虽有不从之权,亦应听国家之意,由官公平发给地价,任凭开办。

一、递禀开办者,或华人自办,或洋人承办,或华、洋人合办均无不可。惟地系中国之地,举办系由中国准行,无论何人承办,均应遵守中国定章。倘出有事端,应由中国按照自主之权自定。

一、矿产出井,视品类之贵贱,以别税则之重轻。现酌定煤铁锑砂白矾硼砂等类,值百抽五。煤油铜铅锡硫磺朱砂等类,值百抽十。金银白铅水银等类,值百抽十五。钻石水晶等类,值百抽二十五。均作为落地税。其有税则未载之矿质,应视物类之相近者,比照抽收。其出口税,仍照章在税关完纳。自纳出口税以后,内地厘金,概不重征。此项出口矿税,为新增之款,应在税关另款存储,听候拨用。

① 该章程由清朝路矿事宜总办张翼等制定,由外务部和政务处具奏,并向中外声明执行。见(台湾)"中央研究院"近代史研究所编印:《矿务档》(一),第 87—90 页。

一、各公司承办矿务,自发给执照之日起,限十二个月内开工。如逾期不开,执照作废,该矿即由总局另行招商承办,并登中外各报,声明某省某矿现因执照作废。

一、矿山准造枝路,以便转运矿产。惟只准造至最(近)口;如与干路相近,即准接连干路为止。

一、附近开矿处所,应设矿务学堂,为储材之地。该学一切薪水经费,均由该公司自行筹给。

一、凡开办所需机器材料等件,除运自外洋照章归海关收税外,内地厘金,概不重征。如在内地采买材料,经过关卡,查明实系运往开矿处所,准给执照,免厘放行。惟不准夹带别货,违者照章罚办。

一、公司雇用矿师,赴各处勘矿,应呈报外务部,咨明各该省督抚札饬地方官实力保护。如有意外之事,惟该地方官是问。至购地开办,如遇百姓阻挠,及工匠滋事,由公司呈报,地方官即应随时晓谕弹压,尤应严禁胥吏需索。倘有前项情事,一经查出,或被控有据,严参不贷。

一、矿产地亩。民地则照市值购买,官地则令备价承租。惟民地虽购买过户执业,仍须照中国原定田则,完纳钱粮,以符赋额。至各矿所用地段,只准足敷盖厂各用为限,不得多占。

一、公司购用地亩,自应公平给价,不得强占抑勒,亦不得抬价居奇。并不准以有碍风水,藉词阻(挠)。该地主不愿领价,愿入股份,即按照原值,给予股(票)为凭。

一、采验矿苗,应须打(探),遇有田舍坟墓所在,设法绕越,如实在无法绕越,应商明业主,由公司优给资费,以便迁移。

一、矿厂如须安设巡兵护厂,专用华人。所需教练经费口粮,均由该公司自行筹备。厂内除管理机器,经理账目,必须聘用洋人外,其一切执事工作人等,均应多用华人,该公司从优给予工价。如矿峒有压毙人口等事,亦应由公司优恤。

一、华人在外洋矿务学堂卒业学生,愿回华充当矿师,及外洋各埠华商,愿回华(勘)矿者,准其(向)外务部(奏)明。如该生等勘矿确有见地,资本实在充裕,俟办有成效后,由外务部奏请给奖,以示鼓励。

一、各公司承办某矿,所有华洋股东,国家但任保护,如有亏折成本,国家不认赔偿。倘因资本不敷,借用洋款,亦还与国家无涉。

一、开采以后，每年结账，除提还本息外，如有盈余，以（十）成之二五，报效国家。

一、此次新章未定以前，凡已开办各矿，及曾经议定之处，除出井税课合同内声明按照奏定专章者，应照此次所订第六条办理外，其余仍照合同核办，以示大信。嗣后华洋各商欲承办矿务者，均照此章办理。此外未尽事宜，应俟随时增损，以期尽善。

中法《朝阳教案续订合同》①

光绪二十八年二月十五日（1902 年 3 月 24 日）

朝阳②

钦差北洋大臣武卫右军营务处升用总镇杨、钦加三品衔直隶候补道刘，大法国东蒙古天主（堂大主）教叶，为公立合同事。今将承德府朝阳县境内教案公同重定各条，开列于后：

一、朝阳县境内前岁伤害教民，今既据给恤赏，所有未经查出凶手，概行免究，以杜虚妄而安民心。惟县属花子沟邓云程、李芳等，应照去年所议章程办理。

二、抚恤各款，悉听地方官设法筹措，依限兑交，教士人等，概不干预其事。

三、本年六月初一日应交抚恤教民之款，合计十分之四，议于本年二月内先期交兑，俾教民得以修屋迁居，以安生业。

四、大屯民房先经教民借住，今教民既得抚款，应于本年三月内腾交，以便大屯流民得归安业。所有房屋、门窗、墙垣以及原存家俱，均不得拆毁私取，免生嫌隙。别村如有教民借居民房者，亦照此条办理。至去年被洋兵焚毁房屋等件，应由该屯民人自行修补，与教民无涉。

五、朝阳县属二十家子、大屯、二各营子、七里保营子四处，应请派兵驻扎，保护教堂，调和民教，各安生业。

六、朝阳县教案，去年曾经议立章程，分存在案。此次未曾议及者，仍遵去年所议章程办理。从此民教均各蠲除旧怨，永远相安。凡我教民应守十诫之训，悉心体会，勉为善良。平民人等更宜恪遵法度，毋得非为。嗣后民教或因微嫌涉讼，地方官研究确情，但论是非，不拘民教，持平秉公讯断，

---

① 中国第一历史档案馆编辑部编：《义和团档案史料续编》下册，第 1397—1398 页。另见中国第一历史档案馆、福建师范大学历史系合编：(中国近代史资料丛刊续编)《清末教案》第三册，第 273—274 页。

② 签约地点未查明，暂定为朝阳。

永除猜疑，民教自安，共享升平之福矣。

七、此次商定合同，缮立二张，盖印画押，分执为据。再，此合同借用朝阳县印，合并声明。

八、朝阳县属二十家子居民所短银五千五百两，今议本年二月内，先代垫交，作押地契即行退还，以便发给乡民管业。

大清光绪二十八年二月十五日　候补道刘焌　升用总镇杨慕时

西历一千九百零二年三月二十四日　大主教叶步司

中法《黑龙江省教案赔款合同》①

光绪二十八年三月十一日（1902 年 4 月 18 日）

哈尔滨

钦命黑龙江将军委员湖南候补道周冕、钦命大法国驻京钦差委员主教蓝禄业，今为订立合同事。

照得中历光绪二十六年间，黑龙江通省属境，因匪乱毁损教堂房屋、家俱、什物及各种产业，并教民被匪伤害人命、烧毁房产、抢诈财项粮货及一切物件，暨因乱荒芜田地、损害贸易等情，现经彼此议定，由将军衙门共筹给恤偿吉平银十二万两整，交由蓝禄业查明转给。除由立合同日，当交现银二万两外，尚有十万两，订明于六、九月初一日，各交银三万五千两，至十二月三十日，再交银三万两，共合十个月内扫数交清。所有前项因乱一切教案，一概完结。此后民教各泯嫌隙，永远和好，不得再提前事。为此订立合同，彼此各执一分备查，以昭大信。此订。

再，现立合同画押后，由将军衙门出给盖用印信期票三纸，载明合同内所订期限，届时蓝主教可分期持票，向哈尔滨道胜银行支取。特再批明。

光绪二十八年三月十一日订于哈尔滨

黑龙江将军委员湖南候补道周冕

大法国驻京钦差委员主教蓝禄业

居间知府衔花翎候选直隶州知州刘镜人

西历一千九百零二年四月十八日（查此项合同，系汉、法文合璧，均经蓝禄业一律盖用图记画押，法文经刘牧镜人核对无讹，暂存委员周冕处。合并声明）

---

① 中国第一历史档案馆编辑部编：《义和团档案史料续编》下册，第 1479—1480 页。另见中国第一历史档案馆、福建师范大学历史系合编：(中国近代史资料丛刊续编)《清末教案》第三册，第 339—340 页。

中法《南阳教案议结条约》①

光绪二十八年四月十二日(1902 年 5 月 19 日)②

开封③

大法国河南主教安,

大清国南汝光道朱、候补道陈,

今议得河南南阳府属唐、泌、桐三县教案,公同议结所有条款,开列于后。

一、议首要各犯,除席小发等三名业经正法,两次开仗格杀罗臭粪等多名,又擒获多名分别讯办外,所有张澐卿、程劳拾、罗振杰严办,并杀死教民凶犯抵偿单内所开,分别轻重商办。其余胁从,一概宽免,以安众心。

一、议逃往靳岗教民,由陈道委员分别送交唐、泌、桐县。官传各地方绅士、首事,出结保护,以期永远相安。如保护不力,惟官绅营汛是问。设教民内有不愿归里者,由地方官协同教堂司事刘宝森等,将伊产业按公变卖。

一、议泌阳县西关、桐柏西乌金沟、唐县东北乔庄三处教堂,全被扒毁,及堂内所失器物等件,并来往打电、送信各项花费,以及桐、唐、泌三县各教民家被扒毁房屋,抢掠器物、牲口、粮食等,及抚恤被杀教民家属,总共议结赔款汴平银二万六千两正。除收过银一千两,下余汴平银二万五千两正,由陈道经手汇至汉口。五、六两月汇交清楚。

一、议泌阳西关教堂既经被毁,应由地方官妥将泌城内另寻一宽大宅基。其价若干,由教堂发给。

一、议泌阳肇衅,不知者金称咎属教民。其实为愚民误会偿款之义,兼

---

① 中国第一历史档案馆编辑部编:《义和团档案史料续编》下册,第 1520—1521 页。另见中国第一历史档案馆、福建师范大学历史系合编:(中国近代史资料丛刊续编)《清末教案》第三册,第396—397 页。

② 签约时间参见颜石清等编:《约章成案汇览》乙篇卷三十五上,第 33 页。

③ 该约章签约地点未查明,暂定为开封。

被张澐卿等从中造谣煽惑,鼓荡酿乱。请饬各该地方官分别晓示,以析众惑,俾民教永远相安。

一、此次约定后,自本年二月初七日起,四月十五日止,所有唐、桐、泌三县民教轇轕之案,无论已控、未控,一律清结。案内首要各犯,由安主教开单指拿,教民不得再行挟嫌指控,以免拖累,庶民教从此相安。

一、教民所失文约,补给印契,免出税赀。

中俄《奉天五湖嘴西界煤矿合同》①

光绪二十八年四月十八日（1902 年 5 月 25 日）

盛京

立合同:华商刘春溥、刘春阳,俄商汝华托扶司克,俄绅利倭夫会订合同如左:

一、刘春溥、刘春阳情愿将从前承办之复州五湖咀（嘴）地方西界煤矿龙票,与俄商汝华托扶司克,暨俄绅利倭夫合伙开办。所有议定章程各条,开列于下:

二、开挖地段,均照龙票所载四至,不得多占,其挖出之煤,或运售或存厂,均归汝华托扶司克、利倭夫酌夺办理,或开或止,刘春溥、刘春阳均不得阻止。

三、挖出之煤,按百分之八提归刘春溥、刘春阳,作为股分应得之利。其缴中国税课,统由俄绅商汝华托扶司克等,按照中国外务部奏定章程,自行筹缴。不得抗阻。

四、此项煤矿,或集股合办,或设股票公司,均由汝华托扶司克等酌夺办理。如欲推广办理,建造庐舍、厂房、作房,及小车运道,均可随时由汝华托扶司克等酌办。惟如欲添造铁路,须禀明中国国家,听候核准,始可开办。

五、未定合同以前,在出煤地段界内,刘春溥、刘春阳原有之华式房屋及别项庐舍,自在兴工采煤限内,均归汝华托扶司克及利倭夫住用。一俟该绅商开采完竣,仍行归还业主刘春溥、刘春阳收管。

六、所有开采一切章程,均应按照中国外务部奏定章程办理,不得别生异议。

七、此项煤矿地段,原系中国土地,汝华托扶司克等不得藉开采之故,占据该地。如不开采时,应将所有地段,交还刘春溥、刘春阳,转交地方官,

---

① （台湾）"中央研究院"近代史研究所编印:《矿务档》（六）,第 3486—3487 页。

报明立案。

八、此项龙票,系从前承领,现在虽可照前开采,惟定有矿务新章,应请盛京军督部堂据情转咨外务部,听候核办。外务部覆到时,应如何改定,并应遵照办理,不得别有异议。

九、此项煤矿,本系华商原领,现在该绅商伙办,应由华商禀明立案。

十、以上所订合同,归缮华俄合璧四分,遇有辩论,则以俄文为证。

大清光绪二十八年四月十八日

俄历一千九百二年五月十二日

订于省奉天

中德《闽省定购军火续合同》[①]

光绪二十八年五月十三日(1902 年 6 月 18 日)
上海[②]

立合同:上海信义洋行,今承福建营务处,饬购克虏伯过山炮并子、克虏伯函炮管并子、克虏伯无烟火药、智利枪并子,各件细数开列于后:

一、克虏伯七生的十四倍口径长过山快炮六尊,每尊连昂度器具,全价七千四百三十五马克,六尊共四万四千陆百十马克。移动左右度数器具三度至四度,每副价一千二百二十五马克,陆副共七千三百五十马克。药弹箱九十六只,每只价九十五马克,共九千一百二十马克。驮炮管马鞍陆副,每副价二百二十马克,共一千三百二十马克。驮炮车马鞍十八副,每副价一百九十马克,共三千四百二十马克。驮药弹马鞍四十八副,每副价一百六十五马克,共七千九百二十马克。行军开路器具一副,价三百六十马克。钢子母弹连无烟药二千四百颗,每颗价三十六马克,共八万六千四百马克。圈开花弹连无烟药一千二百颗,每颗价二十马克十分,共二万四千一百二十马克。以上炮及炮弹,共实价十八万四千六百二十马克。

二、克虏伯三生七函炮管用于十二生快炮者三尊,每尊价一千一百六十马克,共三千四百八十马克。三生七函炮管用于单响十五生大炮者二尊,每尊价一千四百四十马克,共二千四百八十马克。三生七函炮管用于单响十七生大炮者八尊,每尊价一千二百四十马克,共一万二千八百马克。五生函炮管用于单响二十一生大炮者七尊,每尊价二千五百二十马克,共一万七千六百四十马克。五生函炮管用于单响二十四生大炮者一尊,价二千八百七十五马克。七生半函炮管用于单响二十八生大炮者二尊,每尊价六千马克,共一万二千马克。以上函炮管共二十三尊,共实价五万一千二百七十五马克。

---

① (台湾)"中央研究院"近代史研究研究所编印:《海防档》甲编,第 1050—1056 页。闽省曾于光绪二十六年同信义洋行订立定购军火合同,该合同因庚子事变没有完全履行,此为续立合同。

② 签约地点未查明,暂定为上海。

三、函炮管应用之装弹、卸弹器具。三生七函炮管应用器具一副,价三百五十四马克。五生函炮管应用器具一副,价五百三十马克。七生半函炮管应用器具一副,价八百五十马克。以上函炮管应用之装弹、卸弹器具三副,共实价一千七百三十四马克。

四、函炮管应用之水力较准铜子壳器。三生七函炮管应用器具一副,价四千二百五十马克。五生函炮应用器具一副,价四千二百五十马克。七生半函炮管应用器具一副,价四千二百五十马克。以上函炮管应用之水力较准铜壳器具三副,共实价一万二千七百五十马克。

以上过山炮六尊,函炮管二十三尊,装卸函炮弹子器具三副,较准函炮钢壳器具三副,肆共厂价二十五万零三百七十九马克,加运闽水脚保险各费十八分,共加四万五千零六十八马克二十二分,统共二十九万五千四百四十七马克二十二分。

五、克虏伯炮用无烟药二千磅,每百磅运闽水脚各费在内,价六千十二马克(原闽每百磅英金三十磅,查英金每一磅合马克二十马克零四十分),共实价一万二千二百四十马克。

六、克虏伯函炮用三生七平常开花子一千三百颗,每颗十二马克,共一万五千六百马克。又五生平常开花子八百颗,每颗二十七马克,共二万一千六百马克。又七生半平常开花子二百颗,每颗三十八马克,共七千六百马克。以上函炮子二千三百颗,运闽水脚各费在内,共实价四万四千八百马克。

七、九十五年式七密里口径连刀头智利毛瑟快枪,除皮五件不在内,随枪配件俱全。每枝连无烟药弹子五百颗。运闽水脚各费在内,每枝实价一百四十五马克,计四百枝,共实价五万八千马克。以上七共统计四十一万零四百八十七马克二十二分。除将前领之二十六年三合同定银一万五千二百五十九两六钱七分,按二马克四十四分算,合马克三万七千二百三十三马克六十分,抵作此次定银外,下余找数三十七万三千二百五十三马克六十二分。

计开条议:

一、议此次定立合同,信义洋行情愿报效银一万五千二百五十九两六钱七分,按二马克四十四分算,合三万七千二百三十三马克六十六分,作为定银,出立收据,以故克虏伯炮位并无效扣用。

二、议克虏伯各炮及弹子火药并快枪等未收之价，共三十七万三千二百五十三马克六十二分。出厂时由信义洋行垫付定银三分之一，此垫款自炮位出厂时起，至炮位运到闽省付银日止。每月由闽省给付利息七厘，以三个月为限。倘出厂后行至中途忽有意外之事，不能依限运到闽省交货，则前项息银应即停止，所有信义洋行垫付之款闽省亦不认还。

三、议炮位洋枪各件，于开禁出厂后，应于四个月运闽交收，不得迟误。应领找价及垫款利息，应于交货后二礼拜内收清。

四、议装箱时克虏伯厂应先寄装箱件数清单，并一切应需炮表炮书水银尺，及凡系随炮应用之零件，均应齐全，不得遗漏。

五、议如炮位洋枪各件起运之件，途次遇有风波不测，或因战事被阻等事，由信义洋行重购补交。

六、议各项炮位在克虏伯出厂之先，应由中国驻德使馆派员查考，验放合式后，方可装箱出厂。炮到闽省交收后，再由信义派一洋人，眼同闽省炮队再行验放。倘炮与图样不符，或有锈蚀，均应退回信义洋行重购。如有损伤等事，亦应责成信义洋行赔偿。

七、议在闽领银须照上海银行电汇马克，按交银日计价合银。信义洋行收到后即立据为凭。

八、议炮位等件将运马尾，信义洋行早日发电报到闽，请给进口护照。

九、议立华洋文合同一式两分，各执一分为据。如遇字句争论之处，以华文为凭。

福建营务处

上海信义洋行

光绪二十八年五月十三日

西历一千九百零二年六月十八日

立收条：

上海信义洋行，今将福建营务处于光绪二十六年所发三合同定银一万五千二百五十九两六钱七分，作为今日所定合同之定银，核马克若干，已载今日合同之内。二十六年之三合同应行作废，立此为据。

光绪二十八年五月　　日　上海信义洋行

中外旧约章补编（清朝）

The Supplementation of the Old Treaties and Agreements
between China and Foreign Powers (Qing Dynasty)

下 册

郭卫东 编

中华书局
ZHONGHUA BOOK COMPANY

中、法、比《四子郡王旗教案合同》①

光绪二十八年六月初十日（1902 年 7 月 14 日）

归化

天主教会教士刘拯灵，四子王旗札兰台吉阿迪雅、札兰札木色楞札布，为公同出具合同事。

查光绪二十六年四子王旗仇教之案久悬未结，二十八年六月间经大法国特派办理教务参赞世袭子爵端，驰抵归化城，会同大比国花翎二品衔总办教务林、绥远城将军奏调派办蒙旗教务直隶候补知府寿，及方主教济众特派之教士刘拯灵，与四子王旗特派委员札兰台吉阿迪雅、札兰札木色楞札布等，查明教会前后受亏全案，公平妥定，不偏不倚，四子王旗应赔教会共银十一万两。此项银数，系经端大人体念该王旗穷苦，极力减让。四子王旗自郡王以次官民，同深感悦，情愿认赔银十一万两。自立合同之后，蒙教永释前嫌，言归于好。兹拟条约如左，各执一纸，永远遵行。

一、四子王旗认交教会赔款归化城平宝银十一万两。

二、查光绪二十八年四月十四日已由信将军交给教会银一万五千两。除此款外，该王旗尚欠交教会银九万五千两。

三、四子王旗所欠交教会银九万五千两，议定交款之期，自光绪二十八年六月十一日立约日起，至光绪三十年十月止，二十八年每届两个月交银一万两，计共交银三万两。二十九年每届三个月交银一万两，计共交银四万两。三十年每届两个月交银五千两，计共交银二万五千两。以上三年总共交银九万五千两，赔款全清。

四、现在蒙教两造既立和约，蒙人绝不再与教会稍有违言。教会亦断不复寻前仇，以期永远相安。

五、嗣后四子王旗有施恩蒙民、汉民之处，教民一体享受利益，与蒙汉

① 中国第一历史档案馆、福建师范大学历史系合编：《中国近代史资料丛刊续编》《清末教案》第三册，第 411—412 页。

无异。教民倘有犯法者,亦按律治以应得之罪,两无偏倚。

　　六、此次合同分缮四纸,驻京法国全权钦差大臣衙门、绥远城将军衙门、天主教会、四子王旗各存一纸备案。

　　西历一千九百零二年七月十四日

　　立写合同人:天主教会教士刘拯灵押

　　　　　　　　四子王旗札兰阿迪雅押

　　　　　　　　札兰札木色楞札布押

中英《河南道口至宁郭驿运矿支路章程》[①]

光绪二十八年七月十四日（1902年8月17日）[②]

开封

一、中国现造芦汉干路，福公司因开矿筑造支路，均与地方有益。惟干路系国家筹款，乃国与民交涉之事，支路系公司筹款，乃商与民交涉之事，名目不同，不便事事援引干路章程。福公司兴此极大商业，自当与地方百姓和平浃洽长久相安，然后能办事顺手。此项开列之事即支路，应行另议章程，系遵照合同第十七条办理，此时多一番详慎，日后即少一番辕辕，至六十年限满，仍照合同第九条，凡公司成本项下置办之业，悉数报效中国国家，不求给价。

二、勘路时如遇村庄、坟墓、祠庙、庐舍，均应于远处绕避。其有零星小坟，孤悬空屋，万难绕避者，应由地方官妥与议明，或于　月或二十日以前告知，俾可从容迁让。

三、筑路经过之处，如遇断港小河，或目下无水，将来可以蓄水者，不得用土填断，必须造桥经过；如本系行船河道，此桥须高出水面若干丈尺，必使行船无碍。

四、官塘大道，铁路不得侵占。其南北大道须经过铁路者，或造旱桥，或横铺木段，如京津铁路办法，务使车马安稳行走，仍于两边道口，设立木栅，大书行人车马眼见火车不得前进字样，以防意外。

五、公司购地，但期足敷造路与兴建车站为止，如购买合用之地外，附近尚余不满一亩之田，地主因割卖而不便耕种，公司应一并购买。一亩以外不在此例。

六、田亩价值，已分别四等，另行议定。惟田中或存值钱之产业，如有井一口，有树几株，在公司为无用之物，而田主实以此为生计，应于购田之

---

①　颜石清等编：《约章成案汇览》乙篇卷三十七上第69—74页。

②　该日期系清朝外务部批准章程的时间。参见交通史编纂委员会编：《交通史·路政编》第13册，上海，1935年，第4780页。

外，按值给价。井有砖井、土井，深浅之不同，树木亦有大小之别，若令挖树让地，亦必议明给价，均临时由委员绅士秉公酌定。

七、公司勘定之地，未经付价，田主仍得耕种至付价时，田中确有已种之物，应于田价外，按所种之物，分别优劣给价。

八、全路丈量之尺，与地方官校准官尺，即以为凭，至所购田亩，并遵中国向来过户税契章程，照章过户纳税，田赋则照合同，官地加倍，民地照常完纳。购田之时，须田主将红契呈出，其坐落四至，必与邻田接榫方可准信。如无红契，应由绅士地保查明办理。

九、公司购地按照本地平色兑银给价，不折不扣。

十、筑路用土，不能向民田硬取，必须议定每方若干钱，某田愿卖若干方，乃为妥协。

十一、公司所用碎石材料，与一切笨重之物，止可堆集所购地界内。若须多用地，或租或买，临时商办，不得占压他人地亩。

十二、公司筑路招工，所发工价，应照极优之例，用中国纹银或制钱。工人因公受伤，应即从优议恤。

十三、公司造此支路，系遵照合同第十七条，以为转运该省煤铁，与各种矿产出境之用，有华历二十八年五月初四日福公司代办总工程师柯君覆信存河南抚院为凭。

十四、中国国家如偶有调兵，运载军火材料饷糈之事，须从公司支路行走，一经关照，福公司即为预备一切，以便运载，所有车费从廉照付，按中国已有各铁路章程办理。

十五、凡有铁路上应用之贵重财物入河南省境，务须按站报明，地方官派兵护送，倘遇偷劫等事，报由地方官查明差缉。俟缉获原赃，归还失主。如逾限不能破获，地方官照例议处。若有偷窃材料损坏铁路之人，必须报之地方官，即由地方官将该犯事人缉拿惩办。如被公司当场拿获，亦即送交地方官究治。至公司所用华工，如有偷窃财物之事，亦应报之地方官，将该犯事人究治。如被公司当场拿获，即将人赃一并交地方官惩办。若平时经手银钱之人，查有亏欠，自当照例交地方官押追。以上数层，皆照中英所订通行条约办理。

十六、作工之地，或禁闲人往来，须用中国粗浅文字张贴晓谕，如某处不准人到，某处不准车行之类。若但用洋文禁止，华人不识，不能认作干犯。

十七、工人如不听命，不得擅以棍责。彼此言语不通，即威吓亦不知何故，弱者忍受，强者立争，不免易滋事端。如不合用，应以辞退为宜。

十八、福公司宜多出详明告白，声明公司所用办事人等，均不准在外招摇索诈，以及酗酒滋事。如有此弊，许受害者指名告究，华人送交地方官，照例究办；西人则照中英条约所载究办。

十九、福公司购用物料，与本地商人订立合同，付给定银，约明何时交货，如至期短少，公司可以控之地方官，应准传案追货。惟过期罚银一节，必须合同载明，彼此签有花押，方准照办；否则止（只）准追货，不能议罚。公司自己预先查明根底，如误用无根之人，本省地方官既无管辖之权，即不能代为追捕。此条暂照所议，如须更改，嗣后再为斟酌。

二十、中国如有与别国争战之事，此支路当照原合同第十九条所订，应听中国号令，不得接济敌国。

以上皆开办时大概章程，缮具华、洋文各两份，各执为凭。其余未尽事宜，随后定议。

附录：《由道口至泽煤盛厂地价清折》

一等水地每亩三十两。

二等井池浇地每亩二十二两。

三等上旱地每亩十九两。

三等中旱地每亩十八两。

三等次旱地每亩十七两。

三等下旱地每亩十六两。

四等地每亩八两（新乡境内因有瘠地不及三等，而比四等较优者，每亩十二两）。

中英《眉州教案赔款合同》^①

光绪二十八年九月初八日（1902 年 10 月 9 日）
眉州

为教案了结，商立合同存执事。

查得光绪二十八年八月十五日午刻，上游拳匪由江口坐船，突至眉州东门，改装易服，混入城中，猝不及防。该匪直趋西街，将英国福音堂门窗、桌凳什物并教民陈、李二姓衣物毁搂，散失逃逸。经本州亲督团练追至白衣庵，阵斩匪众六名，先后生擒二名。九月初二日该匪来州报复，又经本州会同威远左军截击，于滥泥沟阵斩三十余名，生擒六名，均经分别解省，并监禁拟办在案。兹经斐牧师亲临会同本州查明所有清获衣物各件，已据教民陈镜如、李姓当面点认结领。其余未获衣物，诚恐查追需时，案悬莫结。兹经斐牧师会同本州酌商，从简议结。

一议州城福音堂毁坏之处及所失教会公置器具、书籍等项，由内地会自行修补买置，免议赔偿，以表教会不愿结怨于人，以期民教和睦。

二议所失斐牧师寄放堂内衣物、书籍、吃食等项，均免议赔。

三议教民陈镜如、李教友下余未获衣物一切等件，由本州捐筹银九百两，以为两家未获各物之值，足敷原价。陈、李两教民甘愿领银了结。其银交由本牧师收明转给。并由陈镜如、李教友出具一律赔清，并无遗漏，领银切结存案。

四议拳匪占踞白衣庵，寺僧纵谓力不能阻，而匪去何以不将所遗堂内及教民各物缴官，必待搜查始行呈出，保无通同容留情弊，应将白衣庵庙宇一座所有神像迁移，改建为中西学堂，永远不准另作别庙。其附庙田地共十余亩，充作学堂经费，派妥实殷绅经管，聘请中西教习，培植阖州士子，以育人才。并由地方官将此次扰害教会之案出示申明。耶稣教来华，实望中

———————————
① 中国第一历史档案馆、福建师范大学历史系合编：(中国近代史资料丛刊续编)《清末教案》第三册，第 676—677 页。

国兴盛,极力培植中国人民,并无歧视。虽屡被愚民毁坏教堂,抢搂财物,本会并无芥蒂,存心忍让,以求民教和好之意。

五议拳匪入城,四街团保未能先事防范,保护教民,责所难辞。查前州冯任内教案,该团保等曾具有保护切结,今仍为匪滋扰,可见并未遵照前言。兹将每街团酌罚银二百五十两,共成一千两缴官。以六百两添补城工经费,以四百两购买中西约章、算学格致、西国史记,一切扩充见闻,关切时务。各书由中西学堂教习开单,一俟明岁正月斐牧师在省会同州绅照单购买。此项系将各街团保聊示薄罚,以儆将来。

以上五议,会定妥协,一了百了,教案从此完结,并无未完事件。未追财物,以后彼此均不别生枝节,再有异言。至于前禀受伤李何氏,现经牧师查明,并非教民。惟斐牧师怜其年老,受伤可悯,州无良医,准其随赴嘉定,与其调治。此系牧师并无歧视格外美意。如能治痊,自系幸事。如果不痊伤毙,与教会官民无涉。自立此合同之后,彼此各遵条约,认真办理,以期民教相安,永归于好。特立了结合同,互换存执。须至合同者。

大清光绪二十八年九月初八日署眉州高增爵、大英一千九百零二年十月初九日驻川教士斐有文。

中法《吉省天主教案议结合同》①

光绪二十八年九月十八日(1902年10月19日)
吉林

大清国钦命镇守吉林等处地方将军长、副都统成暨署宁古塔副都统庆、副都统衔协领富、吉林分巡道文,会同大法国钦命督办吉林黑龙江等处天主教堂事务主教蓝,订立合同五条,开列于左。

一、此次订立合同,将华历光绪二十六年拳匪扰害教务各案统计,应偿款项按原单却系三十四万五千七百两。时因吉林物力不及,故主教与吉林将军和衷议定筹给吉市钱五十四万吊,将吉林各处教堂房间暨堂内圣物器皿等项,并恤抚教民孤苦以及教民被焚房屋财物,一并包括在内。除前次交收市钱八万吊,另有房契九千七百吊外,净剩四十五万吊零三百,于立合同签押之日,交一十四万吊零三百。二十九年六月内交十一万吊,二十九年十二月内交十万吊,三十年六月内交十万吊。交款时吉林将军、副都统备文照送,收款时吉、江两省主教备文照覆。

二、赔款不可摊派于民,须由吉林将军、副都统自行酌办筹给,于天主堂无涉。

三、此次议定赔恤款项,原系公同商妥,为日后民教永远相安和睦起见。所有被害教民,除田产房屋如果系二十六年乱时被人霸占,确有证据者,仍须追还给本主外,其余所失财物,概不许到官控告,亦不许向平民要挟诈索。从前各案,一律完结;其王祥等六案,查明确据,另行按律惩办。

四、此次立约,专为赔款。其日后民教交涉事件,一遵旧约,勿庸另拟,以昭简易。

五、将此合同缮写四份,盖用吉林将军、吉江两省主教印信,存交涉局、天主堂各二份存案,俾期永远存证。

---

① 中国第一历史档案馆、福建师范大学历史系合编:(中国近代史资料丛刊续编)《清末教案》第三册,第651—652页。

中美《新订开办吉林天宝山章程》①

光绪二十八年九月二十日（1902 年 10 月 21 日）

上海

一、一俟本合同彼此签押，并由总办程光第加盖华公司印信，即行禀请军宪批准盖印后，应将前年西四月十号，即华三月十一日所订之合同作废。

二、华公司允将以下开列之各项公牍，及山契等件，概交美公司经理人查阅，以便抄粘于本合同内，永远遵守。

甲，为奏请天宝山等矿原奏稿。乙，为军宪所颁该山四址官契。丙，为天宝山矿局所买进各矿山地契据。丁，为军宪委派程光第为天宝山矿局总办公事札据。戊，为一切公事契据，及关系天宝山矿局应行查阅者，以便此后咨查。

三、华公司应行禀请吉林军宪，将本合同批准盖印，以便永远遵行。

四、美公司允即遣派矿师到山，详勘一切，该处矿山，如果均堪开采，有利可图，美公司即行筹措应需本资开采，并将所采矿砂，设法销售，以溥利源。

五、华公司一俟美公司咨照，堪以开采，华公司即应将所有公牍契据等件，暨房产机器等项，照章签押后，全行交给美公司总办，或经理人检收，而美公司即缮一凭据，叙明开办后如有亏折等情，应与华公司无涉，并须于停办后，即将前收之公牍契据，及房产机器等项，除美公司自置房屋机器外，悉数归还华公司，分文费用，不得计算，并须一切契据签押，更换华公司名目，以便与以前交给美公司时无异。

六、华公司允俟议洽后，即行禀请批准开办该山一切公事，并运砂出口护照，以免阻滞。

七、华公司应行担保美公司，于本合同内应得开办该山一切利权，毫无阻碍，以昭信实。

---

① （台湾）"中央研究院"近代史研究所编印：《矿务档》（七），第 4139—4141 页。

八、矿师一经勘明该山，实在可以试采，美公司即行遵照该矿师禀复各节，择其最善之法，试行开采，或用机器西法，或用中国土法，或中西法并用，均无不可，总以择善而从为主。如用土法开采，十个月内，采砂果见畅旺，应用机器开采，美公司应即购运到山，以便大举。

九、所有官场公私事件，均应由华公司竭力赞襄美公司，妥为办理，期易得手。

十、开办之初，一切开销用费，均须从俭，以免虚糜应得之余利。所有代办一切公事费用，应先与美公司总办，或经理人议妥注明后，从实报销，以重公款。一俟试采确著成效，堪用机器大举开采，美公司当即延请华公司总办程光第为华总董，愿奉月薪银三百两。华公司会办秋涛，系始创人员，商议一切条款，议成本合同，均系一手办妥，故美公司总办或经理人，亦当照章程请华公司会办秋涛同为华总董，月奉薪水数目，与程光第一律，以酬其劳。

十一、美公司于六个月试采后，探明实系有利可图，堪以大举，应于余利项下，提银一万两，呈缴军宪，派还华公司旧股各友，以清原本。然后再将余利，逐项提还所欠官课，及工匠辛工等项。连上总计不得逾六万两之谱，该欠项统由余利内尽先提付，以符原议。

十二、美公司一经付清以上各欠款，即作为已经清理界限，所有天宝山各房产机器等项，即作为美公司之公产，必照以上第五条章程归还华公司收管。

十三、美公司允将开办该山所得净利，提出一百分之三十分，付给华公司自行派用。

十四、美公司将来如须招成有限公司，即应将有限公司所集股本若干，照一百分提出股票三十分，交华公司收执，以符一百分提三十分之余利原议。

十五、美公司须于每届年终，清结账目，将华公司应得余利照付，而华公司则不论何时，均可将美公司开矿沽砂进出等项账目调查，以清弊混。

十六、将来各山上如需华兵以资梭巡，则须照章禀请，所需粮饷等项，均由美公司筹发。

十七、华公司一俟美公司咨会，应即禀请军宪，奏请政府批准办理，倘北京矿部有阻遏情事，应由华美两公司互相竭力挽回，以期保全，不得藉词政府阻迟批准等项，以致收回美公司应用本合同之权利。

十八、美公司应遵北京矿务部所定课税完纳。

十九、倘界外有矿山堪以开采，美公司总办或经理，即行咨会华公司，代行禀请军宪批准开办，惟不得于未奉批准之前，遽行开采。

二十、以上一切章程权利，彼此永远遵行毋悔。

秋涛

见议律师威金生

光绪二十八年九月二十日

西历一千九百零二年十月二十一号

立字据萨达利，今因办理天宝山矿，倘日后有各国出面阻挠及毁坏该山产业等情，均与华公司无涉，恐后无凭，特立此据存照。

中德《济宁州义学章程》①

光绪二十八年九月二十六日（1902年10月27日）②
济南

第一条，宗旨。山东巡抚允准安主教治泰在济宁州地方创立义学一处，以辅官学。其立学本意，与中国国家学堂大致相同，以忠君孝亲立身行善为主，以开通智慧，博学多闻为要。

第二条，津贴。山东巡抚酌定照安主教另设之兖州义学办法，每年发给库平银二千两，由济宁州牧在省城大学堂分两期请领转给，作为津贴。

第三条，经理。此义学归安主教治泰经理，地方官绅允为保护扶持，并有随时稽查一切商办各事之权。凡中国官学堂应用书籍及章程办法，可随时发交该学堂令其仿照办理。如需书籍较多，照各州县学堂办法，准其付价买用。

第四条，课程。中学课程专授初级经训、历史、文辞等学，约以溥通为主。俟造就渐深，如愿送官学堂进习高等功课，即请省城大学堂调考。及格者，准留省城大学堂肄业。西学课程，专授德文、算术、地舆等学。如有愿学专门图绘测量、形性、政治、格致等学者，当再递入安主教另设之兖郡义学肄业。

第五条，延师。中学教习，由地方官绅延订。西学教习，由学堂经理人延订。所需员额，视学生名额为衡，其修金均由学堂酌定发给。

第六条，招生。招选学生须年在十二以上，二十五以下，身家清白，体壮性敏，并无疾病嗜好，曾经读书识字，口音清朗者，方为合格。初次开学时，由抚院行知地方官，先期出示，招选送学，并率绅帮同料理。嗣后招选事宜，即由地方官绅随时照办。

---

① 该章程由山东巡抚周馥的代表山东省城学堂道员陈恩焘与德国主教安治泰签订。见中国第一历史档案馆、福建师范大学历史系合编：《中国近代史资料丛刊续编》《清末教案》第三册，第496—498页。

② 此日期为山东巡抚周馥向清朝外务部咨报日期。

第七条,日课。每日以午前□点钟,教授德文、算术、地舆等学。以午后□点钟,专授经训、历史、文辞等学。其教科书籍,生徒班次,应由经理人与教习会商详定。

第八条,备费。学生每人月缴束修京钱三千文,宿堂者每月另缴房资京钱一千文,其宿堂与否,各任其便。学生饭食衣履笔墨纸砚书籍等均属自备。惟西学书籍笔纸等项,可由学堂购办,以备学生交价取用。

第九条,规约。肄业诸生无论宿堂与否,俱宜敦品立行,由中外教习不时访察。宿堂者不得擅自出游滋事,或沾染积习,如有要事出入,须向教习说明请假。其一切规约,由经理人另行详定,堂中一律遵守。

第十条,假期。每年正月二十日前后开学,小暑节后放学给暑假。立秋前后开学,腊月十五日前后放学给年假。恭逢皇太后万寿、皇上万寿、皇后千秋节各停课一天,端阳、中秋节各停课一天,房虚星昴日各停课一天。其有婚丧要事,临时由教习酌给假期,俱不得久旷功课。

第十一条,界限。此学非为传教而设,不与教务相干,在堂亦不得讲诵教中道理。学生愿奉何教,堂中不问。如有学生遵照官学章程,朔望等日敬拜孔圣,或遇七日致敬期,愿照教规行礼,堂中均听其便,概不拦阻。教习等不得有劝人入教、出教等事。

第十二条,考课。每年季考四次,分别勤惰升降班次,以示鼓励。年底总考一次。先期告知地方官绅,同往监视。其给奖与否,临时酌定,并可由省城大学堂届期派员会考。考毕堂中将考卷及全年功课优劣册交由地方官送呈省城大学堂,转呈抚院核阅。

第十三条,出身。诸学生学业有成,准归官学照章一体考试,以期各有出身。既进官学,均应一律遵守奏定学堂章程。其不愿与考另谋生计者听,但遇国家有事调用,理应报效国家,照官学堂学生一律优待。

中意《商允让还令德堂合同》^①

光绪二十八年十一月初五日(1902 年 12 月 4 日)

太原

山西令德堂前经岑抚台与范护主教屡商让还,诿以俟实任主教到时再定。兹凤主教来晋,与赵护抚台和平商允,仍旧义让拟定让还各条开列于后:

一、令德堂既商允让还,不再给基地,应照议给银二万两。其续买展拓令德堂之废庙、民房、地基以及该堂内原有门窗器具等件,均一律照前让还。所有从前为令德堂订立之合同即可注销,以此次订立之合同为据。

二、令德堂如即日内让交清楚,其议付之二万两亦即全数付清,以昭大信。如尚须占住,则令德堂虽经让还,而交割究属未清。此次议付之二万两,拟先付一万两,下余一万两俟一律交还后再行给付。

三、还令德堂之期,照来函准于来年六月底无论教堂告成与否如期交还。如教堂于四、五月内告成,则以愈速为妙。

四、令德堂为通省士子肄业之所。本护院与本主教业经商妥允让,以顾大局,以慰士心,自不得与他国教士承业。但延请洋教习,开通民智,无论东西洋教习任凭选择延聘,不在此例。

五、省城上年为教会被害主教、教士在猪头巷及大南门院署西辕门外立碑一节。详载从前所订立合同第一、第二条内,已由洋务局早经照办。惟尚未刊刻被害主教、教士姓名及大清国大皇帝谕旨。此次既将前订合同注销,将来刊刻碑石,仍照前定地址办理,以竟前议。

六、令德堂既经让还,应即出示晓喻,俾众周知教主一切美意,惟须交还后方能出示。

七、此次订立合同,本护院仍照章饬盖用山西洋务总局关防,教堂仍盖

① 中国第一历史档案馆、福建师范大学历史系合编:(中国近代史资料丛刊续编)《清末教案》第三册,第 543—544 页。另见颜石清等编:《约章成案汇览》乙篇卷三十五上,第 15—17 页。

用主教印信，并签洋文花押。

八、此次令德堂让还后应会立华文合同四张。一存本护院，一咨外务部，一存洋务局，一交教堂收执。所有该堂从前收执合同即行注销，以此为据。

大清光绪二十八年十月　日

西历一千九百二年十二月初四日

大清国钦命护理山西巡抚部院赵　大教宗钦命鲁撒地主教总理山西北圻圣教事务凤

中英《射洪教案议结合同》^①

光绪二十八年十一月初六日（1902年12月5日）

射洪

定立英、华合同事。

今将射洪县太和镇、观音阁之案，面与射洪县、贵牧师议款各条妥为办毕，一了百了，永敦和好。特立合同为据。

同议英牧师梅益盛、射洪县张仲友。光绪二十八年十一月初六日立太和镇观音阁教堂被毁一事。

第一条，县属各场出告示，教民均能各安本分奉教，不是犯国法之民，不可欺压他们。如有播散谣言，挑唆百姓害教，必重惩治。告示亦要责备说不准上寨，不准许占之平民。

第二条，应责罚重办匪首。

第三条，因太和镇杀教民，要保正绅粮在牧师面前俯礼具结。又要银二十两埋葬修坟。

第四条，太和镇教堂毁坏赔银二百两正，教会失物，会上不要赔钱。

第五条，要赔还教民房屋失物等如左：

太和镇共算银、观音阁共算银，二项共算银四千一百八十两正（九七平）。一了百了，永敦和好。赔款之数，教堂连教民房屋、众教民失落东西，连潼川口食、盘川等项费用，总共合银四千四百两。

英牧师梅益盛、射洪县张仲友同议。

---

① 中国第一历史档案馆、福建师范大学历史系合编：(中国近代史资料丛刊续编)《清末教案》第三册，第677—678页。

中美《吉林天宝山添议条约》[①]

光绪二十八年十一月十四日（1902 年 12 月 13 日）
上海

一、天宝山地扯，计周圆六十华里，以山主所交执照四至为界。

一、开办事宜，由美商与总会办随时斟酌，其资本即归美商独认，应请矿师及机器手，并运销各节，自应归萨达理主持，由军帅派委监督稽查等员，随同办理，月造清册，呈宪查核，其薪水等费，统由公司开支。

一、天宝山地处边远，与内地各矿不同，一经试办，应先设护勇百名，以资保卫，由军帅派员统领，其饷糈亦归公司开支。

一、所出银数，先提二成，遵总理衙门章程缴课。其余除一应开销及执事人等花红外，仍作十成，以七成归美商资本盈余，以三成归山主，仍作书院公用。其应提还华商前欠六万两内，一万两系原东股本，应仍照旧作股，余五万两，作四期提还，以定限正。

一、试办六个月以内，一切糜费，自宜节省。候办有成效，所有公司应需房屋沿途站所，及委员司事等薪水夫马各费，并应添护勇饷糈，再行另议条规，详请军帅咨奏立案，如蒙允准，即照前章办理，倘交部议，应俟议覆停妥，换立合同，遵章开办，以全信约。

一、六个月以后，如美商不愿接办，应涂销合同，将执据检还山主，另招股东，不得由公司转顶他人。其试办时所费各项，中国一概不听。

---

① （台湾）"中央研究院"近代史研究所编印：《矿务档》（七），第 4135—4136 页。

中法《奉天省天主教案议赔合同》^①

光绪二十八年十一月二十八日（1902 年 12 月 27 日）
北京

办理奉天全省天主教案委员等，暨办理奉天全省天主教主教苏，为公立合同事。

兹因光绪二十六年义和拳匪肇乱，将奉天省所属各府厅州县天主教堂，并教民房产焚毁、被害各情。查议和大纲第六条内载，各国、各会、各人等身家财物，所受公私各亏，中国均认公平赔补等语。今奉盛京将军增、奉天府尹玉，特派本道等来京，与中国外务部及主教会商议定，所有天主教会及会内之人所受公私各亏，除各处教堂赔款银七十七万两，归大赔款已定议外，至应抚教民恤款数目以及办法，胪列各条于左：

一、奉天全省各府厅州县，所有应恤教民房产财物，今在京公同议定，共恤沈阳随市平银一百四十万两，作为一概了结，并无遗漏。

一、所有前在奉省借与主教银四万两，并木植价银四百七十六两五钱，言明于赔款内如数扣还。

一、恤款沈阳平银一百四十万两内，扣除还借银四万两，并木植价核银五百两除清，共净剩银一百三十五万九千五百两，议定分三年九卯，在奉天交涉总局交付，永无利息。言明自立合同之日起，仍准前议，到奉天即交银四十万两。至二十九年即光绪癸卯年三月起，头卯分三、六、九、腊月四卯交，每卯应交银十万零六千六百一十二两，此二十九年一、二、三、四卯之银全清。至三十年即光绪甲辰年，由三月起，五卯分三、六、九、腊月四卯交，每卯应交银十万零六千六百一十二两，此三十年五、六、七、八卯之银全清。至三十一年即光绪乙巳年三月为第九卯，共应交银十万零六千六百一十二两。至此三年九卯，一律全完。每次交银，均交与沈城教堂查收，务须将收

① 中国第一历史档案馆编辑部编：《义和团档案史料续编》下册，第 1643—1645 页。另见中国第一历史档案馆、福建师范大学历史系合编：(中国近代史资料丛刊续编)《清末教案》第三册，第 559—561 页；颜石清等编：《约章成案汇览》乙篇卷三十五上，第 27—30 页。

到银数给凭收执。

一、教民妇女，如因乱时流落在外人家，查有实在下落，应由主教函知地方官，再行覆查确实，代为追还原主；如不交者，治以应得之罪。至拳匪首要，除业已惩办多名外，应遵教会恕仇善念，其余为从者，一律免究，而免牵误好人。至真正杀人正凶，如地方官查有切实确据，准按中国律治罪。

一、教民、平民均是中国百姓，自应守中国法度，均归中国官管理。俟后各地方官遇有案件，不论是民是教，一律办理。教民、平民呈词，亦不必专分别为教民字样，而免歧视。遇有教民案件，是地方官公事，秉公讯断。教堂教士以传道为主，不准干预。如真不公道，外国教士可见地方官面商。

一、教民产业契据，如有因乱焚毁遗失者，由官补予印契。如非二十六年失落之契，仍照例纳税。倘教民占住平民房屋、田地，应于一个月内退还；如平民占住教民房屋、田地，亦于一个月内退还，均不得藉故耽延。至教民于二十六年因被逼勒，卖出、典出之地，均准呈明地方官后查明，由教民自行照原价赎回。倘非二十六年逼勒卖出之地，仍不准赎。

一、自京议定之后，在奉教士等，均不得再有异言。教民、平民均应捐除旧怨，毋得再以从前人命、财产及斗殴等事，互相控告，别生枝节。如有故违控告者，均不准理。从此民教各守法度，永远相安。

一、奉省教民赔款既已赔足，作为一概了结，则主教、教士人命、坟墓，应行修理建碑等事，除已由法国钦差另办外，其余教民赔恤，已由主教定议，一律无事。

一、奉省教案，现已由京呈明外务部议结，所有在奉教士等，均应于签字后一律遵照，并应将约章刻印成书，通饬旗民地方官晓谕民教人等，一体遵照。

以上九条，今由本道等与主教公同议定，写立合同四纸，一存奉天军督宪署，一存奉天尹宪署，一存法国钦差署，一存奉天天主教堂。各签字画押分执，以为凭据。

大法国驻奉天管理天主教会主教苏斐理

大清国奉天将军　府尹调办全省天主教案花翎二品衔分省候补道彭英甲

大清国奉天将军　府尹委办全省天主教案花翎二品顶戴候补道徐镜第

大清国光绪二十八年十一月二十八日

大法国西历一千九百零二年十二月二十七日立约

中法《奉天省被害天主教外国教士贞女议赔合同》①

光绪二十八年十一月三十日（1902年12月29日）

北京

　　大法国钦差全权大臣吕、暨头等参赞贾；大清国奉天将军增、奉天府尹玉派办教案候补道彭，候补道徐，为公立合同事。

　　奉天因光绪二十六年拳匪之乱，除天主教堂被毁，早由大赔款内已办结外，教民恤赔款项一百四十万两，由苏主教已办结另立约章外，至外国教士、贞女被害，教士坟地被挖等情，应归驻京法国钦差，经奉天将军、府尹派员来京商办。

　　兹因奉天筹款万分为难，百般商议，极力核减至减无可再减。议定凡奉天天主教外国教士人命，挖坟修坟一切大小事体，一律完结。共赔奉天沈阳平银四万两整，由法国钦差自行斟酌，作为补偿及设修仁慈院所之用，不与奉天相干。赔款银定于光绪二十九年二月初，由奉天将军兑交驻京法国钦差收领，寄与收据存案。惟戕害主教纪隆，实可惨恨，定将沈阳教堂东隔壁民地一段，共二亩多地，由将军发官价贾交教堂，作为纪隆祀念祠堂。至被挖外国教士坟地五座，须仿照山西办法，立碑五座，每碑带亭，尽一千银之数为度，五甬碑共银五千两。由将军派公正贤员，或求彭道监视，并地方官妥为照料，而免差错。碑亭外绘图样，明年兴工。至戕害纪隆正凶拳匪刘喜禄、张尖牙子等，既已惩办多名，为从者一律免究。如由将军查再有拳匪正凶，应按律办，其余无论何事，一概完结。眼同大清国外务部，由大法国钦差吕，与大清国奉天办教案委员候补道彭英甲、徐镜第等，订立合同，各签字画押，缮写中、外文约三份：法国钦差收执一份，中国外务部收执一份，奉天将军、府尹收执一份，存案备查。

　　再，教民仍是中国百姓，俟后遇有词讼案件，仍由各地方官不分民教，

　　① 中国第一历史档案馆编辑部编：《义和团档案史料续编》下册，第1641—1642页。另见中国第一历史档案馆、福建师范大学历史系合编：(中国近代史资料丛刊续编)《清末教案》第三册，第561—562页；颜石清等编：《约章成案汇览》乙篇卷三十五上，第30—32页。

按律办理。特附约章之末。此约。

大法国钦差全权大臣吕班

大清国奉天将军　府尹调办全省天主教案花翎二品衔分省候补道彭英甲

大清国奉天将军、府尹委办全省天主教案花翎二品顶戴候补道徐镜第

大清国光绪二十八年十一月三十日

大法国西历一千九百零二年十二月二十九日立约

中法《山西省口外六厅教案善后合同》①

光绪二十八年十一月（1902 年 12 月）②
北京

　　山西口外六厅教案，与驻京法使订立善后合同。为中蒙古归化六厅方主教济众所管教案，特立之善后合同事。

　　案照南山西潞安府天主教教会及口外七厅天主教会赔款，均归法国办理。已于光绪二十七年九月，经前任大法国钦差大臣鲍，与办理山西教案委员候补知府郑，在京订立合同，公平议定赔款。惟口外方主教济众所管之归化、丰镇、宁远、托城、和林、清水河六厅教民较多，死伤较众，情形甚苦。蒙升任山西巡抚岑奏派督办山西洋务局记名海关道沈，来京会商办理。兹蒙升署云贵总督山西巡抚丁暨护理山西巡抚赵，敦睦友谊，垂念教民，议给赔款，以期此后民教永远相安。所有条款开列于后：

　　一、议定由山西筹给方主教济众所管之归化、丰镇、宁远、托城、和林、清水河六厅教民，赔恤京平足色纹银六十五万两。他处教民均不得援以为例。

　　二、此次赔恤之款，出自山西抚台垂念与吕大臣交情，且念方主教交情，是以另给恤款。惟晋库支绌，应将所议恤款银六十五万两分年筹付。自立合同后两个月内，付银二十万两，作为第一期。下余银四十五万两，分作三年筹付：光绪癸卯年付银十五万两，甲辰年付银十五万两，乙巳年付银十五万两。均按两期交银，前半年以六月为度，后半年以十二月为度。共计交银六十五万两，至此全行交清。每次交银在方主教处所查收，发给收执。

　　三、按照光绪二十七年九月原订合同所载，口外七厅赔款京平银二十万两，已在历次所借各项款内，由调任归绥道恩与参赞端在归化算明，如数扣除，作为付清矣。所有闵主教教案全已了结，本善后合同与闵主教无涉。

　　四、尚有扣剩借款京平银三万二千九百十一两一钱一分八厘，又本年方主教续借京平银六万三千八百二十九两七钱四分，前后共应抵京平银九

　　①　中国第一历史档案馆编辑部编：《义和团档案史料续编》下册，第 1728—1730 页。另见颜石清等编：《约章成案汇览》乙篇卷三十五上，第 12—15 页。
　　②　该合同签订日期未查明。

万六千七百四十两零八钱五分八厘,分作三年扣还:光绪癸卯年扣还银三万六千七百四十两零八钱五分八厘,甲辰年扣还银三万两。每年扣银亦按照交银之期,以六月、十二月各扣一半。

五、口外七厅教堂房屋、财物各项赔款,均议明归法国大赔款办理,兹不再议。被害五教士,除于被害处所各建碑亭一座抵作赔恤外,不再向中国另索赔款。所有碑亭尺寸图说以及碑文,附粘本合同之后。

六、议定口外六厅教会被害教民人等,因已给恤款,所有建坟、埋葬等事,应由各该教会自行出资办理,不得再有异词。

七、议定口外七厅所有教民从前一切控告拳匪、追偿失物之案,全行作为了结,不复提究。如有民人因拳案在衙署指控教民者,亦不复提究,以期民教相安,勿再扰累。

八、七厅赔款全已了结,议定此后教民不得藉词查追失物之事,向民人需索,亦不向衙署控告拳案。以后如有此等情事,以及民教词讼各案,自应仍由地方官照中律审办。

九、自此次议定合同后,由山西抚台出示,颁贴七厅地面,示内声叙七厅教会赔恤各款均已给足,自后教民不得再行控告拳匪、追偿失物等事,俾教民咸知已给恤款,自能各安生业,而平民亦知如此公平办理,亦各安本分,庶几前嫌尽释,永远相安矣。

十、此次合同议定后,即由山西抚台通饬口外七厅照办,并由大法国钦差大臣行知山西口外主教、教士等遵照,俾免歧异。

十一、此次合同用法文、汉文订立合璧三纸,一存大法国钦差衙门,一存山西抚台衙门,一存方主教堂备案。

十二、此次合同由端参赞暨沈道台并方主教所派专办此事之司铎和羹梅公同签押后,呈候大法国钦差大臣吕并大清国升署云贵总督山西巡抚丁盖印画诺允行。

大法国钦差大臣吕押　　大法国参赞端押

大清国升署云贵总督山西巡抚丁押

大清国督办山西洋务局记名海关道沈押

中蒙古方主教所派专办此事之司铎和押

大法国一千九百二年十二月　　日

大清国光绪二十八年十一月　　日

中英《推广天津租界约款》[①]

光绪二十八年十二月十五日（1903 年 1 月 13 日）
天津

为会衔出示晓谕事：照得英工部局欲将围墙外空地扩充租界，拟定章程，照译汉文，以示周知，仰界内地主住户一体遵照。查推广租界一案，前经庆亲王、李中堂与英国驻京大臣萨在京会议，各派委员查勘，划界立约；嗣天津道张、候补道钱，会同驻津总领事金，在津商办。当以围墙外空地一段指作英国推扩租界，行知在案。其四址（至）：北自马场大道小营门起顺土墙至波罗斯街为止；西自波罗斯街之中，一直向童家楼桥石碑为止；南自童家楼桥石碑至马场大道二道桥为止；东自马场二道桥，顺大道至小营门为止，均作新增租界之地。各户居民应准英工部局管辖，所有净除污秽、禁止娼赌及开渠修道各项工程，并应禁瘟与尸棺暴露以致人染疾病各等情，统归英工部局随时办理，勿得阻扰。其界内民产，凡遇英工部局购取为道沟一切工程之用，须按市价出售，毋许争索，致干咎戾。所有拟定章程特录如左，仰各凛遵。

一、现在界内所有华民房屋仍归业主管业。

一、界内遇有行为不端、不守法禁人等，由工部局巡捕拿送总领事移送地方官，但不能在工部局久于管押。

一、界内开渠、除秽并冢葬各事，专归工部局管辖。其埋葬坟地如有碍于卫生易得疾病者，即由工部局勒令该业主随时除洁，不得抗违。至义冢一项，如地方官有未能依工部局之办法者，可与总领事会同办理。

一、界内娼寮、赌馆及不守规矩房舍，由工部局立即封闭，或明知藏有盗贼等类，亦由工部局自行入查。

一、界内所有拟开道路，其地位方向绘有全图悬示，工部局自示之后，此项道路之上不准起造房屋或别项工作，以免有碍修道等事。倘工部局欲

① 天津档案馆、南开大学分校档案系编：《天津租界档案选编》，第 18—20 页。

买地产为筑路之用，该业主务须遵卖，概照市价发给，倘价值不满其意，准该业主禀请地方官转商总领事妥议施行。

一、自示之后，凡起造房屋、有关不洁及碍于卫生等事，并未奉工部局允准，不得举办，并土屋亦不准造。此后起造房屋必先呈图，工部局董事查核批准。惟先前已有之土房并无不洁等事或无他虞者，准其三年之内毋庸更动，不与工部局干涉，三年之后仍须一律遵照新章办理。

一、凡未经工部局定章之前，所有之民产均按出示之日起免纳三年工部局所定各税，三年之后仍须照章完纳，其余各地产须遵新章纳税。

一、界内华地主有家资者，遇有公议事件亦可与各西董一体会议。

一、界内积水坑沟有碍于卫生者，如工部局传知该业主设法填平，务须遵照。倘业主无力措办，则可售去，或由工部局代为填平，则作（价）抵押工部局。

一、界内无主沟由工部局作价充公，日后业主寻认，即可按作价与之，概不与息。

一、出示之后，凡界内买卖地产，先投总领事衙门挂号。凡在西历一千九百零二年之前，所有华地主准其三年之内毋庸使费。

一、地方官如捉拿华人于新增租界之内，仍照旧租界定章办理。其前次经海关道李所订租界办理新章一节，作为罢论，以视新旧租界作成一律。以上各条公同妥议，理合会衔出示晓谕，仰界内地主居民等一体凛遵，毋违。特示。

右仰知悉。

中英《西江添开轮船搭客埠头试办章程》①

光绪二十八年十二月十七日（1903 年 1 月 15 日）②

广州

一、准将西江之都城、陆都、悦城、禄步、后沥、九江、马宁、容奇八处作为添开轮船搭客埠头，此外未经指定之处不得私自停轮。

一、以上新开八处埠头，只准轮船在各该处停轮，搭客上下，不准装载银钱货物，以期杜绝盗匪窥伺，及免有碍关税厘金。

一、以上新开停轮搭客各埠，均派巡船驻扎以资保卫。

一、轮船搭客上下，应准驻防该管巡船官弁随时派勇在驳艇盘查盗匪及夹带军装之事，如有盗匪潜附轮船私带军火，应由轮船自行稽查防范，以免疏虞。

一、轮船经过各关厂应照向章停轮，报请查验，并可任由各关厂专派员役随搭该船，以便沿途稽查，如有夹带走私等事，一经查出，照章罚办。

一、在以上新开各埠搭客上下各轮船如有不遵现定章程所开各节，应由税务司将船牌扣留，照章罚办。

一、现定章程系属本省暂行试办章程，日后察看，如果有妨关税厘金，或别有窒碍之处，应即随时撤销。

---

① 聂宝璋、朱荫贵编：《中国近代航运史资料》第二辑（1895—1927）上册，中国社会科学出版社，2002 年，第 42 页。

② 此日期为清朝两广总督德寿向外务部奏报章程的时间。

中英《吉省耶稣教案议结合同》①

光绪二十八年十二月二十二日(1903年1月20日)
吉林

大清国吉林交涉总局、大英国耶稣教会代办会同。

兹因华历光绪二十六年吉林省拳匪肇乱,扰害教民,订立合同八条,开列于左:

一、为拳匪杀害教民一案,现经耶稣教劳教士与交涉局为仍敦旧好起见,议定应由各该地方官将被杀情事勒石表扬,以期平民、教民永远相安。论及孤儿寡妇,乃教会甘心恤养,所有杀害教民之匪徒,宽其既往不追,特表耶稣教以恕仇为念,法外施仁,望其匪徒痛心改过。倘有不法,仍蹈故辙,一经查实,必定照例加等治罪。

二、因拳匪掳掠财物,焚毁房屋,扰害教民事务各案,今与劳教士商议,赔款概不摊之于民,公家筹款不易,曾与劳教士和衷议定,筹给吉市钱二十七万吊,将吉林各处教民被焚被失房院财物,一并包括在内赔偿,一律作为完结,嗣后不得再有异议。于立合同签押之日,付钱一十三万五千吊,迨二十九年十一月初一日付钱一十三万五千吊。按期备文照交耶稣教会教士查收,再由教士分给教民承领。

三、所有教民房田,查抄入官及被匪徒霸占,应报由地方官查明确有证据者,交还本主。或被匪逼令将房田典出,今即赔款,准其仍照原价赎回。

四、因拳匪搅乱之间,教民失落房田文契,务须报明原领年月日期,由地方官查案相符,确有证据,准其另立新契,呈由各该地方官盖印发还,不收税银。自光绪二十九年正月起首,限定五个月,限满以后再报,仍须照章交税,以示限制。

五、当乱之际,所有教民遗失封过钱粮票以及牲畜票一事,惟有钱粮票

① 中国第一历史档案馆、福建师范大学历史系合编:《中国近代史资料丛刊续编》《清末教案》第三册,第652—653页。

勿庸补领，概不追究。凡所失牲畜税票，准由就近地方衙署补领，税票不纳税银，以便查考。限以二十九年三月底截止，过期仍照例纳税。其二十六年乱时以后，仍照旧章纳税，以示限制而免混淆。

六、教民被戕情事，拟就表扬碑文，在敦化县、朝阳山两处建立石碑各一筒，高八尺二寸，宽二尺四寸，厚七寸。碑首七眼，上镌奉旨字样，碑边用龙文，碑座用莲花式，座上眼八寸深，地脚用沙石打结实，外用砖瓦修盖碑楼，俾资坚固而期永久。光绪二十九年五月节前立妥。

七、此次立约，专为赔款。所有各条已定，下不为例。日后平民、教民交涉事件，遵照旧约，毋庸另拟，以昭简易。

八、所有各条立定合同缮写二份，盖用耶稣教劳教士签押，吉林交涉总局关防，由劳教士、交涉局各存一份，并照录通饬吉林全省旗民、各地方官立案，仍出示晓谕，以便周知而敦睦谊。

大英国关东耶稣教长老会会正劳　大清国吉林分巡道文　大清国吉林交涉总局富

华历光绪二十八年十二月二十二日　西历一千九百零三年正月二十日

中美《议结美以美会耶稣教案条约》①

光绪二十八年十二月二十六日(1903 年 1 月 24 日)
宁远

委办美以美会耶稣教案花翎同知准补铁岭县知县署宁远州知州赵、花翎四品衔办理绥中县设治事宜候补知州许,暨美以美会耶稣教长老司贺、白、德,为会同办理关外美以美会耶稣教堂及教民前被拳匪焚毁抢掠各案,现已议结,订立合同,存案备查事。

缘奉省自匪乱平定后,英、法各国教案均经军督部堂、抚尹堂派员会同议结,所有美国美以美会在现隶绥中县属之中前所、前屯卫地方旧有教堂两处,并教民等,从前亦被拳匪扰害,现蒙军督部堂饬委本州、县会同本长老司等妥为办理。教会本以传道为主,情愿和平完结,不究拳匪之罪。即教堂及教民所失财物,应须赔偿抚恤者,亦愿极力减让。惟当大乱之后,民力未纾。此项赔款,应仿照英、法等国教案,请军督部堂、抚尹堂筹款给付,不可摊派于民。为此订立完案章程六条,签押后照缮六份,分呈督、抚辕备案各一份,存于交涉局、宁远州、绥中县暨美以美会各一份,并请军督部堂、抚尹堂专案奏明,以敦睦谊而昭大信。今将章程条列于后。

计开:

第一条,奉省绥中县属之前屯卫、中前所地方旧有美以美会耶稣教堂两处,前经拳匪之乱,被毁一处。所有教堂房屋器具及教堂司事工人并教民等所失田房财产车辆牲畜器物以及罚捐银钱等项,按照原开失单,共在东钱十万吊上下。兹经本州、县与本长老司贺、白、德公同和平商议。本长老司贺、白、德情愿大为减让,议定由官筹给东钱五万二千五百吊。以五万吊为赔偿教民所失财物及抚恤之款,由教会自行核实分给,以二千五百吊为赔修教堂之款。教堂房屋原系赁自民间,亦由教会自向房东理楚。此

---

① 中国第一历史档案馆、福建师范大学历史系合编:(中国近代史资料丛刊续编)《清末教案》第三册,第 624—627 页。

外，教堂及本会教民如有另失财物，不论失单已否开载，统在此项赔款之内，不得另议。

第二条，此项恤赔之款，应照英法等国教案，请军督部堂、抚尹堂筹款给付，不得摊派于民。议定自华历光绪二十八年十二月二十六日即西历一千九百三年正月二十四日议立合同之日起，于一个月内如数付清。另有暂订付款章程两条备照。

第三条，此次议定赔恤教民款项，原为日后民教永远和睦起见。自订立合同之后，所有美以美会教民等，一概不准再以前事控告，亦不得再私向从前习拳之人寻衅滋事，以体教会恕仇善念，违者查传究治。

第四条，美以美会教民应新陈钱粮税，务照章完纳，不得以遭乱借口，抗不缴纳。如有故意抗欠者，由地方官照例追究。至应摊官项钱文，除迎神赛会外，其余善举，及各项差徭，仍须照常摊纳。

第五条，查奉天耶稣教恤赔成案合同章程第九条内开，教民、平民均系中国赤子，自此次立约之后，务要彼此相安，永归和好。如有不平之事，务须呈请地方官秉公讯断，不准私自寻仇争斗，具呈时亦不准书写教民字样，违者不理。堂讯时宜遵国法，长跪听审，违者治罪。地方官亦宜持平办理。如有晓谕，亦得不分别教民百姓字样。至教民如有恃教抗官干预公事者，准地方官查明实在劣迹，知会该管牧师，讯实立革出教，归案惩办。至地方官与各教士尤宜互相亲敬，以期遇事易办，各泯猜疑等语。美以美会事同一律，亦愿照此办理。

第六条，美国美以美会教堂虽止有现隶绥邑之中前所、前屯卫两处。然关外美以美教会统归本长老司贺、白、德经理。倘各城别有美以美会教案，无论是否冒名影射，应由本长老司贺、白、德查明核办，统归此次议结，不得另生枝节。

以上完案章程六条，彼此均当永远遵守。其暂订付款章程两条，另行开载。

此项恤赔钱五万二千五百吊，已于中历光绪二十九年正月二十六日如数付讫，取有收条，呈军督部堂、抚尹堂存案，另订付款章程两条，作毋庸议。

大清国委办美以美会教案花翎同知衔准补铁岭县知县署宁远州知州赵臣翼、委办美以美会教案花翎四品衔办理绥中县设治事宜候补知州许彭龄、参议主稿随员候选府经历傅铭勋。

大合众国美以美会耶稣教长老司贺庆、美以美会耶稣教长老司白雅各、美以美会耶稣教山海关长老司德瑞。

光绪二十八年十二月二十六日

西历一千九百三年正月二十四日

中日《大东、戴生昌、招商局小轮公司协定》[①]

光绪二十九年正月初三日（1903 年 1 月 31 日）[②]
上海

大东、戴生昌、招商为计共同保护营业之故，特就沪杭线、沪苏线、苏杭线，议定如下：

第一条，大东于向来营业之经过南浔、湖州之苏杭线，无论用何等名目，不得开设其余之公司。

第二条，各公司无论用本分号、出张所、代理店及此外种种名目，凡一公司不得逾越下列之限制，而开设营业店铺。

一、上海一处；二、苏州二处；三、杭州二处；四、各寄港地一处。

第三条，各公司若在第二条定限以外之店铺发卖搭客及拖船之船票者，无论用何等名目，不得收受之。

第四条，各公司不得使用一切以搭客拖带为营业者及类于搭客拖带者。

第五条，各公司发卖之船票，可以共通使用，但此公司不得对持有他公司船票之人，加以劝诱之行为。

第六条，凡搭客水脚及栈费等，应按照第一号各表发卖票据；拖船之费，应按照第二号各表发卖票据，无论用何等名目，不得有所折扣。

第七条，上杭线及上苏线之货物水脚，应按左下之条件，一总共同计算，但货物水脚收取欠账货物危险等事，总由该装运之公司当其责任。

第一项、不论装运何等货物，所收入之水脚，除去规定之折扣，其净存之水脚分作百份，其三十份归装运公司，其余七十份依下开之率，归各公司分摊：戴生昌，千分之三百八十八；大东，千分之三百四十八；招商，千分之二百六十四。

① 聂宝璋、朱荫贵编：《中国近代航运史资料》第二辑(1895—1927)下册，第 1330—1333 页。
② 此为协定施行日期。

第二项、每届西历月底,各公司应将装运数目,互相比照,届三个月则决算之,若各公司于装运数目,其计算不能一律,则以其报关之数目为准。

第三项、除徽州茶及平水茶不计,其余一切货物,非当值日期不得装运,其当值之日如下:

星期一　大东　星期三　招商　星期二　戴生昌

星期四　大东　星期五　招商　星期六　戴生昌

第四项、届第三项所规定之日,其当值之公司,如轮船遇有事故,及其余不得已之事情,不能装运货物,则其次当值之公司,始得代之装运,既系代装,则第一项所定之分配金,即归代装之公司收入;又第三项所定之当值日期,不得因代装之故,而有变动。

第五项、徽州茶及平水茶,不拘第三项规定之当值日期,由与货主定约之公司自行装运,倘货物甚多,该定约之公司装载不完,则可照第三项之日期,依次分装,但照本项办理之际,该定约之公司,于定期客船及当值货船之外,不得加用其拖船。

第六项、第五项之定约公司,如因轮船事故及其余不得已之事情,不能装运茶货,应照第三项当值之次序,依次分装,但此际所有第一项规定之分配金,即归代装之公司收入。

第七项、本条契约自捺印之日起算,以二年为期限,但在二年之前,倘绝无通知,则应继续一年。

第八条,货物水脚,照第三号各表决算,无论用何等名目,不得折扣,但于报关行许有折扣,以五分为限。

第九条,凡货物除徽州茶、平水茶外,自到港之日起算,逾过七日者,不拘大小,每件每月收栈费墨银十仙。

第十条,自定此契约以后,货主及报关行,若不付水脚,或有不应当之行为,致甲公司要求对其货物拒绝装运者,非有解除拒绝之通知,乙公司即不得装运其货物。

第十一条,各公司对于装运之货物,应劝货主保险,如其不允,应使承认未曾保险。

第十二条,甲公司使用之人,倘因其有不应之行为而辞去之者,乙公司非得甲公司同意,不得雇用。

第十三条,为担保此契约之故,每公司存银三千两,共计九千两,于上海汇丰银行，嗣后凡在契约期限之中，每月每公司仍交存款百两，本条之存款，除契约载明之处以外，无论何等理由，非三公司合意，不得提取，但存款所生之利息，每年应分配各公司。

第十四条，为使确实遵守本契约之故，特规定契约处分如下：

第一项、凡犯第一条规定之船路以营业者，处以上海银五百两之违约罚款，并即时停驶该航路。

第二项、开设第二条规定以外之店铺者，若在上海、苏州、杭州每有一处，则罚银五百两；若在沿途寄港之地，每有一处，罚银二百两，该店铺应于三十日以内撤去；倘在该期日以内，仍不撤去，在前之场合，每日罚银百两，于后之场合，每日罚银五十两。

第三项、违犯第三条、第四条及第五条但书或第六条者，若于搭客每船票一张，罚银五十两；若于拖船每船票一张，罚银百两。

第四项、于第七条第二项之装运水脚，若故意隐瞒之者，扣除同条第一项规定之该月之分配金。

第五项、反背第八条行制限以外之折扣者，处以罚款，与该折扣之五十倍相当。

第六项、违犯第十条之规定，明知为拒绝装运之货而装运之者，处与该运费二倍相当之违约罚款；其怠于解除拒绝之通知，而仍自装运之者，处与该运费四倍相当之违约罚款。

第七项、违犯第九条之场合，每件处罚款银五钱。

第八项、本条规定之违约罚款，自确定之日起算，应于三日以内付出，若不在该期限内付出，即从保证款项之内扣除。

第十五条，每月底应缴之存款，至于下月仍不缴者，及受第十四条第八项之处分，而有不足之款在一月以内不补足者，即认为无有遵守契约之意思，所有存款一并充公。

第十六条，本契约之违约罚款，除第十四条第一项以外，概归他公司分取，但应照每件决算，不得互相抵消。

第十七条，本契约自明治三十六年（1903）一月三十一日即光绪二十九年正月三日施行，以三年为期限，但在三年以前不通知解除者，即更有效一年，至次年亦同。

第十八条，本契约虽在期限以内，若经三公司之合意，得增补改订或解除之。

第十九条，本契约成立后，若恐其对于契约之一公司或数公司，能加以妨害履行契约而有危险之处，则以其宣布之宗旨为限，得约各社员允与救助。

第二十条，本契约成立后，若遇战事变乱及其他不可抗力，致不能履行契约者，虽在期限以内，得停止解除之。本契约共制三副，各取一副，以为凭证。惟大东公司与人定商事契约，若须继续至三个月以上，即不能不待递信大臣之认可。倘在三个月以内，不得递信大臣之认可者，本契约及附则即一并失其效力。

中英《四川华英合办金类矿产章程》①

光绪二十九年正月十四日(1903 年 2 月 11 日)
成都

一、因光绪二十四年,英国绅商摹赓设立会同公司,与四川矿务局设立华益公司,议开四川矿务。华英合办会同公司延请矿师来川,查勘五金煤炭煤油各种矿质,定立合同。经总理各国事务衙门奏准在案。现奉四川总督部堂谕准,四川矿务总局设立保富公司,招商华英合办会蜀公司,议办金类各种矿产,订立合同,意在均平利权,杜争弭患。所有合同事理,暨矿局奏定章程,两公司均应遵守。此约已经批准之后,前此彼此争执之会同,立行作废。

二、保富公司允华、英商人集股一千万两,名曰会蜀公司,承办以下所载各处金类矿产。华、英商人均可一体入股。所有矿务事宜,应派华、英总办各一人经理。华总办由保富公司推举,会蜀公司认承后,制台派充。洋总办由会蜀公司拣派。如有不合,均可更换。华总办专理地方交涉事宜。英总办专理工程事务。至于银钱出产账目,二人均有并核之权。每厂亦各派华人一员,稽查租税事务。各员薪水,均由会蜀公司按月支送。

三、保富公司应行聚集足用股本,以为购地指交会蜀公司开矿之用。保富公司应按照公道办法,优给业主地价,转租与会蜀公司开采矿产。按照年限开办,该公司每年租费,应按出产值百抽五价值完纳,缴交保富公司收领。地课则由保富公司认缴。如系官地,则所有年租,应由保富公司呈缴中国国家。惟试办之时,保富公司当向地主商明,酌定试办租价。如试采地段开办不成,会蜀公司即应照约定之价,缴还保富公司。

四、宁远府之冕宁、西昌、盐源、会理州、越寯厅,共五厅州县,除一切官矿已经勘办之处,留为中国自办,并夷地各矿,外人均不得往开外,其余允作华英会蜀公司查勘金类之地。自合同批准之日起,由会蜀公司钻试,以

① (台湾)"中央研究院"近代史研究所编印:《矿务档》(五),第 2829—2837 页。

便查考有无金类矿产。他项华洋合办公司,不得前往考查矿产。

五、会蜀公司应于三年期内,报明所指境内,究有何项金类矿产,在于何方,宽广几何,现时拟开何处,将来拟开何处,以便留与该公司开办。除中国自办外,别项华洋公司不准前往查开。倘逾此限,未能开办,合同作废。如限内已经开办,嗣后于五厅州县内,可以续勘矿地。惟该公司于每处开办之先,应呈请矿务局查验,果无窒碍,给予准开凭据。始由保富公司向业主租,转租与该公司开采。惟每次奉准开办之后,倘三年之内,未能兴工,应将矿地交还中国,以便另行设法办理。至土司矿产,有不能相让之处,勿得勉强。

六、会蜀公司开出各种矿产,应按北京外务部酌定章程,抽收出炉出井各项税课,作为川省落地税。此次所开金矿产,其落地税课,自应照章分别轻重抽收完纳。由驻厂委员随时查记矿产出炉出井数目核对,每届三个月,抽收一次。至出口税则按关章办理。其请三联单照例纳税者,则内地厘金,概免重征。至开矿所用机器材料进口,亦照关章完纳。其请有子口半税者,内地各厘,亦概免征。所有进出之件,如有夹带货物及违禁之件,希图偷漏者,察出应照关章罚办。

七、会蜀公司勘定矿产后,绘图贴说,指明地段,知会保富公司,照章呈报四川矿务总局查验合式,得有允开凭据,始行指交地段,与会蜀公司承办。其地只准足敷掘井,盖用各厂,不得多占地段,亦不得自向商民迳行租买,免多交涉不清。至开采之地,如因无利停办,或有利已取,即将无用之地,退归保富公司,以作别用,均与会蜀公司无涉,不得索取已出之地价年租。业主本管地面,地中之产,如公司开矿可以不用地面之地,仍许原业主照常耕稼居住,不得逼令迁徙。其所应纳之年租,照阴面所用宽广之数科算,不得因此减少,以利居民。如必须迁徙,除年租外,所有因此损失之禾稼房屋,均照时价赔偿。如业主不愿迁徙,则会蜀公司必须设法绕越。

八、冕宁、盐源之麻哈、瓜别,暨驴马河各矿产,系在中国留为自办之列,应将矿界开列于后,以免争执。查原定咨部矿界,系由瓜别之金河沿起,至打箭炉之金河止,共长四百里。河岸两旁,各宽一百里,自应定为矿界。所有五厅州县之中,金类矿产如在所指界内者,会蜀公司即无庸前往查勘。如驴马河之矿,未包在咨部界内,亦均留为自办。会蜀公司均应遵守原定界限,无论阴阳两面之地,均不得明侵暗占。如有此项情弊察出,从重议罚。至阴面界，以阳面之垂线为凭。

九、查铜政为中国鼓铸要需。会理州商厂林立，商民藉为世业者，实繁有徒。该处各种铜矿，应否与外洋合办，及与商民生计，有无妨碍，此时尚无把握。会蜀公司于采铜一端，应俟中国察看三年之内，如可合办，再行商议。倘可合办，其民间自立之愿否租赁会蜀公司照章开采，悉听民便。其余该州别种金类之矿，会蜀公司三年之内，可以查勘。至五厅州县内之铜铅暨一切矿产，中国官民均可随时随处任便查开。

十、此次华英合办金类矿产，除官商合办公局各矿，一切官矿扣除外，所有商矿暨民间试办之矿，亦不得侵夺。惟业主或愿出租，或愿入股，均听其自由。可由保富公司商议。惟此项年租，均应由业主收领。保富公司只抽年租二成，以资办公，并为应得之利益。

十一、开采之后，除缴地价年租，暨落地税则费用，并利息八分之外，所有盈余，即为净利。准提一成，摊还股本。再提一成，以为公积，预备要需。提足即行停止。倘有盈余，即照下开之法分摊。其余八成，应照下款所言分数，公平均沾。

十二、照上款所余之八成净利，分作一百份，各股东得六十五分（份），川省得十份，中国国家得二十五份。四川大宪暨公司各派一员，查核各矿各账，分领应得之款。惟不得以此厂之盈，抵彼厂之亏，以损中国利益。至会蜀公司如有亏累情事，与中国国家、川省大吏，暨保富公司无涉。

十三、会蜀公司自批定合同之日起，每厂以六十年为限。限内均照现订章程办理，限外无论股本已否提清，所有矿地、房厂、机器一切，皆由保富公司管理，呈缴矿务局，报效中国国家。倘限满后，矿务兴旺，公司愿意接办，中国可允展限，所展至多不得过二十五年。

十四、麻哈矿产，中国留为自办。嗣后如愿华洋合办，或借洋款，均应先向会蜀公司公平商办。

十五、开矿需用工役繁多，难保无口角斗殴，暨不法情事。所有约束工匠夫役之权，均由华官主政，洋人不得与闻。如系细故，可以立时了结者，即由各厂委员分别办理，或扣薪资，或罚钱款，或予剔退。扣资罚款，应充地方善举。不得施用刑法，并由委员随时报明华总办，转报保富公司，暨矿务总局查核。其有情弊重大者，则由委员呈请总办，一面移送地方官查办，一面移报矿务局知照。至应如何办法，地方官自有权衡，洋人丝毫不得干预。至洋人无论何项事故,均不得凌辱华人,殴打工役。如有似此情节,应如何究办,仍移知本管领事,察照本国律法办理。至工匠夫役,因工作或受伤,或成废,或致命,会蜀公司应分别从优给恤。

十六、会蜀公司如欲在矿厂之外,修筑道路,应由保富公司转请川省大吏查验,实无窒碍,方能准行。所修之路,无论是否官路改良,抑或会蜀公司自行购地建造另辟新路,一经修筑之后,即永远作为官路,由官管辖,会蜀公司不得视为已业。至将来如有必须修造小铁路,以资转运矿产,则照北京矿路总局所定运矿枝路章程办理。惟该路不准揽载客货,并不准经过夷地。

十七、会蜀公司所办各矿,除矿师办事各项,确系不可少之人外,均宜全用华人,矿丁全用本省之人,不足则取之邻省。其薪水工食,一切从厚,以顺民情,而开风气。

十八、会蜀公司股票,既系华英合璧,其所出股票,华英商人均可按照时价,一律买卖。每股约银百两,周年行息八分。其销售买卖数目,按月册报矿务局存查,以昭大信。

十九、金类各矿产,既系中国土地所出,会蜀公司应听中国号令,遇战事不得接济敌国。如有别国战事,中国应守局外之例,该处所产,亦应守局外之例。不得私行接济,致启衅端。

二十、会蜀公司财产性命,地方官照例保护。如有不法之徒,煽惑事端,地方官即应严拿,照中国律例惩办。倘地方官有纵容情弊,察出亦照例惩办。如愿招募土勇,保护弹压,可由地方官招募,一切费用均由会蜀公司照给。倘因地方不靖,土勇不敷应用,则由川省大吏酌派官兵弹压。中国国家既分公司余利,则公司之矿务,关系国课,自应尽力保持,俾收实效。所有章程各款,皆应令地方官及保富公司切实遵行。

二十一、会蜀公司于查勘矿产时,必须先行知照保富公司,报明地方官,遣派员勇保护。一切薪工公费,均由该公司支发。如有不先知照,任意前往查勘。倘出意外事故,地方官不任其咎。

二十二、此次章程未能周备,嗣后北京外务部,暨矿务总局所有续订公共章程,为各国所共守者,无论损益如何,彼此均应遵守更改。

二十三、此次定约之后,倘彼此有争执之时,应按西洋调处商务章程办理。其法系由矿务局、会蜀公司,各请公正人理断。如所请之人,意见亦不合，即由此两人再请第三人公断，两家不得异词。

　　以上合同二十三条，彼此均应遵守。缮具华洋合璧共八份。四川矿务总局总办韩铣、林怡游、严翔昌，保富公司总办，华英会蜀公司华总办，华英会蜀公司洋总办立德乐，同时画押，盖用四川矿务总局关防。分呈外务部衙门、统辖路矿总局、户部衙门、四川总督部堂、四川布政司，各一份。余三份，四川矿务总局存一份，四川保富公司，华英会蜀公司各一份，分执为据。华、英文字，如有错误及争执之处，惟以华文为凭。兹先行订立草约，呈候四川总督部堂核定，咨呈外务部核准后代奏。当俟奉到批准部文，始为准办之据。再此次在川先将华文合同画押。英文合同，因川省华员于英文翻译不甚精通，应俟外务部英使馆彼此核对后，再行画押，理合登明。

　　保富公司总办

　　会蜀公司总办　华商总办　会蜀公司总办　详商总办之德乐

　　大清光绪二十九年正月十四日

中英《合办四川煤油矿务规条》①

光绪二十九年正月十四日(1903年2月11日)
成都

　　四川矿务总局韩铣、林怡游、严翔昌,驻渝领事官韦礼敦,办理四川矿务总局,奉总督部堂岑谕准,四川矿务总局设立保富公司,招商华英合办普济公司,议办川省煤油矿务。所订合同规条,开列于后。

　　计开:

　　一、照此合同章程,如果蒙北京外务部核定②,奏奉批准办川省煤油矿务,普济公司即派矿师来川,查勘乐山、射洪两处地方。如验看后,实在可以开采,普济公司立即兴工开办。

　　二、如乐山、射洪两处,经矿师履勘后,实无油矿,或不足开采,准该公司在川省另择两处。勘定后,立即兴工开办。其另择之限,除意外不测等情不计外,从北京外务部奏准,移文至英京交普济总公司认允刊报之日始,以一年为限。自奏准至刊报,不得逾五个月之限。倘逾十七个月限期,仍不开工,合同作为废纸。至此次普济公司指开蓬溪煤油,当经划出不允,嗣后除华民自办外,无论何项华洋合办公司,均不得在此县内采油。将来设愿华洋合办,应先尽普济公司承认。惟前后统算,仍不得过两处之限。

　　三、普济公司应俟矿师按第二条勘定矿地后,该公司与川省矿务总局商定开采事宜,及运油所用之快路若干长。绘图贴说,由普济公司呈川省矿务总局,咨报外务部核准后,电知川省照办。

　　四、普济公司开办煤油,因地方相距太远,未能兼顾,应于总公司外,设分公司一处或数处,均照合同办理,不得增改。

　　五、普济公司内,应有华、英两总办。华总办由制台札委。英总办由普济公司拣派。所有买卖并与保富公司商量事件,俱应由两总办和同办理。

---

　　① (台湾)"中央研究院"近代史研究所编印:《矿务档》(五),第2837—2841页。

　　② 该约章后未被清朝外务部核准。参阅(台湾)"中央研究院"近代史研究所编印:《矿务档》(五),第2872,2820—2821页。

所用各账目,用华英两文注册,以便彼此合算。每月缮成一份,由华总办送川省矿务总局核查。至于工程各事,并择用洋人,及采买机器材料,皆归英总办秉公经理,先行通知华总办,并将所议之定货单,抄交华总办存查。

六、所有与地方各官商办交涉事件,皆归普济公司华总办经理。

七、川省矿务总局设立保富公司,总办出本二百万,以备各国公司在川办矿购地之用。所有普济公司开办之地,俟矿师查勘指定后,无论公地私业,禀请两位总办,然后再议定夺。除有碍田园庐墓外,由保富公司设法,或买或租,借与普济公司试采。先由保富公司向地主商明,酌定试办租价。如试采地段开办不成,普济公司即照酌定之价付给。倘两公司有为难紧要之事,应由川省矿务局总办与普济公司在中国总办调停。

八、保富公司将地借与普济公司开采煤油,该公司应照所出之油,按价值百抽五,给保富公司,作为地租。

九、普济公司愿备足所有开采煤油矿应用之费,以供开采之用。

十、普济公司开办煤油之股本,应先明白议定,或中国银号,或买卖商家,皆可买票入股。无论初定之本,并后添之本,均以百份之五十为限。中国股友与外国股友,利益同沾,无稍歧视。中国如欲派人在英京伦敦代理股票之事,即由川省制台委员前往。其薪水川资,由普济公司给发。至所派委员,应有专办普济公司中国股票各事宜之权,与西国股票之例同。

十一、普济公司无论英、华各股本,或初定,或后添,均由付钱之日起,在公司所进利内,每年结算股息七厘。

十二、普济公司应将所出矿产,按值百份之五,作为井口税,报缴国家。其出口税仍照关章完纳。所余之利,除开除各费,并七厘股息外,再将余利以百分之五还股本,及办事各人花红若干分,至多不得过八厘。其余净利,按照成本计算。如得百份之三十分,或不及三十分,均将此净利分百分之二十分,报效中国国家。

百分之四十分,报效二十五分。

百分之五十分,报效三十分。

百分之六十分,报效三十五分。

百分之七十分,报效四十分。

百分之八十分,报效四十五分。

一百分,报效五十分。

以上是公平均分之法。如果公司格外兴旺,将来中国国家亦多得净利。为此望中国地方官极力保护,俾得同获利息。

十三、普济公司所开之矿,自开工日起,限五十年为期。如期满后,经矿师查勘,还能有益可采,普济公司与保富公司商议,彼此均能获利,方可接办。

十四、所有未详尽之语,俱在外务部,路矿总局,以及四川矿务总局所定华洋合办,并保富公司各章程内。普济公司中人,均宜遵守,不得异词。所有章程黏附于后。

十五、如华英订约,倘彼此有不合之时,应按西洋调处商务章程办理。其法系由两总办各请公正人理断。如所请之人,意见亦不合,即由此两人再请第三人公断,两家不得异词。

十六、此合同用华、英文字,由北京外务部核准,并由驻京英使馆详细核对。如翻译不错,嗣后遇有意见不同,应以华文为凭。

十七、彼此议明订为合同,缮具华洋合璧,共八份。保富公司总办,普济公司(华商总办、洋商总办立德乐),同时画押,盖用四川矿务总局关防。分呈统辖铁路矿务总局、外务部衙门、户部衙门、及四川总督部堂、布政使各衙门,各一份备案。余三份,川省矿务总局存一份,保富公司与普济公司,各执一份为凭。此合同由外务部奏请批准后,作为允办之据。

保富公司总办

普济公司总办　华商总办　详商总办立德乐

中意《浙江矿务借款章程》①

光绪二十九年正月二十日(1903 年 2 月 17 日)②
杭州③

一、宝昌公司向义商惠工公司贷款库平足银五百万两,指办浙江衢、严、温、处四府境内煤铁矿数处。按照光绪二十八年二月初八日外务部奏定矿务章程十九条,议订章程,两公司均应遵守。

一、查定章第一款开办矿务者奉批准后,方可为准行之据。公司经前浙江巡抚奏请有案,兹以厘正章程,禀请浙江巡抚复奏。俟奉国家批准,始作为全允办理之据。

一、查定章第二款矿路总局发出准行执照,方可开办。照费视成本多寡,酌提百分之一缴局。公司遵议奉国家批准后,即禀明浙江巡抚,派矿师履勘各府属,查明何处有矿可开,并估算每矿需本若干,按单呈报,以备随时咨矿路总局查核。请发准行执照,按百分之一作为照费,随咨并缴。再各矿所需成本,倘或不敷五百万之数,酌量添本,应禀明浙江巡抚立案,仍按所添之本,缴一成照费。

一、查定章第三款不得私将执照转卖他人。倘欲售卖,须由原办之人会同接办之人,禀请立案领据,方可转交接办。公司遵议即使公司因矿地广阔,转运维艰,于所指境内分设开矿公司,将所得之权利,交托承办,或让与自办。各分公司无论代办自办,亦均须遵守规定之章程。

一、查定章第四款商定价银,报明立案,不得私行交易,由官公平发给他价。公司遵议将所指境内勘得有可采之矿,并民间未开之荒废各矿,注明界址,绘图呈报浙江巡抚,饬地方官会同公司向业主商议租山租地。其租地由公司认给。公司不径向民间租凭,如有不愿租愿卖者,听业主之便。

---

① (台湾)"中央研究院"近代史研究所编印:《矿务档》(三),第 1988—1993 页。

② 该日期系清帝批准约章的日期。见(台湾)"中央研究院"近代史研究所编印:《矿务档》(三),第 1988 页。

③ 签约地点未查明,暂定为杭州。

再中国商民已经开办原有利益各矿,公司概不开办。他公司亦概不准于公司所指境内勘采,以杜纷争。

一、查定章第五款地系中国之地,举办系由中国准行,无论何人承办,应守中国定章。公司遵议将来倘出有事端,应由中国按照自主之权自定。

一、查定章第六款矿产出井,煤铁值百抽五,作为落地税,其出口税仍应照章在税关完纳,内地厘金概不重征。公司遵议煤铁出井,缴值百抽五落地税。如由通商口岸转运出口,按海关章程完纳税课。

一、查定章第七款自发给执照之日起,限十二个月内开工。公司遵议决不逾限。

一、查定章第八款矿山准造至最近水口,如与干路相近,即准接连干路为止。公司遵议此项铁路原为运销矿质,及转运器具,以便工人往来之需,以造至最近水口,或接干路为止。所占民地,应禀明浙江巡抚饬由地方官会同公司向业主公平议租,其租价由公司认给。

一、查定章第九款附近开矿处所,应设矿务学堂。公司遵议开办后择相宜之处,设矿务学堂一所,为储材之地,以备公司将来选用。其一切经费,由公司自行筹给。

一、查定章第十款开办所需机器材料等件,除运自外洋,照章归海关收税,内地厘金概不重征。如在内地采买材料,既经过关卡,查明实系运往开矿处所,准给执照免厘放行。公司遵议运自外洋之机器材料,按海关章程完纳。内地采买材料,既邀给免厘执照,断不敢夹带别货,自取罚办。

一、查定章第十一款雇用矿师,赴各处勘矿,应呈报外务部咨饬地方官保护。如遇百姓阻挠,及工匠滋事,由公司呈报地方官,即应随时晓谕弹压。公司仰蒙国家尽力保持,俾收实效。遵议以矿师来浙,先行呈明外务部暨浙江巡抚,札饬地方官派兵保护。倘未预知而生意外之事,则地方官不任其咎。再公司执事人等有失敬地方官情事,一经指告后,查明属实,即行撤退,二年之内,不得录用。倘此后公司仍需此人,亦永不令在原厂办事。

一、查定章第十二款矿产地亩,官地应备用承租,民地虽购买过户执业,仍须照中国原定田则,完纳钱粮。各矿所用地段,只准足敷挖井、盖厂各用为限。公司遵议除租官地外,所有购买矿地,每年照例完粮,挖井、盖厂地亩足敷用外,决不多占。

一、查定章第十三款公司购用地亩,自应公平给价,不得强占抑勒。地主亦不得抬价居奇,以有碍风水,藉词阻挠。地主不愿领价,愿入股分,即按照原值给予股票。公司遵议购买地亩,会同地方官向业主公平议价,愿领价愿入股,悉听业主之便。

一、查定章第十四款采验矿苗,打钻掘井,遇有田舍坟墓所在,务须设法绕越。公司遵议,勘指矿山,承造支路,凡有碍田舍坟墓者,一律绕越,以免惊扰。

一、查定章第十五款矿厂如设巡兵护厂,专用华人。除管理机器经理账目外,一切执事工作人等,应多用华人。矿峒有压毙人口等事,亦应优恤。公司遵议如设护厂巡兵,专用本地人,执事工作,尤必悉用本地人,优给工价,以广贫民谋食之路。设有矿峒压毙人口,或致残废等事,酌量优恤。以上各款,均由公司自行筹给。

一、查定章第十六款,与公司无涉。

一、查定章第十七款华洋股东,如有亏折成本,国家但任保护,不认赔偿。借用洋款,亦应商借商还,与国家无涉。公司遵议设或事业亏累,自行担任,与中国国家及办事人员毫不干涉。公司将来发售各矿股票时,凡中国官商工商,均可与公司合伙生理,与外洋股商一律看待。出售股票,应在欧州及中国大埠同时举行。

一、查定章第十八款每年结账除提还本息外,如有盈余,以十成之二五报效国家。公司为本省筹款起见,格外多筹报效,议以每年进款除去开销四款外,即为净利。(一)各项费用及应完税课租地价值;(二)按股本银数提付八厘利息;(三)按所购器件原价,并修造学堂栈房等原价,提归一成,提足停止;(四)按所余之款提出一成公积,以备公司要需。此四款开销后,所有净利,以百分之二十五分报效中国国家,百分之十浙江省留用,公司各股商得百分之六十五。每届年终,公司办事人员禀请浙江巡抚派员会同查核每矿各账,分取应得之款。

一、查定章第十九款承办矿务者,均照此章办理,此外未尽事宜,应俟随时增损,以期尽善。公司仰求国家将来如有恤商之处,应请一律均沾。

右合同章程二十条,缮备华文、英文各二分,如讲解有异,以英文为正。

中、法、比《准格尔旗庚子教案抚恤合同》①

光绪二十九年二月初一日（1903年2月27日）
归化

天主堂教士南怀义，准格尔旗派办教案委员梅楞衔札兰额尔德莫，为书立合同事。查光绪二十六年，伊克昭盟各旗拳匪事起，准格尔旗界内，蒙古官民亦相率仇教，教会受亏甚重。叠经主教闵玉清呈请绥远城将军查办。大法国公使亦屡次照会外务部，请饬严办。各在案。二十九年正月间，经大比国委员花翎二品衔花冠宝星林大人辅臣、署理绥远城将军文派奏调办理教务花翎直隶候补知府寿大人勋、本城防御亥哈苏，会同闵主教所派教士南怀义，准格尔旗贝子所派札兰额尔德莫连日商办。南教士所称准格尔旗仇杀教民、焚毁房屋、抢掠财物各节，札兰额尔德莫均已承认，并声称本旗官民极知愧悔，惟求体恤蒙艰，格外宽宥。等语。复经中外各委员竭力和解，南教士覆称，此案前由将军饬寿委员，屡向闵主教代该旗力求宽免，闵主教已经允许，本教士自应遵照办理，以敦和好。检查案据教会受亏，为数甚巨。今既尽释前嫌，情愿一概免究，毋庸议赔、议罚。惟由贝子筹给教会抚恤银六万两结案。等语。复经各委员向南教士再四恳商，切求减让，南教士欣然允许。公同议定：准格尔旗甘认抚恤教会归化城平宝银二万九千两，分期交款。准格尔旗官民深为感悦，允为教堂立碑、悬匾。本旗贝子亲至教堂谢过，重敦睦谊。自立约后，蒙、教遵照办理，两无翻悔。兹公同商定条约，开列于左，以为凭信：

第一条，公同议定，准格尔旗贝子甘认抚恤教会归化城平宝银二万九千两。言定光绪二十九年三月内交银五千两，六月内交银九千五百两，十二月内交银一万四千五百两，共银二万九千两。均于当年按期交足，绝不失信。

---

① 中国第一历史档案馆编辑部编：《义和团档案史料续编》下册，第1712—1714页。另见中国第一历史档案馆、福建师范大学历史系合编：（中国近代史资料丛刊续编）《清末教案》第三册，第597—598页。

第二条，准格尔旗因教会不议赔罚，不请严惩犯事官民，宽宥之惠，同深感激。愿在本旗界内陈魁海子地方教堂立碑、悬匾；碑、匾式样、文词，由教会自定，准格尔旗听从办理，准于本年八月内，制齐送至。

第三条，此约画押盖印后，准格尔贝子亲至教堂谢过。

第四条，自立约后，蒙、教永释前嫌，所有教会以前所受各亏，无论钜细，由主教、教士严束教民，绝不再向准格尔旗蒙人追索，以昭大信。

第五条，此约在归化城由南教士怀义，札兰额尔德莫公同画押，持回本旗，由贝子盖印。共书三份，一存将军衙门，一存天主教堂，一存准格尔旗备查。

中俄《辽阳尾明山煤矿合同》[①]

光绪二十九年二月十八日（1903 年 3 月 16 日）[②]

盛京[③]

　　立合同人：李席珍、连中，纪道夫、周兰亭，为公立画押骑缝合同事。情因华员李席珍、连中，出沈市平实银一万两，俄员纪道夫，代办周兰亭出沈市平实银一万两。共集股本实银二万两，开设天利公司。接办商人李顺清等所遗辽阳属界尾明山煤矿一处，东至五顶山，西至打鱼沟，南至车道，北至张家沟。公同议明，矿场一切事宜，华人经理，洋人稽查，总期有益无弊。所有应纳税则，提成报效。均遵外务部奏定矿务章程完交。每年所得花利，除支销外，按照两股均分。倘有亏赔，亦照两股分摊。此系两相情愿，各无返悔。除禀明盛京将军奉天总督部堂增，鉴核批准，咨照外务部立案外。为此公立画押骑缝合同一纸，华洋两股各存一纸为执。须至合同者。

　　计开：

　　一、尾明山现有商人李顺清等，所遗煤井八处，水井三处，风井三处，草房四十余间，暨煤井内架木。议于初年结账时，秉公酌给价值。至所遗一切应用器俱，核实估价，于开工时照数给发，以昭公允。

　　一、承办矿务，议设总董一人，月给薪水银八十两；帮董一人，月给薪水银五十两；矿长二人，各月给薪水银三十两；司事四名，各月给薪水银十两；书手四名，各月给薪水银六两；丁夫二十名，各月给工食银五两；伙夫二名，各月给工食银四两。

　　一、在场稽查矿务之洋人，无论几名，每月共支之薪水，不得逾八十两之外。

　　一、公司应需房租日用膏火糜费，以及派人外出办事车价盘费，一切杂支等项，实用实销，不准稍有浮冒。

　　①　（台湾）"中央研究院"近代史研究所编印：《矿务档》（六），第 3532—3534 页。
　　②　此为盛京将军增祺入奏批准约章的日期。
　　③　签约地点未查明，暂定为盛京。

一、公司所用一切人夫，务须取具妥实承保，如有舞弊滋事侵欺等情，均由承保包赔。

一、华洋股东以及执事人等，均不准挪借公款。

一、本银二万两，作股二十分。总董作股一分，帮董作股八厘，矿长作股五厘。按月所支薪水，于结账时由应分利银两扣还，若所分利银不敷扣还，从宽免追。

一、应纳落地之税，报效国家之款，均照外务部奏定章程交纳。

一、每年结账时，除开支一切花销外，于所得利银内，提还本银二千两，利银四千两。其余利银，再按银股、身股分润，倘所得利银不敷提还本银，随时再行公议也。

一、此外如有未能议尽事宜，遵照外务部奏定章程，忝酌本公司矿务情形，随时增损，以期尽善。

公立合同人：李席珍　连中　纪道夫　周兰亭

光绪二十八年八月　日公立

中俄《合办奉天义胜鑫矿务公司合同》^①

光绪二十九年二月十九日(1903 年 3 月 17 日)^②
盛京

一、商人梁显诚、梁芳雄前经集妥股本银二十万两,禀请在奉省设立义胜鑫矿务公司,并添招华俄道胜银行股本银一十五万两,又恳请盛京军督部堂饬拨官款银若干两,合为开办。现将股本已如数妥备存储,听候呈验,俟蒙外务部核准各矿区,再行次第举办。

一、本公司开办各矿,及纳课一切章程,悉遵外务部奏定新章办理,将来部章如有更定,仍随时遵照,毋敢稍违。

一、本公司所有矿厂司事人役,均用华人。但矿师、机器师等,现或华人未能充当,亦可选用洋人。惟须商妥各股友允肯,方能录用。

一、保护矿厂及护送车辆,由本公司招募中国洋枪巡勇,或禀请盛京军督部堂饬拨兵队,所需饷糈,均由本公司供给。

一、本公司所有用款,开办各矿,购置机器,起造房屋,雇佣司役等项,务须会同各股友,商议妥协,始准照办。

一、商议各事,务要和衷共济,不得自逞私见,但议事以股本多者为主定。入股各款,均按股发给股票。

一、所有股票,均限定不准售与外人。惟现在公司内之股友可以承买,亦不得以股票抵押银款,以杜轇轕。

一、本公司账目,以每年结一总算。倘有余利,除股本周息七厘及司事花红,并报效国家各款外,其余溢利,或按股均分,或留为添置机器等件,均须会同各股友,妥商办理。

一、蒙核准各矿区,仍求军督部堂札饬该地方官,实力保护。如厂内人役遇有口角忿争,小则由公司秉公处置,大则送官究治。然地方官务须一

---

① (台湾)"中央研究院"近代史研究所编印:《矿务档》(六),第 3537—3539 页。

② 该日期系清廷批准约章的日期。见(台湾)"中央研究院"近代史研究所编印:《矿务档》(六),第 3537 页。

秉大公，持平办理，庶足以维商务而免争端。

一、以上各条，乃属合股开办章程。如有未能尽善者。仍随时酌量损益。

禀请盛京军督部堂，转咨外务部查核。谨将商人梁显诚等开办矿产处所，照缮清单，恭呈御览。

计开：

辽阳州界属：

弓长岭金矿、石河寨金矿、商家台金矿、鸡头峪金银矿、韩盘岭煤矿。

凤凰厂界属：

弟兄山金矿、白水寺金矿。

兴京界属：

湾甸子金矿、肥牛金矿、西大林子金矿、滩州堡子金矿。

盖平县界属：

神树山金银矿。

中加《仁寿教案议结合同》①

光绪二十九年二月二十五日（1903 年 3 月 23 日）

仁寿

前署仁寿县知县张、卸署仁寿县知县蒋、署理仁寿县知县吴，英美会牧师何，会同绅粮邀集英美会福音堂执事冯国桢、劝事夏皓，为议立合同事。

今因光绪二十八年六月间，张任内匪首熊青禾统匪劫掠，焚毁英美会教民郑西臣、郑安宇、舒绍甫、高荣圃、胡鹤遐、张华甫、李聘臣、攀臣、王臣等。又八、九两月，蒋任内匪徒劫掠冯国桢家，均经先后报勘转详。奉四川总督部堂岑批饬，由县议结。并饬查抄匪产变价充公，以备赏恤之用。等因。遵奉在案。兹经前后三任，邀集绅粮会同英美会牧师何及福音堂执事冯国桢、劝事夏皓公议，以匪徒扰害教民，固应抵偿，而抵偿出于查抄。福音劝人为善，有所不忍。被害各家互相劝勉，均甘免赔，从轻议结。所有英美会被害之家，统共酬银一千两，以作修理礼拜堂之用。全案一并议结，仍由官绅各赠匾额，以彰其劝人为善之意。此系官绅会同牧师及教会人等悉心定议，禀明督宪批准立案，特立合约为据。

大清光绪二十九年二月二十五日

前署仁寿县知县张之鹤　卸署仁寿县知县蒋金生　署理仁寿县知县吴宝铨

大英西历一千九百零三年三月二十三日

英美会牧师何忠义

仁寿县绅粮辛省　杨道南　尹东郊　刘增辉

---

① 中国第一历史档案馆、福建师范大学历史系合编：(中国近代史资料丛刊续编)《清末教案》第三册，第 678—679 页。

中俄《合办吉林矿务草约》①

光绪二十九年四月初七日（1903 年 5 月 3 日）
哈尔滨

第一条，华、俄合办矿务，须先指明地方段落，约定界限，集股自应以华、俄为定，不准他国入股，如道胜银行，系中俄合开可以入股。至如所指地界之外，如华人自办，或华人与他国人合办，均听其便。

第二条，矿务所出金银各矿，无论多寡，系按所出之数，每百两抽收十五两，作为中国正课。

第三条，先准给照派人采矿，一年后如未寻得，即准他人采办，惟无论何人，如已寻得矿苗实堪开办，须照矿路总局奏定章程，先由吉林将军咨由外务部咨矿路总局核准，发到准办执照给领后，方准定日开办。

第四条，承办之员，须由中国派员主办。

第五条，无论华、俄，入股至十万两以上者，准其派人，入局办事。

第六条，各处矿务，如已经开办集有旧股者，按照（光绪）第二十七年十二月二十六日②，吉林将军长与俄国外部大臣刘改定草约办理。

第七条，已经采妥之矿苗，须按此次第一条所拟章程办理，但遇有庐墓，附近五里内不准开办。

第八条，领到外务部发到准办执照后，即可前往开办，一切应商之件，临事详细议办。

第九条，矿务需用物料，如由中国贩买之货物，仍照章纳税；若由俄国运来货物，专为矿务用者，则可免税。

第十条，严禁中外两国人民，私自偷挖金矿与煤矿，违者重惩。

---

① （台湾）"中央研究院"近代史研究所编印：《矿务档》（七），第 3986—3988 页。

② 中俄《合办吉林矿山草约》于光绪二十七年正月二十四日由吉林将军具奏，次日双方签约，同年三月初五日清廷批准。时有约章为 16 款，但当时东北局势混乱，未及详议，至光绪二十九年再议时，增至 20 款。光绪二十九年四月初七日系吉林将军向朝廷具奏约章的日期。见（台湾）"中央研究院"近代研究史所编印：《矿务档》（七），第 3989 页。另见东亚同文会调查编纂部编印：《支那关系特种条约汇纂》，第 146—147 页。

第十一条，所定章程，分为洋文、汉文两分，汉文呈阅吉林将军拟定后，咨送京都矿务总局核办；洋文即由刘大臣呈与驻京俄国钦使查核办理，惟此时应先准俄人至各处查看寻找，以免稽延时日。

第十二条，设有人应承开采矿务，已领有允准明文，应于一年内报明开采。若逾一年仍未开办，即准他人报明承办。

第十三条，所有采办矿务各事宜，俄人情愿承办者，务须先行呈报本国办理交涉事务大臣刘，然后再由刘大臣转行吉林将军，或交涉总局查核办理。其他国之人及华人，则由吉林将军奏咨办理。

第十四条，以上所议章程，系吉林将军长与刘大臣面议草约，须俟奏明奉旨，及咨矿务总局照准，接到回文，再行开办。

第十五条，如系中俄合办矿务，中国人入股若干，须由吉林将军查明实据，照知刘大臣；俄国人入股若干，须由刘大臣查明实据，照知吉林将军，彼此可均有凭，以照核实。

第十六条，矿厂须有华兵弹压，其兵之数目，视矿厂之大小堪以敷用为准。所需饷项，各由各厂筹办。不得于出井每金百两抽收十五两内支用。

第十七条，各厂出金既旺，难免胡匪窥视，倘将来厂金无论多少被匪抢去，即责成看厂华官兵实力缉拿，如能将贼缉获，将金追出，仍须送还原厂；如贼实远飏，及不能得回原金。即将该华官兵由将军量为惩办，不能责令包赔所失之金。

第十八条，所采各处金厂，如系民间之地，须先由俄各官会同业主，指定段落四至里数、年限，与业主酌定给纳租价。如业主不欲收租，愿入股本，亦听自便，临时妥商，务要持平。

第十九条，各厂所收课税之金，按四季分缴吉林省城交涉局，华三月三十日，为第一季；六月三十日，为第二季；九月三十日，为第三季；十二月三十日，为第四季。

第二十条，各厂每日收出井之金若干，均详注华俄账目。由吉林将军所派之员，随时稽查，如查有隐匿及以多报少情弊。除追缴外，另行议罚，其办理矿务委员所需薪水车价，应由矿厂酌中开付。

中德《合办井陉煤矿正合同》[①]

光绪二十九年四月十六日(1903年5月12日)

天津

一、张文生、汉提督合办井陉县横西村煤矿局,先开挖第一井在横西村之北槐树坟之处。再欲离此处联络横西村之矿线附近十里内再开采之权,有东至铺上东山坡,南至棉河,西至张家井山坡,北至贾庄山岭。

二、为开井设局等,已买槐树坟之处,地二十一亩;以外十里内地方,后若须用,亦由张文生向该地户或租或买,公平给价,如所买之地经矿司勘明无用,仍归张文生执照。如占用之地,遇有坟茔祠屋,设法绕越。

三、汉提督已备有购买机器办工程等项本银五万两,如以后会同商定推广,由汉提督允应可保足用。此项本银以作井陉县煤矿借款,每年按银行行利行息。此利银,言明井陉煤矿局付给,与中国国家无涉。此借款分借票,无论华、洋,皆可买此票。

四、井陉煤矿局张文生、汉提督即系总理之人,或由二人各派一人代理。

五、局内所用各项华、洋工役人数及辛工数目,均由张文生、汉提督酌定。

六、为开办煤矿,应用矿司及各项工匠头目人,由汉提督妥派,总以多用华人为主。如因矿井有险,致伤人命财产,或因工人口角斗殴,有伤人等事,均由井陉煤矿局自行抚恤。

七、矿内各种工程,应用华人,由张文生妥派,是否可用,或有误公舞弊等事,仍由矿司考校,至公弃取。

八、矿内每日出煤,按照出井价值抽百分之五分,以完中国国课。至矿局购买机器物件,以及运煤出口,其厘税均照开平等矿现行章程办理。所有出煤、销煤花费等项,应由张文生、汉提督各派司账一人,会同总司银钱

① (台湾)"中央研究院"近代史研究所编印:《矿务档》(一),第583—585页。

出入，每月结账，所有盈余银钱，应存可靠银行或殷实钱店。

九、井陉县横西村煤矿局为华洋公司，此公司之股本，作股份一千股，无论华、洋皆可买。

十、开工大办后，每半年张文生、汉提督或所派代理人，同在一处查账，至迟不过二、八月底。除去半年一切花费、利息、各样修理机器、公积酬劳，余下余利，遵照路矿总局章程，二成五完课外，下余盈银钱，或作推广之用，或无须推广，则以一半归本银承受，华、洋各股分派，一半归主权承受，华、洋各半，毫无偏倚，以昭公允。如有亏折，与中国国家无涉。

十一、井陉县横西村煤矿局为公司商办各样事宜，照路矿总局章程并照此合同十二条定夺。如果有章程合同以外之事，由张文生、汉提督秉公商量办理。

十二、此合同禀呈路矿总局暨外务部批准为主。

光绪二十九年四月十六日，立合同。

见立贾辅臣

文生张凤起

提督汉纳根

中日《北洋向三井、大仓洋行购买枪炮合同》^①

光绪二十九年八月（1903 年约 9 月）

天津

合同一

谨将日商三井、大仓洋行商人南新吾、皆川广量，承购光绪二十九年制五响步马快枪一万四千杆，无烟子（弹）七百万粒，无烟拟制实包插弹子七万粒。步马枪皮件各一套，议定价值付法，及交收限期合同各条款。照录呈请钧鉴。

计开：

一、议定购日本六密里半口径五响新式步快枪一万二千杆；每杆枪刺全，价值日金二十二元二角七分五厘，共二十六万七千三百元。

一、议定购五响马快枪二千杆；每杆枪刺全，价值日金二十元六角八分，共四万一千三百六十元。

一、议定购步枪皮件一万二千套；每套正分子盒二个，大子盒一个，油壶一个，皮刺刀插一件，皮带一条，价值日金六元一角八分，共七万四千一百六十元。

一、议定购马快皮件二千套；每套油壶一个，皮子盒一个，宽皮挎带大小各一件，大小长一密达二十生特，二十五生特；窄皮腰带一条，须长一密达二十生特，价值日金三元一角，共六千二百元。

一、议定购步马快枪无烟子弹七百万粒；每千粒价值日金四十二元三角五分，共二十九万六千四百五十元。

一、议定此项步马快枪，每杆须酌有拟制实包插弹子一排，共计七万粒，每千粒价值日金三十四元六角五分，共二千四百二十五元五角。

以上六项，共计日金六十八万七千八百九十五元五角。

① （台湾）"中央研究院"近代史研究所编印：《海防档》甲编，第 1070—1076 页。

一、议定前项枪枝皮件子弹，所有装箱运费保险行用，均在价值以内，不另起算。

一、议定此项步马快枪，须照大仓、三井所交日本明治三十年枪式样，将表尺改为推立法，余均照原样制造。

一、议定此项快枪及皮件无烟子弹，须选上好材料制造。

一、议定此项快枪，来复线六条，所有旋度及子弹之线路速率涨力穿力，均须照曾经试验之程度制造，只须加好，不得稍次。如枪枝运抵天津，开箱抽验，倘若不符所试之程度，须由大仓、三井另行制造赔补。

一、议定此项快枪，造成起运。在海上倘有意外事故，不能运至天津，须由大仓、三井自向保险行议论。并另行照样赔补，不与买主相干。

一、议定此项快枪，装运来华。在船如有撞损潮锈，须由大仓、三井按照损坏数目赔补。

一、议定自立合同之日起，限五个月造齐，运至天津紫竹林交收，不得迟误。如届时河冻不开，不作逾限论。

一、议定此项快枪，在日本制造。如有断非意料所及之事，因将此项枪枝不能如期制造，或不如期交付时，须俟事故定静后，照约制造交付，彼此不能有异词。

一、议定此项快枪，在日本无意外事故，倘不依所定限期交收，如逾限在二星期以内，不议罚款。二星期以外，每逾一星期，在原价内扣十分之一，再逾限一星期，加扣原价百分之五，再多按期递扣。

一、议定所呈样枪之筒，刊有明治三十年式字样，应改为光绪二十九年制字样，光绪二字之上，镌一团龙花样。

一、议定前项枪弹皮件价值银两，须俟子弹枪枝皮件造成，有电报前来，枪弹皮件业已装船，先付全价二分之一。余二分之一俟运抵津埠点交后四星期内，将各箱拆解，详细点清查验，如无不符，方能如数照付。

一、议定此项步马枪预备零件内，皮背带一条，铜枪帽一件，击茎一件，击茎法条一件，抽筒子一件，弹仓法条一件，蹶子一件，击茎驻螺一副，又付（附）属转螺器、扫除器、洗杆各一件，又布袋一个，其价亦在枪价之内。

合同二

谨将日商三井、大仓洋行商人南新吾、皆川广量，承购日本新式七生特半陆路炮四十八尊，又过山炮十六尊，并各项弹药箱车器具马鞍及手箱等件，议定价值付法及交收限期合同。照录呈请钧鉴。

计开：

一、议定七生半陆路炮四十八尊，每尊日金四千二百五十四元八角，共价二十万四千二百三十元四角。

一、议定陆路炮榴散弹、榴弹药车三十六、一十二，共四十八辆，每辆日金一千八百八十八元七角，共价九万六百五十七元六角。

一、议定陆路炮预备品车十二辆，每辆日金一千二百二十一元，共价一万四千六百五十二元。

一、议定陆路炮挽马具四十八副，预备品车十二副，每副前后中三骈，共计一百零八副，每副日金四百四十元，共价四万七千五百二十元。

一、议定陆路炮目骑马鞍一百零八副，下士官乘马鞍具十五副，每副日金五十元，共价六千一百五十元。

一、议定将校乘马鞍具五副，每副日金六十元，共价三百元。

共日金三十六万三千五百一十元。

一、议定七生半过山炮十六尊，每尊日金一千八百六十二元三角，共价二万九千七百九十六元八角。

一、议定过山炮第一、二器具箱各八套，每两套日金五百三十五元七角，共价四千二百八十五元六角。

一、议定过山炮预备器具箱八套，每套日金九十三元五角，共价七百四十八元。

一、议定过山炮预备品四套，每套日金三百六十八元五角，共价一千四百七十四元。

一、议定土工器具十六套，每套日金二百四十九元五角，共价三千九百九十二元。

一、议定过山炮每中队拴马具器一套，价一百七十八元三角。（每中队计炮六尊）

一、议定三号职工箱四套,每套带鞍工一、木工锻工一,日金五百六十九元八角。共价二千二百七十九元二角。

一、议定山炮驮炮鞍八十副,每副日金七十七元,共价六千一百六十元。

一、议定山炮驮炮箱鞍十六副,每副日金四十九元,共价七百八十四元。共日金四万九千六百九十七元九角。

一、议定陆路炮山炮榴散弹一万六千颗,带引信炸药全,每颗日金九元一角三分,共价十四万六千八十元。

一、议定榴弹三千二百颗,引信炸药全,每颗日金十一元,共价三万五千二百元。

一、议定代用榴弹六千四百颗,引信炸药全,每颗日金六元四角九分,共价四万一千五百三十六元。

一、议定操用榴弹一百二十八颗,每颗日金十二元二角五分,共价一千五百六十八元。

一、议定操用榴散弹一百二十八颗,每颗日金十一元一角五分,共价一千四白二十七元二角。

一、议定陆路炮药筒一万九千二百个,带无烟火药底撞火全,每个日金五元零六分,共价九万七千一百五十二元。

一、议定山炮药筒六千四百个,带无烟火药底撞火全,每个日金二元九角七分,共价一万九千零八元。

一、议定山炮榴弹箱八对,每对日金六十七元一角,共价五百三十六元八角。

一、议定山炮榴散弹箱八对,每对日金六十九元一角五分,共价五百五十三元二角。

一、议定纵列用榴弹药筒一对,价二十四元二角。

一、议定纵列用榴散弹药箱一对,价二十四元二角。

共日金三十四万三千一百九元六角。

一、议定新式手枪六百五十杆,每杆连皮件,日金二十五元六角三分,共价六千六百五十元五角。

一、议定新式手枪子弹十三万粒,每千粒日金十八元九角二分,共价二千四百五十九元六角。

以上统共七十七万五千四百三十六元六角。

一、议定此项炮位，均照日本明治三十一年式原样制造，惟炮身上改刻团龙花样一个，并刻光绪二十九年制字样。

一、议定此项炮位须选上好钢料制造。

一、议定此项炮位弹药所有速率涨力，及榴散弹炸度，及信管快慢秒数，均须照曾经在日本试验之程度制造，只须加好，不得稍次。如炮位弹药等运抵天津码头，开箱查验，倘若不符所试之程度，须由大仓、三井制造赔补，不得另行索价。

一、议定此项炮位弹药等件造成起运，如在海上倘有意外事故，不能运至天津交收，须由三井、大仓自向保险行议论，不与买主相干。

一、议定此炮位弹药装运津，在船倘有撞损潮锈，须由三井、大仓按照损坏数目赔补。

一、议定自立合同之日起限六个月造齐，运至天津紫竹林码头交收齐全。惟榴散弹不能依限交足，只欠九千六百颗。带引信及炸药等件，须再越三个月，方能照数交齐。倘在在迟误，三井、大仓按照合同认罚。

一、议定此项炮位弹药各等件在日本制造。如有断非意料所及之事，因将此项炮位弹药各件不能如期制造，或不能如期交收，须俟事故平定后，照合同制造，彼此不得有异词。

一、议定此项炮位弹药各等件，如无意外事故，倘不能依所定之限期制造交付，逾限在两星期以内，不议罚款，两星期以外，每逾一星期，在原价内扣日金十分之一，如再逾一星期，加扣原价日金百分之五，再多按期递扣。

一、议定此项炮位各等件，如已造齐，届时河冻不开，不作逾限论。

一、议定炮位弹药各等件一律新造，不得以潮锈旧物搀杂充数。

一、议定此项炮位弹药各等件偿银，俟制造齐备。有电报前来，炮位各项业已装船，先付全价二分之一。其余二分之一，俟炮位等项运抵津埠点收后，在四星期内，开箱查验，各件如无不符，方能如数照付。

中法《福州船政遴选洋员简明约章》^①

光绪二十九年八月二十八日（1903 年 10 月 18 日）

福州

钦命福州将军兼管船政事务大臣崇、钦命会办船政大臣魏，奉大清国国家之命，与大法国一等监工柏奥镗，经其外务部、海部准同立约，大法国驻闽领事高乐待，彼此相议如左：

第一条，订柏奥镗为船政总监工，四年为限，专管厂中制造职事，所有在厂华、法工匠，受其调度。

第二条，凡总监工要雇洋匠及购办料件，须由船政大臣允准画押，方准照行，否均作废。惟雇洋匠购料件，船政大臣须备款应期拨还。

第三条，总监工柏奥镗，如有疾病，须回法国，不能视工。中国国家应与法国国家，商订才干法监工　员，以充其缺。如柏奥镗有事告假离工，听其于在工各监工内择一人暂代，惟须由船政大臣允准者。

第四条，各洋员匠薪费，每年限定二十七万佛郎，即每月二万二千五百佛郎。所有匀请各洋员匠数目，应照黏单办理。其应请之各洋员匠，该总监工应随时酌雇，其薪费每月不得逾二万二千五百佛郎之数。

第五条，每月洋员匠薪费，应在西历每月末日发给。

第六条，船政如有意外大工程，应行添雇洋员匠，准总监工斟酌禀请船政大臣允准。

第七条，黏单内所开洋员，限应四年。所有厂首、匠首先以三年为限，以到工之日为始；三年限满，总监工可与船政大臣禀商，将其不须留工之厂首、匠首撤回；其可用者多留一年，惟须于四个月之前通知。所撤之人，不必另给赔偿之费。四年之内，各洋员每月得薪在二千佛郎之上者，往返日数在内，准与告假六个月。假内给薪三份之二。惟可否给假，须由总监工一人酌定。

---

① （台湾）"中央研究院"近代史研究所编印：《海防档》乙编，第 1068—1074 页。

　　第八条，年限于到工之日为始。所雇洋员匠，极迟应于西历一千九百零四年正月初一日以前到工。

　　第九条，所雇洋员匠路费，应由总监工转发。凡每年得薪在二万佛郎之上者，应发路费二千六百佛郎。每年得薪在一万至二万佛郎者，应发路费一千八百佛郎。每年得薪在一万佛郎之下者，应发路费一千三百佛郎。新雇之洋员匠，于雇定画押之日，即另借薪工一个月。将来限满无过失者，此项薪工免其扣缴。如限内回国，及犯事撤退者，均将此项一月薪工扣缴，惟因病离工者不在此例。年限满时，如船政大臣不欲续限，该洋员匠每人应得二个月薪水，其回费照来工路费发给。各洋员匠于限内如欲回国者，应于四个月之前请示，以使总监工另雇他人代理，不得援例发给二个月薪水，以及回费。惟经本厂医生验系因病回国者，不在此例。设各洋员匠限满回国者，或系患病者，则总监工可以转请船政大臣酬赏该员，多寡不拘，系随船政大臣之便。

　　第十条，每年得薪二万佛郎以上者，应给五间住屋。每年得薪一万至二万佛郎者，应给四间住屋。每年得薪一万佛郎以下者，应给三间住屋。

　　第十一条，该洋员匠在厂工作，受伤过四日不能来工者，总监工酌量其伤之轻重，给与养病之费，惟不得过二个月薪水之数。如因工作受伤，变成偏废，必须返国者，应酌给六个月至十个月之薪水。如工作受伤，变成全废，或致死者，给与一年之薪水。

　　第十二条，惟总监工或代理总监工，得与中国官长往来。各洋员中，惟经总监工允充教习者，其章程载在第十五条，不在此例。所有洋员匠，该总监工均得派充各堂院教习。各洋员匠不准揽造厂外私工。凡洋员匠在厂不听总监工约束，或行为不善，或懒惰，或打骂厂中华员匠，该总监工得以撤退。凡因以上情节撤退者，不得发给二个月薪水，其来华之日，所借一个月薪水应令扣缴。

　　第十三条，四年限内，或因中国战事，船政不得已停工，并须撤退洋员，每员应得偿费二个月薪水之数，并其路费，惟须于一月之前知会。

　　第十四条，四年限内，或因要紧事件，致中国国家不得已将船政停工，每员应得偿费四个月薪水之数，并其路费，惟须于一月之前知会。

　　第十五条，法教习迈达，亦系四年为限，其章程照光绪二十二年九月初五日所立合同办理。外添订法文并格致教习一员，以为帮教，该员应听迈达调度。该总监工所辖各堂,允聘英人洋教习一员,惟须由该总监工认可者。该英员须约明随时代写英文书信。所有各堂院,船政大臣得以直接管理。驾驶学堂若有整顿,照前次合同第二条,并十二条延请法员办理。

第十六条,法国外部,派有头等水师医官威德海,驻扎福州地方。船政兼雇该医,调治在工人员,每年津贴薪水八千佛郎。该员嗣后仍驻福州,每礼拜至少到工巡视一次,来工时可以请派船政小机船应用。凡福州及工次所有中国官员,请其调治,概行免给赀费。遇有时疫之际,如须施种治疫各药,该医亦须照办。凡中国官员咨询卫生之事,该医均应勉力施为。

第十七条,此项合同,法、华文共缮三份。他日如有辩驳之事,以法文为主。

光绪二十九年八月二十八日,即西历一千九百三年十月十八日,在福州定立合同。法文、汉文各三纸,共成六纸,照录一式,盖印画押。

大清钦命福州将军兼管船政事务大臣崇　大清钦命会办船政大臣魏

大法国一等监工柏奥镗　大法国驻扎福州领事官高乐待

附录:《新订合同洋员匠薪费单》

新订合同洋员匠薪费单计开:

总监工柏奥镗一员,全年薪四万佛郎。(年限四年)

副监工一员,全年薪二万四千佛郎。(新订年限四年)

账目书记一员,全年薪一万二千佛郎。(新订年限四年)

正教习迈达一员,全年薪二万四千佛郎。(年限四年)

帮教习一员,全年薪一万佛郎。(新订年限四年)

绘事院监工萨巴铁一员,全年薪一万一千佛郎。(年限三年)

船身厂首一员,全年一万二千佛郎。(新订年限三年)又泰贝一员,全年薪一万二千佛郎。(年限三年)又匠首一员,全年薪九千佛郎。(新订年限三年)

轮机厂首扈挨一员,全年一万二千佛郎。(年限三年)

合拢厂首一员,全年薪一万二千佛郎。(新订年限三年)

匠首麦吕挨一员,全年薪六千佛郎。(年限三年)匠首韦海一员,全年薪六千佛郎。(年限三年)

医生威德海一员,全年薪八千佛郎。(年限四年)

全年公费三万佛郎。

以上共计全年各洋员匠薪费二十二万八千佛郎。此约中议定全年各洋员匠薪费共应二十七万佛郎。除以上所开二十二万八千佛郎，尚余四万二千佛郎，此项俟法领事奉到法公使覆函商酌划定。

中日《汉阳铁政局借款合同》[①]

光绪二十九年十一月初六日(1903 年 12 月 24 日)

汉口

日本东京大仓喜八郎,中国汉阳铁厂,为订立合同事:

今汉阳铁厂借到大仓喜八郎日本贷金二十四万六千一百五十三元八十四钱,合汉口现市洋例银二十万两,由汉口汇丰银行交款,订明东历明治三十七年六月廿四号(华历光绪三十年五月十一日)还本款十二万六千一百五十三元八十四钱,又东历明治三十七年十二月廿四号(华历光绪三十年十一月十八日)还本款十二万元。均照东历按月六厘即千分之六起息,息款随本同还。其本并息,仍由汉口汇丰银行电汇归还。现在议定以本厂钢轨六千吨作押,倘本厂钢轨出售,另有生铁作押。照立合同三纸,大仓喜八郎执一纸,大仓汉口驻员橘三郎执一纸,汉阳铁厂执一纸。

此订:押钢轨六千吨,保,汉阳铁厂。

大仓喜八郎代:野田宽治(印)

汉阳铁厂总办:张赞宸(印)

中证人:橘三郎(印)　朱兴达(印)　章达(印)

大日本国明治三十六年十二月二十四号订,

大清国光绪二十九年十一月初六日订

今所订立合同,即系本官面前相互均行划押盖印者,固属的确无误,即此加书以为公认之据。

明治三十六年十二月二十四日

驻扎汉口日本领事:永泷久吉(印)

---

① 该合同现仅查到日方收执的合同。见武汉大学经济学系编:《旧中国汉冶萍公司与日本关系史料选辑》,上海人民出版社,1985 年,第 121—122 页。

中韩《临江被韩兵越界滋扰议定赔结章程》[①]

光绪二十九年十二月十三日（1904 年 1 月 29 日）

临江

一、中韩邻邦交好三百余年，近自甲午以后，两界边民时有越界互相侵扰。惟临江县甫设县治，凡自光绪二十九年八月以前，彼此既未先期照会有文应均予免究，以固邦交。

一、中国长生保居民无故被害，实深矜悯，虽由韩民无知，先自构衅，究其致祸发难，实由队官崔丙赫纵兵抢掠惨杀多命，而炮手头领延振宪助恶逞凶。将来应由韩国官员从严惩办。而匪徒徐庆发盗取三水枪械，亦干法纪，应由中国官员按法严治，以期情法两平。

一、韩民金秉珠等三名在华种地，当其地东庐贵家属工人等六名投往避难，金秉珠等并不救护，反绑交韩国兵队，以致均遭惨杀。应由韩官查获重办。嗣后永不许再到中国界面。

一、中国长生保居民被抢牛一百二十五头，骡马三十三匹。现由韩官找获牛马六十头匹，先行交还。下余短六十五头匹（原文如此），议明韩官赔偿韩平钱银四千两，订日交割。

一、长生保居民妇女幼孩查明共被害者十八名口，按照华俄铁路章程，俄人致毙华民一名，恤华平银三百两。拟仿照俄章给恤。韩官不敢擅定议，俟报明韩国政府听候朝旨再行议给。

一、长生保居民房屋被焚大窝堡十七处共二百间，拟每间赔偿修费银四十两；小窝堡四十处共二百四十四间，拟每间赔偿修费华平银二十两。韩官不敢擅定议，俟报明韩国政府听候朝旨议办。

一、长生保居民查明被烧粮食共一千二百余石，按照时价，每石价银三两，共合价华平银三千余两。韩官不敢擅定议，俟报明韩国政府听候朝旨议办。

---

① 颜石清等编：《约章成案汇览》乙篇卷三十六上，第 6—9 页。

一、长生保居民五十七家，查明被烧被抢烟土、银钱、衣服、油磨、家具一切等物，约共计值银六千余两。韩官不敢擅定议，俟报明韩国政府听候朝旨议办。

一、韩国三水郡被徐庆发盗去快枪三十杆，弹丸一箱。俟恤款给清，即由临江县如数交还。韩国倘有短少，中国官赔补，以昭公允。

一、韩国平民凡在光绪二十九年八月以后，有被中国之人无故伤害者，亦由韩官查明，当日如何衅情，照会临江县覆查相符，亦照前章给银抚恤。倘系彼此开仗被杀不在此例。

一、中韩之民嗣后贸易种地，应由各国地方官随时保护，不准互相欺凌。倘有不法之徒，无论中民、韩民，凡无故越界侵扰抢掠，应拿获交官，转送各本国官，按法惩治。此后沿江杂木，出自华商财产，倘有韩民捞取，一体严办。

一、中韩兵队嗣后各守疆界，如无公文先期照会，不准私自越界侵扰生事。倘有违犯及开放枪铳者，应准立时击拿，仍照会各本国地方官按法惩办。

一、韩官格外体恤灾民，先行给粮三十石，暂时接济。计奏报韩国公文返往须限四十日，以光绪三十年正月二十五日为期。各民遵守听候，不准私仇闹事。

一、据韩官原报徐庆发抢得快枪三十四杆，子母九千发，现查得枪三十杆，子母一箱。其原失子母枪械与现在查数不符，必系徐庆发丢失。俟徐庆发到案，必为力追。

以上系中韩各官暂议草约，仍俟韩国赔款交割再行定章办理。

大清光绪二十九年十二月十三日

大韩光武八年十二月十三日

兴京抚民府孙长青　临江县吴光国

韩国甲山郡守李振丰　韩国三水郡守李敏堂　韩国检查官赵重锡

韩国陆军正尉赵基高　韩国陆军正尉金思稷

中日《潮汕铁路借约》①

光绪三十年正月十五日（1904 年 3 月 1 日）
厦门

居住清国福建省厦门鼓浪屿大日本帝国臣民爱久泽直哉与居住该国该省该地大日本帝国臣民台湾籍林丽生，两造间以左列事项订立契约。

第壹，爱久泽直哉以林丽生所有清国广东省潮州府汕头至潮州府应行敷设之潮汕铁路股份二千五百股（票面金额总计五十万圆）为担保，于明治三十七年三月以后，依缴纳该铁路股金之必要而分期贷给林丽生以五十万圆（所谓一圆，为该铁路公司规定之单位）。

第贰，爱久泽直哉对前项贷款并不要求利息，但向公司缴纳以前所生之利息，不在此限。

第叁，第壹项之贷借期间，自明治三十七年三月起算，为九十九年。期满时，得根据爱久泽直哉之希望而更延长其期限。

第肆，林丽生因第壹项潮汕铁路股份而发生之一切权利义务之行使与偿付，未经爱久泽直哉允诺，概不得任意行之。又，爱久泽直哉对于经其允诺而后进行之林丽生之行为，负有其责。

第伍，林丽生不论何时不得拒绝将第壹项股份之全部或一部出让予爱久泽直哉指定之人，又不得因此出让而要求任何条件。

前项之出让，不要代价；如此出让时，相当其出让股份之票面金额，视为第壹项贷款之偿付。

第陆，林丽生因其身为第壹项潮汕铁路股东而发生之一切有形无形利益，及因执行该铁路总理职务而发生之一切利益，均归爱久泽直哉所有，不得任意处理。

第柒，爱久泽直哉不论何时均得任意取消本契约，并不因此而负任何赔偿之责。

---

① 宓汝成编：《中国近代铁路史资料》第三册，中华书局，1963 年，第 934—935 页。

附则：本契约成立后，为请求潮汕铁路公司保护本契约计，特别对本契约第壹项股份之买卖、转让、抵押、换名等等，以及该股份附带权利义务之发生、消灭、移转、变更等事宜，须使公司保证于订约双方同意后即受理之。

中俄《展购铁路各站附近地亩合同》①

光绪三十年正月二十日（1904 年 3 月 6 日）

哈尔滨

黑龙江铁路交涉总局总办前湖南候补道周，东省铁路公司总办之全权代办达，商定购买黑龙江省铁路应用地亩章程条款如下：

第一条，甲、车站九处：石当（即哈尔滨，亦名背江子）、安达、齐齐哈尔（即昂昂溪）、扎兰屯、博克图、海拉尔、扎兰诺尔、扎赉诺尔煤窑站、满洲里站，每站应购地亩至少八千三百五十华垧。

乙、车站二十六处：对青山、蒙古站、宋站、索洛图站、喇嘛都甸子、小耗子、烟土屯、富勒尔基、库勒，都尔奇哈、碾子山、成吉思汗、哈拉苏、巴林站、雅鲁、兴安岭、宜勒屯克都、乌诺耳、免渡河、牙克什、札拉德、哈克、乌古诺尔、望公（即完工）、赫勒洪德、扎岗，每站应购地亩至少一千七百华垧。

丙、其余岔道小车站共六十三处，每处应购地亩至少八百五十华垧。西路铁道共八百九十俄里，每俄里应用三十二华垧。大小各站统计约需二十万华垧。

第二条，铁路公司需购江省地亩，若系民间私产，应分作三等。一、熟地，二、合用荒地，三、有水荒地。

第三条，东省铁路公司购买地亩应发给地主价目如左：

甲、熟地，石当每华垧俄洋四十五元；对青山、富勒尔基、齐齐哈尔每华垧俄洋三十元；烟土屯、库勒每华垧俄洋二十五元。

乙、合用荒地：石当，每华垧俄洋二十元；对青山、齐齐哈尔、富勒尔基每华垧俄洋十五元；烟土屯、库勒每华垧俄洋十二元。

丙、有水荒地：石当，每华垧俄洋十元；对青山、齐齐哈尔、富勒尔基每华垧俄洋七元；烟土屯、库勒每华垧俄洋六元。

丁、不合用荒地概不给价。

---

① 步平、郭蕴深、张宗海、黄定天编著：《东北国际约章汇释》，第 266—269 页。

戊、凡石当、对青山、齐齐哈尔、富勒尔基、烟土屯、库勒各站,如有公地,则不分等地,每华垧均作价俄洋五元。其余大小各站,无论公地、私地,每华垧亦均作价俄洋五元。

第四条,东省铁路公司丈地俄员应将铁路需购地亩按站丈量清楚,给(绘)就地图,地亩等第亦须分别注明。至分清各户地数及开具各户领价清单,应由华官督饬丈地委员办理,其地图应送交涉局呈核。

第五条,东省铁路公司发给各户地价时,应由江省铁路交涉总局派员会同办理。所立发价文据,盖用铁路交涉总局关防,以证丈量地数及所发价值等事核实无误。

第六条,凡应用公众之地,无论其为蒙旗库伦或各项首领之地,所有丈量,绘图章程均照民地一律办理。惟发价时应另立文据,仍由交涉总局盖用关防,以昭信实。其应发价值,不分地亩等第,每华垧俄洋五元。

第七条,东省铁路公司将来添购地亩,如经与蒙古王公或满洲、库伦等各首领商允,其地价可以另议,不按本合同第六条办理(查来文内已认,不再推广此条,虽有若无,合并声明)。

第八条,以上各条所论地价及需地各数目,铁路公司系仿照吉林各车站占地章程,分别推拟。如本合同第一、第二、第三、第六各条,黑龙江铁路交涉局应竭力相助,劝导地主,以便彼此和平办理。

第九条,铁路公司所占地内各项树木及房屋、井、墙、坟墓等均另议给价。

第十条,濒河铁路之线,凡遇可通船只河道,如须跨越之处,每处须与华官商酌办理。

第十一条,铁路公司占地界内所有各项房屋允准原业主照旧居住三年。惟嗣后如遇公司必须应用之时,各业主应即迁让。

第十二条,铁路公司占用地段应挖壕立界。

中外《矿务暂定章程》①

光绪三十年二月初一日(1904 年 3 月 17 日)
北京

第一条,本部钦奏上谕,饬将矿务铁路归并管理,钦遵在案。其铁路章程,业经本部奏定。所有矿务,光绪二十八年二月,外务部所定章程声明,此外未尽事宜,随时增损,以期尽善。现经本部酌订,作为暂行章程,除以前已办各矿及业经议定之处,仍照原定事合同办理外,其有援引前章及前准各省办矿成案请办者,概不准行。

第二条,凡禀请办矿,应由本部发给执照为凭,未经发照以前,不得举办。今将执照分为二等:一为探矿执照,一为开矿执照。

第三条,矿地无论系产何种矿质,必须为国家官地,方能发给执照。若系有主之地,则须与该地主商允地价,或愿作股份,报明立案,方准禀请给照。如该矿地为国家必须开采之处,应由官公道给价购买,地主不应抗违。

第四条,无论中国商民承办,或华、洋商合办,如欲请领探矿执照或开矿执照者,应照下列各款,详细禀明本部,或禀由该省地方督抚,听候确查于地方情形有无窒碍,并有无违背定章,由部酌核准驳。各款列后:

一、禀内须载明请办人之姓名,并何省何县人。或一人,或数人,的系自办,并不转售他人。

二、华、洋商合股者,应声明该洋商系何国人,占有洋股实数若干。

三、禀内须将所指矿地四至远近大小若干方里,合计若干亩,绘图贴说,以备查核。

四、禀办人系采掘何种矿产,应开列清楚。

第五条,请办之矿地,不得逾三十方里。其地须彼此连属,且长处不得逾阔处四倍,遇有坟墓所在,其打钻掘井,须设法绕越;万不能绕越者,应行

---

① 该章程由清朝商部制定后,由外务部照会各国驻华公使备案。见(台湾)"中央研究院"近代史研究所编印:《矿务档》(一),第 101—109 页。

优给迁埋之费。

第六条，禀办之矿地，如有人禀准在先，或系公家应用要地，均不能给予执照，由本部查明批驳。

第七条，以下为采矿。

凡请领探矿执照，领照后，非遵准其开采，但许在照内所指之地，就其浮面探验苗线，不得过于深邃，亦不得过于广阔。

第八条，探矿执照以一年为期，期满如实未探竣，应具禀呈明。查无虚诳，准予展限，至多展至一年为度。

第九条，探矿照内所领之地，民地仍按赋则，由地方官收纳钱粮，其官地则每亩每年输租，以库平银一两为则。所领探矿执照，每纸缴费计库平银五十两。领照后，先后地方官将全年官地租银缴足，方准开工，如准展期，并于批准续缴一年。

第十条，请领探矿执照者，须将该地四至界限，坐落何处，广阔若干，就近禀由该省地方督抚察验，该地是否与民间无碍，其人是否公正，家资是否殷实，请办各节，有无违背奏定章程。如查与上项无所违碍，应即咨明本部核办。或该商迳行具禀本部，听候咨行该地方督抚，查明有无违背上列各款，俟咨覆到部，分别准驳。

第十一条，如矿地实为他人私产，未向地主商允，蒙准给领探矿执照，任意勘探者，一经地主告发，应计所失，照值赔偿。

第十二条，领有探矿执照者，于限满四个月内，须将该地钻掘处，一律填平。其屋宇树木，或勘探时致有损坏，并须修葺如旧。倘届四个月续领开矿执照者，不在此例。

第十三条，以下为开矿。

无论华商承办，及华洋商合办，如欲请领开矿执照，必须将探矿执照缴销。呈明集有的实股本若干，请开何种矿产，并声明股款现存该省殷实银行票号，由该行号出立保单呈验，以凭查核。

第十四条，原禀领照人，无论开办以前，或已办之后，如欲将执照转授他商，应具禀本部，听候准驳。倘私相授受，一经本部觉察，将原禀领照人从严惩罚，矿照撤销，矿工入官。

第十五条，凡经领有开矿执照者，应准领照人在执照所指之地，掘取矿产。并准将工程所需各机器各材料，运至开采之地。除照章完纳关税外，其内地厘卡，概免重征，惟夹带并非开矿应用之货，应照章罚办。

第十六条，集股开矿，总宜以华股占多为主。倘华股不敷，必须附搭洋股，则以不逾华股之数为限。具禀时，须声明洋股实数若干，无得含混，并不准于附搭洋股外，另借洋款，倘有朦准开办者，查实即将执照注销，矿地充公。

第十七条，请办矿务应先估计矿工大数，需用若干。探矿既有把握，一面即应招集股本，须股额足数，方准请领开矿执照。至开办后，若因工艰费巨，为集股时意计所不及，致有不敷，并难于续集股本，拟暂借洋款，以资周转。如禀办全系华股者，应准以机器房产等抵借若干年期，概不准以矿地抵借。其借款之数，不得过原估用款十成之三，应先禀明本部，声明借数年期及何国商款，并声明商借商还，国家概不担承字样，候本部核准办理。至订立合同，应加缮一分，呈部备案不得私有更改。

第十八条，嗣后华商请办矿务，如未经禀明本部，遽与洋商议订合同，以矿地抵借洋款。一时朦准，或开办后将该矿工密售他国人民，原领照人坐收出名之利益。凡此情弊，经地方督抚及本部查实，即视案情轻重，照第十四条一律办理。

第十九条，请办矿务，如系附搭洋股者，不论领照系探矿、系开矿，除禀呈本部听候批示外，应禀由外务部查核，以定准驳。至洋商既愿附股，即为甘认此项各款章程，一律遵守勿越。

第二十条，华商公司如业将执照所领矿工，办有成效，续请展办附近矿务，而股本不敷，拟附搭洋股展办者，应具禀本部详晰照章声叙，以便分别准驳。批准后，应另给执照办理，不得与前办之华公司，有所牵混。

第二十一条，矿厂如须安设巡兵护厂，应先禀明地方官核准。巡兵应专用华人。除管理机器经理账目外，一切工作，尤应专用本地之人，如本地人或有齐行罢工等事，方可招雇邻近郡县之人，仍不得用他国人。至所需巡兵口粮、教练经费，均由矿厂筹备。若欲附设矿务学堂，以储人才，并准该厂酌量办理。

第二十二条，转运矿产，欲造小枝铁路，以资利便，应查明相距干路或水口，是否在十里以内，与该处地方有无窒碍，禀候本部核夺。若程途在十里以外者，应另案禀办。

第二十三条，开矿执照所领之矿地，在十方里以内，应缴照费，计库平银壹百两,多一方里,加费十两,以三十方里为限,并向地方官呈缴第一年每亩之额租。开办后,无论华商及华洋商,地方官均应一体保护,惟不得干预该商办事之权,遇有亏折,悉照中国国家所定条律办理,国家例不偿补。

第二十四条,请领执照人经部准办后,无论华洋商应自批准日起,限六个月开工,并将开办日期报部。逾限不报,即将执照注销,招商另办。倘实为意外事端所阻,亦须禀明本部,查无虚饰,方准酌展。

第二十五条,领照人须将所领矿地周围,竖立界石,以示界限,并须设立合宜防备之法,以免矿师及矿工有意外之虞。如既设法防备,仍遇意外各事,当就近禀知地方官查讯。若有伤毙矿工人等,须妥为抚恤,其恤银多寡,应衡情从优酌断。

第二十六条,探采矿产,现时中国尚鲜专家,应准领照人聘用外国矿师。该地方官应实力保护,如有漠视,立予参处。该矿师亦当自守礼法,倘不知检束,咎由自取,准地方官知会该经理人斥退另聘,不得徇庇。

第二十七条,各省矿务地方,该管上司应饬属晓谕弹压。遇有土人因事争执,或工役滋事,准由就近州县持平办理,尤应严禁胥吏藉端讹索。该地方官如办理不善,经人禀控,由本部确查得实,从严参处。

第二十八条,凡因事争执,若全系华商,就近地方官当秉公剖断,倘两造不能平允,准具呈本部核办,不使两有亏损。至华、洋商遇有纠葛,应由两造各举一人,持平判断,如判断人意见,彼此未洽,应再合举一公正人,不论局内局外,皆可从中调处,两国国家均无须干预。

第二十九条,禀准给照后,即可订立开矿合同。所有未尽各事宜,均准详细开载,惟不得与所定章程,稍有违碍。订立时,应先照缮一份,呈部核准,方可签押。

第三十条,开矿执照以三十年为期。如欲禀请展限,须于期满六个月前,呈候本部核断。除该矿地为国家另有要需,不准再展,应行酌估津贴收回外,其准予展期换照者,照费如前照纳。

第三十一条,领照人业准于照内所领地界开采矿产,惟该地界内,如有他人物业及他人已有之利益,则应将此处画(划)开,不入界内,并应于请领开矿照时禀明,俾注明照内,以免争执。若一时蒙准,经人控诉,查实议罚。

第三十二条,矿地所产之林木,有为公家所需者,不得任意砍伐。若领照时声明酌伐,以供工程之用等情,应候本部审察地势,以定可否。如可照准，即将该地广狭，载明照内，此外不得擅动。所砍林木，应照时价纳值。

第三十三条，矿地额租，第一年既先行缴纳，第二年如未得矿产，仍应照纳如额。得矿产后，则照输出井税，而租税例不并征，以示国家恤商之至意。惟无论租税，逾期三月不能照输者，应将矿产及物业一并封禁，俟缴楚揭封。延至六个月仍未清完者，即注销执照，将矿地收回。

第三十四条，矿产出井，视品类之贵贱，以别税则之重轻，等次大略列后。其税则未经载明者，比照后开之类抽收。至从前已定合同各矿，内有税则未经议定者，亦一并照此征收。

煤、锑砂、铁、白岩、硼砂，值百抽五。

煤油、铜、锡、铅、硫黄、朱砂，值百抽七点五。

金、铂、银、水银、白铅，值百抽十。

钻石、水晶、各种宝石，值百抽二十。

第三十五条，矿产出口关税，仍照税关章程征收。纳此税后，其内地厘卡，概不重征。此项税款，应由税关另储，听候拨用。

第三十六条，矿务公司应随时将所得矿产列表，登记各种所产之确数，并载明运出某口若干，产物几种，或美或劣，每季开具清册报部备案。本部或派员至该矿地稽查，或向税关核对数目，如与册报不能符合，应量予惩罚。

第三十七条，凡发给探矿执照，应由领照人缴呈著名殷实行号保单，担承银五千两，开矿执照担承银壹万两。此项保银，系担承领照人遵守照内及部章所载各款，违者罚令充公。

第三十八条，华商请办矿务，倘能独出资本至五十万两以上，查明矿工办有成效，由本部专折请旨给予优奖，以示鼓励。

中日《包筑潮汕铁路合同》①

光绪三十年二月二十九日(1904 年 4 月 14 日)
香港

一、爱久泽直哉向潮汕铁路总公司包办建造铁路由潮州府城起至汕头止,路长约二十八英里,一切连工包料一概在内,共订包办香港通用价银一百九十万圆。

二、本约盖印后,潮汕铁路总公司须即交与爱久泽直哉收包办工料定银一万圆。俟测量后,再立详细正合同。于二个月交三十九万圆,又三个月交六十万圆,又三个月交六十万圆。待至完工之日交三十万圆,合共应交银一百九十万圆正。倘不能依期交足,则补回周息六厘计算。

三、包办此工程,如告竣后各费若在一百九十万圆以下,能得完工,则将所剩额款归与潮汕铁路公司及爱久泽直哉彼此均分。

四、限期一年半,全路工程一律完竣。如能赶急,越早越妙。

五、爱久泽直哉测量完竣后,立刻将应要买用之地列明图形,而潮汕铁路总公司须自备价银,照该图形,将应用地亩及车场地亩,及关乎铁路需用之地亩,从速买就,任由爱久泽直哉兴工造路。

六、买地价银,应酬中国官场交涉费用,设勇保护费用,乃潮汕铁路公司自理,不干爱久泽直哉之事。

七、本工程动工时并交付后,因关外局体面,则聘用爱久泽直哉为潮汕公司顾问。

---

① 本合同由张煜南、吴理卿、谢荣光、林丽生为一方,爱久泽直哉为另一方,见证人系日本驻香港领事野间政一。又,光绪三十年七月二十日(1904 年 8 月 30 日)又在厦门附签《包办机器造路一切工程详细合同》,改定铁路工程项包括自潮州府起至汕头干线计 24.41 公里,意溪支线 2 公里,岔道等 5.4 公里,共计约 32 公里,包工费核实为 1855000 圆,余剩的 45000 圆由潮汕铁路公司和爱久泽直哉平分;增入"倘日后爱久泽直哉有草率成事,则由公司请公道人前来,或爱久泽直哉再择一公道人,公司品论,确系货值不符,有违原议,应公众论物定价,扣还银两外,另行酌罚"一款(第七款),并订定工程上的细节。其他基本内容与本约章同。参见宓汝成编:《中国近代铁路史资料》第三册,第 935—936 页。

八、本工程动工之际，倘日本人与本地人民彼此或有相争之事，公司应当从中劝解，且宜格外保护相救。其处分等事，由日本人向大清国政府交涉，潮汕铁路公司无担赔偿之责成。

九、爱久泽直哉如能将此工程诚实办理，工作精良，完竣见效之时，而潮汕公司如再有推广别处铁路，仍归爱久泽直哉包办，以酬其劳。

十、本工程完竣交付与潮汕铁路有限总公司后，修路师、驾驶机器师及管事员则用日本人，由爱久泽直哉代采用并代监督。需用之薪水与别公司雇用之外国人工价一样，或在别国人工价之下。倘所雇用日本人或有与潮汕铁路总公司意见不合，任由开辞更换妥人接办，或商酌采用诚实历练中国人。

十一、本约盖印后，爱久泽直哉必须从速测量，由公司派员同往，沿途招呼，以防滋事。

十二、今立本约彼此甘愿遵守照行，各无反悔。

中德《青岛行驶小轮章程》[①]

光绪三十年三月初二日（1904 年 4 月 17 日）

北京

一、兹因德政府允中国在胶州界内之青岛地方设关征税，是以现定本关应有发给内河行轮专照之权，凡有轮船准其驶赴内港来往，一切规条总应按光绪二十四年五月七日前后所定之内港行轮章程，并光绪二十八年八月补续章程驶行，尤应按以后彼此订明之各项专章办理。

一、凡有轮船欲在内港行驶，无论华、洋船，该船主应持有本国所发之牌照，另具一函附呈海关税务司处收存，换领关牌，此项关牌以一年为限，缴回海关注销，换领新牌，其牌费初次应纳关平银十两，厥后每年换领新牌纳费二两，并应每四个月纳钞一次。

一、此项轮船准在青岛水面随意行驶，或照章由青岛赴内地各处，并由该内地处驶回青岛，或由青岛驶赴内地，转过通商他口至内地驰（驶）回青岛，并准报明内地关卡，逢关纳税，遇卡抽厘，即可在沿途此次所经贸易各埠上下客货，但非奉中国政府允准，不得由此不通商口岸之内地至彼不通商口岸之内地，专行往来，若有此项所经贸易各埠驶至通商他口之船，该船主即须报关按该口华洋各项章程办理。

一、此项轮船出入青岛时，该船主总须报关请领各单将出入口货物之舱口单呈验，并须声明欲往内地何处，归时亦须报明已到某处，仍须照例完纳税钞。

一、至洋药一项及其余违禁货物，不准运入，亦不准运出。倘查该船有装运洋药及违禁货物情事，可将该货入官并罚该船洋银五百元，若再犯即将关牌撤销，亦不予关牌上所有一切利益。

一、光绪三十年三月初二日总税务司赫德与德国驻京大臣穆默在京画押。

---

① 引自《中外日报》，光绪三十年四月初五日。

中外《日内瓦红十字会公约》[①]

光绪三十年四月初十日(1904 年 5 月 24 日)[②]

日内瓦

　　瑞士国、巴顿国、比利时国、丹墨国、日斯巴尼亚国、法兰西国、海西国、意大利国、荷兰国、葡萄牙国、普鲁士国、乌登堡国,今愿竭力销减战场兵祸,特派全权议员公同议订条约以便遵守。各议员彼此校阅全权凭据,均属妥协,订定条款如左:

　　第一款,凡军行伤车病院皆作局外看待,其照料受伤军士之时,交战之国均应敬重保护,倘此项伤车病院为敌军占据,即不以局外论。

　　第二款,凡伤车病院之管理人员、医士、看护妇、办事员役、运送伤病之人以至于教士,其在执役之时,以及仍有伤病须其料理,均得享局外之权利。

　　第三款,第二款开列之人,虽所在地方被敌军占据,仍准在原有伤车病院照旧执役,亦可归回原队,倘此项人员已经辞退,应由占地之军送回敌国前队。

　　第四款,行军病院所备器具,自应按照交战公例办理,倘有员役辞退,除该员役私物外不得携带别件,其伤车所有器物亦须一律留存。

　　第五款,凡救济受伤军士之居民,必须从优看待,听其自由,两国统兵官员应劝居民以仁慈为心,声明可以局外相待之意,凡受伤军士在居民调理者应视为该处所保护,其调理受伤军士之家,应免军队驻扎,并免充行军公用。

　　第六款,凡受伤患病军士,不论隶于何国,应一律照例优待,两国统兵大员倘体查情形可行,并经彼此商准,可将战场受伤军士交回敌军前队,所有被擒受伤军士伤口已愈,若经验明果系不能再任战事,即可送还敌国。

　　① 薛典曾、郭子雄编:《中国参加之国际公约汇编》,第 331—333 页。
　　② 该公约于 1864 年 8 月 22 日于日内瓦缔定,中国政府于 1904 年批准参加该公约,遂于同年派出使英国大臣张德彝前赴瑞士补行加入红十字会手续。该公约后为 1906 年 7 月 6 日、1929 年 7 月 27 日和其后的公约所替代。

其余伤病之人如果不愿再预战事,亦可斟酌送还。遇有敌军不能守御地方,自愿退出所有,退出之人及办理其事之人,均应照局外认真保护。

第七款,凡行军病院伤车以及退出地方,均应明定一律旗号,仍须带用国旗,此等局外之人,亦应于衣袖上带有记号,惟须由军营定准给发此项旗号及记号,均以白地红十字为识。

第八款,施行本约之详细办法,应由两国统兵大员临时各按本国政府训条及本约各款宗旨酌定。

第九款,公会联约各国允愿备文知照,此次未及派员来会之国请其入会,可随时任便签押附入此约。

第十款,此约应即批准,限于四个月内在瑞士国都城互换以昭信守。

一千八百六十四年八月二十二日即同治三年七月二十一日

瑞士国

巴顿国

比利时国

丹墨国

日斯巴尼亚国

法兰西国

海西国

意大利国

荷兰国

葡萄牙国

普鲁士国

乌登堡国

以上十二国依原列公会之国(以下会员国名单略)

附录:《瑞士共和国保护红十字会名目及标记之法律》①

瑞士共和国议会为实行一千九百零六年七月六号条约第二十三、二十

---

①　上海图书馆编:《盛宣怀档案选编》第 1 册,上海古籍出版社,2014 年,第 116—122 页。

七、二十八各款以改良战时伤者病者救护法，并遵照共和国宪法第二十、六十及六十四附条，又准一千九百零九年三月十五号内阁提出议案须定法律如下：

第一条，除军中卫生队外，能用白底红十字会标记及红十字或日来弗十字字样以为其行动之名或号者如下：

（1）驻日来弗之红十字万国会。

（2）瑞士中央红十字会及一切社会由瑞士政府公认为中央红十字会之辅助机关者。

（3）凡一切社会虽经政府助金作为军中卫生队之辅助机关或教育养病机关，而未经政府认为瑞士中央红十字会之辅助机关者，若于此项法律未实行以前曾经用过红十字名目及其标记，仍准照用。

第二条，凡无权用红十字标记及其名目者，如竟用此项标记名目或与相混之标记名目于其货物包裹上，或将此项货物出售，或已经售出，以及一切另以他法冒用此项标记名目者，均科以五百佛郎以内及一月以内监禁之罚；或以此相当之监禁及罚金；若至裁决之日起，未过三年重犯此罪，则此罚可以倍之。

第三条，一千八百五十三年二月四号瑞士刑法第一卷条款与此次法律所规定之违法相类者，一律实行。若犯此次所定法律，其追究权及裁判权属于瑞士列邦。

第四条，凡出产及包裹之记号有与此次法律相背者，由主管衙门命令拿捕。即当结案之时，应由裁判所命令将不正之标记毁销。标记一经毁销，其拿获之物应归原主。惟须由原主将毁物费罚款及其应出之项缴清。

第五条，凡商号会名有用第一、第二两条所禁止者，不准在商册中注册。凡制造标记、商务标记以及工业样本图画与此次法律相背者，概不准存储注册。如因错误而将此类标记注册，或将此类样本图画存储，应由各该管监察处命令将其存储标记一并取消。

第六条，军人值战争之际，乱用白底红十字标记及红十字或日来弗十字字样者，科以六月以内之监禁；如不甚重要，则照寻常违犯军纪论罪；承平时军人犯之者亦然。

第七条，在战争时，如有常人乱用红十字旗帜及臂章者，科以六月以内之监禁。

第八条,凡犯第六条而未以寻常违犯军纪论者及犯第七条者,均交军事裁判所裁判。遇此等事件,则一千八百五十一年八月二十七号刑法第一卷中之关于瑞士军队与此相类之规定一律实行。

第九条,此次新定法律于一千九百十一年正月一号施行。凡一切社会名目及商号,其成立在一千九百十一年正月一号以前而与新定法律相背者,应于一千九百十二年十月一号以前更换。自此时以后,凡主管商务册衙门应实行更换或取消商号之违背此项法律者。凡制造标记、商务标记,已经注册或工业样本图画已经存储,而有背于此次法律者,自一千九百十二年十月一号起应即作废。

第十条,按照一千八百七十四年六月十七号关于公决法律谕令办法,此次法律应由瑞士政府宣布。

国家议会会长签押　秘书官签押

国民议会会长签押　秘书官签押

中比《达拉特旗教案赔款合同》①

光绪三十年四月十六日（1904 年 5 月 30 日）
归化

天主教堂主教：闵玉清；

天主教堂教士：南怀义等；

达拉特旗贝子图们巴雅尔派委办理教案协理台吉巴札尔噶尔第，长史唐素克；

书立完案合同，以凭永远遵守事。

查光绪二十六年，达拉特旗蒙古官民，相率仇教一案，蒙前任绥远城将军信，督饬奏调帮办蒙旗教务寿知府勋，绥城委员荣协领昌，文协领哲浑，会同达拉特旗贝子派办教案协理台吉巴札尔噶尔第，长史唐素克，法国主教闵玉清，连日商办，公同议定。所有全案命价及各项财产一并在内，达拉侍（特）旗共认赔归化城平银三十七万两，依限交清。当经两造具结，已于二十七年十一月初三日，公同书立草约，画押完案。并议定俟将赔款一律交清，再立详细合同，以作信守，业已呈请奏明在案。嗣因达拉特旗生计甚艰，现款难筹，经寿知府代为设法筹画。呈恳历任绥远城将军俯念蒙艰，百方措注，始将此全案赔款，筹有着落。嗣因寿知府于二年八月间回京，复蒙钦差垦务大臣将军贻，派委办理蒙旗洋务斌同知仪，会同前派绥城各委员，筹措现款，尽力办理，蒙、教均极感悦。兹于光绪三十年四月十六日，达拉特旗将原议认赔教堂归化城平银三十七万两，前后陆续如数交清，从此结案，尽释前嫌。并将前定草约内载达拉特旗仇教祸首罪魁，俟赔款交清，必从轻议办一条，现经斌同知等竭力和解。本主教情愿一概宽免，勿庸议办，以敦和好。以后蒙旗官兵，务必与教士、教堂实力保护，从此相安。主教、教士亦必严束教民，勿滋事端，以期永无龃龉，重伸旧好。今全案赔款，现已一律交清，自应遵照前议，公同书立合同，即将所交各款，分晰细数，并商

① 南京史料整理处：《天主教堂霸占民田》，《近代史资料》1963 年第 3 期，第 198—201 页。

订条约,开列于左,以凭永远遵守。

一、达拉特旗筹交乌兰卜尔地亩一段,计地两千零玖拾余顷,除不堪耕种之地外,共净地一千四百顷,归教堂永远耕种。公同议定每亩作银一两,共抵银十四万两,并此地内有房院二处,议定共抵银二百两。所有地亩房间四至,另有详细合同。其地无论蒙旗或由官赎取地亩时,彼此均照地约条款内办法,两造商允,方准赎取,以昭公允。

二、达拉特旗筹交大涝尔地亩一段,计地七十六顷。议定每亩作银一两,共抵银七千六百两,归教堂永远耕种。所有地界四至,另有合同,以昭核实。

三、达拉特旗蒙前任绥远城将军信筹借杂粮一万石,除运脚花费外,共交教堂杂粮八千三百九十八石八斗零,牵算合估共抵银一万一千五百五十两零八钱二分,如数交付教堂查收讫。

四、达拉特旗蒙前任绥远城将军信由晋省筹借归化城平银一万五千三百两,教堂如数查收讫。

五、达拉特旗自交地亩抽捐银四千七百三十三两七钱六分,教堂如数查收讫。

六、达拉特旗蒙前署绥远城将军文,奏请由晋省筹借归化城平银五万一千两,教堂如数查收讫。

七、达拉特旗筹拨四成地一段,呈恳钦差垦务大臣饬由西路垦务公司承领转放,作价银八万六千四百五十两,如数交付教堂查收讫。

八、达拉特旗筹拨后套长胜渠地一段,亦经呈恳钦差垦务大臣,饬由西路垦务公司承领转放,作价银五万一千两,如数交付教堂查收讫。

九、达拉特旗自行筹交现款、粮石、牲畜等项,共银五百九十两零三钱二分,交付教堂查收讫。

十、达拉特旗全案赔款,除以上所交地亩、粮石、现款等项,共银三十六万八千四百二十四两九钱外,尚欠银一千五百七十五两一钱。经南教士怀义,以达拉特旗筹款维艰,将下欠尾数,慨允减让勿庸筹付。计达拉特旗全案赔款三十七万两,全数收清,两无异言。

十一、绥远城将军代达拉特旗筹给现款、粮石等项银两,将来均由达拉特旗筹还,于教堂无涉。

十二、今全案赔款交清,蒙教永释前嫌,所有教会以前所受各亏,无论巨细，由主教、教士严束教民，绝不再向达拉特旗追索，以昭大信。

十三、前定草约，内有俟赔款交清必从轻办蒙古祸首一节，现经斌同知等竭立和解，教堂一概不究，勿庸议办，以敦和好。

十四、达拉特旗光绪二十六年仇教之案，从此完结，以后教堂、教士凡在达拉特旗界内者，务必实力保护，以固邦交。所有教民亦必由主教、教士，随时约束，绝不狗（徇）庇滋事，以期永远相安。

十五、此次既书立详细合同，应将前定草约，及教堂教士所出收银收粮等项字据，一并销毁。以后彼此即以合同各执一份，永远为凭，以作信守。

十六、此合同由天主教堂闵主教玉清、南教士怀义、达拉特旗协理台吉巴札尔噶尔第、长史唐素克，会同将军派委办理蒙旗洋务斌同知仪、荣协领昌、文协领哲浑并各委员等，公同定立，均各画押，由达拉特旗盖印，以为凭信。此约共书三份，呈交绥远城将军衙门一份存案备查，天主教堂存案一份，达拉特旗存案一份，以为永远执据。

天主教主教闵玉清，天主教教士南怀义，

天主教教士魏怀仁，天主教教士贾名远，

天主教教士步世明，办理洋务委员补用同知斌仪，

办理洋务委员绥远城协领荣昌，办理洋务委员绥远城协领文哲浑，

达拉特旗土萨拉齐巴札尔噶尔第，达拉特旗白通达唐素克，

大清国光绪三十年四月十六日

大比国一千九百零四年五月三十日

以汉字合同为凭

中比《达拉特旗教案以土地抵赔款合同》[①]

光绪三十年四月十六日（1904 年 5 月 30 日）

归化

天主教堂主教闵玉清、教士南怀义、贾名远、步世明；

达拉特旗白通达唐素克、协理台吉巴札尔噶尔第；

为书立合同事：

因光绪二十六年，达拉特旗附和拳匪，剿毁教堂，杀害教民并劫掠教堂教民财产等项。又因光绪二十七年十一月初三日，达拉特旗协理台吉巴札尔噶尔第与主教闵玉清，议定赔款，书立草约，订定达拉特旗认赔教堂归化城平纹银三十七万两，除应交之现银十万两、牲口抵银十万两另行筹付外，剩十七万两，以田地赔补，永远耕种。复于二十八年间，绥远城将军委派防御德普诗巴，会同达拉特旗协理台吉巴札尔噶尔第等，与教士步世明，在乌兰包尔地方，勘定地亩二千零九十五顷，言明界内沙城之地不计亩数。该教堂按一千四百顷收地，每亩作价银一两计算，抵赔款银十四万两。地界内房屋等项，作银二百两，总共合赔款银十四万零二百两。下欠地内款银二万九千八百两，当添入应赔之现银牲口二十万两，或有粮项余地，亦可顶作赔款之数。至立合同后，蒙古、教堂，两出情愿，永无翻悔。今列条款如左，各执一纸，以作凭信。

一、达拉特旗在乌兰包尔地方，兑交教堂已垦地亩二千零九十五顷，除沙城之地不计亩数外，教堂按一千四百顷收地，每亩作银一两，共计地款银十四万两。

二、此地内有大成西、仁和永空房两处，内有碾子两盘，油梁一条，院外有柳树七株，渠埂坝堰内外所有一切，诸举抵银二百两。通共抵银十四万二百零（两），均在光绪二十八年七月初一日，有教士步世明收条为证。

三、此次所交地界内，有沙城、草坦、红柳不能耕种之地，所有游牧、打

---

① 南京史料整理处：《天主教堂霸占民田》，《近代史资料》1963 年第 3 期，第 201—204 页。

柴、外人不能混入地界，以免滋生争竞事端。日后均由教堂、教士与蒙古官员，酌定妥协公平章程，永远遵照办理，两无更改，以昭允协。界内有黄特老盖河并其水岔沟，全由教堂掌管。所有四至疆界，书明乌兰包尔杨商人之地一块，一千四百六十三顷三十三亩：东至各楼台河，西至查汉特老盖，南至蓝锁尔，西至淖里各兔聚和祁地界，北至挠高布尔登地界。挠高布尔登白商人之地一块，二百四十三顷：北至各楼台河，东至朋素圪钵，南至杨商人地界，西至三音厄其勒地界，西至源盛和吉克拉尔地界。朋素圪钵德盛兴地一块，三十一顷六十五亩：东至杨商人地界，北至挠高布尔登地界，北至各楼台河。库克布尔登苏商人地界一块，三十六顷：东至杨商人地界，南至查汗特老盖地界，西至札拉桑拉嘛地界，北至三音厄其拉地界。聚和祁五补隆地一块，七十六顷五十亩：东至查汗特老盖地界，南至黄特老盖河地界、大发公地界，北至札拉桑拉嘛地界，又西至查汗代淖尔特巴特海。聚和祁地一块，一百七十八顷三十亩：东至淖里克各河杨商人地界，南至蓝锁尔地界，西至傅家地界，北至黄特盖河。哈布达拉各补隆傅商人地一块，四十顷零五十亩：东至蓝锁尔地界，南至杭棉旗地界，西至大发公地界，北至聚和祁地界。仁德堂地一块，二十五顷八十二亩：东至淖里克各河东，北至淖里克各河西岔，南至五补隆查汗代地界，西至聚源盛地界，北至仁德堂后河。以上八块，共计二千零九十五顷零十亩，按一千四百顷折算。

四、地内老户，惟杨商人。或有不法之徒，札逐不留。凡有遵规之善户，应照堂内章程，仍然在境耕种。屡年租项，均属教堂收贮，与达拉特旗毫无涉挂。

五、交地后，倘有蒙古官民人等借词夺者，有达拉特旗一面承当。

六、此次所交乌兰包尔地亩，因达拉特旗赔款无力偿还现银，是以教堂允准，以此地押与教堂，永远耕种，不交租项，抵还赔款，绝非教堂割据蒙土地。公同议定，不拘年限，或钦差督办垦务大臣，或绥远城将军，筹出现银十四万二百两，交足教堂，听从将地亩二千零九十五顷，全数赎回。赎回之后，仍归教堂永远耕种。地内地户，仍照教堂之章程办理，或用国家交租章程，交纳租项，或写钦差垦务大臣所定之章程，每顷交银一两八钱，均按已生苗收割之地交租。惟将来愿意赎地与否，须由绥远城将军与达拉特旗自行斟酌办理，教堂绝不勒赎。

七、如有未经上水，未已生苗，未收割之地，均免交租，以昭公允。

八、此地未赎以前,教堂所得租粮等项,统作为赔款利息,官家及达拉特旗,绝不追索,以免教堂受亏。

九、嗣后教堂在交地内修房诸举,仍照旧章办理,均无更改,无论新开旧开各渠,赎地之后,仍归教堂管理,与官家毫无涉挂。

十、教堂择选之善户,不准私行开渠打坝。倘有外人在地内游牧贸易,其地铺水草钱,由蒙古官收究。如教民在内设立贸易者,其地铺水草钱,不与蒙交纳,仍与教堂收贮。

十一、满会或他处地户,嗣后如有黄特老盖河内之水,每年开河时,挖渠所费公项,均按教堂立定规程,按股出钱,不能错行。

十二、交地后,如有外来匪徒,教堂准达拉特旗委派蒙员同教堂持平查办。

十三、此所新立合同后,各地户所有老约均成废纸绝用。

十四、所立合同,系由绥远城将军派委员寿知府勋,并防御德普诗巴,会同主教士并蒙古官员,妥议酌定,呈将军阅看,允准办理,永无更改。

十五、叠经立蒙汉合同,分书三纸,教堂及达拉特旗,均当画押,并达拉特旗盖印,将合同各存一纸为证。

十六、如日后赎取地亩时,应由教士查看,未赎以前,如遇荒碱,取收粮租,不足充抵利息,当与赎地之人商酌,加给教堂利银,以免教堂受亏。至利息数目,应加若干,届时公平定夺。

十七、此项地亩,如将来赎回之后,教堂除按生苗之地,每顷每年交官租银一两八钱外,其余押荒及别项银两,均免交纳,现经当面议定,决无更改。

十八、光绪二十九年七月二十五日,会同办理蒙旗洋务委员寿知府勋,向该旗蒙员等彼此议允,未及订立合同,寿知府勋,已于是年八月底回京。兹于光绪三十年四月,主教教士复会同绥远将军委派办理蒙旗洋务委员斌同知仪、荣协领昌、文协领哲浑,并各委员,暨该旗土萨拉齐巴札尔噶尔第、白通达唐素克等,仍照以上前议允协十七款,书立合同画押,以昭信守。

天主教主教闵玉清　　天主教教士南怀义

天主教教士魏怀仁　　天主教教士贾名远

天主教教士步世明　　办理洋务委员补用同知斌仪

办理洋务委员绥远城协领荣昌　　办理洋务委员绥远城防御德普诗巴

办理洋务委员绥远城协领文哲浑　　达拉特旗土萨拉齐巴札尔噶尔第
达拉特旗白通达唐素克

大清光绪三十年四月十六日

大比国一千九百零四年五月三十日

以汉字合同为凭

中英《四川江北厅矿章合同》①

光绪三十年十一月初二日(1904 年 12 月 8 日)
成都

　　四川矿务总局暨保富公司招英商立德乐议设华英公司,拟在四川江北厅所属地方开办煤铁矿务。四川矿务总局与英商立德乐议定合同十六条,彼此愿允照此合同内章程办理。所有合同章程,开列于后:

　　一、此次华英合办公司,开办江北厅所属煤铁,系于江北厅所属地方指定开采。倘此一处办无成效,将此无用之地,归还保富公司。准江北厅煤铁公司再行另指一处开采。如办有成效(以缴清出井税及地租,即为成效),亦可推广别处,续行开采,总不出该厅境内。所有议定章程,矿务总局暨保富公司与英商立德乐允愿照行。

　　二、保富公司允英商立德乐集股银五十万两。其股银以一百两为一股,周年每两以八分行息,设立华英公司,名曰江北厅煤铁公司,华英商人均可一体入股。至公司内应派华、英总办各一人经理。华总办由保富公司详请制台派充,英总办由江北厅煤铁公司拣派。至于银钱账目,两总办均有稽核之权。公司内工程事务,则由英总办专理。其办理交涉及经收租税等事,则由华总办经理。并须派华官一员,在开矿之地稽查及管理地方交涉事宜。华员薪水,均在煤铁公司支给。

　　三、保富公司应行聚集足用股本,以为购买煤铁公司所需矿地矿窑之用。保富公司应按照公道办法,给与业主地价,转租与煤铁公司。按照年限开办,该公司每年租费,应按出产每百斤抽贰斤半缴纳保富公司,作为地租。惟此项地租,专指煤、铁矿两项工艰费巨而言,他项矿产不得援以为例。如试采地段不成,保富公司原购此地,去价若干,应由煤铁公司如数补给。如保富公司将此地另卖价银若干,则煤铁公司只照价补足保富公司原购价值。

　　四、此合同自批准之日起,由江北厅煤铁公司延请矿师钻试,以便考查

---

　　① (台湾)"中央研究院"近代史研究所编印:《矿务档》(五),第 2943—2948 页。

有无煤铁。如遇田园庐墓，均须设法绕越。他项洋公司及华洋合办各公司，皆不得于期限内前往考查，及开办煤铁矿产。

五、江北厅煤铁公司自批准之日起，以十二个月为限，限满不办，合同作废，永不再请展限。此十二个月期内，由煤铁公司查勘指定矿地之一处，面积以三十方华里为限。未指之先，除中国自办外，别项洋公司及华洋合办各公司，不准前往查开。如限内已经开办，该公司仍可在境内续勘开办。该公司应于未开之先，呈请派驻该矿处委员，查明所指之地，实系未经开办之矿，或虽开办早已停止，且无别项窒碍，电禀批准，始能给与该公司准开凭据。由保富公司向业主购定，转租与该公司开采。所指之地，如现有华商开办，该公司不必重指。如现开之华商，自愿转租，或愿附股，交由该公司承办，亦须经委员查勘商议允协，电禀批准，始能知会保富公司购地转租。该公司不得勒令停歇，致碍商情。

六、该公司开出煤铁矿产，应按北京外务部章程，值百抽五，作为出井税。此项出井税，由华总办派驻该厂委员经收，转解矿务总局。至装运出口，仍应照章在洋关完纳。中国政府现正拟定新章，一俟订妥之后，再经中、英大臣分饬通行后，该公司与矿务总局均应遵照新订章程办理。

七、开采各矿，如因无利停办，或有利已取，即将无用之地，退归保富公司，以作别用，与江北厅煤铁公司无涉。

八、开采之后，除缴地价年租费用，并利息八分之外，所有赢余，即为净利。作十成摊派，准提一成摊还股本，再提一成以为公积。其余八成以百分之二十五分报效中国国家，其余再由各股东会议提用。至华总办亦应有稽核赢余之权，该公司亦应按年册报矿务总局，以备查考。矿税按季照付，报效按年报缴。

九、该公司如有亏累情事，与中国国家暨川省矿务总局及保富公司无涉。

十、该公司自批定合同之日起，所准在该厅属地方开采煤铁年限，以五十年为限。其他洋公司又华洋合办煤铁各公司，不得在江北厅境内查开。限内均照现定合同章程办理。限外所有矿地厂窑机器一切，皆由保富公司管理，呈缴矿务总局，报效中国国家。倘限满后矿务兴旺，公司愿意接办，须由中国允准，方可展限。所展之限，至多不得过十五年。

十一、所有约束华人工匠夫役之权，均由华官主政，洋人不得与闻。如系细故可以立时了结者，即由该矿处委员分别办理，或扣薪资，或罚钱款，或予剔退，不得施用刑法。如情罪重大者，仍由地方官照例办理。洋人如有滋事，应按情节轻重，或知照公司立即辞退，或照会领事照约办理。至工匠夫役因工受伤成废，或致殒命，该公司应分别从优给恤。

十二、该公司如欲在矿厂之外，修筑道路，应由保富公司转请川省大吏查验，果无窒碍，方能准行。所修之路，一经修竣，即永远作为官路，由官管辖，该公司不得视为己业。以后如有培补，由官给费。如随时培修工程在百两以外者，仍由该公司出费。如该公司不由此路，即不与闻。如将来必须修造转运小铁路，以便运最近水口为断。所用之快路若干长，绘图帖说，由该公司呈矿务总局，咨报外务部核准后，电知川省照办。至新开小运河及开深旧小河，亦由临时查验，果无窒碍，方能准行。惟此项小铁路专资转运自出之矿产，不得运行客商及别项货物。至该公司出费挖濬河道，亦应作为官河，不得视为己业，阻碍行旅、客货。

十三、中国与别国如有战事，该公司不得接济敌国。

十四、公司矿务，关系国课，中国国家自应尽力保护，俾收实效。所有该公司财产及监理工役人等，地方官照例保护。如有滋闹事端，地方官应照中国律例惩办，不准由洋人责打苛待。

十五、此合同各款应以华文为准。如有争执之处，惟须将华、英文字详细核对。如仍有文意办法不合，以致争执之处，应按西洋调处章程办理。其法系由矿务局、该公司各请公正人断理。如所请之人意见不合，即由此两人再请第三人公断，两家不得异词。

十六、彼此议明订为合同，缮具华、英合同各十份。保富公司总办许涵度、冯煦，江北厅煤铁公司华、英商总办立德乐，同时画押，盖用四川总局关防。分呈北京商部、外务部、户部衙门，及四川总督部堂衙门、布政使司各衙门，各一份备案。又分呈驻北京英国钦差大臣衙门，及驻川英国总领事衙门各一份备案。余三份四川矿务总局存一份，保富公司与江北厅煤铁公司各执一份为凭。此合同由外务部奏请批准后，作为允办之据。现经外务部将此项合同改定，于光绪三十年十月二十一日奏明，奉旨允准。缮具华、洋文各十份，画押盖印。除外务部留存一份外，其余各处，均仍各执一份，存案为凭。

四川保富总公司总办许涵度　冯煦　会办严翔昌
江北厅煤铁公司华商总办　英商总办立德

中外《红十字会船免税公约》[①]

光绪三十年十一月十五日（1904 年 12 月 21 日）
海牙[②]

德意志皇帝及普鲁士国王陛下；奥地利皇帝、波希米亚国王及匈牙利奉圣国王陛下；比利时国王陛下；中国皇帝陛下；朝鲜皇帝陛下；丹麦国王陛下；西班牙国王陛下；美利坚合众国总统；墨西哥合众国总统；法兰西共和国总统；希腊国王陛下；意大利国王陛下；日本皇帝陛下；卢森堡大公及拿骚公爵殿下；门的内哥罗亲王殿下；荷兰女皇陛下；秘鲁共和国总统；波斯国王陛下；葡萄牙及阿尔加维国王陛下；罗马尼亚国王陛下；全俄罗斯皇帝陛下；塞尔维亚国王陛下；暹罗国王陛下和瑞士联邦会议。

考虑到 1899 年 7 月 29 日在海牙订立的关于将 1864 年 8 月 22 日日内瓦公约的原则适用于海战的公约赞同关于在海战中由红十字提供医院船的条款而介入的原则；

希望订立一项公约，以补充的条款促进这些船只的使命。

已任命他们各自的代表如下：

（代表姓名从略。——编者）

代表们相互校阅他们的全权证书认为妥善后，同意以下条款：

第一条，凡履行了 1899 年 7 月 29 日在海牙签订的关于将 1864 年 8 月 22 日日内瓦公约的原则适用于海战的公约第一、二和三条规定的条件的医院船，在战争期间，应在各缔约国港口免除为国家利益而对船舶征收的一切税捐。

第二条，前条规定不妨碍在上述港口通过检查或其他手续实施现行的

---

① 该约译自英文本，见马洛伊编：《美国和其他国家间的条约、公约、国家文件、议定书和协定（1776—1909）》第 2 卷，第 2135—2140 页，转引自世界知识出版社编译：《国际条约集》（1872—1916），第 249—251 页。

② 该约即日由中国代表胡惟德签字。但于光绪三十三年二月十三日（1907 年 3 月 26 日）各国才完成批准手续。

财政或其他法律。

第三条，第一条的规定是在两个或多个缔约国之间发生战争的情况下对上述缔约国有拘束力。当一个非缔约国参加缔约国之间的战争成为交战国之一时，上述规定应失去其拘束力。

第四条，本日缔结的本公约，在 1905 年 10 月 1 日前得由表示要签订的国家签字，并应尽速予以批准。批准书应存放在海牙。应作出存放批准书的记录，并且将其核证无误的副本通过外交途径分送所有缔约国。

第五条，1905 年 10 月 1 日后，非签字国将被允许加入本公约。为此，它们应将它们的加入一事书面通知荷兰政府，并由荷兰政府将此事通知其他缔约国。

第六条，如果一缔约国宣布废除本公约，该项废除应在书面通知荷兰政府，由其立即通知其他缔约国之后一年才能生效。此项废除只对通知废除的国家有效。

各全权代表在本公约上签字盖章，以资证明。

1904 年 12 月 21 日订于海牙，正本一份保存在荷兰政府的档案馆内，经核证无误的副本应通过外交途径分送各缔约国。

附录：《最后条款》

当签署旨在对医院船在战争期间，在各缔约国港口免除为国家利益而对船舶征收一切税捐的公约之际，签署本文件的各全权代表表示希望：鉴于这些船舶的崇高的人道主义使命，缔约各国政府可以采取必要的措施，在短时期内，在缔约各国的港口内对这些船舶也免除为国家利益之外的其他情况，特别是为城市或私人公司或个人的利益而征收的税捐。

各全权代表在今日作出的记录上签字，以资证明。在 1905 年 10 月 1 日之前均可在该记录上签字。

1904 年 12 月 21 日订于海牙，正本一份保存在荷兰政府的档案库内，经核证无误的副本应通过外交途径分送上述公约的各缔约国。

中英《浙江贷款开矿合同》^①

光绪三十年十二月十五日（1905 年 1 月 20 日）
杭州^②

一、惠工公司允集股银伍佰万两作为股本，专备开矿之用，以期尽善尽美。

二、所有集成股本，如何用法，均由两公司会同布置。

三、伍百万之股票，乃集股所成，倘发出之股票未经收回之前，则宝昌公司所奉奏准及各项奉准公文之权，均仍归惠工公司代理。俟股票收回后，全归宝昌公司管理。

四、惠工公司必须竭力遵依所有一切奏定章程办理。

五、此合同缮就华英三分。如讲解有异，以英文为准。

光绪三十年十二月十五日　宝昌公司代表人候选道高尔伊

西历一千九百零五年正月二十号　惠工公司英商依德代表人马海

---

① 该约章名目由本资料编者所拟。见（台湾）"中央研究院"近代史研究所编印：《矿务档》（三），第 2006 页。

② 签约地点未查明，暂定为杭州。

中外《西江通商行船修改章程》[①]

光绪三十一年三月初一日(1905 年 4 月 4 日)[②]

广州

第一条,凡以前所有颁行之西江通商章程现在一律作为废纸。

第二条,凡有约各国之商船准在后列之西江通商四口往来贸易(即省城、江门、三水、梧州四处);惟轮船并准按另订之专章在后列之各处路经之埠起下货物(即甘竹、白土口、肇庆、罗定口、德庆、都城六处);亦准在后列之(容奇、马宁、九江、古劳、永安、后沥、禄步、悦城、陆都、封川)十处搭客之埠,上落搭客,起下行李。惟行李内不得夹带应税之物,违者即将行李充公。

第三条,凡船只欲往西江贸易者,均须带有军火准照,此等照式,由海关填明给与该船,由该船主于照上签名为据。凡枪炮刀剑等类,并火药重数,该船用以自卫者,俱于照上一一注明,以便随时呈缴查验。

第四条,甲:凡在西江贸易之商轮现分为三项:一为内港轮船前赴准往内港某某处贸易者。二为由省城,或江门,或三水常川驶往西江上游各埠贸易之江轮船。三为由港澳等处洋埠来往西江贸易之轮船。

乙:凡划艇、钓船及华式船只等类。

第五条,以下十一款专论轮船:

一、内港轮船必须遵照内港行轮章程,毋得违犯。

二、常川贸易之江轮船不能离两广水界,由省城、或江门、或三水专往通商各口,或路经各埠贸易,并于搭客之埠来往载客者,应将船牌呈交领事官。如无领事官,即呈交粤海关、或江门关、或三水关税务司查收。税务司接到船牌或领事官公文,立即发江照一纸,载明船名、国旗、吨数。该照无

---

①　颜世清、杨毓辉、胡献琳编:《光绪乙巳(三十一)年交涉要览》上篇卷一"行船门",北洋洋务局纂辑,北洋官报局代印,1907(丁未年刊本),第63—68页。

②　该日期系海关总税务司赫德向清廷奏报章程的时间。该章程系由粤海关税务司及赫德拟就,经广州各国领事"允可"后,清政府颁行。参见颜世清、杨毓辉、胡献琳编:《光绪乙巳(三十一)年交涉要览》上篇卷一"行船门",第62页。

论何月发给，总以西历十二月三十一号作为限满。至期仍须赴原发照之关，将照缴回注销，或请续发亦可。

三、由港澳等处洋埠前往西江之轮船，务须先由磨刀门，或由横门，或由省城，方能转入西江。

甲：若经由磨刀门入西江，则必须先到拱北关之马骝洲分卡禀报，并将船上所载各货及前往各处一一列明，进口舱口单内呈由该分卡派员查验，并察看军火数目，然后发给江门准单。该轮一经领到此单，立即开行，不准停留，亦不准再行上下客货。及到江门，即将该准单呈缴。如欲再驶往江门以上，须将船牌呈交领事官；如无领事官，即呈交税务司查收。税务司接到船牌或领事公文，立即特发西江准照一纸，载明船名、国旗、吨数，与该轮收执。如无此照，则该轮除原到之通商口外，不得前往西江通商口岸或路经之埠，或搭客之埠。至该轮船驶回江门，所有税钞俱已完清，或有已在他口完税之凭单，则该轮即将特发西江准照缴回注销，而该关即发清关单，并将该轮船牌及马骝洲发给赴江门之准单一并交回。该轮可即开行驶过磨刀门或横门。其办法如下文乙条，若过磨刀门，则将原领赴江门准单缴回马骝洲分卡呈验注销，并将船上所有各货一一列明出口舱口单内，呈交该分卡查验。

乙：若经由横门入西江，则必先到横门分卡禀报，一如上文甲条所载章程办理。视其报往江门或三水，即照发指定之准单。该轮一经领有此准单，即须遵照指定路程，立即启行前往，不准停留，亦不准再行上下客货。及至行抵所指之口时，即将准单呈缴。如欲再往西江别处，该轮即将船牌呈交领事官，如无领事官，即呈交税务司查收。税务司接到船牌或领事公文，立即特发西江准照一纸，载明船名、国旗、吨数，与该轮收执。如无此照，则该轮除原到之通商口外，不得前往西江通商口岸或路经之埠，或搭客之埠。至该轮船驶回原口之时，所有税钞俱已完清，或有已在他口完税之凭单，则该轮即将特发西江准照缴回注销，而该关即发清关单，并将该轮船牌及横门分卡所发指赴江门或三水准单一并交回。该轮可即开行驶过横门或过磨刀门。其办法如上文甲条，若过横门，则将原领赴江门或三水准单缴回横门分卡呈验注销，并将船上所有各货一一列明出口舱口单内，呈交该分卡查验。

丙：若经由省城入西江，须立即开行过虎门而去，不准停留，亦不准再行上下客货。并将船牌呈交领事官，或交粤海关税务司查收，以便领取特发西江准照。如无此照，则不得前往西江通商口岸或路经之埠，或搭客之埠。至该轮船驶回省城之时,所有税钞俱已完清,或有已在他口完税之据,即将特发西江准照缴回,本关即发清关单,并将该轮船牌交回。

四、常川贸易之江轮船及由洋埠来之轮船,除第二条章程内指明之通商口岸并路经之埠外,不得在西江别处起下货物。如违此例,即照条约所载沿海各处私作贸易之例办理。

五、常川贸易之江轮船及由洋埠来之轮船,往西江口岸四处者,凡报关清关、起货下货均照沿海各通商口岸章程一律办理,并须遵照沿西江各关向章办理。

六、常川贸易之江轮船及由洋埠来之轮船所载货物征税办法:

甲:外洋贸易:(甲)货物由外洋来通商口岸者,须于起货之通商口岸完纳进口正税。(乙)货物由外洋来,路经之埠者,须于入华境之第一口岸即江门、三水或省城完纳进口正税。(丙)货物由通商口岸往外洋者,须于下货之口完纳出口正税。(丁)货物由路经之埠往外洋者,须于该船原领西江准照之口,即江门、三水或省城完纳出口正税。

乙:本土贸易:(甲)货物由通商此口往通商别口者,须于下货之口完一正税,起货之口完一半税。(乙)货物由通商口岸往路经之埠如中途经过通商口岸者,须于下货之口完一正税并一半税;如中途未经过通商口岸者,只于下货之口完一正税。(丙)货物由路经之埠往通商口岸而中途已经过通商口岸者,则于起货之通商口岸完一正税及一半税;如中途并无经过通商口岸者,只于起货之通商口岸完一正税。(丁)货物由此路经之埠往彼路经之埠,而中途经过通商口岸者,即于该通商口岸完纳正税。

七、凡船钞每四个月完纳一次,系于船钞执照满期之时,即于行抵之第一通商口岸完纳。

八、所有税钞俱照他处通商口岸一律完纳。复出口之货并洋货入内地,土货出内地,俱照海关向章办理。若土货运至通商口岸,于十三个月内复出口,运往洋埠,而该货包头记号并未私自更改拆动者,所有原纳税数,除出口正税外,余银给还。

九、凡由洋埠准出入西江之轮船路程:一由磨刀门入江;一由横门入江,则须经黄莲江、马宁江取道而入;一亦可经由省城前往西江。若由省城则须与常川贸易之江轮船同走下文指定之路,如莲花山,沙湾江、大良江、马宁江(见英国水师图第二千五百六十二号)取道而入西江;至若驶回外洋，或回省城之时，亦须遵由以上路程行驶。

十、凡行西江船只入江及往来贸易之时，海关人员均可随时将该船货舱封闭。被封以后，该船如未到欲起下货物处所之先，不得擅自拆动舱封。凡在西江贸易之船，如遇巡船及他项关船，若索阅船牌江照等项，务须呈验；如有必须查验之处，亦可由关派役登轮搜检，或沿途押送。

十一、凡船只不由指定路程出入西江，或于江门、省城之间，或虎门，或江门等处，查出有不遵原定路程行驶者，则必须议罚，所罚之款不过五百两。若船只如此违章，或于西江路上查出，或于马骝洲，或横门分关界内查出，未经照章领有船牌江照等项，即照条约所载沿海各处私作贸易之例办理。

凡驶回洋埠之轮船，如不将原领赴江门或三水之准单至马骝洲或横门分关呈缴注销者，则必须议罚，所罚之款不过一百两。

凡常川贸易之江轮船，如有违犯西江各关章程者，初次照通商口岸颁行罚例议罚；二次则将准照撤销，不准往西江贸易。若经本关封舱之后，该轮私自开舱，或毁烂封条，则必须议罚，所罚之款不过五百两。

第六条，凡划艇、钓船及华式船只等类，准在西江通商口岸贸易。惟不准在路经之埠或搭客之埠贸易。

甲：划艇等类，如系洋商之船，持有本国之船牌，悬挂本国之旗号，若欲往西江通商口岸贸易者，即将船牌呈交领事官，如无领事官，即呈交江门或三水粤海关税务司处，请领西江准照，照章报关，起下货物，完纳税项，并照章请领各项单照及遵依指定路程行驶。如有违犯关章，即照由洋埠常川往来西江之轮船一律罚办。

乙：凡钓船等如系洋商之船并未持有本国之船牌，即无悬挂国旗之理，应于本口税务司处请领关牌。所有报关起下货物，完纳税项等事，俱照划艇等船办法办理，如有违犯关章，亦照式罚办。

丙：凡由洋商雇用之华式船只，只准装载实系洋商自置之货，由通商此口赴通商彼口，须于税务司处请领专牌，由该洋商出具切结呈关存案，该切结声明该船所载确系洋商自置之物，实系运往通商某口起货，并在彼口完纳税项等情。倘该船不按照办理，及该货非运某口，在彼完税等事，该关税务司嗣后即可不发此项专牌交该商执领，此项船只所有报关起下货物完纳税钞等事，俱照划艇钓船等办法办理。

以上章程嗣后如有窒碍之处，可随时酌量更改以归妥善。

中外《江门关商船进出起下货物条款》①

光绪三十一年三月初一日(1905 年 4 月 4 日)②

江门

第一款,凡来往江门贸易船只按照光绪三十年所定西江章程暨各关向章并通商条约办理;其内河轮船须照内河章程行驶。

第二款,凡船只及内河轮船起下货物,务遵理船厅指定之处照章停泊,非经理船厅核准者不得擅移。

各船停泊界限:

一、江门镇之西南角,即文武庙东西直线之内。

一、江门河之东口大河面,即鲤鱼山东北直线之内。

一、江门河之西口大河面,即芝山村码头西南直线之内。

轮船停泊界限:

一、自本关前一带河面至江门河口止。

一、如轮船进口时,尚未停泊以前,一切拨船、舢板均不准驶傍该船。

第三款,凡本口拨船应在本关挂号,并须用华、英两项字将号数于船上大书明显。

第四款,凡船只起卸货物,或上下压载之石铁等件,暨搭客及行李,均须领有准单。如查出并无准单,私行起卸上下,或改行过载者,应查拿入官。其领有准单者,只准由早六点钟至晚六点钟起卸上下。此外或于夜间,或礼拜日,暨照章封关之期,若无专单,均不准起卸上下。

第五款,凡船只舱口单必须列明各项货色号数。倘有虚假之处,即将该船主究罚。如在船上查有货物,未经列入舱口单者,即应查拿入官。

---

① 颜世清、杨毓辉、胡献琳编:《光绪乙巳(三十一)年交涉要览》上篇卷一"行船门",第 68—70 页。

② 该日期系海关总税务司赫德向清廷奏报章程的时间。该章程系由江门海关税务司拟就,经驻江门各国领事"均无异议"后,清政府颁行。参见颜世清、杨毓辉、胡献琳编:《光绪乙巳(三十一)年交涉要览》上篇卷一"行船门",第 62 页。

第六款，凡船只进口或由本国领事官代为报明本关，或将往来西江轮船牌照暨进口舱单及船钞执照呈关查核，其由通商口岸来者并将该口总单呈缴，随由各货主将其货色、件数、斤量、价值、号数等情，用华、英文开列，报单呈关，请领起货准单，即将该货，或卸入本关挂号之拨船直赴本关码头候验，或妥具保结卸入囤积商栈趸船内，呈请派人往验，俟由关验明后，领取验单，完清税银，方能放行。

第七款，凡欲出口之各货，须先由货商开单，将货色、件数、斤量、价值、号数逐件开明报关，并将货物运赴海关码头请验，随由关发给验单，完纳出口税银，方能发给准单下船。

第八款，凡各货起下清完，遵纳各项税钞，即由本关发给红单，领回船牌等件，该船方准开行出口。应由本关将该船舱口封闭，并可派员随同该船往返西江。

第九款，凡欲下船之货，已经领有准单，因船载已满，复行退回，必须报关候验方准起去。

第十款，凡船只进口，倘有军器等件，未领本关之军器专照，不准擅起。若有火药炸裂等物，及特制炸药之料，一经进口，须在鲤鱼山之东，即本口停船界外停泊，并在桅上悬挂红旗，至应如何起卸，须候海关指示遵行。

第十一款，凡进口洋货，该商可将置货原单呈关查核。倘置货原单内未将水脚保险等费开列明晰，即由本关按照该单货价再加一成核算值百抽五之税数。惟此单亦可不认为市价，由本关自行估值核税。

第十二款，凡洋商雇用民船，除将自置之货，由此通商口运至彼通商口外，不准另作别用。该商必须赴关，立具保结，请领专牌等件备查。

第十三款，凡船只之在本口内者，该船主不得任令船上人等将压载重物以及煤渣炭屑等类乱弃入河。

第十四款，凡商人欲在口内建设浮桩，须先报明理船厅，察看地方及所安该桩之锚链是否妥当，方准建设。如遇有无船系缆之桩，应由理船厅随时酌量谕令别船停泊。

第十五款，凡轮船一经入口，即须缓驶。

第十六款，凡在口内之船，除照各国所定免碰章程，应放汽号，俾人警备外；不准无故将此项汽号，妄自放用。

第十七款，凡船只进口，应由船主将该船于路在何处见有礁石，何处见有浅水,何处水道见有变更等情,报知理船厅。

第十八款,本关除礼拜日暨照章封关日外,每日午前十点钟开关,至午后四点钟封关。所有本日欲行出口之船,其呈递舱单,请领下货准单等事,应在三点钟以前赴关办理,以免延误。至投递各项公文信函,必须写明呈交本关税务司收开,庶无错误。

以上各款办法,倘日后查有窒碍之处,可随时酌量删改增添以归妥善。

中英《设办山西熔化厂并山西铁矿合同》①

光绪三十一年三月十九日(1905 年 4 月 23 日)②

北京

一、山西商务局将批准专办之盂县、平定州、潞安、泽州与平阳府煤铁以及他处煤油各矿，光绪二十四年商务局与福公司订立合同，转请福公司办理限六十年为期，现经议定中国愿与福公司合办以上盂平泽潞等处铁矿，以及化铁需用之煤与炼焦炉，福公司应允中国合股开办以五成为度，自给凭单之日起，六十年为限，其限期之内，中英董事人数相同，平权办理，合办派股之时，所有福公司创始已用经费，如实有单据可凭，确系为铁矿事宜所用，准其分派核算拨入股本项内。其详细合同，另行会订。至以上所指各处煤矿，如亦愿意合办，届时由山西商务局与福公司再行商议。

二、中国国家自筹资本准在晋省设立熔化厂，允将中国与福公司合办铁矿之铁砂交由国家熔化厂炼成铁砖，以便易于火车装运。此熔化厂或设在就近产铁之处，或在就近铁路之处，由彼此商定相宜地段，安置其化铁炉，式样自必选取各国最新最精之图样估算办理。届时福公司如有图样、价值，亦可一并呈送，由督办大臣择其极相宜者办理，以期工速费省。如果矿务兴旺，推广办理实多裨益，应准商量中国国家推广办法，以期尽善，而保厂矿彼此利益。

三、熔化之费，彼此商订公道之价。该厂如实系自己需用之煤及焦炭，倘欲在第一款所指各处之煤矿购买，须订一额外价值，比外卖之价略减。该公司尽先供用，该厂既设之后，国家须时常保全妥当合用，而该公司除国家允准外，不得将铁砂寄往别处熔化或别法销用。该厂亦不得于该公司交炼铁砂有所耽延。

① 中国第一历史档案馆、北京大学、澳大利亚拉筹伯大学编：《清代外务部中外关系档案史料丛编——中英关系卷》第一册，中华书局，2006 年，第 123—124 页。

② 该日期系清廷批准缔定约章的时间。

四、该厂及日后推广之厂均系中国国家物产。该厂督办大臣应自遴用合式化铁工师,如届时中国尚无称职之人,应向英国选聘,由督办大臣与该工师另订聘用合同。

中英《闽省向汇丰银行借款合同》①

光绪三十一年三月二十二日（1905 年 4 月 26 日）

福州

立合同:福州将军崇善(官印)、汇丰银行,今将定议借款所立合同各款,开列于后:

一、福州汇丰银行愿借福州将军银三十万两。其借款、还款均照福州银价核算,以七百一十七两当洋平银一千元,三十万两即合洋平银四十一万八千四百一十元正。

二、于所借之日起,限三年还清。自划押六个月后,如福州将军欲先期还款,或全数、或分数,听从其便,惟须一月前,预先知会汇丰银行所还之数若干。

三、其利息每年以七厘算,随时照本算息。自交银之日起息,每三个月还息一次,款清还,息即止。

四、福州将军暨承接将军者,俱应承认本息;并须将兴化府之涵江、临近厦门之铜山、泉州三处常关每年所征税饷约三十五万两(该常关系属福州将军管辖,自有典押之权),及以现建未竣之马江闽关铜币总局及局内所得之利为押。如期内本利不欠,不得干预,如到期本利欠付,即应将约内所指该省常关税饷交与海关办理;汇丰银行亦得将铜币总局之产业出息作抵。嗣后若再有抵马江铜元局并所指常关税饷款目,总以此项借款本银利息尽先赏还。此款或全未还、或未还清以先,倘有用该马江铜元局并所指常关税饷借抵他款用付本利一切事宜,不得订明在此次借款之前,亦不得订明与此次借款平行办理,并总不得令此借款以该马江铜元局并所指常关税饷期内抵还之质保有所窒碍减色。将来若再订立抵以上所言马江铜元局并所指常关税饷之借款,务于合同内载明所有付还本利等事,俱在此次借款之后办理。

---

① 中国人民银行参事室编:《中国清代外债史资料》,中国金融出版社,1991 年,第 647—649 页。

　　五、自合同签押后，福州将军应即奏请上谕批准。准后由外务部照会驻京英国使臣，由使臣谕知汇丰银行该合同已奉奏准，汇丰银行应将借款洋平银四十一万八千四百一十元交付福州将军收取。

　　六、今欲有凭，立此中、英合同两份，各执一份为据。合同内字眼不明，致生枝节，应以英文合同为准。

　　光绪三十一年三月二十二日　西历一千九百零五年四月二十六号立合同

中外《罗马万国农业会公约》①

光绪三十一年五月初五日（1905 年 6 月 7 日）

罗马

第一款，在罗马京城设立万国永久农业会。

第二款，本农业会应属国家建设之会，入会各国遴派会员，赴会代表本农业会组织总会、常会各一，其组织及职权归下载各款妥定。

第三款，本农业会总会，由入会各国代表组织而成，每国不论派会员多寡，在总会内均有权利投票，投票数目各照第十款内载所属之等级而定。

第四款，总会每次开会，在会员内公举会长一员，副会长二员。嗣后开会定于先一次总会订定之日，会议条目由常会拟议，入会各政府决择。

第五款，总会秉本农业会综理大权，总会察核常会预备之组织事宜及本农会内容之作用，条议限定经费总数，并稽查核准账目，总会将本农业会因更张之故，以致增添经费，扩充职权各节，请入会各政府核准，并订定会期，拟议会章。

各会员前赴总会已满入会各国投票数目三分之二者，即可讨议事件。

第六款，本农业会办事权付托常会。常会归总会调度稽查，实行总会讨议之事，并条议事件交总会采择。

第七款，常会由各政府所派会员组织而成，入会各国各派一员前赴常会代表。然甲国可派入会之乙国会员兼行代表。惟会员实数不得在十五员以下，常会内投票程式照第三款内载总会投票程式。

第八款，常会在会员内公举会长、副会长各一员，三年一任。该会长、副会长亦可续举接充常会，厘定本会章程，票决本农会预算年款，年款数目以总会拨给之款为限。常会公所办事员、司事，归本会进退；常会总文案一员办理总会文案。

第九款，本农业会办理各国农政自有限制。开列如下：（甲）应将关系

① 薛典曾、郭子雄编：《中国参加之国际公约汇编》，第 873—874 页。

农政、动植出产、农产贸易以及各埠行情之统计技术财政各项报告赶紧搜集研究宣布；(乙)应将上载一切报告通知关系之国；(丙)应指示农田工价；(丁)应将无论何处出现之植物新病指出受病地方，病之进步，及治病良方一律报告；(戊)应将关系农政之协助保险及劝农银行各种问题一体考察，并应将各国内有裨协助农工、农务保险、劝农银行等组织之报告概行搜集宣布；(己)应将广搜万国公会或其余农务公会陈明之意旨，及农学专门民立农会，翰林院博士会等项之紧要报告后，所设保护农夫公利改良，农夫条款之法，请各政府核准。关涉特别一国之财政、法政、行政一切问题应在本农会界限之外。

第十款，列入本农业会各国分为五级，各以每国欲列何级为次，每国自愿投票及输纳金额数目按照下开等级：

各国等级　一级　二级　三级　四级　五级

投票数目五票四票三票二票一票

金额股数十六股八股四股二股一股

每股金额至多不得过二千五百佛郎，头二年每股金额不得过一千五百佛郎。此系暂时办法，各属地一经所属之国陈请准入本农会与自立之国一律办理。

第十一款，本合同日后批准从速交义政府互换，全权各大臣签画本合同各盖图章以昭信守。本合同缮写一册存在义大里外部，录副各册校对无讹由外政人员转交结约各国。

一千九百五年六月七号订于罗马

（各国代表名单略）

中德《豫省向克虏伯厂定购快炮合同》①

光绪三十一年五月十五日（1905 年 6 月 17 日）

开封

立合同：克虏伯厂驻华经理人上海信义洋行李德，今承河南按察使司钟、河南布政使司瑞、署河南督粮道胡奉河南巡抚部院陈委。定购德国克虏伯厂七生的半陆路并过山管退快炮三队。计十二尊。随带各件价值。条议分别详列于左。计开：

七生的半三十倍口径长最新式陆路管退快炮两队，计八尊，连钢罩护板附属各件全备，每尊厂价二万三千七百马克，共计十八万九千六百马克。药弹车四辆（并钢罩护板附属各件全），每辆能装子九十六出，每辆厂价七千二百马克，共计二万八千八百马克。铁匠器具预备物料车一辆（附属各件全），每辆厂价一万三千八百马克。陆路炮鞍套皮件十三副（备七匹马所用），每副厂价一千六百五十马克，共计二万一千四百五十马克。开花弹八百出（底火引信铜壳火药炸药全），每出厂价三十一马克，共计二万四千八百马克。钢子母弹八百出（底火引信铜壳火药炸药全），每出厂价四十九马克，共计三万九千二百马克。共计厂价三十一万七千六百五十马克。

七生的半十四倍口径长最新式管退过山快炮一队，计四尊。炮管连炮闩、炮管、随件炮管备件四副。瞄准各件四副。管退过山炮车四辆（每辆可以分折连斜度取准，并带可以起落之伹铲，连银钢护板）。全炮随件四副。每尊连护板厂价一万六千零七十五马克，共计六万四千三百马克。驮炮管马鞍（连皮带，或系马鞍用，或拉车用均可）四副，每副厂价二百二十马克，共计八百八十马克。驮炮车马鞍（连皮带）十二副，每副厂价一百九十马克，共计三万九千二百马克。共计二千六百四十马克②。

弹子箱（每箱可储弹子六出）三十二只，每只厂价九十五马克，共计三

---

① （台湾）"中央研究院"近代史研究所编印：《海防档》甲编，第 1099—1102 页。

② 此处计算有误，原文如此。

千零四十马克。圈开花弹(连碰引火及铜壳火药)四百出,每出厂价二十四马克五十分,共计九千八百马克。铜子母弹(连二十秒钟之双引火)四百出,每出厂价四十二马克五十分,共计一万七千马克。共计厂价九万九千九百四十马克。

以上陆路过山两项管退快炮并各件,厂价共计四十一万七千五百九十马克。除去九五扣,计二万零八百七十九马克五十分。净价三十九万六千七百十马克五十分。外加运至汉口交货水脚保险装箱等费,按二十二分核算,计八万七千二百七十六马克三十一分。统共计四十八万三千九百八十六马克八十一分。

一、议立合同之后在上海先付定银四分之一,计十二万零九百九十六马克七十分。按付银之日银行电汇行市计算,此款信义收到,即出收条为据。第二批四分之一,计十二万零九百九十六马克七十分,俟炮件到汉口全数交清,半个月内在上海如数照付。第三批四分之一,计十二万零九百九十六马克七十一分,应于交炮之日起,六个月限内,在上海照数付清。如届时筹款维艰,或展至十二个月限内,自交炮之日起,在上海如数付清亦可。惟此展期六个月,须按月五厘起息给还信义。第四批四分之一,应于交炮之日起,十二个月限内照付,如因第三批推展,则第四批亦可递推六个月期,在上海照付,仍按五厘起息。以上系属极为通融办法,照所议展缓之期还款,不得再逾。

二、议水脚保险等费二十二分。所有炮件子弹等件,倘因战事禁阻,不能来华,所有费用,应归信义承认。炮件上船,如遭风波不测,应由信义自向保险行家理论索赔,一面即速重购运交。

三、议付过定银之日起限十二个月,将前开各件,一律运到汉口交货。如有过期迟延未交之货,照所领定银数目,由信义认罚一分利息交出。

四、议该炮应请河南抚院咨照德国中国出使大臣派员试验,一面函致克厂于造成日之先,由克厂备文呈请中国使臣查照办理。委员验后,克厂装箱,应寄装箱件数清单,并放炮表、水碾(银)尺、操炮书等件,每炮应有二分,不得遗漏。至于弹炮车轻重,附属零件若干,另有克厂清册为准。

五、议以上各货,均在汉口码头交货后,再有意外各事,与信义无涉。惟点验须在开封,应由信义派人随同来汴,会同点验。如有短少零件,及中途损坏,仍惟信义是问,必须在一月内。点验完竣,不得再向理论。

六、议在克厂试验该炮时,如有朽坏及燃放不灵,即可按照所付定银,退回定银,退回坏炮。并从收银之日起,照银数以一分算息,由信义交出,此合同即行作废。

七、议以上炮弹各件,由外洋上船到沪之前,应先请河南抚院发给中国进口免税单放行。炮未到之前,信义应预先禀报,以便发给。

八、议此次购炮各项厂价,悉照南北洋一律,如将来查有与南北洋差一马克,可照十倍议罚。

九、议此项合同用华文两份,各执一份存照。

河南布政使司瑞

河南按察使司钟

署河南督粮道胡

德商信义洋行李德

见证人沙尔　庄籙

中法《三盛公教案赔款议结合同》①

光绪三十一年七月二十四日(1905 年 8 月 24 日)

阿拉善旗

为立合同事:缘光绪二十六年拳匪肇乱,本旗道洛苏海三盛公地方向有教堂,经准宁夏部院移开恭录上谕,令将教士驱遣回国,教民解散,恐被拳匪扰害在案,因而虽有护送教士。次(兹)有教堂遗失物件,控经五年,尚未拟结。今奉法国吕使、庆亲王、那尚书议断,将该三盛公教堂之赔款以银五万两了解,永断葛藤等因。本旗即将双爱堂名下三盛公与附近十处教堂旧有租种地及毛闹海之地共十一处抵押与教堂作典价三万两,不计年限;现交宁平银一万两,下余银一万两,自明年起,每年十月内交银二千五百两,仍以宁平交付,作为四年归清此项。所押地亩,乃地无租银无利,俟后银齐到赎回,照章出租交旗。自二十六午以后,本旗与教民交涉嫌疑各件,亦入此次赔款内,一并和息,一了百了。嗣后本旗与教堂共相和好,永杜争端。恐口无凭,特立合同两张,各执一张为凭,所立合同是实。

立写合同人:总理三盛公一带教堂主教:闵玉清,记名协理四等台吉:那木吉勒,梅林章京:格立如,副参领总管:莽哈赍,佐领:巴依尔图。

---

① 参见颜世清、杨毓辉、胡献琳编:《光绪乙巳(三十一)年交涉要览》上篇卷二"传教门",第18 页。

中比《绥远定购过山快炮合同》①

光绪三十一年八月初一日（1905 年 8 月 30 日）

北京

为立合同事：大比国驻京汉文参赞林阿德，今蒙大清国垦务大臣绥远城将军贻，饬派花翎补用都司胡恩光、记名副都统花翎协领荣昌、蓝翎即补佐领防御景云等，来京面托代购比国考克利尔厂所造新式第二种钢过山快炮六尊，并各种子弹、马鞍、弹箱，及零件各项俱全，所有价值并应载议款九条。详开于后。计开：

一、定购比国一千九百零五年考克利尔厂所造极新式第二种四十七米利迈达口径长钢过山快炮六尊，计为一队之数，所有炮车轮、马鞍、弹箱，并应用一切零件俱全。每尊计英洋四千元，核行平化宝银二千八百六十两，共合一万七千一百六十两。

二、购定考克利尔第二种过山快炮用无烟开花弹一千二百颗，连引火每颗计英洋九元，核行平化宝银六两四钱三分五，共合七千七百二十二两正。

三、购定考克利尔第二种过山快炮用无烟子母弹六百颗，连漫药嘴，每颗合英洋八元，核行平化宝银五两七钱二分，共合三千四百三十二两正。

四、议定此项炮位并所用零件，及按照华马用造驮鞍、弹箱、弹药等项，另有清单，均须新造顶上工料。倘运到津，查有锈坏，或非新造，工料不精，以及不合附寄炮表开列各项情形，均须退还认罚。并迅速补运，言明倘有退换，仍按定期交换清楚。过期加倍认罚。

五、议定此炮价值分为三次交付。自立合同之日，先交定银四千七百一十九两，汇交天津汇丰银行兑收，为第一次款。此炮在比造成出厂，先有大比国驻华公使印章之信来绥，再付一万八千八百七十六两，汇交天津汇丰银行兑收，为第二次款。下余四千七百一十九两，俟炮弹等项全数运到

① （台湾）"中央研究院"近代史研究所编印《海防档》甲编，第 1116—1117 页。

天津,第件验收清楚,如数兑交。彼此照期,倘有耽误认罚。

六、议定此炮自收到定银之日起,限十个月运至天津,在华管界内交收。所有运保装箱等费,均在价内。至沿途无论有何意外之事,及兵险水险,一切由比派议员承管,概不加费。惟有华境津、沪海关,应由绥远将军先期咨明发给护照,以便验放无误。

七、议购此项炮尊,系大比国驻华公使葛,大清国绥远将军贻,派员议办之件,并非购于商手,言明货真价实,以笃邦交,不扣用钱使费一切。以后查明倘有私受用费者,分别赔缴。

八、议定立合同一式两纸,签押后各执一分,以为存证。

九、议定此项炮位,应需无烟子母弹开花弹。以后如若不敷使用,仍照此次所定价值,陆续购买,以期接济。

大清国钦差垦务大臣理藩院尚书衔绥远城将军贻,大比国钦命驻清全权大臣便宜行事世袭一等男爵葛。

大清国绥远将军派委花翎补用都司胡恩光　记名副都统花翎协领荣昌　蓝翎即补佐领防御景云　大比国驻京大臣派委汉文参赞官林

光绪三十一年八月初一日

中德《绥远购买枪支合同》[①]

光绪三十一年七月（1905 年约 8 月）[②]
天津

《合同一》

立合同：天津德商泰来洋行肃茂，前承钦差垦务大臣理藩院尚书衔绥远城将军贻、钦差花翎归化城副都统世袭二等刚烈男文，于光绪三十年间，向泰来洋行定购一千八百九十三年分新式七米里口径五响毛瑟步枪六百杆，马枪二百五十杆，随带刀头、皮带、皮盒、背带、刀头皮套等件俱全。并购五响毛瑟子弹一百万颗，单响毛瑟子弹十万颗。统共计行平银六万八千二百两。言明光绪三十一年二月间，在天津紫竹林码头交货，早经订立合同签字在案。于今年三月间绥远委员抵津，验收五响毛瑟子弹一百万颗，皮带八百五十条，背带八百五十条，皮盒一千七百个，刀头皮套六百个。如数验收清楚，并无异言。惟步枪六百杆，马枪二百五十杆，经委员验收，该枪并非新造且零件号码不符，是与原订合同不合，业已商妥。将步枪择其优者，挑选一百杆。其余五百杆，由泰来向外洋定购仿照一千九百零四年分所造新式七米里口径毛瑟步枪五百杆，与一千八百九十三年枪子合膛配用。至马枪二百五十杆，为数甚少，外洋定造未便，只得作退。将来泰来由外洋定购马枪之时，再行定议。所有应议各项条款，开列于后。缮具珍华文合同一式两纸，各执一纸存证。

计开：

一、议前项定购步枪，仿照一千九百零四年分所造新式七米里口径毛瑟步枪五百杆，言明与一千八百九十三年分枪子合膛配用，限定七个月包运至天津紫竹林码头交货。倘验收时，或再有前项零件不符，号码不对，并

---

① （台湾）"中央研究院"近代史研究所编印：《海防档》甲编，第 1114—1116 页。

② 该合同订立月份日期未查明，此为根据前后购买合同推定的时间。

非新造等弊，子弹亦不合膛，任凭议罚。马枪二百五十杆，因外洋为数甚少，不便定造者，即行作退。将来泰来向外洋有订购时，再当定议。

二、议马枪二百五十杆，既经作退，所有枪上皮带、背带、皮盒等件，自应一并缴还泰来，以杜轇轕。

三、议前项马步枪八百五十杆，以及枪上零件俱全，五响毛瑟子弹一百万颗，单响毛瑟子弹十万颗，统共计行平银六万八千二百两。除已收过两批价值行平银四万五千一百两，下余行平银二万三千一百两。再除退去马枪二百五十杆，每杆行平银二十四两五钱九分，共计行平银六千一百四十七两五钱外，实欠泰来三批价值行平银一万六千九百五十二两五钱正。待步枪运到验收后，即行如数找清勿误。

四、议步枪五百杆，由外洋起运来华途中，倘遇风波不测遗失等情，由泰来自向保险行理论，一面补购速运，勿误应用。

五、议中国进出各口护照及专照，由绥远自行办理，交由泰来预为报关，以便津沪洋关查验放行，免得阻滞。

蓝翎即补佐领防御景云　记名简放副都统花翎协领荣昌　花翎即补守备胡恩光

德商天津泰来洋行肃茂

《合同二》①

立合同：天津信义洋行李德，今承蓝翎即补佐领防御景云、记名简放副都统花翎协领荣昌、花翎补用守备胡恩光，奉钦差垦务大臣绥远城将军贻委，向德国定购一千九百零四年最新式五响毛瑟步枪三百杆，每枪带背带一条，刀头一把，枪口盖子一个，每枪实价计行平化宝银二十六两五钱，共计行平化宝银七千九百五十两整。又定购一千八百九十三年最新式五响毛瑟马枪五百杆，每枪带背带一条。每杆实价计行平化宝银二十四两五钱，共计行平化宝银一万二千二百五十两整。综计行平化宝银两万零两百两整。以上两项枪枝，系照绥远原有子弹配造，务须相符。所有价值，系连水脚保险装箱各费，一应在内，概不加费。应载条议详列于后。计开：

---

① （台湾）"中央研究院"近代史研究所编印：《海防档》甲编，第1117—1119页。

一、议定以上两种枪件，均须年分符合，制造精良。倘于运到天津验收时，查有锈坏或非新货，工料不精，皮带不坚等情，听凭驳退，另行换缴，并须从重议罚。

一、议定以上所定两种枪枝，均照带来德国一千八百九十三年七密里口径五响毛瑟枪上子弹，配造一切。枪口径、枪膛、弹膛、来复线，以及药力、子弹铜壳、枪子框夹等，务必符合。如枪到天津验收时，各试放一出。倘有不合用之处，另行缴换，并须认罚，不得异言。

一、议定以上枪价，共计行平化宝银二万零二百两，分作两批交付。第一批自立合同之日，先交定银二千两。其余一万八千二百两，系货到天津验收清楚时，再行如数付清，决无迟误。

一、定议以上枪件，自立合同签字之日起，限七个月内，运至天津紫竹林交卸，不得过期。如因战事禁阻，信义不能认逾期之错，倘实系误期，信义亦不能藉有战事推托，如果查出，务须认罚。

一、议定此枪如由德国装运来华，途中遇有风波遗失等事，信义自向保险行索赔。一面将失事情形，知会绥远。一面如数另购，迅速重运，不得迟误。

一、议定此枪由德国运至天津，无论有如何意外，运脚及水险、兵险一切，由信义承管，概不加费。

一、议定以上枪件在天津紫竹林验收，须与信义行中枪样一式。一经合式验收后，此后如有碰损，与信义无涉。

一、议定此枪如有前议各条退换重运等事，仍按七个月限期交换清楚。倘有迟延耽误，逾重定七个月限期者，务须从重议罚。

一、议定此次所定枪件，货真价实，不扣用费。以后查出倘有私受用费者，务必分别议办赔缴。

一、议定此次购定枪枝应需子弹，系因绥远自有，是以未曾购买。倘以后子弹不敷使用，仍向信义照枪购办。其价值亦照随时行市定议，决不挟制，以笃交谊。

一、议定马步枪随带枪表图说各一分。

一、议定中国进出各口免税护照，由绥远先行发给，以便查验放行。

一、议定立合同一式两份，签字后各执一份存照。

蓝翎即补佐领防御景云　记名简放副都统花翎协领荣昌　花翎补用

守备胡恩光

天津德商信义洋行李德

再议所有合同内,原议订一千八百九十三年式之毛瑟马枪五百杆,因立合同后接外洋电称,德国大厂因老式已经停造。是以三面重行议定,改为一千九百零四年最新式毛瑟马枪五百杆。照前价每杆另加行平银一两五钱,五百杆计加价银七百五十两,俟交枪后一并照发。

中外《海船免碰章程新增引水轮船悬灯新章》[①]

光绪三十一年八月二十三日((1905年9月22日)[②]

北京

　　带水船在本段洋面带水之时,不用他船应用之灯。但在桅顶悬一白灯,务使四周能见。又隔少顷,须显上射之灯,或一点,或多点,但不得过十五分钟之久。

　　木船行近他船,或他船行近本船之时,即燃备用之船旁灯,每隔少顷,即须闪动,使知本船所在。但其绿灯不得显于左,而其红灯不得显于右。带水船应靠他船接带水人上船者,可将白灯示之,不必悬于桅顶。又可另备一灯,一边为绿玻璃,一边为红玻璃。用如上法,不必用上所云之色灯。

　　带水汽船专为带水人领有带水官或带水会之执照文凭而雇用者,当在本段带水,而非停泊之时,除照各带水船备用各灯外,应在桅顶白灯下八英尺悬一红灯,务使四周能见,且当黑夜气清之时,相距至少二英里远亦能望见。又当行船之际,须挂船旁色灯。

　　当在本段带水或停泊时除照各带水船备用各灯外,须挂上文所云之红灯,但不用船旁之色灯。

　　带水船非在本段带水之时,其所用灯与他船按吨区别之例无异。

　　①　颜世清、杨毓辉、胡献琳编:《光绪乙巳(三十一)年交涉要览》上篇卷一"行船门",第70—71页。

　　②　该公约系光绪十五年及其后的《航海避碰章程凡例》等的增加条款,谓"万国海船免碰章程新增第八款"。该日期系清政府批准实行章程的时间。

中外《海船免碰章程新增渔船应用灯号新章》^①

光绪三十一年八月二十三日（（1905 年 9 月 22 日）^②
北京

凡各渔船当驶行之时，若本条内载明无须悬挂下列各式之灯，即应悬挂与本船吨数相等之船只所用之灯。

一、凡蔽面之船，当夜内捕鱼之时，所用之网具，若在海面平伸不过一百五十英尺之远，即须悬挂圆式白灯一个；若多过一百五十英尺之远，当与他船相近之时，再行添挂白灯一个，此灯较第一灯至少须低三英尺，并须悬挂于网具所伸之方向，较第一灯平离至少五英尺之远。

二、除蔽面船之外，凡用浮网捕鱼之船，当网具在水内之时，即须于显明之处，悬挂白灯二个，此二灯上下相离不得少过六英尺，亦不得多过十五英尺。平离不得少过五英尺，亦不得多过十英尺。低处所悬之灯须在网具所设之方向，两灯均悬于四方易见之处，其灯光须令至少三英里之远可以易见。凡二十吨以下之渔船，当在地中海或日本、韩国海滨之时，亦可不用低处应悬之灯，惟与他船相近之时，则仍须于该处悬一白灯，并令此灯至少于一海里之远可以易见。

三、除蔽面船之外，凡各船以钓丝捕鱼之时，或正停泊，或如第八节所载之情形停留未行，即须悬挂用浮网捕鱼之船所用之灯。如所用之钓丝或伸出船前，或在船后拖带，即须悬挂汽船或帆船驶行时所用之灯。当在地中海或日本、韩国海滨之时，如此等船只重不过二十吨者，亦可不用低处应悬之灯；惟与他船相近之时，则仍须于该处悬一白灯，并令此灯至少于一海里之外可以易见。

四、凡汽船拖带网具于海底，即须按第二条之第一节所载之白灯应悬

---

① 参见颜世清、杨毓辉、胡献琳编：《光绪乙巳（三十一）年交涉要览》上篇卷一"行船门"，第71—73 页。

② 该公约系光绪十五年及其后的《航海避碰章程凡例》等的增加条款，谓"万国海船免碰章程新增第九款"。该日期系清廷批准实行章程的时间。

之处悬挂白绿红三色灯一个。并于三色灯之下，离三色灯至少不过六英尺，至多不过十二英尺之处，另挂白灯一个，使四方可以易见。若系帆船，即须悬挂白色灯一个，使四面均可易见。当与他船相近之时，再于明显之处添挂闪灯，或火把一个，以防相碰。

此节内所言之灯须于至少二英里之远可以易见。

五、捞蚌船及他船之用拉网者，应行备带及悬挂之灯之式样，与小渔船所用者同。

六、凡大小各渔船不论何时，除本款所载应行备带并悬挂各灯外，可添用摇光灯一具。

七、凡大小渔船长在一百五十英尺以内者，于停泊时应悬挂一白色之灯，以周围至少一英里远之海面能见者为合式。

凡渔船之长在一百五十英尺或一百五十英尺以外者，于停泊时应悬挂一白色之灯，以周围至少一英里远之海面能见者为合式。并应再悬一第二款内所载此项船只应挂之灯。

此等船只长或在一百五十英尺或以外或以内，若配有渔网或他项打鱼器具，于行近他船时，应于停泊灯号以下，至少三英尺处，添挂一白色之灯，此灯至少应距离五英尺之远，向渔网或他项打鱼器具之处悬挂。

八、凡大小船只，若于打鱼时，因器被石块阻滞或他项阻窒而逗留之白昼，应扯下第十条所载应用之白昼记号，夜间用停泊之灯号，凡濛雨雪雾暴雨之际，亦用停泊之号。

九、凡濛雨雪雾暴雨之际，用漂网之船，而与网附联者，暨用各项拉网之船，以及用绳线打鱼之船之已将绳线撒出者，如载重总数在二十吨或二十吨以上者，应于每一分时内鸣笛一次，汽船用汽笛，帆船用雾笛；每鸣笛一次，亦必摇钟一次。其渔船载重在二十吨以下者，不必用以上所言之记号，惟应用他项应用之声号，于每一分时内鸣一次。

十、凡大小渔船用网或绳线打鱼时，遇有他船驶近，白昼应以篮或他项最易看视之标记相示，以使该船知其所据之处。凡大小船只停泊时，如在海内设有打鱼器具，他船驶近时，亦用此项标记，在该船经过之本船旁面相示。

中比《甘肃延订洋员开采石油矿产制造油烛糖酒合同》[①]

光绪三十一年九月十五日(1905 年 10 月 13 日)

兰州

甘肃洋务局为立合同事,兹奉陕甘总督部堂升批准开办玉门县石油制造洋烛、洋胰并种萝菔造糖,葡萄造酒,拟设立公司,名曰甘肃制造油烛糖酒公司,聘用比员林辅臣为公司总办,并先赴比雇匠购机,以凭试办。且议定不用洋股,并不令该比员入股,将来有无盈余,皆应归中国国家,以免利权外溢,爰与订立合同,彼此签押。此合同内,甘肃洋务局称为甘肃矿务局,比员林辅臣称为公司总办。用将各条开列于左:

一、玉门石油现由甘库拨款开办,延聘比员林辅臣为公司总办。该公司总办应认明石油为中国自有之产,即应认明矿务为中国自主之局,所有一切应办事宜,须会商矿务局转禀陕甘总督部堂,听候指示办理。倘矿务局于所拟办法有所未惬,公司总办务须仿照最佳之办法,照改以为长远之计。

二、设立公司兼办造烛、造胰、造糖、造酒各务。该公司总办驻甘多年,素有闻望,既承中国委用管理公司,亟宜认真办事,广辟利源,至有与局员会商事件,尤须和衷办理,以期诸臻妥协,毋负委任。

三、设立公司原为甘肃兴利,且以联络官民,预息纷争为要,自应由甘肃矿务局会同公司总办酌派照料委员一人,又设管理账务司事二人,其薪水均由公司筹备。至开办以后,应用员绅,届时再由矿务局会商派委。

四、公司总办现为甘肃矿务局所用,应每月由局支给薪水夫马费银三百两,由公司开办之日起算,共现时领去库平银二千两作为川资,并照华官出洋例,给予三个月薪水以为整装银两。该公司总办亦须体恤边地,诸从

① 王克敏、杨毓辉编:《光绪丙午(三十二)年交涉要览》中篇卷二"矿务门",北洋洋务局纂辑,北洋官报局代印,1908(光绪三十四年刊印),第 73—75 页。

俭约。

五、公司总办既为中国聘用管理石油各事宜，凡应用华人工匠，自应由其选择收用，惟添雇洋匠，则须会商矿务局，听候核议，不得径行引用。至购置新式机器，需款更巨，尤宜会商办理。

六、石油开办之始，矿师工头自不能不选用洋人，倘日后华人中有精矿学谙习工程者，应由甘肃矿务局派充各项要职，公司总办务须与洋匠一律看待。

七、公司总办既议定愿支薪水不分红股，将来获有利益，除局中薪工费用，并按值百抽五作为落地税报效国家暨酌给局员奖赏，司事花红外，其余红利，无论多寡，概归甘肃公家。

八、公司总办如能兼制萝菔冰糖、葡萄酒等物，以及开办别项制造，如系合办，则无论油烛糖酒，以及别项制造，只总给薪水夫马费三百两；如系分办，则除应得薪水夫马费外，再每月加给夫马费银四十两，以资办公。

九、局厂办事人员，无论华洋，皆须破除积弊。华员自督办以下，除应得薪水奖赏外，须立誓不赚公家一钱；洋员自公司总办以下，除应得薪水夫马费外，亦立誓不赚公家一钱，以期彼此相信弊绝风清。

十、公司总办承办各务，以三年为期，期满有效，仍留接办；倘到厂办无成效，或有不遵定章，贻误工程情事，不拘年限，即行辞退，原立合同注销，其薪水各费即于辞退之日停止；惟不得无故辞退。

十一、公司总办久居甘省，并非聘自外洋，如有事故被甘肃矿务局辞退或自己不愿承办自行辞退，无论回国与否，矿务局概不发给旅费川资。

十二、订立合同以后，甘肃矿务局如考察石油并不畅旺，且或多窒碍，其他制造亦无成效，应即由局知会公司总办，停止该公司，总办亦即将合同缴出作废，不得异议；惟不得无故停止。

十三、此合同经陕甘总督部堂核准后限六个月内开办，如逾一年之限，公司总办延不开办，则此合同作废。听由矿务局另聘妥人接办，该公司总办不得异言。

十四、公司总办如果办事认真，获利甚厚，不幸殁于厂所，甘肃矿务局应给以六个月薪水作为恤银，以酬劳勋。如开办并未获利，则只给以两个月薪水。

十五、现已订立合同，应缮具华文共四份，甘肃矿务局与公司总办比员林辅臣同时画押,盖用甘肃洋务局关防,分呈陕甘总督暨甘肃布政司衙门各一份备案,余二份,甘肃矿务局与比员林辅臣各执一份,以昭信守。

办理甘肃全省洋务总局　甘肃制造油烛糖酒公司总办比员林辅臣

光绪三十一年九月十五日订于甘肃省城

中日《招商内河轮船公司、大东汽船株式会社、戴生昌轮船局协定》[①]

光绪三十一年十月二十一日(1905 年 11 月 17 日)[②]

上海

立合同:招商内河轮船公司,大东汽船株式会社,戴生昌轮船局,镇江、清江、江浦班(以下单称长班),并镇江扬州班(以下单称短班),所有营生事宜,会同议定条项,开列于下:

第一条,所有长班并短班营生,除包雇轮船水脚外,搭客拖船并装货各种水脚,必须照下列各项,核算公派。

但所有因营生起开销及各种危险,各家自任,与公家无涉。

第一项,凡在搭客水脚百分之二十,在拖船装货水脚百分之四十,先归原公司,再除去应扣扣头,其余款照下列公派:

招商一千分之三百三十四;

大东、(戴)生昌各一千分之三百三十三。

第二项,各家水脚账目每日彼此报明,照西历每月底清账,若不符账目与船票者,船票为凭,如船票失收,则以票头票根为凭。

第三项,各家随时可得派人查察他家店局及船上账簿船票等。被查店局及船,不得无故拒查。

第四项,长班营生,除各家必须每日各开公司船一只外,所拖轮船二只,照下列该班日期轮流开航。惟不在班之公司船,俾该班第一家附拖拖船及装货,俾第二家拖带。若拖船及装货过多不能拖带,则俾第一家分拖或分装。

第一日　招商　生昌

第二日　生昌　大东

---

①　聂宝璋、朱荫贵编:《中国近代航运史资料》第二辑(1895—1927)下册,第 1333—1336 页。

②　该约章签订后,清朝邮传部于宣统二年五月十一日拒绝批准。参见《交通官报》第十七期,第 12—16 页,庚戌年六月份之前编。

第三日　大东　招商

第五项，前项所定轮流开班办法，将来若有因事态变动，轮船不敷，随时公议应三家齐开，以抵制利权之外溢。

第六项，短班营生，须照另订该班日期，各家轮流开行。

第七项，该班家若因轮船生变，或有他故无轮应班者，由空班之家代班；所有轮船租金，以及煤炭油纱等，均向值班之家收算；所有水脚，仍照第一项所定；分派公司船，亦照此例。

次日仍照第四项第六项所定，该班日期不得更改。

第二条，各家无论何等名目情由，不得添设店局，议定数目列下：

（一）镇江一处；（二）清江浦一处；

（三）扬州二处；（四）沿途各埠各一处；

但在镇江苏镇班局，及在扬州冬季另添一处，不在此例。

第三条，各家除第二条所定各局卖票外，一概不准发出客票，在外兜售。

第四条，各家第二条所定各局所售之票，统可通用；惟不得彼此诱掖客人，但出售船票，准用一天。

第五条，搭客拖船及装货水脚，俱照另订价目单售卖，无论何等名目情由，概不准折扣，但大东卖与日人票，稍扣一二，不准此例。

第六条，不拘何种水脚成一元者，须收大洋，若收小洋者，应照市价补收贴水。

第七条，若甲家屏斥不良之人，该家不允诺，乙家不得雇用。

第八条，各家为认真遵守此合同，议定违约定例列下：

第一项，违第一条第二项有意隐瞒水脚者，罚其水脚一百倍。

第二项，违第一条第三项拒查者，每次罚银一百两。

第三项，违第一条第四项第六项除救助瓜代包雇不问外，不应开班，而开班者或应拖带而不拖带者，每次罚银二百两。

第四项，违第二条添局者，在镇江清江浦，每局罚银五百两，在沿途各埠，每局罚银二百两，限三日内关闭。逾期每一日，在镇江清江浦罚银一百两，在沿途各埠，罚银五十两。

第五项，违第三条第四条及第五条者，在拖船票每张罚银一百两，在搭客票每张罚银五十两，在货色罚银其水脚十倍。

第六项，违第六条者，罚银其水脚十倍。

第七项，违此条所议定例，被罚者自议定日起，须在三日以内，交清银两；若期内不缴，当在申苏杭班原合同内所存银行约信内扣除。

此合同所罚银两，二家均分，被罚之家，须照数交清，不得以乙扣甲。

第九条，此合同签字盖印日起，三年为期，若期满前三个月，无知会，再续一年，次年亦照此例。

但虽期内因滋扰战乱其他不测之变，无可转圜者，将此合同作废。

第十条，此合同签字遵办之后，倘有意想不到窒碍难行之处，随时可以三家会议，斟酌商改。

招商、大东、戴生昌负责人吴瑞棠　远藤留吉　唐兰芬等签字，略

中法《巴塘教案议结赔款合同》[①]

光绪三十一年十二月十五日（1906 年 1 月 9 日）

成都

　　大清督办四川洋务总局署按察使黄、布政使许、候补道翁；大法钦命署理四川领事官何，大法驻炉主教倪。为议立合同事，照得本年三月间，巴塘肇乱，将牧、苏两司铎戕害，并杀伤教民多命，又烧毁巴塘、亚海、贡盐井等三处教堂，后经拿获匪要正法，故本总局、领事、主教商定办法，开列于后：

　　一、赔天主堂所。烧毁巴塘、亚海、贡盐井三处教堂，及赈济教民一切赔款，均照建昌道赵、主教倪所立合同，赔烧毁教堂及财产什物一切银四万两正。

　　副土司土寨让与主教作为教堂承业，价银一千两作为赔款，不在四万之内。

　　给银三千两作为教民日后营生之用。

　　所送本主教青稞三千五十四克为速赈济教民之用，共计价银五百两，作为赔款，不在四万两之内。

　　以上所议赔款银共四万四千五百两正，均由建昌道赵议结。

　　二、赔牧、苏两司铎被匪戕害并匪徒挖坏贝、美二司铎坟墓，应与修理立碑序文，并与贫苦老人修一养济院，俱由天主堂修理，共议四川通用九七平银七万八千五百两，由炉城地方官就近交由该处天主堂，所有修理各项有余之银，日后天主堂将作为乐善之用，如设教堂、学堂、医院等事，两共赔款九七平银十二万一千五百两。由打箭炉茶关拨付，所有交款日期另立一纸。

　　三、天主堂在江卡以内蒙喀鸭门等处先买有地，其地老契都存天主堂，因从前有乱，天主堂逃避，迄今未回，俟光景平静，可以回去，用守其地。江卡系属藏地，由天主堂禀请川督咨明驻藏大臣办理。天主堂若欲买地基，

---

　　① 　王克敏、杨毓辉编：《光绪丙午（三十二）年交涉要览》中篇卷二"传教门"，第 48—50 页。

与约章相合，该地方官须与维持。

四、若日后有旷典与别国教务，则法国教堂亦与焉。

五、由总督出示晓谕川属地方，如打箭炉、里塘、巴塘、鱼洞及四川所属土司地面等处，谓中外条约人人皆可自主奉教不准有人阻止等语。

此合同系由洋务总局禀蒙四川总督部堂批准签押，又由法领事商定电禀法国驻京钦使复奉电准签押外，须另立一纸呈法国钦使批准施行，共合同五张。

大清钦命四川总督部堂锡批准盖印　　大清督办四川洋务总局署按察使司黄　布政使司许　候补道翁押记　大法钦命署理四川领事官何押记　大法驻炉主教倪押记

大清光绪三十一年十二月十五日　　西历一千九百零六年正月九号

附录《巴塘教案附立付款合同》

大清督办四川洋务总局；大法钦命署理四川领事何，大法驻打箭炉主教倪为附立付款日期合同事，案因光绪三十一年十二月十五日，本总局、领事、主教所立巴塘赔款合同内载，赔款银十二万一千五百两，付款日期另立别据，由茶关兑付，兹已议妥，应立合同附后：

一、光绪三十二年二月付教堂银二万五千两正。

一、是年十月付二万五千两正。

一、光绪三十三年二月付二万五千两正。

一、是年十月付二万五千两正。

一、光绪三十四年二月付二万一千五百两正。

以上五期均由茶关概用九七平纹银兑付教堂。

中日《湖北汉阳铁厂向三井洋行借款合同》①

光绪三十二年正月二十日（1906 年 2 月 13 日）

上海

立合同：湖北汉阳铁厂（此后称铁厂）、上海三井物产会社（三井洋行）（此后称三井），因同日订立合同，铁厂允派三井在日本等处代为专销所造货料，为此三井遂允订此合同，借与铁厂日币一百万元，订立条款如后：

一、三井此项借款，或在汉口按照当时汇价付与铁厂，或付与铁厂所指无论何家银行，自西历一千九百零六年二月底起至十一月底止，分十期匀数付交，利息自每期付款之日起算。

二、铁厂每次收到款项，即出期票付与三井，由铁厂督办、总办签押。此项借款，按照后开日期分期付还。

一千九百零七年六月三十日付还日币十五万元；

一千九百零七年十二月三十一日付还日币十五万元；

一千九百零八年六月三十日付还日币十五万元；

一千九百零八年十二月三十一日付还日币十五万元；

一千九百零九年六月三十日付还日币二十万元；

一千九百零九年十二月三十一日付还日币二十万元；

每期付还款项，即将该数期票交还铁厂注销。

三、按年七厘半起息，即每百元按年七元五十钱，半年一付，即西历六月三十日、十二月三十一日。

四、汇价上下，铁厂担承。

五、如合同期内，铁厂另借款项还本付息，须先尽三井。

六、三井照另立之代销合同所售钢铁价款，或一月者，或数月者，如遇期票到期，可归三井收存，以资付还本利，如有不足，即在汉口查照汇价付银。其三井收存之款，按年六厘起息，即每百元按年六元。

---

① 中国人民银行参事室编：《中国清代外债史资料》，第 613—615 页。

七、如期票到期，铁厂不能照付，三井可将下开动物（产）执掌销售，至未清之款还清为止。

计开：

铁厂制造之各种钢铁货；

栈存之煤炭焦炭；

栈存之材料。

如以上所开各物不值所欠三井之数，三井仍可向铁厂追索，至还清为止。

八、无论期票到期与否，铁厂可将借款全数一时付还，或全数内之一部分亦可；惟代销钢铁合同，仍至期满始止。

九、如有争执，两造各请公正人一人评断；如仍难断定，由两造公正人合请一人，此人所断，即为定评。此合请之一人，须由两公正人于尚未评论其事之前，预先确定。

十、此合同借此款项，故铁厂保其用钱，详见代销合同。

十一、此合同华、英文各有三份，铁厂执两份，三井执一份；如有争执以英文为准。

光绪三十二年正月二十日即西历 1906 年 2 月 13 日

湖北汉阳铁厂督办　总办

三井物产会社（三井洋行）上海支店长（上海分行经理）

附录:《附款》

兹特订明:同日所订借款合同内第一、二款所开铁厂收到三井十期借款所出之期票十张，俟借款全数交齐，此项期票即改为六张，以一年为期，期满再换，新期票至该合同第二款所订还清之日为止。

湖北汉阳铁厂督办　总办

三井物产会社（三井洋行）上海支店长（上海分行经理）

中意《天津租界与铁路毗连地段互易合同》[①]

光绪三十二年二月十四日（1906年3月8日）[②]

天津

谨将铁路地段与天津意国租界毗连之处互换划线，订立合同，录折恭呈宪鉴：关内外铁路总办梁、吴（嗣后条款即称铁路）于中历光绪三十二年　月　日西历一千九百六年　月　号与驻津意国领事官教司第（嗣后条款即称领事官）订立合同，各款开列于下：

一、铁路允将自置地段在附粘第六图内：乙丙界线之南，又甲乙界线之西绘有红色者，划交意国租界，该图作为此合同之一款。

二、意国租界允照附粘第六图内乙丙界线之北，又甲乙界线之东绘灰色者划交铁路，该图作为合同之一款。

三、嗣后，彼此须认定该图上乙丙与甲乙两界线为铁路地段与意国租界分界公线，该线东北两边为铁路之地段，其西南两边为意国租界之地段。

四、无论铁路或意国要将乙丙、甲乙两界线画于彼此交界处，设立界石或别样标记，则须会同办理。

五、彼此互保，各有权柄，立此换地合同，永远可证明确系自置之产业。

六、彼此之继任人均须按照此合同内各款办理。

七、彼此须允将此合同条款从速详请督办山海关内外铁路大臣、大意国政府批准施行。

八、日后如须给予所互换地亩之契据，彼此须互相照办。

此合同照录两份，于以上所载之日期，由铁路与意国租界之代表人，当见证人在场，签名盖章，以昭信守。

关内外铁路总办　见证人

驻津意国领事官　见证人

[①]　天津档案馆、南开大学分校档案系编：《天津租界档案选编》，第409—410页。整个合同计有9款，前8款是条文，最后一款是地图。

[②]　此系直隶总督袁世凯批准合同的日期。见天津档案馆、南开大学分校档案系编：《天津租界档案选编》，第408页。

中外《拟定小轮倾弃煤渣章程》①

光绪三十二年二月二十四日（1906 年 3 月 18 日）②
上海

一、各项小轮无论系由何处内河驶来，一经抵口，务须即将所有烧剩煤渣起卸，交于海关所备之驳船查收。

二、各小轮船均应自备洋铁桶若干只，为足以暂时存放煤渣之用，凡在途中行驶之时，一概不准将此煤渣任意倾入沿路河内。

三、凡属常川来往贸易小轮之行驶各口者，应得每船每月一律缴洋两元，此数或由各口自定；亦可至别项小轮，或为官用，或为游历之用等类，应得每船每次一律缴洋三角。此项缴款均为津贴驳船装卸煤渣之费。

四、设有小轮不遵以上定章，一经海关察出，必定从严惩罚。其初次违犯者，罚银五两；第二次违犯者，加罚十两；以后再犯，则照此递加。惟至多罚不过二十两。

五、凡各小轮船驶往内地之未经通商口岸者，亦须将其煤渣存储洋铁桶内，不得任意倾入于沿路河中。一俟该小轮船驶回通商口岸之时，即可照章起卸于海关驳船。

以上定章，现在暂先作为试办，以后如有未尽美善之处，准可随时斟酌改良。

---

① 该章程由江海关税务司好博逊与各国驻沪总领事商定，经清朝外务部批准后，要求上海、南京、镇江、苏州等关"一体遵照"。参见王克敏、杨毓辉编：《光绪丙午（三十二）年交涉要览》中篇卷二"行船门"，第 16—17 页。

② 此系章程开始试行日期。

中外《万国邮会修订章程》^①

光绪三十二年闰四月初四日（1906 年 5 月 26 日）

罗马

万国邮政公会章程，由德国及其所保护之国、美国及其所属之各岛埠、阿根廷国、奥国、比国、玻利非亚国、波斯尼亚国、黑塞哥维那国、巴齐国、勃牙利国、智利国、中国^②、可伦比亚国、刚果国、高丽国、哥斯达黎加国、革哩底岛、古巴国、丹麦国及其属地、多明衣加国、厄瓜多尔国、西班牙国及其属地、爱提乌披亚国、法国、阿尔及耳国、安南内法属及其所保护之地方以及其余法国属地、英国及英国各属地、印度、澳斯他利亚、坎拿大国、新夕兰、南阿非利加洲之英国属地、希腊国、廊提马拉国、哈依提岛、哄都拉斯国、匈牙利国、义大利国及其属地、日本国、赖比利亚国、鲁生堡、墨西哥国、门第内哥国、尼加拉瓜国、那威国、巴拿马国、巴拉圭国、和兰国及其属地、秘鲁国、波斯国、葡萄牙国及其属地、鲁满尼国、俄国、萨尔瓦多耳国、塞尔维亚国、暹罗国、瑞典、瑞士国、突尼斯国、土耳其国、乌拉乖国、委内瑞辣国，公同订定。

上列各国于本章程后署名之全权代表，依照阳历一千八百九十七年六月十五日在美京华盛顿订立之万国邮政章程第二十五条，于罗马邮政博议大会特将该章程公同修订，候由各该国政府批准施行。所有修订之章程如左：

第一条　万国邮会之义意

现在商订本章程及将来加入之各国，以万国邮政公会名义，均归统一通邮境界之内，以便各该国之邮局互相交换转运邮件。

---

　　①　中国第一历史档案馆编：《光宣年间中国参加第六届万国邮联活动史料》，《历史档案》1999 年第 3 期，第 53—62 页。

　　②　光绪卅二年四月十六日，中国驻意大利公使黄浩及副税务司赫承先代表中国政府承认该章程；光绪卅三年八月二十日，清朝外务部亦照会意大利外交部暨万国邮政联盟，表示中国愿遵守该章程，但不正式加入万国邮政联盟。故终清一代中国并未加入万国邮政联盟。

第二条　通用本章程之邮件

凡平常邮件、单双明信片、各项刷印物、贸易契、货样等类,由已入邮会之此国寄交已入邮会之彼国,均按此项万国邮政公会章程办理。

以上各项邮件,由已入邮会之国与未入邮会之国往来互寄,中途至少经过两处已入邮会之国者,亦按照此项万国邮政公会章程办理。

第三条　比邻两国互寄邮件之法以及第三国转寄邮件之法

一、比邻两国之邮局,或两国邮局直接运送邮件,不经第三国代为转寄者,可因边境互换之邮件,或由此境寄至彼境之邮件,公同商订运送该项邮件之办法。

二、凡两国直接由海路用邮船等寄运邮件,而该邮船等系属两国中之一国者,除另有专章不计外,即作为用第三国之运送方法。此项运送方法以及一国中彼此两局来往之邮件,而由海道或陆路间他国所办事业转寄者,均照下条之规定办理。

第四条　转运费

一、凡在万国邮政公会之国发寄之邮件,所有入会之国,应皆为之转寄。

二、凡在万国邮政公会各国之邮局,得按交通及邮政上之情势,互寄封固总包或零星散寄之邮件,经由邮会中一国或数国代转。

三、封固总包之邮件,由已入邮会之两国互寄,经由邮会中之其他一国或数国代转者,应按下开之转运费付给经过之每国及运寄中在事之每国查收。

1.陆路转运费

甲、运送之路程不逾三千基罗迈当者,信件、明信片每重一基罗,按法银一佛郎克五十生丁姆收费;他项邮件每重一基罗,按法银二十生丁姆收费。

乙、运送之路程在三千基罗迈当以外、六千基罗迈当以内者,信件、明信片每重一基罗,按法银三佛郎克收费;他项邮件每重一基罗,按法银四十生丁姆收费。

丙、运送之路程在六千基罗迈当以外、九千基罗迈当以内者,信件、明信片每重一基罗,按法银四佛郎克五十生丁姆收费;他项邮件每重一基罗,按法银六十生丁姆收费。

丁、运送之路程在九千基罗迈当以外者,信件、明信片每重一基罗,按法银六佛郎克收费;他项邮件每重一基罗,按法银八十生丁姆收费。

2.海路转运费

甲、运送之路程不逾三百海里者,信件、明信片每重一基罗,按法银一佛郎克五十生丁姆收费;他项邮件每重一基罗,按法银二十生丁姆收费。惟在事邮局如已收所运邮件之陆路转运费,则此不逾三百英里之海路,即不另索海路转运费。

乙、信件、明信片于欧罗巴洲各国之间互相往来者,或由欧罗巴洲各国与阿非利加洲,以及亚西亚洲之地中海、黑海一带各口岸往来者,或各该口岸之间互相往来者,于于欧罗巴洲及北亚美利加洲之间往来者,如在三百海里之外,每重一基罗,按法银四佛郎克收费;他项邮件每重一基罗,按法银五十生丁姆收费。如由运寄邮会各国邮件之邮船往来运送,其往来之处皆在一国境内,或往来之处虽在两国境内,而中途并未换乘其他公司之邮船,且路程不逾一千五百海里者,所有运寄之费均与以上一律。

丙、所有运寄之事,不在以上一、二两节所言种类之内者,信件、明信片每重一基罗,按法银八佛郎克收费;他项邮件每重一基罗,按法银一佛郎克收费。

凡由海路运寄邮件,如系由两国或数国转运者,信件、明信片之全路运费每重一基罗,至多不得逾法银八佛郎克;他项邮件每重一基罗,至多不得逾一佛郎克。此项运费届时应由经手转运之各国邮局,按运送之程途若干分配,但各该在事国如系订有专章者,仍不得与所订之专章有所抵触。

四、零星散寄之邮件,于已入邮会之两国间往来寄递者,无论寄经何处,以及分量之轻重,每件均照左列之数照付转运费:信件,每件法银六生丁姆;明信片,每件法银二生丁姆有半;他项邮件,每件法银二生丁姆有半。

五、邮会各国间运送邮件,如有已入邮会之一国或数国,商请已入邮会之他国为其筹设特别运送之法者,则一切转运费即不适用本条所规定,应由各该国公共另订。再,凡由陆路或海路运送之邮件,照章应行免费或取费较廉者,则仍照旧办理。

第五条　（原档此处缺失）

第六条　挂号邮件及收件人回执并查询邮件等项

一、凡在第五条内开列之邮件皆可挂号,但双明信片之回片,不得由原寄之人呈请挂号。

二、挂号邮件，应由寄件人预付资费如左：

1.依照该件之种类，应付之平常邮资。

2.额定之挂号资费，至多不逾法银二十五生丁姆，所给寄件人之收据，其费亦一并在内。

三、挂号邮件之寄件人可请给予收件人之回执，但须于声请时交付额定之回执资费，其费至多不逾法银二十五生丁姆。如寄件人于寄挂号邮件时，未曾交付收信人回执之资费，而于日后请为查询该件者，邮局得向寄件人收纳等于其数之资费。

第七条　代货主收价

一、挂号包件上可注明代货主收价字样，于投递时代为索取。如两国订有此项办法者，即可互为施行。此项包件须照挂号资费及挂号章程一律办理。挂号邮件每件代货主所收之价，至多不得逾法银一千佛郎克，或等于一千佛郎克之数。

二、除往来之两国另有专章外，所有向收件人索取货价之款项，即先扣留代收之资费，计法银十生丁姆，另按下余之款扣出汇费，即用汇票汇交寄件人查收。如此项汇票无法投递，可由原寄代货主收价包件之国之邮局，将该款随意处分。

三、凡挂号之件，注有代货主收价字样而遗失者，所有邮政局之责成，与下开第八条所订挂号之件未曾注有代货主收价字样者相同。凡代货主收价之件，除投递之局证明该件情形实不合本章程第二十条所提及之详细章程者不计外，均应于投递之后担负该项货价之责成。寄信清单上无论曾否注明×××字样以及应收之数目等，投递之局概须负有索取货价款项之责成。

第八条　挂号邮件之责成

一、挂号邮件如遇有遗失情事，除人力难施之事外，可由寄件人请为赔偿法银五十佛郎克。若寄件人欲将款交给收件人查收亦可。

二、挂号之件如有某国愿为担承人力难施之赔偿者，该国邮局即可由寄件人加收，每件至多不得逾法银二十五生丁姆之费。

三、所有赔偿之款，应由原寄局之该管国照付，该管国可向原有责成之国索赔，其有责成之国即系该件在其境内或经手遗失之国。凡挂号邮件遗失,如在其境内或经手遗失之国,对于遗失他国之挂号邮件担承人力难施之赔偿,一如上条之所述。而发寄之国,对于本国内寄件人亦系担承人力难施之责成者,则遗失之国应向发寄国担负赔偿之责成。

四、除能证明与此相反之事项外,某局接收邮件如未将该件情形声明,亦无已投收件人或照章转交他局之凭据,则该件设有遗失损坏情事,其赔抵责成即归某局承认。挂号之件注有存局候领字样,或收件人函请邮局存局候领者,如收件人到局承领时,遵照该局章程,证明其为本人,具其姓名、住址等与封面所写相符,邮局将该件照交后,其责任即为完毕。

五、原寄局遇有应行赔偿之事,即须迅速办理,自请赔偿之日始,至迟须尽一年内赔付。倘应赔之责成系在他局者,则他局应得原寄局所赔之款迅行偿还。如原寄局早经通知,该他局无论系属经过局或投递局,至一年尚未赔偿了结者,则原寄局即准代其将应赔之数照付,一面仍惟该他局是问。倘证明责在某局,而某局坚不认赔,以致多延时日,则某局即不但将所赔者应行如数赔付,并应将愆期一切特别花费一律缴出。

六、呈请赔偿一事,只能于交寄挂号邮件后一年之内办理。如逾一年,寄件人即无要求赔偿之权。

七、凡挂号邮件于运送之时遗失,不能分辨其责任究在何国地方者,则在事之局即应分认赔偿。

八、挂号邮件经应收之本人照收,给有收据后。邮局责任即为完毕。

第九条 撤回及改寄邮件等类

一、凡寄件人欲将已寄之件撤回,或欲改寄者,如在未曾投交收件人以前,邮局即可允为办理。

二、凡请撤回邮件,或由邮局发函,抑由邮局代发电报办理,所有由寄件人应付之费如下:

1.如由邮局发函者,须付挂号邮件之资费。

2.如由邮局代发电报者,须付平常电报之费。

三、邮件注有代货主收费字样者,原寄人得按呈请改寄之办法,呈请邮局将该件上所注之价目或改减,或全行注销。

四、如某国定章,凡邮件送到邮局后,即不准原寄之人再有处分者,则本条之所规定即无庸照办。

第十条 用佛郎克以外之币制核定邮费

凡在邮会之国而无佛郎克之币制者,得照本章程各条内所定之邮费,用各该国之币制者合等于佛郎克之数。惟折合时,得按本章程第二十条所提之详细章程内列之表,任便将零数加成整数。

凡在未入邮会之国中设立邮局作为邮会之局者,得按上段所载,照该国本地币制折合,如有已入邮会之两国或数国,同在未入邮会之一国中设有邮局者,则须彼此互订与佛郎克值价相等之邮费,均照该国本地币制折合。

第十一条　预付资费及回信兑换邮票之用片并免邮费等件

一、各项邮件之邮资,只能用原寄国对于个人寄信发生效力之邮票粘贴,但以特别原因所发之纪念票,系暂用一时以垂纪念者,只可用于本国之内,不得于寄往外国之邮件上贴用。

双明信片之回片,其上印有发行国之邮票者,即为预行付足邮资之件。

新闻纸无论单张或成包,其上未经粘贴邮票,惟由邮局注有立券( )字样,系照本章程第十九条所言之新闻纸专章寄递者,亦即为预行付足邮资之件。

二、回信兑换邮票之用片,于许可兑换之各国间均可互相兑换,其信价每件至少须法银二十八生丁姆,或按发售国之币制折合相等之数。

回信兑换邮票之用片,可在凡系订有此项办法各国之邮局,兑换价值二十五生丁姆之邮票,或按兑换国币制折合数与之相等之邮票,其余一切兑换情形暨万国邮会公署对于制造及发给以及结算此项用片应行参预等事,均在本章程第二十条所言之详细章程订定。

三、凡系邮政公事函件,由各国邮政总署彼此往来寄递者,或由各国邮政总署与万国邮会公署往来者,以及已入邮会各国之邮局彼此往来寄递者,皆一律无庸粘贴邮票,并免补索邮资。

四、往来信件关于交战时被掳禁之人者,或系直寄,或系由交战国,或在其境收留交战国军人之中立国特为该项掳禁人等所设之通报局转寄,一律免索邮资。信件等寄交被掳禁之人,或由被掳禁之人所寄发者,无论在接收之国或投递之国,以及转寄之国,皆一律免索邮资。交战国之军人被中立国所收留安置内地者,均作为被掳禁之人,按照以上所规定,一律办理无殊。

五、船行海面时,如寄发信件投入该船上之信箱内,或交该船上之邮政经理人，或交该船之船主者，可照该船所属或所雇国之邮费则例，粘贴该国之邮票。如在船上发寄信件，在该船停泊时，无论在开放之处，或抵所往之处，以及中途经过暂停之处，均一律照该船现时停泊国之邮章办理，并粘贴该国之邮票。

第十二条 邮资归收取之国存用

一、每国邮政依照本章程上列第五、六、七、十以及十一等条第二节，所收之款均一律由该国存用。惟第七条第二节所言收入汇票之款，以及第十一条所言回信兑换邮票用片之款不在此列。

二、收入之款，除上节之汇票以及回信兑换邮票用片外，所有已入邮会之国，皆无须彼此设备账单。

三、信件及他项邮件等类之邮资，除照上列章程所索取者外，无论发寄之国或投递之国，一律不得再向收件人或寄件人索取邮票或他项资费。

第十三条 快递邮件

一、凡在邮会之国，如彼此均定有互寄快递邮件办法者，无论何项邮件寄到时，如系寄件人呈请快递之件，即须立派专差投交收件之人。

二、此项号为快递之邮件，须付特别投递费，其费每件定为法银三⊥丁姆，一律由寄件人于发寄时连同寻常资费预先付清。所收此项快递邮件之资费款项，均归原寄国之邮局存用。

三、快递邮件寄往之处，如值该处邮局并无快递之办法者，则投递国之邮局，可按其所定本国快递资例另行加索，惟须扣除寄件人已经付过额定资费之数，或按加索国之币制扣除等于该项额定资费之数。以上加索之资费，如遇原寄改寄他处或无法投交者，可将加索之款领回。凡加索之款，均归加索国之邮局存用。

四、注明快递之信件等类，如未预先付清各项资费者，除原寄国已将该件作为快递之件办理外，其余一律按寻常之件投送。

第十四条 改寄及无法投递之邮件

一、凡邮件改寄，已入邮会之国者一律无庸另索资费。

二、无法投递之邮件退回原寄之国时，其从前所付中途各国之转运费，一概不能重付。

三、未曾付过资费之信件、明信片及邮资未曾付足之各项邮件，如因改寄或无法投递之故退回原寄之国，应由收件人或寄件人，按投递国直寄原寄国该类邮件之资费缴纳邮费。

第十五条　与兵船互寄邮件之办法

一、已入邮会之国之邮局,可与其驻泊外国之本国舰队或兵船之统带,彼此互寄封固总包之邮件;或由此处海军舰队或兵船之统带与他处海军舰队或兵船之统带皆系属于一国者彼此互寄,可由他国水路或陆路所办之事业运送。

二、此项封固总包邮件内装之各项邮件,必须皆系发件军舰中之官员、兵丁,寄之收件军舰中之官员、兵丁者,其邮资及办法等项,皆照该舰队所属之国之邮局内章程办理。除在事各邮局订有他项专章不计外,应由发收此项邮件之邮局按照本章程内第四条,付给代为转寄之他国转运费。

第十六条　禁令

一、贸易契、货样、刷印物等类,其情形不合本章程第五条及第二十条所言之详细章程者,一律不得为之寄递。

二、凡遇以上情形者,邮局即将原寄之件退回原寄之局,以便尽力退回原寄之人。但原寄之件如已付过资费,或至少付过资费若干,则投递之国按其法律或其国内章程,可为投递者即须一律投递。

三、禁寄之物如左:

1.禁交邮局寄递者:

甲、货样及他项邮件之性质能伤害邮政人员,或损污邮件者。

乙、易于引火轰爆及危险物品,以及一切生死之动物、昆虫。惟第二十条所言之详细章程内载者不在此例。

2.禁止封入平常或挂号信件内交寄者:

甲、钱币。

乙、应税之物。

丙、金、银、珠宝物件及其他贵重之物,但此项物件封装信内寄递者,只在订有禁寄章程之国方为禁寄。

丁、无论何项物件,为投递之国禁止入口或传寄者。

四、交寄之邮件,如系为上列之第三节章程所禁寄者,倘邮局未经查明误为寄递,一经查出,立即退回原寄之国。但投递之国如按其法律或国内章程另有办法者,不在此列邮件内,如封装易于引火轰爆以及危险物品者,一经查出,由查明之局立时销毁,并不退回原寄之局。

五、凡在邮会国之邮局,如遇按减轻资例件资之邮件,有犯该国关于出版寄递所颁之法律、条例、命令等项,或遇邮件外面所书之字样、或所绘之图画等类为该国法律章程所不许者,得拒绝于其境内为之运寄投送。

第十七条　已入邮会与未入邮会国之交际

一、已入邮会之邮局与未入邮会之国互有交际者,则须襄助其他邮会之国。其襄助之事如左:

1.邮件寄往未入邮会之国,或由未入邮会之国所寄者,无论零星散件或封固总包,均应代为转寄。但寄封固总包,必须原寄与寄经之局彼此互订有此项合同者始可。

2.往来之零星散件或封固总包,须经未入邮会之国,或由未入邮会国所办之事业运寄者,应一律为之转寄。

3.未入邮会各国代为运寄之邮件,其转运费得按已入邮会各国内运寄之邮件,照本章程第四条核付。

二、邮件由已入及未入邮会国之海路运寄者,其全路资费信件、明信片,每重一基罗,不得逾法银十五佛郎克;他项邮件,每重一基罗,不得逾法银一佛郎克。如须分派者,则此项资费即由各经手运寄之国,按运寄之路程彼此均分。

三、本条所括之邮件,无论由陆路或海路,于未入邮会之国及已入邮会之国运寄,其转运费结算之法,应与往来邮会两国之邮件而用邮会内他国转运应付之转运费相同。

四、邮件寄往未入邮会之国,其转运费皆须由原寄之国照付。该项邮件之邮费,亦即由原寄之国订定,但不得较邮会所定通行之资例低减。

五、邮件由未入邮会之国寄发者,其转运费不由接收国之邮局付给。接收国之邮局收到此项邮件后,如已预先付足邮资者即为投递,不再索资;倘未付过邮资,即按同类之邮件,由本国寄往原寄国应行预付之资费加倍索取,其有未经付足邮资者,即按所欠之数加倍补索。但补索此项欠资邮件之资费,不得较多于并未付资其种类、分量及原寄局亦皆相同之邮件。

六、挂号邮件之责成分两类如下:

1.邮会各国互寄之件,一切均遵照本章程办理。

2.往来未入邮会各国之件,系照居中转寄之已入邮会国之邮局声明之办法办理。

第十八条　伪造之邮票

订立本章程之国，均经约定必须定有专律，或请由各本国立法机关订律，以为惩治行用伪造之邮票，以及行用已经用过之旧邮票。且须订有专律，或请由各本国立法机关订律，以为惩禁私造、私售、私发、仿造本国或入邮会之他国印就或备粘之邮票。

第十九条　特订某项事务之专章

凡注明值价之信件或箱匣，以及邮政汇票、包裹、银行期票、银行汇票、认知证据，并定购新闻纸等类，在邮会之各国以及数国之联合者，皆可彼此互相订立专章办理。

第二十条　详细章程并邮会各国彼此互定之特章

一、邮会各国之邮局，得以彼此商订详细章程，以便规定视为必要之一切办法及详细手续。

二、邮会各国之邮局，亦可彼此订立特章，专为办理各项不关在会各国全体之事件，但所定之特章不得与本章程有所妨害。

三、但在事各局对于寄递在三十基罗迈当以内之邮件，得以互订特章核减邮费。

第二十一条　国内律例及有限之联邮

一、各国所定之律例等，关于各项事件为本章程所未提及者，本章程概不牵令删改。

二、订立本章程之国，如遵守或新立合同及维持，或新立有限之联邮，以便核减邮资，扩充邮务，本章程概不干涉。

第二十二条　万国邮政公署

一、邮会各国公同设立中央机关称为万国邮政公署，归瑞士国邮政总署监督，其经费由已入邮会之各国担负。

二、万国邮政公署对于有关万国之一切事实，应有收罗、编校、公布、分送之责任。如有彼此争执之事，经在事之国咨询者，亦应为之评论。凡遇提议修改邮政公会章程之事，或遇邮政公会章程有所更改者，即应由万国公署传知各国。此外，凡遇关于联邮全体之事，一经托付，均应代为研究办理。

第二十三条　争执之事由公断裁决

一、在邮会之两国或数国，如因解释本章程、或因按照本章程责任应在某局而互相争执者,遇有此项情事,即由公断裁决,由互相争执之国之邮政总署,各择举一在邮会之他国而不与其争执之事者,出而为之公断。

二、公断人之裁决,以投票得多数之同意者为准。

三、如公断人之投票,可否均半,不能裁决者,则应由公断人另择一在邮会之他国,亦不与其争执之事者,出而为之了结。

四、根据以上第十九条所订之专章,于本条亦适用之。

第二十四条 附入联邮

一、现在未经与订本章程之国,日后呈请入会,准其随时附入。

二、如请入会者,应按照外交上之程式,照会瑞士国政府,由该国通知已经联邮之各国。

三、日后入会之国,自当承诺本章程所规定;本章程所载之利益,亦得一体享受。

四、日后入会之国,即由瑞士国政府与之订定,应摊万国邮政公署经费之数目如系必要,并代该国按本章程第十条订定约取之邮资。

第二十五条 博议大会以及公议会

一、邮会各国之政府或邮政总署,至少有三分之二要求或首肯开会者,则即察视事务之重轻,或由在会之国遣派全权代表,公开博议大会,或仅开公议会。

二、博议大会每于上届开会所定事件实行之日起,至迟于五年内必再开会一次。

三、每国可派代表一员或数员莅会,或请他国代表兼替亦可。但一国所派之代表,无论一员或数员,合其本国在内,只准代表两国。

四、议论之事,每国只能有投一票之权。

五、每次开博议大会时,即决定下次开会之地点。

六、公议会开会之地点,由万国邮政公署拟择,然后由各国邮政总署决定。

第二十六条 提议事件在前后两会已开未开之间者

一、在前后两会已开未开之间,凡系在邮会之国,对于联邮一切办法而有提议之事件,均得由此国致书彼国,经由万国邮政公署转为交接。提议事件除提议之本国外,至少须有两国出具同意之声明单,方可开议商办。倘万国邮政公署于同时并未接有其他两国之同意单,则其提议一节即可勿庸置议。

二、凡提议之事项应如何传布声复，兹特讲明如左：

在会之国对于万国邮政公署通知提议之事项，限于六个月内考查。如有意见，亦须尽该期限内声复万国邮政公署，其声文内不得有删改情事。

所有各国声明之意见，即由万国邮政公署开列表册，寄交各国，以视各国之认可与否，然后裁决。倘各国接到万国邮政公署所寄之表册后，自该表册所标之日起，在六个月以内，而并不投文声复可否者，则万国邮政公会即以该国为中立之国。

三、提议之事项如何裁决如左：

1.提议之事项乃系增改本条，或第二、第三、第四、第五、第六、第七、第八、第九、第十二、第十三、第十五、第十八、第二十七、第二十八、第二十九等条者，则各国合须同意，方可实行。

2.如提议之事项乃系更改本章程之所规定，而不涉及第二、第三、第四、第五、第六、第七、第八、第九、第十二、第十三、第十五、第十八、第二十六、第二十七、第二十八、第二十九等（条者），则各国须有三分之二之同意，方可实行。

3.如因解释联邮章程所定各条意义之故者，除第二十三条所载争执之事项不计外，则各国须有过半数同意，方可实行。

4.关于上段第一、第二两节，各国提议之件如经决议允准实行者，则瑞士国政府应照外交上之程式，照会各在会之国一体办理。其关于上段第三节者，即由万国邮政公署知照各在会之邮局。

5.凡更改或决议之各项，至早须在知照三个月以后，方能有效。

第二十七条　左列属他国保护之国，以及他国之属地，对于以上第二十二条、第二十五条及第二十六条，均作一国或作一局

一、属德国保护之国，在阿非利加洲者。

二、属德国保护之国，在亚细亚以及在澳斯大剌拉西亚者。

三、属英国之印度。

四、坎拿大。

五、属英国之澳斯他利亚，以及新几内亚。

六、英国保护之国及属地之在阿非利加洲者。

七、其余英国之属地。

八、属美国之各岛埠,即如夏威夷岛、斐力宾岛、波陀黎各岛,以及瓜木岛,均亦在内。

九、丹麦国所有之属地。

十、西班牙国所有之属地。

十一、阿尔及耳国。

十二、安南内法国所属及其所保护之地方。

十三、其余法国之属地。

十四、义大利国所有之属地。

十五、和兰国所有之属地。

十六、葡萄牙国属地之在阿非利加洲者。

十七、葡萄牙国其余之属地。

第二十八条　本章程有效之期限

本章程定于阳历一千九百七年十月一日实行,并无期限。凡在邮会之国而欲中途出会者,则该国之政府须预先一年照会瑞士国政府。

第二十九条　注销以前之章程及本章程之批准

一、本章程自有效力日起,所有各国或各邮政机关以前所订条约章程,或他项议定之件,倘其中条款有与本章程规定不合者,一概作为无效。其在以上第二十一条所准之事,不必因本条作废。

二、本章程应即速行批准,批准之文书即在罗马彼此交换。

三、本章程以下所列各国之全权代表,均已于西历一千九百六年五月二十六号在罗马彼此签押,以资信守。

为德国及其所保护之国签押者,为美国及其所属之各岛埠签押者,为阿根廷国签押者,为奥国签押者,为比国签押者,为玻利非亚国签押者,为波斯尼亚及黑塞哥维那两国签押者,为巴齐国签押者,为勃牙利国签押者,为智利国签押者,为中国签押者,为可伦比亚国签押者,为刚果国签押者,为高丽国签押者,为哥斯达黎加国签押者,为革哩底岛签押者,为古巴国签押者,为丹麦国及其属地签押者,为多明衣加签押者,为埃及国签押者,为厄瓜多尔国签押者,为爱提乌披亚国签押者,为法国及阿尔及耳国签押者,为安南内法国所属及其所保护之地方签押者,为其余法国属地签押者,为英国及英国各属地签押者,为英属印度签押者,为澳斯他利亚签押者,为坎拿大国签押者,为鲁生堡签押者,为墨西哥签押者,为门的内哥国签押者,为尼加拉瓜国签押者，为那威国签押者，为巴拿马国签押者，为巴拉圭国签押者，为和兰国之属地签押者，为秘鲁国签押者，为波斯国签押者，为葡萄牙国及其属地签押者，为鲁满尼国签押者，为俄国签押者，为萨尔瓦多耳国签押者，为塞尔维亚国签押者，为暹罗国签押者，为瑞典国签押者，为瑞士国签押者，为突尼斯国签押者，为土耳其国签押者，为乌拉乖国签押者，为委内瑞辣国签押者。

中法《南昌教案议结合同》①

光绪三十二年闰四月二十九日(1906 年 6 月 20 日)②
北京

为立合同事:

近因南昌滋事杀毙法人焚毁教堂学堂一案,大清国政府、大法国政府均愿将此案公平议结,以期两国交谊益敦和好,已经商定各派委员会同查明办理。大清国外务部奏派直隶津海关道花翎二品衔梁敦彦,大法国钦差特派三等参赞官世袭子爵花翎头品顶戴端贵前往南昌,详细查明南昌县知县江召棠到天主堂与法教士王安之商议旧案,彼此意见不合,以致江令愤急自刎。乃因该令自刎之举,传有毁谤法教士之讹,以致出有二月初三日暴动之事,中国国家已自将有罪之人惩办。兹将外务部与驻京法国钦差议定各条开列于左,免致嗣后彼此或生异词。

第一条　应给被害教习五人家属抚恤银四万两,另给一万两作为后来新教习等川资路费之用,其款应以库平色兑交驻沪法国总领事收领。

第二条　新昌等旧案及南昌新案所有被毁教堂、学堂、养济院等处及教内之人房屋并一切物件,总共赔偿银二十万两整,交由教堂提款,偿补各案教内之人之损失,作为一律了结。

第三条　第二条所载库平库色银二十万两,分为十次交付,每三个月为一期二万两,交由法国主教在九江收领。

第四条　所有被毁教堂各红契应由地方官从速补给管业执照,并在南昌县城内借予教堂房屋一所,以待教士盖有房屋即行迁移。

第五条　江西巡抚应行从速出示晓谕,其告示底稿已经外务部与法国驻京钦差会订。

以上五条分缮华文、法文各四份,其一存外务部,一存驻京法使公署,

①　中国第一历史档案馆、福建师范大学历史系合编:(中国近代史资料丛刊续编)《清末教案》第三册,第 892—893 页。

②　王克敏、杨毓辉编:《光绪丙午(三十二)年交涉要览》中篇卷二"传教门",第 50—51 页。

一存江西巡抚衙门，一存九江天主教堂。

　　光绪三十二年闰四月二十九日　　西历一千九百零六年六月二十号

附录：《外务部致法使巴思德照会》

　　为照会事：

　　江西南昌教案所有杀人放火正凶刘狗子、吴红眼睛、周之秀、任廷发、吴金生五名拟就地正法，以昭炯戒；其为从情节较重之杨大盛、罗中秋、吴老五三名均拟永远监禁；其余犯内之周正大、卢高财二名均拟监禁十年；杨起堂、魏大水二名均监禁五年；戴河水、胡长生、衰才官、谢锡连、涂宜洲、胡中元六名拟各监禁三年；谢袁洲、周得胜、彭炳生、吴友鹏四名均拟罚作苦工二年；刘东林子一名拟罚作苦工一年；胡明应、罗声孜、李老三、熊荷子、郭毛头、万叶林、胡廷学七名均拟罚作苦工半年，以示惩儆；而期了结此案。未获之麻子、二草包、朱勇源等三犯俟获时严行审讯，按律惩办，相应照会贵大臣查照可也。

　　须至照会者。

中、美、瑞《达拉特旗教案议订合同》①

光绪三十二年五月初九日（1906 年 6 月 30 日）

达拉特旗

为公平结案定立合同，永断辒轕事。前据费牧师、鄂牧师听从张保小子往种达拉特旗什巴格图地一案，迭准外务部咨，据美柔使咨称：请嘱绥远将军，无论用如何公道之法了结，费牧师定必情愿敦睦照允，现经钦差垦务大臣绥远城将军贻，派委议员补用知府斌仪、试用通判方和，约同费、鄂两牧师，与调来达拉特旗蒙员公同议结，应立永远合同，以资凭信。今将议结各条，开列于后：

第一款，张保小子以模糊影响之约据，欲指蒙地归入教堂，费牧师到口外未久，情形不熟，致误信一面之词，率人前往耕种。既经蒙众拦阻，又详查张保小子所有渠地一切约据，皆不足凭，费、鄂两牧师情愿全作罢论。至从前所指蒙人攻击教堂索偿各节，事既了结，亦一概不提。

第二款，教堂与蒙古向来和睦，费牧师听从张保小子之言往种蒙地，是其一时被人朦混。惟蒙人未先行呈报钦差垦务大臣绥远城将军与教堂理说和息，遽率众拦阻，致伤睦谊，亦有未合。现达旗情愿交出湘平银四千两捐入教堂，以敦旧好。或留作堂中经费，并教堂自愿分给张保小子，悉听牧师自便。

第三款，达旗认捐四千两，于签押之日全行交清，教堂亦应于是日将张保小子模糊影响各约据交由钦差垦务大臣绥远城将军书销存案，作为废纸。倘张保小子不全行交出，以后再将似此约据与蒙古交涉，查出从重议罚。此后张保小子不得再向蒙古要求，蒙古亦不得与张保小子作难。

第四款，此案议结之后，达旗应随时保护教堂，不许蒙众有与教堂为难情事，教堂亦应严束教友，不得纵令恃教欺蒙，以息争端而敦和睦。

① 中国第一历史档案馆、福建师范大学历史系合编：（中国近代史资料丛刊续编）《清末教案》第三册，第 899—900 页。

第五款，此项合同既经费、鄂两牧师及达旗认可，呈由钦差垦务大臣绥远城将军贻阅定后分缮蒙汉合璧三份，签字盖印，仍以汉文为准。以一份存将军衙门立案，一份交于教堂，一份交与达旗，永远收执，以昭信守。

大清光绪三十二年五月初九日

西历一千九百零六年六月三十号

大美国耶稣教牧师费安河、瑞典国耶稣教牧师鄂彼各，达拉特旗西土萨拉齐巴札尔格尔第、绥远城将军委派议员补用知府斌仪、绥远城将军委派议员试用通判方和。

中外《修订日内瓦红十字会公约文件》[①]

光绪三十二年五月十五日(1906 年 7 月 6 日)

日内瓦

瑞士政府因愿将一千八百六十四年八月二十二号原订设法减轻兵戎祸患之公约,延请各国会议修订。兹于一千九百零六年六月十一号齐集于日来弗城(日内瓦),所有入会各国及各委员次序,按各国之名起首字母开列于下:

(各国名单略)

计自六月十一号起至七月五号止,叠次会议商定:本约各款当经各国全权委员画押,作于一千九百零六年七月六号改订之新约。

再查照一千八百九十九年七月二十九号保和会订定和解公断条约第十六款所载,倘各国遇有争端,未经使臣商结者,各国已认明公断为和解最美至公之办法,特于本约外另立一愿如下:倘日后订议各国于平时讲解本约致起争端,可审度案情时势将此争端送交海牙公断衙门判断,以便恪遵。各国全权议员签押于下,以昭信守。

一千九百零六年七月六号订于瑞士日来弗。原稿一分存储于瑞士联邦政府,其钞稿校正后由外交官转交缔约各国。

---

① 薛典曾、郭子雄编:《中国参加之国际公约汇编》,第 341—345 页。

中外《关于改善战地武装部队伤者境遇的公约》[①]

光绪三十二年五月十五日(1906 年 7 月 6 日)

日内瓦

德意志皇帝、普鲁士国王陛下;阿根廷共和国总统阁下;奥地利皇帝、波希米亚国王、匈牙利奉圣国王陛下;比利时国王陛下;保加利亚亲王殿下;智利共和国总统阁下;中国皇帝陛下;刚果自由邦君主陛下;高丽皇帝陛下;丹麦国王陛下;西班牙国王陛下;美利坚合众国总统;巴西合众国总统;墨西哥合众国总统;法兰西共和国总统;大不列颠和爱尔兰联合王国国王、印度皇帝陛下;希腊国王陛下;危地马拉共和国总统;洪都拉斯共和国总统;意大利国王陛下;日本皇帝陛下;卢森堡大公、拿骚公爵殿下;门的内哥罗亲王殿下;挪威国王陛下;荷兰女王陛下;秘鲁共和国总统;波斯皇帝陛下;葡萄牙和阿尔加维国王陛下;罗马尼亚国王陛下;全俄罗斯皇帝陛下;塞尔维亚国王陛下;暹罗国王陛下;瑞典国王陛下;瑞士联邦委员会;乌拉圭东方共和国总统;

一致渴望在各自权力所及的范围内,减少战争所固有的祸害,并希望为此目的改进和补充 1864 年 8 月 22 日在日内瓦议定的关于改善战地武装部队伤者境遇的条款,决定为此目的缔结新的公约并各派全权代表如下:

(全权代表姓名从略。——编者)

各全权代表互相校阅全权证书认为妥善后,议定如下:

第一章　病者与伤者

第一条,军官、士兵和其他正式随军服务的人员患病或受伤时,交战国对于在其权力下的上述人员应不分国籍,给予尊重和照顾。

但是,当交战国被迫遗弃伤者于敌方手中时,在军事条件许可的范围

① 译自英文本,见马洛伊编:《美国和其他国家间的条约、公约、国家文件、议定书和协定(1776—1909)》第 2 卷,第 2184—2205 页,转引自世界知识出版社编译:《国际条约集》(1872—1916),第 296—305 页。

内,应留下其卫生部门的一部分医疗人员和器材,以便有助于照顾他们。

第二条,在按照前条必须给予照顾的条件下,一支部队的病者和伤者落于另一交战国手中者,应为战俘,并且国际法有关战俘的一般规则应适用于他们。

但各交战国可以采取作为例外或赞同的方式,对伤者或病者相互自由签订它们认为适当的条款。它们特别有权同意:

(一)战斗结束后,相互遣返战场上遗留下来的病者和伤者;

(二)把已经康复的或适于运送条件的病者和伤者以及交战国不愿留作战俘者遣送回国;

(三)经中立国同意把敌方的病者和伤者送往中立国,并且该中立国允诺拘留他们直到敌对行动结束时为止。

第三条,每次战斗结束后,仍占领战场的交战者应采取措施以搜寻伤者并保护伤者和死者免遭抢劫和虐待。

占领战场的交战者在埋葬或焚化死者之前,应仔细检验其尸体。

第四条,每一交战国应将死者尸体上发现的标志,或证明其身份的军事证件,连同其收集到的病者和伤者的名册,尽速转交给他们的国家或军事当局。

各交战国应将在其控制下的、有关病者和伤者中的拘留、转移、入院和死亡等事项相互通知。它们应收集在战场上发现的,或在医疗队、其他医疗所内死亡的病者或伤者所遗留的一切自用物品、有价值的物件、函件等,以便通过其国家当局转交给有关人员。

第五条,军事当局得号召居民以慈善精神,接受并在该军事当局监督下照顾军队的伤者和病者,并对于响应此项号召的人予以特别的保护和某些豁免。

第二章　医疗队和医疗所

第六条,流动医疗队(即战地随军医疗队)和医疗部门的固定医疗所,应受各交战国的尊重和保护。

第七条,医疗队和医疗所如其用以从事有害敌方的行为,应予停止其应得的保护。

第八条,医疗队和医疗所不得因下列情形而被剥夺第六条给予的保护:

（一）医疗队或医疗所的人员配有武器，并因自卫或因保护伤者、病者而使用武器；

（二）因无医院的武装护卫，医疗队由警卫或哨兵奉正当命令而保卫；

（三）在医疗队或医疗所发现从伤者那里所解除的武器或弹药，而尚未交送主管当局者。

第三章　人员

第九条，专门从事搬运、运送和医疗病者、伤者及从事管理医疗队和医疗所的人员、随军牧师，在一切情况下，均应受到尊重和保护。如他们落入敌方手中，也不应当视为战俘。

本规定也适用于第八条第（二）项所规定的关于医疗队和医疗所的警卫人员。

第十条，凡经其本国政府正式认可并核准的志愿救济团体的人员，担任随军医疗队和医疗所人员时，应与前条所述人员同样看待；但上述人员应受军事法规的约束。

每一国应将在其责任下准许协助其军队的正规医疗工作的各团体的名称，通知另一方；此项通知应于平时，或战事开始时，或战事进行中，而且在任何情况下，都要在使用各该名称以前为之。

第十一条，凡中立国认可的团体，必须经其本国政府和一个交战国当局的事先同意，始得以其医疗人员和医疗队协助该交战国。接受此项协助的交战国在利用此项协助之前，须通知敌方。

第十二条，第九、第十和第十一条所述的人员落入敌方权力之下后，应在敌方指挥下继续执行其职务。

当不再需要他们的协助时，视军情许可确定期限和道路后，应将他们送返其部队或本国。他们应携带其行李、工具、武器和马匹等私有财物。

第十三条，当他们继续在敌方权力之下时，敌方应对第九条所述之人员付给与其自己的武装部队中的同等级别人员所享有的同等薪俸和津贴。

第四章　器材

第十四条，如果流动医疗队落入敌人权力之下时，他们应保存其器材，包括运输队；不论是何种运输工具和经管人员。但主管军事当局有权使用它，以便照顾病者和伤者。器材的归还应遵守对送回医疗人员所规定的条件，并尽可能与医疗人员同时送回。

第十五条,属于固定医疗所的建筑物和器材应继续受战争法规的管辖,但在其为照顾伤者、病者所必需的期间,不得移作别用。可是,执勤部队的司令遇有重要的军事需要时,得使用他们,在使用前,惟须对在所内疗养的病者和伤者预先做好安排。

第十六条,凡准许享受本公约利益的救济团体的器材,在符合本公约规定的条件时,应被视为私有财产,并且除战争法规及惯例所承认的交战国享有的征用权外,在任何情况下均应予以尊重。

第五章　撤离护送队

第十七条,护送队应予以流动医疗队的待遇,但下列特别规定除外:

(一)交战国截获护送队如有军事需要,得解散该护送队,但应负责照顾护送队内的病者和伤者。

(二)在此情况下,第十二条规定的送返卫生人员的义务,应扩大为包括根据正式命令而在运送保护队中任职的一切军事人员。

第十四条规定的送还卫生器材的义务,应适用于为撤离目的而特别装备之铁路火车和内河航行的船舶,以及属于卫生服务部门的普通车辆、火车和船只。

不属于卫生服务部门的军用车辆得连同牲畜一起被俘。

文职人员和征用所得的一切运输工具,包括护送队使用的铁路器材和船只应受国际法一般规则的约束。

第六章　特别标志

第十八条,为对瑞士表示敬意,将联邦国旗颜色翻转而成的白底红十字旗样,留作武装部队医务部门的标志和特殊符号。

第十九条,在军事主管当局的许可下,上项标志应标明于旗帜、臂章以及医务部门所属的一切器材上。

第二十条,依照第九条第一款、第十条和第十一条而受保护的人员,应在左臂上佩带由军事主管当局发给并盖印的白底红十字臂章;随军事医疗队服务的人员未着军服者,应随身携带身份证明书。

第二十一条,本公约所述之特殊旗帜的悬挂仅限于依本公约规定应受尊重的医疗队和医疗所,并须经军事当局同意。此项特殊旗帜应与各该队或该所所属交战国的国旗同时悬挂。

但落入敌方权力之下的医疗队,在陷落期间,除红十字旗帜外,不得悬挂其他旗帜。

第二十二条，中立国医疗队依照第十一条所规定的条件经获准提供服务者，应将其所服务的交战国的国旗与本公约所述旗帜同时悬挂。前条第二款的规定对上述医疗队应予适用。

第二十三条，白底红十字标志和"红十字"或"日内瓦十字"字样，不论在平时或战时，只能用以保护或标明本公约所保护的医疗队和医疗所以及其人员和器材。

第七章　公约的适用与执行

第二十四条，本公约的规定，仅在缔约国内的两国或数国间发生战争时，对这些国家有约束力。如果交战国之一不是本公约的签署国，则本公约的规定不具有约束力。

第二十五条，各交战国武装部队总司令有义务根据各自政府的训令，并依照本公约的一般原则，规定上述各条的实施细则以及未予规定的事项。

第二十六条，缔约国政府应采取必要措施，教育其部队、特别是应受保护的人员熟悉本公约的规定，并须使全体人民周知。

第八章　滥用及违约的取缔①

第二十七条，各缔约国如其本国现行法制尚未完备，应采取或建议其立法机关采取必要措施，制止除享有本公约权利以外的个人或团体，使用"红十字"或"日内瓦十字"的标志或名称，特别是为了商业目的而用作商标或商业标记。

该项标志或名称的禁用应自各国立法规定时起生效，并且最迟，不得超过本公约生效后五年。此规定生效后，如再有违反此项禁令而用作商标或商业标记者，应以违法论。

第二十八条，缔约国政府如因其军事刑法不完备，也应采取或建议其立法机关采取必要措施，制止个人在战时对部队的病者和伤者的掠夺和虐待行为，并且要对不享有本公约保护的军人或个人滥用红十字旗帜和臂章的行为，以非法使用军事徽记论处。

_____

①　该约第六章和第八章，中国代表陆征祥在签字时予以保留，但1907年时将第六章补签。参见薛典曾、郭子雄编：《中国参加之国际公约汇编》，第335页。

它们应至迟在本公约批准后五年内,将为执行该项禁令所采取的措施通过瑞士联邦委员会相互通告。

一般条款

第二十九条,本公约应尽速予以批准。批准书将交存伯尔尼。

第三十条,本公约自每一国交存批准书之日起六个月后对其生效。

第三十一条,本公约一经正式批准,即应在缔约各国的关系中代替1864年8月22日的公约。

1864年的公约在已签署但尚未批准本公约的各方的关系中继续有效。

第三十二条,截止到本年12月31日,出席1906年6月11日日内瓦会议的国家,以及未出席会议但已签署了1864年公约的国家,均可在本公约上签字。

在1906年6月11日前,未签署本公约的上述国家,日后仍可自由加入。他们应向瑞士联邦委员会书面表明其加入要求,并由该委员会转告所有缔约国。

其他国家也可以同样方式要求加入,但其加入的要求只应在其通知联邦委员会后的一年期限内,任一缔约国均未向委员会提出异议的情况下,才对其发生效力。

第三十三条,每一缔约国应有权退出本公约。该项退出应在书面通知瑞士联邦委员会一年后生效。委员会应立即将该通知转告所有其他缔约国。退约仅对退约国有效。

各全权代表在本公约上签字盖章,以昭信守。

1906年7月6日订于日内瓦,正本一份,存放于瑞士联邦档案库内。经核证无误的副本应通过外交途径转交各缔约国。

中法《维西教案议结恤款合同》[①]

光绪三十二年六月初三日(1906年7月23日)

昆明

案查光绪三十一年三月初九日,四川巴塘僧蛮叛匪追杀川境盐井教士蒲德元、魏雅丰,突入云南北边维西厅境阿墩子市上,当经驻墩防军保护教士,奋力击退。该巴匪等复勾结德钦羊八东竹三寺喇嘛嗾胁猡㺌抗官仇教,其澜沧、怒子两江各处,焚抢教堂、经堂十所,及教民身命房屋财产各物,戕害教士余伯南、蒲德元二命,情形猖獗。滇省调派大兵进剿,夺获两寺,擒办首要,军务平定。以事关仇教劫杀,调省议办。经大清国云贵总督部堂丁奏派总办云南洋务局升授贵州按察使司兴禄率领前丽江府知府李盛卿与大法国驻滇正领事罗图阁,率领西藏天主教会驻滇司铎长任安收,于光绪三十二年闰四月、五月,西历一千九百零六年六月、七月,彼此和衷,往返迭商,将议定赔恤中员禀明云贵总督部堂丁,并商藩、臬两司;法员转告教会,均各欣允。

兹大清国云贵总督部堂丁与大法国驻滇正领事官罗,公立合同,共昭信守。所有合同订立各条,开列于左:

第一条,滋乱首犯二名已诛外,其拿获到案禁押维西厅监者,应饬现署丽江知府彭继志速行讯办。其司铎单开交彭守指名缉拿未获各匪,仍饬彭守认真缉拿,俟拿获到案时,再行质审得有犯罪实据,按中国例惩办。

第二条,余、蒲二司铎被戕,滇省大吏殊深恍悼,已将全体清获埋葬,将来尚须由教会自行起立坟柱墓碑,并设养老院及种种两有裨益之件,彼此议定,由滇省交给天主教会库市平纹银六万五千两。将来再有应办好事时,教会中更以此款创办各事,为民间有益善举,如设立学堂、医院等项。

第三条,滇省允筹库市平纹银八万五千两,交天主教会,作为赔偿毁坏茨菇、白汉洛等处共十处教堂、经堂、房屋、公私银物之款。所有一切损失

① 王克敏、杨毓辉编:《光绪丙午(三十二)年交涉要览》中篇卷二"传教门",第42—44页。

由教会自行修建制备。

第四条,以上第二条、第三条内所载赔恤二事,法员原请赔教会损失银十五万两。余、蒲两司铎恤银七万五千两,共二十二万五千两。现经和平议定,以上两项共赔银十五万两,并议签押后先交银四万两,其余十一万两分四年清还:光绪三十三年六月初一日交银二万两,三十四年六月初一日交银三万两,三十五年六月初一日交银三万两,三十六年六月初一日交银三万两。按期交清,声明并无息银,各允立案。

第五条,茨菇等处教民九十五户共四百二十九丁口,内中房屋被毁六十二户,教民被害九名,所失财务一切经李盛卿于光绪三十二年三月十二日西历一千九百零六年四月五号在茨中与司铎任安收商定赔恤银六千两,粮食五百担;又白汉洛教民戕溺四命,房屋被焚四十余处,给赔恤银三千两作为完结。先画草押,所议各节,滇省大吏允准办理。

第六条,法员议请云贵总督再于维西一带出示晓谕汉、夷人等俾知教士传教为约章所许,应听自行传播,又饬各地方官每遇民教无论何事均照约章办理,不得稍存偏袒。天主教会应再常川谕饬教士约束教民,专意行善,以后收纳投教之人,务必访系平日安分良民,并非现有讼案,方准收入,以期民教永弥猜嫌。

第七条,夷民昂贵地基、茨菇溜绳桥旧案,既经李盛卿在茨中与司铎任安收办结。其一切关涉此次教会教民之事,复经省议,一概完结,允准销案,并依照面议,委李盛卿再往维西给予办理善后事宜之权,以资熟手,庶使民教僧夷,日久相安。

第八条,此次合同,彼此核对无伪,缮写华文、法文各六份,俱各亲笔画押签字,盖用印信,两相互换,各执华文、法文各三份,以昭信守。由大法国驻滇正领事官罗详报,大法国驻扎北京大臣核准销案;大清国云贵总督部堂丁奏明,大清国国家并咨请外务部查照备案。

大清钦命云贵总督部堂丁

大法钦命驻扎滇省正领事官罗

光绪三十二年六月初三日　西历一千九百零六年七月二十三号

在云南省城同订

中日《湖北善后总局向正金银行借款合同》[①]

光绪三十二年六月初五日（1906 年 7 月 25 日）

汉口

湖北善后局奉湖广总督部堂张谕，向汉口正金银行借银四十万两，今将应还本息日期及议明各条，开列如后：

一、正金银行现借与湖北善后局洋例银四十万两，于订立合同之日全数交付，或由正金银行发给现银存票，随时提用亦可（但须于一个月内全数提清）。

一、此项借款系借银还银，议明以常年七厘计息，其息银以交到借款现银之日起算，按西历扣满一年，付交利银一次。

一、借款本银以西历五年为期，分两期还清，从借款之日起，扣满西历三年，作为第一期，还本银二十万两。扣满西历五年，作为第二期，还本银二十万两。其第一年还本之后，所有息金，即以二十万两计算，并由湖北善后局出印票二纸，交正金银行收存，届时售票还给本银，不得遗失。

一、此项借款，以汉口堡垣城内肖家垸一带及城外宗关等处本局管业地皮两块，共计地四百二十七亩六分七厘九毫，总契两纸作押。惟内有堡垣内第二段，自大观音阁东首起，至天都庵西水沟止，已拨与夏口厅盖造文庙及高等小学堂。又第三段铁路营操场，均应提开，不作此数之列；并附地图两纸，已用虚线标明。应俟本利还清之后，即将总契、地图一并收回。倘到期本利不能如约交还，除扣留文庙、学堂及铁路护军营操场基址外，其余地皮应听正金银行一律售出，变价偿还本息，或有剩余应归善后局收用；如变价不敷本利，应由善后局立时设法补偿。

一、此项借款，只以前项地皮作押。该地原有民房，寸椽片瓦，均与押款无涉。又五年之内，湖北省如在该地内盖造房屋，正金银行不得阻拦，亦不得将此项房屋作为押款之数。

---

① 　中国人民银行参事室编：《中国清代外债史资料》，第 663—664 页。

一、此项合同,用华、洋文缮写三份,由司道善后局签字,盖用善后局关防,并加盖湖广总督部堂关防,一交湖北善后局,一交日本领事署,一交正金银行,分别收存,以昭信守。

再,此次借款议定交清以后,湖北善后局即与正金银行彼此存欠流水往来。如有东洋汇款及需用款项,可随时向正金银行商办,不限数目。但汇水息金,总以公道为准。如正金银行开价比别家昂贵,不必向正金银行商办。

大日本驻汉领事官水野幸吉

横滨正金银行汉口分行总办武内金平

奏补湖北施鹤道桑宝

湖北盐法武昌道童德章

湖北布政司布政使李岷琛

湖北署按察使司按察使梁鼎芬

署湖北汉黄德道监督江汉关陈夔麟

湖北补用道高松如

大日本明治三十九年七月二十五日

大清光绪三十二年六月初五日

中日《合办吉林天宝山矿合同》[①]

光绪三十二年十一月初九日(1906年12月24日)
吉林

立合同：日商中和公司中野二郎，号天门；华官天宝山矿务局程光第，号子青；为筹议合办事。今因光绪十七年，由程光第禀请吉林军宪，奏请开采天宝山银矿，旋于是年奉旨允准在案，即由光第招集股本银一万两，创立天宝山矿务。并蒙军宪札委光第为总办，所有应办事件，照章归光第一手督理，查天宝山矿务局开办界址：东至大仙堂，西至天宝河上掌，南至头道沟上掌，北至前柳树河，四至勘定，以免混淆。惟天宝山矿局，虽经办理数年，因矿硐水深，亏累甚钜，旋即停办。嗣于光绪二十八年，与美商萨达理商订合同，虽蒙军宪批准，然萨达理迁延数载，开采无期。又因所亏公款被参追缴，迫难再候，是以于光绪三十二年十月，在上海登报声明，将前订合同作废。现在立意招请别家公司，设法续办，此子青与天门之合同所由立也，兹因彼此酌议妥洽，特将所议条款，开列于左。计开：

一、立合同后，以十日内，中和公司派矿师赴山详勘一切，该处矿山如果均可开采，或矿滓可炼，则是有利可图。中和公司即筹应需资本若干，另订合同，以便禀办，并议明先由吉林交银二万两正，以俾子青缴还公款，以及开销各债之用。其余下亏工匠辛资、铺商各债，共银三万两，再原股本银一万两，均俟矿务余利项下提还，统计亏欠共银六万两。

一、开采之先，子青与天门查照商部矿务章程，议明股本若干，暨矿产出井课税一切事宜，另行详细订定合同，以便禀请商部批准盖印，并请咨明吉林将军衙门立案，以俾永远遵行。

一、开采之后，如系确著成效，堪用机器大举开采，则应得之利渐多，即应筹议提还股银，以保商本。

一、中和公司将该矿所得净利，每于年终清算一次，提出一百分之三十

---

① （台湾）"中央研究院"近代史研究所编印：《矿务档》（七），第4151—4153页。

分，交付子青，自行派用，其余七十分，归中和公司照收。

一、倘界外有矿山堪以开采，即行商议禀请军宪批准开办，不得与别人另订合同。

一、中和公司由吉林交银二万两，以俾缴还公款，倘军宪有阻遏情事，子青即将以前所炼之矿滓，以为抵偿，而免累及天门之处。

一、查矿章内载，转运矿产，欲造小枝铁路，以资利便，应查明水口在十里以内，或在十里以外，应另案禀办。惟查天宝山相近水口，与会宁接壤，其余别处，将来矿产畅旺，转连机器等事，届时商议禀办。

一、总办、会办，暨办事委员、商董、司事人等月需薪水银两，另议局章。

一、倘中国官长使子青为难情事，有天门竭力保护，以全信义。

一、议定合同二分，各执一分为处。

以上共计十条。

中和公司中野二郎

程光第

安东领事冈部三郎

大清光绪三十二年十一月初九日立

大日本明治三十九年十二月廿四日立

中德《专办杭沪铁路草合同》[①]

光绪三十二年(1906)[②]

上海

侯(选)道刘梦熊、德商荣华洋行文宝琳,订立草合同如左:

一、刘梦熊与文窦琳约议创设公司,专办杭沪铁路,以浦东至乍浦为一段,乍浦至杭州为一段,或全办,或分办,刘梦熊当按事机竭力办理。

二、禀办以上铁路,由刘梦熊呈请浙江农工商矿总局,转详浙江巡抚咨明铁路总公司会奏开办。

三、详细章程亦由农工商矿总局禀商浙江巡抚与铁路总公司核定,刘梦熊断不以窒碍难行之章程强使公司办理。

四、此路系商家铁路,中国国家不认保利,不认亏赔。

五、公司将来发售股票,凡中国官商均可入股,与洋股一律看待。售股票应在欧洲及中国大埠同时举行。

六、铁路所用地亩,官地由农工商矿总局禀明本省督抚给与,公司领用该地之价公同估值,按价给发公司股票;民地由刘梦熊代购,价由公司付给现银。

七、商股官利,常年八厘起息,余利除一切开销并酌提公积外,以百分之三十五分报效中国国家。

八、开办后以三十年为期,听凭中国国家出资购回。至期如国家不愿收回,准由公司再办二十年,始将该铁路所有资产全行报效中国国家,不求给资。

九、公司承办此项铁路,俟定准杭沪或浦东至乍浦后,当令工程师核实预估应用款项若干,由股实银行出具保单,担保公司确有款项。

十、奉旨准办后以一年为开办之期,公司遵限于一年内开办。

十一、此草合同系华文、英文一式各三分,一分存浙江农工商矿总局,一分交刘梦熊,一分交文窦琳,各执为凭。

---

① 上海图书馆编:《盛宣怀档案选编》第50册,第11—16页。

② 签约月日未查明。

中德《订购克鹿炮厂枪支弹药合同》①

光绪三十二年十一月二十日（1907年1月4日）
天津

　　立合同：天津德商信义洋行承办克鹿卜炮厂事宜宝尔德，今承侯补府正堂斌奉钦差垦务大臣绥远城将军赅谕委，向德国定购一千九百零四年最新式五响毛瑟步枪四百杆。每杆随带皮带一条，背带一条，刀头一把，刀头皮套一个，皮盒二个，枪口盖子一个。又每杆带无烟子母一千粒，共四十万粒。统计每份行平化宝银七十两零五钱，以上总共行平化宝银二万八千二百两。所有价值，系连水脚、保险、装箱各费一应在内。条议详列于后（此枪口径仍照前七密里子母系无烟钢头子母）。计开：

　　一、议定以上枪件并子母及零件，均须年分符合，制造精良。倘于运到天津验收时，查有锈坏或非新货，工料不精，皮带不坚等情，听凭驳退，另行缴换，并须从重议罚。

　　一、议定以上枪件并子母等，共计行平化宝银二万八千二百两。言定先不收定银，俟货到天津验收清楚时，一律如数付清，决无迟误。倘交货时或款不能全付，至迟三个月，再照数找清，过期照认利息。

　　一、议定以上枪件并子母等，自立合同签字之日起，限九个月内，运至天津紫竹林交卸，不得过期。如因经战事禁阻，信义不认逾期之错。倘实系误期，信义亦不能藉有战事推托，如果查出务须认罚。

　　一、议定如由德国装运来华，途中遇有风波遗失等事，信义自向保险行索赔。一面交将失事情形知会绥远，一面如数另购重运，仍以九个月为限，不得迟误，如逾期仍从重议罚。

　　一、议定此枪并子母等，由德国运至天津，无论有如何意外，运脚及水险、兵险，一切由信义承管，概不加费。

　　一、议定以上所定枪件并子母等，货真价实，不扣用费。以后查出倘有

　　① （台湾）"中央研究院"近代史研究所编印：《海防档》甲编，第1145—1147页。

私受用费者，务必分别议办赔缴。

一、议定此项枪件随带枪表、图说各一份。

一、议定中国进出各口免税护照，由绥远先行发给，以便查验放行。

一、议定立合同一式两份，签字后各执一份存照。

候补府正堂斌（仪）　天津德商信义洋行宝尔德　经手吴荫庭

光绪三十二年十一月二十日　西历一千九百零七年正月初四日

中英《办理广州九龙铁路合同》[①]

光绪三十三年正月二十三日（1907 年 3 月 7 日）[②]
北京

　　香港政府与中国政府订立合同，为办理广州九龙之铁路，因修理配置并办理广州九龙之铁路，现英属之香港（以下条款统称香港政府）与中国政府订立合同，办理该铁路之事。

　　又因中国政府为筑修该路，拟请华英有限公司（以后条款统称公司）发售小票，故与公司订立借款合同。其条款现由中国政府与公司商酌，俟订妥则将该合同照会香港政府，俾得将此办事合同附于该借款合同，并与该借款合同同时举办。中国政府除借款合同所载，不得将此办事合同更改；又因照借款合同所载，因公司代招借款并监修该路中中国之一段，须给公司借款满数折头若干并余利，凭票并在修该路段之期内，或该段路工竣以后所购之材料，给予公司用钱。

　　现香港政府与中国政府订立合同各款如下：

　　第一款，该铁路分为两段，一段由广州至英属九龙界（以后条款则称中国段），此段则照中国政府与公司所订借款合同载有小票股友之利权办理。其他段则由该界线至香港政府所管之九龙口岸（以后条款则称香港段），其香港段所建筑养修办理一切，须与中国段如同一条路，以便车辆货物在该全路往来，毫无更换停止。

　　第二款，彼此政府则须将自己段路所需之地亩购备，并担认筑修自己段路之责任，因而路段须照一律筑修，故彼此会同请参谋工程司一名，管理两段路之工程。无论该工程是包于包工，或别法筑修，其参谋工程司则由香港总督代理香港政府并华英公司代理中国政府互商延雇，其参谋工程司

　　①　中国第一历史档案馆、北京大学、澳大利亚拉筹伯大学编：《清代外务部中外关系档案史料丛编——中英关系卷》第一册，中华书局，2006 年，第 518—523 页。

　　②　该合同签署日期未查明，但应与光绪三三年正月廿三日（1907 年 3 月 7 日）所签中英《广九铁路借款合同》一致，故以此为签字日期。

之薪水则由监修工程项下支发，工竣后则由养修路费支发。

第三款，此两段路则同时兴工修筑，照参谋工程司所测绘之图，并照两路长短比例，必须同时告竣开车。因中国政府筑修中国之段，视乎小票能出售与否，故借款合同第十八款头一节所载展期之事，于此合同亦照办。

第四款，该路所需地亩；其车站若干，并用何款式，应设在何处；其电报应如何配置；其岔道应设在何处；以及零星一切，务须于铁路告竣时，成一头等铁路，英尺四尺八寸半宽，所有车务应配之物，亦须备齐。

第五款，此两段筑修之工程，须一律结实，均须参谋工程司以为妥方可。倘彼此两段于开车后两年内查有工程不坚固之处，彼此政府各担其责任。

第六款，彼此政府所备之车辆须一律能合全路之用。倘需用新式车辆，则由彼此政府随时购备。彼此政府应备车辆若干，则以两段路之长短比例摊备。

第七款，现限定光绪年月日（西历年月号），该铁路须筑修配置完全，可以行车。但如须展限，应照合同办理，或照以下载明如有意外人力不能及之事，亦可展期。

第八款，当筑修期内，并竣工之后，该路行车之时，彼此政府须雇敷用之巡警，在自己本段弹压，以防建修工程或办理铁路事务有碍。

第九款，铁路将告竣之时，彼此政府则照以下所载，设立一办事总办部，内委总办六名，连办事总办在内，彼此政府各委总办二名，照以上所言，当中国政府所拟发出之小票并余利凭票来赎还以前，则华英公司有权代中国政府与香港政府选择办事总办，并自己派一总办在总办部内；一俟以上所言之小票并余利凭票全行赎还，则华英公司无权派总办在总办部内，而总办部之总办则减至五名。凡总办部内有三位总办到者，便可议事；凡彼此政府并华英公司所委之总办有未能到总办部议事者，则可由各委者自己派人暂行代理，凡议之事在总办部权衡之内，与此合同不违背者，则以众多之意为准。

第十款，彼此政府当此合同未注销以前，应随时提出敷用之本银作办理该路之费。其数则照两段路之长短比例摊出。其中国政府所提出为办理铁路并购备车辆之款，则由中国所发出之小票所得之银拨出备用。

第十一款，由该路告竣之日起，则所有该路事宜均归总办部管理，必须备车辆敷用来往彼此两段,并定立车脚,俾两段之路行通车。其车脚不得偏重于一段,所定之车脚必须获公道之利,以便提存公积,备还中国政府所发之余利凭票。倘有缘故,彼此政府亦可将车脚,请互商更改。但须照借款合同为华英公司应允;然华英公司亦不得无故不应允。彼此政府可将本国邮件在该路照格外之价装运,而彼此政府邮件之车脚均须一律由总办部定夺。凡须专车装运兵马军械,其车装脚则减半收算。

第十二款,倘以后随时须修筑支路,则彼此政府在其所管境内修筑。彼此政府照自己境内之段里数长短比例摊款加于以上所言。彼此政府所出修干路两段之款,此政府除非与彼政府商准,不得自行修筑此等支路。倘一政府不允准,则可将其事于三年内复行商议。倘须加本添修工程,亦照如此办理。但当此借款合同未注销以前,凡有事与小票股友或借款抵押有碍,不得照此款令中国政府举办。凡中国政府所支之费,必须华英公司允准。

第十三款,该路平常养修费,则由进款支出,归总办部管理。凡有两段工程,须加本建修者,则由各段之政府拨出。但须照以上条款所言办理。凡有石山在该路附近,则总办部有权柄,可用以取碎石为修路之用。

第十四款,该全路进款并支款,则登总账,无须有彼此两段路之分别,总办部则须照铁路最好之格式,用账本妥为记账。因中国政府在其段所购之材料,须给予用钱与华英公司,故所有账目必须设法登记,容易核算用钱,以便中国政府查考,随时应给用钱若干。此等账目,彼此政府可于便当之时,照公道之法查核;而于此借款合同未注销以前,华英公司亦可有权查核此等账目。彼此政府可各派人代查核账目。惟自总办部声明账目皆备查核之日起,不得逾三个月,倘彼此政府所派之查核账目人逾三个月尚未查清。如有驳询账目之事,其所驳询之账,则作妥当,不能再问。倘查账之人于半年未结账以前,欲查账本,总办部亦可设法令其照办。

第十五款,其总办部并查账人酬劳若干,则由彼此政府商定由铁路总进款支发。

第十六款,彼此政府照办事合同每年应得之净余利,则须将所有办事费用连养修铁路并配置各费,并总办部所议应由进款所提出之费,以及提出预备不虞之费,由总进款扣除,所余之净利,则由彼此政府照彼此实在用出之款,照参谋工程司所核为建修并配置各段之用之款,并照此合同第六、第十并十三款所载，建修股本，续加股本，皆须扣除。所有地价并用钱不算在内。倘参谋工程司以一政府所费之款过度，则可写字据声明，各政府应支费若干，然后照各支之费比例摊分余利，俟余利算明，则彼此政府可摊分，总办部亦可随时酌夺，将余利随时拨交彼此政府。

第十七款，凡铁路所有银钱之事，则定一划一银钱行市与彼此政府结算。所定划一银钱行市，必须以以前六个月所有银钱行市均匀扯算，由总办部于每结算账目年初定准。

第十八款，此合同则由铁路开车之日起，以五十五年为期。

第十九款，彼此政府除非照此合同办理外，凡将自己段铁路作押，或用别法给予利益，不得给小票股友，或别人管理铁路之权。彼此政府只可以一俟余利查明，彼此应摊余利若干，将所得之余利押于别人，而得余利抵押之人，不得有照此款所言，所给押之政府之权；彼此政府亦不得将自己段移交于他国或他国之人。然此移交之事，亦不得与借款合同所载小票股友权衡有碍。

第二十款，彼此政府凡一政府除非先向彼政府商准并照借款合同所载，得华英公司字据允准，不得筑修或给权衡于别人或公司建筑，或助别路以款项，或别法装运客货，在其所管之境内建修铁路，与彼此两段之铁路相争生意或有碍；凡有欲开办各矿并石山在铁路附近，与铁路有碍者，彼此政府不得给权于别人开办。如于铁路有碍，彼此政府亦不得开办。

第二十一款，倘香港以后设关抽税，则香港段之路，或该段之别支路所购材料，为建修工程并养修之用，则概免税。

第二十二款，此合同凡有未载明之事，总办部无权衡定夺者，则由彼此政府各请一公正人，再由该二位公正人请一判断人判断。

第二十三款，此合同抄录两份，由彼此政府各执一份。惟此合同须由香港政府交香港议院议准，然后可责令香港政府遵守此合同，倘有辞意不明之处，则以英文为凭，此合同则照英国律解释。

第二十四款，此合同不得照借款合同所载，与华公司之利权有碍。其中国段之铁路，则须照借款合同并此合同各款办理。此合（同）照缮华、英文两份在处。

光绪年月日　西历年月号

中国大臣押　香港政府大臣押

中日《江西铁路借款契约》[①]

光绪三十三年二月十七日（1907 年 3 月 30 日）
上海

日本兴业银行与上海大成工商会社总理吴端伯协商，决定由该会社贷予江西全省铁路总公司以资金，职是日本兴业银行兹与大成工商会社总理吴端伯订立契约如左：

第一条，大成工商会社应贷予江西全省铁路总公司之上海规银壹佰万两，订于明治四十年四月二日（即光绪三十三年二月二十日）在上海由日本兴业银行付给大成工商会社。

第二条，本借款之偿还期限，以实足十年满期。大成工商会社应于明治五十年四月二日偿还日本兴业银行。

第二条，大成工商会社对于本项借款每年向日本兴业银行上海代理人支付六厘利息。但每年分为两期，于清历六月末日及十二月末日支付，不得延搁，倘至期延搁不付，须对该项利息，每月加给七厘利息。

第四条，本借款上海规银壹佰万两，交付之日，相当日金壹佰肆拾柒万零壹仟伍佰捌拾捌圆贰拾叁钱。为预防偿还本金时金银市价波动发生损失，大成工商会社对江西全省铁路总公司所订利率与其对日本兴业银行所订利率之差额，即相当年利壹厘之利息。每逢收到江西全省铁路总公司之利息时，应由大成工商会社及日本兴业银行连名存入上海横滨正金银行支店，作为定期存款。偿还本金时，倘上海规银壹佰万两之汇价低于日金壹百肆拾柒万零壹仟伍佰捌拾捌圆贰拾叁钱，则以上项利息差额定期存款之本利补足之。倘有剩余，则由大成工商会社收回。

第五条，大成工商会社对于江西全省铁路总公司有无将其资产另行抵押，或时常出卖，或另兴借款等等情事，进行周密侦查，以免利益受损。

第六条，大成工商会社发觉江西全省铁路总公司有第五条所列情事

① 宓汝成编：《中国近代铁路史资料》第三册，第 975—977 页。

时,应一面采取阻止办法,一面通知日本兴业银行,相互开诚商议,再与江西全省铁路总公司理论,设法保护本契约。

第七条,江西全省铁路总公司倘有另与他人接洽借款情事,大成工商会社应及时通知日本兴业银行,并协助争取获得利益。

第八条,大成工商会社自江西全省铁路总公司取得之抵押品即该铁路每股五元之股份贰拾柒万柒仟柒佰柒拾柒股,应转交日本兴业银行以为抵押;又,大成工商会社应将该项股份业已转交日本兴业银行充作抵押一节,通知江西全省铁路总公司,并取得其书面承认,转交日本兴业银行,以供异日凭证。

本借款满期时,江西全省铁路总公司还清借款本利,日本兴业银行交还抵押之股票。

第九条,大成工商会社自江西全省铁路总公司作为本利金之担保而取得之江西商会经办江西省内米捐、盐捐及其他各货捐权利,一概提交日本兴业银行作为担保。

第十条,大成工商会社未经日本兴业银行允诺,不得修改其与江西全省铁路总公司订立之条款及文字,或另订契约。

第十一条,大成工商会社与江西全省铁路总公司订立之契约原件,在借款本利偿清以前,自应交由日本兴业银行收执;为预防损失计,大成工商会社根据该契约原件取得之一切权利亦应委任日本兴业银行行使之。

第十二条,日本兴业银行应竭力拥护大成工商会社对江西全省铁路总公司之权利固不待言,但大成工商会社应完全履行其对日本兴业银行之责任义务。

本契约用日、清两种文字各缮三份,一份交大成工商会社,一份交日本兴业银行,一份交上海(日本)总领事馆保存。又,本契约应经上海日本总领事正式承认,遇有争执时,应服从上海日本总领事裁决。

光绪三十三年二月十七日上海大成工商会社总理吴端伯(印)

见证人赵楚维(印)　胡捷三(印)

明治四十年三月三十日日本兴业银行总裁添田寿一代理人

横滨正金银行上海支店支配人长锋郎(印)

右系于本官面前诚实署名盖章者,此证

明治四十年三月三十日在上海帝国总领事永泷久吉(印)

附录一:《江西铁路总公司与大成工商会社合约》^①

光绪三十二年十二月初十日(1907 年 3 月 30 日)

上海

立入股合约人江西驻沪商会,介绍江西全省铁路总公司与上海华商大成工商会社总理吴端伯所议条款,开列于后:

一、上海华商大成工商会社总理吴端伯,愿入江西全省铁路股本银一百万两,江西全省铁路总公司即给股票二十七万七千七百七十七股,……同时付足,即于付银之日起算股息。江西全省铁路总公司每年给息七厘,华六月、十二月分两期在上海江西铁路分局交付,每期付上海规银三万五千两整。倘延搁不付股息之时,仍须按月照给重利七厘。

二、此项股票,江西全省铁路总公司允准,自购票之日起扣足十年,江西全省铁路总公司须备上海规银一百万两缴还吴端伯,决无异议。

三、届十年吴端伯愿意认股,应听江西全省铁路总公司之意;或允吴端伯认股,或照其时股票价值,听公司买回,不得异议。

四、江西全省铁路公司愿以此项银两,于一年内外兼开办江西铁路银行。未开办以前,即以商会签字人会同担保。俟银行开办,即以银行担保。此款于十年期满赎回股票,并按期应付股息。此银行、铁路公司有自主之权,吴端伯不得干预一切。但各办事人将此款移作非铁路之用,准吴端伯查核立时退股,将此款上海规银一百万两索回。

五、如吴端伯于十年期内以此项股票抵押于人,押期届满十年,该受抵押此项股票之人,亦可向江西全省铁路总公司讨取股本股息,江西全省铁路总公司应将承认照每股原价规银三两六钱赎回。如已开办银行,担保承认,则向担保银行讨取股本股息,并照原价每股规银三两六钱赎回。但不能转售外国人,如外国人购去,作为废纸。

六、江西铁路银行未开办以前,由江西全省铁路总公司指定江西商会

---

① 该合约由日本外务大臣林董、日本驻华公使林权助策划,由日本驻上海总领事永泷久吉与大成会社总理吴端伯商议,由日本兴业银行出名,而日本政府出资。先由兴业银行贷款予大成会社,再由该会社转贷江西铁路公司。故实际上此约属于略后签订的中日《江西铁路借款契约》的附约。参见宓汝成编《中国近代铁路史资料》第三册,第 973—975 页。

经办之江西全省米捐、盐捐作抵本息，以上各捐，不能移抵别用。如米捐、盐捐或有更动不敷，准以别项货捐作抵。本息亦不能移抵别用。至于银行担保一节，俟其开办后考察情形再议。

七、上海华商大成工商会社总理吴端伯确系中国江苏省上海县民籍。

八、盖用关防后限二十天内在上海缴银，过期不缴，此约作废。将来拨款赎股，亦在上海。

九、此项合约，因铁路尚未办有成效，吴端伯认入巨股，不能不指定的款保证。届满十年，铁路公司向吴端伯赎回股票后，即将此项合约作为废纸。

十、此项合约江西全省铁路总公司与上海华商大成工商会社总理吴端伯均已认定，各无异议。爰缮一式二纸，各执一纸，即由江西铁路总公司暂时盖用关防为凭。俟银行开办，即改用银行保单，盖章担保，须经妥议。

商董：邓鹤波、胡捷三、曾瑞麐

总董：陈伯严

江西全省铁路总公司总办：李有棻

上海大成工商会社经理：吴端伯

附录二:《华大劝业、大成工商契约书》①

光绪三十四年十一月初九日（1908 年 12 月 2 日）

上海

明治四十一年十二月二日，光绪三十四年十一月初九日，清商大成工商会社总理吴端伯（以下简称甲方），与日人杉山茂丸、后藤猛太郎、加藤浩、星一（以下简称乙方），关于监理大成工商会社营业权一事订立契约条项如左：

第一条　甲方于本契约订立之日，将大成工商会社营业之一切监理权全部移交乙方，而主要委托以左列权限。但本契约监理权之执行期限为九年。

一、关于大成工商会社与日本兴业银行间之一百万两借款，乙方代甲

---

① 宓汝成编：《中国近代铁路史资料》第三册，第 979—980 页。

方协定之全权。

一、行使甲方对江西铁路公司借款之一般权利，并代甲方征收清算该借款利息之全权。

一、根据乙方便利，为监理大成工商会社营业而指定并派遣乙方认为适当之人员问题。

第二条　乙方因自甲方取得营业监理权，故承允左列各条：

一、支付大成工商会社之一切营业经费。

二、根据必要，并经过协商后，支付大成工商会社之营业资金。

三、于执行监理权期间，以其营业利益金弥补大成工商会社已往损失二十万两。

作为上列契约之凭证，本契约以日本文字缮为五份，分别署名盖章，各执一份，并作成清国译文两份，日、清两国人两方各执一份。

后藤猛太郎（印）　杉山茂丸（印）　星一（印）　加藤浩（印）

上海大成工商会社总理：吴端伯（印）

中德《黑龙江省向礼和、信义洋行订购炮械弹药合同》[①]

光绪三十三年二月三月间(1907年4月)[②]

天津

黑龙江善后局督理魁、文案处会办徐,天津德商礼和、信义洋行沙尔(德)。

立合同:天津德商礼和、信义洋行,承办克虏伯炮厂事宜沙尔(德),今奉黑龙江善后局督理魁、文案处会办徐转奉钦命黑龙江将军程谕委,定购德国克虏伯炮厂七生的半,三十倍口径长,陆路管退快炮两队,计十二尊。又七生的半,十四倍口径长,过山管退快炮一队,计六尊,应备各件俱全。所有件数详列于后。

计开:

七生的半三十倍口径长,最新式陆路管退快炮两队,计十二尊(连钢罩护板各炮附属之件全备)。

药弹车十八辆(合两队所用。每辆能装子弹九十六出。并钢护板附属之件全备)。

铁匠器具预备物料车两辆(附属之之件全备)。

陆路炮马鞍套皮件三十二副(每套备七匹马所用)。

分圈开花弹三千六百颗(底火引信铜壳火药炸药全备)。

钢子母弹三千六百颗(底火引信铜壳火药炸药全备)。

七生的半十四倍口径长,最新式过山管退快炮一队,计六尊(连钢罩护板各炮附属之件全备)。

驮炮身马鞍六副(合中国马所用)。

驮炮架并车轮园杆等,马鞍十八副(式同上)。

---

① (台湾)"中央研究院"近代史研究所编印《海防档》甲编,第1143—1144页。

② 该合同签署的确切时间和地点未查明,此为暂定。

驮药弹箱马鞍,四十八副(式同上)。

子弹箱九十六支(每支可储子弹八颗)。

行军用随炮铁匠器具一副。

驮铁匠器具马鞍两副(式同上)。

分圈开花弹一千八百颗(底火引信铜壳火药炸药全)。

钢子母弹一千八百颗(底火引信铜壳火药炸药全)。

外加各项保险水脚铁路上下并装箱驳船等项费用。兹议运至营口交收。

中德《黑龙江省向泰来洋行定购子弹合同》①

光绪三十三年二月二十九日(1907 年 4 月 11 日)
哈尔滨

　　天津德商泰来洋行,今蒙钦命黑龙江将军程委,由敝行定购旧存七密里九无烟钢头子弹一百万粒。言明每千粒价值行平化宝银三十七两八钱,一百万粒共合行平化宝银三万七千八百两,除九五扣,净银三万五千九百十两整。自定立合同之日起,扣至六个月,在天津紫竹林码头交货。价银分作三次付给,合同一经签字后,即付第一批定银三分之一,合银一万一千九百七十两。敝行接到外洋电报,该货已经由外洋装船起运来华,即付第二批价银一万一千九百七十两。该货到津,由敝行具电禀请江省派员验收清符后,即付第三批价银一万一千九百七十两。特缮合同两纸,彼此签字,各存一分为凭。

　　附开条议六条列后:

　　一、议该货由外洋运至天津紫竹林码头,所有船价保险各费,均由泰来洋行自理,概不外索分文。

　　一、议合同签字后,由江省发给津、申各关护照,并照会两关道,发给免税专照,以便起卸,而免阻误。

　　一、议该货之三批价银,均汇至天津通商银行交付。

　　一、议此项子弹,自合同签字之日起,限六个月交货。如逾限不到,泰来洋行情甘认罚原价十分之一。逾限在一月以外,照加一倍,即由价内扣除。

　　一、该货由外洋运华,海内如遇有不测之险,即由泰来洋行电禀江省,照数另购赔缴,不再索价,惟不认误期之罚。

　　一、议此项子弹,系指明俄国陆军联珠枪所用之子弹,运到后如不合用,由泰来洋行自行运回,缴还原价。

---

　　①　(台湾)"中央研究院"近代史研究所编印:《海防档》甲编,第 1147—1148 页。

会办黑龙江军辕文案处徐

德商泰来洋行代理人喀佑斯

德商泰来洋行经理人李炳文

中日《萍乡煤矿借款合同》[①]

光绪三十三年三月十九日(1907年5月1日)

上海

日本大仓喜八郎、中国萍乡煤矿局为发给借票事,今由日本大仓喜八郎承认借与中国萍乡煤矿局日本金元二百万元,其条款办法开列于后:

一、本数:大仓喜八郎承认借与萍乡煤矿局日本金元二百万元,言明在上海、汉口两处交付。俟交付到后,萍乡驻汉运销局另有萍矿借款期票交与驻汉大仓经理人手收为凭。

二、息金:周年以七厘五毫计算,即每百元按年七元五角。每年分两次付息,以东历五月底及十一月底为期。

三、借款期限:此项借款以七周年为期,前三年只付息金,后四年本利按期分还,其年月载在借票或开列于后。再此项借款,亦可于三年后将本金全数先还,或选还半数,惟须四个月以前知照大仓,至其息金亦即以还本之日为止。

第一期应还本日本金元五十万元(利十五万元),明治四十四年五月(光绪三十七年三月)。

第二期应还本日本金元五十万元(利十一万二千五百元),明治四十五年五月(光绪三十八年三月)。

第三期应还本日本金元五十万元(利七万五千元),明治四十六年五月(光绪三十九年三月)。

第四期应还本日本金元五十万元(利三万七千五百元),明治四十七年五月(光绪四十年三月)。

四、借款担保:萍乡所借日本金元二百万元,以矿局所有生利之财产物件均作为借款抵押,及至借款本利清还之时为止。再俟萍矿还清礼和借

---

① 此项借款名义上是由日商大仓组借出,实际由日本政府出资。参见《日外务大臣林董致驻华公使林权助机密函—大仓向萍乡煤矿借款二百万元系由日政府出资》明治四十年六月十三日,转见中国人民银行参事室编:《中国清代外债史资料》,第616—618页。

款,依次便以大仓为第一。萍矿亦切实声明,不将已抵之产再抵别款。

五、允认:此项借款合同,均经矿局股东承认。

六、市价:萍矿务局所借大仓日本金元二百万元,言定照票按期清还,到期付还时,概照银行市价收付,彼此不得低昂。

七、收据:大仓驻汉经理人自收到萍矿驻汉运销局到期还款之银,当将合同内第三条萍矿局所签具之到期借票交与驻汉运销局经理人手收,并须另给收条一纸,以为期满彼此注销合同之据。

八、合同:自立合同后,各无异言,均照合同办事。再此次合同一式四张,大仓喜八郎执一纸,汉口大仓经理人执一纸,督办萍矿盛宫保执一纸,萍乡煤矿局执一纸,俟本利皆清,合同即为废纸。此照。

　　明治四十年五月初一日
　　光绪三十三年三月十九日
　　大仓喜八郎橘三郎(代)
　　驻汉大仓代理人橘三郎
　　督办萍乡煤矿总局盛宣怀
　　总办萍乡煤矿局林志熙
　　总办萍乡驻汉运销局卢洪昶

中美《山东招远平度矿务合同》①

光绪三十三年四月初五日(1907 年 5 月 16 日)
天津

立此合同因办山东省招远平度矿务事宜。

此项合同,即订立于西历一千九百零七年五月十六号,在天津中国地方。立合同人:开辟公司;李道元,李道元为李君翰、李宜莱、李宜光等公举代表之人,以下只称矿主。开辟公司系有限公司,按照美国克纳克省公司律法订立,以下只称开辟公司。兹查矿主现有开采山东招远平度等处金矿,金矿处所均于附篇内详细载明,其附篇应随合同粘连,亦应标明为各处矿产附篇。惟矿主现拟添购机器,扩充该矿,然须措借资本充足,始能举办,而开辟公司亦情愿借与款项。此系互相商酌允协,自应将彼此允诺各款,开列于左。

(第)一款、矿主奉到中国政府批准借款合办之时,即应设立一有限公司,名曰招平矿务公司,按照中国律例设立,应禀明北京农工商部注册立案。一俟办竣,矿主即将附篇所载各处矿地产业及办矿权柄,均割交与招平矿务公司。惟割交之权柄,矿主固不得违背合同内开应允各款。该矿所有从前欠人款项,皆由矿主自行清理,与新公司无涉。借款合办以后,所有应分给借款公司或开辟公司利息余利,再不得用还各矿以先欠债并他项欠债,仅照合同内所载办理。

第二款、俟矿主奉到中国政府允准借款合办之后,开辟公司应允迅即设立一有限公司,名曰借款公司,按照美国省(州)公司律法订立。迨借款公司接到开辟公司于合同内所允各款,则两公司须彼此互商,遵照合同内所允各节办理。

第三款、除第六款所订办法之外,开辟公司允为预备资本,以作借款,出给实银,并无折扣。惟借款数目足敷合同内详载用项所需,直至二十万

① (台湾)"中央研究院"近代史研究所编印:《矿务档》(二),第 1344—1353 页。

英金镑为止。到三十年后，须将此二十万金镑还清。自订立合同之日算起，其押款即以附篇所载各处矿产，并招平公司日后所得之产业，且不但附篇所载各处矿产，尚有各矿建造之房屋，购办之机器，以及与各矿有关之产业，并有关之权利。举凡矿地、产业、房屋、材料、杂项，连同各矿所采取者，除以下指明各项物件外，暨于借款年月内置购之产业，均押与开辟公司，作为担保借款证据，是借款公司，即为招平矿务公司第一次借款之人。

第四款、此项借款，议定按年利七厘行息，用金付给，或按应还日期之金汇兑金款市价付给。每届六个月，付给一次。一在西正月一号，一在西七月一号。惟至付给利息时，应当清核借款若干。但无论所借之款，或作资本，或作利息，或作股利，均应遵照合同所订条款办理。

第五款、一俟合同签立妥协，矿主即应钞（抄）录一份，禀呈北洋大臣、山东抚院批核。俟北洋大臣、山东抚院批准该合同时，应即禀请上宪奏明中国政府，恭候准驳。如一年内或经中国政府批驳不准，此合同即作废纸。惟于未经批驳之先，矿主不得向他人另立合同，订借款项，以作开采此项矿产，并不得要求将合同作废。再合同签字后，倘于一年内，确经批驳，而期限未满，遂于所余之限内，矿主与开辟公司又筹有善策，约可复蒙中国政府批准。矿主应先尽开辟公司商借款项，以为开采矿产需用。

第六款、俟合同奉中国政府批准后，开辟公司或借款公司，即于八个月内，第一次支借与矿主天津行平银三十万两，矿主不必将此三十万两用项，报知开辟公司。

第七款、除以先已用花费暨合同内载应用各款外，矿主允许不得指矿产为名，再有别项开销，或以矿产作为他项抵押。

第八款、八个月限期，系从矿主以合同批准知照开辟公司或在中国代表人之日起算。倘开辟公司于限内，未照合同上允许预备款项，即应交出银二万五千两与矿主，作为罚款。此二万五千两之数，应将开辟公司已垫之款，核算在内。合同即便作废，由招平公司另向他人议借款项。

第九款、以上所云之三十万两一项，均经付清之后，开辟公司即可向招平公司索取以前垫给款项若干之借款凭票。此款即归借款二十万金镑项下，登入借资本账内。

第十款、此三十二万五千两交付之后，开辟公司或借款公司，仍应将下余借款，预备停妥，以便随时按照招平公司所开各账开付。如勘验开采账、资本账、息利账、股利账，照数开付，其开付之法，应照第十三款所载办理，且经彼此议定。除以上三十二万五千两连照第十三款应付息利、股利两账外，该借款不能移作别用，只可为勘验各矿，购办矿产、家具，以及开采所需，直至各矿培植成立，获有出产，足敷自费之时。

第十一款、先用花费，即系开辟公司代表人薪金，并使费。其薪金使费，自与矿主开议合同至奉到批准之日所开付者，以及律师费，并勘探该矿各费。所有花费，固由开辟公司垫付，亦应由第一次所借三十二万五千两外，首先提还开辟公司。惟开辟公司应备具切实账目，并考验凭据，一俟矿主索看，即行交给阅看，然不得过五万两。

第十二款、招平矿务公司资本，得有天津行平银八十万两，即提出七十万两股份，并无虚折交与矿主，或矿主指交之人。盖因矿主已将矿地、产业，办矿权柄，及各项产业，转交与招平公司，其余十万两股份，并无虚折交与开辟公司，以作酬劳。系因公司付借各款系实银，并无扣用，且无偏向，于开辟公司多受辛劳暨担险之处，惟此十万两股份票上，须注册俟一切借款还清即作废纸字样。

第十三款、开采利益分别于下，按下列次序开销。

甲，付开采矿产经费，即包括日用修理、保险、国课各费等项在内。

乙，付借款利息，按照第四款所载办理。

丙，招平公司所出股票，通按常年七厘核算。每年付给两次，与借款利息之期相同。

丁，除甲乙丙三款应付开销外，凡有余利，每年终提出十成之二，作为招平公司公积，但应于该矿获利足敷以上三款开销后，再有余利之日为起首。

戊，若有下剩余利，即应均分与招平公司、开辟公司。

第十四款、如第十三款内载公积，此公积款或购他公司股票或借款票、公债票等，或允存于妥实银行，以图生息。惟拟购之票，暨拟存之银行，虽由招平公司总办经理，然亦须商妥开辟公司或借款公司办理矿务代表之人方可。俟得有利息，每年仍按照本条办法办理。

第十五款、第十三款公积用法，拟以一半，常存生息，以备届十五年后，偿还借款之用。其一半留备二十万镑不敷开销时，尚需若干，由此一半内，提取应用。如二十万镑业已敷用，此一半亦留备将来偿还借款之需。若公积项下,将借款还清之后,尚有余剩,不与开辟公司相干。

第十六款、开辟此项矿产,建造新式机器,约用二年工夫。探出之产,均变换银两,入在出产账内。即用出产账内之款,按照第十三款所载,还给息利、股利。如此二年左右探出之产,不足还给两项利息,即于借款资本内,提拨补偿。惟所抽之利息,应按招平公司已借款多寡核算。至招平公司与开辟公司所有之八十万两股份,应抽七厘股利,亦应按借款原本分数核给。譬如第一年终之时,所借之款系十万金镑,即为原本一半,其股份于此一年终应得之利,即系七厘之应作三厘五。如在二年之外,两公司股份,仍按七厘利息算。

第十七款、嗣后倘看出以上所定二十万金镑,不足为开采矿产到极处之需。开辟公司即应预备愿否预备接续应用借款,续借办法,须照合同所载,一律无异。但开辟公司愿否续借,限以九十日为期,自办理矿产代表人转知开辟公司或借款公司之日算起。

第十八款、此项借款,由中国政府批准之日起,以三十年为期。前十五年按借款交到实数,照第四款付息。自第十六年起,分年还本借款实数,每年付还全本十五份之一,应付之七厘借款,随本递减。暨第十三款戊字项下借款,公司应得之一半余利,自第十六年至二十年,其所余之款,仍按第十三款戊字项下,均分一半。二十一年至三十年,借款公司仅得余利四成,则第十三款戊字项内载,余利不得按照该款均分之法分派,是招平公司应得六成,开辟公司应得四成也。至三十年本利全清后,所有招平公司利益产业,即与借款公司、开辟公司无涉,此项合同,即行作废。

第十九款、借款至十五年之后,招平公司可以将此合同停办。惟招平公司欲将此合同停办之时,须在一年之前,先行通知借款公司。届期由招平公司将借款全数付足,并利息于作废之日算清外,复应付给借款公司一项银两,即所借各款之酬劳金。该酬劳金即按第十三款戊字项下,最近五年借款公司所得余利总共之数,按五份均分后,将一份加足十五倍计算。至此项应得之十五倍一年之利益,按全数借款不得过九成之多,方能照给,如过九成之外,亦照九成付给。

第二十款、在此合同存执之日,及未经停办以前,矿主与招平公司,未经借款公司允准,不得擅与人另立合同,议借款项。倘至第十五年之时,招平公司欲借洋债,照十九款以还借款公司全数借款。其时招平公司欲给他人利息若干，须照拟给他人之章程，先让借款公司承办，如借款公司不愿承办，方能另让他人。此系指拟借洋债而言。至或十五年后，中国官商自行筹款接办，则照第十九款清还欠款后，借款公司只可退出，不得异言。至借款公司未经招平公司允准，亦不得将其合同利权，并借款公司所得招平公司股份，转让他人承办。

第二十一款、合同存执之时，在中国或开辟公司或借款公司，所应管理各矿办事及执事人员，均须籍隶中、美两国者，且须华、洋两总办彼此会商妥洽，方可委派。

第二十二款、合同存执之时，办理招平公司事如左：招平公司与借款公司，彼此商酌允许，聘请中国担任办事之人，言明设华总办暨华工程司各一员，亦可一人兼任，并各华员。借款公司与招平公司，彼此商酌允许，聘请西国办事之人，言明设西总办暨西工程司各一员，亦可一人兼任，并各西员。嗣后各种勘采矿产方针，及购买机器，添置材料，开销账目，每事均应听凭两位总办核夺。所有各样凭据，须经两位总办签字，方可作准。遇有应行公事，亦须由华、洋总办商定后，用招平公司出名，而办理各事，公同画押。

第二十三款、彼此商明允许，若是合同内所言借款资本，到应还日期，招平公司未经归还，此日期即合同内载之期。至此日期再过三十日，仍不归还，借款公司即可于此三十日后，知照招平公司，将所有各矿，暂归借款公司独自开办。其所以独自开办之故，系为急速还清借款并利息之故。倘真如此办理之时，则招平公司股份应得余利，即停止不付，以待将借款公司资本利息还清。及至清还之后，借款公司、开辟公司照合同与各矿所有关系之处，亦即作废，并将所执各矿之产，及办理之权，均归还于招平公司，以及付给借款公司之股份，作为废纸。但是借款公司独自开办之时，每年须给矿主日用花费银二万两，矿主仍有随时查核出入账目之权。

第二十四款、彼此商明允许，借款公司既以招平公司所押之产业，作为保证，倘该产业照中国律法，由伊售净，仍不足偿还各借款，不得向招平公司股东，索补亏短，亦不得向中国国家，或北京或在省城或在本地各官员，索要亏短之款。

第二十五款、招平公司应交中国国家矿产国课，均宜遵照矿章核算。但是招平公司交纳国课数目，不得较在中国他处金矿重多。至各矿之出产,亦不得完纳本地厘金,并他项税课。

第二十六款、各机器材料,及应用各件矿地往来,除不应纳税之外,所有应行纳税者,仅交海关税,不得抽收别项税课。

第二十七款、招平公司所有地产,应完地租钱粮,按照地亩坐落何处规则完交。

第二十八款、或两公司或转收之人,与合同内各款讲解,意见不合,或合同存执之时,两总办按章办理招平公司各事,意见不合,即照公正之法办理。须由两公司各举公正一人,再由此二公正人,举出一人,公同核断,惟二人相同者是从。

第二十九款、合同内载各矿一切事宜,均须由历任之北洋大臣、山东巡抚保护,自应归北洋大臣、山东巡抚节制。倘北洋大臣、山东巡抚有何饬知,如果与各矿利益实无妨碍者,招平公司暨借款公司华、洋两总办,自应遵办。每年终之时,应将该年各矿所办之事,连来年拟办各事宜,均禀候北洋大臣、山东巡抚批示,核与金矿规则,是否相宜。

立此合同为据,缮具华、英文各六份。彼此核对,均属相符,华、英文皆为准则。

第三十款、招平公司收到借款公司款项后,应随时缮给借款凭票,每票填发数目若干,由借款公司临时酌定,招平公司照办。

光绪三十三年四月初五日立

李道元

见证人:林文德　吴其藻

今将中国山东省准归公司开挖招远平度矿地金石,所有该矿房产机器生财,详列于左。

招远矿局:

地约四十二亩,山场约七十一处。

铁瓦房三百五十间。各厂棚厦子五十间。各草房三十二间。

矿线已租之处,约历四山,长约七八里。另红石崖矿线一处,历二山,约长一里。

存安好小铁道长二百六十丈,存运石铁车八辆。存峒内现用锤镢锨镢等俱全。存峒内起水、提石、各项辘轳,及土法砸砂、淘金各器物俱全。

平度矿局:

地约三十二亩。山场约二十四处。

洋楼一座。大机房一座。起重机器全副。冷气机器一副。六号水龙四架。双管大水龙一架。

气錾八副。二十条春杵废机器一副。大车床一副。錾床一副。

瓦房四十三间,草房三十五间。

炒硫磺铁(大炉一座、房屋一座),内炒硫磺铁器具皆全,化硫磺铁器物俱全。

矿线已租之处约十余里。

中比《天津万国桥管理合同》^①

光绪三十三年四月十四日(1907年5月25日)

天津

1.中国当局(万国桥桥主)授权于天津电车、电灯公司负责该桥之正常运转和通行,并予以良好之养护,其中包括定期之桥面翻新与油漆工程。

2.万国桥每年所需之修缮款项由下述各方分摊并交付电车、电灯公司。

法国工部局:500美元,

俄国工部局:500美元,

津海关道:500银两。该银两中包括前由中国北洋铁路分摊之款项。

3.所有重大维修,如由于磨损及事故所进行之机器主要部件之更换以及桥本身损耗所必须之修缮费用,将由津海关道、法国工部局、俄国工部局及天津电车、电灯公司共同摊负,每方分摊四分之一的修缮费用。

4.中国当局提供四名工人与电车、电灯公司之工人协同桥务工作,中国当局须付给其提供工人之工资。

5.为便利公共交通,该桥在客车(火车)到达及离开天津租界车站时不得开桥。为此,该桥自客车到达前三十分钟起直至火车离站三十分钟后之时间内必须合桥。

6.每天每次开桥时间不得超过十五分钟,开桥时间由津海关道与天津电车、电灯公司协同商定。此外,除本合同第五款指定之时间外,根据需要,该桥尚可随时开启,以利轮船及拖船通行。

7.乘船旅行的中国高级官吏享有随时命令守桥工人开桥,以便船只通行之权力。经协议,开桥命令应以书面形式行之,以便守桥工人存证。

8.来往行人、人力车、马车、大车、电车等均不予以收取费用。过往轮船与其他船只亦同。

① 天津档案馆、南开大学分校档案系编:《天津租界档案选编》,第526—527页。

9.本合同在天津电车、电灯公司于天津城及外国租界经营电车合同期满前有效。

天津电车电灯公司（签字）

中英《平远金矿条款》^①

光绪三十三年六月初四日(1907 年 7 月 13 日)

北京^②

此合同由平远金矿公司华商孙世勋、英商伊德遵照农工商部会同外务部于光绪三十二年六月初四日奏准改订各条,于本年六月初四日奉热河都统廷谕令华洋商会,会同求治局总办谢道台、李道台、提调朱直隶州,面同签字画押,所有原订、续订并附约各条开列于后:

一、原案准办六处,现经奏明,准平远公司在霍家地、城子山、王家杖子三处开办。

二、凡出售股票,无论中外人民均可同时购买。

三、公司股东无论何人,如有亏折成本,自行担任,与中国国家无涉。

四、公司所指案内勘得可采之矿,即向业主商议,其山地租价由公司公平给价,如有业主不愿租而愿卖者,听业主之便。

五、公司所购置或租用之民地,均照中国原定田则完纳钱粮。

六、所指各矿必须由官发给执照,应改为呈明都统咨请农工商部发给执照方准开办。

七、不得将执照转卖他人一节,应照商部矿章改为如欲将执照转授他商,应具禀农工商部,听候准驳,倘私相授受,经部觉察,即将矿章撤销,矿工入官。

八、现定部章矿产出井税金银均值百抽十,完纳其前交课银,准抵矿税。

嗣后矿师验明勘毕之矿,自禀明发给执照之日起,限六个月后开工。

九、矿师赴各处勘矿,应呈报都统,请发护照并请札饬地方官保护,不能乱行。

① 台北故宫博物院藏"外交部寄存文物清册"存该合同汉、英文本,此处录入汉文本。文献编号:906000037,登记组编号:037。

② 约章签订地点未查明,暂定为北京。

十、公司采验矿苗，打钻掘井，遇有民间庐墓所在，务需设法绕越。

十一、公司将来分派股利，中外股东均须一律，日后中国国家立定各项矿务新章，该公司仍应遵照办理。

十二、公司在案内指各处开采金矿时，倘无意中采得别种矿质，即应禀请都统给照，照章开办。

十三、公司开采各矿占用地址，应禀请都统派员按照禀明里数，眼同画清界限，绘画贴说签字，分别送官备案存质。

十四、公司开办所需机器材料等项，或由外洋或由中国通商口岸运至，一律照海关税则完纳。

十五、矿厂除管理机器外，一切执事工作人等应多用华人，优给工价，如设护厂巡兵，则专用华人。矿洞遇有压毙人口或致残疾等事，均由公司筹款，酌量优恤。

十六、转运矿产，欲造小枝铁路，应查明相距水口是否在十里以内，与该处地方有无窒碍，禀候农工商部核夺，若程途在十里以外者，应另案办理。

十七、此项合同未经核载各事，概照农工商部奏定矿务章程办理。

十八、此合同缮具华、洋合璧文五份，呈交求治局存案一纸，外务部、农工商部各一纸，华洋商人各执一纸。日后讲解有异，以英文为准。

附录一：《附约三条》

一、如续招股银须华、洋各半，收取课银，由都统派员监收矿工，概用华人。占用民地，不得擅用压力。

二、仍照原奏准办，霍家地、城子山、王家杖子三处。此外不得预指多处。其城子山，王家杖子二处，如三年内不开办，即还国家，后有他商请办，该公司不得干预。

三、无意中采有别种矿质，只准在批准界内开办。

附录二：《续定四条》

一、该矿如遇矿洞深见水不能施工开采，准该公司禀请都统另寻他处遵章咨部领照开办。

二、嗣后开采矿井日见其多，添招股本，设立分局，在准办界内采办，各分局仍一律照公司章程办理。

三、霍家地金矿应照部章三十方里划界，一俟矿师到热，禀请都统派员勘画。

四、此系金矿应用十分足金交课。

交涉局委员候补通判李树南　　候选县丞程廷镛

求治局总办直隶试用道李振鹏　　求治局督办热河兵备道谢希权押

求治局提调候补直隶州知州朱懋春　　华商同知衔孙世勋

英商李德(Charles.Monraque Ide)

英翻译谭华(Mirarel)

中日《湖北官钱局借款合同》①

光绪三十三年七月二十七日(1907 年 9 月 4 日)

汉口

湖北官钱局今奉湖广阁督部堂张饬向汉口正金银行借到洋例银二百万两整,并将应还本息日期及议明各条开列于后:

一、借洋例银二百万两整。

一、借定十年为期,先三年还本,每年按六个月付息,后七年每年还本一次,其息亦按六个月照付。

一、利息长年八厘,按数结算。

一、此款月内先付银五十万两,其余一百五十万两,三个月陆续用清,按提款之日起息。

一、款归四厂用,不归铁路用。

一、以武昌善后局所收盐厘要政加价项下,每年进款四十万两作抵。

一、此项二百万两借款,言明以湖北盐厘要政加价项下每年四十万两作抵。如到期不能照付本息,以归湖北所管之大冶矿山并保,但只作保,不能由外人擅自开采,如鄂省派员自行开采,正金银行不能干预其事。

一、借券请湖广阁督部堂盖用关防。

一、归官钱局作保。

此项合同用华文缮写五份,由湖广阁督部堂盖用关防,并盖用官钱局关防及善后局关防,一存湖广阁督部堂衙门,一存官钱局,一存善后局,一存日本领事,一存正金银行,分别收存以昭信实。

大日本驻汉领事官水野幸吉

横滨驻汉正金银行总办武内金平

湖北候补道官钱局总办高松如

湖北善后局总办齐耀珊　高凌霨

---

① 中国人民银行参事室编:《中国清代外债史资料》,第 668—669 页。

大日本明治四十年九月四号

大清光绪三十三年七月廿七日

中外《国际和平会议最后文件》[①]

光绪三十三年九月十二日（1907 年 10 月 18 日）

海牙[②]

第二届国际和平会议，在美利坚合众国总统首先倡议下，并应全俄罗斯皇帝陛下邀请，由荷兰女王陛下召集，于 1907 年 6 月 15 日在海牙骑士会堂举行。会议的任务是对 1899 年第一届会议工作基础的人道主义原则赋予新的发展。

下列各国出席本会议并委派代表如下：

德意志：

首席全权代表、国务大臣、帝国驻君士坦丁堡大使马歇尔·德·皮贝尔斯坦男爵阁下，

第二全权代表、特派出席本会议的帝国代表、公使馆枢密参赞兼外交部法律顾问、常设仲裁法院法官克列奇，

海军代表、帝国驻巴黎大使馆海军武官、海军少将西格尔，

陆军代表、普鲁士王家陆军总参谋部军需司令、陆军少将德·冈特尔，

科学代表、波恩大学法律系教授、枢密法律顾问、普鲁士贵族院议员、王室理财员佐恩，

副代表、公使馆参赞、外交部留部参赞高伯尔，

海军副代表、海军总参谋部海军少校雷兹孟；

美利坚合众国：

全权代表、前驻伦敦大使、特命全权大使约瑟·乔特阁下，

全权代表、前驻巴黎大使、特命全权大使霍勒斯·波特阁下，

---

① 第二次海牙国际和平会议中签订的各公约的中文译名，各档案与公约汇编集略有出入（例如薛典曾、郭子雄编：《中国参加之国际公约汇编》；章进主编：《中国外交年鉴（民国二十二年）》；佚名编：《和解国际纷争条约》，1910 年刊本；佚名编：《第二次海牙国际和平会》，北京大学历史系资料室藏手抄本等。）此处采用世界知识出版社编译：《国际条约集》(1872—1916)中的译名。

② 该约译自法文本，见斯科特编：《1899 年和 1907 年海牙和平会议报告书》，第 308—355 页。转引自世界知识出版社编译：《国际条约集》(1872—1916)，第 322—335 页。

全权代表、特命全权大使尤赖亚·罗斯阁下，

全权代表、前助理国务卿、驻海牙特命全权公使戴维·杰恩·希尔阁下，

全权代表、全权公使、海战学院前院长、海军少将查尔斯·斯佩里，

全权代表、全权公使、美国陆军法院院长、陆军准将乔治·戴维斯，

全权代表、全权公使、前驻布宜诺斯艾利斯公使、前驻巴拿马公使威廉·布坎南，

专业代表、国务院法律顾问詹姆斯·布朗·斯科特，

专业代表、最高法院报告员查尔斯·亨利·巴特勒；

阿根廷共和国：

全权代表、前外交部长、驻罗马特命全权公使、常设仲裁法院法官罗克·萨恩斯·佩约阁下，

全权代表、前外交部长、众议员、常设仲裁法院法官路易斯·德拉哥阁下，

全权代表、前外交部长、常设仲裁法院法官卡洛斯·罗德里厄斯·拉雷达阁下，

专业代表、驻柏林陆军武官弗朗西斯科·雷诺将军，

专业代表、前海事部长、驻伦敦海军武官约翰·马丁上校；

奥地利－匈牙利：

首席全权代表、奉圣皇帝兼国王陛下枢密顾问、特命全权大使加当·梅雷·德·卡布斯—梅尔阁下，

第二全权代表、驻雅典特命全权公使查尔斯·德·马基奥男爵阁下，

科学代表、维也纳大学教授、奥地利最高法院法官、奥地利邦贵族院议员、常设仲裁法院法官亨利·拉马克，

海军代表、海军少将安东尼·奥斯，

陆军代表、帝国和王国驻君士坦丁堡大使馆及驻雅典公使馆陆军全权代表、陆军少将佛拉狄米尔·基斯尔·德·基斯林根男爵，

代表、帝国和王国宫廷和外交部枢密顾问奥松·德·韦尔骑士，

代表、公使馆参赞茹勒·西拉细·德·西拉斯·埃·比利斯，

副代表、海军上尉埃米尔·考纳克·德·诺瓦尔；

比利时：

全权代表、国务大臣、众议员、法兰西学院院士，比利时和罗马尼亚王家学会会员、国际法学会名誉会员、常设仲裁法院法官皮尔那尔阁下，

全权代表、国务大臣、前司法大臣范顿·汉威阁下，

全权代表、驻海牙特命全权公使、罗马尼亚王家学会会员纪佑穆男爵阁下；

玻利维亚：

全权代表、外交部长、常设仲裁法院法官克洛蒂奥·皮尼拉阁下，

全权代表、驻伦敦全权公使费尔南都·埃·格夏拉阁下；

巴西：

全权代表、特命全权大使、参议院副议长、常设仲裁法院法官鲁伊·巴博沙阁下，

全权代表、驻海牙特命全权公使爱德华·德·桑道斯·李斯布阁下，

专业代表、驻海牙陆军武官罗伯特·特朗布佛斯基·莱道·德·阿尔梅达上校，

专业代表、海军中校坦克雷多·布拉马基·德·摩拉；

保加利亚：

首席全权代表、少将参谋、随从将军弗尔班·维纳洛夫，

第二全权代表、最高法院检察长伊凡·卡朗朱洛夫，

代表、保加利亚舰队参谋长、海军中校季米特里夫；

智利：

全权代表、驻伦敦特命全权公使多明哥·卡那阁下，

全权代表、驻柏林特命全权公使奥古斯特·马德阁下，

全权代表、前国防部长、前众议院议长、前驻布宜诺斯艾利斯特命全权公使卡洛斯·孔嘉阁下；

中国：

全权代表、特派大使陆征祥阁下，

全权代表、前美国国务卿约翰·福斯特阁下，

全权代表、驻海牙特命全权公使钱恂阁下，

陆军代表、陆军部军法司司长丁士源，

副代表、公使馆秘书张庆桐，

副代表、前中华帝国驻巴黎和驻罗马使团和公使馆秘书赵诒铸；

哥伦比亚：

全权代表乔治·霍尔金上将，

全权代表圣地亚哥·佩雷斯·特里亚纳，

全权代表、驻巴黎特命全权公使瓦尔加斯上将阁下；

古巴共和国：

全权代表、哈瓦那大学国际法教授、共和国参议员安东尼·桑切斯·特巴斯达曼特，

全权代表、驻华盛顿特命全权公使冈萨罗·德·奎萨达·伊·阿罗斯德基阁下，

全权代表、前哈瓦那中等教育学院院长、共和国参议员曼努埃·桑格利；

丹麦：

首席全权代表、驻华盛顿特命全权公使勃伦阁下，

第二全权代表、海军少将雪勒，

第三全权代表、国王侍从、王国外交部司长佛台尔；

多米尼加共和国：

全权代表、前外交部长、常设仲裁法院法官弗朗西斯科·亨利克斯·伊·卡尔瓦杰，

全权代表、圣多明尼加职业学院院长、常设仲裁法院法官阿普里纳·德杰拉；

厄瓜多尔共和国：

全权代表、驻巴黎和马德里特命全权公使维克多·伦顿阁下，

全权代表、代办亨里克·道恩·伊·特·阿苏亚；

西班牙：

首席全权代表、参议员、前外交部长、驻伦敦特命全权大使德·维拉·乌鲁西亚阁下，

全权代表、驻海牙特命全权公使约瑟·特·拉·利加·伊·加尔佛阁下，

全权代表、贵族院议员、毛尔特拉伯爵加布里埃·毛拉·伊·加马佐，

陆军副代表、陆军部长副官、参谋部上校约弗列·蒙多乔，

海军副代表、海军上尉弗朗西斯科·恰孔；

法国：

首席全权代表、特命大使、参议员、前总理、前外交部长、常设仲裁法院法官雷翁·布尔乔亚阁下，

第二全权代表、参议员、一等全权公使、常设仲裁法院法官德斯多尔纳·特·康斯当男爵，

第三全权代表、巴黎大学法学院教授、名誉全权公使、外交部法律顾问、国际法学会会员、常设仲裁法院法官路意·雷诺，

第四全权代表、驻海牙特命全权公使马塞林·佩列阁下，

陆军代表、陆军少将阿慕勒，

海军代表、海军少将阿拉哥，

专业代表、巴黎上诉法院律师弗罗马乔，

海军第二代表、海军上校拉加斯，

陆军第二代表、驻布鲁塞尔和海牙陆军武官西本中校；

英国：

全权代表、枢密院议员、特命大使、常设仲裁法院法官爱德华·弗兰伊爵士阁下，

全权代表、枢密院议员、常设仲裁法院法官欧内斯特·马松·萨道义爵士阁下，

全权代表、枢密院议员、前国际法学会会长雷伊勋爵阁下，

全权代表、驻海牙特命全权公使亨利·霍华特爵士阁下，

陆军代表、陆军少将埃德蒙·埃尔斯爵士，

海军代表、海军上校奥德雷，

专业代表、代表团首席秘书、大使馆参赞艾尔·克劳，

专业代表、代表团法律顾问、大使馆参赞塞西尔·赫斯特，

专业代表、驻海牙陆军武官亨利·亚德·布勒中校，

专业代表、海军少校西格拉维，

专业代表、总参谋部参谋乔治·科克里尔少校；

希腊：

首席全权代表、驻柏林特命全权大使格雷翁·里查·兰茄倍阁下，

第二全权代表、雅典大学国际法教授、常设仲裁法院法官乔治·史特莱，

专业代表、总参谋长、炮兵上校萨邦扎基斯；

危地马拉：

全权代表、驻海牙代办、常设仲裁法院法官荷塞·蒂布尔·马查多，

全权代表、驻柏林代办亨利克·戈迈斯·卡利略；

海地共和国：

全权代表、驻巴黎特命全权公使让·约瑟·达尔贝马阁下，

全权代表、驻华盛顿特命全权公使莱杰阁下，

全权代表、前国际公法教授、太子港律师皮埃尔·休蒂戈尔；

意大利：

全权代表、意大利代表团团长、王国参议员、国王陛下驻巴黎大使、常设仲裁法院法官约瑟·汤尼利·布吕萨蒂·地·韦尔格努阁下，

全权代表、国会议员、王国外交部副部长基多·蓬比里阁下，

全权代表、国家咨议、国会议员、前教育部长基多·傅西那都，

专业代表马里尤斯·尼古里斯·特·洛比朗准将，

专业代表、海军上校弗朗索亚·卡斯蒂厄利亚；

日本：

首席全权代表、特命全权大使都筑馨六阁下，

第二全权代表、驻海牙特命全权公使佐藤爱磨阁下，

专业代表、帝国外务省法律顾问、常设仲裁法院法官亨利·威拉德·戴尼逊，

专业代表、骑兵检察官秋山好古少将，

专业代表、江田岛海军学校校长、海军少将岛村速雄；

卢森堡：

全权代表、国务大臣、大公国政府首相埃森阁下，

全权代表、驻柏林代办维里耶伯爵；

墨西哥：

首席全权代表、驻罗马特命全权公使孔扎洛·爱斯德瓦阁下，

第二全权代表、驻巴黎特命全权公使塞巴斯蒂安·特·迈尔阁下，

第三全权代表、驻布鲁塞尔和驻海牙特命全权公使弗朗西斯科·特·拉·巴拉阁下；

门的内哥罗：

全权代表、枢密顾问、俄国驻巴黎大使内里都夫阁下，

全权代表、枢密顾问、俄国外交部常任顾问马顿斯阁下，

全权代表、国务顾问、宫廷侍从、俄国驻海牙特命全权公使察里科夫阁下；

尼加拉瓜：

全权代表、驻巴黎特命全权公使克里桑多·梅迪那阁下；

挪威：

全权代表、前总理、前法律教授、常设仲裁法院法官、驻海牙和驻哥本哈根特命全权公使弗朗西斯·黑格鲁普阁下，

专业代表、船主、议员乔基姆·格里格，

专业代表、挪威议会诺贝尔委员会秘书克里斯蒂安·罗斯·兰格；

巴拿马：

全权代表贝利萨里约·波拉斯；

巴拉圭：

全权代表、驻巴黎特命全权公使尤斯皮乌·马钦阁下；

荷兰：

全权代表、前外交大臣、下议院议员博福尔，

全权代表、国务大臣、参政院议员、常设仲裁法院法官阿赛阁下，

全权代表、退休中将、前陆军大臣、参政院议员顿·皮尔·普尔图卡阁下，

全权代表、女王陛下特别侍从、退休海军中将、前海事大臣罗尔阁下，

全权代表、前司法大臣、下议院议员洛甫，

专业代表、中校参谋、高等陆军学校教授奥特，

副代表、外交部政治司司长艾新茄，

副代表、内阁随员、殖民部副司长卡恩皮克，

专业代表、海军中校苏里；

秘鲁：

全权代表、驻巴黎和驻伦敦特命全权公使、常设仲裁法院法官卡洛斯·坎达谟阁下，

副代表、驻巴黎公使馆一等秘书古斯塔夫·特·拉·富昂德；

波斯：

首席全权代表、驻巴黎特命全权公使、常设仲裁法院法官萨马汗·鲁蒙塔斯·埃斯·沙尔塔纳阁下，

全权代表、驻海牙特命全权公使米尔萨·阿梅德·汗·沙狄克·乌默尔克阁下，

专业代表、德黑兰外交部法律顾问亨内贝克；

葡萄牙：

全权代表、国务顾问、贵族院议员、前外交大臣、驻伦敦特命全权公使、特命全权大使索浮拉侯爵阁下，

全权代表、驻海牙特命全权公使赛里尔伯爵，

全权代表、驻伯尔尼特命全权公使艾伯特·德·奥利维拉，

专业代表、陆军中校参谋托马斯·安东尼·加尔西亚·罗沙多，

专业代表、海军中校纪耶姆·伊文思·费拉斯；

罗马尼亚：

首席全权代表、驻柏林特命全权公使亚历山大·贝尔地曼阁下，

第二全权代表、驻海牙特命全权公使埃德加·马佛洛各达多阁下，

专业代表、总参谋部海军上将亚历山人·斯图查；

俄国：

全权代表、枢密顾问、俄国驻巴黎大使内里都夫阁下，

全权代表、枢密顾问、帝国外交部常任顾问、常设仲裁法院法官马顿斯阁下，

全权代表、国务顾问、宫廷侍从、驻海牙特命全权公使察里科夫阁下，

专业代表、国务顾问、宫廷侍从、俄国驻里约热内卢公使普劳佐，

专业代表、驻伦敦陆军武官叶莫洛夫少将，

专业代表、驻柏林陆军武官米切尔森上校，

专业代表、驻伦敦海军武官贝尔上校，

专业代表、海军学院国际法教授、海军上校奥夫钦尼科夫；

萨尔瓦多：

全权代表、驻巴黎代办、常设仲裁法院法官彼特罗·马瑟，

全权代表、驻伦敦代办、常设仲裁法院法官圣地亚哥·佩雷斯·特里亚那；

塞尔维亚：

全权代表、国务会议总理沙瓦·格罗兹将军阁下，

全权代表、驻罗马特命全权公使、常设仲裁法院法官米洛文·米洛瓦维奇阁下，

全权代表、驻伦敦和驻海牙特命全权公使米歇尔·米里歇维奇阁下；

暹罗：

全权代表、陆军少将蒙·夏地台·乌东，

全权代表、驻巴黎公使馆参赞高拉吉奥尼·多勒里，

全权代表、陆军上尉朗·布瓦纳茨·拿卢巴尔；

瑞典：

首席全权代表、驻哥本哈根特命全权公使、前司法大臣、常设仲裁法院法官克努特·雅尔马·伦纳德·特·哈马肖尔特阁下，

第二全权代表、前不管部大臣、前瑞典最高法院法官、常设仲裁法院法官约翰尼斯·海尔纳，

专业代表、炮兵团长大卫·海顿格伦上校，

专业代表、王家海军参谋部科长、海军中校古斯塔夫·特·克林；

瑞士：

全权代表、驻伦敦和驻海牙特命全权公使加斯东·卡林阁下，

全权代表、总参谋部上校、日内瓦大学教授尤金·博雷尔，

全权代表、苏黎世大学法学教授马克斯·休伯；

土耳其：

首席全权代表、特命大使、大理院院长土耳干·帕夏阁下，

全权代表、土耳其驻罗马大使雷希·贝阁下，

全权代表、海军中将穆赫默德·帕夏阁下，

副代表、民政部法律顾问腊依夫·贝，

副代表、上校参谋沙依特·贝；

乌拉圭：

首席全权代表、前共和国总统、常设仲裁法院法官荷赛·巴蒂·依·奥多内斯，

全权代表、前上议院议长、驻巴黎特命全权公使、常设仲裁法院法官胡安·卡斯特罗阁下，

专业代表、野战炮兵团团长塞巴斯蒂安·布盖上校；

委内瑞拉共和国：

全权代表、驻柏林代办荷赛吉尔·福图尔；

在 1907 年 6 月 15 日至 10 月 18 日举行的一系列会议中，上列各代表自始至终怀着这样的愿望，即在尽可能广泛的范围内，实现尊敬的会议发起人的宏愿以及各国政府的意愿，本和平会议制定了下列各公约和宣言的文本并附于本文件之后，以便由各全权代表签署：

一、和平解决国际争端公约。

二、关于限制使用武力以索偿契约债务的公约。

三、关于战争开始的公约。

四、关于陆战法规和习惯公约。

五、关于陆战时中立国和人民的权利和义务公约。

六、关于战争开始时敌国商船地位公约。

七、关于商船改装为军舰公约。

八、关于敷设自动触发海底水雷公约。

九、关于战时海军轰击公约。

十、关于日内瓦公约原则适用于海战公约。

十一、关于海战中行使拿捕权的某些限制公约。

十二、关于设立国际捕获法院公约。

十三、关于中立国在海战中的权利和义务公约。

十四、关于禁止从气球投掷投射物和爆炸物宣言。

这些公约和宣言各自构成单独的文件。各文件均以本日为缔结日期，并可由出席第二届和平会议的各国全权代表在海牙签署，直至 1908 年 6 月 30 日为止。

会议按照讨论中所体现的协商和互让精神，认定下列声明，在出席各国可以保留表决自由的同时，得以把出席各国所一致承认的原则肯定下来：

会议一致同意，

（一）承认强制仲裁的原则；

（二）宣告某些争端，特别是有关国际协定条款的解释和适用问题的争端，得交付强制仲裁而不受任何限制。

最后，会议一致宣布，尽管目前还不能立即在此方面缔结一项公约，但已经表达出来的分歧意见并没有超出法律性争执的范围,而世界各国在这里一起工作了四个月,不仅学会了进一步互相了解和互相接近,并且从这个长期合作的过程中引发出了对人类共同利益的高度认识。

会议还一致通过了下列决议:

第二届和平会议确认 1899 年会议通过的关于限制军费的决议;并且,鉴于从那时以来,几乎所有国家的军费均大大增加,会议宣告各国政府对此问题重新进行认真的研究,是十分适宜的。

会议还表示了如下愿望:

(一)会议建议各签署国采纳本文件所附关于设立仲裁法院的公约草案,一俟就法官的选择和法院的成立达成协议,该公约即予实施。

(二)会议表示希望,一旦发生战争,军事和民政主管机关应以确保和维护交战国居民和中立国居民之间的和平关系,特别是工商业关系,作为自己的特别任务。

(三)会议表示希望,各国通过特别协定,得规定在其领土上居留的外国人在军费负担方面的地位。

(四)会议表示希望,一项关于海战法规和习惯的规则的起草工作将列入下届会议的议程,并且各国无论如何应尽可能将关于陆战法规和习惯的公约的原则适用于海战。

最后,会议建议各国举行一次第三届和平会议,可在与前届会议至今所经历的相当的期间召开,其日期由各国之间共同商定。会议提请各国注意有必要预先以相当长的时间为第三届会议进行筹备工作,以确保会议的讨论能以必要的权威和速度进行。

为达到此目的,会议认为最好在会议的可能召开的日期之前两年,由各国政府委托一个筹备委员会,汇集拟向大会提交的各种提案,判定哪些问题已经成熟以便制定国际规则,并准备一个由各有关政府以充分时间进行仔细研究以便作出决定的纲领。该委员会也将负责提出关于会议本身的组织方式和程序的建议。

各全权代表在本文件上签字盖章,以昭信守。

1907 年 10 月 18 日订于海牙,正本一份保存于荷兰政府档案库,其经核证无误的副本将分送给出席会议的各国。

中外《和平解决国际争端公约》①

光绪三十三年九月十二日(1907 年 10 月 18 日)②
海牙

（德国、美国、阿根廷、奥匈、比利时、玻利维亚、巴西、保加利亚、智利、中国、哥伦比亚、古巴、丹麦、多米尼加、厄瓜多尔、西班牙、法国、英国、希腊、危地马拉、海地、意大利、日本、卢森堡、墨西哥、门的内哥罗、挪威、巴拿马、巴拉圭、荷兰、秘鲁、波斯、葡萄牙、罗马尼亚、俄国、萨尔瓦多、塞尔维亚、暹罗、瑞典、瑞士、土耳其、乌拉圭、委内瑞拉等各缔约国元首称呼略。）

在维持普遍和平的强烈愿望的激励下；

决心竭尽全力促进国际争端的友好解决；

认识到文明国家集团各成员国的联合一致；

愿意扩大法律的适用范围和加强国际正义感；

深信在各独立国家之间设立一个各国均能参加的常设仲裁法庭将对达到此目的作出有效的贡献；

考虑到仲裁程序的普遍和正常组织的优越性；

同意国际和平会议尊敬的发起人的主张，即公平和正义的原则是国家安全和各国人民福利的基础，最好载入一项国际协定中；

愿意为此目的保证使调查委员会和仲裁法庭在实践中更好地工作，并对需要采取简易程序的争端提供诉诸仲裁的便利；

认为有必要在某些方面修改并补充第一届和平会议关于和平解决国际争端的文件，

各缔约国决定为此目的缔结一项新的公约并委派各自全权代表如下：

---

① 该约译自法文本，见斯科特编：《1899 年和 1907 年海牙和平会议报告书》，第 308—355 页。转引自世界知识出版社编译：《国际条约集》(1872—1916)，第 335—356 页。

② 此为第二次海牙国际和平会议议定各项文件的时间。光绪三十四年五月二十八日(1908 年 6 月 26 日)中国代表在该约上签字；宣统元年九月初五日(1909 年 10 月 18 日)清廷批准加入该约。参见薛典曾、郭子雄编：《中国参加之国际公约汇编》，第 29 页。

（各全权代表名单略。）

上列全权代表提交全权证书认为妥善后，议定条款如下：

第一编　普遍和平的维持

第一条

为了在各国关系中尽可能防止诉诸武力，各缔约国同意竭尽全力以保证和平解决国际争端。

第二编　斡旋和调停

第二条

各缔约国同意，遇有严重分歧或争端，如情势允许，在诉诸武力之前应请求一个或几个友好国家进行斡旋或调停。

第三条

不论有无此项请求，各缔约国认为，由一个或几个与争端无关的国家在情势许可的情况下，主动向争端当事国家提供斡旋或调停，是有益的和可取的。

与争端无关的国家，即使在敌对过程中，也有权提供斡旋或调停。

争端的任一方绝对不能将此项权利的行使视为不友好的行为。

第四条

调停者的作用在于协调对立的要求并平息争端各国之间可能发生的不满情绪。

第五条

一俟争端的一方或调停者本身宣布他所建议的和解办法未被接受时，调停者的职能即告终止。

第六条

斡旋和调停，无论出自争端国的请求，或出自与争端无关的国家的主动，都只具有建议的性质，绝无拘束力。

第七条

接受调停，除非有相反的协议，并不具有中止、推迟或阻碍动员或其他战争准备措施的作用。

如调停发生在敌对行为开始后，除非有相反的协议，进行中的军事行动无须停止。

第八条

各缔约国同意,在情势许可的情况下,建议适用一种特殊的调停,其方式如下:

遇有足以危及和平的严重纠纷时,争端各国各自选择一国并赋予与另一方所选择的国家进行直接联系的使命,以防止和平关系的破裂。

此项使命的期限,除有相反的协议,不得超过三十天。在此期限内,争端各国停止有关争端问题的任何直接联系,此项争端应视为已全部移交各调停国。调停国必须尽一切努力以解决纠纷。

遇有和平关系确已破裂时,这些国家均负有利用一切机会以恢复和平的共同任务。

第三编 国际调查委员会

第九条

凡属既不涉及荣誉,也不影响基本利益,而仅属对于事实问题意见分歧的国际性争端,各缔约国认为,由未能通过外交途径达成协议的各方在情势许可的情况下,成立一国际调查委员会,通过公正和认真的调查,以澄清事实,从而促进此项争端的解决,将是有益的和可取的。

第十条

国际调查委员会由争端各方通过一项专约组成。

调查专约规定需要审查的事实,并规定委员会组成的方式和时间以及委员的权限。

在需要时,专约也规定委员会的会址以及可否迁移到另一地方,委员会使用的语言和委员会准许对它使用的语言,以及各方应提交关于陈述事实的日期,总之,各方同意的一切条件。

如各方认为有必要任命助理员,则调查专约应规定任命的方式及其职权的范围。

第十一条

如调查专约没有规定委员会的会址,委员会应设在海牙。

会址一经确定,除非当事各方同意,委员会不得变更。

如调查专约未规定使用的语言,则由委员会予以规定。

第十二条

调查委员会的组成,除另有规定外,应遵照本公约第四十五条和第五十七条的规定。

第十三条

委员或助理员因死亡、退休或因故出缺，应按照其任命的方式予以补缺。

第十四条

当事各方有权任命特派人员出席调查委员会，其任务是代表本方并作为各方和委员会之间的中间人。

此外，各方有权聘请由它们指派的顾问或律师向委员会陈述它们的理由和维护它们的利益。

第十五条

常设仲裁法院国际事务局应作为设在海牙的各调查委员会的秘书处，并将其办公处所和工作人员供缔约各方使用，以便于调查委员会进行工作。

第十六条

如委员会设在海牙以外的地点，它应任命一秘书长，并以其办公处作为其秘书处。

秘书处受主席领导，其职责是为委员会会议作好必要的安排，作出记录，并在调查期间保管档案。此项档案随后将移交给海牙国际事务局。

第十七条

为了促进调查委员会的组成和工作，各缔约国建议在各方未采纳其他规则前，下列规则将适用于调查的程序。

第十八条

委员会应规定调查专约或本公约中未曾规定的程序的细节，并安排有关处理证据的一切手续。

第十九条

调查应听取双方意见。

在规定的日期，当事每一方应向委员会和另一方送达事实的说明书，如果有的话。在一切情况下，应送达它认为对判定真相有用的文件、证件和资料，以及它希望出庭作证的证人和鉴定人的名单。

第二十条

委员会有权在当事国同意下，临时迁移到它认为对此种调查方法有用的地方,或派一位或几位委员到那里。但必须取得进行此项调查的所在地国家的许可。

第二十一条

每一项调查和对现场的调查应在当事国代理人或律师出席下或在他们已被正式传唤以后进行。

第二十二条

委员会有权要求当事国一方或另一方提供它认为有益的那些解释或资料。

第二十三条

当事各方应尽可能充分地向调查委员会提供一切必要的手段和便利,以使该委员会对有关事实获得完全的了解和正确的估计。

各方承允按照各自国内法掌握的方法以保证经委员会传唤的处于它们领土内的证人和鉴定人出席。

如上述证人或鉴定人不能出席委员会,各方将安排他们到其所属国家的主管官员面前作出他们的证词。

第二十四条

委员会如需在第三缔约国领土内办理各项通知书时,应直接向该国政府提出申请。在现场进行采证,也应照此办理。

为此目的而提出的申请应按照被申请国的国内法规定的方式办理。申请书不得予以拒绝,除非被申请国认为此项申请在性质上有损于它的主权或安全。

委员会也始终有权通过该会所在地国来办理。

第二十五条

证人和鉴定人应依照当事国的申请或委员会自己的动议予以传唤,并且在一切情况下,须通过上述人员所在地国政府传唤。

证人应在代理人和律师出席下按照委员会所规定的顺序,循序和分别作证。

第二十六条

对证人的询问由主席主持。

委员会委员得向各证人提出他们认为适当的问题,以便对证词加以澄清或补充,或在弄清事实真相的必要限度内,了解与证人有关的任何问题。

当事国代理人和律师不得打断证人作证,也不得直接向证人提出任何质询,但可以请求主席向证人提出他们认为有益的补充性质的问题。

第二十七条

证人作证不得读书面稿。但是,如果所证事实的性质有此必要,可经主席准许参阅笔记或文件。

第二十八条

证人供词应当即作成记录,并向证人宣读,证人得对记录作出他认为必要的修改和补充,并附录在他的证词之后。

证人的全部供词向证人宣读后,应要求证人签字。

第二十九条

代理人有权在调查的过程中或结束时,用书面向委员会和当事另一方递交他们认为对判定真相有用的一切声明、要求或事实的摘要。

第三十条

委员会对决定的讨论不公开并须保守秘密。

一切决定均由委员会以多数作出。

如一委员拒绝参加表决,应在记录中注明。

第三十一条

委员会会议不得公开,调查的记录和文件均不予发表,但依据委员会在当事各方的同意下作出的决定在外。

第三十二条

在当事各方提出一切解释和证据以及所有证人已提供证据后,主席即宣告调查结束,委员会休会,以便讨论和起草报告。

第三十三条

报告由委员会全体委员签署。

委员会如有一人拒绝签字,应在报告上注明,但报告仍然有效。

第三十四条

委员会的报告应在公开庭上宣读,当事各方代理人和律师应到场或经正式传唤。

报告副本应送给当事各方。

第三十五条

委员会的报告限于对事实的确认,绝对没有仲裁裁决的性质。

对此项确认的效力全由各方自由决定。

第三十六条

每一方负担它自己的费用,并平均分担委员会的费用。

第四编 国际仲裁

第一章 仲裁制度

第三十七条

国际仲裁的目的是由各国自己选择的法官并在尊重法律的基础上,解决各国之间的纠纷。

请求仲裁即意味着承诺对裁决的诚意服从。

第三十八条

凡属法律性质的问题,特别是有关解释或适用国际公约的问题,各缔约国承认仲裁是解决通过外交途径所未能解决的纠纷的最有效也是最公正的方法。

因此,在关于上述问题的纠纷中,各缔约国在情势许可的情况下诉诸仲裁是可取的。

第三十九条

仲裁专约是针对已经产生或最后可能产生的争端而缔结的。

它可以包括任何争端或只包括某一类的争端。

第四十条

不论一般条约或专门条约已明文规定各缔约国有诉诸仲裁的义务,各缔约国仍保留缔结新的一般的或专门的协定的权利,以便把强制仲裁扩大适用于各缔约国可能认为提交仲裁的一切案件。

第二章 常设仲裁法院

第四十一条

为便利将通过外交途径未能解决的国际争端立即诉诸仲裁,各缔约国承允维持第一届和平会议所建立的常设仲裁法院,并按照本公约所载程序规则随时可以投诉和开庭,除非当事国另有相反的规定。

第四十二条

常设仲裁法院对一切仲裁案件有管辖权,除非当事国之间另有成立特别法庭的协议。

第四十三条

常设仲裁法院设在海牙。

国际事务局是法院的书记处；它为法院开庭担任通讯的媒介；它保管档案并处理一切行政事务。

各缔约国承允将它们之间达成的任何仲裁条件以及由特别法庭作出的有关裁决，以核证无误的副本尽速送交事务局。

各缔约国还承允将载明执行仲裁法院裁决的法律、规章和文件送交事务局。

第四十四条

每个缔约国各指定公认的精通国际法问题、享有最高道德声望并愿意接受仲裁人职责的著名人士至多四名。

被选定的人士应列入法院成员名单，由事务局负责通知各缔约国。

仲裁人名单的任何变更，应由事务局通知各缔约国。

两个或几个国家可以协商共同选定一个或几个成员。

同一人士得由不同国家选定为成员。

法院成员的任期为六年，期满可以连任。

遇有法院成员死亡或退休，应按照该人原任命的同样方式予以补缺，新任期为六年。

第四十五条

当缔约国愿将它们之间发生的一项争端诉诸常设仲裁法院以求解决时，应在法院成员总名单中挑选仲裁人组成法庭以受理此项争端。

如当事国未能就仲裁法庭的组成达成协议，则按如下方式组成：

每一当事国任命两名仲裁人，其中只有一名可由本国国民充任或由该国从常设仲裁法院成员名单中选出一人充任，再由这些仲裁人共同选择一名公断人。

如票数相等，则公断人的选择应委托各当事国共同协议选定的第三国为之。

如对选择第三国问题未能达成协议，则每一当事国各自选定一不同的国家，并由这样选定的国家共同选出公断人。

如在两个月内，这两个国家未能达成协议，则每一国各自从常设法院成员名单中提出候选人两名，但他们都不是当事国所任命的成员，并且不是任一当事国的国民。公断人应由按上述办法提出的候选人用抽签决定。

第四十六条

法庭一经组成,当事国应将它们诉诸法院的决定、仲裁协定的文本以及仲裁人的姓名通知事务局。

事务局应立即将仲裁协定和法庭其他成员的姓名通知每一仲裁人。

仲裁法庭于当事国规定的日期开庭。事务局为法庭开庭作出必要的安排。

法庭成员在执行职务或在外国期间,享有外交特权和豁免。

第四十七条

事务局被准许将其办公处所和工作人员提供缔约国,以供任何一个特定仲裁庭之用。

如果当事国同意诉诸常设仲裁法院,则法庭的管辖范围可以在章程规定的条件内,扩大适用于非缔约国之间或缔约国和非缔约国之间的争端。

第四十八条

当两个或两个以上国家有可能发生严重争端时,各缔约国认为它们有义务提请这些国家注意常设仲裁法院是对它们敞开的。

为此,各缔约国声明,对争端各国提请注意本公约的规定,和为了和平的崇高利益而建议诉诸常设法院这一事实,只能被视为一种斡旋性质的行动。

在两国之间发生争端时,两国中任何一国始终可以向国际事务局递送照会,声明它愿意把争端付诸仲裁。

事务局应立即把该声明通知另一国。

第四十九条

由各缔约国驻海牙的外交代表和荷兰外交大臣作为主席所组成的常设行政理事会负责指导和监督国际事务局。

理事会决定它的程序规则以及一切其他必要的规则。

理事会应就一切可能发生的涉及法院工作的行政问题作出决定。

理事会有全权处理事务局官员和雇员的任命、停职或撤职。

理事会规定薪金和工资并控制总的开支。

在正式召开的会议中有九个理事的出席即可使理事会的讨论发生效力。决议案以多数票作出。

理事会应把它所通过的各项规章立即通知各缔约国。理事会并应把有关法院工作、行政事务和开支的年度报告提交各缔约国。该报告也包括各缔约国根据第四十三条第三款和第四款向事务局通知的文件的重要内容的摘要。

第五十条

事务局的费用应按照万国邮政联盟国际事务局所制定的比例，由各缔约国负担。

第三章　仲裁程序

第五十一条

为了促进仲裁的发展，各缔约国已就下列规则达成协议，这些规则将适用于仲裁程序，除非当事国另有协议。

第五十二条

诉诸仲裁的国家签订一项仲裁协定，其中规定争端的事由、任命仲裁人的日期、第六十三条所指的通知的次序和日期，以及每一方须预先存交的支付费用的数额。

仲裁协定也规定任命仲裁人的方式，法庭可能具有的一切特别权力，法庭开庭的地点，法庭应使用的语言和准许在庭上使用的其他语言，总而言之，当事国间商定的一切条件。

第五十三条

常设仲裁法院有权解决仲裁争端，如果当事国间商定将其提交它处理的话。

如通过外交途径的一切努力均未能达成协议，则即使只有当事国一方提出申请，法院也有权就下列争端作出裁决：

一、本公约生效后缔结或续订的一般的仲裁条约所规定的争端。该条约对所有争端须订立一项仲裁协定，既未明示，也未暗示排除常设法院解决仲裁争端的权力。但如另一当事国声明，它认为争端不属于应归强制仲裁的范畴，则不能提交常设仲裁法院，除非仲裁条约赋予仲裁法庭对这一先决问题作出决定之权。

二、一个国家由于另一国拖欠其国民的契约性债务，而向该国索偿所引起的争端，而为了解决争端，已接受仲裁。如接受仲裁必须服从应以其他方式解决仲裁争端这一条件，则此项规定不能适用。

第五十四条

如出现前条规定的情况,则仲裁争端应由一个按照第四十五条第三至第六段的规定所指派的五个成员组成的委员会予以解决。

第五名委员为委员会的当然主席。

第五十五条

仲裁职责可授予由当事各国自行指定的,或由它们在本公约所建立的常设仲裁法院成员中所选择的一个或几个仲裁人。

如当事各方未能通过协议建立法庭,则按照第四十五条第三至第六段所规定的方式办理。

第五十六条

如一国君主或国家元首被选为仲裁人,则仲裁程序由他决定。

第五十七条

公断人为法庭的当然庭长。

如法庭未设公断人,则由法庭自己任命庭长。

第五十八条

如按照第五十四条的规定,由一委员会解决仲裁争端,如无相反的协议,则由委员会本身组成法庭。

第五十九条

仲裁人中有一人死亡、退休或由于任何原因不能行使职务,则应按照其任命的方式予以补缺。

第六十条

法庭应设在海牙,除非当事国另有选择。

法庭只能在第三国的同意下才能设在第三国。

法庭庭址一经确定,除非经当事国同意,不得变更。

第六十一条

如仲裁协定没有规定使用的语言,则由法庭决定。

第六十二条

当事国有权任命特别代理人出席法庭,作为当事国和法庭间的中间人。

当事国还有权委托其聘请的辩护人或律师出庭为自己的权利和利益辩护。

常设仲裁法院的成员除代表任命他们为法院成员的国家外，不得行使代理人、辩护人或律师的职务。

第六十三条

仲裁程序一般包括两个不同的阶段：书面辩护和口头辩论。

书面辩护指双方代理人向法庭成员和对方送达的申诉、反诉和必要时的答辩；当事国还附送该案中引用的一切文件和资料。此项送达应直接地或通过国际事务局，按照仲裁协议所规定的次序和日期进行。

仲裁协定所规定的日期，经当事国同意，或法庭认为对作出正确决定有必要时，予以延长。

辩论是当事国在法庭上口头阐述其论据。

第六十四条

任何一方所提出的一切文件应以经核证无误的副本送达另一方。

第六十五条

如无特殊情况，法庭只能在书面辩护结束后开庭。

第六十六条

辩论由庭长主持。

辩论只有在当事国同意下，按照法庭的决定才能公开进行。

辩论应载入庭长委任的书记所作成的记录内。此项记录须由庭长和书记之一签署；唯有此项记录才具有权威性。

第六十七条

书面辩护结束后，法庭有权拒绝讨论当事国一方未经另一方同意企图向法庭提出的一切新的文件和资料。

第六十八条

法庭可以考虑当事国的代理人或顾问提请法庭注意的新的文件或资料。

在此情况下，法庭有权要求出示此项文件或资料，但必须通知对方。

第六十九条

此外，法庭可要求当事国代理人出示一切文件并要求作出一切必要解释。如遇拒绝，法庭应予记录在案。

第七十条

当事国的代理人和辩护人得向法庭口头陈述他们认为对辩护他们的

案件有益的一切论据。

第七十一条

他们有权提出异议和问题。法庭对这些问题的决定是最终的,以后不得进行任何讨论。

第七十二条

法庭成员有权向当事国代理人和辩护人提出问题,并要求他们对可疑之点作出解释。

在辩论过程中,法庭成员所提出的问题或意见均不能被视为整个法庭的意见或法庭成员的意见。

第七十三条

法庭被授权宣布它有权解释在案件中所引用的仲裁协定和其他文件和资料,以及法律原则的适用问题。

第七十四条

法庭有权作出处理本案的程序规则,确定当事国每一方结束辩论的形式、次序和日期,以及安排处理证据的一切手续。

第七十五条

当事国承允尽可能充分地向法庭提供对裁决争端所必要的一切资料。

第七十六条

法庭需要在第三缔约国境内发出任何通知时,应直接向该国政府提出申请。对于到该国现场收集证据而须采取的步骤也适用本条的规定。

为此目的而提出的申请应由被申请国按照它的国内法所掌握的方式予以执行。除非该国认为此项申请有损它的主权和安全,此项申请不得拒绝。

法庭始终有权通过法庭所在地的国家采取行动。

第七十七条

在当事国代理人和辩护人已全部提出支持他们诉讼的说明和证据后,庭长即宣告讨论结束。

第七十八条

法庭的审议不公开,并保守秘密。

一切决定由法庭成员以多数票作出。

第七十九条

仲裁裁决应叙明所依据的理由。裁决应载明仲裁人的姓名;应由庭长和书记或履行书记职责的秘书签署。

第八十条

仲裁裁决应在当事国的代理人和辩护人到场或经正式传唤出庭的情况下，在公开庭上予以宣读。

第八十一条

仲裁裁决经正式宣读并通知各当事国的代理人后，争端即获最终解决，不得上诉。

第八十二条

当事国之间在解释和实施裁决时可能发生的一切争端，除非有相反的协定，应提交作出裁决的法庭予以判决。

第八十三条

当事国可在仲裁协定中保留申请复审仲裁裁决的权利。

在此情况下，除非有相反的协定，申请应向作出裁决的法庭提出。提出申请的唯一理由只能是由于一个新事实的发现而它的性质对裁决本来有可能起决定性影响，且截至辩论结束时，法庭本身以及申请复审的当事国都不知道。

复审程序只有在法庭作出决定后才能开始。该项决定应以明文确认新事实的存在，承认它具有前款规定的性质，并宣告申请可据此予以接受。

仲裁协定规定作出复审申请的期限。

第八十四条

仲裁裁决只对争端各方具有拘束力。

当涉及争端当事国以外的其他国家参加的某协定的解释问题时，前者应及时通知一切签署国。这些国家中每一国均有权参加诉讼。如其中一国或几国行使了这一权利，则裁决中所包含的解释对它们也同样具有拘束力。

第八十五条

每一当事国负担自己的费用，并平均分担法庭的费用。

第四章　简易仲裁程序

第八十六条

为了便于对允许采取简易程序的争端运用仲裁制度，各缔约国采取以下规则，以便在没有其他协议并保留必要时适用第三章规定的条件下予以遵循。

第八十七条

争端每一方各任命一名仲裁人。由上述选定的两名仲裁人选出一名公断人。如他们对此不能达成协议,则由它们从常设仲裁法院成员的总名单上,各提出两名即非本方也非对方指定的法院成员,同时也不是双方中任一方的国民的人作为候选人;从这样提出的候选人中,用抽签决定公断人。

公断人主持法庭。法庭的决定以多数票作出。

第八十八条

在没有事前协议的情况下,法庭一俟成立,应即规定双方各自提交案情的期限。

第八十九条

每一方应由一名代理人出庭,作为法庭和指派他的政府之间的中间人。

第九十条

诉讼程序全部以书面方式进行。但各方有权要求传唤证人和鉴定人出庭。法庭有权要求双方的代理人以及它认为有必要出庭的鉴定人和证人作出口头说明。

第五编 最后条款

第九十一条

本公约一经正式批准,即在缔约各国间代替 1899 年 7 月 29 日的和平解决国际争端公约。

第九十二条

本公约应尽速批准。

批准书应交存于海牙。

首批批准书的交存应作成正式记录并由各加入国的代表和荷兰外交大臣签署。

以后批准书的交存则以书面通知的方式通知荷兰政府并附交批准文件。

首批批准书交存记录、前款提到的书面通知以及批准文件的经核证无误的副本,应由荷兰政府通过外交途径立即送交被邀请出席第二届和平会议的各国以及后来加入本公约的其他国家。对前款所指的情况，荷兰政府应同时把它收到通知的日期转告上述各国。

第九十三条

曾经被邀参加第二届和平会议的非签署国可以加入本公约。

愿加入的国家应把它的意愿书面通知荷兰政府，同时向该国政府送交加入书，该加入书保存于荷兰政府的档案库。

荷兰政府应将通知和加入书的经核证无误的副本，立即送交被邀出席第二届和平会议的所有其他国家，并注明收到通知的日期。

第九十四条

未被邀请出席第二届和平会议的国家加入本公约的条件，将由缔约各国在以后议定。

第九十五条

本公约对首批交存批准书的国家，于此项交存作成正式记录之日起六十天后生效；对以后批准或加入的国家，则于荷兰政府收到批准或加入通知之日起六十天后开始生效。

第九十六条

如一缔约国要求退出本公约，则应以书面通知荷兰政府，由该国政府立即将通知的经核证无误的副本送交所有其他国家，并告知收到通知的日期。

退出只对发出退出通知的国家，并于通知送达荷兰政府一年后生效。

第九十七条

由荷兰外交部保管的登记簿应载明按照第九十二条第三款和第四款交存批准书的日期以及收到加入通知（第九十三条第三款）或退出通知（第九十六条第一款）的日期。

每一缔约国得查阅该登记簿并可要求提供核证无误的摘录。

各全权代表在本公约上签字，以昭信守。

1907 年 10 月 18 日订于海牙，正本一份，存于荷兰政府档案库，其经核证无误的副本通过外交途径分送给各缔约国。

中外《限制使用武力以索偿契约债务公约》[1]

光绪三十三年九月十二日(1907 年 10 月 18 日)[2]
海牙

（各缔约国元首称呼略。）

为欲避免各国之间由于一国政府向另一国政府索偿拖欠其国民的契约债务而产生的金钱原因引起的武装冲突,决定为此目的缔结一项公约并委派各自全权代表如下:

（各全权代表名单略。）

上列全权代表提交全权证书认为妥善后,议定条款如下:

第一条

各缔约国同意不得因一国政府向另一国政府索偿拖欠其国民的契约债务而诉诸武力。

但是,当债务国对交付仲裁的提议表示拒绝或不予答复,或在接受仲裁提议后使仲裁协议不能成立,或仲裁后不服从裁决,则上述约定不能适用。

第二条

各缔约国还同意,前条第二款所述的仲裁应遵照和平解决国际争端的海牙公约第四编第三章所规定的程序进行。除非双方另有协议,仲裁裁决应确定索偿的合法性、债务数额、付款的时间和方式。

第三条

本公约应尽速批准。

批准书应交存于海牙。

首批批准书的交存应作成记录,由各加入国代表和荷兰外交大臣

---

① 该约译自法文本,见斯科特编:《1899 年和 1907 年海牙和平会议报告书》,第 356—361 页。转引自世界知识出版社编译:《国际条约集》(1872—1916),第 357—359 页。

② 此为第二次海牙国际和平会议议定各项文件的时间。宣统元年九月初五日(1909 年 10 月 18 日)清廷批准加入该约。参见薛典曾、郭子雄编:《中国参加之国际公约汇编》,第 29 页。

签署。

以后批准书的交存应书面通知荷兰政府并附交批准文件。

首批批准书的交存记录、前款所述的书面通知以及批准文件的经核证无误的副本，应由荷兰政府通过外交途径立即送交被邀请出席第二届和平会议的各国以及后来加入本公约的其他国家。对前款所述的情况，荷兰政府应同时把它收到通知的日期通知上述各国。

第四条

非签署国可以加入本公约。

愿加入的国家应把它的意愿书面通知荷兰政府，同时向该国政府送交加入书，该加入书保存于荷兰政府的档案库。

荷兰政府应将通知和加入书的经核证无误的副本立即送交被邀出席第二届和平会议的所有其他国家，并注明收到通知的日期。

第五条

本公约对参加首批交存批准书的国家，于此项交存作成正式记录之日起六十天后生效，对随后批准或加入的国家，则于荷兰政府收到批准或加入通知之日起六十天后开始生效。

第六条

如一缔约国要求退出本公约，则应书面通知荷兰政府，由该国政府立即将通知的经核证无误的副本送交所有其他国家，并告知收到通知的日期。

退出只对发出退出通知的国家，并于通知送达荷兰政府一年后生效。

第七条

由荷兰外交部保管的登记簿应载明按照第三条第三款和第四款交存批准书的日期，以及收到加入通知（第四条第二款）或退出通知（第六条第一款）的日期。

每一缔约国得查阅该登记簿并可要求提供核证无误的摘录。

各全权代表在本公约上签字，以昭信守。

1907 年 10 月 18 日订于海牙，正本一份，存于荷兰政府档案库，其经核证无误的副本通过外交途径分送各缔约国。

中外《关于战争开始的公约》①

光绪三十三年九月十二日(1907 年 10 月 18 日)②

海牙

（各缔约国元首称呼略。）

考虑到为了确保和平关系的维持，不应在没有预先警告的情况下开始敌对行为是重要的；

战争状态的存在应毫不延迟地通知各中立国是同样重要的；

愿意为此目的缔结一项公约，各派全权代表如下：

（各全权代表名单略。）

上列全权代表提交全权证书认为妥善后，议定条款如下：

第一条

缔约各国承认，除非有预先的和明确无误的警告，彼此间不应开始敌对行为。警告的形式应是说明理由的宣战声明或是有条件宣战的最后通牒。

第二条

战争状态的存在必须毫不延迟地通知各中立国，并且只有在中立国接到通知之后，对它们才发生效力。通知可采用电报方式。

但如事实足资证明中立国确实知道战争状态的存在，则它们不得以未得到通知作为借口。

第三条

本公约第一条对在两个或几个缔约国之间发生战争的情况下发生效力。

第二条对属于本公约缔约国之一的交战国和同属于本公约缔约国的中立国之间的关系有约束力。

------

① 该约译自法文本，见斯科特编：《1899 年和 1907 年海牙和平会议报告书》，第 362—367 页。转引自世界知识出版社编译：《国际条约集》(1872—1916)，第 359—361 页。

② 此为第二次海牙国际和平会议议定各项文件的时间。宣统元年九月初五日(1909 年 10 月 18 日)清廷批准加入《关于战争开始的公约》。参见薛典曾、郭子雄编：《中国参加之国际公约汇编》，第 29 页。

第四条

本公约应尽速予以批准。

批准书应交存于海牙。

首批批准书的交存应作成记录，由各加入国代表和荷兰外交大臣签署。以后批准书的交存，应书面通知荷兰政府并附交批准文件。首批批准书的交存记录、前款提到的书面通知以及批准文件的经核证无误的副本，应由荷兰政府通过外交途径立即送交被邀请出席第二届和平会议的各国以及后来加入本公约的其他国家。对前款所指的情况，荷兰政府应同时把收到通知的日期通知上述各国。

第五条

非签署国可以加入本公约。

愿加入的国家应把它的意愿书面通知荷兰政府，向该国政府送交加入书。该加入书保存于荷兰政府的档案库。

荷兰政府应将通知和加入书的经核证无误的副本立即送交被邀出席第二届和平会议的所有其他国家，并注明收到通知的日期。

第六条

本公约对参加首批交存批准书的国家，于此项交存作成正式记录之日起六十天后生效，对此后批准或加入的国家，则于荷兰政府收到批准或加入通知之日起六十天后开始生效。

第七条

如一缔约国要求退出本公约，则须书面通知荷兰政府，由该国政府立即将通知的经核证无误的副本送交所有其他国家。

退出只对发出退出通知的国家，并于通知送达荷兰政府一年后生效。

第八条

由荷兰外交部保管的登记簿应载明按照第四条第三和第四款交存批准书的日期以及加入通知（第五条第二款）或退出通知（第七条第一款）的日期。

每一缔约国得查阅该登记簿，并可要求提供核证无误的摘录。

各全权代表在本公约上签字，以昭信守。

1907 年 10 月 18 日订于海牙，正本一份，存于荷兰政府档案库，其经核证无误的副本通过外交途径分送被邀出席第二届和平会议的各国。

中外《关于陆战法规和习惯的公约》[①]

光绪三十三年九月十二日(1907 年 10 月 18 日)[②]
海牙

(缔约各国元首称呼略。)

考虑到,在寻求维护和平和防止各国间武装冲突的方法的同时,需同样注意到人们的愿望所无法扭转的某些事态可能招致诉诸武力的情势;

基于即使在这样极端的情势下,仍为人类的利益和日益增长的文明的需要而服务的愿望;

认为为此目的,修改一般战争法规和习惯,使其臻于更明确,或为其规定一定的界限,以尽可能减轻其严酷性是重要的;

认为有必要完善和明确第一届和平会议的工作中的某些方面。该会议继 1874 年布鲁塞尔会议后,受到明智和远见卓识的思想的启发,通过了旨在确定和调整陆战惯例的条款;

依照缔约各国的意见,上述条款是出于在军事需要所许可的范围内为减轻战争祸害的愿望而制定的,旨在成为交战国之间以及交战国与居民之间关系的一般行为规则;

但是,现在还不可能对实践中所出现的一切情况制定一致协议的规章;

另一方面,缔约各国显然无意使未预见的情况由于缺乏书面的约定,就可以听任军事指挥官任意武断行事;

在颁布更完整的战争法规之前,缔约各国认为有必要声明,凡属他们通过的规章中所没有包括的情况,居民和交战者仍应受国际法原则的保护

① 该约译自法文本,见斯科特编:《1899 年和 1907 年海牙和平会议报告书》,第 368—401 页。转引自世界知识出版社编译:《国际条约集》(1872—1916),第 361—376 页。

② 此为第二次海牙国际和平会议议定各项文件的时间。1915 年 12 月 27 日中国代表在《关于陆战法规和习惯的公约》上签字;1916 年 12 月 11 日中国政府批准加入该约。参见薛典曾、郭子雄编:《中国参加之国际公约汇编》,第 961—962 页。

和管辖,因为这些原则是来源于文明国家间制定的惯例、人道主义法规和公众良知的要求。

缔约各国声明,尤其应从这个意义来理解业已通过的章程的第一条和第二条,

缔约各国愿为此目的缔结一项新公约,特任命各自全权代表如下:

(各全权代表名单略。)

上列全权代表提交全权证书认为妥善后,议定条款如下:

第一条

缔约各国应向各本国陆军发出训令,务必遵守本公约附件《关于陆战法规和习惯的章程》的规定。

第二条

第一条所指章程及本公约各条款,应在缔约国之间,并且只有在交战各方都是缔约国时方能适用。

第三条

违反该章程规定的交战一方在需要时应负责赔偿。该方应对自己军队的组成人员做出的一切行为负责。

第四条

本公约经正式批准后,应在缔约各国间,取代 1899 年 7 月 29 日关于陆战法规和习惯的公约。

1899 年公约在签署该公约但未批准本公约的国家之间仍属有效。

第五条

本公约应尽速批准。

批准书应交存于海牙。

首批批准书的交存应作成记录,由各加入国的代表和荷兰外交大臣签署。

此后批准书的交存则以书面通知的方式通知荷兰政府并附交批准文件。

首批批准书交存记录、前款提到的书面通知以及批准文件的经核证无误的副本,应由荷兰政府通过外交途径立即送交被邀请出席第二届和平会议的各国以及其他加入本公约的国家。对前款所述的情况,荷兰政府应同时把收到通知的日期通知上述各国。

第六条

非签署国可以加入本公约。

愿加入的国家应将其意愿以书面通知荷兰政府,同时向该国政府送交加入书,该加入书保存于荷兰政府档案库。

荷兰政府应将通知和加入书的经核证无误的副本,立即送交所有其他国家,并注明收到通知的日期。

第七条

本公约对参加首批交存批准书的国家,于此项交存作成正式记录之日起六十天后生效,对此后批准或加入的国家,则于荷兰政府收到其批准或加入通知起六十天后开始生效。

第八条

如一缔约国欲退出本公约,则须以书面通知荷兰政府,由该政府立即将通知的经核证无误的副本送交所有其他国家,并告知收到通知的日期。

退出只对发出退出通知的国家,并于通知送达荷兰政府一年后生效。

第九条

由荷兰外交部保管的登记簿应载明按照第五条第三款和第四款交存批准书的日期以及收到加入通知(第六条第二款)或退出通知(第八条第一款)的日期。

每一缔约国得查阅该登记簿并可要求提供核证无误的摘录。

各全权代表在本公约上签字,以昭信守。

1907 年 10 月 18 日订于海牙,正本一份,存于荷兰政府档案库,经核证无误的副本通过外交途径送交被邀出席第二届和平会议的各国。

《附件:关于陆战法规和习惯的章程》

第一编　交战者

第一章　交战者的资格

第一条

战争的法律、权利和义务不仅适用于军队,也适用于具备下列条件的民兵和志愿军:

一、由一个对部下负责的人指挥;

二、有可从一定距离加以识别的固定明显的标志;

三、公开携带武器;

四、在作战中遵守战争法规和习惯。

在民兵或志愿军构成军队或军队的一部分的国家中,民兵和志愿军应包括在"军队"一词之内。

第二条

未占领地的居民在敌人迫近时,自动拿起武器以抵抗入侵部队而无时间按照第一条组织起来,只要他们公开携带武器并尊重战争法规和习惯,应被视为交战者。

第三条

交战各方的武装部队可由战斗员和非战斗员组成。被敌人俘获时,两者均有权享受战俘的待遇。

第二章　战俘

第四条

战俘是处在敌国政府的权力之下,而不是在俘获他们的个人或军队的权力之下。

他们必须得到人道的待遇。

属于他们个人的一切物品,除武器、马匹和军事文件外,仍归他们所有。

第五条

战俘得被拘留在一个城镇、堡垒、兵营或其他地点,不得越出一定距离的界限;只有作为必不可少的安全措施,并且只能在继续存在必须采取这一措施的期间内,才能对他们实行拘禁。

第六条

国家得按照战俘的军阶和能力使用战俘的劳动力,但军官除外。这种劳动不得过度并不得与作战有任何关系。

战俘得被允许为公共事业或私人或为他们自己的利益而劳动。

为国家作出的劳动,应按照本国士兵从事同样劳动所获报酬标准给予报酬,如无此项标准,则比照劳动量给予报酬。

为其他公共事业部门或私人而进行的劳动,其条件应与军事当局协议解决。

战俘的工资应用于改善他们的境遇,余款则在释放时扣去给养费后付给他们。

第七条

掌握战俘的政府负责战俘的给养。

如交战各方间没有专门协议，则战俘在食、宿、衣方面应受到与俘获他们的政府的部队的同等待遇。

第八条

战俘应服从掌握他们的国家的军队中现行的法律、规章和军令。对他们的任何不服从的行为应采取必要的严厉措施。

对脱逃的俘虏，在未能返归其本国军队或未能离开俘获他们的军队所占领的领土之前又被俘获时，应处以纪律处罚。

曾经脱逃成功的战俘如再次被俘，不应由于前次脱逃而受任何惩罚。

第九条

每一战俘被询问时，应报告他的真实姓名和军阶，如违反这一规则，将丧失其本级别的战俘所应享受的待遇。

第十条

如战俘所属国家的法律许可，战俘得通过宣誓获得释放；在此种情况下，他们有义务以个人名誉为担保，对本国政府和对俘获他们的政府认真地履行他们所已承担的保证。

在此情况下，他们的本国政府有义务不要求、也不接受他们的任何违反其誓言的服务。

第十一条

战俘不得被强迫接受宣誓释放；同样，敌国政府也没有义务必须接受战俘要求宣誓释放的申请。

第十二条

任何战俘经宣誓释放后，如又持武器对曾向之作出荣誉担保的政府或其盟国作战，并再次被俘时，即丧失战俘待遇并得送交法庭。

第十三条

不直接属于军队组成部分的随军人员，例如报社记者和通讯员、小贩、供应商，如落入敌军手中，而后者认为有必要号以拘留时，有权享受战俘待遇，但须携带他们所随军队的军事当局的证件。

第十四条

一旦战争开始,在交战各国,以及必要时在其境内收容交战者的中立国,应设立战俘情报局。该局的任务是答复一切有关战俘的讯问,从各有关机构获取一切有关战俘的扣留、转移、宣誓释放、交换、脱逃、入医院和死亡的情报,以及为每个战俘建立和保存最新的关于其个人报表的一切必要的情报。该局应在报表上载明其番号、姓名、年龄、籍贯、级别、部队、伤势和被俘、拘留、受伤和死亡的日期和地点以及任何特殊性质的意见。个人报表须于缔结和平后送交交战另一方。

情报局也应负责接受和收集在战场上找到,或经宣誓释放,或交换,或脱逃,或在医院或流动医疗站内死亡的俘虏所遗留的一切个人用品、贵重物品、信件等,并转交给有关人员。

第十五条

依照其本国法律正式成立旨在从事慈善行为的战俘救济团体,应为其本身和其正式派遣的代理人,在军事需要和行政规章所规定的范围内,从各交战国方面获得一切便利,以便有效地完成他们的人道主义任务。这些团体的代表们凭军事当局颁发的个人许可证,并在书面保证服从军事当局规定的一切治安和警察措施的条件下,得被允许在拘留营和遣返战俘的逗留地分发救济物资。

第十六条

情报局享受邮递免费待遇。寄交战俘或由战俘寄出的信件、汇票、贵重物品和邮包,无论在寄出地国、目的地国或途经的国家,均免除一切邮递费用。

寄交战俘的赠品和救济实物应免除一切进口税和其他捐税以及国营铁路的运输费。

第十七条

被俘军官应获得拘留地国同级军官所享有的军饷,但须由其本国政府偿还。

第十八条

战俘享有进行宗教仪式的自由,包括出席本人所信奉宗教的礼拜,唯一条件是应遵守军事当局所规定的治安和警察措施。

第十九条

战俘遗嘱的接受或订立的条件与本国军人的条件相同。

关于战俘死亡证明的文件以及按照其等级与军衔办理丧葬,也应遵照同样规则。

第二十条

在媾和后,应尽速遣返战俘。

第三章 病员和伤员

第二十一条

交战国对病员和伤员的义务应遵照日内瓦公约。

第二编 敌对行为

第一章 伤害敌人的手段、包围和轰击

第二十二条

交战者在损害敌人的手段方面,并不拥有无限制的权利。

第二十三条

除各专约规定禁止者外,特别禁止:

(一)使用毒物或有毒武器;

(二)以背信弃义的方式杀、伤属于敌国或敌军的人员;

(三)杀、伤已经放下武器或丧失自卫能力并已无条件投降的敌人;

(四)宣告决不纳降;

(五)使用足以引起不必要痛苦的武器、投射物或物质;

(六)滥用休战旗、国旗或敌军军徽和制服以及日内瓦公约所规定的标记;

(七)毁灭或没收敌人财产,除非此项毁灭和没收是出于不得已的战争需要;

(八)宣布取消、停止敌方国民的权利和诉讼权,或在法院中不予执行。

同样应禁止交战国强迫敌方国民参加反对他们祖国的作战行动,即使他们在战争开始前,已为该交战国服役。

第二十四条

采用战争诈术和使用必要的取得有关敌人和地形的情报的手段应视为许可的。

第二十五条

禁止以任何手段攻击或轰击不设防的城镇、村庄、住所和建筑物。

第二十六条

攻击部队的指挥官在准备轰击前，除了攻击的情况外，应尽可能向有关当局发出警告。

第二十七条

在包围和轰击中，应采取一切必要的措施，尽可能保全专用于宗教、艺术、科学和慈善事业的建筑物，历史纪念物、医院和病员、伤员的集中场所，但以当时不作军事用途为条件。

被围困者有义务用易于识别的特别标志标明这些建筑物或场所，并须事前通知敌方。

第二十八条

禁止抢劫即使是以突击攻下的城镇或地方。

第二章　间谍

第二十九条

只有以秘密或伪装方式在交战一方作战区内搜集或设法搜集情报，并企图将情报递交敌方的人方视为间谍。

因此，没有伪装而深入敌军作战区搜集情报的军人不得被视为间谍。同样，因负责将信件送交本国军队或敌军而公开执行任务的军人和平民也不得被视为间谍。被派乘汽球递送信件或通常在军队或地方的各部分之间维持联络的人亦属此类。

第三十条

当场逮捕的间谍不得未经预先审判而受到惩处。

第三十一条

重归所属部队而日后被敌方俘获的间谍，应作为战俘对待并对他过去的间谍行为不承担任何责任。

第三章　军使

第三十二条

由交战一方授权与另一方进行联系并持白旗前来的人员应视为军使。他与随同来的号手或鼓手、旗手和译员均享有不受侵犯的权利。

第三十三条

被指明接受军使的指挥官并没有在任何情况下均须接待该军使的义务。

该指挥官可以采取一切必要的措施，以防军使利用其使命刺探情报。

遇有滥用权利的情况,指挥官有权暂时扣留来使。

第三十四条

如有明显的无可争辩的事实证明,军使利用其特殊地位挑动或犯下背叛行为,则丧失其不受侵犯的权利。

第四章　投降书

第三十五条

缔约国之间议定的投降书必须照顾军人荣誉的通例。

投降书一经确定,双方必须严格遵守。

第五章　停战

第三十六条

停战是交战双方通过相互协议停止战争行动。如没有规定停战的期限,则交战各方得随时恢复战斗,但应遵照停战条件在议定的时间内通知敌方。

第三十七条

停战可以是全面的或局部的。前者为交战国间作战的全部停止,后者则是交战国的部分军队之间并在一定范围内作战的停止。

第三十八条

停战必须正式和及时通知主管当局和部队。通知发出后或到规定时间时,敌对行为必须立即停止。

第三十九条

关于在战区里交战者与居民之间以及交战各方之间的联系,应由缔约双方在停战条款中予以规定。

第四十条

交战一方对停战有任何严重违犯,均使交战另一方有权废除停战协议,并有权在紧急情况下立即恢复敌对行为。

第四十一条

对停战条款的违犯如属个人行为,则受害的一方只有权要求惩办违犯者以及在必要时对所遭受的损失给予赔偿。

第三编　在敌国领土内的军事当局

第四十二条

领土如实际上被置于敌军当局的权力之下,即被视为被占领的领土。

占领只适用于该当局建立并行使其权力的地域。

第四十三条

合法政权的权力实际上既已落入占领者手中，占领者应尽力采取一切措施，在可能范围内恢复和确保公共秩序和安全，并且除非万不得已，应尊重当地现行的法律。

第四十四条

禁止交战一方强迫被占领地居民提供有关交战另一方军队及其防卫手段的情报。

第四十五条

禁止强迫被占领区居民向敌国宣誓效忠。

第四十六条

家庭的荣誉和权利、个人的生命和私有财产以及宗教信仰和活动，应受到尊重。

私有财产不得没收。

第四十七条

应正式禁止抢劫。

第四十八条

占领者在占领地内征收为其国家利益而确定的税捐、费用等，应尽可能按照现行征收规则和分配办法。占领者并因此有义务提供合法政府有义务提供的占领地所需的行政费用。

第四十九条

如在前条所指捐税以外，占领者在占领地征收其他现金捐税，则此项捐税应仅限于支付该地军队和行政的需要。

第五十条

不得因为个人行为，而对居民给以任何罚款和其他的一般性惩罚，居民对个人的行为并不承担连带责任和由某几个人共同负责。

第五十一条

除非有书面命令和总司令负责，不得征收任何捐税。

此项征收必须尽可能依照现行征收和分配捐税的规则实施之。

对任何捐税必须向捐税人出具收据。

第五十二条

除非占领军需要，不得向市政当局或居民征用实物和劳务。所征实物或劳务必须与当地资源成比例,其性质不致迫使居民参加反对祖国的作战行动。

此项实物和劳役的征用只能在占领地区司令的许可下方得提出。

对实物的供给应尽可能用现金偿付,否则须出具收据,欠款应尽速付还。

第五十三条

占领军只能占有严格属于国家的现款、基金和有价证券、武器库、运输工具、货栈和供应品以及一般供作战用的一切属于国家的动产。

除非海战法另有规定,无论在陆上、海上或空中用以传递消息、客运或货运的一切设施,军火储藏以及一般地即使为私人所有的各种军火,亦得予以扣押,但媾和后必须归还并给予补偿。

第五十四条

占领地与中立领土相连接的海底电缆除在绝对必要的情况下,不得予以夺取或毁灭。同样,这些海底电缆必须于媾和时予以归还,并且给予补偿。

第五十五条

占领国对其占领地内属于敌国的公共建筑、不动产、森林和农庄,只是被视为管理者和收益的享用者。占领国必须维护这些产业并按照享用收益的规章加以管理。

第五十六条

市政当局的财产、包括宗教、慈善和教育、艺术和科学机构的财产,即使是国家所有,也应作为私有财产对待。

对这些机构、历史性建筑物、艺术和科学作品的任何没收、毁灭和有意的损害均应予以禁止并受法律追究。

中外《关于中立国家和人民在陆战时的权利和义务公约》[①]

光绪三十三年九月十二日(1907 年 10 月 18 日)[②]

海牙

(缔约各国元首称呼略。)

为了更明确规定陆战时中立国的权利和义务,并规定在中立国领土内避难的交战者的地位;同样希望在可能全面解决中立国个人同交战国的关系中的地位之前,明确"中立"一词的涵义;

决定为此目的缔结本公约并各自任命全权代表如下:

(各全权代表名单略。)

上列全权代表提交全权证书认为妥善后,议定条款如下:

第一章　中立国的权利和义务

第一条

中立国的领土不得侵犯。

第二条

禁止交战国的部队和装载军火或供应品的运输队通过中立国领土。

第三条

禁止交战国:

(一)在中立国领土上设立无线电台或与交战国陆、海军联系的任何通讯装置;

(二)利用战前交战国在中立国领土上设立的纯为军事目的、并且还没有公开为公众通讯服务的任何此类设施。

---

① 该约译自法文本,见斯科特编:《1899 年和 1907 年海牙和平会议报告书》,第 400—414 页。转引自世界知识出版社编译:《国际条约集》(1872—1916),第 376—382 页。

② 此为第二次海牙国际和平会议议定各项文件的时间。宣统元年九月初五日(1909 年 10 月 18 日)清廷批准加入《关于中立国家和人民在陆战时的权利和义务公约》。参见薛典曾、郭子雄编:《中国参加之国际公约汇编》,第 961—962 页。

第四条

不得在中立国领土内组织战斗部队和开设征兵事务所,以援助交战国。

第五条

中立国不得允许在它的领土上发生上述第二条至第四条所指的任何行为。

中立国无须对违反中立的行为加以惩处,除非这种行为发生在该中立国的领土内。

第六条

中立国对某些个人独自越境为交战国一方效力的事实不负责任。

第七条

中立国没有义务阻止为交战国一方或另一方输出或运输武器、弹药以及一般对军队或舰队有用的任何物品。

第八条

中立国没有义务禁止或限制交战国使用属于它或公司或私人所有的电报或电话电缆以及无线电报器材。

第九条

中立国对第七条和第八条所指内容所采取的一切限制或禁止措施应对交战双方公正不偏地予以适用。

中立国应监督拥有电报或电话电缆或无线电报器材的公司或个人遵守同样的义务。

第十条

中立国即使用武力抵抗侵害其中立的企图行为也不得被认为是敌对行为。

第二章　在中立国领土内拘留交战者和治疗伤者

第十一条

中立国在它的领土内收容的交战国部队,应尽可能将其拘留于远离战场的地方。

中立国可将该部队看管在军营中,甚至禁闭在堡垒内或为此目的而设的适当场所。

中立国可决定在宣誓保证不经批准不离开中立国领土的条件下,是否给予军官们以行为自由。

第十二条

如无特别的专约,中立国应向被拘留者提供衣、食以及符合人道主义要求的救助。

因拘留而耗去的费用在缔结和平时应予以偿还。

第十三条

中立国应给其所收容的脱逃的战俘以自由。中立国如允许他们留在其领土内,可以为他们指定居住的地点。

在中立国领土内避难的部队所带来的战俘,适用于本规定。

第十四条

中立国可以准许属于交战国军队的伤病员过境,但以运载他们的火车不运输军事人员和军火为条件。在此情况下,中立国须为此采取必要的安全和监督措施。

交战国一方在上述条件下带进中立国领土的敌对一方伤病员应由中立国予以看管,务使他们不得重新参加作战行动。该中立国对委托给它的另一方的军队的伤病员也负有同样的义务。

第十五条

日内瓦公约适用于拘留在中立国领土内的伤病员。

第三章　中立人民

第十六条

一个不参加战争的国家的国民应被视为中立人民。

第十七条

中立人民不得享有中立,如果:

(一)对交战一方采取敌对行为。

(二)采取有利于交战一方的行为,特别是如果他自愿加入交战一方武装力量。

在这种情况下,交战国对于中立人民由于背离其中立而给予的待遇,不得比对其他交战国的国民由于同样行为而给予的待遇更为苛刻。

第十八条

下列行为不构成第十七条第(二)款所指的有利于交战一方的行为:

(一)向交战一方提供物资或贷款,但供应者或贷款人既不居住于另一

方领土,也不居住于另一方所占领的领土,且所供应的物资也不来自上述领土;

(二)在警察或民政方面提供服务。

第四章　铁路材料

第十九条

交战国对于来自中立国领土的铁路材料,无论属于这些国家,抑或属于公司或私人所有,既经认明属实后,除非在绝对必要的情况下和必要的范围内,不得予以征用或利用。这些材料应尽速送回原地。

中立国必要时得在同样范围内,扣留和使用来自交战国领土的铁路材料。

这一方或另一方均应依照所使用的材料和期限长短,按比例支付赔偿。

第五章　最后条款

第二十条

本公约各条款应在缔约各国之间,且只有在交战各国都是本公约缔约国时方能适用。

第二十一条

本公约应尽速批准。

批准书应交存于海牙。

首批批准书的交存应作成记录,由各加入国代表和荷兰外交大臣签署。

此后批准书的交存则以书面通知的方式通知荷兰政府,并附交批准文件。

首批批准书交存记录、前款提到的书面通知以及批准文件的经核证无误的副本,应由荷兰政府通过外交途径,立即送交被邀请出席第二届和平会议的各国以及其他加入本公约的国家。对前款所述的情况,荷兰政府应同时把收到通知的日期通知上述各国。

第二十二条

非签署国可以加入本公约。

愿加入的国家应将其意愿书面通知荷兰政府,同时向该国政府送交加入书,该加入书保存于荷兰政府的档案库。

荷兰政府应将通知和加入书的经核证无误的副本，立即送交所有其他国家，并注明收到通知的日期。

第二十三条

本公约对参加首批交存批准书的国家，于此项交存作成正式记录之日起六十天后生效，对此后批准或加入的国家，则于荷兰政府收到批准或加入通知起六十天后开始生效。

第二十四条

如一缔约国欲退出本公约，则须以书面通知荷兰政府，由荷兰政府立即将通知的经核证无误的副本送交所有其他国家，并告以收到通知的日期。

退出只对发出退出通知的国家，并于通知送达荷兰政府一年后生效。

第二十五条

由荷兰外交部保管的登记簿，载明按照第二十一条第三款和第四款交存批准书的日期，以及收到加入通知（第二十二条第二款）或退出通知（第二十四条第一款）的日期。

每一缔约国得查阅该登记簿，并可要求提供核证无误的摘录。

各全权代表在本公约上签字，以昭信守。

1907 年 10 月 18 日订于海牙，正本一份，存于荷兰政府档案库，经核证无误的副本通过外交途径送交所有被邀出席第二届和平会议的国家。

中外《关于战争开始时敌国商船地位公约》[①]

光绪三十三年九月十二日(1907年10月18日)[②]
海牙

(缔约各国元首称呼略。)

渴望保证国际商业的安全,以防受战争的突然打击,并希望按照现代的实践,尽量保护战争开始以前善意进行和正在执行中的商业活动;

决定为此目的缔结本公约,并各自任命全权代表如下:

(各全权代表名单略。)

上列全权代表提交全权证书认为妥善后,议定条款如下:

第一条

在敌对行动开始时停泊于敌国港口的交战国的商船,应准其立即或在合理的宽容限期自由离去,并随带通行证直接开往其目的地港口或所指定的任何其他港口。

本规定也适用于在战争开始以前已经离开最后出发港,并在不知道战争已开始的情况下进入敌国港口的商船。

第二条

商船由于不可抗力的情况未能在前条所指的限期内离开敌国港口,或未能获得驶离许可时,不得予以没收。

交战国只能在战后归还的条件下无偿扣留商船,或者有偿征用之。

第三条

对在海上相遇的在战争开始前就已离开最后出发港并对战事毫无所知的敌国商船,不得予以没收。它们只能在战后予以归还的谅解下才能无

---

① 该约译自法文本,见斯科特编:《1899年和1907年海牙和平会议报告书》,第414—421页。转引自世界知识出版社译:《国际条约集》(1872—1916),第382—385页。

② 此为第二次海牙国际和平会议议定各项文件的时间。1916年12月11日中国政府批准加入《关于战争开始时敌国商船地位公约》。参见薛典曾、郭子雄编:《中国参加之国际公约汇编》,第961—962页。

偿地予以扣留，或在给予补偿的前提下予以征用或击毁。在后述情况下必须对船上人员的安全和船舶文件的保护作出安排。

此类船舶，经抵达本国港口或中立国港口后，就受海战法规和习惯的管辖。

第四条

第一条和第二条所指船上的敌国货物同样可连同船舶一起或单独地予以扣留并在战后无偿归还，或予以有偿征用。

第三条所指船上的货物同样适用于本规定。

第五条

本公约不适用于其结构表明它们的目的在于改装成为战舰的商船。

第六条

本公约的规定应在缔约国之间，并且只有在交战各方都是本公约的缔约国时才适用。

第七条

本公约应尽速批准。

批准书应交存于海牙。

首批批准书的交存应作成记录，并由各加入国代表和荷兰外交大臣签署。

此后批准书的交存，应以书面方式通知荷兰政府，并附交批准文件。

首批批准书交存记录、前款提到的书面通知以及批准文件的经核证无误的副本，应由荷兰政府通过外交途径立即送交被邀请出席第二届和平会议的各国以及后来加入本公约的其他国家。对前款所指的情况，荷兰政府应同时把收到通知的日期通知上述各国。

第八条

非签署国可以加入本公约。

愿加入的国家应将其意愿书面通知荷兰政府，同时向该国政府送交加入书，该加入书保存于荷兰政府的档案库。

荷兰政府应将通知和加入书的经核证无误的副本立即送交所有其他国家，并注明收到通知的日期。

第九条

本公约对首批交存批准书的国家，于此项交存作成正式记录之日起六

十天后生效,对此后批准或加入的国家,则于荷兰政府收到批准或加入通知之日起六十天后开始生效,

第十条

如一缔约国要求退出本公约,则须书面通知荷兰政府,由该国政府立即将通知的经核证无误的副本送交所有其他国家并告以收到通知的日期。

退出只对发出退出通知的国家,并于通知送达荷兰政府一年后生效。

第十一条

由荷兰外交部保管的登记簿载明按照第七条第三款和第四款交存批准书的日期,以及收到加入通知(第八条第二款)或退出通知(第十条第一款)的日期。

每一缔约国均得查阅该登记簿并可要求提供核证无误的摘录。

各全权代表在本公约上签字,以昭信守。

1907 年 10 月 18 日订于海牙,正本一份,存于荷兰政府档案库,经核证无误的副本通过外交途径送交被邀出席第二届和平会议的各国。

中外《关于商船改装为军舰公约》①

光绪三十三年九月十二日（1907 年 10 月 18 日）②

海牙

（缔约各国元首称呼略。）

鉴于在战时把商船编入战斗舰队的情况，有必要确立怎样实现此种行动的条件；

但是由于各缔约国对战时商船可否在公海上改装为军舰的问题未能达成协议，因此各方理解，改装地点问题当然不在本协议的范围之内，并且丝毫不受下列规则的影响；

愿意为此目的缔结一项公约，并各自任命全权代表如下：

（各全权代表名单略。）

上列全权代表提交全权证书认为妥善后，议定条款如下：

第一条

任何改装为军舰的商船，除非被置于船旗国的直接管辖、控制和负责之下，不能取得军舰的权利和义务。

第二条

改装为军舰的商船必须具备本国军舰特有的外部标志。

第三条

舰长应为国家服役并由主管机关正式任命。他的姓名必须列入战斗舰队军官名册。

第四条

船员应受军队纪律的约束。

---

① 该约译自法文本，见斯科特编：《1899 年和 1907 年海牙和平会议报告书》，第 422—429 页。转引自世界知识出版社编译：《国际条约集》(1872—1916)，第 385—388 页。

② 此为第二次海牙国际和平会议议定各项文件的时间。1916 年 12 月 11 日中国政府批准加入《关于商船改装为军舰公约》。参见薛典曾、郭子雄编：《中国参加之国际公约汇编》，第 961—962 页。

第五条

任何改装为军舰的商船必须在作战中遵守战争法规和习惯。

第六条

把商船改装为军舰的交战国应尽速宣布此项改装,载入军舰名单中。

第七条

本公约的规定应在缔约国之间,并且只有在交战各方都是本公约缔约国时方予以适用。

第八条

本公约应尽速批准。

批准书应交存于海牙。

首批批准书的交存应作成记录,并由各加入国代表和荷兰外交大臣签署。

此后批准书的交存,应以书面方式通知荷兰政府,并附送批准文件。

首批批准书交存记录、前款提到的书面通知及批准文件的经核证无误的副本,应由荷兰政府通过外交途径立即送交被邀请出席第二届和平会议的各国以及以后加入本公约的其他国家。对前款所指的情况,荷兰政府应同时把收到通知的日期通知上述各国。

第九条

非签署国可以加入本公约。

愿加入的国家应将其意愿用书面通知荷兰政府,同时向该国政府送交加入书,该加入书保存于荷兰政府的档案库。

荷兰政府应将通知和加入书的经核证无误的副本立即送交所有其他国家,并注明收到通知的日期。

第十条

本公约对参加首批交存批准书的国家,于此项交存作成正式记录之日起六十天后生效,对此后批准或加入的国家,则于荷兰政府收到批准或加入通知之日起六十天后开始生效。

第十一条

如一缔约国要求退出本公约,则须书面通知荷兰政府,由该国政府立即将通知的经核证无误的副本转交所有其他国家,并告以收到通知的日期。

退出只对发出退出通知的国家，并于通知送达荷兰政府一年后生效。

第十二条

由荷兰外交部保管的登记簿载明按照第八条第三款和第四款交存批准书的日期，以及收到加入通知（第九条第二款）或退出通知（第十一条第一款）的日期。

每一缔约国得查阅该登记簿并可要求提供核证无误的摘录。

各全权代表在本公约上签字，以昭信守。

1907 年 10 月 18 日订于海牙，正本一份，存于荷兰政府档案库，经核证无误的副本通过外交途径送交被邀出席第二届和平会议的各国。

中外《关于敷设自动触发水雷公约》[①]

光绪三十三年九月十二日（1907 年 10 月 18 日）[②]
海牙

（各缔约国元首称呼略。）

在各国开放的海洋通道自由原则的启示下；

考虑到在目前情况下虽然不能禁止使用自动触发水雷，但至少有必要加以限制并调整其使用，以期减轻战争的祸害，尽管在存在战争的情况下也尽可能使和平航行仍能获得应有的安全；

在将来有可能对此问题制定规章以保证有关各方的利益获得应有的保障之前；

决定为此目的缔结本公约并各自任命全权代表如下：

（各全权代表名单略。）

上列全权代表提交全权证书认为妥善后，议定条款如下：

第一条

禁止：

（一）敷设无锚的自动触发水雷，但其构造使它们于敷设者对其失去控制后至多一小时后即为无害的水雷除外。

（二）敷设在脱锚后不立即成为无害的有锚自动触发水雷；

（三）使用在未击中目标后仍不成为无害的鱼雷。

第二条

禁止以截断商业航运为唯一目的而在敌国海岸和港口敷设自动触发雷。

[①] 该约译自法文本，见斯科特编：《1899 年和 1907 年海牙和平会议报告书》，第 428—437 页。转引自世界知识出版社编译：《国际条约集》(1872—1916)，第 388—392 页。

[②] 此为第二次海牙国际和平会议议定各项文件的时间。1916 年 12 月 11 日中国政府批准加入《关于敷设自动触发水雷公约》。参见薛典曾、郭子雄编：《中国参加之国际公约汇编》，第 961—962 页。

第三条

在使用有锚的自动触发水雷时,应对和平航运的安全采取一切可能的预防措施。

交战国保证竭尽一切务使此种水雷在一定时间内成为无害。

如果水雷已不能察见,则一俟军事情况许可时,即将危险区域通知各船主并通过外交途径通知各国政府。

第四条

中立国如在其海岸外敷设自动触发水雷,必须遵守强加交战国的同样规则并采取同样的预防措施。

中立国必须在事前把即将敷设自动触发水雷的区域通知各船主。此项通知必须立即通过外交途径通知各有关政府。

第五条

一俟战争告终,各缔约国保证尽其力之所及,各自扫除其所敷设的水雷。

至于交战国一方沿另一方海岸敷设的有锚自动触发水雷,敷设水雷的国家应将敷设地点通知另一方。每一方应在最短期间扫除在本国水域内的水雷。

第六条

缔约国由于尚未拥有本公约所规定的完备的水雷,因而目前无法遵循第一条和第三条所定的规则者,承允尽速改进其水雷的器材,以符合上述要求。

第七条

本公约各条款应在缔约各国之间,并且只有在各交战国均为本公约的缔约国时始能适用。

第八条

本公约应尽速批准。

批准书应交存于海牙。

首批批准书的交存应作成记录,并由各加入国代表和荷兰外交大臣签署。

此后批准书的交存,应以书面方式通知荷兰政府,并附送批准文件。

首批批准书交存记录、前款提到的书面通知以及批准文件的经核证无误的副本,应由荷兰政府通过外交途径迅速送交被邀请出席第二届和平会议的各国以及后来加入本公约的其他国家。对前款所指的情况,荷兰政府应同时把收到通知的日期通知上述各国。

第九条

非签署国可以加入本公约。

愿加入的国家应将其意愿书面通知荷兰政府,同时向该国政府送交加入书,该加入书保存于荷兰政府的档案库。

荷兰政府将通知和加入书的经核证无误的副本立即送交所有其他国家,并注明收到的日期。

第十条

本公约对参加首批交存批准书的国家,于此项交存作成正式记录之日起六十天后生效,对此后批准或加入的国家,则于荷兰政府收到其批准或加入通知之日起六十天后开始生效。

第十一条

本公约有效期为七年,自首批批准书交存之日后的第六十天起计算。

除被废止外,本公约在上述期限届满后继续有效。

退出须以书面通知荷兰政府,由该国政府立即将退出通知的经核证无误的副本送交各国,并告以收到通知的日期。

退出只对发出退出通知的国家,并于通知送达荷兰政府六个月后生效。

第十二条

各缔约国承允在前条第一款规定的期限届满前六个月重新提出使用自动触发水雷的问题,如果该问题事先未经未来第三届和平会议提出并解决的话。

如今后缔约国缔结了关于使用水雷的新公约,一俟该新公约生效,本公约即停止适用。

第十三条

由荷兰外交部保存的登记簿载明按照第八条第三和第四款交存批准书的日期,以及收到加入通知(第九条第二款)或退出通知(第十一条第一款)的日期。

每一缔约国得查阅该登记簿并可要求提供核证无误的摘录。

各全权代表在本公约上签字,以昭信守。

1907 年 10 月 18 日订于海牙,正本一份,存于荷兰政府档案库,经核证无误的副本通过外交途径送交被邀出席第二届和平会议的各国。

中外《关于战时海军轰击公约》[①]

光绪三十三年九月十二日(1907 年 10 月 18 日)[②]
海牙

（各缔约国元首称呼略。）

为了实现第一届和平会议关于海军轰击不设防港口、城镇和村庄所表示的愿望；

考虑到可取的办法是海军轰击应遵守能保证居民的权利和保全较重要的建筑物的一般规则，其方式是尽可能将 1899 年陆战法规和习惯的章程的原则扩大适用于这种作战行动；

渴望能因而有助于人类的利益并减轻战祸的严酷性；

决定为此目的缔结本公约并各自任命全权代表如下：

（各全权代表名单略。）

上列全权代表提交全权证书认为妥善后，议定条款如下：

第一章　关于对不设防的港口、城镇、村庄、居民区或建筑物的轰击

第一条

禁止海军轰击不设防的港口、城镇、村庄、居民区和建筑物。

一个地方不能仅仅由于其港口外敷设了自动触发水雷而遭到轰击。

第二条

军事工程、陆军或海军设施、武器或战争物资仓库、可用于满足敌国舰队或军队需要的车间和设施以及停泊在港口内的军舰不包括在禁止轰击之列。如果任何其他手段均已无能为力，而地方当局也未在规定期限内毁坏上述目标时，海军指挥官得在发出警告的合理期限后，用炮轰摧毁之。

---

① 该约译自法文本，见斯科特编：《1899 年和 1907 年海牙和平会议报告书》，第 436—447 页。转引自世界知识出版社编译：《国际条约集》(1872—1916)，第 392—396 页。

② 此为第二次海牙国际和平会议议定各项文件的时间。宣统元年九月初五日(1909 年 10 月 18 日)清廷批准加入《关于战时海军轰击公约》。参见薛典曾、郭子雄编：《中国参加之国际公约汇编》，第 29 页。

在此种情况下,该指挥官对轰击可能造成的无法避免的损失不负任何责任。

如因军事需要立即行动而对敌军不得有所延误,在第一款所指的情况下,禁止轰击不设防城市的规定仍然有效,指挥官应采取一切必要措施,尽可能减少对该城市的损害。

第三条

如地方当局经正式警告后,拒绝为停泊在该地的海军征集所急需的粮食和供应,则经正式通知后,海军可对该不设防的港口、城镇、村庄、居住区或建筑物进行炮轰。

此项征收须与当地的资源成比例,并且只有以有关海军指挥官名义才能提出,并应尽可能用现金偿付;否则须给收据以资证明。

第四条

禁止由于未支付现金捐献而对不设防的港口、城镇、村庄、居住区或建筑物进行轰击。

第二章 一般条款

第五条

在海军进行轰击时,指挥官必须采取一切必要的措施,尽可能保全宗教建筑,文艺、科学和慈善事业的建筑物,历史纪念碑,医院和伤病员集合场所。但经谅解,上述建筑物不得同时充作军事用途。

居民应将这些纪念碑、建筑物或集合场所,用明显的记号标出,即在大的长方形木板上按对角线划分为两个三角形,上面部分为黑色,下面部分为白色。

第六条

如军事情势许可,海军进攻部队指挥官在进行轰击之前应尽力向当局发出警告。

第七条

禁止对即使以突击攻克的城市或地方进行抢劫。

第三章 最后条款

第八条

本公约的规定应在缔约各国之间,并只有交战各方均为本公约缔约国时才能适用。

第九条

本公约应尽速批准。

批准书应交存于海牙。

首批批准书的交存应作成记录并由各加入国代表和荷兰外交大臣签署。

此后批准书的交存，应以书面方式通知荷兰政府，并附送批准文件。

首批批准书交存记录，前款提到的书面通知以及批准文件的经核证无误的副本，应由荷兰政府通过外交途径立即送交被邀请出席第二届和平会议的各国以及加入本公约的其他国家。对前款所指的情况，荷兰政府应同时把收到通知的日期告知上述各国。

第十条

非签署国可以加入本公约。

愿加入的国家应将其意愿以书面通知荷兰政府，同时向该国政府送交加入书，该加入书保存于荷兰政府的档案库。

荷兰政府应将通知和加入书的经核证无误的副本立即送交所有其他国家，并注明收到通知的日期。

第十一条

本公约对参加首批交存批准书的国家，于此项交存作成正式记录之日起六十天后生效，对此后批准或加入的国家，则于荷兰政府收到其批准或加入通知之日起六十天后开始生效。

第十二条

如一缔约国要求退出本公约，则退出须以书面通知荷兰政府，由该国政府立即将通知的经核证无误的副本转送所有其他国家，并告以收到通知的日期。

退出只对发出退出通知的国家，并于通知送到荷兰政府一年后生效。

第十三条

由荷兰外交部保存的登记簿载明按照第九条第三款和第四款交存批准书的日期，以及收到加入通知（第十条第二款）或退出通知（第十二条第一款）的日期。

每一缔约国均得查阅该登记簿并可要求提供核证无误的摘录。

各全权代表在本公约上签字，以昭信守。

1907年10月18日订于海牙，正本一份，由荷兰政府档案库保管，经核证无误的副本通过外交途径送交被邀出席第二届和平会议的各国。

中外《关于日内瓦公约原则适用于海战的公约》①

光绪三十三年九月十二日(1907 年 10 月 18 日)②
海牙

(各缔约国元首称呼略。)

基于同样的热切的愿望,即在人们力所能及的范围内减轻战争中不可避免的祸害;

并愿意为此目的,把 1906 年 7 月 6 日日内瓦公约的原则适用于海战;

决定缔结本公约,以修改 1899 年 7 月 29 日关于同一问题的公约,并各自任命全权代表如下:

(各全权代表名单略。)

上列全权代表提交全权证书认为妥善后,议定条款如下:

第一条

军用医院船,即各国特别并专为救助伤者、病者和遇船难者而建造或装备的船只应受到尊重,并在敌对行为期间不得予以拿捕。上述船只名称应于敌对行为开始或进行中,总之在使用之前已通知各交战国者。

此类船只在停泊于中立国港口时也不得视同军舰。

第二条

全部或部分由私人或官方承认的救济团体出资装备的医院船,如其所属交战国已正式委以此项任务,并在敌对行为开始或进行中,总之在使用之前已将其船名通知敌国者,应同样受到尊重并免受拿捕。

此类船只须备有主管当局的证明书,载明在进行装备和最后出发时已受该当局的管辖。

---

① 该约译自法文本,见斯科特编:《1899 年和 1907 年海牙和平会议报告书》,第 446—463 页。转引自世界知识出版社编译:《国际条约集》(1872—1916),第 396—403 页。

② 此为第二次海牙国际和平会议议定各项文件的时间。光绪三十四年五月廿八日(1908 年 6 月 26 日)中国代表在该约上签字;宣统元年九月初五日(1909 年 10 月 18 日)清廷批准加入《关于日内瓦公约原则适用于海战的公约》。参见薛典曾、郭子雄编:《中国参加之国际公约汇编》,第 961—962 页。

第三条

全部或部分由中立国私人或官方承认的团体出资装备的医院船应受尊重并免受拿捕，但须在本国政府的事先同意和交战国一方的准许下为该交战国所控制，并在敌对行为开始或进行中，总之在使用之前已将其船名通知敌方。

第四条

第一、二、三条所提到的船只，应向各交战国的伤者、病者和遇船难者给予救济和援助，而不分国籍。

各国政府保证不将此类船只用于任何军事目的。

此类船只不得妨碍战斗员的行动。

此类船只在战役中或战役后的行动应自己承担风险。

交战国有权对此类船只进行监督和搜查。它们可以拒绝救助此类船只，命令其离开，强制其循一定的航道并派督察员上船；如遇紧急情况，甚至可予以扣留。

交战国应尽可能将它们发给医院船的命令记载在其航行簿上。

第五条

军用医院船外壳应漆成白色，加上宽约一公尺半的绿色横带，以资识别。

第二条和第三条所提到的船只外壳应漆成白色，加上宽约一公尺半的红色横带，以资识别。

上述的船只上的小艇，以及可能用于医护工作的小船等，也应漆成同样的颜色，以资识别。

一切医院船应悬挂本国国旗和日内瓦公约所规定的白底红十字旗，如属于中立国，则还应在主桅上悬挂控制该船的交战国国旗，以资辨认。

按照第四条被敌国所扣留的医院船，应降下所属交战国的国旗。

上述各类船只和小艇如欲在夜间确保其应有的免受干扰的权利，应在随船的交战国的督察员的同意下，采取必要的措施使其用以识别的颜色足够清晰明显。

第六条

第五条所规定的识别标志，无论在平时或战时，只能用以保护或识别该条所提到的船只。

第七条

在军舰上进行战斗的情况下,应尽可能予舰上的医务室以尊重和照顾。

上述医务室及其器材应受战争法规的管辖,但只要仍为伤者和病者所需要,就不能移作他用。

指挥官对在其控制下的医务室和其器材,军事情况十分需要时,得用于其他目的,但应首先照顾船上的伤者和病者的需要。

第八条

医院船和军舰医务室如被用于进行伤害敌方的目的,则不再受到保护。

此类船只和医务室人员为了维持秩序和保卫伤者和病者而携带武器,以及船上设置无线电收发报机的事实,均不能构成撤销保护的充分理由。

第九条

交战国得吁请中立国商船、游艇或小船的船长以慈善为怀,收容伤者和病者,并予治疗。

响应此项呼吁的船只以及自动收容伤者、病者和遇船难者的船只,应享受特别保护和某些豁免权。它们绝不得由于载有上述人员而遭受拿捕;但除非对它们已作出特殊许诺,它们仍可由于违犯中立而遭受拿捕。

第十条

任何被捕船只的宗教、医务人员是不可侵犯的,并不能沦为战俘。他们离开船只时,得带走属于他们的个人所有的物品和手术用具。

此类人员在必要时仍将继续执行其职务,此后可在司令官认为可能时离去。

交战国应保证这些落在他们手中的人员享有他们本国海军同级人员所享有的同样津贴和同样军饷。

第十一条

船上患病或受伤的水兵和军人,以及正式属于海军或陆军的其他人员,无论属于何国,均应受到拿捕者的尊重和照顾。

第十二条

交战一方的任何军舰得要求军用医院船、救济团体或私人的医院船、商船、游艇和小船,不论这些船只属于何国国籍,将船上的伤者、病者或遇船难者移交给它。

第十三条

如伤者、病者或遇船难者被中立国军舰所收容,则应采取一切防范措施,务使他们不致重新参加作战。

第十四条

交战一方的遇船难者、伤者或病者落入另一方控制下,即应成为战俘。俘获者应根据情势,决定是否将他们看守起来,把他们送往本国港口、中立国港口,或甚至是敌国港口。如属最后一种情况,则如此遣返回国的俘虏不得再在战争持续期间再次服役。

第十五条

经地方当局的同意,在中立国港口上岸的遇船难者、伤者或病者,除非中立国与交战国各方之间另有相反协议,应由中立国看管,以使他们不能重新参加作战。

医务和扣留期间的费用应由遇船难者、伤者或病者所属国负担。

第十六条

在每一战斗结束以后,交战双方在军事利益许可的范围内,应采取措施搜寻遇船难者、伤者或病者以及死者,保护他们免遭抢劫和虐待。

交战双方应注意在土葬、水葬或火葬死者之前,务必先对尸体进行仔细的检验。

第十七条

交战各方应尽早把从死者身上取得的军队标记或身份证明,以及所收容的伤者或病者的容貌特征送交其本国当局和其所属海军或陆军当局。

交战国之间应互相通报他们掌握的伤者、病者的拘留和移动,以及入院和发生死亡等情况。它们应搜集从被俘获的船只中找到的,或在医院中死亡的伤者、病者所遗弃的个人日用品、贵重物品、信件等,以便交由其本国当局转给有关的人。

第十八条

本公约的规定应在缔约国之间并且只有在各交战国均为本公约加入国时始能适用。

第十九条

各交战国舰队司令官务使以上条款得以认真执行,并应在出现本公约未作具体规定的情况时,务必遵照各本国政府的训令和本公约的总原则予以处理。

第二十条

各签署国应采取必要的措施,使全体海军特别是享受豁免的人员了解本公约的规定,并公布于众。

第二十一条

各签署国同样应保证在本国刑法不充分的情况下,自行采取或建议立法机构采取必要的措施,以便制止在战时的个人抢劫行为及对海军伤病员的虐待行为,并以盗用军徽罪惩处不受本公约保护的船舰对第五条所规定的识别标志的滥用。

各签署国应至迟在本公约批准后五年内,通过荷兰政府相互通知各自有关此项惩治的规定。①

第二十二条

在交战国的陆海军均参战的情况下,本公约的规定只适用于在舰上的军队。

第二十三条

本公约应尽速批准。

批准书应交存于海牙。

首批批准书的交存应作成记录并由各加入国代表和荷兰外交大臣签署。

此后批准书的交存,应以书面方式通知荷兰政府并附送批准文件。

首批批准书的交存记录、前款提到的书面通知以及批准文件的经核证无误的副本,应由荷兰政府通过外交途径立即送交被邀请出席第二届和平会议的各国以及后来加入本公约的其他国家。对前款所指的情况,荷兰政府应同时把收到通知的日期告知上述各国。

第二十四条

凡接受 1906 年 7 月 6 日日内瓦公约的非签署国可以加入本公约。

愿加入的国家应将其意愿书面通知荷兰政府,同时向该国政府送交加

---

① 该约的第 21 条中国代表在签字时予以保留。见薛典曾、郭子雄编:《中国参加之国际公约汇编》,第 29 页。

入书，该加入书保存于荷兰政府档案库。荷兰政府应将通知和加入书的经核证无误的副本立即送交所有其他国家，并注明收到通知的日期。

第二十五条

本公约经正式批准后，在各缔约国之间的关系中代替 1899 年 7 月 29 日的关于日内瓦公约原则适用于海战的公约。

1899 年公约在签署该公约而未批准本公约的国家之间的关系中，继续有效。

第二十六条

本公约对参加首批交存批准书的国家，于此项交存作成正式记录之日起六十天后生效，对此后批准或加入的国家，则于荷兰政府收到其批准或加入通知之日起六十天后开始生效。

第二十七条

如一缔约国要求退出本公约，则此项退出须以书面通知荷兰政府，由该国政府立即将通知的经核证无误的副本送交所有其他国家，并告以收到通知的日期。

退出只对发出退出通知的国家并于通知送达荷兰政府一年后生效。

第二十八条

由荷兰外交部保存的登记簿载明按照第二十三条第三和第四款交存批准书的日期，以及收到加入通知（第二十四条第二款）或退出通知（第二十七条第一款）的日期。

每一缔约国均得查阅该登记簿并可要求提供核证无误的摘录。

各全权代表在本公约上签字，以昭信守。

1907 年 10 月 18 日订于海牙，正本一份，存于荷兰政府档案库，经核证无误的副本通过外交途径送交被邀出席第二届和平会议的各国。

中外《关于对海战中行使拿捕权的某些限制的公约》①

光绪三十三年九月十二日(1907 年 10 月 18 日)②

海牙

(各缔约国元首称呼略。)

认识到比过去更有效地确保战争时期在各海洋国家的国际关系中公正实施法律的必要性;

认为,为此目的,宜于从共同的利益出发放弃或协调某些有分歧的旧惯例,着手编纂关于和平贸易和正当商业所应获得的保障及海上敌对行为准则的普遍适用的规则,并宜于将迄今仍处于争论不定或听任各国政府任意处理的各项原则用共同的书面约定确定下来;

又认为,自现在起可就普通法仍未解决的问题制定某些规则,而不影响现行有效的普通法;

各自任命全权代表如下:

(各全权代表名单略。)

上列全权代表提交全权证书认为妥善后,议定条款如下:

第一章 邮政通信

第一条

在海上的中立国或交战国船舶中发现的中立国或敌国的邮件,不论属于官方或私人,都是不可侵犯的。如船舶遭扣留,则拿捕者应尽速将此项邮件寄送出去。在发生破坏封锁时,对发自或寄往被封锁港口的邮件不适用上述规定。

第二条

---

① 该约译自法文本,见斯科特编:《1899 年和 1907 年海牙和平会议报告书》,第 462—471 页。转引自世界知识出版社编译:《国际条约集》(1872—1916),第 403—407 页。

② 此为第二次海牙国际和平会议议定各项文件的时间。1916 年 12 月 11 日中国政府批准加入该约。参见薛典曾、郭子雄编:《中国参加之国际公约汇编》,第 961—962 页。

邮政通信的不可侵犯性并不使中立国邮船对一般中立国商船应遵守的海战法规和习惯享有豁免。但该船除在绝对必要的情况下不得予以搜查，在搜查时应尽可能谨慎迅速为之。

第二章　某些船舶免受拿捕

第三条

专为在沿岸捕鱼的船只或从事地方商业活动之用的小船，包括其用具、绳索、船具和货物在内均免受拿捕。

但如船舶以任何方式参加敌对行动时，此项豁免即停止适用。

各缔约国同意不利用此类船舶的无害性质，即保持其和平的外表却用于军事目的。

第四条

负有宗教、科学或慈善使命的船舶也不受拿捕。

第三章　关于交战国捕获的敌国商船船员的规定

第五条

当敌国商船被交战一方捕获时，船员中属于中立国民者不能作为战俘。

属于中立国国民的船长和高级船员，如书面正式保证不在战争持续期间在敌国船舶上服务，也同样不能作为战俘。

第六条

属于敌国国民的船长、高级船员和船员如作出正式书面保证，不在战争持续期间进行任何与作战有关的服务时，不能作为战俘。

第七条

依照第五条第二款和第六条而保有自由的人员，其姓名应由执行拿捕的交战一方通知交战另一方。后者不得在知情的情况下雇用上述人员。

第八条

上列三条的规定不适用于参加敌对行动的船舶。

第四章　最后条款

第九条

本公约各条款应在缔约各国之间，并且只有在各交战国都是本公约加入国时才予适用。

第十条

本公约应尽速批准。

批准书应交存于海牙。

首批批准书的交存，应作成正式记录，并由各加入国代表和荷兰外交大臣签署。

此后批准书的交存，应以书面方式通知荷兰政府，并附送批准书。

首批批准书的交存记录、前款提到的书面通知以及批准文件的经核证无误的副本，应由荷兰政府通过外交途径立即送交被邀请出席第二届和平会议的各国以及后来加入本公约的其他国家。对前款所指的情况，荷兰政府应同时把收到通知的日期通知上述各国。

第十一条

非签署国可以加入本公约。

愿加入的国家应将其意愿书面通知荷兰政府，同时向该国送交加入书，该加入书保存于荷兰政府的档案库。

荷兰政府应将通知和加入书的经核证无误的副本立即送交所有其他国家，并注明收到通知的日期。

第十二条

本公约对参加首批交存批准书的国家，于此项正式交存作成记录之日起六十天后生效，对此后批准或加入的国家，则于荷兰政府收到此项批准或加入通知六十天后开始生效。

第十三条

如一缔约国要求退出本公约，则此项退出须以书面通知荷兰政府，由该国政府立即将通知的经核证无误的副本送交所有其他国家并告以收到通知的日期。

退出只对发出退出通知的国家，并于通知送达荷兰政府一年后生效。

第十四条

由荷兰外交部保存的登记簿载明按照第十条第三款和第四款交存批准书的日期，以及收到加入通知（第十一条第二款）或退出通知（第十三条第一款）的日期。

每一缔约国均得查阅该登记簿并可要求提供核证无误的摘录。

各全权代表在本公约上签字，以昭信守。

1907年10月18日订于海牙，正本一份，存于荷兰政府档案库；经核证无误的副本通过外交途径送交被邀出席第二届和平会议的各国。

中外《关于中立国在海战中的权利和义务公约》[①]

光绪三十三年九月十二日(1907年10月18日)[②]

海牙

(各缔约国元首称呼略。)

为了调和在海战中中立国和交战国关系上仍然存在的意见分歧,并防止由于这些分歧而发生的困难;

认识到,即使目前还不能就适用于实践中可能出现的一切情况的办法取得一致意见,但在可能范围内制定普遍适用的规则以适应战争不幸爆发时的情况,仍无疑是极有益的;

认识到对本公约所未规定的事项,最好应考虑国际法的一般原则。

认识到各国颁布详细的规定以调整由于它们所采取的中立地位所产生的后果是可取的;

认识到对中立国而言,把这些规定公正地适用于各交战国是公认的义务;

认识到本着这种思想,中立国原则上不得在战争进行过程中改变这些规定,除非经验证明,为了保障该国的权利,有作出这种改变的必要;

同意遵守下列共同的规则,但此项规则不得改变现行一般条约的规定,并各自任命全权代表如下:

(各全权代表名单略。)

上列全权代表提交全权证书认为妥善后,议定如下条款:

第一条

交战国必须尊重中立国的主权,并避免在中立国领土或领水内,从事任何可能构成违反中立的行为,如果任何国家有意允许这些行为的话。

---

① 该约译自法文本,见斯科特编:《1899年和1907年海牙和平会议报告书》,第506—523页。转引自世界知识出版社编译:《国际条约集》(1872—1916),第422—429页。

② 为第二次海牙国际和平会议议定各项文件的时间。宣统元年九月初五日(1909年10月18日)清廷批准加入该约。参见薛典曾、郭子雄编:《中国参加之国际公约汇编》,第29页。

第二条

交战国军舰在中立国领水内的任何敌对行为,包括捕获和行使搜索权在内,均属侵犯中立,应严加禁止。

第三条

凡遇船只在中立国领水内被捕获,如被捕获的船只仍在该国管辖的范围内,该中立国应使用它所掌握的一切手段使该船连同全体职员和船员一并释放,并拘留捕获者派在船上的人员。

如被捕获的船只不在中立国管辖范围内,则捕获国政府经中立国的要求,应将捕获的船只连同船上职员和船只予以释放。

第四条

交战国不得在中立国领土内或在中立国领水内的船舶上设立任何捕获法庭。

第五条

禁止交战国将中立国港口和领水作为攻击敌国的海战基地,特别是禁止在那里设置无线电台或其他供交战国陆上或海上部队进行通讯之用的设备。

第六条

禁止中立国以任何方式将军舰、弹药或任何作战物资,直接或间接供给交战国。

第七条

中立国没有义务阻止交战国任何一方载运武器、弹药以及一般为陆、海军所需的物资出口或过境。

第八条

中立国政府应尽其力之所及,以阻止任何船只在它的管辖范围内得到装备和武装,如果它有理由相信这些船只的目的在于进行游弋或参加反对与它和平相处的国家的作战行动的话。该政府对于在其管辖范围内进行全部或部分改装以适应战争之用的旨在进行游弋或从事作战行动的任何船只,也应注意尽力阻止其驶离它的管辖范围。

第九条

中立国应将它对交战国军舰或捕获船只进入其港口、锚地或领水方面所制订的条件、限制或禁令,公平地适用于交战双方。

但中立国对于不遵守它所发布的命令和规章或侵犯其中立的交战国军舰,仍得禁止进入其港口或锚地。

第十条

一个国家的中立不因交战国军舰和捕获船只仅仅通过其领水而受影响。

第十一条

中立国得允许交战国军舰雇用其业经注册的引港员。

第十二条

如中立国的法律没有其他相反的特别规定,交战国军舰在该中立国的港口和锚地或领水内停留时间不得超过二十四小时,但本公约另有规定者除外。

第十三条

已获知战争开始的国家如得悉一艘交战国军舰正在它的港口或锚地或在它的领水内,应即通知该舰,务必在二十四小时内或在当地法律所规定的期限内驶离。

第十四条①

交战国军舰非因海损或恶劣气候不得在中立国港口延长其法定的停泊时间。延迟的原因一经消失,该军舰应即离开。

限制在中立国港口、锚地和领水内的停留时间的规则不适用于专用于宗教、科学或慈善目的的军舰。

第十五条

如中立国法律没有其他相反的特别规定,则同时停泊在它的一个港口或锚地的一个交战国的军舰最多不得超过三艘。

第十六条

当交战双方的军舰同时在一个中立国港口或锚地时,交战一方军舰的启航时间和交战另一方军舰的启航时间至少应相隔二十四小时。

启航的次序按照到达的次序决定,除非首先到达的军舰已被准许延长停留的时间。

---

① 该约的第 14、19 及 21 条,中国代表在签字时予以部分保留。参见薛典曾、郭子雄编:《中国参加之国际公约汇编》,第 29 页。

一交战国军舰不得在悬挂敌国国旗的商船启航不到二十四小时内离开中立国港口或锚地。

第十七条

在中立国港口和锚地的交战国军舰只能在对航行安全绝对必要的限度内进行修理,并不得以任何方式增加其战斗力。中立国的地方当局应核定修理项目并令其从速完工。

第十八条

交战国军舰不得利用中立国港口、锚地和领水以补充或增加武器或军需品,也不得补充船员。

第十九条

交战国军舰在中立国港口或锚地只能进行平时正常供应品的补充。

此类船只增添的燃料以足够到达本国最近的港口为度。此外,如中立国有供应燃料至装满煤仓的限制规定,则以燃料增添至煤仓贮满为度。

如按照中立国法律船舶只能在到达二十四小时后方能供应煤,则它们的法定停留期限应延长二十四小时。

第二十条

曾在一个中立国港口装载燃料的交战国军舰,三个月以内不得在同一中立国的港口补充燃料。

第二十一条

除非因失去航行能力、气候恶劣或缺乏燃料与粮食,不得将被捕船只带进中立国港口。

一俟前款所指的入港原因消失,被捕船只必须立即离开。如不离开,中立国应命令它立刻驶离。如它不遵守命令,中立国应设法将被捕船只连同全体职员和船员一并释放,并拘留捕获者派在船上的人员。

第二十二条

未按第二十一条规定的条件被带入的被捕船只,中立国也应予以释放。

第二十三条

被捕船只不论有无交战国军舰押解,如果是为了等待捕获法院的判决,中立国得允许该船进入其港口或锚地,并得将该船送往其所属的其他港口。

被捕船只如有军舰押送，则派在该船上的船员应移往押解船上。

被捕船只未被押送，则捕获者派在该船上的人员可任其自由离去。

第二十四条

虽经中立国当局发出通知，但交战国军舰仍不从它无权停泊的港口离开时，中立国有权采取它认为必要的措施，务使该舰在战争进行期间无法出海，舰长应促进此项措施的实现。

如交战国军舰被中立国扣留，则船上军官和船员也一并被拘留。

被拘留的军官和船员得任其留在船上，或移往他船或岸上，但应服从对他们所加的必要的限制措施。不过，应留下必要的人员以便照料船上事务。

船上军官在作出未经许可决不离开中立国领土的保证后，则可任其自由离开。

第二十五条

中立国应以自己所拥有的手段执行监督，以防止在它的港口、锚地或领水内发生任何违反上述规定的行为。

第二十六条

中立国行使本公约所规定的权利，绝对不能被接受上述有关条款的交战国一方或另一方视为不友好的行为。

第二十七条

缔约各国应及时将本国所订关于交战国军舰在其港口和领水内所应遵守的一切法律、命令及其他规定通知荷兰政府，并由该政府立即转达其他缔约国。

第二十八条

本公约的规定应在缔约各国之间，并只有在交战各方均为本公约缔约国时方能适用。

第二十九条

本公约应尽速批准。

批准书应交存于海牙。

首批批准书的交存应作成记录，由各加入国代表和荷兰外交大臣签署。

此后批准书的交存应以书面方式通知荷兰政府并附送批准文件。

首批批准书的交存记录、前款提到的通知书以及批准文件的经核证无误的副本，应由荷兰政府通过外交途径立即送交被邀请出席第二届和平会议的各国以及加入本公约的其他国家。对前款所指的情况，则荷兰政府应同时把收到通知的日期告知上述各国。

第三十条

非签署国可以加入本公约。

愿加入的国家应将它的意愿书面通知荷兰政府，同时向该国政府送交加入书，该加入书保存于荷兰政府的档案库。

荷兰政府应将通知书和加入书的经核证无误的副本立即送交所有其他国家，并注明收到通知的日期。

第三十一条

本公约对参加首批交存批准书的国家，于此项交存作成正式记录之日起六十天后生效，对此后批准或加入的国家，则于荷兰政府收到其批准或加入通知之日起六十天后开始生效。

第三十二条

如一缔约国要求退出本公约，则此项退出须以书面通知荷兰政府，并由该国政府立即将通知的经核证无误的副本送交所有其他国家并告以收到通知的日期。

退出只对发出退出通知的国家并于通知送达荷兰政府一年后生效。

第三十三条

由荷兰外交部保存的登记簿载明按照第二十九条第三和第四款交存批准书的日期以及收到加入通知（第三十条第二款）或通知（第三十二条第一款）的日期。

每一缔约国均得查阅该登记簿并可要求提供经核证无误的摘录。

各全权代表在本公约上签名，以昭信守。

1907 年 10 月 18 日订于海牙，正本一份，存于荷兰政府档案库。经核证无误的副本通过外交途径送交被邀出席第二届和平会议的各国。

中外《禁止自气球上放掷炸弹及炸裂品声明》①

光绪三十三年九月十二日（1907 年 10 月 18 日）②

海牙

下列签署者，应邀出席海牙第二届国际和平会议的各国全权代表，为此目的经各本国政府正式授权，

在 1868 年 11 月 29 日（俄历 12 月 11 日）圣彼得堡宣言所表达的精神的鼓舞下，愿重新订定业已期满的 1899 年 7 月 29 日海牙宣言，

宣告：

各缔约国同意，直至第三届和平会议结束为止，禁止从气球上或其他新的类似方法投掷投射物和爆炸物。

本宣言只对各缔约国中两个或两个以上国家间发生战争时有拘束力。

在各缔约国之间的战争中，如有一个非缔约国加入交战一方时，本宣言即失去拘束力。

本宣言须尽速予以批准。

批准书应交存于海牙。

批准书的交存须制成记录，该记录的经核证无误的副本将通过外交途径送交所有缔约国。

非签署国得加入本宣言。它们为此须将其加入一事通知各缔约国，即向荷兰政府发出书面通知，并由该国政府通知所有其他缔约国。

如果一缔约国退出本宣言，则此项退出应在书面通知荷兰政府并由该国政府立即通知所有其他缔约国一年后生效。

---

① 该约译自法文本，见斯科特编：《1899 年和 1907 年海牙和平会议报告书》，第 524—527 页。转引自世界知识出版社编译：《国际条约集》(1872—1916)，第 430—431 页。该约标题编者略有改动。

② 此为第二次海牙国际和平会议议定各项文件的时间。光绪三十四年五月廿八日（1908 年 6 月 26 日）中国代表在该约上签字；宣统元年九月初五日（1909 年 10 月 18 日）清廷批准加入《禁止自气球上放掷炸弹及炸裂品声明》。参见薛典曾、郭子雄编：《中国参加之国际公约汇编》，第 961—962 页。

此项退出只对发出退出通知的国家有效。

各全权代表在本宣言上签字,以昭信守。

1907 年 10 月 18 日订于海牙,正本一份,存于荷兰政府档案库,其经核证无误的副本将通过外交途径送交各缔约国政府。

中、英、美《赣州、南康耶稣教案议结合同》^①

光绪三十三年九月十五日（1907 年 10 月 21 日）
赣州

为公立议约事，今因南康县民、天主教民交讧，焚堂肇祸，以致各处效尤滋事，将南康县城内并凤冈塘、江横、石井四处华式耶稣堂及赣州府城内西门大街内地会耶稣堂、卖钗坡内地会耶稣堂，一并拆毁。又，赣郡西门外及西门内大街，并八角井各教民店房亦遭抢拆。现经公同将各教堂修造等费及各教民店房修造、货物器具损失等费，逐一秉公核实估计，议定赔偿洋元，暂于赣县地方公款内先行垫付。嗣后彼此永无异议。兹将赔款细数及附议各条开列于后：

一、赣郡城内西大街内地会半洋式耶稣堂一所修造费龙洋二千元。

又堂内讲堂修造费龙洋三百二十元。

赣郡城内卖钗坡内地会半洋式耶稣堂一所修造费龙洋七百元。

又堂内学堂修造费龙洋七百元。

一、赣县属峰山地方半洋式避暑房屋一所及所有损失物件器具等费龙洋一千元。

一、南康县城内华式耶稣堂一所修造费龙洋五百元。

一、南康县属凤冈墟华式耶稣堂一所修造费龙洋六百三十元。

一、南康县属塘江墟华式耶稣堂一所修造费龙洋六百元。

一、南康县属横石井华式耶稣堂一所修造费龙洋五百元。

一、赣郡城内西门口余和盛米店修造费及损失货物器具费龙洋五百五十元。

一、赣郡城内西门口胡同兴米店修造费及损失货物器具费龙洋二百元。

---

① 王克敏、杨毓辉等编：《光绪丁未（三十三年）交涉要览》上篇卷二"传教门"，北洋洋务局纂辑，北洋官报局代印，1910（宣统二年刊本），第 10—12 页。

一、赣郡城内西门大街裕义和药店修造费及损失货物器具费龙洋五百元。

一、赣郡城内西门大街蒋谦泰布店修造费及损失货物器具费龙洋一百五十元。

一、赣郡城内西门大街傅洪恩杂货店修造费及损失货物器具费龙洋一百五十元。

一、赣郡城内八角井傅茂丰洋货庄损失货物器具房屋等费龙洋八千元。

一、赣郡西门外教民朱先祥家修造费及损失器具等费龙洋四百元。

一、以上赔修教堂九款,赔修教民房屋及损失货物器具一切费七款,共龙洋一万六千九百元。现经公同和商议结,如数赔偿,当即付交。和、马两牧师清款。

附录:《附款》

一、赣县城内西门大街及卖钗坡两教堂一切房屋均已赔给修造费,所有和、马、贺、饶四位牧师暨和、马、贺三位师母损失书籍衣物器具等件,因念地方公款难筹,情愿免议赔款,以敦睦谊。除已陆续追出送还外,现仍尽力查追,如实已毁弃无着,方可免追。傅、陶两位牧师损失各物,俟信到再议。

一、南康县城乡四处教堂内牧师损失各物,因念康邑地方公款难筹,情愿免议赔款,以敦睦谊。其管堂先生被损失之中国木器、衣物、碗盏等项,除由地方官查追原物送还外,其余所失之物,由南康县官绅另行议结。

一、南康、赣县两邑乡间耶稣教民家被毁者,俟大兵到彼分别查办再议。

一、赣郡城内西门大街耶稣堂内住教友损失衣物等件,议赔龙洋三百六十四元;又卖钗坡耶稣堂所住教友损失衣物等件及学堂内损失一切器具书籍,并学生损失衣物等件,共议赔龙洋一千八百五十元。均由赣县知县另向地方绅士设法筹措,亦已兑付,和、马两牧师清款。

一、南康县教堂赔款及赣县教堂赔款均系暂由赣州当局公款垫付,将来由官向犯事各该县地方绅士如数追出,仍归还当局垫款,不必再付教堂,以免重复。

　　一、此项议约，系彼此公同订定，一样六纸，公同画押，各执一纸存据。

　　一千九百七年　月　日，光绪三十三年九月十五日

　　大英、美国：内地会耶稣堂牧师和（为贵）、马（设力），

　　大清国：署理赣州府知府关，署理江西按察使司统领巡防后军江，署理吉南赣宁兵备道王，赣县知县张。

中俄《莫勒密地方耶字界碑移回原处照会》[①]

光绪三十三年九月(1907 年约 10 月)

北京

为照会事:据东三省总督、吉林巡抚咨称,前准三姓副都统咨报,乌苏里江西莫勒密地方前立中俄耶字界碑,经俄国伯力总督挪移重修,业经派员勘得耶字界碑在莫勒密河北岸江通沙堤高埠地方竖立,今新立界碑较旧立界碑址往北挪移。希照会驻京大臣商定再行派员仍将新界碑会移原处等因。查中俄耶字界碑系于光绪十二年七月间由华官会同俄员至乌苏里江口莫勒密地方竖立,即因年久倾陷,亦应会同华官修理,仍在原处修建,方为合理。今俄督擅自挪移,殊属非是,相应照会贵大臣饬将中俄耶字界碑会同该处地方官仍行移回原处建立,以符原界。并希见覆。须至照会者,右照会俄使璞。

附录:《外务部咨莫勒密耶字界碑挪回原处俄使允无阻碍文》

为咨行事:前准咨称俄伯力总督饬员擅移莫勒密地方界碑一事,当经本部照会俄璞使去后,兹准复称,据伯力总督咨称耶字界碑系在乌苏里江西,近对喀杂克维扯挖屯,上年夏间,因该江堤岸倏然冲刷界碑,立即须移无危他处,是非俄官擅自挪移该碑,实为情势所迫,兹该碑建立于无少危处。并据伯力总督之意,将该碑留于彼处,实属合宜。贵国政府若拟须将该碑挪回原处,俄国并无阻碍,然中国地方官应设法将原立该碑之处,其所冲刷堤岸修理坚固。并已咨伯力总督查照等因,相应咨行贵督抚,饬查乌苏里江堤岸是否冲刷,并妥为办理是要。须至咨者,右咨吉林。

---

① 王克敏、杨毓辉等编:《光绪丁未(三十三年)交涉要览》下篇卷一"疆界门",第 55—56 页。

中、英、美《南康耶稣教案议恤条款》[①]

光绪三十三年十月（1907 年约 11 月）
赣州

大美国牧师马、大英国牧师和，署南康县知县毛，为公立议约事，照得南康县属本年八月间乱民滋事，波及耶稣福音教堂教友，实出意料之外。现在和、马牧师亲至南康县，和衷商议，除南康境内被毁教堂已在赣州先行全数议结，无庸再议外，所有被毁教友，南康附城内外十二家，凤冈、湖贝两堡二十二家，塘江、挑柴、石塘、油漕各堡二十二家，横石井二家，大路坪四家，损失房屋银钱衣物，秉公逐案查明，分别和商，共恤赏洋银一万三千五百零三元。议结附立议约七条，分存为据，彼此永无异议，所列条约开列于左：

一、查办此案，先由牧师暨地方官谕令失主据实开报，不准浮冒，由绅士一秉大公，劝商两造和平了结，以泯嫌隙。

一、每案议结后，即令两造同具。现经绅士处断公允，均各输服，从此彼此永敦和好。嗣后何造再藉此案寻仇报复，即请官长专办此造多事之罪，与彼造无涉。切结存案，以杜后衅。

一、案经议结于立约签字之日，无论何项公款暂挪垫付，再由官长限令应赔之户按限缴还归垫，以期迅速。

一、每案经议结后，教友房产损失，公平议断，核实赔偿。嗣后查出教友所失物件，统由官绅追缴变卖，将所卖之钱抵偿挪款，教民不得过问，亦不得再向滋事各犯及犯族追论，致开后衅。

一、凡此次议结各案，逐案均令两造遵照第二条，在县出具切结在案。俟各结取齐，由县开单函送堂中备查。约内无庸逐案开列，以省繁牍。

一、此次各姓滋事人犯，应如何惩办，抑或如何议罚，听凭地方官自行办理，均与教堂无涉。

---

① 王克敏、杨毓辉等编：《光绪丁未（三十三年）交涉要览》上篇卷二"传教门"，第 12—14 页。

一、凡交涉各案件,大半由民教各存意见,以致互有猜疑而起。兹牧师与现任地方官均各开诚布公,和商议结,就案论案,并不分别民、教,仍由地方官剀切晓谕,各绅耆嗣后凡有口角争执,无论是民是教,均遵照保甲族禁章程,由牌甲堡长会同该族房长,秉公排解,务令化除民教之见,即控告到官,亦必只论是非,不分民教,持平讯断,但系好人,力为保护,若有罪应办者,均照中国律例,一体办理。官绅与奉教未奉教百姓心中,均无民、教之分,自能永远和好,不再滋事。

一千九百七年　月　日　光绪三十三年十月　日

中日《大冶铁矿局借款合同》[①]

光绪三十三年十一月初九日(1907 年 12 月 13 日)

汉口

一、督办湖北汉阳铁厂之大冶铁矿局订借日本横滨正金银行日本金货三十万元正。本合同画押之后六个礼拜交,以五年为期。年息七厘,付交本款之日起算,每半年一结付清。

二、照明治三十七年一月十五日、光绪二十九年十二月十八日日本制铁所及日本兴业银行与督办湖北汉阳铁厂之大冶矿局所订之大冶购运矿石预供矿价正合同,将汉阳铁厂运售日本制铁所之矿石定数,自本合同订立之日起,每年添加二万吨,以五年为止。此项矿石价由日本制铁所交付日本横滨正金银行,以抵还本之数。

三、凡借款担保及矿石价值及一切事情,本合同未及详载者,悉照明治三十七年一月十五日、光绪二十九年十一月二十八日日本制铁所及日本兴业银行与督办湖北汉阳铁厂之大冶矿局所订大冶购运矿石预借矿价正合同,一律办理。

四、以上本合同缮就二份,湖北汉阳铁厂、日本横滨正金银行各执一份为凭。

大日本横滨正金银行汉口分行总办武内金平

大清太子少保前工部左侍郎督办湖北铁厂盛宣怀代表李维格

大日本明治四十年十二月十三日　大清光绪三十三年十一月初九日

---

① 中国人民银行参事室编:《中国清代外债史资料》,第 604—605 页。

中葡《澳门禁运军火新章》①

光绪三十四年二月十九日(1908 年 3 月 21 日)②
北京

第一款：凡枪弹炮件一切爆裂药子，除系澳门官用，应由葡驻粤领事先期照会粤督查照，转饬海关查验，准其经由中国海面运往澳门外，此外无论华商、洋商，如向澳门政厅请领运贩军火执照，一概不得发给。

第二款：从前由澳门政厅已发执照贩运至澳门之军火，应由澳门政厅将现在实存数目开送中国政府。如有运出澳门时，应先将运数及运往何处，卖买人姓名，知照中国政府查照。

第三款：如有奸商私运军火至澳门，或私运出澳至中国各内地者，应请澳门政厅设法协查严禁。

———————————

① 中国第一历史档案馆，澳门基金会，暨南大学古籍研究所合编：《明清时期澳门问题档案文献汇编》(四)，人民出版社，1999 年，第 90、98、102、144、149 页。

② 光绪三十四年二月十九日(1908 年 3 月 21 日)清政府外务部向葡萄牙驻华公使森达提出该约，四月初六日葡驻华公使面告清朝外务部称葡萄牙政府已同意此约，四月十六日葡政府在澳门颁行此约，名曰《澳门禁运军火新章》。

中日《汉冶萍公司借款合同》[①]

光绪三十四年五月十五日(1908年6月13日)

上海

横滨正金银行、汉冶萍煤铁厂矿公司为立合同事。

今因盛宫保前数月曾与正金银行议办借款,现在正金银行已经照议筹定借与汉冶萍公司日本金元一百五十万元。其条款开列于后:

一、正金银行借与汉冶萍公司日本金元一百五十万元,言明立合同之日起一个月内如数交付。

二、此项借款周年以七厘五毫计息,即每百元按年七元五角,言明六个月一付。

三、此项借款十年为期,第一年、第二年、第三年按期只付利息,第四年起,分作七年本利按期分还。

四、此项借款二年后汉冶萍公司有款可还,届时允许随时还款,或全数先还,或先还一半,均可听便。惟须在两个月之前知照正金银行,至其息金,亦即以还本之日为止。

五、此项借款系以盛宫保所有九江所属地名大城门之铁山作为借款切实担保,以本利清还之时为止。惟声明此铁山仍系盛宫保之产业,不拘何时盛宫保可以自行开采,正金银行不能干预。

六、此项借款系为汉冶萍公司借用,故萍乡煤矿、大冶铁矿、汉阳铁厂三处与九江之大城门之铁山,一同作担保此一百五十万元之借款本利。

七、九江所属之大城门铁山担保并汉冶萍厂矿一同作担保之后,不能再向他处作担保。如要向他处再行担保,允向正金银行先行商量办理。其售卖钢铁等货预借之款不在此例。

八、正金银行借款未曾还本以前,如愿买矿石,汉冶萍公司允许可以随时售现,或以抵还此借款逐年应付之项。所有吨数价目随后商量。如大冶

①　陈旭麓、顾廷龙、汪熙主编:《汉冶萍公司——盛宣怀档案资料选辑之四》(三),第12—14页。

矿石开运不及，正金决不勉强。

九、此项借款之内，汉冶萍公司如有各国用场，准托正金银行代做汇票，价必克己，一礼拜前通知正金银行照解。将来到期付本付利，概照本银行市价收付，彼此不得低昂。

十、如一年之内汉冶萍于此款之外，愿向正金银行再借日币五十万元，正金银行允愿照此合同一律办理，另立一样合同为据。

十一、此合同一俟还清本利之日，所载各节全行作废。

此合同一样两份，各执一份为据。

光绪三十四年五月十五日　明治四十一年六月十三日

太子少保正任邮传部侍郎汉冶萍煤铁厂矿公司总理　协理

横滨正金银行上海支店支配人

中日《湖北善后局借款合同》[①]

光绪三十四年七月初一日（1908 年 7 月 28 日）

汉口

立借券人湖北善后局，今奉湖广总督陈谕：因本年举行秋操，需款殷繁，善后局一时难以筹措，兹向汉口正金银行借到洋例银五十万两。周年八厘行息。自交银之日起，扣作五年，第一年先还利银，第二年、第三年、第四年、第五年，每年还本银十二万五千两。按六个月一次付清，第一年付息四万，第二年起本息半年一付。即由汉口筹饷烟酒糖税局烟叶捐、糖捐、酒捐三项作保。立此为据。此项合同各执一份，俟本息还清注销。

大清帝国光绪三十四年七月初一日　大日本帝国明治四十一年七月二十八日

大清湖广总督部堂陈　阅准

大日本汉口总领事高桥

---

① 中国人民银行参事室编：《中国清代外债史资料》，第665页。

中日《汉阳铁厂订购钢条合同》[①]

光绪三十四年九月二十七日（1908 年 10 月 21 日）
汉口[②]

此合同订于西历一千九百零八年十月二十一号。一造为中国汉口汉阳钢铁厂，下文称谓买主；一造为日本若松制铁所，下文称谓制造人。据此议明，买主愿购，制造人愿售西门马丁钢条一万吨，所订各款开列于左：

一、此钢条料质须照下开各质配合：

矽（加添）：至多一千分之一。

磷：至多十万分之七十五。

锰：千分之五至千分之十。

炭：万分之三十五至万分之四十五。

磺：至多万分之七。

上言加添之矽，系指铁中原有之矽先除去，再加铁矽。

二、钢条尺寸须照下开大小：

五千吨钢条每条宽二百三十密力米达，厚二百密力米达，长二千二百密力米达，归一千九百零八年十二月、零九年正月、二月交货。又五千吨，宽厚各二百五十密力米达，长二千二百密力米达，归一千九百零九年三、四、五月份交货。

三、钢条面须光净，不得有气空，毛口两端均须切平，由买主代表者试验无病，方为合式。

每条均须用白漆注明下列各节：

一、批数。

二、若干启罗。

三、长宽厚各若干密力米达。

---

① 陈旭麓、顾廷龙、汪熙主编：《汉冶萍公司——盛宣怀档案资料选辑之四》（三），第 37—39 页。

② 签约地点未查明，暂定为汉口。

制造人须将每批化验单开送查核。

四、设试验不合买主之意,或化验各质分数不合上开第一款内各节,买主可以将该批全行退还。

五、钢条定价若松船面交货,每吨日币金四十九元五十钱,每批价银俟货到汉阳由买主查验收纳后即行照付。货装船后,一切风险由买主担承。

兹于上开年月日两造各自签押为证。

汉阳钢铁厂

证见人

若松制铁所总理

证见人

中日《订购汉阳铁厂焦炭合同》[①]

光绪三十四年九月二十七日（1908 年 10 月 21 日）

汉口[②]

此草合同订于西历一千九百零八年十月二十一号。一造为日本若松制铁所，下文称谓买主；一造为中国汉口汉阳铁厂，下文称谓售主。据此议明买主愿购，售主愿售萍乡炼铁炉焦炭约五千吨，所订各款开列于左：

一、焦炭成色须照向来大仓洋行经售与买主者相同。

二、焦炭中只准含有水质百分之四，如逾此数，售主须行补足。

三、货物须至一千九百零九年三月方可起交。

四、货物议定若松交货，每吨日币金十六元，一切运费、保险费、进口税悉在价内，每批价银俟买主将货物查验收纳收（后）即行照付。

五、彼此应知上开之五千吨系在买主由大仓洋行订购焦炭数之外。又，此合同与买主现今或将来与大仓洋行所订购买焦炭各节，均无所违背，无所牵制。

六、此草合同须由汉阳钢铁厂总理核准、更改，并由总理与大仓洋行议定，否则即行作废。

兹于上开年月日两造各签押为证。

汉阳钢铁厂

证见人

若松制铁所总理

证见人

---

① 陈旭麓、顾廷龙、汪熙主编：《汉冶萍公司——盛宣怀档案资料选辑之四》（三），第 39 页。

② 签约地点未查明，暂定为汉口。

中日《汉冶萍公司借款续合同》[①]

光绪三十四年十月二十一日（1908 年 11 月 14 日）
上海

横滨正金银行、汉冶萍煤铁厂矿公司为订立合同事：今因盛宫保与正金银行于明治四十一年六月十三号，光绪三十四年五月十五日订立合同第十款载明：如一年之内，汉冶萍于此款之外，愿向正金银行再借日币五十万元，正金银行允愿照此合同一律办理，另立一样合同为据。等语。现在正金银行照议续借与汉冶萍公司日本金元五十万元，其条款开列于后：

一、正金银行借与汉冶萍公司日本金元五十万元，言明立合同之日起，半个月内如数交付。

二、此项借款周年以七厘五毫计息，即每百元按年七元五角，言明六个月一付。

三、此项借款十年为期，第一年、第二年、第三年按期只付利息，第四年起分作七年本利按期分还。

四、此项借款二年后汉冶萍公司有款可还，届时允许随时还款，或全数先还，或先还一半，均可听便，惟须在两个月之前知照正金银行。至其息金，亦即以还本之日为止。

五、此项借款系以盛宫保所有九江所属地名大城门之铁山作为借款切实担保，以本利清还之时为止。惟声明此铁山仍系盛宫保之产业，不拘何时，盛宫保可以自行开采，正金银行不能干预。

六、此项借款系为汉冶萍公司借用，故萍乡煤矿、大冶铁矿、汉阳铁厂三处与九江之大城门之铁山一同作担保此五十万元之借款本利。

七、九江所属之大城门铁山担保并汉冶萍厂矿一同作担保之后，不能再向他处作担保，如要向他处再行担保，允向正金银行先行商量办理。其

---

① 中国人民银行参事室编：《中国清代外债史资料》，第 631 页。另见陈旭麓、顾廷龙、汪熙主编：《汉冶萍公司—盛宣怀档案资料选辑之四》（三），第 40—41 页。

售卖钢铁等货预借之款不在此例。

八、正金银行借款不曾还本以前,如愿买矿石,汉冶萍公司允许可以随时售现,或以抵还此借款逐年应付之项,所有吨数价目随后商量。如大冶矿石开运不及,正金决不勉强。

九、此项借款之内,汉冶萍公司如有各国用场,准托正金银行代做汇票,价必克己,一礼拜前通知正金银行照价将未到期付本付利,概照各银行市价收付,彼此不得低昂。

十、此合同一俟还清本利之日,所载各节全行作废。

十一、此合同一样两份,各执一份为据。

太子少保邮传部侍郎汉冶萍煤铁厂矿公司总理、协理

横滨正金银行上海支店支配人

明治四十一年十一月十四号　光绪三十四年十月二十一日

中日《添购汉阳铁厂生铁合同》①

光绪三十四年十月二十三日(1908 年 11 月 16 日)
汉口②

此合同加订于一千九百零八年十一月十六号。一造为日本若松制铁所,下文称谓买主;一造为汉口汉阳钢铁厂,下文称谓售主。据此议明买主愿添购,售主愿添售西门马丁生铁约二千五百吨。此加订合同之各款,均照一千九百零八年十月二十一号之合同所订各款。

兹于上开年月日两造各自签押为证。

代汉阳钢铁厂总理

证见人

若松制铁所总理

证见人

---

① 陈旭麓、顾廷龙、汪熙主编:《汉冶萍公司——盛宣怀档案资料选辑之四》(三),第 43—44 页。

② 签约地点未查明,暂定为汉口。

中日《订购汉阳铁厂生铁合同》[①]

光绪三十四年十一月二十八日(1908年12月21日)

汉口[②]

　　此合同订于西历一千九百零八年十二月二十一号。一造为日本若松制铁所,下文称谓买主;一造为中国汉口汉阳铁厂,下文称谓售主。据此议定,买主愿购,售主愿售西门马丁生铁约五千吨,所订各款开列于左:

　　一、西门马丁生铁须照汉阳现存之货,其所含各质分数(不过大约)应照下开:

　　矽:千分之十至千分之十三。

　　锰:千分之十三至千分之十四。

　　硫磺:万分之三至万分之五。

　　磷:千分之十五至千分之二十。

　　二、货物须俟至一千九百零九年三月方起运。

　　三、货价议定在汉阳船面交货,每吨日币金二十五元五十钱,每批价银俟货到若松由买主查验收纳后即行照付。所有装运风险,由买主担承。

　　兹于上开年月日两造各自签押为证。

　　汉阳钢铁厂证见人

　　若松制铁所总理证见人

---

　　① 陈旭麓、顾廷龙、汪熙主编:《汉冶萍公司——盛宣怀档案资料选辑之四》(三),第48页。

　　② 签约地点未查明,暂定为汉口。

中英《福公司河南矿务专条及续约》①

宣统元年二月初六日（1909年2月25日）
开封②

河南交涉局与福公司会议见煤后办事专条，开列于后：

一、提议宗旨。要引伸原订合同章程，将见煤之后办事专条逐节商订，庶彼此各有遵守。

二、福公司应纳值百抽五之出井税，议定自见煤之第一日起算。不分整碎，不问涨落，每吨纳税银五分。按月照报告总公司洋文账单送省城总局一分，以凭该计进出煤数，结算税银。稽核员有随时到厂调查之权，账单税银交稽核员收纳转交。

三、福公司所出之煤，议定遵照通商条约，不在内地开设行栈卖煤。

四、福公司之煤纳出井税后，运售地埠，经过河南关卡，或由水路，或装火车，议定仍照中国通行章程完纳税项。

五、豫丰公司现已裁撤，至原合同第二条所载借用福公司成本一千万两，实为纸上空谈，议定一并作废。福公司交涉事件，统归河南交涉局管理。其原有之豫丰公司帮董薪水，自本年正月起，即改为交涉局驻矿委员薪水，照旧由福公司按月支给。

六、福公司需用黄界内民地，向章由地方官公平代购。惟见煤以来，各地主多不愿贱卖。现议定按照原合同第五条租地办法，凡不愿卖绝之地，分别地底地面，每年给以租价若干。仍归地方官询明地主持平定价。

七、原定六十年期限，议定以签立合同之日，即西历一千八百九十六年算起。

八、矿务学堂议定本年春季开办。除饭食由学生自备外，所有堂中宿息舍宇、游戏场，以及教习、员司、夫役、薪工、书籍、文具、仪器、标本、灯火、

----

① 约章名目由编者所拟。见(台湾)"中央研究院"近代史研究所编印：《矿务档》(三)，第1754—1755页。

② 签约地点未查明，暂定为开封。

煤水,统归福公司筹给。

八、现议各条系暂行试办,将来如有未尽事宜,随时续议增入。

十、议定专条照缮华文三分。一存河南洋务局,一存修武县署,一存福公司,均以华文为凭。

　　河南交涉局议员候补知府杨守敬

　　候选知府方镜

　　署修武县严良炳

　　福公司总董白来喜

　　总矿师堪睿克

附录:《续约》

宣统元年闰二月十一日(1909 年 4 月 1 日)

按河南交涉局与福公司于宣统元年二月初六日所订章程单约第九条内载,现议各条系暂行试办,将来如有未尽事宜,随时续议增入等因。查有原议第三条内中,尚有不甚完善之处,亟宜添入,以免日后误会。

计开:

华商如有自愿赴公司购煤者,他人不得阻挠买煤。如有此种情事,中国地方官自应就近立行禁止查究。惟每人至少以二十吨起码,应禀明河南抚帅,饬地方官出示晓谕。福公司不得令华商包售本省煤斤,恐本地人民疑为专利,致起纷争。

大清宣统元年闰二月十一日

西历一千九百零九年四月一号订立　　杨敬宸　　方镜

中英《鄂省新政借款合同》①

宣统元年六月二十九日(1909年8月14日)
汉口

此合同系湖广总督陈与汇丰银行订立。此合同文内湖广总督部堂只称"总督"，汇丰银行只称"银行"。陈大人系以其总督之权，并以外务部于宣统元年六月十四日照会大英驻京大臣内开：中国政府所允准。等因。为现任、后任订立。查鄂省现须筹备善后政治、学务、实业之的款，又系总督奏请政府允准借款兴办以上各要政，是以订立合同如后：

一、银行因以上有外务部照会，并以下有细节清单，应允借与总督汉口银五十万两。

二、此项借款以十年为期，自宣统元年六月二十九日起算。此项借款本银分作二十期归还，每年两期，每期二万五千两，以逾六个月为第一期（即宣统二年正月初五日归还第一期本银之日）。

三、此项借款利息，系按年每百两七两合算，每半年按照下余未还本银，核算利息一次。

四、所有归还本利数目、日期，均照本合同附开清单，按汉口洋例纹银，交还汉口汇丰银行查收。

五、此项借款之本利，为鄂省大宪专保，并再以宜昌盐厘作保，作为第三次抵押。此项盐厘，除抵还一千八百九十八年中国国家四厘半金磅借款，及光绪二十六年八月初四日银行以英国国家专保，借与升任湖广总督部堂张金镑借款，两次借款之后，即须抵保此次借款之本利。据此合同，总督认保，除前两次抵款外，现在该厘金并无他处借款指抵。总督并为现任、后任认保，倘将来如有须用该厘金作抵款之时，则万不能与此第三次押款有碍，且必须于以后借款合同中，声明此项厘金已经在先抵押汇丰第三次借款。照此，则随后设有抵押该厘金之处，均须作为第四次，不得在汇丰第

---

① 中国人民银行参事室编：《中国清代外债史资料》，第672—673页。

三次借款之先,亦不得并行。倘将来宜昌厘金不敷应付,总督可添拨鄂省他项税厘归还此款。此项借款期内,宜昌盐厘倘有更改、裁撤之变,总督立即应指省内他项无别项抵押之进款。或更改,或拨补,总以应抵宜昌盐厘现有每年进款之数目,以抵此项借款。倘仍不能应付各本利,大英驻汉总领事可请总督另拨他项税厘,归海关管理,以保此款。

六、此项借款,尚须交存汉口总领事处,半年一期厘金票二十张作保。照以上光绪二十六年八月初四日银行与升任湖广总督部堂张借款之合同第六条交存,此票银数,合与此项借款本利总数相同。其上盖用湖广总督部堂关防、湖北藩台印,汉口税务司签字。每还银一期,将此票收回一纸注销。倘每期应还借款之本利,届时不交,汉口汇丰银行此票即可在于湖北境内作为完厘之用。所有湖北官员有关此事者,即须一体饬知遵照。

七、此项借款银数,银行听候此合同经两面盖印签押,立时交兑总督,由总督将此合同照送大英驻汉总领事查收、盖印、签押,为合同立妥、银数交清之见证,并有总督收清该银数之据,粘在合同末尾可凭。

八、此合同用华文、英文缮成三份,一交总督,一交汉口英国总领事,一交汇丰银行存案。此合同将来倘有疑义,即以英文为正。

中法《滇越铁路公司煤炭章程》①

宣统元年九月初二日(1909 年 10 月 15 日)

昆明

一、大清矿章凡开煤铁锑锡各矿,先由地方官查明无碍田园庐墓,及有山主允许字据,方能开办,原以杜争端。以后炭商欲开煤矿,须遵章呈报劝业道衙门,核明准办,方能开挖。不能藉售炭与铁路公司,不先禀报查勘。违者以私开矿产论。此系中国矿权,与铁路公司无涉。

二、矿税为中国应有权利,以后炭商售煤与铁路公司,须先将售卖吨数报关纳税后,得有税票,铁路公司可以收买,按照议价,听炭户任便交易,惟不得抑勒。

三、炭户与铁路公司订立合同,该炭户须将吨数价值逐一登载,呈就近地方官认明签字;如距地方官衙门稍远即呈就近局所委员认明签字。如有违背合同情事,官处可以随时查究。

四、炭户售煤与铁路公司,概以现炭卖现银,不得向公司先领价银后交煤炭,以免奸商逃骗之弊。

五、民间组织公司开采煤炭,其煤炭愿否卖与铁路公司,一听其便。中外向无禁止民间不立公司之法律,中国官自应听其设立公司开采煤炭。惟结行揽卖一节,自应照约出示禁止。

以上五条,仰煤商一体遵照勿违。特示。

---

① (台湾)"中央研究院"近代史研究所编印:《矿务档》(六),第 3214 页。

中美《订购汉冶萍公司生铁合同》①

宣统二年二月十二日（1910年3月22日）
上海

立合同者，一为中国沪、汉等处地方之华商汉冶萍煤铁厂矿有限公司（合同内称为公司），一为美国西亚杜地方之美商西方炼钢公司（合同内称为钢厂），一为美国旧金山及中国上海地方之美商大来洋行（合同内称为洋行）。兹因公司愿将所出之生铁售与钢厂，钢厂愿向购买，洋行愿代装运，特将订定条款开列如左：

一、年限。本合同自一千九百十一年正月一号起，以七年半为期。

二、吨数。合同期内，公司愿售与钢厂，钢厂愿向公司购买所出之西门士马丁炉炼钢生铁每年至少三万六千吨，至多七万二千吨，洋行欲装该生铁若干吨时，须于轮船在西亚杜开行之日，由洋行电知公司预备装船。如钢厂一年之中所需之生铁多于三万六千吨之数，须先期函知公司，声明三万六千吨之外需多买若干，听由公司酌量定于何时始能供给添买之数，以按照情理力能办到者尽数交货，不能强其多交。

三、合同期限前先售生铁。一千九百十年之内，公司愿售，钢厂愿购此项生铁于三万六千吨数之内，不拘若干，以能由汉阳运至美国之数为度。

四、价目。此项生铁订明在汉阳船面交货，每吨美金十三元。每次所装若干，见提单即交银行见票三十天期之美金期票支款。提单内所载生铁之吨数，即公司未装船之前预先磅得之数，注明提单如数作价，以便收款。至结算价款，仍以到美时按照本合同第六条、第七条办法磅验后作准。如合同期内公司以较低之价，将生铁售与他人，运至钢厂包销境内发卖，与钢厂争售，且条款相同，别无他项利益给与公司，则钢厂之价亦须照减。

五、转运。洋行愿代装运，每年于扬子江水涨期内预备轮船足装三万

---

① 陈旭麓、顾廷龙、汪熙主编：《汉冶萍公司——盛宣怀档案资料选辑之四》（三），第124—128页。

六千吨之数，由汉阳直达美国之埃烟第尔，以免转载。若每年春季之第一船及冬季之末次船，在汉阳装载不能装足全载，即六千吨之数，则此项头次船、末次船可驶至公司之上海码头，就该处补装满载。惟洋行须竭力设法，务于水涨期内由汉阳尽装全载，以免在上海补装之累。公司亦须从速装船，不得延搁船期。除风雨不能工作不计外，每二十四点钟至少须装足一千吨。如洋行因事不能按照合同将该行应办条款办理，钢厂可自行转运，或另托别人转运，其承接转运之人，即按照此次合同所订施于洋行之原约与附约办理。

六、质地。上开订卖及交给之生铁之质地，由公司会同钢厂订定化验分数开单，彼此签定，附于合同。每次装船时应由洋行代表钢厂会同公司所委代表人提拣铁样，每人分存一半封存箱内，加以号数记号。以后如有争执，即由公司及钢厂公推局外化验师，将所封存之铁样交与化验，其化验分数即为准则。

七、重量。清结货价以埃烟第尔或坎拿大税关所磅得应凭纳税之重量，由公司代表人核定为准数。若税关所磅多于公司所磅数目，则多出之数应补付价值，倘有不足亦照扣价。每次或补或扣，须从速计算，找结清楚。

八、包销辖境。本合同期内所有炼钢生铁、钢货或铁矿石，公司不得在美国、坎拿大及檀香山径自出售，须由钢厂代卖。而钢厂所需上开各物料亦不得向中国境内别公司或别人采买。必公司不能供应，并不能代办，方能向中国别购。至于钢厂所出之钢料或生铁，亦不得迳售与中国地方之无论何人或公司或公立团体，必须由公司代卖。但公司发卖此项材料，须照市上最优之价。

九、生铁办法。公司所售与钢厂之生铁，钢厂须全数自行炼钢，或拨作联合之厂炼钢之用，或自己作为他用亦可，惟不得转售别人。至于钢厂或其联合之厂随时需用之翻砂生铁，可以随时向公司直接订价购买。惟声明所有此项翻砂生铁，在太平洋滨各省分及檀香山，仍照旧归公司之代理人一手经理发售；惟美国其余省分及坎拿大钢厂有发售之权。至于公司代理人在太平洋滨各省及檀香山所售之翻砂生铁，亦不得用以炼钢。

十、运脚。所有运脚及一切关于转运生铁之详细章程，另立专约，由彼此订定。

十一、保险。本公司所售之生铁一经装船，即归钢厂管业，装船后即全归钢厂担险。

十二、意外事故。倘因意外事故，非人力所能施而有损失，彼此不担责任。即如天命之事，或君主、政府之所限制，或因地方闹事，或工人挟制罢工，或因矿山、炉座、码头、煤仓、原料仓、厂屋、机器出险，因而公司不能交货、或钢厂不能提货者，彼此均各安天命，各不赔偿所失。

十三、续展期限。本合同七年半期满，钢厂可以续展七年半。其续展章程如下：

甲、若钢厂欲续展此约，须于此约未满期一年之前用函关照公司。

乙、所有续展七年半期内所售生铁之价，或仍照前约每吨美金十三元，或将美金十三元照续约前七年中通扯银价合算，应合美金若干元，即以此通扯所得金元之数作价，悉听公司取决。其汇价以上海汇丰银行每日开盘买进之汇价为准。

丙、除甲、乙两款外，所有原约与附约各条款、续约，悉照办理。

十四、续展后先尽第十三款所订之续约，满期后，倘钢厂仍须购买铁矿石，而公司所出铁矿石尚有盈余，可运至美国及坎拿大、檀香山发卖，则所有此项铁矿石，仍先尽钢厂购买。但铁矿石价钱等条款，若他家能较优钢厂，亦须照他家一律。惟钢厂如能向中国他家订购铁矿石，而公司亦能照他家价目条款供给，则此项铁矿石亦须先尽向公司购买。

十五、公断。倘彼此因合同条款争执，或因解释争执，则将所争执之件交与公正人从公判断。公司及钢厂各举公正人一名，再由该两公正人合举裁判一名。所有该公正人及裁判人之公断，彼此均须遵守，毋得异言。

十六、此合同中文、英文各七份，公司收执两份，钢厂收执三份，洋行收执两份，以英文为准。

大清宣统二年二月十二日　西历一千九百十年三月二十二日

汉冶萍煤铁厂矿有限公司总理盛宣怀　协理李维格

西方炼钢公司总理 Hubert E. Law

大来洋行总理 Robert Dollar

见证人 M.S.Dollar

中美《汉冶萍公司租船合同》[①]

宣统二年二月十二日（1910 年 3 月 22 日）

上海

　　立租船合同者，一为美国加尼方里亚省注册之美商大来洋行（合同内称船行），一为中国华商汉冶萍煤铁厂矿有限公司（合同内称公司），一为美国西亚杜省美商西方炼钢公司（合同内称钢厂）。

　　兹因船行愿将自有及代理各轮船，每年备足吨位七万二千吨，代装生铁、铁矿石七万二千吨，由中国长江口岸运至美国华盛顿省之埃烟第尔地方，内有生铁二万四千吨，由上海起运。兹订定租船合同如下：

　　一、运数。兹订明该船行自一千九百十一年正月一号为始，以七年半为期，每年代运生铁三万六千吨，铁矿石三万六千吨。倘钢厂于一千九百十年一年之内，欲运若干，船行可以派船如数代运。公司一经知照后，可以照交者亦为装运。

　　二、意外事故。所有承装之轮船，可以随便前往别埠，至雇用领江与否，听其自便。沿途有遇险船只，可以任便救助或拖驰，亦可驶出航路外以拯救遇险之人命或货物。如遇有人力难施之处，诸如天灾、海面各种危险、失火、船中人役不轨、遇敌国及海盗攻击，或国主国法之所禁止查拿，或碰船、搁浅等一切航行危险之事，即使由船员、领江等疏忽所致，亦作为意外不测，置而不论。又如船中锅炉爆炸，车轴折断，机器船身有损，不关船东疏忽者，若因此有所损失，轮船不任其咎，彼此不得异言。又如内乱、水灾、火灾、工人挟制停工、铁路、船隅（坞）码头出险及一切阻挠，为各造所不能防救者，须各安天命。又如合同期内美国、英国、中国遇有战务，则公司、钢厂、船行均可将合同暂行作废，俟战事停止后再行续办。

　　三、水脚。按二千二百四十磅为一吨，每吨水脚美金二元五角。卸货

<hr />

　　① 陈旭麓、顾廷龙、汪熙主编：《汉冶萍公司——盛宣怀档案资料选辑之四》（三），第 128—130 页。

收款先照提单所开吨数,由钢厂照付,俟税关磅见重量若干,或有多少再行更正结算。

四、装卸迟延偿款。若公司、钢厂装卸迟延,耽搁船期,按照轮船注册吨位,每天每吨贴补船行美金八分,按日计付。如公司、钢厂装卸迅速减省时日,船行亦如数酬报。装卸日期由接到船主之信或电信二十四点钟之后起算。船由上海起程之时即须知照钢厂,并船驶过拂拉探来角之时须挂旗通信。

五、意外之虞。如装卸口岸陡遇火灾或他项意外之虞,公司或钢厂可令轮船移泊他处安稳之地,在该处装卸。惟移泊所耗时日不在装卸日期内计算,并该口岸如遇有照例节期,或风雨不能工作因而耽搁,亦照扣算。

六、装卸。装工由公司给价雇用,卸工由钢厂给价雇用,惟舱内堆法须听船主指挥。岸上装卸机未设之前,暂用各轮船之钓竿、绳索,以资装卸。

七、船上收交地限。惟一切货物装时须交到轮船钓竿所及之处,卸货由轮船交到钓竿所及之处。

八、所有装载之提单须船主签名为凭。

九、扣留货物权。若有欠付水脚或欠付应给之空载津贴,或欠付过限船期等费,轮船得以扣留货物抵付。至雇船人之一切责任,以货物交到船上为止。

十、轮船装货、卸货须在该船能稳泊之处。

十一、若遇有坏船损货情事,须按照一千八百九十年所订约克及安德域比条例摊派。

十二、此合同立即施行,惟一千九百十年一年之内装运若干,各造可以随便议定。

十三、公断。若将来因本租船合同或约内解释不明之处有所争执,则照常例推举公正人秉公判断,公断之后,各须遵守,不得异言。

十四、公司责任。兹特声明:公司除交货上船之外,别无责任。

十五、钢厂责任。兹特声明:钢厂除接收货物外,别无责任。

十六、船行责任。兹特声明:船行除接收转运交纳货物外,别无责任。

十七、立约后彼此均须切实遵行,即将来继业、继任及委任之人,亦须一律遵守。倘有违约,须按照合同内所应有之利益估计赔偿。

十八、如钢厂照合同续展七年半期,则此约亦照限续展。

大清宣统二年二月十二日　　西历一千九百十年三月二十二号

汉冶萍煤铁厂矿有限公司总理　　协理

西方炼钢公司总理 Hubert E.Law

大来洋行总理 Robert Dollar

见证人 M.S.Dollar

中美《议订汉冶萍公司生铁及铁矿石合同》[①]

宣统二年二月十二日(1910 年 3 月 22 日)

上海

立合同者,一为中国华商汉冶萍煤铁厂矿有限公司(合同内称为公司),一为西亚杜之西方炼钢公司(合同内称为钢厂)。兹因同日公司、钢厂及大来洋行立有合同两件,由公司允卖与钢厂生铁及铁矿石。其生铁价每吨美金十三元,铁矿石每吨美金一元五角正,约已订定年限条款。兹订立附约如下:

一、公司应允于合同所订售之生铁,每吨美金十三元,只收现金十二元五角;铁矿石每吨一元五角,只收现金一元二角五分。其所余生铁价五角,铁矿石二角五分,即收钢厂每年应得优先利六厘之优先股票作为价款。

二、所有此项优先股票发给时,即为已经付足股本,将来执票人之担任,亦只照此付足之数为止,该股票永远照票面原价发给公司,或发给与其受托之人。

三、钢厂每次收生铁及铁矿石后,即须将应付优先股票若干如数从速过户填发与公司,或其受托之人收执。

四、如照同日所订生铁合同第十三款、铁矿石合同第十二款续展限期,则此续展期内本合同仍须照行。

五、此合同中文、英文各五份,公司收执两份,钢厂收执三份,以英文作准。

大清宣统二年二月十二日　西历一千九百十年三月二十二号

汉冶萍煤铁厂矿有限公司总理　协理

西方炼钢公司总理 Hubert E. Law

---

① 陈旭麓、顾廷龙、汪熙主编:《汉冶萍公司——盛宣怀档案资料选辑之四》(三),第 123—124 页。

中、俄、法《汉冶萍公司借款合同》^①

宣统二年三月初十日（1910 年 4 月 19 日）

汉 口

立合同：华俄道胜银行汉口分行代表克事华少甫骥君与斯脱迈君、上海分行代表奥贝尔君与叶席骥君；东方汇理银行汉口分行代表脱罗宴君与台绍南君、上海分行代表亨利奥君与台斯马而君；萍乡厂矿总董林君、汉阳铁厂总办汉冶萍协理李君、汉冶萍厂矿总公司总理盛宫保。

今将彼此议妥各项条款开列于左：

第一款，为推广改良萍乡采矿起见，道胜银行会同汇理银行以上开列代表各君，允照以下所订之各项条款办理，借给汉冶萍以上开列之代表各君汉口银一百万两。

第二款，该款在汉口由该银行等付给，其付款日期如下：本年三月十四日第一期，付银五十万两；又五月十五日第二期，付银五十万两。

第三款，该款借期以一年为限，于宣统三年　　月　　日在汉口付还汉口银五十万两，又于　　月　　日付还银五十万两。

第四款，该借款长年八厘计息，其息分两次，于每批付款六个月后，在汉口以汉口银结付，按照期限结算。第一次付息：本年九月十五日、十一月十五日；第二次即还款之期：宣统三年　　月　　日、　　月　　日。

第五款，汉冶萍公司以所有之航船、小大驳船及船只附列清单一纸，盖有汉冶萍公司关防，典与该银行等以为担保，此项担保惟于不能付息或还本时方能实行执管。惟各船所批之价，皆系原购之价，以前及在合同期内，应须扣计消蚀。故汉冶萍公司另给该银行等铁砂之出货单，计值汉口银四十万两，以为典押附件。此单应过该银行等户名，并由盛宫保暨汉冶萍公司商务总办签字。此典押附件亦惟于上文所指之时，方能实行封执。惟以

---

① 陈旭麓、顾廷龙、汪熙主编：《汉冶萍公司——盛宣怀档案资料选辑之四》（三），第 138—142 页。

上所典押之物,如有不足抵补借款之处,汉冶萍公司应任其责。

第六款,汉冶萍公司非经该银行等允准,不得再将其船只典押。

第七款,如遇无论何种意外事,该典押之船只价值减少至十五万两以上,汉冶萍公司即行告知该银行即时仍照第五款内指明办法,另给矿铁出货单补足典押之额,或以他种相当之物补额,惟须该银行等允准方可。

第八款,如遇船只出售,其所售之款须交付该银行等收存,或以他物抵押,其价值须与出售之船只相等,或另出一矿铁、生铁或钢之出货单交给该银行等收执,或以他种物件抵押,惟须经银行允准方可。

第九款,本合同在汉口订立,一俟汉口银行代表各君及林、李二君以及上海银行代表各君及盛宫保等之画押签字后,方可施行。

第十款,本合同应用华文、法文订定,如遇翻译难解之处,以法文为准。

第十一款,本合同缮就七份,华、法各文均应具有两造之盖印签字。道胜、汇理各家银行及盛宫保、林、李二君各执一份。

大清宣统二年三月初十日　西历一千九百十年四月十九号

汉冶萍总理,协理兼汉厂总办　萍矿总办

华俄道胜银行

附录一:《附合同》

宣统二年三月二十五日(1910年5月4日)

照宣统二年三月初十日所订之合同,现彼此允愿将一千九百十一年四月二十三号到期之洋例银五十万两,展期至一千九百十二年四月二十三号,将一千九百十一年六月二十一号到期之洋例银五十万两,展期至一千九百十二年六月二十一号。所有担保及其余条款仍照原合同实行,利息仍照长年八厘计算,分作两期在汉口付洋例银。其第一期于八月三十日,比期即西历一千九百十一年十月二十一号;及十月二十九日,比期即西历一千九百十一年十二月十九号照付。其第二期于还款日即西历一千九百十二年四月二十三号(华三月初七日)及西历一千九百十二年六月二十一号(华五月初七日)照付。

原合同附件抵押之汉冶萍轮驳清单照旧,无所更改,仍展限一年作为准据。又,附押之十六万吨矿石提单亦展限一年。

现俄华道胜银行已改俄亚道胜银行，从前俄华正合同及此次附合同所有利益责成均归俄亚道胜银行承接享受。

BANQUE DE L'INDO-CHINE

AGENCE DE HANKEOU

LE COMPTABLE LE DIRECTEUR

ULGAUNAY CROUILLET

BANQUE RUSSO-ASIATIQUB

HANKOW

林志熙

宣统二年三月二十五日

附录二：《汉冶萍公司向华俄道胜、东方汇理银行借款合同附件》

宣统二年三月二十七日（1910 年 5 月 6 日）

立合同：华俄道胜银行汉口分行代表克事华少甫骥君与斯脱迈君、上海分行代表奥贝尔君与叶席骥君。

东方汇理银行汉口分行代表脱罗宴君与台绍南君、上海分行代表亨利奥君与台斯马而君。

萍乡厂矿总董林君、汉阳铁厂总办汉冶萍协理李君、汉冶萍厂矿总公司总经理盛宫保。今将议妥各款开列于左：

照宣统二年三月初十日所订之合同办理，以上开列之各银行允借给汉冶萍总公司汉口银一百万两，由本年三月十四日付银五十万两，又于五月十五日付银五十万两。

第一期付款五十万两，已于三月十四日如数付讫。惟汉冶萍总公司欲将第二期五月十五日应收之银五十万两改至三月二十七日收取，以上开列之各银行允准照此办理。惟须以八厘计算，扣除四十六日之利息，即是至五月十五日为止。宣统二年三月初十日所订之合同内载一切条款章程担保利息期限等事，三月二十七日付银五十万两均照此办法。所有更动者，惟五月十五日付款之事改至三月二十七日施行也。

本件附入三月初十日所订之合同，应用华文、法文订定，惟特行申明。

如遇翻译难解之处，以法文为准。

本件缮就七份，华、法各文均应具有两造之盖印、签字。道胜、汇理各家银行及盛宫保、林、李二君各执一份。

上海议定：

汉冶萍总公司总理盛

道胜

东方

宣统二年三月二十七日

汉口订定：

李

林

道胜

汇理

宣统二年　　月　　日

中法《滇越民人过界发给护照准单简章》[①]

宣统二年三月二十六日（1910年5月5日）[②]
北京

一、云南、越南原有及拟添对汛：田蓬与上蓬，董干与同文，攀枝花与管簿，天保与河阳，玉皇阁与漫美，茅坪与箐门，东通坪与披龙，新店与猛康，河口与老街，灞洒与灞洒，田房与者兰，龙脖与龙脖，马安底与阿娄寨，那发与漫念贡。以上对汛共十四处，拟即定为两国人民往来之路，给发准单护照，由各该汛弁管理。

二、护照准单编定号数，均用两联，一给本人收执，一备存查。

三、华民由北圻入滇界者，应由所在对汛发给通行准单。

四、边境华民常往来于滇汛、越汛者，应由所在对汛发给长行准单。

五、华民由滇界往越南各地者，应由华官请越界对汛给发护照。

六、法国人民及法国所保护人民与别国住居北圻人等由越南北圻过滇界者，应由法官请滇界所在对汛给发护照，此护照只能在指定之边界出入，不得作为游历内地之用。

七、长行准单护照，均以一年为期，通行准单以两个月为期，届期仍准呈请更换，期满不换，原照原单作废。

八、凡领长行准单每张缴费银二角，护照及通行准单每张应缴费银一元。

九、华人男女自十六岁以上均领单照。

十、华人请领单照，须觅附近里长、寨长或殷实商店具结担保。

十一、单照借与他人冒用，一经查出系华人，勒令原保将领单照之人交出罚办，并将冒用之人酌罚示惩。

---

① 该约章是为回应法越方面的要求，由云贵总督李经羲拟定，由清朝外务部审定，交法国驻华公使马士理（De Margerie）查照，并"转饬法国边界各员一体照办"。参见（台湾）"中央研究院"近代史研究所编印：《中法越南交涉档》（七），台北，1962年，第4678—4679页。

② 该日期系清朝外务部将约章照会法国驻华公使的时间。

十二、华人往来滇越边界不赴所在对汛请领单照,或绕越各对汛私行过界者,查出分别究罚。

十三、护照准单均用蒙自关道官衔发交各对汛随时填给,惟填给时须于日脚注明某对汛某人填给字样。

十四、发给之护照或准单内,须附有请领单照人之相片或箕斗印。

十五、护照准单填给后,应由各汛弁按月造册,一缴副督办,一缴蒙自关道备查。

十六、通行准单自填给之日起,以两个月为限,期限届满,即缴由就近营汛各官或地方官衙门转送蒙自关道署注销,如有匿不缴销者,查出究罚。

十七、以上各条如有未尽事宜,及须增减之处,应由中国督办商承关道禀请本省总督核示办理。

中日《洛潼铁路借款合同》[①]

宣统二年四月初一日（1910 年 5 月 9 日）[②]
北京

此合同系专系（为）河南洛潼铁路公司建造由洛阳以达潼关铁路赊料借款两事订立。

一、（正金）银行愿赊放英国或德国著名大厂所制造火车头、客车、货车、钢轨、铁桥等材料，该（核）计价值九八规元壹佰万两；又愿出借九八规元壹百万两与公益银行。公益银行即将此料件及现款专为洛潼铁路公司备用。实借实还，并无折扣。

二、此项借款及料价均照常年五厘起息。借款以交款之次日起息，料价以装船之次日起息。每半年付息一次，遇闰月概不加增。

三、此项借款及料价以洛潼全路产业作为保本。

四、此项借款及料价以奏准盐斤加价作为保息，由洛潼公司咨请长芦运司立案，备文移送公益银行。每年应付息银由运库于正、七两月照数拨付，即将运司所给公益银行执照一纸交（正金）银行收存。

五、此项借款及料价以八年为期，前六年按期付息，不还本。第七年、第八年每年还本壹百万两，息随本减（还本应分两次，于九、三两月分交）。

六、此项料件由洛潼公司绘具图样，载明斤两、尺寸、马力等类，开单交公益银行转交（正金）银行照单采办，不得与原单不符。

七、（正金）银行代铁路采办一切材料，应用开标法议定价值，至少亦招六家投标。所办料件，均要上等合用之货，于未装船之前，任凭公益银行知照洛潼公司派人考验盖印。

八、此项料件照厂单每银壹百两加行用五两。

九、公益银行对与洛潼铁路公司所有权利，（正金）银行亦经承认。倘

---

① 宓汝成编：《中国近代铁路史资料》第三册，第 1133—1134 页。

② 此日期系日方向中方交付第一次借款的时间。参见宓汝成编：《中国近代铁路史资料》第三册，第 1135 页。

因时势所迫,洛潼公司不能办(将)本利付还公益银行,以致公益银行不能按照本合同办理,现特预先声明,届期即将凡属公益银行所有权利一概让与(正金)银行。作为公益银行代表人或经理人与洛潼公司交涉,但不得出于公益银行所有权利之外。

十、本合同所载之权利如未经两面许可,不能由一面自行转与他公司或他人作经理或代表人。

十一、公益银行如续与洛潼公司订立购料合同代该路采办料件,应即按照本合同条款与(正金)银行另订大致相同之合同。

十二、本合同签定后,候洛潼铁路工程师勘定路线应用某种材料若干、运费若干、何处交货,详细开单妥议价值办法,另订交货合同。

十三、本合同以华、日文缮写二份,(正金)银行与公益银行各执一份。

中日《东三省总督借款合同》[①]

宣统二年四月十三日(1910 年 5 月 21 日)

盛京

　　大清国东三省总督、大日本横滨正金银行奉天支店,为订立合同事:今因东三省应用正款,由总督电由度支部复准,由大日本横滨正金银行奉天支店借用同行发行钞票一百五十万元正,言明自立此借款合同次日起,至本利归还日期,按年利六分五厘行息,由总督本利分期交还横滨正金银行奉天支店。条款如后:

　　一、宣统二年十月十四日为第一期,应交利息横滨正金银行钞票四万八千七百五十元正。

　　一、宣统三年四月十四日为第二期,交利息横滨正金银行钞票四万八千七百五十元正。

　　一、宣统三年十月十四日为第三期,交利息横滨正金银行钞票四万八千七百五十元正。

　　一、宣统四年四月十四日为第四期,交利息横滨正金银行钞票四万八千七百五十元正。

　　一、宣统四年十月十四日为第五期,交利息横滨正金银行钞票四万八千七百五十元正。

　　一、宣统五年四月十四日为第六期,交利息横滨正金银行钞票四万八千七百五十元正。并为第一期交还借本横滨正金银行钞票七十五万元正。

　　一、宣统五年十月十四日为第七期,交利息横滨正金银行钞票二万四千三百七十五元正。

　　一、宣统六年四月十四日为第八期,交利息横滨正金银行钞票二万四千三百七十五元正。并为第二期交还借本横滨正金银行钞票七十五万元正。

---

① 　中国人民银行参事室编:《中国清代外债史资料》,第 690—691 页。

按订立条款应交借本,即在期前亦可随时交还,正金银行应随时收受,随本减利。

此项借款以合同内盖用东三省总督印章为凭,并无别物保证作押。

此合同用中国文照缮两纸,各执一纸为凭,俟借款本息偿还清楚,即将合同注销作废。

此项借款由日本总领事承认中证,各遵条款信行。

宣统二年四月十三日　明治四十三年五月二十一日

横滨正金银行奉天支店支配人小野英资

右见证人:明治四十三年五月二十一日在奉天总领事小池张造

中日《东三省借款合同》[①]

宣统二年五月十九日（1910 年 6 月 25 日）
盛京

　　大清国东三省总督、大日本横滨正金银行奉天支店为订立合同事：因东三省办事需款，由东三省总督电商度支部，准由大日本横滨正金银行奉天支店借用。除已借用同行发行钞票一百五十万元，立有合同外，今又借用同行钞票七十万元正，约限五年还本。言明自立此借款合同次日起，至本利归还日期按年利六分五厘行息，由总督本利分期交还横滨正金银行奉天支店。条款如后：

　　一、宣统二年十一月二十日为第一期，应交利息横滨正金银行钞票二万二千七百五十元正。

　　一、宣统三年五月二十日为第二期，应交利息横滨正金银行钞票二万二千七百五十元正。

　　一、宣统三年十一月二十日为第三期，应交利息横滨正金银行钞票二万二千七百五十元正。

　　一、宣统四年五月二十日为第四期，应交利息横滨正金银行钞票二万二千七百五十元正。

　　一、宣统四年十一月二十日为第五期，交利息横滨正金银行钞票二万二千七百五十元正。

　　一、宣统五年五月二十日为第六期，交利息横滨正金银行钞票二万二千七百五十元正。

　　一、宣统五年十一月二十日为第七期，交利息横滨正金银行钞票二万二千七百五十元正。

　　一、宣统六年五月二十日为第八期，交利息横滨正金银行钞票二万二千七百五十元正。

---

① 中国人民银行参事室编：《中国清代外债史资料》，第 692—694 页。

一、宣统六年十一月二十日为第九期,交利息横滨正金银行钞票二万二千七百五十元正。

一、宣统七年五月二十日为第十期,交利息横滨正金银行钞票二万二千七百五十元。

并为应交还借本正金银行钞票七十万元。按订立条款应交借本,即在期前亦可随时交还,正金银行应随时收受,随本减利。

此项借款以合同内盖有东三省总督印章为凭,并无别物保证作押。此合同内用中国文照缮两纸,各执壹纸为凭,俟借款本息偿还清楚,即将合同注销作废。

此项借款,由日本总领事承认中证,各遵条款信行。

宣统二年五月十九日

明治四十三年六月二十五日

横滨正金银行奉天支店支配人小望(野)英资

右见证人

明治四十三年六月二十五日在奉天总领事小池张造

附录:《清单》

谨将奉省实欠正金银行借款本利开具确数清单送请鉴核。

计开:

一、欠原本计正金钞票一百五十万元。

一、欠利息计正金钞票四万八千七百五十元。

按此即原本一百五十万元内本年阴历四月十四日应付第六期之利。

一、欠原本计正金钞票七十万元。

一、欠利息计正金钞票一万八千二百元。

按此即原本七十万元,周年六分五厘行息,计十二个月,每月以三十计算,每日应起利一百二十六元三角八分九厘。今自上年阴历十一月二十一日起,至本年阴历四月十四日止,计四个月零二十四日,应付利如上数。

以上共欠本利计正金钞票二百二十六万六千九百五十元。至本年阴历四月十五日以后,应如何办理,并请酌核。

中日《邮传部、度支部借款合同》[①]

宣统二年六月初七日(1910 年 7 月 13 日)
北京

一、邮传部借用北京正金银行规平银五十万两。

二、此项借款定由正金银行于中历宣统二年六月初九日,即西历一千九百十年七月十五号,如数交付上海交通银行,其收条由上海交通银行代出。

三、此项借款订明年息七厘,自交款之日起,以一年为期,按西历半年一结利息。所有届期应还本息,仍由上海交通银行以规平银划交上海正金银行,其收条由上海正金银行代出。

四、此项借款付利还本,订明西历一千九百十一年正月十五号付半年利息规平银一万七千五百两,又于西历一千九百十一年七月十五日付半年利息规平银一万七千五百两,并原本规平银五十万两。交清之后,合同即日作废。

五、此合同缮具两份,邮传部执一份,正金银行执一份,存照。

北京正金银行总办实相寺贞彦

署邮传部右丞左参议梁士诒

---

① 中国人民银行参事室编:《中国清代外债史资料》,第 779 页。

中俄《修订松花江航税条款》①

宣统二年六月廿五日(1910 年 7 月 31 日)②
北京

一、中国政府允将满洲内之松花江开放,以俾各国商轮自由航行。

二、从前所抽税款,按轮船之重量者,改按搭载货物之价格抽税。对于杂款抽税,较前所定章程减三分之一。在中俄两境界一带,凡彼此出入货物,先纳按率税款,嗣后在该境界一百清里内之地实在销售者,即将前纳之税款还清货主。

---

① 该约章由清朝外务部与俄使廓索维慈商定。名目为本资料编者所拟。

② 此为俄国强求清朝改定本约章的最后期限。参见《时报》,宣统二年七月初五日(1910 年 8 月 9 日)。

中日《汉冶萍公司借款合同》[①]

宣统二年八月初七日（1910 年 9 月 10 日）
北京

汉冶萍煤铁厂矿有限公司（此后称公司）向横滨正金银行（此后称银行）借日币一百万元正，订定条款如左：

一、此一百万元即以西历一千九百零八年六月十三号，银行与公司所订日币二百万元借款合同所开之担保一切物件，续为此次一百万元之担保，并由盛宫保担保。至西历一千九百零八年六月十三号合同内，所有担保条款仍照施行。

二、此次借款利息为按年七厘，付息之期每年分为两期，一日历六月底，一日历十二月底，由公司在横滨付交银行。

三、西历一千九百十年九月十八号即中历本年八月十五日，由银行付与公司日币五十万元；十月二号即中历八月底，再付日币五十万元。

四、此借款按照汉口横滨正金银行买日本电汇之价核算，以汉口洋例银交付公司。惟公司可于收款之前无论何日与银行订定汇价。

五、公司以装运出口至美国西雅图之生铁矿石发票所开之半价带根汇票，抵还此次借款。以西历一千九百十一年美国轮船第一次至汉阳、大冶装货起，至西历一千九百十二年止。

六、银行将带根汇票在美国收到货款后，即于本日电汇横滨，其汇价照本日于公司最便宜之价核算。银行在横滨收到此项货款后，即于本日停止此项利息，并出具收条交与公司为还款之据。

七、如公司愿将此次借款全数或尾数付还银行，取销此次合同之担保，可以照办，惟须三个月前预先知照银行。但借款虽已还清，担保亦已取销，而此合同期内公司运往西雅图之生铁矿石发票半价之带根汇票，仍由银行

---

① 陈旭麓、顾廷龙、汪熙主编：《汉冶萍公司——盛宣怀档案资料选辑之四》（三），第 151—153 页。

经手,所收货款听公司拨用。银行代收货款之费,至多不出一百分内一分之八分之一,即 1/8％。譬如代收美金五十万元,即银行应得代收费美金六百二十五元。

八、此合同第一款所开之担保前后合同期内如未取销,而公司欲将此项担保再借款项,须先尽银行,其售卖钢铁等货预借之款不在此例。如公司、银行彼此愿以矿石抵还借款,而公司亦供应得及,均可听便。

九、此合同一式四份,公司执两份,银行执两份。如因解释本合同意义不合,可照公断通行之例,各请公正人评断,彼此遵从。

十、此合同一俟还清本利之日,所载各条全行作废。

大清宣统二年八月初七日

大日本明治四十三年九月十日

汉冶萍煤铁厂矿总公司总理　协理

横滨正金银行北京支店支配人

中日《邮传部、度支部续借款合同》[①]

宣统二年九月十三日（1910 年 10 月 15 日）

北京

一、邮传部借用北京正金银行日金六十万元。

二、此项借款定由正金银行于中历宣统二年九月二十日，即西历一千九百一十年十月二十二号，如数按照上海横滨正金银行买日本电汇之价揭算。以上海规银交付上海交通银行，其收条由上海交通银行代出。

三、此项借款订明年息七厘，自交款之日起，以半年为期，按西历结算，届期应还本息，仍由上海交通银行按照当日上海横滨正金银行卖出日金电汇挂牌之价揭算规银，划交上海正金银行，其收条由上海正金银行代出。

四、此项借款付利、还本，订明西历一千九百十一年四月二十二号付半年利息日金二万一千元，并原本日金六十万元。交清之后，合同即日作废撤销。

五、此合同缮具两份，邮传部执一份，正金银行执一份，存照。

正金银行总办实相寺贞彦

邮传部左参议梁士诒

---

① 中国人民银行参事室编：《中国清代外债史资料》，第 780 页。

中日《订购汉冶萍公司生铁合同》^①

宣统二年十月初六日（1910 年 11 月 7 日）
北京

日本若松制铁所（此后称制铁所）向汉冶萍煤铁厂矿有限公司（此后称公司）购定生铁条款开列于左。

一、宣统三年即明治四十四年起，至宣统六年即明治四十七年止，此四年内制铁所愿购、公司愿售每年生铁大约一万五千吨之谱，每年预于年前彼此将此年购售之数订定。至明治四十八年即宣统七年一年，制铁所愿购、公司愿售生铁大约八万吨。至明治四十九年即宣统八年起，每年制铁所愿购、公司愿售生铁大约十万吨，以十年为期，至明治五十八年即宣统十七年底止。期满后彼此可再议续展十年，仍每年大约十万吨。

二、在汉阳船面交货或他处船面交货，订定每吨生铁价日本金二十六元。所谓他处者，系指扬子江内地方。

三、汉阳每年装船七万吨。他处即冬令轮船可到之处，每年装船三万吨。所谓冬令轮船可到之处系指扬子江内地方（如芜湖等处）。

四、生铁之化验分数彼此商定另开清单，总以马丁盐基法合用为度。

五、每次所交生铁吨数以在制铁所过磅为准，由公司派人驻扎该所会同过磅。

六、轮船装货运至制铁所会磅收清后，即将收到数目电告公司，即于本日将价付与公司指定之银行。如遇银行不办事之日，即于银行收款之日付款。

七、汉阳尚未建设码头以及起重机器之前，每日装船以六百吨为度。俟码头及机器建设后，每日装船一千二百吨为度。将来在他处交货亦然。惟礼拜日、封关日以（与）他轮不装货之日，及大风大雨不能装货，不在此例。倘汉阳于他轮不装货之日仍行装货，须将此格外多装之货摊算，以补

① 陈旭麓、顾廷龙、汪熙主编：《汉冶萍公司——盛宣怀档案资料选辑之四》（三），第 153—158 页。

或有每日不足所定之数。

八、装船时彼此派人取样封储两匣，一存制铁所，一存公司。如因化验分数争执，可将封存之两匣交彼此商定之局外化验师化验定断。

九、如遇天灾、炉座机器出险、工人罢工以及因各项人力难施之事，公司不能交货，制铁所允无异言。

十、彼此解释合同词义如有意见不合之处，可照通行之公正人评断例，彼此各请公正人判断。

十一、此合同一式三份，公司之总理执一份，汉阳铁厂执一份，制铁所执一份。

宣统二年十月初六日，明治四十三年十一月初七日

汉冶萍煤铁厂矿有限公司总理盛宣怀　协理李维格

日本若松制铁所长官中村雄次郎

附录一：《日本若松制铁所订购汉冶萍公司生铁合同附件》

再，本日制铁所与公司订定之购售生铁合同第一条内开："明治四十八年制铁所愿购、公司愿售生铁大约八万吨，至明治四十九年起以十年为期，每年大约十万吨"等语，现另立合同附件声明。虽有"大约"二字字样，然上下数目不得过一、二万吨之谱，以便彼此可定预算其上下数目。每年预于年前彼此将次年之数订定。立此附件声明。

宣统二年十月初六日，明治四十三年十一月初七日

汉冶萍煤铁厂矿有限公司总理盛宣怀，协理李维格

日本若松制铁所长官中村雄次郎

附录二：《日本若松制铁所订购汉冶萍公司生铁合同附件》

再，本日制铁所与公司订定购售生铁合同，兹因多购生铁即须多搭矿石搀用，自明治四十九年即宣统八年起，每年制铁所加购公司矿石十万吨。其年期与化验分数及价值，悉照明治三十三年即光绪二十六年彼此所订合

同办理。惟不必指定何处矿石,总以公司所属相仿佛之矿石供足此数为度。立此附件声明。

宣统二年十月初六日,明治四十三年十一月初七日

汉冶萍煤铁厂矿有限公司总理盛宣怀　协理李维格

日本若松制铁所长官中村雄次郎

附录三:《中村雄次郎致汉冶萍公司函》

汉冶萍煤铁矿有限公司台鉴:

迳启者,敝所与贵公司本日所订之合同,系草合同,至迟明年日历三月敝国议院通过后,再行签定正合同。惟所有条款悉照此次草合同所开,不再更改。特此附函声明。顺颂台祺。

日本若松制铁所长官中村雄次郎

明治四十三年十一月初七日

附录四:《盛宣怀、李维格致中村雄次郎函》

若松制铁所长官台鉴:

迳复者,接展来函,内开“敝所与贵公司本日所订之合同,系草合同,至迟明年日历三月敝国议院通过后,再行签订正合同。惟所有条款悉照此次草合同所开,不再更改”等语,敝公司自当照办。惟贵所既须俟议院通过再行签定正合同,则敝公司亦当交董事会通过再行签定正合同可也。顺颂台祺。

汉冶萍煤铁厂矿有限公司总理盛宣怀　协理李维格

宣统二年十月初六日

附录五:《盛宣怀、李维格致中村雄次郎函》

若松制铁所长官台鉴:

迳启者,敝公司将来所出生铁及矿石两种日多,除供本国及敝公司自用,及本合同签字之前敝公司与人订定之合同函件及寻常装运至外国之生意不计外,如再有多余生铁、矿石两种,于本合同未满期内欲与人议订年期长久及大批生意合同,当先尽问贵所愿否购买。如不愿再购,敝公司即售与他人可也。顺颂台祺。

汉冶萍煤铁厂矿有限公司总理盛宣怀 协理李维格

宣统二年十月初六日

附录六:《中村雄次郎致汉冶萍公司函》

汉冶萍煤铁厂矿有限公司台鉴:

今接手教,据悉:贵公司将来所出生铁及矿石两种日多,除供贵国及贵公司自用及本合同签字之前,贵公司与人订定之合同函件及寻常装运至外国之生意不计外,如再有多余生铁、矿石两种,于本合同未满期内欲与人议订年期长久及大批生意合同,当先尽问敝所愿否购买。如不愿再购,贵公司即售与他人等情。敝所自遵台命,即祈贵公司如此办理是切为祷。特此函复,顺请筹安。

日本若松制铁所长官中村雄次郎

明治四十三年十一月初七日

附录七:《盛宣怀、李维格致中村雄次郎函》

若松制铁所长官台鉴:

迳启者,敝公司与贵所于本日订定售购生铁合同,承询扩充之费约需若干,如何筹画,愿借巨款相助,至纫交谊。查敝公司厂矿经此次订定合同之后,自须即行扩充,方能按照合同交货,其扩充等费约计需银二、三千万两之谱。惟此款并非一时需用,敝公司拟先尽用本国之款,难筹再行妥酌借用外款。此敝公司筹画扩充之费之办法也。至本日所订合同签字后,拟请预付定银日本金五六百万元,即在铁价内陆续扣还。未还之前,周年六厘计息。即祈示复为荷。顺颂台祺。

汉冶萍煤铁厂矿有限公司总理(盛宣怀) 协理(李维格)

宣统二年十月初六日

附录八:《盛宣怀、李维格致中村雄次郎函》

若松制铁所长官台鉴:

迳启者,兹所面议光绪二十九年即明治三十七年所订矿石价值,系订定十年,现拟将前开合同所载之价值及本日续订宣统八年起之矿石价值,均订定十五年,惟前合同十五年可将已过之五年扣除,敝公司自当照办。

仍祈示复存查。顺颂台祺。

汉冶萍煤铁厂矿有限公司总理盛宣怀　协理李维格

宣统二年十月初六日

附录九：《中村雄次郎致汉冶萍公司函》

汉冶萍煤铁厂矿有限公司台鉴：

迳复者，今关于敝所与贵公司所订矿石价值之一节，特赐芳翰内开：于光绪二十九年即明治三十七年所订矿石价值，系订定十年，现拟将前开合同所载之价值及本日续订宣统八年起之矿石价值，均订定十五年，惟前合同十五年可将已过之五年扣除，公司自当照办等语已悉，敝所自当照办可也，特此函复声明。顺颂台祉。

日本若松制铁所长官中村雄次郎

明治四十三年十一月初七日

中日《汉冶萍公司向横滨正金银行借款合同》[①]

宣统二年十月十六日（1910 年 11 月 17 日）

北京

汉冶萍煤铁厂矿有限公司（此后称公司）向横滨正金银行（此后称银行）借日本金元所订条款如左。

一、公司借用应合规元一百万两之日币若干，照付款日上海正金银行买进日本电汇之价揭算，于中历十一月十五日付一半，十二月十五日付一半，分两期交付，上海汉冶萍总公司收款。

二、此项借款订明年息七厘，自交款之日起，以西历一年为期，按半年一结利息。所有届期应还本息，仍由上海汉冶萍总公司按照当日上海正金银行卖出日金电汇挂牌市价揭算。如与上海各银行挂牌市价比较不符，应照各银行挂牌市价揭算规银，划交上海正金银行。

三、盛宫保及他股东所执之汉冶萍煤铁厂矿有限公司股票票面计银元一百五十万元点交银行，为此借款之担保。所有此中他股东之股票统归盛宫保个人担保，他人不能干预。

四、股票跌价还款时不足抵还所借之本及其利息，公司允将所出生铁补足本利。

五、银行付款、公司还款之前，无论何日，公司均可与银行商订汇价。

六、此合同缮具一式两份，公司执一份，银行执一份。

汉冶萍煤铁厂矿有限公司总理盛宣怀

横滨正金银行北京支店支配人实相寺贞彦

宣统二年十月十六日　明治四十三年十一月十七日

---

① 　陈旭麓、顾廷龙、汪熙主编：《汉冶萍公司——盛宣怀档案资料选辑之四》（三），第 159—161 页。

附录一:实相寺贞彦致汉冶萍公司函

汉冶萍煤铁厂矿有限公司台鉴:

迳启者,本日敝行与贵公司所订借款应合规元一百万两之日币。合同第三条内开:"盛宫保及他股东所执之汉冶萍煤铁厂矿有限公司股票票面计银元一百五十万元点交银行,为此借款之担保。所有此中他股东之股票统归盛宫保个人担保,他人不能干预"等语。敝行想必不但他股东之股票归盛宫保个人之担保,且盛宫保之股票亦自应统归盛宫保个人之担保。

又,该合同第四条内开:"股票跌价还款时不足抵还所借之本及其利息,公司允将所出生铁补足本利"等语。并非到期愿将股票变卖还款,但须订定,万一欲将股票变卖还款之时而不足抵还本利,应将生铁补足之义。愚见如此,是否有当,敬候高示。顺颂台祺。

横滨正金银行北京支店支配人实相寺贞彦

明治四十三年十一月十七日

附录二:汉冶萍公司致实相寺贞彦函

迳复者:

昨接来函,内开:"本日所订借款合规元一百万两之日币。合同第三条内开:盛宫保及他股东所执之汉冶萍煤铁厂矿有限公司股票票面计银元一百五十万元点交银行,为此借款之担保。所有此中他股东之股票统归盛宫保个人担保,他人不能干预等语。敝行想必不但他股东之股票归盛宫保个人之担保,且盛宫保之股票亦自应统归盛宫保个人之担保。又,该合同第四条内开:股票跌价还款时不足抵还所借之本及其利息,公司允将所出生铁补足本利等语。并非到期愿将股票变卖还款,但须订定,万一欲将股票变卖还款之时而不足抵还本利,应将生铁补足之义。愚见如此,是否有当,敬候高示"等语。查此股票押款到期均必全数担保归赎,诚如来示,决非到期愿将股票变卖还款,万一欲将股票变卖还款之时而不足抵还本利,应将生铁补足。不妨照此义解释,但其中意义还款有余,亦应照抵押章程找还业主也。复颂台祺。

宣统二年十月十八日

中、德、英、法《上海息借洋款合同》①

宣统二年十一月初十日（1910 年 12 月 11 日）
南京

江宁藩台樊增祥与上海德华、汇丰、东方汇理银行（以下称各银行）借款三百万两之合同，系两江总督部堂张人骏为维持现时江南市面，奏奉谕旨准借洋债。此谕旨载于外务部照会德、英、法国驻京大臣之文内，准借洋债三百万两。故两江总督部堂特授权与江宁藩台樊增祥议借，并将下文所载债票加盖印信。所议条款如后：

一、各银行愿借与两江总督部堂，两江总督部堂愿向各银行借银三百万两。凡借出、归还及付利息，均照上海规元计算，在上海支付。

二、此项借款规元三百万两，定于订立合同签字盖印之日，由各银行照数交足。

三、此项借款，议定长年七厘行息，自合同签字之日起利息。由现任江宁藩台暨后任藩台，每年定于西六月十一日交一次，又于西十二月十一日交一次，至本银还清为止。其本银则定每年还一次，分六年清还如下：

西历一千九百十一年十二月十一号还债本规元五十万两；

西历一千九百十二年十二月十一号还债本规元五十万两；

西历一千九百十三年十二月十一号还债本规元五十万两；

西历一千九百十四年十二月十一号还债本规元五十万两；

西历一千九百十五年十二月十一号还债本规元五十万两；

西历一千九百十六年十二月十一号还债本规元五十万两。

四、每年依期还清本利后，为下列三项财政进款更有余银，江宁藩台可将下期债款或未还之债款全数提前归还；惟须于三个月前，先行知照各银行。

五、此项债款以下列江南三项财政进款作为抵押、该进款系初次抵押。

---

① 中国人民银行参事室编：《中国清代外债史资料》，第 738—740 页。

甲、湖南、湖北、江西、安徽四处盐岸收回浚价八成盐厘,湘平银三十万两;

乙、江西要政盐斤加价介款,湘平银三十二万两;

丙、两淮海分司五成盐厘,湘平银十二万两。

前三项,宣统三年计进款湘平银七十四万两,宣统四年起每年可增至湘平银八十四万两。

藩台担任,上列三项进款以前未曾作过抵押;现任暨后任两江总督部堂担任,倘日后欲将此进款再押与别家,必须声明不得占在此项银行押款之前。

六、自订立合同签字之后三个月内,由藩台将所借之规元三百万两,分备借本债票,加盖印信,送交各银行收执,为现任藩台暨后任藩台担任之据。债票格式,及每票应填银数,由各银行会商藩台定夺。仍俟到期照票清偿,再将此票交还藩台注销。至按期还本之后,所有利息随本递减,均照长年七厘扣算。

七、此项债款本利,由现任藩台暨后任藩台完全担保,到期按票清偿。别无另订专章。

八、大德、英、法国驻京大臣,接准外务部照会,声明两江总督部堂,有权代大清国政府,担任依期将此项债款本利清还,并于合同上盖用总督关防为据。

九、现缮华、英文合璧合同十份,以一份存两江督署,一份存度支部,一份存外务部,一份存江宁藩署,一份存英国驻京使署,一份存德国驻京使署,一份存法国驻京使署,三份分存各银行。合同文义有参差之处,以英文为准。

此合同于宣统二年十一月初十日　西历一千九百十年十二日十一号在南京签押

江宁藩台　汇丰银行　德华银行　东方汇理银行　见证人安德臣律师

中德《烟台借款合同》①

宣统二年十一月二十九日（1910年12月30日）
济南

立合同：山东劝业道肖（应椿）、山东登莱道徐（世光）、济南德华银行，今因烟台市面恐惶，海关公需紧要抵押借款，议定条款如下：

第一条，德华银行允借规银十五万两，自订立合同之日起，以六个月为期，届期如仍须周转，可两次展限十二个月，共以十八个月为满。此项借款每月利息七厘，三个月交利一次，彼此均以上海规银作准。

第二条，此项借款，系山东劝业道奉山东巡抚部院命令所借，议定以所存之津浦铁路股票抵押以上借款并利息。所抵押之股票号数、及股票附有之利息票，另具清单一纸，彼此签字，用线订妥，盖印封固，以昭信守。借主如在六个月期内预行交还银两，准其随时赎取。

第三条，此项借款烟台商务总会同负责任。

第四条，此项合同，缮具华、德文各二份，校对无讹，各执华、德文一份。

山东劝业道肖、山东登莱道徐、济南德华银行、烟台商务总会、山东抚提部院孙。

宣统二年十一月二十九日　西历一千九百十年十二月三十号

---

① 中国人民银行参事室编：《中国清代外债史资料》，第748—749页。

中葡《注销广澳路原订合同并注释议定修建办法》^①

宣统二年十一月二十九日（1910 年 12 月 30 日）
北京

　　案查广州省城至关闸地方，中国界内铁路，现经中国国家批准，华商自行承办。所有光绪三十年十月初五日，在上海所订广澳铁路合同，即行注销作废并议定办法四条。附注解释如下。

　　一、现在另拟所办广澳铁路，与西洋界内将来建造之路，以后应在何处境界相接，届时应由澳督与粤督商定。

　　附释：原条所指何处境界相接，系在关闸地方相接，其接轨处所，届时由澳督与粤督商定。

　　二、广澳铁路，所有以后客货票价，并办理章程各款，自应由中葡两国，各派委员商定。

　　附释：原条所指客货票价一语，系指中国界内所办之路，由中国酌定。澳门界内所办之路，由葡国酌定。均按里计价，其每里应收之客货票价，彼此派员会商。至办理章程各款一语，系指广澳铁路注销后，所有中国界内，由广州至关闸之铁路。与澳门界内之铁路。两路行车联络办法。其章程各款。由中葡两国，派员商定。

　　三、广澳铁路，以后所有一切客货票价，断不能比广州至南海各埠，或由中国内地各省至南海各埠一切票价昂贵。及广澳铁路章程各款，亦不得比各处过严。

　　附释：原条所载客货票价等语，系指该路客货票价，按里计价，不能比广州至南海各埠，或由中国内地各省至南海各埠一切票价昂贵。其广澳铁路章程一语，系指两路行车联络章程而言。

　　四、葡国只出资建造西洋界内铁路，其余均不出资。

　　以上四条，暨解释各语，均经彼此互商允协，公同订定，以资遵守。

---

　　①　该约章系在葡萄牙署驻华公使与清朝外务部往来照会的基础上商定。为 1904 年 11 月 11 日中葡签订的《广澳铁路合同》修改合同。见（台湾）"中央研究院"近代史研究所编印：《海防档》戊编，第 828—829 页。

中日《湖南官钱局借款合同》[①]

宣统二年十二月初十日（1911 年 1 月 10 日）

汉口

立合同：借据人湖南官钱局，今向横滨正金银行汉口支店借到洋例银五十万两，查官钱局与正金银行素共往来，此次借款仍照营业性质办理。计订条款如后：

一、此项借款计汉口洋例银五十万两正，俟合同划押后，一星期内，如数在汉口交付湖南官钱局分局。

二、此项借款按照西历周年八厘计息，自付款之日起，按六个月一付。

三、此次借款自交银之日起算，扣足一年，在汉口归还。

四、此项借款五十万两，湖南官钱局应将自买奏办湖南公债票（自第一期至第六期，计长沙库平银五十万两），交与横滨正金银行收存，以作抵押，并附各期利息小票。

五、此项押款交银六个月之后，如官钱局自愿提早归款，可以预先一个月通知横滨正金银行归还本银全数或零数，其所押公债票亦按照银数交领。若不预先通知横滨正金银行，则所交之银，须存放银行作为无利。俟过一个月后，方可转账在旧本银项下结算。

六、此项借款，由湖南官矿总处盖章作保。

七、此项借款，一年到期。如周转不及，先三个月前通知横滨正金银行商转一年。

八、此项备抵债票，现在尚未印齐，先将公债处出立收据交存横滨正金银行。一俟印就，再行持票掉换收条。

九、此项合同缮作四份，彼此各执一份存照。

湖南布政司布政使　　湖南官钱局　　湖南官矿总局　　横滨正金银行

见证人

大日本明治四十四年　　　月　　　日　大清宣统二年　　　月　　　日

---

① 中国人民银行参事室编：《中国清代外债史资料》，第 760—761 页。

中英《福公司租用汉口丹水池安设跳船载煤合同》①

宣统二年十二月十六日（1911 年 1 月 16 日）

汉 口

照得丹水池地方在新关管辖界线之外，湾泊跳船本难允准。因念该公司矿煤系属中国内地出产，由中国铁路运汉者，且系格外笨重之件，与他项华洋货物有别，到铁路车站后，再由大智门送至江岸装船出口，盘驳运费太巨，亦且殊多不便。故许公司特别办法，在丹水池码头湾泊跳船，以便扩路运而兴煤矿。列其允许之章于左：

一、此项条款，别种货物不得援以为例。

一、丹水池在通商口岸泊舟界限之外，地方官有保护之责，该公司享此特别利益，仿照各火油池办法，自愿报效，每煤一吨运经跳船，遵纳报效费洋银三分，以海关单数为准，由新关税务司按季代收，另款报解，并出海关按月调查公司厂内出煤入煤账簿，与铁路局运煤账目互相核对，以杜偷漏。

一、该公司矿煤由火车运汉存厂，务于装载轮船出口之前，先至新关报明吨数，由税务司派人查验无讹发给单据，方准装运。如装载民船行销内地，亦应先至新关呈报吨数，一律纳费。倘有违背此章，或偷漏隐瞒，查出应照约章违禁走私及未领准单擅装货物各罪办理。

一、派扦手稽查等事，所有海关随时命令，及向立管理章程，公司必须恪遵。其海关特派扦手，或派扦手常驻稽查应纳各费，亦由公司照纳。

一、只准福公司在该处驳载本矿所产之煤，不准装卸别种华洋货物，并不得装载非该公司所产之煤。

一、公司务应切实遵守现定各章，如有违背，以及不遵新关查验情事，由海关照章核办，轻则罚银，不过关平银五百两；重则将此项条款全行取销，撤去跳船，不准安设。如照章靠船装煤之时，遇有水火不测，或船只骤为风浪所损，势在危急，自可权变办理。惟须登时报告海关查验遇灾证据，

---

① （台湾）"中央研究院"近代史研究所编印：《矿务档》（三），第 1873—1875 页。

不得事后声报。

一、以上条款，本为试行，如果照办而见有未妥，自可相商改正。但是公司恪守条款内应行担负各责任，如无特别滞碍之处，至少三年，方可废销。倘有意外之事，或江河变迁，非撤销此项条款，不能保卫治安，维持主权。海关监督有随时取销条款，撤去跳船之权。但须先将滞碍情形，应撤理由，向领事解明，由领事饬令该公司于四个月内全行撤去。

一、公司指定安设跳船之处，跳船之长短，及在岸上建筑码头之地址宽窄，并修造堆存厂屋，上下共占地若干，应先绘具图说，禀由领事转请海关监督，派员会同税务司前往查看情形，查验无碍，禀候核准此章，方可施行照办。

一、此项条款照缮华、洋文字各三份，一存英总领事衙门，一存江汉关道署，一存福公司，如有误会解释之处，应以华文为准，并以声明。

中英《上海商会借款合同》[①]

宣统二年十二月十七日(1911年1月17日)

上海

大清宣统二年十二月十七日,西历一九一一年一月十七号,立合同:

汇丰银行,上海商会各董事,抵押借款人,为订立合同事。现在上海市面银根紧急,上海商会各董事,情愿代表商会,向汇丰银行借规元二百万两,以济市面,汇丰银行,业已应允照借。惟抵押借债之人,欲借款项,须由商会董事介绍,向银行订立合同签字,将其产业数目作抵,借款数目多寡,随时由汇丰银行酌核。兹订条款如下:

一、汇丰银行愿按照后开条款,借给上海商会董事规银二百万两,其款酌量照付,惟总数不得逾二百万两。

一、各董事与银行订定,从立此合同之日起,须限　年内,如数付清,其利息按照后开办法,以借款实在数目多寡,随时给清。

三、上海商会各董事,已公议举定邵庭松、沈懋昭、王震三君为全体董事代表,经理借款、还款,以及押据等事。银行遇有商议事件,即与此三董商量定夺,不必再商全体董事。盖各董事以全权付托三董,非有汇丰银行声明签字之笔据,不得注销更改。如日后经办董事有更换之处,亦须知照汇丰银行,经银行签有允认笔据,方可更换。惟经办三董议定之事,全体董事,必须承认施行。

四、凡有人需款接济,经办三董,应将其抵押之产,送交银行查估。押款多寡,由银行酌定;惟银行借款可不逾所估该产之实价。一面由经董出立洋文凭信,以便领款。兹将洋文信格式附后。

上海汇丰总办大人台鉴,启者:兹请尊处垫银×××两,交×××收。所抵押产物,另单附呈,着×××递送尊处存押,并请将此数登入中国商务总会前项合同之总数内为祷! 此请台安。中国商务总会董事三位署名。

①　中国人民银行参事室编:《中国清代外债史资料》,第732—733页。

计附抵押物业清单。

五、每批押款，须由借债之人，与银行另立押据，格式由银行订定。惟其中必须订明到期不赎，或利息不清，银行可将其所押之产，变价抵偿。一切费用，亦归借债人理结。

六、此项借款，周年行息七厘，每季照交，照每日所欠实数若干结算。

七、所有备办此项借款合同，自始至终，一切费用，以及抵押估价等费，概由各董事交付银行。

八、此项合同，凡上海商务总会分会现在及将来之总协理及各议董，均应各担其责。

九、此项借款及其利息，由外务部知照英国驻京钦差，全归现任及后任上海道担保，并盖关防，以昭信守。日后如有本利不付等情，一经上海汇丰银行经理或代理经理开单签字关照，即作为欠款实在凭据。

十、此项合同以及抵押各据，日后如有意外争论，均由现行英国律例判定。

十一、此项合同，以华、英文合璧文字，缮作四份：一存外务部，一存上海道署，一存上海中国商务总会，一存该银行。无论何事，以英文为准。

上海道印　汇丰银行署名　上海中国商务总会董事署名

中日《汉冶萍公司暂借款合同》[①]

宣统二年十二月二十六日(1911 年 1 月 26 日)

北京

今据明治四十三年十一月二十九日日本制铁所长官男爵中村雄次郎所复中国汉冶萍煤铁厂矿有限公司(此后称公司)宣统三年十月初六日致制铁所函内称:明年三月售买生铁正合同签押以前,需用资金,公司随时向横滨正金银行北京分行(此后称银行)商借可也。等语。兹银行与公司订定借款合同如后:

一、银行应将日本金六百万元借与公司。

二、此借款公司需用之时,须于十日以前知照上海正金银行,自第一次交款之日起至五月三十一日以前,每一星期限五十万元。或按照上海正金银行买进电汇之价核算,在上海交付公司之总公司,或公司需用日金亦可在横滨交付。倘若银行在一星期内能交与五十万元以上,即可照办。

三、此借款订定年息六厘,自交款之日至明治四十四年五月三十一日,即华历宣统三年五月初四日为期。

四、届期应还本息,仍由上海公司之总公司,或按照当日上海正金银行卖出日金电汇挂牌之价揭(结)算,或公司在日本还清本息,均可听便。

五、如公司在上海用款还款,可与银行预先订定汇价,不必拘泥收付款项之当日汇价。

六、此合同一式四份,银行执二份,公司执二份。

宣统二年十二月二十六日

明治四十四年正月二十六日

汉冶萍煤铁厂矿有限公司总理盛宣怀(印)　协理李维格(印)

横滨正金银行北京分行总办实相寺贞彦(印)

---

① 　中国人民银行参事室编:《中国清代外债史资料》,第 634—635 页。

中日《汉冶萍公司借款续合同》[①]

宣统三年三月初二日（1911 年 3 月 31 日）
北京

第一款、大清国汉冶萍煤铁厂矿有限公司（此后称公司），照明治四十四年三月三十一日，即宣统三年三月初二日，与大阪日本国制铁所（此后称制铁所）所订售买生铁合同及其附件并函件，订借大日本国有限公司横滨正金银行（此后称银行）日本金币六百万元，以十五年为期，自交款之日起算，按年六厘行息，定于每年六月十五日、十二月十五日两次付息。

第二款、本借款定自明治四十四年起至明治四十七年止，每年单付利息。自明治四十八年起，以后每年付利还本，即于此年六月十五日还本日金二十五万元，十二月十五日还本日金二十五万元。自明治四十九年起至明治五十八年止，于每年六月十五日还本日金二十七万五千元，十二月十五日还本日金二十七万五千元。

第三款、此次借款，言明以制铁所按年购买公司生铁价值给还本息。

第四款、如公司愿将此次借款之本金数或尾数全数付银行，可以照办，惟须于六个月前预先知照银行。

第五款、制铁所允将每次应付生铁价值径交银行，即取银行收条交到公司，以为付价之凭据。银行允收到生铁价值时，将其收款清单交到公司，即以银行收到之款作为付还本借款利息之用。

第六款、银行收到制铁所生铁价值款项应须先付息，后还本，利随本减。

第七款、第一款所开十五年期满，本项如有尾数未清，公司自应将别项现款照数付清，以完债务。

第八款、彼此解释本合同或附件词义，如有意见不合之处，可照通行之公正人评断例，彼此各请公正人评断。

---

① 中国人民银行参事室编：《中国清代外债史资料》，第 636—638 页。

第九款、本合同及附件缮写中文、日文各六份，制铁所、公司、银行各执各文二份，以为凭据。

大日本国明治四十四年三月三十一日

大清国宣统三年三月初二日

大日本国制铁所长官男爵中村雄次郎代理西泽公雄

大日本国有限公司横滨正金银行代表者董事小田切万寿之助

大清国汉冶萍煤铁厂矿有限公司总理盛宣怀　协理李维格

附录：附件

再本日公司与制铁所及银行所订预借生铁价值合同内未经详载办理条款开列于后：

一、自银行收到制铁所生铁价值之日起，银行允照银行当时活期存款之利率付给回息。若有存三个月或三个月以上之款，而公司愿将此款商作定期存款，银行应允照当时银行公定之利率付息。若公司愿将此款移存至中国内银行之各分行，银行须听其便。但不得有碍付利还本。

二、银行允收到制铁所生铁价值款项，除足敷其年应付本利之数外，其余之数，应由公司随时提用。

三、公司愿将此等款项由日本汇寄中国或外国，或由中国汇日本，银行须照当日银行卖出电汇市价办理。若公司在中国愿收在日本之款，银行之在中国分行须照当日买进日金电汇办理。但其汇价照日本市面可以办到于公司最便宜之价核算。惟公司可于汇款之前，无论何日，与银行订定汇价，或公司有在日本须付金款，并非移存他处或移交他处汇寄者，公司可嘱银行径拨。

宣统三年三月初二日

明治四十四年三月三十一日

汉冶萍煤铁厂矿有限公司总理盛宣怀

有限公司横滨正金银行代表者董事小田切万寿之助

中英《北京门头沟通兴煤窑有限公司合同》[①]

宣统三年三月二十七日(1911 年 4 月 25 日)

天津[②]

一、本公司合同,系华商吴熙庚,英商哀基、纪尔马会商立。

一、本公司名为华洋合办通兴煤窑有限公司。

一、本公司产原系华商段益三创办后,陆续转租与英商哀基、纪尔马等接办。现于宣统三年三月二十七日,即西历一千九百十一年四月二十五号,由华商吴熙庚在英商哀基、纪尔马等手立据收回,改归华洋商遵照矿章承办。所有从前陆续投入之资本,已经当面核算。洋商所费已有五十余万两,兹与之一再磋商,即以此作为五十万两,按数抵作现今股额内之股本银五十万两。所有从前洋商陆续价租之地三十六亩半,业已赎归华商承管。

一、本公司矿地,坐落顺天府属宛平县门头沟魏家村西坡。现时地主为孙廷栋。矿地东至赵姓地界,西至水沟,南至大沟,北至焦姓地界。

一、本公司资本以一百万两为限。以五十万两用记名式,为华商股额,由华商认人。以五十万两用不记名式,为洋商股额,由洋商认人。

一、本公司股票,按照上条所定资本银数,分两期发出。第一期发出五十万两之股票,以领到矿照之日为始,以六个月为止。第二期发出五十万两之股票,以第一期截止后,至宣统四年年终为止,均系华洋各半。

一、本公司账目,用中西合参之法。造成流水分款月结、年结,每年六个月一小结,一年一大结,以备查核。查账人员即由华洋各股东举出。

一、本公司息,应将课税薪工并一切经费除出,方能作为余利。其开矿机器难免损毁,应照部章每年由所得之利内,酌提二三成,作为机器折旧。

一、本公司租税红利,一切均照中国部章呈缴。

一、本公司只设华总理一人。现时华洋各股东,公举吴懋鼎为总理。

---

① (台湾)"中央研究院"近代史研究所编印:《矿务档》(一),第 469—470 页。

② 签约地点未查明,暂定为天津。

至选任董事、司账人名额,华洋各半。

一、本公司会议,分寻常、特别两种。每年二月开会,会议两次,是为寻常会议。如有紧要事件,则由总理会同董事随时招集各股东会议,是为特别会议。

一、本公司矿地矿权,不得抵押借款。

一、本公司不得兼营他项生意。

一、本公司华洋各股股票,遇有转售之时,应将承受姓氏,报告总理,报劝业道。

一、本公司一切事权,均归华商总理经管,洋商只有合办矿务之利益。

一、本公司一切办法及章程,均照中国现定矿章商律,及将来续订之新矿章,并与有关系办矿之商律办理。

中日《汉冶萍公司预借生铁价值续合同》^①

宣统三年四月初三日(1911年5月1日)

北京

第一款,大清国汉冶萍煤铁厂矿有限公司(此后称公司),前于明治四十四年三月三十一日,即宣统三年三月初二日,与大日本国制铁所订有售买生铁合同及其附件并函件。今为推广工厂及工程起见,以其生铁价值作抵,向大日本国有限公司横滨正金银行(此后称银行)订借日本金币一千二百万元。以十五年为期,照阳历计算,自交款之日起按年六厘行息,定于每年阳历六月十五日、十二月十五日两次付息。

第二款,此借款一千二百万元,分三年由银行付交公司。明治四十四年八月底付交公司二十五万元。此后如何分期交付之处,由公司与银行随时商量。但公司需用巨款,必得于两个月前预先知照银行预备。

第三款,本借款定自明治四十四年起至明治四十七年止,每年单付利息。自明治四十八年起,以后每年于阳历六月十五日、十二月十五日付利还本,分十一年摊还,自明治四十八年起至明治五十七年,每年还本日金一百零九万元,明治五十八年还本日金一百十万元。

第四款,此次借款,言明以制铁所按年购买生铁价值(除先尽付还明治四十四年三月三十一日所订合同借款六百万元之本利外)及他人或公司在日本所售生铁价值给还本息。如公司将来查明,在日本北海道室兰设炉炼铁于公司合算,可以实行,则公司在室兰所售之生铁价值亦可交付银行,作为本借款付息还本之用。如以上生铁价值不敷付息还本,即以汉阳铁厂所存焦炭抵付。

第五款,此借款并无抵押,但公司亦不将公司所有汉阳、大冶两处现在及将来一切产业抵押他外国借款。如将来欲将此汉、冶两处产业抵押借

---

① 陈旭麓、顾廷龙、汪熙主编:《汉冶萍公司——盛宣怀档案资料选辑之四》(三),第173—176页。

款,须先尽银行。但公司如将汉、萍、冶产业抵押与中国度支部币制局或大清银行,以公司债券抵借中国国家钞票,可以照办,其汉、冶两处产业,不必先尽银行。

第六款,如公司欲将萍乡煤矿产业抵押他国借款,或以萍乡煤矿产业抵押他国发售公司债票,则公司亦须将汉、冶产业作为明治四十四年三月三十一日,银行借与公司之六百万元及本合同借款之抵押,或抵押与银行照他国一律发售公司债票。如公司欲将萍乡煤矿之售卖煤焦价值,向他国抵付借款本息或发售公司债票,应照本合同第五款不以产业抵押借款之意,不以萍乡煤矿产业抵押,则公司可以照办。

第七款,如公司招足股本,或做到第五款后段所开办法,愿将此次借款之本全数或尾数全数付还银行,可以照办。惟须六个月前预先知照银行。

第八款,制铁所允将每次应付生铁价值迳交银行,即取银行收条交到公司,以为付价之凭据。银行允收到生铁价值时,将其收款清单交到公司,即以银行收到之款作为付还本借款本息之用。他人或公司在日本所售公司生铁价值,及公司在室兰所售生铁价值,亦照以上办法一律办理。

第九款,银行收到制铁所生铁价值款项,及第八款后段所开生铁价值,应须先付息,后还本,利随本减。

第十款,第一款所开十五年期满,本项如有尾款未清,公司自应将别项现款照数付清,以完债务。

第十一款,此合同及收款收据须由公司总理、协理会同公司董事签字。收款时须声明用处实系公司推广工厂及工程之用,方允照付。

第十二款,此合同及附件函件,俟公司、银行各董事通过,及制铁所允照办,公司董事在本合同签字,即作为正合同及正附件函件,银行与制铁所函致公司为凭,但不能再改字句。如公司、银行各董事不允通过,及制铁所不允照办,此合同即行作废。

第十三款,此次借款系以货价抵付本息,系属商务往来,如有意见不合之处,可照通行之公正人评断例,彼此各请公正人评断。

第十四款,本合同及附件函件排印中文、日文各六份。制铁所、公司、银行各执各文二份以为凭据。

大清国宣统三年四月初三日

大日本国明治四十四年五月一日

大日本国制铁所长官男爵中村雄次郎代理西泽公雄

大清国汉冶萍煤铁厂矿有限公司总理盛宣怀　协理李维格

大日本国有限公司横滨正金银行董事小田切万寿之助

附录：附款

再，本日公司与制铁所及银行所订预借生铁价值续合同内，未经详载办理条款，开列于左。

一、自银行收到本合同第八款所开生铁价值之日起，银行允照银行当时活期存款之利率付给回息。若有存三个月或三个月以上之款，而公司愿将此款商作定期存款，银行应允照当时银行公定之利率付息。若公司愿将此款移存在中国内银行之各分行，银行须听其便，但不得有碍付利还本。

二、银行允收到本合同第八款所开生铁价值款项，除足敷其年应付本利之数外，其余之款应由公司随时提用。

三、公司愿将此等款项由日本汇寄中国或外国，或由中国汇寄日本，银行须照当日银行卖出电汇市价办理。若公司在中国愿收在日本之款，银行之在中国分行须照当日买进日金电汇办理，但其汇价照本日市面可以办到于公司最便宜之价核算。惟公司可于汇款之前无论何日与银行订定汇价，或公司有在日本须付金款，并非移存他处或移交他处汇寄者，公司可嘱银行径拨。

明治四十四年五月一日

宣统三年四月初三日

汉冶萍煤铁厂矿有限公司总理盛宣怀　协理李维格

有限公司横滨正金银行董事小田切万寿之助

中日《预借生铁价值续合同续议条款》[①]

宣统三年四月二十三日(1911 年 5 月 21 日)

北京

　　大日本国制铁所有限公司、横滨正金银行(此后称银行)、大清国汉冶萍煤铁厂矿有限公司(此后称公司)前于明治四十四年五月初一日,即宣统三年四月初三日订有预借生铁价值续合同,现因该合同条款有不便商务之处,制铁所、银行、公司续行商议,将所有议定条款开列于左:

　　一、该续合同第二款内开:"明治四十四年八月底,付交公司二十五万元"等语。现经商议,银行允定于明治四十四年六月×日付交公司日本金币二百万元,为在日本付还公司旧债之用,由银行代公司径行支付。所有二十五万元无须付交,其余该款内所开各事仍旧照办。

　　二、该续合同第四款内开:"此次借款言明以制铁所按年购买生铁价值,及他人或公司,在日本所售生铁价值给还本息"等语。现经议明,以制铁所及在日本官商现在及将来向公司所购一切货料价值给还本息。其余该款内所开各事仍旧照办。并议明此项所开价值,照该续合同第八款、第九款及附件、函件一律办理。

　　三、该续合同第五款内开:"公司如将汉冶萍产业抵押中国度支部、币制局或大清银行,以公司债券抵借中国国家钞票,可以照办。其汉、冶两处产业,不必先尽银行"等语。现经商议,公司声明抵借国家钞票之汉冶萍财产,除或明或暗不转行押款外,并与一切洋款毫无牵涉,以免纠葛。

　　四、该续合同第十一款内开:"此合同及收款收据须由公司总理、协理会同董事签字"等语。现经议改,该续合同已由总理、协理签字,即定作正合同、正附件函件,无须公司董事会同签字。收款收据由公司总理自行收发,或公司随时指定公司代表人预先通知银行,作为收款及发收据之人。

────────────

　　① 陈旭麓、顾廷龙、汪熙主编:《汉冶萍公司——盛宣怀档案资料选辑之四》(三),第179—180页。

其余该款内所开之事仍旧照办。

五、该续合同第十二款全文现经议定即行作废。该合同及附件、函件，从本续议条款签字之日起即行照办。

六、本续议条款排印中文、日本（文）各六份，制铁所、银行、公司各执各文二份以为凭据。

明治四十四年　　月　　日

宣统三年　　月　　日

大日本国制铁所长官中村雄次郎代理

大清国汉冶萍煤铁厂矿有限公司总理　　协理

大日本国有限公司横滨正金银行董事

中德《萍乡煤矿公司带根汇票合同》①

宣统三年四月二十三日(1911年5月21日)
北京

汉口德华银行与萍乡煤矿公司订立带根汇票合同,彼此承认各条如左:

一、德华银行愿与萍乡煤矿公司立一带根汇票往来账,以英金三万镑周转为限。

二、凡购办外洋货物由此账支付价款,须由萍乡煤矿公司驻英经理人彭脱,或有经理权者,将提单、货单连三个月期汇票送交德华银行伦敦经理银行,以便按发票付货价。

三、出汇票人不担汇票还款责成。

四、德华银行伦敦经理行须将此项货单连汇票一并邮寄汉口德华银行,再由汉口德华银行将货单送交萍乡煤矿公司驻汉代理人,惟须由该代理人签认汇票,并签凭据将该货押与银行。

五、汇票按周年六厘半起息(银行佣在内),由在伦敦支款之日起至汉口还款之日止计算利息。

六、此合同须由盛宫保承认,并须亲笔担保。

七、此合同以一年为限,期满或止或续,彼此均有此权。

西历一千九百十一年五月二十一号立

宣统三年六月初二日总理盛宣怀②

---

① 陈旭麓、顾廷龙、汪熙主编:《汉冶萍公司——盛宣怀档案资料选辑之四》(三),第180—181页。

② 该日期为汉文本合同签署日期,英文本为1911年5月21日。

中德《青岛借款合同》[①]

宣统三年五月初二日(1911 年 5 月 29 日)
青岛

为立转据事:前因救济青岛市面,由前任劝业道肖抵借德华银行申规元四十万两,所有利息,均经按期付清,今于五月初二日届偿还之期,兹据青岛商人禀请展期六个月,本道核与原立合同相符,已与德华银行商明照办,所有一切章程并利息,统照前定合同办理。此据。

山东劝业道童、青岛德华银行、青岛商务总会、胶海关税务司、山东巡抚部院孙。

宣统三年五月初二日　西历一千九百十一年五月二十九号

---

① 中国人民银行参事室编:《中国清代外债史资料》,第 749 页。

中英《轮船招商局与怡和洋行联合办码头章程》[①]

宣统三年六月初一日（1911 年 6 月 26 日）[②]

上海

一、两公司即招商、怡和，前已与各轮船公司所定立各合同，如未满期者，准六月一号起全归入公项，如续立者，则照新章价目方可续。

二、由两公司签立合同之日起，所招接来新生意，定必照新章价目方可接。六月一号以前所收各码头等费不入公项。

三、由六月一号起，所有各轮船泊两公司各码头之费，清单账目如有疑私暗补回佣钱者，两公司均可随时派员查验账目，如查出暗减价者，每次定罚银五万两。

四、泊码头并扛力费，一切照新章价目收五成，归公司收作扛力并开销一切费用。如不足用，自行补足，其余五成归入公项。此公项每三月一派，招商局沾得 XX 成，其余怡和沾 XX 成。

五、两公司所收栈租，不入公项，但两公司不能将栈租私暗补回人客。如查出有实据，每次罚银五万两。

地面积：招商局一百亩四分零三毫，应派十九分。怡和、旗昌二共四百廿六亩零五分，应派八十一分。

工部局估价地值：招商局一百亩四分，值价二百二十万七千七百七十两，应派二十二分半。怡和、旗昌二共四百二十六亩五分，值价七百五十九万六千三百八十六两，应派七十七分半。

沿河地面：招商局一千三百四十英尺，应派二十一分。怡和、旗昌二共四千八百七十英尺，应派七十九分。

浦东沿河地面：招商局一千六百英尺，应派二十一分半。怡和、旗昌二共五千九百英尺，应派七十八分半。

---

① 陈旭麓、顾廷龙、汪熙主编：《轮船招商局——盛宣怀档案资料选辑之八》，第 1007 页。

② 此为章程实施日期。

中德《山东官银号借款合同》①

宣统三年八月十六日(1911 年 10 月 7 日)
济南

立合同：山东官银总号、山东劝业道童、济南德华银行，为借款事订议合同如下：

第一条　德华银行借给官银号济平银十万两正，言明三个月为期，届时或愿转期，再行另议。该借款按月每千两以七两起息，其息银三个月并交，至交款与还款均以足色济平为准。

第二条　此项借款本利之信据，即以已经存押于济南德华银行之津浦铁路股票计英金二万三千镑及存押于青岛德华银行之津浦铁路股票计英金四万六千镑溢出之票作为抵押。此项所抵押之股票，曾由山东劝业道奉山东巡抚部院命令所订定，俟银款清讫，其所抵押之股票立即缴回。倘去年商人在济南借去规元四十万两，在青岛借去规元十五万两，两次借款先还，应留一万四千镑津浦铁路股票存行作质，此项借款，三个月内，无论何时，均可交还，其息即算至交还之日为止。

第三条　此项借款，原系官银号所借，除抵押外，由山东官银号担认承还。

第四条　此项合同，缮具华、德文各二份，彼此执华、德文各一份，以德文为准。

---

① 中国人民银行参事室编：《中国清代外债史资料》，第 749—750 页。

中法《直隶天津道借款合同》①

宣统三年九月初四日(1911 年 10 月 25 日)

天津

今借到天津东方汇理银行行平化宝银五百万两整,言明按月七厘五毫行息,以六个月为限期,至来年三月初四日本利一并归还,决无延误。恐后无凭,立此借据存照。

此款系为赈务平粜所用,由会办赈抚事宜天津道洪订立借据,禀请督宪拨款承还。特此签明。

宣统三年九月初四日　立券承还洪翰香

---

① 中国人民银行参事室编:《中国清代外债史资料》,第 771 页。

中外《各国禁烟公约》[①]

宣统三年十二月初五日（1912 年 1 月 23 日）
海牙

德意志国、美利坚合众国、中国、法国、英国、意大利国、日本国、和兰国、波斯国、葡萄牙、俄国、暹逻国，大皇帝、大君主、大总统因一千九百零九年上海禁烟公会已为先路之导，今欲表明更进一步将鸦片、吗啡、高根之痼习及由此等质料制成或提取之药物能传播相同之痼习者，从此逐渐禁绝，知各国协商之举在所必需，且有裨公益，并信此举为推广仁爱起见，凡有关系之国定能全体赞成为此订立条约，遣派全权大臣如左：

（各全权代表名单略。）

以上各员将所奉全权文据交阅合例后，议定各条如左：

第一章，生鸦片

释义：生鸦片由莺粟花之子房内取出之汁，自然凝结而成，但略施人工以便包装及载运。

第一条，缔约各国应颁布有效力之法律或章程，以检查生鸦片之出产及散布。其已有法律或章程，以规定本条所指事项者不在此例。

第二条，缔约各国各视其商务不同之情形，应限定市区口岸及各地方由该处准将生鸦片输出或输入。

第三条，缔约各国应设立办法如下：

甲，阻止生鸦片运往拟禁绝进口之国。

乙，检查生鸦片运往已限制输入之国。

其已有办法以规定本条所指事项者不在此例。

第四条，缔约各国应颁布章程，凡装生鸦片以备出口之包件，均须标明其内容，至每件重量当在五启罗以上。

第五条，缔约各国应只准由正当许可之人将生鸦片输入及输出。

---

① 参见薛典曾、郭子雄编：《中国参加之国际公约汇编》，第 852—859 页。

第二章,熟鸦片

释义:熟鸦片由生鸦片原料特别制造而成,或溶解如滚沸、如煎熬、如发酵,经次第加工炼成净质,可供吸食之用。熟鸦片并包括膏渣及烟灰在内。

第六条,缔约各国应设立办法以逐渐切实禁止熟鸦片之制造及国内之贩卖并吸食。惟仍以与各该国情形相宜为准,其已有办法以规定本条所指事项者不在此例。

第七条,缔约各国应禁止熟鸦片之输入及输出。惟各国中有尚未准将熟鸦片之输出立时禁止者务当从速禁止。

第八条,缔约各国如有尚未准备将熟鸦片之输出立时禁止者:

甲,应限定市区口岸及各地方准由该处将熟鸦片输出。

乙,应禁止将熟鸦片运往现在已禁或将来当禁其输入之国。

丙,应先行严禁凡熟鸦片一概不得运往愿限制进口之国,惟按照该输入国所定章程而运往者不在此例。

丁,应设立办法令装运熟鸦片出口之包件均载有特别标记以注明内容之物。

戊,应只准由特别许可之人将熟鸦片输出。

第三章,药料鸦片、吗啡、高根等物

释义:药料鸦片系将生鸦片煮至热度六十生的格郎夺,其内含吗啡不减于百分之十或成粉屑,或成丸粒,或以中和性之材料掺合而成。

吗啡为鸦片之主要质料,化学形式 $C_{17}H_{19}NO_3$;高根为哀里脱洛克西隆高加树叶中之主要质料,化学形式 $C_{17}H_{21}NO_4$;安洛因为第阿赛的尔吗啡,化学形式 $C_{21}H_{23}NO_5$。

第九条,缔约各国应颁布法律或章程,以施诸药业,限制吗啡、高根及其化合质料之制造售卖使用,但可供医药正当之需。其已有法律或章程以规定本条所指事项者不在此例。各国并应彼此协力以阻止此等药物之供他用。

第一〇条,缔约各国应竭力检查,或令检查所有制造、输入、售卖、散布、输出吗啡、高根及其化合质料之一切人等,并检查此等人经营此等工商业之处所。为此,缔约各国应竭力采用或令采用下开各办法,其已有办法以规定本条所指事项者不在此例。

甲，凡经准许之特别厂肆及地方，其制造吗啡、高根及其化合质料，应加限制，或查明制造此等药物之厂肆及地方，造册登记。

乙，凡制造、输入、售卖、散布、输出吗啡、高根及其化合质料之一切人等，须有特权或有准据方得为此等事业，或向该管官署禀明立案。

丙，以上一切人等务须将吗啡、高根及其化合质料之制造数目、输入品售卖及其他授受品、输出品，各立簿册，以备稽查。但此项规则不强施于医生药方及官准药商之售卖品。

第一一条，缔约各国应设立办法，以禁止在其本国商务中所有未经准许之人为吗啡、高根及其化合质料之一切授受。其已有办法以规定本条所指事项者不在此例。

第一二条，缔约各国按照各该国特别情形应竭力将准许之人所有吗啡、高根及其化合质料之输入并加限制。

第一三条，缔约各国应竭力采用或令采用各办法，凡吗啡、高根及其化合质料，由此缔约国本境领地、殖民地、租借地，出口向他缔约国本境、领地、殖民地、租借地，只能运交照输入国所定法律或章程而有特权或有准据之人。为此各政府可将特权或有准据得输入吗啡、高根及其化合质料之人开列名单，随时知照输出国政府。

第一四条，缔约各国应施行吗啡、高根及其化合质料之制造、输入、售卖、输出一切法律及章程。

甲，施行于药料鸦片。

乙，施行于一切调药品内含吗啡千分之二（0.2％）以上或高根千分之一（0.1％）以上（凡在药铺中及不在药铺中所称戒烟药一并在内）。

丙，施行于安洛因及其质料，并内含安洛因千分之一以上调药品。

丁，施行于新出品之从吗啡、高根及其化合质料中取出者，或其他鸦片中取出之要质。此等物为科学所发明，大概须经公认能传播与鸦片相等之瘾习，并有同一之害人结果。

第四章

第一五条，缔约各国与中国有条约者，应会同中政府设立必需之办法，以阻止在中国地方及各国之远东殖民地，各国在中国之租借地，将生熟鸦片、吗啡、高根及其化合质料，并本约第十四条所指各物私运进口。一面由中政府设立相同之办法，以禁止将鸦片及以上所指各物从中国私行运往各国殖民地、租借地。

第一六条，中政府应订颁制药律，以施诸本国人民，将吗啡、高根及其化合质料并本约第十四条所指各物之售卖散布一概取缔，并将此项制药律通知与中国有条约之各政府，由驻京公使转达，凡缔约各国与中国有条约者，应研究此项制药律，如以为可允，即设立必需之办法，使此律实行于中国之各该国人民。

第一七条，缔约各国与中国有条约者，应从事于采用必需之办法以限制及检查在中国之各国租借地、殖民地及租界内吸食鸦片之习，并与中政府同时进行以禁绝现在尚有之烟馆，及与烟馆相类之所，其公众娱乐处及娼寮内亦禁止吸食鸦片。

第一八条，缔约各国与中国有条约者，应设立切实办法与中政府所设立办法同时进行，务令在中国之各国租借地、殖民地及租界内，现在尚有之售卖生熟鸦片烟店逐渐减少，并采用有效力之办法以限制及检查在租借地、殖民地、租界内之零碎鸦片商业。其已有办法以规定本条所指事项者不在此例。

第一九条，缔约各国在中国设有邮政局者，应采有效力之办法以禁止各该邮政局将生熟鸦片、吗啡、高根及其化合质料并本约第十四条所指各物作为邮便包件违禁运入中国，并不得由中国此埠向彼埠违禁转递。

第五章

第二〇条，缔约各国应酌度情形以颁布法律或章程，使违禁私有生鸦片、熟鸦片、吗啡、高根及其化合质料者当受惩罚。其已有法律或章程以规定本条所指事项者不在此例。

第二一条，缔约各国应彼此互相通告，而由和兰外务部转达者如下：

甲，现有行政法律及章程之明文，关于本约所指事项者或因本约各条款而颁布者。

乙，统计报告关于生鸦片、熟鸦片、吗啡、高根及其化合质料并本约所指各种药物，或其质料或调药品之商务者，此项统计务当详细，并以迅速为宜。

第六章，结款

第二二条，此项未与会各国均得将本约画押。

为此和兰政府应自本约经与会各国全权大臣画押后即时请欧美各国之未与会者，如阿根丁共和国、奥匈、比利时、玻利维亚、巴西、布尔加利、智利、哥伦比亚、哥斯答里加、古巴共和国、丹麦、多弥尼加共和国、厄瓜多尔共和国、西班牙、希腊、瓜地马拉、海地共和国、匈度拉、卢克森堡、墨西哥、孟的内葛、尼加拉瓜、脑威、巴拿马、巴拉乖、秘鲁、罗马尼亚、萨瓦多尔、赛耳维亚、瑞典、瑞士、土耳其、乌拉乖、委讷瑞拉合众国，各派代表一员给予全权文据，以便在海牙将本约画押。

本约由上列各国画押，系用一（未与会各国画押文件）加于与会各国画押之后，并载明每次画押日期。和兰政府按月将每次加入画押知照画押各国。

第二三条，各国为其本国，并为其领地、殖民地、保护国、租借地均经将本约或上条所指加入文件画押。以后和兰政府请各国将本约及此文件批准。

倘至一千九百十二年十二月三十一号，所请各国未能一律画押，和兰政府即于是日请画押各国派代表员赴海牙，以便研究方法，仍将各该国批准书送交。

批准书务当从速办就，送交海牙外务部。

和兰政府按是月，将是月内所收批准书知照画押各国。

画押各国为其本国，并为其殖民地、领地、保护国、租借地所有批准书经和兰政府收齐后，和兰政府即将收到最后批准书之日期知照已将本约批准之各国。

第二四条，本约从上条末节所指和兰政府照会中声明之日期起三个月以后为实行之期。

关于本约所指明之法律章程及其他办法，应将各草案编定，至迟不得过本约实行期后六个月。至法律由各政府交其议院或立法部亦在六个月期限之内。

即有他故，亦当在此期限满后第一次开会之时。

此项法律章程及办法之实行以何日为始，应由缔约各国据和兰政府所请，彼此协商决定。

倘有关于本约之批准或关于本约及本约所指法律章程办法之实行而生之各问题，若无他项方法以解决之，当由和兰政府请缔约各国派代表员在海牙聚会，俾将各问题即时公同议妥。

第二五条，倘有缔约各国中之一国愿意出约，应备出约文件知照和兰政府。该政府即时将此出约文件钞录校证之后，照送各国并声明收到日期。

凡一国知照出约,须从和兰政府收到文件之日起一年以后方有效力。

各国全权大臣在本约上画押以昭信守。

一千九百十二年正月二十三号订于海牙。正本一分留存于和兰政府档案中,另备钞稿经校证后由外交官送交与会各国。

(与会各国名单略)

(预行声明如下:本约各条如经英政府批准后,当施行于英属印度、锡兰各海峡、香港、威海卫,并按照情形一律施行于大不列颠爱尔兰王国。惟英政府仍有权为此外英属各领地、殖民地、附庸国、保护,而将本约另行画押或出约)

(本约第十五、十六、十七、十八各条,因波斯与中国无条约,又第三条甲款均置不论)

附录:禁烟公会葳事文件

禁烟公会由美利坚合众国政府提议由和兰政府召集一千九百十一年十二月一号开会于海牙之伯爵宫,左开各政府均与会,其所派议员如下:

(各国议员代表名单略)。

在迭次会议时间自一千九百十一年十二月一号至一千九百十二年正月二十三号,本会议定条约明文附载于此。

此外复经本会发表之志愿如下。

本会预信将来必可使万国邮政公会注意者:

第一,在急宜规定由邮政局寄递生鸦片。

第二,在急宜视其能力以规定由邮政局寄递吗啡、高根,及其化合质料并本约第十四条所指各物。

第三,在必需禁绝由邮政局寄递熟鸦片。

本会预信将来必可从统计上科学上研究印度桑佛尔问题,其宗旨所在,盖如察知其必需,则由本国立法或由各国协商以取缔此物使用之痼习。

各国全权大臣,在此文件上画押以昭信守。

一千九百十二年正月二十三号订于海牙,正本一分留存于和兰政府档案中,另备钞稿经校证后由外交官送交与会各国。

(各国全权大臣画押与约同)

附录:旧约章分国表

（按订约时间排列国家先后）

1.荷兰

编号	约章名称	签约时间	地点	与约国	页码
1	台湾媾和条约	1662－2－1	台湾	荷兰	1
2	清荷协约	1663－10－27	福州	荷兰	3

2.英国

编号	约章名称	签约时间	地点	与约国	页码
1	东印度公司与台湾通商条约	1672－10－13	台湾	英国	4
2	东印度公司与台湾通商补充协定	1675－7－9	台湾	英国	6
3	广州停战协定	1841－5－26	广州	英国	7
4	香港交解华人逃犯章程	1850－3－20	广州	英国	10
5	永租九龙司章程	1860－3－21	广州	英国	15
6	汉口租界条款	1861－3－21	汉口	英国	18
7	现议轮船章程	1863－7－8	北京	英国	31
8	阿思本舰队变价归还合同	1863－11－6	北京	英国	36
9	英商在台湾采办樟脑条款	1868－12－1	台湾	英国	39
10	矿师马立师雇佣合同	1876－2－19	汉口	英国	60
11	矿师雇佣合同	1877－1－25	伦敦	英国	68
12	轮船招商局与太古公司长江水脚合约	1879－7－7	上海	英国	80
13	轮船招商局、太古洋行、怡和洋行订明合走轮船往来上海、烟台、天津等处合同	1882－12－20	上海	英国	89
14	汇丰银行借兵债合同	1885－2－16	广州	英国	129

编号	约章名称	签约时间	地点	与约国	页码
15	汇丰银行续借兵债合同	1885-4-1	广州	英国	132
16	轮船招商局向汇丰银行借款合同	1885-7-28	天津	英国	135
17	购办台厦水线合同	1886-9-20	上海	英国	157
18	粤海关与汇丰银行借款合同	1886-10-1	广州	英国	161
19	汇丰银行为中国政府募债书	1886-12-2	上海	英国	167
20	轮船招商局、太古洋行轮船合走上海至宁波齐价合同	1892-2-15	上海	英国	187
21	轮船招商局、太古洋行、怡和洋行轮船合走上海至汉口齐价合同	1892-2-15	上海	英国	190
22	轮船招商局、太古洋行、怡和洋行轮船合走上海、烟台、天津等处齐价合同	1892-2-15	上海	英国	194
23	轮船招商局、太古洋行、怡和洋行轮船齐价合同	1892-2	上海	英国	198
24	轮船招商局、怡和洋行轮船合走福州条款	1892-3-21	上海	英国	201
25	轮船招商局、太古洋行、怡和洋行会同水脚约章	1892-10-24	上海	英国	208
26	轮船招商局与太古洋行齐价合同	1893-2-22	上海	英国	213
27	招商局与怡和洋行恢复福州代各行合同议定书	1893-2-27	上海	英国	215
28	轮船招商局、太古洋行、怡和洋行合并广丰长江小轮船章程	1893-3-31	上海	英国	216
29	轮船招商局、太古洋行、怡和洋行与广丰公司合同	1893-8-19	上海	英国	218
30	轮船招商局、太古洋行、怡和洋行与益利船东合同	1893-8-30	上海	英国	220
31	轮船招商局、太古洋行、怡和洋行与麦边洋行合同	1893-9-5	上海	英国	222
32	改订克萨借款合同	1895-7-1	伦敦	英国	234
33	新议英拓天津租界章程	1897-3-5	天津	英国	252
34	撤销安设厦门南台水线办法合同	1897-5-13	上海	英国	254

编号	约章名称	签约时间	地点	与约国	页码
35	汉口英国新增租界条款	1898－8－31	汉口	英国	267
36	路透局试办新闻报务暂定章程	1899－5－19	北京	英国	277
37	开平矿务总局产业移交合同	1900－7－30	天津	英国	321
38	湖广总督与汇丰银行借款合同	1900－8－28	武昌	英国	327
39	开平矿务有限公司新订试办章程	1901－6－4	天津	英国	339
40	耶稣教自立会议结山西教案合同	1901－8－19	太原	英国	354
41	耶稣教自立会议结寿阳教案合同	1901－8－19	太原	英国	356
42	耶稣教内地会议结山西教案合同	1901－8－23	太原	英国	357
43	山西耶稣教内地会与洋务局续议教案合同	1901－10－26	北京	英国	367
44	淞沪铁路借款合同	1901	上海	英国	378
45	河南道口至宁郭驿运矿支路章程	1902－8－17	开封	英国	403
46	眉州教案赔款合同	1902－10－9	眉州	英国	406
47	射洪教案议结合同	1902－12－5	射洪	英国	416
48	推广天津租界约款	1903－1－13	天津	英国	424
49	西江添开轮船搭客埠头试办章程	1903－1－15	广州	英国	426
50	吉省耶稣教案议结合同	1903－1－20	吉林	英国	427
51	四川华英合办金类矿产章程	1903－2－11	成都	英国	436
52	合办四川煤油矿务规条	1903－2－11	成都	英国	441
53	四川江北厅矿章合同	1904－12－8	成都	英国	493
54	浙江贷款开矿合同	1905－1－20	杭州	英国	498
55	设办山西熔化厂并山西铁矿合同	1905－4－23	北京	英国	506
56	闽省向汇丰银行借款合同	1905－4－26	福州	英国	508
57	办理广州九龙铁路合同	1907－3－7	北京	英国	571
58	平远金矿条款	1907－7－13	北京	英国	595
59	福公司河南矿务专条及续约	1909－2－25	开封	英国	694
60	鄂省新政借款合同	1909－8－14	汉口	英国	696

续表

编号	约章名称	签约时间	地点	与约国	页码
61	福公司租用汉口丹水池安设跳船载煤合同	1911-1-16	汉口	英国	735
62	上海商会借款合同	1911-1-17	上海	英国	737
63	北京门头沟通兴煤窑有限公司合同	1911-4-25	天津	英国	742
64	轮船招商局与怡和洋行联合办码头章程	1911-6-26	上海	英国	751

3.法国

编号	约章名称	签约时间	地点	与约国	页码
1	天主教在华弛禁照会	1844-12-14	广州	法国	8
2	上海设立法国租界换文	1849-4-6	上海	法国	9
3	议租广州地基建复天主教堂合约	1861-1-25	广州	法国	16
4	上海法租界拓界章程	1861-10-29	上海	法国	23
5	续议印花布加长纳税章程	1861-11-20	北京	法国	25
6	保护教民章程	1862-9-3	北京	法国	27
7	议租广州地基建复天主教堂续约	1862	广州	法国	29
8	江西教案议结条款	1863-8-18	九江	法国	35
9	陕西保护教士条约	1867-4-6	西安	法国	38
10	天津教案往来照会	1870-10-14	北京	法国	41
11	黔江教案议单	1875-6-2	成都	法国	57
12	四川江北厅教案结案合同	1878-6-5	重庆	法国	76
13	四川涪州教案结案合同	1878-6-7	重庆	法国	77
14	四川江北厅涪州教案善后章程	1878-7-15	重庆	法国	78
15	四川江北厅教案议结续合同	1881-1-27	重庆	法国	85
16	新议云南民教交涉条款	1883-10-6	昆明	法国	93
17	天津法工局修路修码头合同	1885-8-28	天津	法国	152
18	重庆教案赔款合同	1887-1-11	重庆	法国	168

编号	约章名称	签约时间	地点	与约国	页码
19	中国铁路公司于天津法租界内建桥合同	1888－7－17	天津	法国	174
20	广西中越东路立界图约	1891－4－21	平而关	法国	185
21	湖北长阳煤矿合同	1896－2－8	湖北	法国	242
22	湖北长阳煤矿代雇洋员合同	1896－2－8	湖北	法国	244
23	中越边界立界纪要	1896－3－6	朝阳寨	法国	246
24	汉口租界租约	1896－6－2	汉口	法国	249
25	保定天主堂互换合同	1898－7－16	北京	法国	266
26	衡州教案议结草约	1901－3－12	长沙	法国	333
27	浙江衢州教案议结草约	1901－3－18	杭州	法国	337
28	湖北襄阳议结天主教案合同	1901－6－11	襄阳	法国	342
29	天主教山西教案议结合同	1901－10－12	北京	法国	363
30	办结塔拉特旗教案草约	1901－12－13	绥远	法国	374
31	朝阳教案续订合同	1902－3－24	朝阳	法国	391
32	黑龙江省教案赔款合同	1902－4－18	哈尔滨	法国	393
33	南阳教案议结条约	1902－5－19	泌阳	法国	394
34	吉省天主教案议结合同	1902－10－19	吉林	法国	408
35	奉天省天主教案议赔合同	1902－12－27	北京	法国	418
36	奉天省被害天主教外国教士贞女议赔合同	1902－12－29	北京	法国	420
37	山西省口外六厅教案善后合同	1902－12	北京	法国	422
38	福州船政遴选洋员简明约章	1903－10－18	福州	法国	463
39	三盛公教案赔款议结合同	1905－8－24	阿拉善旗	法国	515
40	巴塘教案议结赔款合同	1906－1－9	成都	法国	531
41	南昌教案议结合同	1906－6－20	北京	法国	551
42	维西教案议结恤款合同	1906－7－23	昆明	法国	562
43	滇越铁路公司煤炭章程	1909－10－15	昆明	法国	698
44	滇越民人过界发给护照准单简章	1910－5－5	北京	法国	710
45	直隶天津道借款合同	1911－10－25	天津	法国	753

4.丹麦

编号	约章名称	签约时间	地点	与约国	页码
1	买回福建省厦电线合同	1875－5－21	福州	丹麦	53
2	买回马尾电线合同	1875－8－26	福州	丹麦	58
3	委托丹麦北路电报公司代管马尾电线合同	1875－8－26	福州	丹麦	59
4	省厦电线续立条款	1876－3－20	福州	丹麦	62
5	电报交涉事宜条款	1881－6－11	天津	丹麦	86
6	安设琼雷海线合同	1884－11－12	天津	丹麦	125
7	中国电报局雇洋匠合同	1885－8－1	上海	丹麦	148

5.美国

编号	约章名称	签约时间	地点	与约国	页码
1	旗昌轮船公司财产售予招商局合同	1876－12－31	上海	美国	64
2	轮船招商局产售与旗昌洋行契约	1884－7－31	上海	美国	109
3	轮船招商局向旗昌洋行购回局产契约	1885－8－1	上海	美国	138
4	轮船招商局与旗昌续订局产换旗过户合约	1885－8－1	上海	美国	146
5	中国电报公司与美国传声公司会立合同	1887－7－16	上海	美国	171
6	茂生洋行军品定购合同	1897	上海	美国	257
7	中国铁路总公司订请美国铁路总工程司合同	1898－2－28	上海	美国	259
8	粤汉铁路借款合同另约一款	1898－4－14	华盛顿	美国	261
9	开办吉林天宝山矿务合同	1900－4－10	上海	美国	316
10	宣道会山西教案议结合同	1902－1－4	太原	美国	380
11	新订开办吉林天宝山章程	1902－10－21	上海	美国	409
12	吉林天宝山添议条约	1902－12－13	上海	美国	417
13	议结美以美会耶稣教案条约	1903－1－24	宁远	美国	429
14	山东招远平度矿务合同	1907－5－16	天津	美国	586

编号	约章名称	签约时间	地点	与约国	页码
15	订购汉冶萍公司生铁合同	1910－3－22	上海	美国	699
16	汉冶萍公司租船合同	1910－3－22	上海	美国	702
17	议订汉冶萍公司生铁及铁矿石合同	1910－3－22	上海	美国	705

6.德国

编号	约章名称	签约时间	地点	与约国	页码
1	订购克鹿卜十二生特炮合同	1880－5－4	爱生	德国	81
2	伏尔铿厂造钢雷艇合同	1880－10－20	士旦丁	德国	84
3	泰来洋行购炮合同	1884－9－25	天津	德国	117
4	地亚士洋行定购军火合同	1884－12－2	上海	德国	128
5	信义洋行代购枪炮合同	1892－3	上海	德国	202
6	轮船招商局售船换旗密约	1894－10－4	上海	德国	224
7	轮船招商局与礼和洋行换旗密约	1894－11－2	上海	德国	226
8	信义洋行承购军械运保合同	1894－12－23	天津	德国	228
9	地亚士洋行代购无烟药枪弹合同	1895－3	上海	德国	232
10	京西月岩寺煤矿开采合同	1895－9－28	北京	德国	239
11	萍乡煤矿借款合同	1899－4－8	上海	德国	274
12	山东沂属教案议结合同	1899－6－26	济南	德国	278
13	买回北京西山通义天利煤窑字据	1899－12－21	天津	德国	315
14	拓广天津租界合同	1901－7－20	天津	德国	350
15	山东矿务章程	1902－3－7	济南	德国	384
16	闽省定购军火续合同	1902－6－18	上海	德国	398
17	济宁州义学章程	1902－10－27	济南	德国	412
18	合办井陉煤矿正合同	1903－5－12	天津	德国	456
19	青岛行驶小轮章程	1904－4－17	北京	德国	481
20	豫省向克虏伯厂定购快炮合同	1905－6－17	开封	德国	512
21	绥远购买枪支合同	1905－8	天津	德国	518

编号	约章名称	签约时间	地点	与约国	页码
22	专办杭沪铁路草合同	1906	上海	德国	568
23	订购克鹿炮厂枪支弹药合同	1907－1－4	天津	德国	569
24	黑龙江省向礼和、信义洋行订购炮械弹药合同	1907－4	天津	德国	580
25	黑龙江省向泰来洋行定购子弹合同	1907－4－11	哈尔滨	德国	582
26	烟台借款合同	1910－12－30	济南	德国	732
27	萍乡煤矿公司带根汇票合同	1911－5－21	北京	德国	749
28	青岛借款合同	1911－5－29	青岛	德国	750
29	山东官银号借款合同	1911－10－7	济南	德国	752

7.古巴

编号	约章名称	签约时间	地点	与约国	页码
1	优待华人条约	1880－8－21	古巴	古巴	83

8.朝鲜

编号	约章名称	签约时间	地点	与约国	页码
1	商定借银合同	1882－10－1	天津	朝鲜	87
2	轮船往来上海朝鲜公道合约章程	1883－11－1	汉城	朝鲜	95
3	轮船往来上海朝鲜合约章程续约	1883－12－29	汉城	朝鲜	97
4	改订贸易章程	1884－3－16	北京	朝鲜	100
5	仁川口华商地界章程	1884－4－2	汉城	朝鲜	102
6	会拟釜山华商地界章程	1884－4－2	汉城	朝鲜	105
7	仁川济物浦各国租界章程	1884－11－7	汉城	朝鲜	119
8	元山港进口米谷免税换文	1884－11－11	汉城	朝鲜	123
9	兵船来往上下章程	1886－4－3	汉城	朝鲜	153
10	续立釜山设立电线合同	1887－4－18	汉城	朝鲜	170
11	红参免税照会	1888－12－12	汉城	朝鲜	175
12	贷款合同	1892－10－9	汉城	朝鲜	206

编号	约章名称	签约时间	地点	与约国	页码
13	续订贷款合同	1892—11—24	汉城	朝鲜	209
14	约订购造浅水小火轮船条规	1892—11—24	汉城	朝鲜	211
15	临江被韩兵越界滋扰议定赔结章程	1904—1—29	临江	朝鲜	468

9.葡萄牙

编号	约章名称	签约时间	地点	与约国	页码
1	拟议条约	1886—8—10	澳门	葡萄牙	154
2	续订洋药专条	1886—8—10	澳门	葡萄牙	155
3	澳门禁运军火新章	1908—3—21	北京	葡萄牙	683
4	注销广澳路原订合同并注释议定修建办法	1910—12—30	北京	葡萄牙	733

10.俄国

编号	约章名称	签约时间	地点	与约国	页码
1	珲春接线简明条约	1887—9—2	天津	俄国	172
2	边界陆路电线相接条约	1892—8—25	天津	俄国	203
3	改订华俄合股瑷珲商号煤矿合同	1899—3—9	哈尔滨	俄国	272
4	天津租界条款	1900—12—31	北京	俄国	332
5	开办吉林矿山草约	1901—3—15	哈尔滨	俄国	335
6	公同踩看天津租界地界条款	1901—6—19	天津	俄国	344
7	新订开办吉林金矿草约	1901—9—9	吉林	俄国	359
8	黑龙江金矿合同	1901—10—2	哈尔滨	俄国	361
9	黑龙江矿务草约	1901—11—9	哈尔滨	俄国	370
10	抚顺千台山煤矿合同	1901—12—4	盛京	俄国	372
11	奉天五湖嘴西界煤矿合同	1902—5—25	盛京	俄国	396
12	辽阳尾明山煤矿合同	1903—3—16	盛京	俄国	449
13	合办奉天义胜鑫矿务公司合同	1903—3—17	盛京	俄国	451
14	合办吉林矿务草约	1903—5—3	哈尔滨	俄国	454

编号	约章名称	签约时间	地点	与约国	页码
15	展购铁路各站附近地亩合同	1904－3－6	哈尔滨	俄国	472
16	莫勒密地方耶字界碑移回原处照会	1907－10	北京	俄国	679
17	修订松花江航税条款	1910－7－31	北京	俄国	719

11.日本

编号	约章名称	签约时间	地点	与约国	页码
1	威海降约	1895－2－14	威海	日本	230
2	汉口日本租界条款	1898－7－16	汉口	日本	263
3	天津日租界各段地价条约	1899－7－8	天津	日本	280
4	煤铁互售续订条款	1900－6－21	上海	日本	318
5	续订大冶矿石合同	1900－8－29	上海	日本	330
6	大东、戴生昌、招商局小轮公司协定	1903－1－31	上海	日本	432
7	北洋向三井、大仓洋行购买枪炮合同	1903－9	天津	日本	458
8	汉阳铁政局借款合同	1903－12－24	汉口	日本	467
9	潮汕铁路借约	1904－3－1	厦门	日本	470
10	包筑潮汕铁路合同	1904－4－14	香港	日本	479
11	招商内河轮船公司、大东汽船株式会社、戴生昌轮船局协定	1905－11－17	上海	日本	528
12	湖北汉阳铁厂向三井洋行借款合同	1906－2－13	上海	日本	533
13	湖北善后总局向正金银行借款合同	1906－7－25	汉口	日本	564
14	合办吉林天宝山矿合同	1906－12－24	吉林	日本	566
15	江西铁路借款契约	1907－3－30	上海	日本	575
16	萍乡煤矿借款合同	1907－5－1	上海	日本	584
17	湖北官钱局借款合同	1907－9－4	汉口	日本	598
18	大冶铁矿局借款合同	1907－12－13	汉口	日本	682

编号	约章名称	签约时间	地点	与约国	页码
19	汉冶萍公司借款合同	1908－6－13	上海	日本	684
20	湖北善后局借款合同	1908－7－28	汉口	日本	686
21	汉阳铁厂订购钢条合同	1908－10－21	汉口	日本	687
22	订购汉阳铁厂焦炭合同	1908－10－21	汉口	日本	689
23	汉冶萍公司借款续合同	1908－11－14	上海	日本	690
24	添购汉阳铁厂生铁合同	1908－11－16	汉口	日本	692
25	订购汉阳铁厂生铁合同	1908－12－21	汉口	日本	693
26	洛潼铁路借款合同	1910－5－9	北京	日本	712
27	东三省总督借款合同	1910－5－21	盛京	日本	714
28	东三省借款合同	1910－6－25	盛京	日本	716
29	邮传部、度支部借款合同	1910－7－13	北京	日本	718
30	汉冶萍公司借款合同	1910－9－10	北京	日本	720
31	邮传部、度支部续借款合同	1910－10－15	北京	日本	722
32	订购汉冶萍公司生铁合同	1910－11－7	北京	日本	723
33	汉冶萍公司向横滨正金银行借款合同	1910－11－17	北京	日本	728
34	湖南官钱局借款合同	1911－1－10	汉口	日本	734
35	汉冶萍公司暂借款合同	1911－1－26	北京	日本	739
36	汉冶萍公司借款续合同	1911－3－31	北京	日本	740
37	汉冶萍公司预借生铁价值续合同	1911－5－1	北京	日本	744
38	预借生铁价值续合同续议条款	1911－5－21	北京	日本	747

12.瑞士

编号	约章名称	签约时间	地点	与约国	页码
1	中国遵照邮政公会定章粘贴信票通咨	1896－6－27	伯尔尼	瑞士	251

13.比利时

编号	约章名称	签约时间	地点	与约国	页码
1	京汉铁路借款续订办理章程	1897－5－29	武昌	比利时	255
2	达拉特旗教案赔款合同	1904－5－30	归化	比利时	486
3	达拉特旗教案以土地抵赔款合同	1904－5－30	归化	比利时	489
4	绥远定购过山快炮合同	1905－8－30	北京	比利时	516
5	甘肃延订洋员开采石油矿产制造油烛糖酒合同	1905－10－13	兰州	比利时	525
6	天津万国桥管理合同	1907－5－25	天津	比利时	593

14.意大利

编号	约章名称	签约时间	地点	与约国	页码
1	山西教案议结合同	1901－10－21	北京	意大利	365
2	山西天主教案赔款全清合同	1902－1－28	太原	意大利	382
3	商允让还令德堂合同	1902－12－4	太原	意大利	414
4	浙江矿务借款章程	1903－2－17	杭州	意大利	444
5	天津租界与铁路毗连地段互易合同	1906－3－8	天津	意大利	535

15.加拿大

编号	约章名称	签约时间	地点	与约国	页码
1	仁寿教案议结合同	1903－3－23	仁寿	加拿大	453

16.多国

编号	约章名称	签约时间	地点	与约国	页码
1	渔团保护水线条款	1884－2－15	上海	丹麦、英国	98
2	怡和、太古、旗昌代招商局承办漕运合同	1884－5	上海	英国、美国	108
3	怡和、太古、旗昌洋行与盘记合约	1884－11－13	上海	英国、美国	127
4	山西矿务借款合同	1897－10－25	北京	英国、意大利	256

编号	约章名称	签约时间	地点	与约国	页码
5	划分山西路矿范围合同	1898－4－26	北京	英国、俄国	262
6	四子郡王旗教案合同	1902－7－14	归化	法国、比利时	401
7	准格尔旗庚子教案抚恤合同	1903－2－27	归化	法国、比利时	447
8	达拉特旗教案议订合同	1906－6－30	达拉特旗	美国、瑞典	553
9	赣州、南康耶稣教案议结合同	1907－10－21	赣州	英国、美国	676
10	南康耶稣教案议恤条款	1907－11	赣州	英国、美国	680
11	汉冶萍公司借款合同	1910－4－19	汉口	俄国、法国	706
12	上海息借洋款合同	1910－12－11	南京	德国、英国、法国	730

17.外国

编号	约章名称	签约时间	地点	与约国	页码
1	上海海关协议	1854－6－29	上海	外国	11
2	引航章程	1855－12－10	广州	外国	14
3	津关各国商船进口下货章程	1861－5－30	天津	外国	20
4	游历传教查验印照并无约各国不准给照申明	1861－8－4	北京	外国	22
5	洋商请照入内地摘要章程	1866－1－27	北京	外国	37
6	福州港停泊轮船章程	1872－10－1	福州	外国	43
7	厦门口停泊轮船章程	1872－10－1	厦门	外国	46
8	汕头口停泊轮船章程	1872－10－1	汕头	外国	48
9	上海口停泊轮船章程	1873	上海	外国	50
10	议定租界洋货免厘及存票改限章程	1877－2－13	北京	外国	73
11	海河行船泊船章程	1878－4－30	天津	外国	74
12	航海避碰章程凡例	1889	华盛顿	外国	176
13	矿务铁路公共章程	1898－11－19	北京	外国	269
14	海牙国际和平会议最后文件	1899－7－29	海牙	外国	282

续表

编号	约章名称	签约时间	地点	与约国	页码
15	和平解决国际争端海牙公约	1899—7—29	海牙	外国	289
16	海牙陆战法规和习惯公约	1899—7—29	海牙	外国	298
17	关于1864年日内瓦公约原则适用于海战的公约	1899—7—29	海牙	外国	307
18	禁止从气球上或其他新的类似方法投掷投射物和爆炸物宣言	1899—7—29	海牙	外国	310
19	禁止使用专用于散布窒息性或有毒气体的投射物宣言	1899—7—29	海牙	外国	312
20	禁止使用在人体内易于膨胀或变扁的投射物,如外壳坚硬而未能全部包住弹心或外壳上刻有裂纹的子弹的宣言	1899—7—29	海牙	外国	313
21	福建互保协定	1900—7—14	福州	外国	319
22	京畿教堂赔款清单	1901—7—1	北京	外国	346
23	鄂托克等旗教案条约	1901—7—13	乌审旗	外国	347
24	直隶宣化议结天主教案合同	1901—7	宣化	外国	352
25	湖北蕲州议结天主教案合同	1901	汉口	外国	376
26	筹办矿务章程	1902—3—17	北京	外国	388
27	矿务暂定章程	1904—3—17	北京	外国	474
28	日内瓦红十字会公约	1904—5—24	日内瓦	外国	482
29	西江通商行船修改章程	1905—4—4	广州	外国	499
30	江门关商船进出起下货物条款	1905—4—4	江门	外国	503
31	罗马万国农业会公约	1905—6—7	罗马	外国	510
32	海船免碰章程新增引水轮船悬灯新章	1905—9—22	北京	外国	522
33	海船免碰章程新增渔船应用灯号新章	1905—9—22	北京	外国	523
34	拟定小轮倾弃煤渣章程	1906—3—18	上海	外国	536
35	万国邮会修订章程	1906—5—26	罗马	外国	537
36	修订日内瓦红十字会公约文件	1906—7—6	日内瓦	外国	555

编号	约章名称	签约时间	地点	与约国	页码
37	关于改善战地武装部队伤者境遇的公约	1906－7－6	日内瓦	外国	556
38	国际和平会议最后文件	1907－10－18	海牙	外国	600
39	和平解决国际争端公约	1907－10－18	海牙	外国	611
40	限制使用武力以索偿契约债务公约	1907－10－18	海牙	外国	627
41	关于战争开始的公约	1907－10－18	海牙	外国	629
42	关于陆战法规和习惯的公约	1907－10－18	海牙	外国	631
43	关于中立国家和人民在陆战时的权利和义务公约	1907－10－18	海牙	外国	642
44	关于战争开始时敌国商船地位公约	1907－10－18	海牙	外国	647
45	关于商船改装为军舰公约	1907－10－18	海牙	外国	650
46	关于敷设自动触发水雷公约	1907－10－18	海牙	外国	653
47	关于战时海军轰击公约	1907－10－18	海牙	外国	656
48	关于日内瓦公约原则适用于海战的公约	1907－10－18	海牙	外国	659
49	关于对海战中行使拿捕权的某些限制的公约	1907－10－18	海牙	外国	665
50	关于中立国在海战中的权利和义务公约	1907－10－18	海牙	外国	668
51	禁止自气球上放掷炸弹及炸裂品声明	1907－10－18	海牙	外国	674
52	各国禁烟公约	1912－1－23	海牙	外国	754

参考文献

档案文献:

台北"故宫博物院"藏:"外交部寄存文物清册",清代约章签字画押文本。

台北"故宫博物院"藏:"军机处档折件"。

鲍实编:《芜湖县志·地理志》,1919年刻本。

侯祖畲修,吕寅东等纂:《夏口县志》,1920年刻本。

佚名:《道光年间夷务和约条款奏稿》,北京大学图书馆藏抄本。

宝鋆等修纂:《筹办夷务始末》(同治朝),北平:故宫博物院,1930年。

王彦威辑:《清季外交史料》,北平:1932年(民国二十一年)。

章进主编:《中国外交年鉴(民国二十二年)》,上海:生活书店,1934年。

中国银行总管理处经济研究室发行:《中国外债汇编》,1935年(民国二十四年)。

交通史编纂委员会编:《交通史路政编》,上海:1935年。

《沙面特别区署成立纪念特辑》,1942年。

(台湾)"中央研究院"近代史研究所编印:《矿务档》,台北:1950年。

魏子初编:《帝国主义与开滦煤矿》,上海:神州国光社,1954年。

(台湾)"中央研究院"近代史研究所编印:《海防档》,台北:艺文印书馆,1957年。

中国史学会编:(中国近代史资料丛刊)《鸦片战争》,上海:上海人民出版社,1957年。

梁廷枬:《夷氛闻记》,北京:中华书局,1959年。

故宫博物院明清档案部编:《义和团档案史料》,北京:中华书局,1959年。

(台湾)"中央研究院"近代史研究所编印:《中法越南交涉档》,台北:1962年。

姚贤镐编:《中国近代对外贸易史资料》,北京:中华书局,1962年。

汪敬虞编:《中国近代工业史资料》,北京:中华书局,1962年。

徐义生编：《中国近代外债史统计资料（1853—1927）》，北京：中华书局，
　　1962 年。

宓汝成编：《中国近代铁路史资料》，北京：中华书局，1963 年。

（台湾）"中央研究院"近代史研究所编印：《四国新档》，台北：精华印书馆，
　　1966 年。

盛宣怀：《愚斋存稿》，台湾：文海出版社重印本，1967 年。

（台湾）"中央研究院"近代史研究所编印：《清季中日韩关系史料》，台北：精
　　华印书馆，1972 年。

（台湾）"中央研究院"近代史研究所编印：《教务教案档》，台北：精华印书
　　馆，1974 年。

赵尔巽等：《清史稿》，北京：中华书局，1976 年。

贾桢等修纂：《筹办夷务始末》（咸丰朝），北京：中华书局，1979 年。

中国第一历史档案馆编：《清代中俄关系档案史料选编》，北京：中华书局，
　　1981 年。

陈旭麓、顾廷龙、汪熙等主编：《湖北开采煤铁总局荆门矿务总局——盛宣
　　怀档案资料选辑之二》，上海：上海人民出版社，1981 年。

中国近代经济史资料丛刊编辑委员会主编：《中国海关与中葡里斯本草约》
　　（帝国主义与中国海关资料丛编之三），北京：中华书局，1983 年。

中国近代经济史资料丛刊编辑委员会主编：《中国海关与邮政》（帝国主义
　　与中国海关资料丛编之八），北京：中华书局，1983 年。

朱寿朋编，张静庐等校点：《光绪朝东华录》，北京：中华书局，1984 年。

陈翰笙主编：《华工出国史料汇编》，北京：中华书局，1985 年。

四川省档案馆编：《四川教案与义和拳档案》，成都：四川人民出版社，
　　1985 年。

武汉大学经济学系编：《旧中国汉冶萍公司与日本关系史料选辑》，上海：上
　　海人民出版社，1985 年。

《清实录》，北京：中华书局，1985、1986 年影印版。

陈旭麓、顾廷龙、汪熙主编：《汉冶萍公司——盛宣怀档案资料选辑之四》，
　　上海：上海人民出版社，1986 年。

黄国安、萧德浩、杨立冰编：《近代中越关系史资料选编》，南宁：广西人民出
　　版社，1987 年。

中国第一历史档案馆编辑部编:《义和团档案史料续编》,北京:中华书局,1990年。

中国人民银行参事室编:《中国清代外债史资料》,北京:中国金融出版社,1991年。

天津档案馆、南开大学分校档案系编:《天津租界档案选编》,天津:天津人民出版社,1992年。

中国第一历史档案馆编:《鸦片战争档案史料》,天津:天津古籍出版社,1992年。

王尔敏、吴伦霓霞合编:《盛宣怀实业函电稿》,香港:香港中文大学中国文化研究所,1993年。

张振鹍主编,庚裕良、张胤副主编:(中国近代史资料丛刊续编)《中法战争》,北京:中华书局,1995年。

刘蜀永:《割占九龙(香港历史问题资料选评)》,香港:三联书店(香港)有限公司,1995年。

中国第一历史档案馆、福建师范大学历史系合编:(中国近代史资料丛刊续编)《清末教案》,北京:中华书局,1996、1998年。

王尔敏、吴伦霓霞合编:《盛宣怀实业朋僚函稿》,台北:(台湾)"中央研究院"近代史研究所,1997年。

苑书义、孙华峰、李秉新主编:《张之洞全集》,石家庄:河北人民出版社,1998年。

中国第一历史档案馆、澳门基金会、暨南大学古籍研究所合编:《明清时期澳门问题档案文献汇编》,北京:人民出版社,1999年。

中国史学会主编:(中国近代史资料丛刊)《洋务运动》,上海:上海人民出版社、上海书店出版社,2000年。

中国史学会主编:(中国近代史资料丛刊)《中日战争》,上海:上海人民出版社、上海书店出版社,2000年。

张存武、叶泉宏编:《清入关前与朝鲜往来国书汇编(一六一九——一六三四)》,台北:协联印书馆有限公司,2000年。

聂宝璋、朱荫贵编:《中国近代航运史资料》,北京:中国社会科学出版社,2002年。

陈旭麓、顾廷龙、汪熙主编:《轮船招商局——盛宣怀档案资料选辑之八》,

上海：上海人民出版社，2002 年。

中国第一历史档案馆编：《清中前期西洋天主教在华活动档案》，北京：中华
　　书局，2003 年。

中国第一历史档案馆编：《庚子事变清宫档案汇编》（国家清史编纂委员
　　会·档案丛刊），北京：中国人民大学出版社，2003 年。

熊性美、阎光华主编：《开滦煤矿矿权史料》，天津：南开大学出版社，
　　2004 年。

陈旭麓、顾廷龙、汪熙主编：《汉冶萍公司——盛宣怀档案资料选辑之四》，
　　上海：上海人民出版社，2004 年。

中国第一历史档案馆编：《清代军机处电报档汇编》（国家清史编纂委员
　　会·档案丛刊），北京：中国人民大学出版社，2005 年。

中国第一历史档案馆、北京大学、澳大利亚拉筹伯大学编：《清代外务部中
　　外关系档案史料丛编——中英关系卷》，北京：中华书局，2006—
　　2009 年。

权赫秀：《近代中韩关系史料选编》，北京：世界知识出版社，2008 年。

上海图书馆编：《盛宣怀档案选编》，上海：上海古籍出版社，2014 年。

约章汇编：

李鸿章等编：《通商约章成案汇编》，铁城广百宋斋版。

徐宗亮等编：《通商约章类纂》，北洋石印官书局，1898 年（光绪戊戌年印本）。

颜石清等编：《约章成案汇览》，上海：点石斋刊本，1905 年。

颜世清、杨毓辉、胡献琳编：《光绪乙巳（三十一）年交涉要览》，北洋洋务局
　　纂辑，北洋官报局代印，1907 年（丁未年）刊本。

王克敏、杨毓辉编：《光绪丙午（三十二）年交涉要览》，北洋洋务局纂辑，北
　　洋官报局代印，1908 年（光绪三十四年）刊本。

陆凤石编：《新纂约章大全》，上海：南洋官书局，1909 年（宣统元年）。

王克敏、杨毓辉等编：《光绪丁未（三十三年）交涉要览》，北洋洋务局纂辑，
　　北洋官报局代印，1910 年（宣统二年）刊本。

佚名：《和解国际纷争条约》，1910 年刊本。

佚名：《第二次海牙国际和平会》，北京大学历史学系资料室藏手抄本。

中华民国外交部统计科编刊：《外交部储藏条约原本编号目录》，北平：

1913 年。

许同莘、汪毅、张承棨编:《咸丰条约》,北平:1915 年。

许同莘、汪毅、张承棨编:《同治条约》,北平:1915 年。

许同莘、汪毅、张承棨编:《光绪条约》,北平:1915 年。

王景春等编:《中国铁路借款合同全集》,北平:1922 年(民国十一年)刊本。

中华民国外交部条约司编印:《中国约章汇编》,北平:1927 年(民国十六年)。

黄月波等编:《中外条约汇编》,上海:商务印书馆,1936 年。

薛典曾、郭子雄编:《中国参加之国际公约汇编》,上海:商务印书馆,
　　1937 年。

铁道部编印:《中国铁路借款合同汇编》,1937 年(民国二十六年)。

王铁崖编:《中外旧约章汇编》,北京:生活·读书·新知三联书店,1957、
　　1959 年。

商务印书馆编译:《中俄边界条约集》(俄文汉译本),北京:商务印书馆,
　　1973 年。

世界知识出版社编译:《国际条约集(1872—1916)》,北京:世界知识出版
　　社,1986 年。

步平、郭蕴深、张宗海、黄定天编撰:《东北国际约章汇释》,哈尔滨:黑龙江
　　人民出版社,1987 年。

江树生译,黄永松发行:《1662 郑成功与荷兰人的缔和条约》,台北:汉声杂
　　志社,1992 年。

田涛主编:《清朝条约全集》,哈尔滨:黑龙江人民出版社影印本,1999 年。

专著译著:

赖永祥、卜新贤、张美惠纂修:《台湾省通志稿》,台北:"台湾省政府"出版,
　　1960 年。

李恩涵:《晚清的收回矿权运动》,台北:精华印书馆,1963 年。

[俄]苏联科学院远东研究所等编:《十七世纪俄中关系》(1686—1691)(黑
　　龙江大学俄语系翻译组、黑龙江省哲学社会科学研究所第三室合译),北
　　京:商务印书馆,1975 年。

中国社会科学院近代史研究所资料编辑组编:《杨儒庚辛存稿》,北京:中国
　　社会科学出版社,1979 年。

湖南省志编纂委员会：《湖南省志》，长沙：湖南人民出版社，1980年。

王芸生：《六十年来中国与日本》，北京：生活·读书·新知三联书店，
　　1980年。

［俄］尼古拉·班蒂什－卡缅斯基编：《俄中两国外交文献汇编1619—
　　1792》（中国人民大学俄语教研室译），北京：商务印书馆，1982年。

［法］梅朋、傅立德：《上海法租界史》（倪静兰译），上海：上海译文出版社，
　　1983年。

黄奋生：《藏族史略》，北京：民族出版社，1985年。

丁名楠、张振鹍、赵明杰、金宗英、陶文钊、夏良才：《帝国主义侵华史》，北
　　京：人民出版社，1986年。

程浩编撰：《广州港史》（近代部分），北京：海洋出版社，1988年。

刘鉴唐、张力主编：《中英关系系年要录》第一卷，成都：四川省社会科学院
　　出版社，1989年。

中国航海协会编：《中国航海史——近代航海史》，北京：人民交通出版社，
　　1989年。

中国社会科学院近代史研究所：《沙俄侵华史》，北京：人民出版社，
　　1990年。

冯明珠：《近代中英西藏交涉与川藏边情》，台北："故宫博物院"出版，
　　1996年。

天津地方志编修委员会：《天津通志·附志·租界》，天津：天津社会科学院
　　出版社，1997年。

高育仁、劭恩新等主修：《重修台湾省通志》，台北："台湾省文献委员会"出
　　版，1998年。

杨彦杰：《荷据时代台湾史》，台北：联经出版事业公司，2000年。

徐万民、李恭忠主编：《中国引航史》，北京：人民交通出版社，2001年。

《汉口租界志》编纂委员会编：《汉口租界志》，武汉：武汉出版社，2003年。

夏东元：《盛宣怀年谱长编》，上海：上海交通大学出版社，2004年。

王巨新：《清朝前期涉外法律研究》，北京：人民出版社，2012年。

费志杰：《华洋军品贸易的管理与实施（1860—1911）》，北京：解放军出版
　　社，2014年。

报刊杂志：

《时报》

《外交报》

《中外日报》

《交通官报》

南京史料整理处：《天主教堂霸占民田》，《近代史资料》1963 年第 3 期。

裴淑兰整理：《天主堂在献县等处的田产》，《近代史资料》1982 年第 1 期。

中国第一历史档案馆编：《天津租界档案史料选》，《历史档案》1984 年第
1 期。

中国第一历史档案馆编：《光宣年间中国参加第六届万国邮联活动史料》，
《历史档案》1999 年第 3 期。

外文资料：

The North China Herald.

Public Record Office, F. O. 931, F. O. 17.

Shanghai Municipal Council, *Land Regulations and Bye Laws for the Foreign Settlements of Shanghai North of the Yang-King-Pang*. Shanghai, 1889.

W. F. Mayers, *Treatis, between the Empire of China and Foreign States.* Shanghai, 1906.

G. E. Hertslet, *Treaties, & c. between Great Britain and China; and between China and Foreign Powers*, London, 1908.

The Inspector General of Customs, China, *Treaties, Conventions, Etc. Between China and Foreign States.* Shanghai, 1917.

J. V. A. MacMurray, *Treaties and Agreements with and concerning China 1894—1919*, Oxford University, 1921.

W. F. Collins, *Minral Enterprise in China*, Tientsin, 1922.

British documents on foreign affairs: reports and papers from the Foreign Office Confidential, University Publications of America, 1994.

Министерство иностранных деп России, Соорник договоров России с китаеm,1689—1881гг.,СПб.,1889.

И. Я. Коростовец,Россияна Далвнем Востоке. Пекин,1922.

东亚同文会调查编纂部编印：《支那关系特种条约汇纂》，东京：1922 年。

日本外务省编印：《日本外交文書》第三十三、三十七卷，东京：昭和三十
　　三年。

佐佐木正哉编：《鸦片战争の研究》（资料篇），东京：近代中国研究会，
　　1964 年。

韩国国会图书馆、立法调查局编：《旧韩末条约汇纂》，汉城：东亚出版社工
　　务部，1965 年。

韩国亚细亚问题研究所、旧韩国外交文书编纂委员会编：《旧韩国外交文
　　书》，汉城：东亚出版社工务部，1970 年。